NUOVO CODICE DELLA STRADA
Decreto Legislativo n.285/1992

NUOVO CODICE DELLA STRADA

Aggiornato al 01/01/2023

Copyright © 2023

ISBN: 9798368004976

Collana Libri Concorsi P.A.

Tutti i diritti riservati.

NUOVO CODICE DELLA STRADA

DECRETO LEGISLATIVO N. 285/1992

Visti gli articoli 76 e 87 della Costituzione;
Vista la legge 13 giugno 1991, n. 190;
Vista la prima approvazione dello schema del testo unico denominato "Codice della strada" in data 9 luglio 1991 e la successiva riapprovazione dello stesso da parte del Consiglio dei Ministri in data 30 settembre 1991 a seguito dell'acquisizione del concerto degli altri Ministri interessati;
Uditi i pareri resi, a norma dell'art. 4, comma 2, della legge 13 giugno 1991, n. 190, dalla competente commissione permanente del Senato della Repubblica in data 19 dicembre 1991 e da quella della Camera dei deputati in data 20 dicembre 1991;
Vista la deliberazione del Consiglio dei Ministri adottata nella riunione del 27 gennaio 1992, nella quale si sono recepite alcune delle osservazioni al testo contenute nei pareri resi;
Uditi i pareri definitivi resi, a norma dell'art. 4, comma 3, della legge 13 giugno 1991, n. 190, dalla competente commissione permanente del Senato della Repubblica in data 30 gennaio e da quella della Camera dei deputati in data 1 febbraio 1992;
Viste le deliberazioni conclusive del Consiglio dei Ministri, adottate nelle riunioni del 27 febbraio e del 25 marzo 1992;
Sulla proposta dei Ministri dei lavori pubblici e dei trasporti, di concerto con i Ministri dell'interno, di grazia e giustizia, della

difesa, delle finanze, del tesoro, della pubblica istruzione, dell'agricoltura e delle foreste, dell'ambiente e per i problemi delle aree urbane;

EMANA il seguente decreto legislativo:

Art. 1.
(Principi generali).

((1. La sicurezza e la tutela della salute delle persone nonche' la tutela dell'ambiente, nella circolazione stradale, rientrano tra le finalita' primarie di ordine sociale ed economico perseguite dallo Stato)).

2. La circolazione dei pedoni, dei veicoli e degli animali sulle strade e' regolata dalle norme del presente codice e dai provvedimenti emanati in applicazione di esse, nel rispetto delle normative internazionali e comunitarie in materia. Le norme e I provvedimenti attuativi si ispirano ai principi della sicurezza stradale e della mobilita' sostenibile, perseguendo gli obiettivi: di ridurre i costi economici, sociali ed ambientali derivanti dal traffico veicolare; di migliorare il livello di qualita' della vita dei cittadini anche attraverso una razionale utilizzazione del territorio; di migliorare la fluidita' della circolazione; di promuovere l'uso dei velocipedi.

3. Al fine di ridurre il numero e gli effetti degli incidenti stradali ed in relazione agli obiettivi ed agli indirizzi della Commissione europea, il Ministro delle infrastrutture e dei trasporti definisce il Piano nazionale per la sicurezza stradale.

4. Il Governo comunica annualmente al Parlamento l'esito delle indagini periodiche riguardanti i profili sociali, ambientali ed economici della circolazione stradale.

5. Il Ministro delle infrastrutture e dei trasporti fornisce all'opinione pubblica i dati piu' significativi utilizzando i piu' moderni sistemi di comunicazione di massa e, nei riguardi di alcune categorie di cittadini, il messaggio pubblicitario di tipo prevenzionale ed educativo.

Art. 2.
Definizione e classificazione delle strade

1. Ai fini dell'applicazione delle norme del presente codice si definisce "strada" l'area ad uso pubblico destinata alla circolazione dei pedoni, dei veicoli e degli animali.

2. Le strade sono classificate, riguardo alle loro caratteristiche costruttive, tecniche e funzionali, nei seguenti tipi:

A - Autostrade;
B - Strade extraurbane principali;
C - Strade extraurbane secondarie;
D - Strade urbane di scorrimento;
E - Strade urbane di quartiere;
E-bis - Strade urbane ciclabili;

F - Strade locali.

F-bis. Itinerari ciclopedonali.

3. Le strade di cui al comma 2 devono avere le seguenti caratteristiche minime:

A - AUTOSTRADA: strada extraurbana o urbana a carreggiate indipendenti o separate da spartitraffico invalicabile, ciascuna con almeno due corsie di marcia, eventuale banchina pavimentata a sinistra e corsia di emergenza o banchina pavimentata a destra, priva di intersezioni a raso e di accessi privati, dotata di recinzione e di sistemi di assistenza all'utente lungo l'intero tracciato, riservata alla circolazione di talune categorie di veicoli a motore e contraddistinta da appositi segnali di inizio e fine; deve essere attrezzata con apposite aree di servizio ed aree di parcheggio entrambe con accessi dotati di corsie di decelerazione e di accelerazione.

B - STRADA EXTRAURBANA PRINCIPALE: strada a carreggiate indipendenti o separate da spartitraffico invalicabile, ciascuna con almeno due corsie di marcia e banchina pavimentata a destra, priva di intersezioni a raso, con accessi alle proprieta' laterali coordinati, contraddistinta dagli appositi segnali di inizio e fine, riservata alla circolazione di talune categorie di veicoli a motore; per eventuali altre categorie di utenti devono essere previsti opportuni spazi. Deve essere attrezzata con apposite aree di servizio, che comprendano spazi per la sosta, con accessi dotati di corsie di decelerazione e di accelerazione.

C - STRADA EXTRAURBANA SECONDARIA: strada ad unica carreggiata con almeno una corsia per senso di marcia e banchine.

D - STRADA URBANA DI SCORRIMENTO: strada a carreggiate indipendenti o separate da spartitraffico, ciascuna con almeno due corsie di marcia, ed una eventuale corsia riservata ai mezzi pubblici, banchina pavimentata a destra e marciapiedi, con le eventuali intersezioni a raso semaforizzate; per la sosta sono previste apposite aree o fasce laterali estranee alla carreggiata, entrambe con immissioni ed uscite concentrate.

E - STRADA URBANA DI QUARTIERE: strada ad unica carreggiata con almeno due corsie, banchine pavimentate e marciapiedi; per la sosta sono previste aree attrezzate con apposita corsia di manovra, esterna alla carreggiata.

E-bis - Strada urbana ciclabile: strada urbana ad unica carreggiata, con banchine pavimentate e marciapiedi, con limite di velocita' non superiore a 30 km/h, definita da apposita segnaletica verticale ed orizzontale, con priorita' per i velocipedi.

F - STRADA LOCALE: strada urbana od extraurbana opportunamente sistemata ai fini di cui al comma 1 non facente parte degli altri tipi di strade.

F-bis. Itinerario ciclopedonale: strada locale, urbana, extraurbana o vicinale, destinata prevalentemente alla percorrenza pedonale e ciclabile e caratterizzata da una sicurezza intrinseca a tutela dell'utenza ((vulnerabile)) della strada.

4. E' denominata "strada di servizio" la strada affiancata ad una strada principale (autostrada, strada extraurbana principale, strada urbana di scorrimento) avente la funzione di consentire la sosta ed il raggruppamento degli accessi dalle proprieta' laterali alla strada principale e viceversa, nonche' il movimento e le manovre dei veicoli non ammessi sulla strada principale stessa.

5. Per le esigenze di carattere amministrativo e con riferimento all'uso e alle tipologie dei collegamenti svolti, , le strade, come classificate ai sensi del comma 2, si distinguono in strade "statali", "regionali", "provinciali", "comunali", secondo le indicazioni che seguono. Enti proprietari delle dette strade sono rispettivamente lo Stato, la regione, la provincia, il comune.
PERIODO ABROGATO DAL D.LGS. 15 MARZO 2010, N. 66.

6. Le strade extraurbane di cui al comma 2, lettere B, C ed F, si distinguono in:

A - Statali, quando: a) costituiscono le grandi direttrici del traffico nazionale; b) congiungono la rete viabile principale dello Stato con quelle degli Stati limitrofi; c) congiungono tra loro I capoluoghi di regione ovvero i capoluoghi di provincia situati in regioni diverse, ovvero costituiscono diretti ed importanti collegamenti tra strade statali; d) allacciano alla rete delle strade statali i porti marittimi, gli aeroporti, i centri di particolare importanza industriale, turistica e climatica; e) servono traffici interregionali o presentano particolare interesse per l'economia di vaste zone del territorio nazionale.

B - Regionali, quando allacciano i capoluoghi di provincia della stessa regione tra loro o con il capoluogo di regione ovvero allacciano i capoluoghi di provincia o i comuni con la rete statale se cio' sia particolarmente rilevante per ragioni di carattere industriale, commerciale, agricolo, turistico e climatico.

C - Provinciali, quando allacciano al capoluogo di provincia capoluoghi dei singoli comuni della rispettiva provincia o piu' capoluoghi di comuni tra loro ovvero quando allacciano alla rete statale o regionale i capoluoghi di comune, se cio' sia particolarmente rilevante per ragioni di carattere industriale, commerciale, agricolo, turistico e climatico.

D - Comunali, quando congiungono il capoluogo del comune con le sue frazioni o le frazioni fra loro, ovvero congiungono il capoluogo con la stazione ferroviaria, tranviaria o automobilistica, con un aeroporto o porto marittimo, lacuale o fluviale, con interporti o nodi di scambio intermodale o con le localita' che sono sede di essenziali servizi interessanti la collettivita' comunale. Ai fini del presente codice, le strade "vicinali" sono assimilate alle strade comunali.

7. Le strade urbane di cui al comma 2, lettere D , E e F, sono sempre comunali quando siano situate nell'interno dei centri abitati, eccettuati i tratti interni di strade statali, regionali o provinciali che attraversano centri abitati con popolazione non superiore a diecimila abitanti. PERIODO SOPPRESSO DAL D.LGS. 10 SETTEMBRE 1993, N. 360. PERIODO SOPPRESSO DAL D.LGS. 10 SETTEMBRE 1993, N. 360.

8. Il Ministero delle infrastrutture e dei trasporti, nel termine indicato dall'art. 13, comma 5, procede alla classificazione delle strade statali ai sensi del comma 5 , seguendo i criteri di cui ai commi 5, 6 e 7, sentiti il Consiglio superiore dei lavori pubblici, il consiglio di amministrazione dell'Azienda nazionale autonoma per le strade statali, le regioni interessate, nei casi e con le modalita' indicate dal regolamento. Le regioni, nel termine e con gli stessi criteri indicati, procedono, sentiti gli enti locali, alle classificazioni delle strade ai sensi del comma 5. Le strade cosi' classificate sono iscritte nell'Archivio nazionale delle strade previsto dall'art. 226.

9. Quando le strade non corrispondono piu' all' uso e alle tipologie di collegamento previste sono declassificate dal Ministero delle infrastrutture e dei trasporti e dalle regioni, secondo le rispettive competenze, acquisiti i pareri indicati nel comma 8. I casi e la procedura per tale declassificazione sono indicati dal regolamento.

10. Le disposizioni di cui alla presente disciplina non modificano gli effetti del decreto del Presidente del Consiglio dei Ministri 10 agosto 1988, n. 377, emanato in attuazione della legge 8 luglio 1986, n. 349, in ordine all'individuazione delle opere sottoposte alla procedura di valutazione d'impatto ambientale.

10-bis. Resta ferma, per le strade e veicoli militari, la disciplina specificamente prevista dal codice dell'ordinamento militare.

Art. 3.
Definizioni stradali e di traffico

1. Ai fini delle presenti norme le denominazioni stradali e di traffico hanno i seguenti significati:

1) AREA DI INTERSEZIONE: parte della intersezione a raso, nella quale si intersecano due o piu' correnti di traffico.

2) Area pedonale: zona interdetta alla circolazione dei veicoli, salvo quelli in servizio di emergenza, i velocipedi e i veicoli al servizio di persone con limitate o impedite capacita' motorie, nonche' eventuali deroghe per i veicoli ad emissioni zero aventi ingombro e velocita' tali da poter essere assimilati ai velocipedi.

In particolari situazioni i comuni possono introdurre, attraverso apposita segnalazione, ulteriori restrizioni alla circolazione su aree pedonali.

3) ATTRAVERSAMENTO PEDONALE: parte della carreggiata, opportunamente segnalata ed organizzata, sulla quale i pedoni in transito dall'uno all'altro lato della strada godono della precedenza rispetto ai veicoli.

4) BANCHINA: parte della strada compresa tra il margine della carreggiata ed il piu' vicino tra i seguenti elementi longitudinali: marciapiede, spartitraffico, arginello, ciglio interno della cunetta, ciglio superiore della scarpata nei rilevati.

5) BRACCIO DI INTERSEZIONE: cfr.RAMO DI INTERSEZIONE.

6) CANALIZZAZIONE: insieme di apprestamenti destinato a selezionare le correnti di traffico per guidarle in determinate direzioni.

7) CARREGGIATA: parte della strada destinata allo scorrimento dei veicoli; essa e' composta da una o piu' corsie di marcia ed, in genere, e' pavimentata e delimitata da strisce di margine.

7-bis) Casa avanzata: linea di arresto per le biciclette in posizione avanzata rispetto alla linea di arresto per tutti gli altri veicoli;

8) CENTRO ABITATO: insieme di edifici, delimitato lungo le vie di accesso dagli appositi segnali di inizio e fine. Per insieme di edifici si intende un raggruppamento continuo, ancorche' intervallato da strade, piazze, giardini o simili, costituito da non meno di venticinque fabbricati e da aree di uso pubblico con accessi veicolari o pedonali sulla strada.

9) CIRCOLAZIONE: e' il movimento, la fermata e la sosta dei pedoni, dei veicoli e degli animali sulla strada.

10) CONFINE STRADALE: limite della proprieta' stradale quale risulta dagli atti di acquisizione o dalle fasce di esproprio del progetto approvato; in mancanza, il confine e' costituito dal ciglio esterno del fosso di guardia o della cunetta, ove esistenti, o dal piede della scarpata se la strada e' in rilevato o dal ciglio superiore della scarpata se la strada e' in trincea.

11) CORRENTE DI TRAFFICO: insieme di veicoli (corrente veicolare), o pedoni (corrente pedonale), che si muovono su una strada nello stesso senso di marcia su una o piu' file parallele, seguendo una determinata traiettoria.

12) CORSIA: parte longitudinale della strada di larghezza idonea a permettere il transito di una sola fila di veicoli.

12-bis) Corsia ciclabile: parte longitudinale della carreggiata, posta di norma a destra, delimitata mediante una striscia bianca, continua o discontinua, destinata alla circolazione sulle strade dei velocipedi nello stesso senso di marcia degli altri veicoli e contraddistinta dal simbolo del velocipede. La corsia ciclabile puo' essere impegnata, per brevi tratti, da altri veicoli se le dimensioni della carreggiata non ne consentono l'uso esclusivo ai velocipedi; in tal caso essa e' parte della corsia veicolare e deve essere delimitata da strisce bianche discontinue. La corsia ciclabile puo' essere impegnata da altri veicoli anche quando sono presenti fermate del trasporto pubblico collettivo e risulta sovrapposta alle strisce di delimitazione di fermata di cui all'articolo 151 del regolamento di cui al decreto del Presidente della Repubblica 16 dicembre 1992, n. 495. La corsia ciclabile si intende valicabile, limitatamente allo spazio necessario per consentire ai veicoli, diversi dai velocipedi, di effettuare la sosta o la fermata nei casi in cui vi sia fascia di sosta veicolare laterale, con qualsiasi giacitura;

12-ter) Corsia ciclabile per doppio senso ciclabile: parte longitudinale della carreggiata urbana a senso unico di marcia, posta a sinistra rispetto al senso di marcia, delimitata mediante una striscia bianca discontinua, valicabile e ad uso promiscuo, idonea a permettere la circolazione sulle strade urbane dei velocipedi in senso contrario a quello di marcia degli altri veicoli e contraddistinta dal simbolo del velocipede. La corsia ciclabile e' parte della carreggiata destinata alla circolazione dei velocipedi in senso opposto a quello degli altri veicoli;

13) CORSIA DI ACCELERAZIONE: corsia specializzata per consentire ed agevolare l'ingresso ai veicoli sulla carreggiata.

14) CORSIA DI DECELERAZIONE: corsia specializzata per consentire l'uscita dei veicoli da una carreggiata in modo da non provocare rallentamenti ai veicoli non interessati a tale manovra.

15) CORSIA DI EMERGENZA: corsia, adiacente alla carreggiata, destinata alle soste di emergenza, al transito dei veicoli di soccorso ed, eccezionalmente, al movimento dei pedoni, nei casi in cui sia ammessa la circolazione degli stessi.

16) CORSIA DI MARCIA: corsia facente parte della carreggiata, normalmente delimitata da segnaletica orizzontale.

17) CORSIA RISERVATA: corsia di marcia destinata alla circolazione esclusiva di una o solo di alcune categorie di veicoli.

18) CORSIA SPECIALIZZATA: corsia destinata ai veicoli che si accingono ad effettuare determinate manovre, quali svolta, attraversamento, sorpasso, decelerazione, accelerazione, manovra per la sosta o che presentano basse velocita' o altro.

19) CUNETTA: manufatto destinato allo smaltimento delle acque meteoriche o di drenaggio, realizzato longitudinalmente od anche trasversalmente all'andamento della strada.

20) CURVA: raccordo longitudinale fra due tratti di strada rettilinei, aventi assi intersecantisi, tali da determinare condizioni di limitata visibilita'.

21) FASCIA DI PERTINENZA: striscia di terreno compresa tra la

carreggiata ed il confine stradale. E' parte della proprieta' stradale e puo' essere utilizzata solo per la realizzazione di altre parti della strada.

22) FASCIA DI RISPETTO: striscia di terreno, esterna al confine stradale, sulla quale esistono vincoli alla realizzazione, da parte dei proprietari del terreno, di costruzioni, recinzioni, piantagioni, depositi e simili.

23) FASCIA DI SOSTA LATERALE: parte della strada adiacente alla carreggiata, separata da questa mediante striscia di margine discontinua e comprendente la fila degli stalli di sosta e la relativa corsia di manovra.

24) GOLFO DI FERMATA: parte della strada, esterna alla carreggiata, destinata alle fermate dei mezzi collettivi di linea ed adiacente al marciapiede o ad altro spazio di attesa per i pedoni.

25) INTERSEZIONE A LIVELLI SFALSATI: insieme di infrastrutture (sovrappassi; sottopassi e rampe) che consente lo smistamento delle correnti veicolari fra rami di strade poste a diversi livelli.

26) INTERSEZIONE A RASO (o A LIVELLO): area comune a piu' strade, organizzata in modo da consentire lo smistamento delle correnti di traffico dall'una all'altra di esse.

27) ISOLA DI CANALIZZAZIONE: parte della strada, opportunamente delimitata e non transitabile, destinata a incanalare le correnti di traffico.

28) ISOLA DI TRAFFICO: cfr. ISOLA DI CANALIZZAZIONE.

29) ISOLA SALVAGENTE: cfr. SALVAGENTE.

30) ISOLA SPARTITRAFFICO: cfr. SPARTITRAFFICO.

31) ITINERARIO INTERNAZIONALE: strade o tratti di strade facenti parte degli itinerari cosi' definiti dagli accordi internazionali.

32) LIVELLETTA: tratto di strada a pendenza longitudinale costante.

33) MARCIAPIEDE: parte della strada, esterna alla carreggiata, rialzata o altrimenti delimitata e protetta, destinata ai pedoni.

34) PARCHEGGIO: area o infrastruttura posta fuori della carreggiata, destinata alla sosta regolamentata o non dei veicoli.

34-bis) Parcheggio scambiatore: parcheggio situato in prossimita' di stazioni o fermate del trasporto pubblico locale o del trasporto ferroviario, per agevolare l'intermodalita'.

35) PASSAGGIO A LIVELLO: intersezione a raso, opportunamente attrezzata e segnalata ai fini della sicurezza, tra una o piu' strade ed una linea ferroviaria o tramviaria in sede propria.

36) PASSAGGIO PEDONALE (cfr. anche MARCIAPIEDE): parte della strada separata dalla carreggiata, mediante una striscia bianca continua o una apposita protezione parallela ad essa e destinata al transito dei pedoni. Esso espleta la funzione di un marciapiede stradale, in

mancanza di esso.

37) PASSO CARRABILE: accesso ad un'area laterale idonea allo stazionamento di uno o piu' veicoli.

38) PIAZZOLA DI SOSTA: parte della strada, di lunghezza limitata, adiacente esternamente alla banchina, destinata alla sosta dei veicoli.

39) PISTA CICLABILE: parte longitudinale della strada, opportunamente delimitata, riservata alla circolazione dei velocipedi.

40) RACCORDO CONCAVO (CUNETTA): raccordo tra due livellette contigue di diversa pendenza che si intersecano al di sotto della superficie stradale. Tratto di strada con andamento longitudinale concavo.

41) RACCORDO CONVESSO (DOSSO): raccordo tra due livellette contigue di diversa pendenza che si intersecano al di sopra della superficie stradale. Tratto di strada con andamento longitudinale convesso.

42) RAMO DI INTERSEZIONE: tratto di strada afferente una intersezione.

43) RAMPA (DI INTERSEZIONE): strada destinata a collegare due rami di un'intersezione.

44) RIPA: zona di terreno immediatamente sovrastante o sottostante le scarpate del corpo stradale rispettivamente in taglio o in riporto sul terreno preesistente alla strada.

45) SALVAGENTE: parte della strada, rialzata o opportunamente delimitata e protetta, destinata al riparo ed alla sosta dei pedoni, in corrispondenza di attraversamenti pedonali o di fermate dei trasporti collettivi.

46) SEDE STRADALE: superficie compresa entro i confini stradali. Comprende la carreggiata e le fasce di pertinenza.

47) SEDE TRANVIARIA: parte longitudinale della strada, opportunamente delimitata, riservata alla circolazione dei tram e dei veicoli assimilabili.

48) SENTIERO (o MULATTIERA o TRATTURO): strada a fondo naturale formatasi per effetto del passaggio di pedoni o di animali.

49) SPARTITRAFFICO: parte longitudinale non carrabile della strada destinata alla separazione di correnti veicolari.

50) STRADA EXTRAURBANA: strada esterna ai centri abitati.

51) STRADA URBANA: strada interna ad un centro abitato.

52) STRADA VICINALE (o PODERALE o di BONIFICA): strada privata fuori dai centri abitati ad uso pubblico.

53) SVINCOLO: intersezione a livelli sfalsati in cui le correnti veicolari non si intersecano tra loro.53-bis) Utente ((vulnerabile)) della strada: pedoni, ((persone con disabilita')), ciclisti e tutti coloro i quali meritino una tutela particolare dai pericoli derivanti dalla circolazione sulle

strade.

54) ZONA A TRAFFICO LIMITATO: area in cui l'accesso e la circolazione veicolare sono limitati ad ore prestabilite o a particolari categorie di utenti e di veicoli.

55) ZONA DI ATTESTAMENTO: tratto di carreggiata, immediatamente a monte della linea di arresto, destinato all'accumulo dei veicoli in attesa di via libera e, generalmente, suddiviso in corsie specializzate separate da strisce longitudinali continue.

56) ZONA DI PRESELEZIONE: tratto di carreggiata, opportunamente segnalato, ove e' consentito il cambio di corsia affinche' i veicoli possano incanalarsi nelle corsie specializzate.

57) ZONA DI SCAMBIO: tratto di carreggiata a senso unico, di idonea lunghezza, lungo il quale correnti di traffico parallele, in movimento nello stesso verso, possono cambiare la reciproca posizione senza doversi arrestare.

58) ZONA RESIDENZIALE: zona urbana in cui vigono particolari regole di circolazione a protezione dei pedoni e dell'ambiente, delimitata lungo le vie di accesso dagli appositi segnali di inizio e di fine.

58-bis) Zona scolastica: zona urbana in prossimita' della quale si trovano edifici adibiti ad uso scolastico, in cui e' garantita una particolare protezione dei pedoni e dell'ambiente, delimitata lungo le vie di accesso dagli appositi segnali di inizio e di fine.

2. Nel regolamento sono stabilite altre definizioni stradali e di traffico di specifico rilievo tecnico.

Art. 4.
Delimitazione del centro abitato

1. Ai fini dell'attuazione della disciplina della circolazione stradale, il comune, entro centottanta giorni dalla data di entrata in vigore del presente codice, provvede con deliberazione della giunta alla delimitazione del centro abitato.

2. La deliberazione di delimitazione del centro abitato come definito dall'art. 3 e' pubblicata all'albo pretorio per trenta giorni consecutivi; ad essa viene allegata idonea cartografia nella quale sono evidenziati i confini sulle strade di accesso.

Art. 5.
Regolamentazione della circolazione in generale

1. Il Ministro delle infrastrutture e dei trasporti puo' impartire ai prefetti e agli enti proprietari delle strade le direttive per l'applicazione delle norme concernenti la regolamentazione della circolazione sulle strade di cui all'art. 2. PERIODO SOPPRESSO DAL D.LGS. 10 SETTEMBRE 1993, N. 360. PERIODO SOPPRESSO DAL D.LGS. 10 SETTEMBRE 1993, N. 360.

2. In caso di inosservanza di norme giuridiche, il Ministro delle

infrastrutture e dei trasporti puo' diffidare gli enti proprietari ad emettere i relativi provvedimenti. Nel caso in cui gli enti proprietari non ottemperino nel termine indicato, il Ministro delle infrastrutture e dei trasporti dispone, in ogni caso di grave pericolo per la sicurezza, l'esecuzione delle opere necessarie, con diritto di rivalsa nei confronti degli enti medesimi.

3. I provvedimenti per la regolamentazione della circolazione sono emessi dagli enti proprietari, attraverso gli organi competenti a norma degli articoli 6 e 7, con ordinanze motivate e rese note al pubblico mediante i prescritti segnali. ((PERIODO ABROGATO DAL D.LGS. 15 MARZO 2010, N. 66)).

Art. 6.
Regolamentazione della circolazione fuori dei centri abitati

1. Il prefetto, per motivi di sicurezza pubblica o inerenti alla sicurezza della circolazione, di tutela della salute, nonche' per esigenze di carattere militare puo', conformemente alle direttive del Ministro delle infrastrutture e dei trasporti, sospendere temporaneamente la circolazione di tutte o di alcune categorie di utenti sulle strade o su tratti di esse. Il prefetto, inoltre, nei giorni festivi o in particolari altri giorni fissati con apposito calendario, da emenarsi con decreto del Ministro delle infrastrutture e dei trasporti, puo' vietare la circolazione dei veicoli adibiti al trasporto di cose. Nel regolamento sono stabilite le condizioni e le eventuali deroghe.

2. Il prefetto stabilisce, anno per anno, le opportune prescrizioni per il transito periodico di armenti e di greggi determinando, quando occorra, gli itinerari e gli intervalli di tempo e di spazio.

3. COMMA ABROGATO DAL D.LGS. 15 MARZO 2010, N. 66.

4. L'ente proprietario della strada puo', con l'ordinanza di cui all'art. 5, comma 3:

   a) disporre, per il tempo strettamente necessario, la sospensione della circolazione di tutte o di alcune categorie di utenti per motivi di incolumita' pubblica ovvero per urgenti e improrogabili motivi attinenti alla tutela del patrimonio stradale o ad esigenze di carattere tecnico;

   b) stabilire obblighi, divieti e limitazioni di carattere temporaneo o permanente per ciascuna strada o tratto di essa, o per determinate categorie di utenti, in relazione alle esigenze della circolazione o alle caratteristiche strutturali delle strade ((, con particolare riguardo a quelle che attraversano siti inseriti nella lista del patrimonio mondiale dell'Organizzazione delle Nazioni Unite per l'educazione, la scienza e la cultura (UNESCO)));

   c) riservare corsie, anche protette, a determinate categorie di veicoli, anche con guida di rotaie, o a veicoli destinati a determinati usi;

   d) vietare o limitare o subordinare al pagamento di una somma il parcheggio o la sosta dei veicoli;

e) prescrivere che i veicoli siano muniti ovvero abbiano a bordo mezzi antisdrucciolevoli o pneumatici invernali idonei alla marcia su neve o su ghiaccio;

f) vietare temporaneamente la sosta su strade o tratti di strade per esigenze di carattere tecnico o di pulizia, rendendo noto tale divieto con i prescritti segnali non meno di quarantotto ore prima ed eventualmente con altri mezzi appropriati.

f-bis) prescrivere al di fuori dei centri abitati, in previsione di manifestazioni atmosferiche nevose di rilevante intensita', l'utilizzo esclusivo di pneumatici invernali, qualora non sia possibile garantire adeguate condizioni di sicurezza per la circolazione stradale e per l'incolumita' delle persone mediante il ricorso a soluzioni alternative.

5. Le ordinanze di cui al comma 4 sono emanate:

a) per le strade e le autostrade statali, dal capo dell'ufficio periferico dell'A.N.A.S. competente per territorio;

b) per le strade regionali, dal presidente della giunta;

c) per le strade provinciali, dal presidente della provincia;

d) per le strade comunali e le strade vicinali, dal sindaco;

e) LETTERA ABROGATA DAL D.LGS. 15 MARZO 2010, N. 66.

6. Per le strade e le autostrade in concessione, i poteri dell'ente proprietario della strada sono esercitati dal concessionario, previa comunicazione all'ente concedente. In caso di urgenza, i relativi provvedimenti possono essere adottati anche senza la preventiva comunicazione al concedente, che puo' revocare gli stessi.

7. Nell'ambito degli aereoporti aperti al traffico aereo civile e nelle aree portuali, la competenza a disciplinare la circolazione delle strade interne aperte all'uso pubblico e' riservata rispettivamente al direttore della circoscrizione aereoportuale competente per territorio e al comandante di porto capo di circondario, i quali vi provvedono a mezzo di ordinanze, in conformita' alle norme del presente codice. Nell'ambito degli aereoporti ove le aerostazioni siano affidate in gestione a enti o societa', il potere di ordinanza viene esercitato dal direttore della circoscrizione aeroportuale competente per territorio, sentiti gli enti e le societa' interessati.

8. Le autorita' che hanno disposto la sospensione della circolazione di cui ai commi 1 e 4, lettere a) e b), possono accordare, per esigenze gravi e indifferibili o per accertate necessita', deroghe o permessi, subordinati a speciali condizioni e cautele.

9. Tutte le strade statali sono a precedenza, salvo che l'autorita' competente disponga diversamente in particolari intersezioni in relazione alla classifica di cui all' art. 2, comma 2. Sulle altre strade o tratti di strada la precedenza e' stabilita dagli enti proprietari sulla base della

classificazione di cui all' art. 2, comma 2. In caso di controversia decide, con proprio decreto, il Ministro delle infrastrutture e dei trasporti. La precedenza deve essere resa nota con i prescritti segnali da installare a cura e spese dell'ente proprietario della strada che ha la precedenza.

10. L'ente proprietario della strada a precedenza, quando la intensita' o la sicurezza del traffico lo richiedano, puo', con ordinanza, prescrivere ai conducenti l'obbligo di fermarsi prima di immettersi sulla strada a precedenza.

11. Quando si tratti di due strade entrambe a precedenza, appartenenti allo stesso ente, l'ente deve stabilire l'obbligo di dare la precedenza ovvero anche l'obbligo di arrestarsi all'intersezione; quando si tratti di due strade a precedenza appartenenti a enti diversi, gli obblighi suddetti devono essere stabiliti di intesa fra gli enti stessi. Qualora l'accordo non venga raggiunto, decide con proprio decreto il Ministro delle infrastrutture e dei trasporti.

12. Chiunque non ottempera ai provvedimenti di sospensione della circolazione emanati a norma dei commi 1 e 3 e' soggetto alla sanzione amministrativa del pagamento di una somma da € 173 a € 694.
Se la violazione e' commessa dal conducente di un veicolo adibito al trasporto di cose, la sanzione amministrativa e' del pagamento di una somma da € 430 a € 1.731. In questa ultima ipotesi dalla violazione consegue la sanzione amministrativa accessoria della sospensione della patente di guida per un periodo da uno a quattro mesi, nonche' della sospensione della carta di circolazione del veicolo per lo stesso periodo ai sensi delle norme di cui al capo I, sezione II, del titolo VI. (19) (29) (43) (52) (64) (80) (89) (101) (114) (124) (133) (145) (163)

13. Chiunque viola le prescrizioni di cui al comma 2 e' soggetto alla sanzione amministrativa del pagamento di una somma da € 26 a € 102. (19) (29) (43) (52) (64) (80) (89) (101) (114) (124) (145)

14. Chiunque viola gli altri obblighi, divieti e limitazioni previsti nel presente articolo e' soggetto alla sanzione amministrativa del pagamento di una somma da € 87 a € 344. Nei casi di sosta vietata la sanzione amministrativa e' del pagamento di una somma da € 41 a € 167 qualora la violazione si prolunghi oltre le ventiquattro ore, la sanzione amministrativa pecuniaria e' applicata per ogni periodo di ventiquattro ore per il quale si protrae la violazione. (19) (29) (43) (52) (64) (80) (89) (101) (114) (124) (145) (163)

15. Nelle ipotesi di violazione del comma 12 l'agente accertatore intima al conducente di non proseguire il viaggio finche' non spiri il termine del divieto di circolazione; egli deve, quando la sosta nel luogo in cui e' stata accertata la violazione costituisce intralcio alla circolazione, provvedere a che il veicolo sia condotto in un luogo vicino in cui effettuare la sosta. Di quanto sopra e' fatta menzione nel verbale di contestazione.

Durante la sosta la responsabilita' del veicolo e del relativo carico rimane al conducente. Se le disposizioni come sopra impartite non sono osservate, la sanzione amministrativa accessoria della sospensione della patente e' da due a sei mesi.

AGGIORNAMENTO (19)
 Il Decreto 20 dicembre 1996 (in G.U. 28/12/1996, n. 303) ha disposto (con l'art. 1, comma 1) che le presenti modifiche avranno effetto a decorrere dal 1 gennaio 1997.

AGGIORNAMENTO (29)
 Il Decreto 22 dicembre 1998 (in G.U. 28/12/1998, n. 301) ha disposto (con l'art. 1, comma 1) che le presenti modifiche avranno effetto a decorrere dal 1 gennaio 1999.

AGGIORNAMENTO (43)
 Il Decreto 29 dicembre 2000 (in G.U. 30/12/2000, n. 303) ha disposto (con l'art. 1, comma 1) che le presenti modifiche avranno effetto a decorrere dal 1 gennaio 2001.

AGGIORNAMENTO (52)
 Il Decreto 24 dicembre 2002 (in G.U. 30/12/2002, n. 304) ha disposto (con l'art. 1, comma 1) che le presenti modifiche avranno effetto a decorrere dal 1 gennaio 2003.

AGGIORNAMENTO (64)
 Il Decreto 22 dicembre 2004 (in G.U. 30/12/2004, n. 305) ha disposto (con l'art. 1, comma 2) che le presenti modifiche avranno effetto a decorrere dal 1 gennaio 2005.

AGGIORNAMENTO (80)
 Il Decreto 29 dicembre 2006 (in G.U. 30/12/2006, n. 302) ha disposto (con l'art. 1, comma 2) che le presenti modifiche avranno effetto a decorrere dal 1 gennaio 2007.

AGGIORNAMENTO (89)
 Il Decreto 17 dicembre 2008 (in G.U. 30/12/2008, n. 303) ha disposto (con l'art. 1, comma 2) che le presenti modifiche avranno effetto a decorrere dal 1 gennaio 2009.

AGGIORNAMENTO (101)
 Il Decreto 22 dicembre 2010 (in G.U. 31/12/2010, n. 305) ha disposto (con l'art. 1, comma 2) che le presenti modifiche avranno

effetto a decorrere dal 1 gennaio 2011.

AGGIORNAMENTO (114)

Il Decreto 19 dicembre 2012 (in G.U. 31/12/2012, n. 303) ha disposto (con l'art. 1, comma 2) che le presenti modifiche avranno effetto a decorrere dal 1 gennaio 2013.

AGGIORNAMENTO (124)

Il Decreto 16 dicembre 2014 (in G.U. 31/12/2012, n. 302) ha disposto (con l'art. 1, comma 2) che le presenti modifiche avranno effetto a decorrere dal 1 gennaio 2015.

AGGIORNAMENTO (133)

Il Decreto 20 dicembre 2016 (in G.U. 30/12/2016, n. 304) ha disposto (con l'art. 1, comma 1) che le presenti modifiche avranno effetto a decorrere dal 1 gennaio 2017.

AGGIORNAMENTO (145)

Il Decreto 27 dicembre 2018 (in G.U. 29/12/2018, n. 301) ha disposto (con l'art. 3, comma 1) che le presenti modifiche avranno effetto a decorrere dal 1° gennaio 2019.

AGGIORNAMENTO (163)

Il Decreto 31 dicembre 2020 (in G.U. 31/12/2020, n. 323) ha disposto (con l'art. 3, comma 1) che le presenti modifiche avranno effetto a decorrere dal 1° gennaio 2021.

Art. 7.

Regolamentazione della circolazione nei centri abitati

1. Nei centri abitati i comuni possono, con ordinanza del sindaco:

a) adottare i provvedimenti indicati nell'art. 6, commi 1, 2 e 4;

b) limitare la circolazione di tutte o di alcune categorie di veicoli per accertate e motivate esigenze di prevenzione degli inquinamenti e di tutela del patrimonio artistico, ambientale e naturale, conformemente alle direttive impartite dal Ministro delle infrastrutture e dei trasporti, sentiti, per le rispettive competenze, il Ministro dell'ambiente e della tutela del territorio,
il Ministro delle infrastrutture e dei trasporti ed il Ministro per I beni culturali e ambientali;

c) stabilire la precedenza su determinate strade o tratti di strade, ovvero in una determinata intersezione, in relazione alla classificazione di cui all'art. 2, e, quando la intensita' o la sicurezza del traffico lo richiedano, prescrivere ai conducenti, prima di immettersi su una determinata strada, l'obbligo di arrestarsi all'intersezione e di dare la precedenza a chi circola su quest'ultima;

d) riservare limitati spazi alla sosta, a carattere permanente o temporaneo, ovvero anche solo per determinati periodi, giorni e orari:

1) dei veicoli degli organi di polizia stradale di cui all'articolo 12, dei vigili del fuoco e dei servizi di soccorso;

2) dei veicoli adibiti al servizio di persone con disabilita', munite del contrassegno di cui all'articolo 381, comma 2, del regolamento;

3) dei veicoli al servizio delle donne in stato di gravidanza o di genitori con un bambino di eta' non superiore a due anni, munite di contrassegno speciale, denominato «permesso rosa»;

4) dei veicoli elettrici;

5) dei veicoli per il carico e lo scarico delle merci nelle ore stabilite;

6) dei veicoli adibiti a servizi di linea per lo stazionamento ai capilinea;

7) dei veicoli adibiti al trasporto scolastico nelle ore stabilite;

e) stabilire aree nelle quali e' autorizzato il parcheggio dei veicoli;

f) stabilire, previa deliberazione della giunta, aree destinate al parcheggio sulle quali la sosta dei veicoli e' subordinata al pagamento di una somma da riscuotere mediante dispositivi di controllo di durata della sosta, anche senza custodia del veicolo, fissando le relative condizioni e tariffe in conformita' alle direttive del Ministero delle infrastrutture e dei trasporti, di concerto con la Presidenza del Consiglio dei Ministri - Dipartimento per le aree urbane;

g) prescrivere orari e riservare spazi per i veicoli di categoria N, ai sensi della lettera c) del comma 2 dell'articolo 47, utilizzati per il carico e lo scarico di cose;

h) istituire le aree attrezzate riservate alla sosta e al parcheggio delle autocaravan di cui all'art. 185;

i) riservare strade alla circolazione dei veicoli adibiti a servizi pubblici di trasporto, al fine di favorire la mobilita' urbana.

i-bis) stabilire che su strade classificate di tipo E, E-bis, F o F-bis, ove il limite massimo di velocita' sia inferiore o uguale a 30 km/h ovvero su parte di una zona a traffico limitato, i velocipedi possano circolare anche in senso opposto all'unico senso di marcia prescritto per tutti gli altri veicoli, lungo la corsia ciclabile per doppio senso ciclabile presente sulla strada stessa. La facolta' puo' essere prevista indipendentemente dalla larghezza della carreggiata, dalla presenza e dalla posizione di aree per la sosta veicolare e dalla massa dei veicoli autorizzati al transito. Tale modalita' di circolazione dei velocipedi e' denominata 'doppio senso ciclabile' ed e' individuata mediante apposita segnaletica;

i-ter) consentire la circolazione dei velocipedi sulle strade di cui alla lettera i), purche' non siano presenti binari tramviari a raso ed a condizione che, salvo situazioni puntuali, il modulo delle strade non sia inferiore a 4,30 m.

2. I divieti di sosta si intendono imposti dalle ore 8 alle ore 20, salvo che sia diversamente indicato nel relativo segnale.

3. Per i tratti di strade non comunali che attraversano centri abitati, i provvedimenti indicati nell'art. 6, commi 1 e 2, sono di competenza del prefetto e quelli indicati nello stesso articolo, comma 4, lettera a), sono di competenza dell'ente proprietario della strada. I provvedimenti indicati nello stesso comma 4, lettere b), c), d), e) ed f) sono di competenza del comune, che li adotta sentito il parere dell'ente proprietario della strada.

4. Nel caso di sospensione della circolazione per motivi di sicurezza pubblica o di sicurezza della circolazione o per esigenze di carattere militare, ovvero laddove siano stati stabiliti obblighi, divieti o limitazioni di carattere temporaneo o permanente, possono essere accordati, per accertate necessita', permessi subordinati a speciali condizioni e cautele. Nei casi in cui sia stata vietata o limitata la sosta, possono essere accordati permessi subordinati a speciali condizioni e cautele ai veicoli riservati a servizi di polizia e a quelli utilizzati dagli esercenti la professione sanitaria, nell'espletamento delle proprie mansioni, nonche' dalle persone con limitata o impedita capacita' motoria, muniti del contrassegno speciale.

5. Le caratteristiche, le modalita' costruttive, la procedura di omologazione e i criteri di installazione e di manutenzione dei dispositivi di controllo di durata della sosta sono stabiliti con decreto del Ministro delle infrastrutture e dei trasporti, di concerto con il Ministro delle infrastrutture e dei trasporti.

6. Le aree destinate al parcheggio devono essere ubicate fuori della carreggiata e comunque in modo che i veicoli parcheggiati non ostacolino lo scorrimento del traffico.

7. I proventi dei parcheggi a pagamento, in quanto spettanti agli enti proprietari della strada, sono destinati alla installazione, costruzione e gestione di parcheggi in superficie, sopraelevati o sotterranei, e al loro miglioramento nonche' a interventi per il finanziamento del trasporto pubblico locale e per migliorare la mobilita' urbana.

8. Qualora il comune assuma l'esercizio diretto del parcheggio con custodia o lo dia in concessione ovvero disponga l'installazione dei dispositivi di controllo di durata della sosta di cui al comma 1, lettera f), su parte della stessa area o su altra parte nelle immediate vicinanze, deve riservare una adeguata area destinata a parcheggio rispettivamente senza custodia o senza dispositivi di controllo di durata della sosta. Tale obbligo non sussiste per le zone definite a norma dell'art. 3 "area pedonale" e "zona a traffico limitato", nonche' per quelle definite " A" dall'art. 2 del decreto del Ministro dei lavori pubblici 2 aprile 1968, n. 1444 , pubblicato nella Gazzetta Ufficiale n. 97 del 16 aprile 1968, e in altre zone

di particolare rilevanza urbanistica, opportunamente individuate e delimitate dalla giunta nelle quali sussistano esigenze e condizioni particolari di traffico.

9. I comuni, con deliberazione della giunta, provvedono a delimitare le aree pedonali e le zone a traffico limitato tenendo conto degli effetti del traffico sulla sicurezza della circolazione, sulla salute, sull'ordine pubblico, sul patrimonio ambientale e culturale e sul territorio. In caso di urgenza il provvedimento potra' essere adottato con ordinanza del sindaco, ancorche' di modifica o integrazione della deliberazione della giunta. Analogamente i comuni provvedono a delimitare altre zone di rilevanza urbanistica nelle quali sussistono esigenze particolari di traffico, di cui al secondo periodo del comma 8. I comuni possono subordinare l'ingresso o la circolazione dei veicoli a motore, all'interno delle zone a traffico limitato, anche al pagamento di una somma. ((Con decreto del Ministro delle infrastrutture e della mobilita' sostenibili sono individuate le tipologie dei comuni che possono avvalersi di tale facolta', le modalita' di riscossione del pagamento, le categorie dei veicoli esentati, nonche', previa intesa
in sede di Conferenza unificata di cui all'articolo 8 del decreto legislativo 28 agosto 1997, n. 281, i massimali delle tariffe, da definire tenendo conto delle emissioni inquinanti dei veicoli e delle tipologie dei permessi)).

9-bis. Nel delimitare le zone di cui al comma 9 i comuni consentono, in ogni caso, l'accesso libero a tali zone ai veicoli a propulsione elettrica o ibrida

10. Le zone di cui ai commi 8 e 9 sono indicate mediante appositi segnali.

11. Nell'ambito delle zone di cui ai commi 8 e 9 e delle altre zone di particolare rilevanza urbanistica nelle quali sussistono condizioni ed esigenze analoghe a quelle previste nei medesimi commi, i comuni hanno facolta' di riservare, con ordinanza del sindaco, superfici o spazi di sosta per veicoli privati dei soli residenti nella zona, a titolo gratuito od oneroso.

11-bis. Nelle zone scolastiche urbane puo' essere limitata o esclusa la circolazione, la sosta o la fermata di tutte o di alcune categorie di veicoli, in orari e con modalita' definiti con ordinanza del sindaco. I divieti di circolazione, di sosta o di fermata non si applicano agli scuolabus, agli autobus destinati al trasporto degli alunni frequentanti istituti scolastici, nonche' ai titolari di contrassegno di cui all'articolo 381, comma 2, del regolamento di cui al decreto del Presidente della Repubblica 16 dicembre 1992, n. 495. Chiunque viola gli obblighi, le limitazioni o i divieti previsti al presente comma e' soggetto alla sanzione amministrativa di cui al comma 13-bis.

12. Per le citta' metropolitane le competenze della giunta e del sindaco previste dal presente articolo sono esercitate rispettivamente dalla

giunta metropolitana e dal sindaco metropolitano.

13. Chiunque non ottemperi ai provvedimenti di sospensione o divieto della circolazione e' soggetto alla sanzione amministrativa del pagamento di una somma da € 87 a € 344. (19) (29) (43) (52) (64) (80) (89) (101) (114) (124) (145) (163)

13-bis. Chiunque, in violazione delle limitazioni previste ai sensi della lettera b) del comma 1, circola con veicoli appartenenti, relativamente alle emissioni inquinanti, a categorie inferiori a quelle prescritte, e' soggetto alla sanzione amministrativa del pagamento di una somma da € 168 a € 678 e, nel caso di reiterazione della violazione nel biennio, alla sanzione amministrativa accessoria della sospensione della patente di guida da quindici a trenta giorni ai sensi delle norme di cui al capo I, sezione II, del titolo VI.
(114) (124) (133) (145) (163)

14. Chiunque viola gli altri obblighi, divieti o limitazioni previsti nel presente articolo, e' soggetto alla sanzione amministrativa del pagamento di una somma da € 42 a € 173. La violazione del divieto di circolazione nelle corsie riservate ai mezzi pubblici di trasporto, nelle aree pedonali e nelle zone a traffico limitato e' soggetta alla sanzione amministrativa del pagamento di una somma da € 83 a € 332. (19) (29) (43) (52) (64) (80) (89) (101) (114) (124) (145) (163)

15. Nei casi di sosta vietata, in cui la violazione si prolunghi oltre le ventiquattro ore, la sanzione amministrativa pecuniaria e' applicata per ogni periodo di ventiquattro ore, per il quale si protrae la violazione. Se si tratta di sosta limitata o regolamentata, la sanzione amministrativa e' del pagamento di una somma da € 26 a € 102 e la sanzione stessa e' applicata per ogni periodo per il quale si protrae la violazione. (19) (29) (43) (52) (64) (80) (89) (101) (114) (124) (145)

15-bis. Salvo che il fatto costituisca reato, coloro che esercitano senza autorizzazione, anche avvalendosi di altre persone, ovvero determinano altri ad esercitare senza autorizzazione l'attivita' di parcheggiatore o guardiamacchine sono puniti con la sanzione amministrativa del pagamento di una somma da € 769 ad € 3.095. Se nell'attivita' sono impiegati minori, o se il soggetto e' gia' stato sanzionato per la medesima violazione con provvedimento definitivo, si applica la pena dell'arresto da sei mesi a un anno e dell'ammenda da 2.000 a 7.000 euro. E' sempre disposta la confisca delle somme percepite, secondo le modalita' indicate al titolo VI, capo I, sezione II. (163)

AGGIORNAMENTO (19)

Il Decreto 20 dicembre 1996 (in G.U. 28/12/1996, n. 303) ha disposto (con l'art. 1, comma 1) che le presenti modifiche avranno effetto a decorrere dal 1 gennaio 1997.

AGGIORNAMENTO (29)

Il Decreto 22 dicembre 1998 (in G.U. 28/12/1998, n. 301) ha disposto (con l'art. 1, comma 1) che le presenti modifiche avranno effetto a decorrere dal 1 gennaio 1999.

AGGIORNAMENTO (43)

Il Decreto 29 dicembre 2000 (in G.U. 30/12/2000, n. 303) ha disposto (con l'art. 1, comma 1) che le presenti modifiche avranno effetto a decorrere dal 1 gennaio 2001.

AGGIORNAMENTO (52)

Il Decreto 24 dicembre 2002 (in G.U. 30/12/2002, n. 304) ha disposto (con l'art. 1, comma 1) che le presenti modifiche avranno effetto a decorrere dal 1 gennaio 2003.

AGGIORNAMENTO (64)

Il Decreto 22 dicembre 2004 (in G.U. 30/12/2004, n. 305) ha disposto (con l'art. 1, comma 2) che le presenti modifiche avranno effetto a decorrere dal 1 gennaio 2005.

AGGIORNAMENTO (80)

Il Decreto 29 dicembre 2006 (in G.U. 30/12/2006, n. 302) ha disposto (con l'art. 1, comma 2) che le presenti modifiche avranno effetto a decorrere dal 1 gennaio 2007.

AGGIORNAMENTO (89)

Il Decreto 17 dicembre 2008 (in G.U. 30/12/2008, n. 303) ha disposto (con l'art. 1, comma 2) che le presenti modifiche avranno effetto a decorrere dal 1 gennaio 2009.

AGGIORNAMENTO (101)

Il Decreto 22 dicembre 2010 (in G.U. 31/12/2010 n. 305) ha disposto (con l'art. 1, comma 2) che le presenti modifiche avranno effetto a decorrere dal 1 gennaio 2011.

AGGIORNAMENTO (114)

Il Decreto 19 dicembre 2012 (in G.U. 31/12/2012 n. 303) ha disposto (con l'art. 1, comma 2) che le presenti modifiche avranno effetto a decorrere dal 1 gennaio 2013.

AGGIORNAMENTO (124)

Il Decreto 16 dicembre 2014 (in G.U. 31/12/2014, n. 302) ha

disposto (con l'art. 1, comma 2) che le presenti modifiche avranno effetto a decorrere dal 1 gennaio 2015.

AGGIORNAMENTO (133)
Il Decreto 20 dicembre 2016 (in G.U. 30/12/2016, n. 304) ha disposto (con l'art. 1, comma 1) che le presenti modifiche avranno effetto a decorrere dal 1 gennaio 2017.

AGGIORNAMENTO (145)
Il Decreto 27 dicembre 2018 (in G.U. 29/12/2018, n. 301) ha disposto (con l'art. 3, comma 1) che le presenti modifiche avranno effetto a decorrere dal 1° gennaio 2019.

AGGIORNAMENTO (163)
Il Decreto 31 dicembre 2020 (in G.U. 31/12/2020, n. 323) ha disposto (con l'art. 3, comma 1) che le presenti modifiche avranno effetto a decorrere dal 1° gennaio 2021.

Art. 8.
Circolazione nelle piccole isole

1. Nelle piccole isole, dove si trovino comuni dichiarati di soggiorno o di cura, qualora la rete stradale extraurbana non superi 50 chilometri e le difficolta' ed i pericoli del traffico automobilistico siano particolarmente intensi, il Ministro delle infrastrutture e dei trasporti, sentite le regioni e i comuni interessati, puo', con proprio decreto, vietare che, nei mesi di piu' intenso movimento turistico, i veicoli appartenenti a persone non facenti parte della popolazione stabile siano fatti affluire e circolare nell' isola. Con medesimo provvedimento possono essere stabilite deroghe al divieto a favore di determinate categorie di veicoli e di utenti.
2. Chiunque viola gli obblighi, i divieti e le limitazioni previsti dal presente articolo e' punito con la sanzione amministrativa del pagamento di una somma ((da € 430 a € 1.731)). (19) (29) (43) (52) (64) (80) (89) (101) (114) (124) (133) (145) ((163))

AGGIORNAMENTO (19)
Il Decreto 20 dicembre 1996 (in G.U. 28/12/1996, n. 303) ha disposto (con l'art. 1, comma 1) che la presente modifica avra' effetto a decorrere dal 1 gennaio 1997.

AGGIORNAMENTO (29)
Il Decreto 22 dicembre 1998 (in G.U. 28/12/1998, n. 301) ha disposto (con l'art. 1, comma 1) che la presente modifica avra' effetto a decorrere dal 1 gennaio 1999.

AGGIORNAMENTO (43)

Il Decreto 29 dicembre 2000 (in G.U. 30/12/2000, n. 303) ha disposto (con l'art. 1, comma 1) che la presente modifica avra' effetto a decorrere dal 1 gennaio 2001.

AGGIORNAMENTO (52)

Il Decreto 24 dicembre 2002 (in G.U. 30/12/2002, n. 304) ha disposto (con l'art. 1, comma 1) che la presente modifica avra' effetto a decorrere dal 1 gennaio 2003.

AGGIORNAMENTO (64)

Il Decreto 22 dicembre 2004 (in G.U. 30/12/2004, n. 305) ha disposto (con l'art. 1, comma 2) che la presente modifica avra' effetto a decorrere dal 1 gennaio 2005.

AGGIORNAMENTO (80)

Il Decreto 29 dicembre 2006 (in G.U. 30/12/2006, n. 302) ha disposto (con l'art. 1, comma 2) che la presente modifica avra' effetto a decorrere dal 1 gennaio 2007.

AGGIORNAMENTO (89)

Il Decreto 17 dicembre 2008 (in G.U. 30/12/2008, n. 303) ha disposto (con l'art. 1, comma 2) che la presente modifica avra' effetto a decorrere dal 1 gennaio 2009.

AGGIORNAMENTO (101)

Il Decreto 22 dicembre 2010 (in G.U. 31/12/2010, n. 305) ha disposto (con l'art. 1, comma 2) che la presente modifica avra' effetto a decorrere dal 1 gennaio 2011.

AGGIORNAMENTO (114)

Il Decreto 19 dicembre 2012 (in G.U. 31/12/2012, n. 303) ha disposto (con l'art. 1, comma 2) che la presente modifica avra' effetto a decorrere dal 1 gennaio 2013.

AGGIORNAMENTO (124)

Il Decreto 16 dicembre 2014 (in G.U. 31/12/2012, n. 302) ha disposto (con l'art. 1, comma 2) che la presente modifica avra' effetto a decorrere dal 1 gennaio 2015.

AGGIORNAMENTO (133)

Il Decreto 20 dicembre 2016 (in G.U. 30/12/2016, n. 304) ha

disposto (con l'art. 1, comma 1) che la presente modifica avra' effetto a decorrere dal 1 gennaio 2017.

AGGIORNAMENTO (145)
Il Decreto 27 dicembre 2018 (in G.U. 29/12/2018, n. 301) ha disposto (con l'art. 3, comma 1) che la presente modifica avra' effetto a decorrere dal 1° gennaio 2019.

AGGIORNAMENTO (163)
Il Decreto 31 dicembre 2020 (in G.U. 31/12/2020, n. 323) ha disposto (con l'art. 3, comma 1) che la presente modifica avra' effetto a decorrere dal 1° gennaio 2021.

Art. 9.
Competizioni sportive su strada

1. Sulle strade ed aree pubbliche sono vietate le competizioni sportive con veicoli o animali e quelle atletiche, salvo autorizzazione. L'autorizzazione e' rilasciata dal comune in cui devono avere luogo le gare atletiche e ciclistiche e quelle con animali o con veicoli a trazione animale. Essa e' rilasciata dalla regione e dalle province autonome di Trento e di Bolzano per le gare atletiche, ciclistiche e per le gare con animali o con veicoli a trazione animale che interessano piu' comuni. Per le gare atletiche, ciclistiche e quelle con animali o con veicoli a trazione animale che interessano il territorio di piu' regioni, l'autorizzazione e' rilasciata dalla regione o dalla provincia autonoma del luogo di partenza, d'intesa con le altre regioni interessate, che devono rilasciare il nulla osta entro il termine di venti giorni antecedenti alla data di effettuazione della gara. Per le gare con veicoli a motore l'autorizzazione e' rilasciata, sentite le federazioni nazionali sportive competenti e dandone tempestiva informazione all'autorita' di pubblica sicurezza: dalla regione e dalle province autonome di Trento e di Bolzano per le strade che costituiscono la rete di interesse nazionale; dalla regione per le strade regionali;
dalle province per le strade provinciali; dai comuni per le strade comunali. Nelle autorizzazioni sono precisate le prescrizioni alle quali le gare sono subordinate. (49)

2. Le autorizzazioni di cui al comma 1 devono essere richieste dai promotori almeno quindici giorni prima della manifestazione per quelle di competenza del sindaco e almeno trenta giorni prima per le altre e possono essere concesse previo nulla osta dell'ente proprietario della strada. (49)

3. Per le autorizzazioni relative alle competizioni motoristiche I promotori devono richiedere il nulla osta per la loro effettuazione al Ministero delle infrastrutture e dei trasporti, allegando il preventivo parere del C.O.N.I.

Per consentire la formulazione del programma delle competizioni da svolgere nel corso dell'anno, qualora venga riconosciuto il carattere sportivo delle stesse e non si creino gravi limitazioni al servizio di trasporto pubblico, nonche' al traffico ordinario, i promotori devono avanzare le loro richieste entro il trentuno dicembre dell'anno precedente. Il preventivo parere del C.O.N.I. non e' richiesto per le manifestazioni di regolarita' a cui partecipano i veicoli di cui all'articolo 60, purche' la velocita' imposta sia per tutto il percorso inferiore a 40 km/h e la manifestazione sia organizzata in conformita' alle norme tecnico sportive della federazione di competenza. (49)

4. L'autorizzazione per l'effettuazione delle competizioni previste dal programma di cui al comma 3 deve essere richiesta, almeno trenta giorni prima della data fissata per la competizione, ed e' subordinata al rispetto delle norme tecnico- sportive e di sicurezza vigenti e all'esito favorevole del collaudo del percorso di gara e delle attrezzature relative, effettuato da un tecnico dell'ente proprietario della strada, assistito dai rappresentanti dei Ministeri dell'interno, delle infrastrutture e dei trasporti, unitamente ai rappresentanti degli organi sportivi competenti e dei promotori. Tale collaudo puo' essere omesso quando, anziche' di gare di velocita', si tratti di gare di regolarita' per le quali non sia ammessa una velocita' media eccedente 50 km/h sulle tratte da svolgersi sulle strade aperte al traffico e 80 km/h sulle tratte da svolgersi sulle strade chiuse al traffico; il collaudo stesso e' sempre necessario per le tratte in cui siano consentite velocita' superiori ai detti limiti. (49)

4-bis. Fermo restando quanto disposto dall'articolo 193, i veicoli che partecipano alle competizioni motoristiche sportive di cui al presente articolo possono circolare, limitatamente agli spostamenti all'interno del percorso della competizione e per il tempo strettamente necessario per gli stessi, in deroga alle disposizioni di cui all'articolo 78.

5. Nei casi in cui, per motivate necessita', si debba inserire una competizione non prevista nel programma, i promotori, prima di chiedere l'autorizzazione di cui al comma 4, devono richiedere al Ministero delle infrastrutture e dei trasporti il nulla osta di cui al comma 3 almeno sessanta giorni prima della competizione.
L'autorita' competente puo' concedere l'autorizzazione a spostare la data di effettuazione indicata nel programma quando gli organi sportivi competenti lo richiedano per motivate necessita', dandone comunicazione al Ministero delle infrastrutture e dei trasporti. (49)

6. Per tutte le competizioni sportive su strada, l'autorizzazione e' altresi' subordinata alla stipula, da parte dei promotori, di un contratto di assicurazione per la responsabilita' civile di cui all'art. 3 della legge 24 dicembre 1969, n. 990, e successive modificazioni e integrazioni. L'assicurazione deve coprire altresi' la responsabilita' dell'organizzazionee

degli altri obbligati per I danni comunque causati alle strade e alle relative attrezzature. I limiti di garanzia sono previsti dalla normativa vigente. (49)

6-bis. Quando la sicurezza della circolazione lo renda necessario, nel provvedimento di autorizzazione di competizioni ciclistiche su strada, puo' essere imposta la scorta da parte di uno degli organi di cui all'articolo 12, comma 1, ovvero, in loro vece o in loro ausilio, di una scorta tecnica effettuata da persone munite di apposita abilitazione. Qualora sia prescritta la scorta di polizia, l'organo adito puo' autorizzare gli organizzatori ad avvalersi, in sua vece o in suo ausilio, della scorta tecnica effettuata a cura di personale abilitato, fissandone le modalita' ed imponendo le relative prescrizioni. (49)

6-ter. Con disciplinare tecnico, approvato con provvedimento dirigenziale del Ministero delle infrastrutture e dei trasporti, di concerto con il Ministero dell'interno, sono stabiliti i requisiti e le modalita' di abilitazione delle persone autorizzate ad eseguire la scorta tecnica ai sensi del comma 6-bis, i dispositivi e le caratteristiche dei veicoli adibiti al servizio di scorta nonche' le relative modalita' di svolgimento. L'abilitazione e' rilasciata dal Ministero dell'interno. (49)

6-quater. Per le competizioni ciclistiche o podistiche, ovvero con altri veicoli non a motore o con pattini, che si svolgono all'interno del territorio comunale, o di comuni limitrofi, tra i quali vi sia preventivo accordo, la scorta puo' essere effettuata dalla polizia municipale coadiuvata, se necessario, da scorta tecnica con personale abilitato ai sensi del comma 6-ter. (49)

7. Al termine di ogni competizione il prefetto comunica tempestivamente al Ministero delle infrastrutture e dei trasporti, ai fini della predisposizione del programma per l'anno successivo, le risultanze della competizione precisando le eventuali inadempienze rispetto alla autorizzazione e l'eventuale verificarsi di inconvenienti o incidenti. (49)

7-bis. Salvo che, per particolari esigenze connesse all'andamento plano-altimetrico del percorso, ovvero al numero dei partecipanti, sia necessaria la chiusura della strada, la validita' dell'autorizzazione e' subordinata, ove necessario, all'esistenza di un provvedimento di sospensione temporanea della circolazione in occasione del transito dei partecipanti ai sensi dell'articolo 6, comma 1, ovvero, se trattasi di centro abitato, dell'articolo 7, comma 1. (49)

8. Fuori dei casi previsti dal comma 8-bis, chiunque organizza una competizione sportiva indicata nel presente articolo senza esserne autorizzato nei modi previsti e' soggetto alla sanzione amministrativa del pagamento di una somma ((da € 173 a € 694)), se si tratta di competizione sportiva atletica, ciclistica o con animali, ovvero di una somma ((da € 866 a € 3.464)), se si tratta di competizione sportiva con veicoli a motore. In ogni

caso l'autorita' amministrativa dispone l'immediato divieto di effettuare la competizione, secondo le norme di cui al capo I, sezione II, del titolo VI. (49) (64) (80) (89) (101) (114) (124) (133) (145) ((163))

8-bis. COMMA ABROGATO DAL D.L. 27 GIUGNO 2003, N. 151, CONVERTITO CON MODIFICAZIONI DALLA L. 1 AGOSTO 2003, N. 214.

9. Chiunque non ottemperi agli obblighi, divieti o limitazioni a cui il presente articolo subordina l'effettuazione di una competizione sportiva, e risultanti dalla relativa autorizzazione, e' soggetto alla sanzione amministrativa del pagamento di una somma ((da € 87 a € 344)), se si tratta di competizione sportiva atletica, ciclistica o con animali, ovvero di una somma ((da € 173 a € 694)), se si tratta di competizione sportiva con veicoli a motore. (19) (29) (43) (52) (64) (80) (89) (101) (114) (124) (133) (145) ((163))

AGGIORNAMENTO (19)

Il Decreto 20 dicembre 1996 (in G.U. 28/12/1996, n. 303) ha disposto (con l'art. 1, comma 1) che le presenti modifiche avranno effetto a decorrere dal 1 gennaio 1997.

AGGIORNAMENTO (29)

Il Decreto 22 dicembre 1998 (in G.U. 28/12/1998, n. 301) ha disposto (con l'art. 1, comma 1) che le presenti modifiche avranno effetto a decorrere dal 1 gennaio 1999.

AGGIORNAMENTO (43)

Il Decreto 29 dicembre 2000 (in G.U. 30/12/2000, n. 303) ha disposto (con l'art. 1, comma 1) che le presenti modifiche avranno effetto a decorrere dal 1 gennaio 2001.

AGGIORNAMENTO (52)

Il Decreto 24 dicembre 2002 (in G.U. 30/12/2002, n. 304) ha disposto (con l'art. 1, comma 1) che le presenti modifiche avranno effetto a decorrere dal 1 gennaio 2003.

AGGIORNAMENTO (49)

Il D.L. 20 giugno 2002, n. 121, convertito con modificazioni dalla L. 1 agosto 2002, n. 168, nel modificare l'art. 2, comma 1 del D.Lgs. 15 gennaio 2002, n. 9, ha conseguentemente disposto (con l'art. 1, comma 1) che le presenti modifiche hanno effetto a decorrere dal 07/08/2002.

AGGIORNAMENTO (64)
Il Decreto 22 dicembre 2004 (in G.U. 30/12/2004, n. 305) ha disposto (con l'art. 1, comma 2) che le presenti modifiche avranno effetto a decorrere dal 1 gennaio 2005.

AGGIORNAMENTO (80)
Il Decreto 29 dicembre 2006 (in G.U. 30/12/2006, n. 302) ha disposto (con l'art. 1, comma 2) che le presenti modifiche avranno effetto a decorrere dal 1 gennaio 2007.

AGGIORNAMENTO (89)
Il Decreto 17 dicembre 2008 (in G.U. 30/12/2008, n. 303) ha disposto (con l'art. 1, comma 2) che le presenti modifiche avranno effetto a decorrere dal 1 gennaio 2009.

AGGIORNAMENTO (101)
Il Decreto 22 dicembre 2010 (in G.U. 31/12/2010 n. 305) ha disposto (con l'art. 1, comma 2) che le presenti modifiche avranno effetto a decorrere dal 1 gennaio 2011.

AGGIORNAMENTO (114)
Il Decreto 19 dicembre 2012 (in G.U. 31/12/2012 n. 303) ha disposto (con l'art. 1, comma 2) che le presenti modifiche avranno effetto a decorrere dal 1 gennaio 2013.

AGGIORNAMENTO (124)
Il Decreto 16 dicembre 2014 (in G.U. 31/12/2014, n. 302) ha disposto (con l'art. 1, comma 2) che le presenti modifiche avranno effetto a decorrere dal 1 gennaio 2015.

AGGIORNAMENTO (133)
Il Decreto 20 dicembre 2016 (in G.U. 30/12/2016, n. 304) ha disposto (con l'art. 1, comma 1) che le presenti modifiche avranno effetto a decorrere dal 1 gennaio 2017.

AGGIORNAMENTO (145)
Il Decreto 27 dicembre 2018 (in G.U. 29/12/2018, n. 301) ha disposto (con l'art. 3, comma 1) che le presenti modifiche avranno effetto a decorrere dal 1° gennaio 2019.

AGGIORNAMENTO (163)
Il Decreto 31 dicembre 2020 (in G.U. 31/12/2020, n. 323) ha

disposto (con l'art. 3, comma 1) che le presenti modifiche avranno effetto a decorrere dal 1° gennaio 2021.

Art. 9-bis.

(((Organizzazione di competizioni non autorizzate in velocita' con veicoli a motore e partecipazione alle gare).))

((1. Salvo che il fatto costituisca piu' grave reato, chiunque organizza, promuove, dirige o comunque agevola una competizione sportiva in velocita' con veicoli a motore senza esserne autorizzato ai sensi dell'articolo 9 e' punito con la reclusione da uno a tre anni e con la multa da euro 25.000 a euro 100.000. La stessa pena si applica a chiunque prende parte alla competizione non autorizzata.

2. Se dallo svolgimento della competizione deriva, comunque, la morte di una o piu' persone, si applica la pena della reclusione da sei a dodici anni; se ne deriva una lesione personale la pena e' della reclusione da tre a sei anni.

3. Le pene indicate ai commi 1 e 2 sono aumentate fino ad un anno se le manifestazioni sono organizzate a fine di lucro o al fine di esercitare o di consentire scommesse clandestine, ovvero se alla competizione partecipano minori di anni diciotto.

4. Chiunque effettua scommesse sulle gare di cui al comma 1 e' punito con la reclusione da tre mesi ad un anno e con la multa da euro 5.000 a euro 25.000.

5. Nei confronti di coloro che hanno preso parte alla competizione, all'accertamento del reato consegue la sanzione amministrativa accessoria della sospensione della patente da uno a tre anni ai sensi del capo II, sezione II, del titolo VI. La patente e' sempre revocata se dallo svolgimento della competizione sono derivate lesioni personali gravi o gravissime o la morte di una o piu' persone. Con la sentenza di condanna e' sempre disposta la confisca dei veicoli dei partecipanti, salvo che appartengano a persona estranea al reato, e che questa non li abbia affidati a questo scopo.

6. In ogni caso l'autorita' amministrativa dispone l'immediato divieto di effettuare la competizione, secondo le norme di cui al capo I, sezione II, del titolo VI.))

Art. 9-ter.

(((Divieto di gareggiare in velocita' con veicoli a motore).))

((1. Fuori dei casi previsti dall'articolo 9-bis, chiunque gareggia in velocita' con veicoli a motore e' punito con la reclusione da sei mesi ad un anno e con la multa da euro 5.000 a euro 20.000.

2. Se dallo svolgimento della competizione deriva, comunque, la morte di una o piu' persone, si applica la pena della reclusione da sei a dieci anni; se ne deriva una lesione personale la pena e' della reclusione da due a cinque anni.

3. All'accertamento del reato consegue la sanzione amministrativa accessoria della sospensione della patente da uno a tre anni ai sensi del capo II, sezione II, del titolo VI. La patente e' sempre revocata se dallo svolgimento della competizione sono derivate lesioni personali gravi o gravissime o la morte di una o piu' persone. Con la sentenza di condanna e' sempre disposta la confisca dei veicoli dei partecipanti, salvo che appartengano a persona estranea al reato e che questa non li abbia affidati a questo scopo.))

Art. 10.

Veicoli eccezionali e trasporti in condizioni di eccezionalita'

1. E' eccezionale il veicolo che nella propria configurazione di marcia superi, per specifiche esigenze funzionali, i limiti di sagoma o massa stabiliti negli articoli 61 e 62.

2. E' considerato trasporto in condizioni di eccezionalita':

a) il trasporto di una o piu' cose indivisibili che, per le loro dimensioni, determinano eccedenza rispetto ai limiti di sagoma stabiliti dall'art. 61, ma sempre nel rispetto dei limiti di massa stabiliti nell'art. 62; insieme con le cose indivisibili possono essere trasportate anche altre cose non eccedenti per dimensioni I limiti dell'art. 61, sempreche' non vengano superati i limiti di massa stabiliti dall'art. 62;

b) il trasporto, che ecceda congiuntamente i limiti fissati dagli articoli 61 e 62, di blocchi di pietra naturale, di elementi prefabbricati composti ed apparecchiature industriali complesse per l'edilizia, di prodotti siderurgici coils e laminati grezzi, eseguito con veicoli eccezionali, che puo' essere effettuato integrando il carico con gli stessi generi merceologici autorizzati, e comunque in numero non superiore a sei unita', fino al completamento della massa eccezionale complessiva posseduta dall'autoveicolo o dal complesso di veicoli; qualora siano superati i limiti di cui all'articolo 62, ma nel rispetto dell'articolo 61, il carico puo' essere completato, con generi della stessa natura merceologica, per occupare l'intera superficie utile del piano di carico del veicolo o del complesso di veicoli, nell'osservanza dell'articolo 164 e della massa eccezionale a disposizione, fatta eccezione per gli elementi prefabbricati composti e le apparecchiature industriali complesse per l'edilizia per i quali si applica sempre il limite delle sei unita'. In entrambi i casi la predetta massa complessiva non puo' essere superiore a 38 tonnellate se si tratta di autoveicoli isolati a tre assi, a 48 tonnellate se si tratta di autoveicoli isolati a quattro assi, a 86 tonnellate se si tratta di complessi di veicoli a sei assi, a 108 tonnellate se si tratta di complessi di veicoli a otto assi. Entro i suddetti limiti di massa complessiva, il trasporto puo' essere effettuato con autoveicoli o complessi di autoveicoli isolati aventi un numero di assi superiore a quello indicato. Nel caso di trasporto eccezionale per massa complessiva fino a 108 tonnellate effettuato mediante complessi di veicoli a otto o piu' assi, con il decreto di cui al comma 10-bis sono stabilite le specifiche tecniche e le modalita' indispensabili per il rilascio della relativa autorizzazione. Fermo quanto previsto dal comma 10-bis, i richiamati limiti di massa possono essere superati nel solo caso in cui sia trasportato un unico pezzo indivisibile;

2-bis. Ove i veicoli di cui al comma 2, lettera b), per l'effettuazione delle attivita' ivi previste, compiano percorsi ripetitivi con sagome di carico sempre simili, l'autorizzazione alla circolazione e' concessa dall'ente proprietario previo pagamento di un indennizzo forfettario pari a 1, 5, 2 e 3 volte gli importi rispettivamente dovuti per i medesimi veicoli isolati a tre e quattro assi e le combinazioni a sei o piu' assi, da corrispondere contestualmente alla tassa di possesso e per la stessa durata. L'autorizzazione per la percorrenza di strade di tipo "A" e' comunque subordinata al pagamento delle tariffe prescritte dalle societa' autostradali. I proventi dei citati indennizzi affluiscono in un apposito capitolo dello stato di previsione dell'entrata del bilancio dello Stato e sono assegnati agli enti proprietari delle strade in analogia a quanto previsto dall'articolo 34 per i veicoli classificati mezzi d'opera. Ai veicoli ed ai trasporti di cui sopra sono altresi' applicabili le sanzioni di cui al comma 5 dell'articolo 34, aumentate di due volte, e ai commi 21 e 22 del presente articolo.

3. E' considerato trasporto in condizioni di eccezionalita' anche quello effettuato con veicoli:

a) il cui carico indivisibile sporge posteriormente oltre la sagoma del veicolo di piu' di 3/10 della lunghezza del veicolo stesso;

b) che, pur avendo un carico indivisibile sporgente posteriormente meno di 3/10, hanno lunghezza, compreso il carico, superiore alla sagoma limite in lunghezza propria di ciascuna categoria di veicoli;

c) il cui carico indivisibile sporge anteriormente oltre la sagoma del veicolo;

d) isolati o costituenti autotreno ovvero autoarticolati, purche' il carico non sporga anteriormente dal semirimorchio, caratterizzati in modo permanente da particolari attrezzature risultanti dalle rispettive carte di circolazione, destinati esclusivamente al trasporto di veicoli che eccedono i limiti previsti dall'art. 61;

e) isolati o costituenti autotreni ovvero autoarticolati dotati di blocchi d'angolo di tipo normalizzato allorche' trasportino esclusivamente contenitori o casse mobili di tipo unificato o trainino rimorchi o semirimorchi utilizzati in operazioni di trasporto intermodale, per cui vengono superate le dimensioni o le masse stabilite rispettivamente dall'articolo 61 e dall'art. 62;

f) mezzi d'opera definiti all'art. 54, comma 1, lettera n), quando eccedono i limiti di massa stabiliti dall'art. 62.

g) con carrozzeria ad altezza variabile che effettuano trasporti di animali vivi.

g-bis) che trasportano balle o rotoli di paglia e fieno;

g-ter) isolati o complessi di veicoli, adibiti al trasporto di macchine operatrici e di macchine agricole;

4. Si intendono per cose indivisibili, ai fini delle presenti norme, quelle per le quali la riduzione delle dimensioni o delle masse, entro i limiti degli articoli 61 o 62, puo' recare danni o compromettere la funzionalita' delle cose ovvero pregiudicare la sicurezza del trasporto.

5. I veicoli eccezionali possono essere utilizzati solo dalle aziende che esercitano ai sensi di legge l'attivita' del trasporto eccezionale ovvero in uso proprio per necessita' inerenti l'attivita' aziendale; l'immatricolazione degli stessi veicoli potra' avvenire solo a nome e nella disponibilita' delle predette aziende.

6. I trasporti ed i veicoli eccezionali sono soggetti a specifica autorizzazione alla circolazione, rilasciata dall'ente proprietario o concessionario per le autostrade, strade statali e militari e dalle regioni per la rimanente rete viaria, salvo quanto stabilito al comma 2, lettera b). Non sono soggetti ad autorizzazione i veicoli:

a) di cui al comma 3, lettera d), quando ancorche' per effetto del carico non eccedano in altezza 4,20 m e non eccedano in lunghezza di oltre il 12 %, con i limiti stabiliti dall'articolo 61; tale eccedenza puo' essere anteriore e posteriore, oppure soltanto posteriore, per i veicoli isolati o costituenti autotreno, e soltanto posteriore per gli autoarticolati, a condizione che chi esegue il trasporto verifichi che nel percorso siano comprese esclusivamente strade o tratti di strada aventi le caratteristiche indicate nell'articolo 167, comma 4;

b) di cui al comma 3, lettera g), lettera g-bis) e lettera g-ter, quando non eccedano l'altezza di 4,30 m con il carico e le altre dimensioni stabilite dall'articolo 61 o le masse stabilite dall'articolo 62, a condizione che chi esegue il trasporto verifichi che nel percorso siano comprese esclusivamente strade o tratti di strada aventi le caratteristiche indicate nell'articolo 167, comma 4;

b-bis) di cui al comma 3, lettera e), quando, ancorche' per effetto del carico, non eccedano l'altezza di 4,30 m. e non eccedano in lunghezza di oltre il 12 per cento i limiti stabiliti dall'articolo 61, a condizione che siano rispettati gli altri limiti stabiliti dagli articoli 61 e 62 e che chi esegue il trasporto verifichi che nel percorso siano compresi esclusivamente strade o tratti di strada aventi le caratteristiche indicate nell'articolo 167, comma 4.

7. I veicoli di cui all'art. 54, comma 1, lettera n), classificati

mezzi d'opera e che eccedono i limiti di massa stabiliti nell'articolo 62, non sono soggetti ad autorizzazione alla circolazione a condizione che:

a) non superino i limiti di massa indicati nel comma 8 e comunque i limiti dimensionali dell'art. 61;

b) circolino nelle strade o in tratti di strade che nell'archivio di cui all'art. 226 risultino transitabili per detti mezzi, fermo restando quanto stabilito dal comma 4 dello stesso art. 226;

c) da parte di chi esegue il trasporto sia verificato che lungo il percorso non esistano limitazioni di massa totale a pieno carico o per asse segnalate dai prescritti cartelli;

d) per essi sia stato corrisposto l'indennizzo di usura di cui all'art. 34.

Qualora non siano rispettate le condizioni di cui alle lettere a), b) e c) i suddetti mezzi devono richiedere l'apposita autorizzazione prevista per tutti gli altri trasporti eccezionali.

8. La massa massima complessiva a pieno carico dei mezzi d'opera, purche' l'asse piu' caricato non superi le 13 t, non puo' eccedere:

a) veicoli a motore isolati:
- due assi: 20 t;
- tre assi: 33 t;
- quattro o piu' assi, con due assi anteriori direzionali: 40 t;

b) complessi di veicoli:
- quattro assi: 44 t;
- cinque o piu' assi: 56 t;
- cinque o piu' assi, per il trasporto di calcestruzzo in betoniera: 54 t.

9. L'autorizzazione e' rilasciata o volta per volta o per piu' transiti o per determinati periodi di tempo nei limiti della massa massima tecnicamente ammissibile. Nel provvedimento di autorizzazione possono essere imposti percorsi prestabiliti ed un servizio di scorta tecnica, secondo le modalita' e nei casi stabiliti dal regolamento. Qualora il transito del veicolo eccezionale o del trasporto in condizioni di eccezionalita' imponga la chiusura totale della strada con l'approntamento di itinerari alternativi, la scorta tecnica deve richiedere l'intervento degli organi di polizia stradale competenti per territorio che, se le circostanze lo consentono, possono autorizzare il personale della scorta tecnica stessa a coadiuvare il personale di polizia o ad eseguire direttamente, in luogo di esso, le necessarie operazioni, secondo le modalita' stabilite nel regolamento.

9-bis. Entro sessanta giorni dalla data di entrata in vigore della presente disposizione, il Governo, con regolamento adottato ai sensi dell'articolo 17, comma 1, della legge 23 agosto 1988, n. 400, e successive modificazioni, modifica il regolamento di esecuzione e di attuazione del nuovo codice della strada, di cui al decreto del Presidente della Repubblica 16 dicembre 1992, n. 495, prevedendo che:

a) per i trasporti eccezionali su gomma sia sufficiente prevedere la trasmissione, per via telematica, della prescritta richiesta di autorizzazione, corredata della necessaria documentazione, all'ente proprietario o concessionario per le autostrade, strade statali e militari, e alle regioni per la rimanente rete viaria, almeno quindici giorni prima della data fissata per il viaggio e le autorizzazioni devono essere rilasciate entro quindici giorni dalla loro presentazione;

b) le autorizzazioni periodiche di cui all'articolo 13 del citato regolamento siano valide per un numero indefinito di viaggi con validita' annuale per la circolazione a carico e a vuoto dei convogli indicati sull'autorizzazione;

c) le autorizzazioni multiple di cui al medesimo articolo 13 siano valide per un numero definito di viaggi da effettuarsi entro sei mesi dalla data del rilascio;

d) le autorizzazioni singole di cui al medesimo articolo 13 siano valide per un unico viaggio da effettuarsi entro tre mesi dalla data di rilascio;

e) per le autorizzazioni di tipo periodico non e' prevista l'indicazione della tipologia e della natura della merce trasportata;

f) le disposizioni contenute all'articolo 13, comma 5, non siano vincolate alla invariabilita' della natura del materiale e della tipologia degli elementi trasportati;

g) i trasporti di beni della medesima tipologia ripetuti nel tempo siano soggetti all'autorizzazione periodica prevista dall'articolo 13, come modificato ai sensi del presente comma, e che questa sia rilasciata con le modalita' semplificate di cui alla lettera a) del presente comma;

h) tutti i tipi di autorizzazioni, anche con validita' scaduta, siano rinnovabili su domanda che deve essere presentata, in carta semplice, per non piu' di tre volte, per un periodo di validita' non superiore a tre anni, quando tutti i dati, riferiti sia al veicolo che al suo carico, ed i percorsi stradali siano rimasti invariati;

i) nelle domande relative alle autorizzazioni di tipo singolo o multiplo, possano essere indicati, con annotazione a parte, fino ad un massimo di cinque veicoli costituenti riserva di quelli scelti per il trasporto, pari a cinque sia per il veicolo trattore che per il veicolo rimorchio o semirimorchio e siano ammesse tutte le combinazioni possibili tra i trattori ed i rimorchi o semirimorchi anche incrociate.

10. L'autorizzazione puo' essere data solo quando sia compatibile con la conservazione delle sovrastrutture stradali, con la stabilita' dei manufatti e con la sicurezza della circolazione. All'autorizzazione non si applicano le disposizioni dell'articolo 20 della legge 7 agosto 1990, n. 241. In essa sono indicate le prescrizioni nei riguardi della sicurezza stradale. Se il trasporto eccezionale e' causa di maggiore usura della strada in relazione al tipo di veicolo, alla distribuzione del carico sugli assi e al periodo di tempo o al numero dei transiti per i quali e' richiesta l'autorizzazione, deve altresi' essere determinato l'ammontare dell'indennizzo, dovuto all'ente proprietario della strada, con le modalita' previste dal comma 17. L'autorizzazione e' comunque subordinata al pagamento delle spese relative agli eventuali accertamenti tecnici preventivi e alla organizzazione del traffico eventualmente necessaria per l'effettuazione del trasporto nonche' alle opere di rafforzamento necessarie. Ai limiti dimensionali

stabiliti dall'autorizzazione non concorrono le eventuali eccedenze derivanti dagli organi di fissaggio ed ancoraggio del carico.

10-bis. Fermo quanto previsto dal comma 9-bis, con decreto del Ministro delle infrastrutture e della mobilita' sostenibili, da adottare entro il 30 aprile 2022, previo parere del Consiglio superiore dei lavori pubblici, sentita l'Agenzia nazionale per la sicurezza delle ferrovie e delle infrastrutture stradali e autostradali e previa intesa in sede di Conferenza unificata di cui all'articolo 8 del decreto legislativo 28 agosto 1997, n. 281, sono adottate apposite linee guida finalizzate ad assicurare l'omogeneita' della classificazione e gestione del rischio, nonche' della valutazione della compatibilita' dei trasporti in condizioni di eccezionalita' con la conservazione delle sovrastrutture stradali, con la stabilita' dei manufatti e con la sicurezza della circolazione. In particolare, le linee guida di cui al primo periodo definiscono:

a) le modalita' di verifica della compatibilita' del trasporto in condizioni di eccezionalita' con la conservazione delle sovrastrutture stradali, con la stabilita' dei manufatti e con la sicurezza della circolazione, in coerenza con quanto previsto dalle linee guida di cui all'articolo 14 del decreto-legge 28 settembre 2018, n. 109, convertito, con modificazioni, dalla legge 16 novembre 2018, n. 130;

b) le modalita' di rilascio dell'autorizzazione per il trasporto in condizioni di eccezionalita' per massa complessiva fino a 108 tonnellate effettuato mediante complessi di veicoli a otto o piu' assi di cui al comma 2, lettera b), nonche' per i trasporti in condizioni di eccezionalita' di un unico pezzo indivisibile eccedente i limiti di massa previsti dalla predetta lettera b), ivi comprese:

1) le specifiche attivita' di verifica preventiva delle condizioni delle sovrastrutture stradali e della stabilita' dei manufatti, interessati dal trasporto in condizioni di eccezionalita', che l'ente e le regioni di cui al comma 6 sono tenuti ad effettuare, anche in considerazione del numero e della frequenza dei trasporti in condizioni di eccezionalita', prima del rilascio dell'autorizzazione;

2) le specifiche modalita' di verifica della compatibilita' del trasporto in condizioni di eccezionalita' con la conservazione delle sovrastrutture stradali e con la stabilita' dei manufatti;

3) le specifiche modalita' di monitoraggio e controllo delle sovrastrutture stradali e dei manufatti, interessati dal trasporto in condizioni di eccezionalita', differenziate in considerazione del numero e della frequenza dei trasporti in condizioni di eccezionalita';

4) le specifiche modalita' di transito del trasporto eccezionale.

b-bis) la disciplina transitoria da applicare, nelle more dell'effettuazione delle verifiche di cui alle lettere a) o b), ivi comprese le eventuali misure, anche di natura organizzativa o gestionale, di mitigazione del rischio applicabili, comunque, non oltre il 30 settembre 2023. ((177))

11. L'autorizzazione alla circolazione non e' prescritta per i veicoli eccezionali di cui al comma 1 quando circolano senza superare nessuno dei limiti stabiliti dagli articoli 61 e 62 e quando garantiscono il rispetto della iscrizione nella fascia di ingombro prevista dal regolamento.

12. Non costituisce trasporto eccezionale, e pertanto non e' soggetto alla relativa autorizzazione, il traino di veicoli in avaria non eccedenti i limiti dimensionali e di massa stabiliti dagli articoli 61 o 62, quando tale traino sia effettuato con veicoli rispondenti alle caratteristiche costruttive e funzionali indicate nel regolamento e sia limitato al solo itinerario necessario a raggiungere la piu' vicina officina.

13. Non costituisce altresi' trasporto eccezionale l'autoarticolato il cui semirimorchio e' allestito con gruppo frigorifero autorizzato, sporgente anteriormente a sbalzo, a condizione che il complesso non ecceda le dimensioni stabilite dall'art. 61.

14. I veicoli per il trasporto di persone che per specificate e giustificate esigenze funzionali superino le dimensioni o le masse stabilite dagli articoli 61 o 62 sono compresi tra i veicoli di cui al comma 1. I predetti veicoli, qualora utilizzino i sistemi di propulsione ad alimentazione elettrica, sono esenti dal titolo autorizzativo allorche' presentano un'eccedenza in lunghezza rispetto all'art. 61 dovuta all'asta di presa di corrente in posizione di riposo. L'immatricolazione, ove ricorra, e l'autorizzazione all'impiego potranno avvenire solo a nome e nella disponibilita' di imprese autorizzate ad effettuare il trasporto di persone.

15. L'autorizzazione non puo' essere accordata per i motoveicoli ed e' comunque vincolata ai limiti di massa e alle prescrizioni di esercizio indicate nella carta di circolazione prevista dall'art. 93.

16. Nel regolamento sono stabilite le caratteristiche costruttive e funzionali dei veicoli eccezionali e di quelli adibiti al trasporto eccezionale, nonche' dei mezzi d'opera.

17. Nel regolamento sono stabilite le modalita' per il rilascio delle autorizzazioni per l'esecuzione dei trasporti eccezionali, ivi comprese le eventuali tolleranze, l'ammontare dell'indennizzo nel caso di trasporto eccezionale per massa, e i criteri per l'imposizione della scorta tecnica. Nelle autorizzazioni periodiche rilasciate per i veicoli adibiti al trasporto di carri ferroviari vige l'esonero dall'obbligo della scorta.

18. Chiunque, senza avere ottenuto l'autorizzazione, ovvero violando anche una sola delle condizioni stabilite nell'autorizzazione relativamente ai percorsi prestabiliti, fatta esclusione di brevi tratte non prevedibili e funzionali alla consegna delle merci, su o tra percorsi gia' autorizzati, ai periodi temporali, all'obbligo di scorta della Polizia stradale o tecnica, nonche' superando anche uno solo dei limiti massimi dimensionali o di massa indicati nell'autorizzazione medesima, esegua uno dei trasporti eccezionali di cui ai commi 2, 3 o 7, ovvero circoli con uno dei veicoli eccezionali di cui al comma 1, e' soggetto alla sanzione amministrativa del pagamento di una somma da € 794 a € 3.206. (52) (64) (80) (89) (101) (114) (124) (133) (145) (163)

19. Chiunque esegua trasporti eccezionali o in condizioni di eccezionalita', ovvero circoli con un veicolo eccezionale senza osservare le prescrizioni stabilite nell'autorizzazione e' soggetto alla sanzione amministrativa del pagamento di una somma da € 159 a € 641. Alla stessa sanzione e' soggetto chiunque esegua trasporti eccezionali o in condizioni di eccezionalita' ovvero circoli con un veicolo eccezionale, senza rispettare tutte le prescrizioni non comprese fra quelle indicate al comma 18, ad esclusione dei casi in

difetto, ancorche' maggiori delle tolleranze ammesse e/o con numero inferiore degli elementi del carico autorizzato. (52) (64) (80) (89) (101) (114) (124) (133) (145) (163)

20. Chiunque, avendola ottenuta, circoli senza avere con se' l'autorizzazione e' soggetto alla sanzione amministrativa del pagamento di una somma da € 42 a € 173. Il viaggio potra' proseguire solo dopo l'esibizione dell'autorizzazione; questa non sana l'obbligo di corrispondere la somma dovuta. (19) (29) (43) (52) (64) (80) (89) (101) (114) (124) (145)

21. Chiunque adibisce mezzi d'opera al trasporto di cose diverse da quelle previste nell'art. 54, comma 1, lettera n), salvo che cio' sia espressamente consentito, comunque entro i limiti di cui all'articolo 62, nelle rispettive licenze ed autorizzazioni al trasporto di cose, e' soggetto alla sanzione amministrativa del pagamento di una somma da € 430 a € 1.731 e alla sanzione amministrativa accessoria della sospensione della carta di circolazione da uno a sei mesi. La carta di circolazione e' ritirata immediatamente da chi accerta la violazione e trasmessa, senza ritardo, all'ufficio competente del Dipartimento per i trasporti terrestri che adottera' il provvedimento di sospensione. Alla terza violazione, accertata in un periodo di cinque anni, e' disposta la revoca, sulla carta di circolazione, della qualifica di mezzo d'opera. (19) (29) (43) (52) (64) (80) (89) (101) (114) (124) (133) (145) (163)

22. Chiunque transita con un mezzo d'opera in eccedenza ai limiti di massa stabiliti nell'art. 62 sulle strade e sulle autostrade non percorribili ai sensi del presente articolo e' soggetto alla sanzione amministrativa del pagamento di una somma da € 430 a € 1.731. (19) (29) (43) (52) (64) (80) (89) (101) (114) (124) (133) (145) (163)

23. Le sanzioni amministrative pecuniarie previste dai commi 18, 19, 21 e 22 si applicano sia al proprietario del veicolo sia al committente, quando si tratta di trasporto eseguito per suo conto esclusivo, ad esclusione di quelle relative a violazioni di norme di cui al Titolo V che restano a carico del solo conducente del veicolo.

24. Dalle sanzioni amministrative pecuniarie previste dai commi 18, 21 e 22 consegue la sanzione amministrativa accessoria della sospensione della patente di guida del conducente per un periodo da quindici a trenta giorni, nonche' la sospensione della carta di circolazione del veicolo da uno a due mesi, secondo le norme di cui al Capo I, sezione II, del Titolo VI. Nel caso di cui al comma 18, ove la violazione consista nel superamento dei limiti di massa previsti dall'articolo 62, ovvero dei limiti di massa indicati nell'autorizzazione al trasporto eccezionale, non si procede all'applicazione di sanzioni, se la massa complessiva a pieno carico

non risulta superiore di oltre il 5 per cento ai limiti previsti dall'articolo 62, comma 4. Nel caso di cui al comma 18, ove la violazione consista nel superamento dei limiti di sagoma previsti dall'articolo 61, ovvero dei limiti indicati nell'autorizzazione al trasporto eccezionale, non si procede all'applicazione di sanzioni se le dimensioni del carico non risultano superiori di oltre il 2 per cento, tranne nel caso in cui il superamento delle dimensioni comporti la prescrizione dell'obbligo della scorta.

25. Nelle ipotesi di violazione dei commi 18, 21 e 22, l'agente accertatore intima al conducente di non proseguire il viaggio, fino a che non si sia munito dell'autorizzazione, ovvero non abbia ottemperato alle norme ed alle cautele stabilite nell'autorizzazione. Il veicolo deve essere condotto in un luogo indicato dal proprietario dello stesso, al fine di ottemperare al fermo amministrativo; durante la sosta la responsabilita' del veicolo e il relativo trasporto rimangono a carico del proprietario. Di quanto sopra e' fatta menzione nel verbale di contestazione. Se le disposizioni come sopra impartite non sono osservate, si applica la sanzione amministrativa accessoria della sospensione della patente da uno a tre mesi;

25-bis. Nelle ipotesi di violazione del comma 19 il veicolo non puo' proseguire il viaggio se il conducente non abbia provveduto a sistemare il carico o il veicolo ovvero non abbia adempiuto alle prescrizioni omesse. L'agente accertatore procede al ritiro immediato della carta di circolazione, provvedendo con tutte le cautele che il veicolo sia condotto in luogo idoneo per la sistemazione del carico; del ritiro e' fatta menzione nel verbale di contestazione della violazione. Durante la sosta la responsabilita' del veicolo e del relativo carico rimane del conducente. I documenti sono restituiti all'avente diritto, allorche' il carico o il veicolo siano stati sistemati, ovvero quando sia stata adempiuta la prescrizione omessa.

25-ter. Il personale abilitato che nel corso di una scorta tecnica non rispetta le prescrizioni o le modalita' di svolgimento previste dal regolamento e' soggetto alla sanzione amministrativa del pagamento di una somma da € 430 a € 1.731. Ove in un periodo di due anni il medesimo soggetto sia incorso per almeno due volte in una delle violazioni di cui al presente comma, all'ultima violazione consegue la sanzione amministrativa accessoria della sospensione dell'abilitazione da uno a tre mesi, ai sensi della sezione II del capo I del titolo VI. (43) (52) (64) (80) (89) (101) (114) (124) (133) (145) (163)

25-quater. Oltre alle sanzioni previste nei commi precedenti non e' data facolta' di applicare ulteriori sanzioni di carattere amministrativo da parte degli enti di cui al comma 6.

26. Le disposizioni del presente articolo non si applicano alle macchine agricole eccezionali e alle macchine operatrici eccezionali.

AGGIORNAMENTO (3)
(13) (14) (18) (22) (168) (172) ((177))

Il D.L. 29 marzo 1993, n. 82,convertito dalla L. 27 maggio 1993, n. 162 ha disposto (con l'art. 14, comma 2) che "Le disposizioni contenute nell'articolo 10 del decreto legislativo 30 aprile 1992, n. 285, come modificato dal comma 1 del presente articolo, si applicano a decorrere dal 1° gennaio 1994. Fino a tale data si applicano le disposizioni in materia di veicoli eccezionali vigenti anteriormente al 1° gennaio 1993. Sono comunque fatti salvi gli effetti prodotti dal medesimo articolo 10 nel periodo compreso tra il 1° gennaio 1993 e la data di entrata in vigore del presente decreto".

AGGIORNAMENTO (13)

Il D.L. 21 aprile 1995, n. 117, convertito, con modificazioni, dalla L. 8 giugno 1995, n. 234, ha disposto (con l'art. 1, comma 1) che le disposizioni contenute nel presente articolo, come modificato dall'articolo 7 del decreto legislativo 10 settembre 1993, n. 360, si applicano a decorrere dal 1 luglio 1995. E' comunque consentita l'approvazione e l'omologazione dei mezzi d'opera secondo i limiti di massa previsti dal comma 8 del presente articolo.

AGGIORNAMENTO (14)

Il D.L. 21 aprile 1995, n. 117 convertito, con modificazioni, dalla L. 8 giugno 1995, n. 234, come modificato dal D.L. 28 giugno 1995, n. 251, convertito con modificazioni dalla L. 3 agosto 1995, n. 351, ha disposto (con l'art. 1, comma 1) che "Le disposizioni contenute nell'articolo 10 del decreto legislativo 30 aprile 1992, n. 285, come modificato dall'articolo 7 del decreto legislativo 10 settembre 1993, n. 360, si applicano a partire dal 31 gennaio 1996. E' comunque consentita l'approvazione e l'omologazione dei mezzi d'opera secondo i limiti di massa previsti dal comma 8 dello stesso articolo 10."

AGGIORNAMENTO (18)

Il D.L. 21 aprile 1995, n. 117 convertito, con modificazioni, dalla L. 8 giugno 1995, n. 234, come modificato dal D.L. 4 ottobre 1996, n. 517, convertito con modificazioni dalla L. 4 dicembre 1996, n. 611, ha disposto (con l'art. 1, comma 1) che "Le disposizioni contenute nell'articolo 10 del decreto legislativo 30 aprile 1992, n. 285, come modificato dall'articolo 7 del decreto legislativo 10 settembre 1993, n. 360, si applicano a decorrere dal 1 gennaio 1997. E' comunque consentita l'approvazione e l'omologazione dei mezzi d'opera secondo i limiti di massa previsti dal comma 8 dello stesso articolo 10".

AGGIORNAMENTO (22)
La L. 7 marzo 1997, n. 48 ha disposto (con l'art. 2, comma 2) che le disposizioni relative al servizio di scorta tecnica per i veicoli ed i trasporti eccezionali, fissate dal presente articolo, si applicano a partire dal 1 gennaio 1998.

AGGIORNAMENTO (29)
Il Decreto 22 dicembre 1998 (in G.U. 28/12/1998, n. 301) ha disposto (con l'art. 1, comma 1) che le presenti modifiche avranno effetto a decorrere dal 1 gennaio 1999.

AGGIORNAMENTO (43)
Il Decreto 29 dicembre 2000 (in G.U. 30/12/2000, n. 303) ha disposto (con l'art. 1, comma 1) che le presenti modifiche avranno effetto a decorrere dal 1 gennaio 2001.

AGGIORNAMENTO (52)
Il Decreto 24 dicembre 2002 (in G.U. 30/12/2002, n. 304) ha disposto (con l'art. 1, comma 1) che le presenti modifiche avranno effetto a decorrere dal 1 gennaio 2003.

AGGIORNAMENTO (64)
Il Decreto 22 dicembre 2004 (in G.U. 30/12/2004, n. 305) ha disposto (con l'art. 1, comma 2) che le presenti modifiche avranno effetto a decorrere dal 1 gennaio 2005.

AGGIORNAMENTO (80)
Il Decreto 29 dicembre 2006 (in G.U. 30/12/2006, n. 302) ha disposto (con l'art. 1, comma 2) che le presenti modifiche avranno effetto a decorrere dal 1 gennaio 2007.

AGGIORNAMENTO (89)
Il Decreto 17 dicembre 2008 (in G.U. 30/12/2008, n. 303) ha disposto (con l'art. 1, comma 2) che le presenti modifiche avranno effetto a decorrere dal 1 gennaio 2009.

AGGIORNAMENTO (101)
Il Decreto 22 dicembre 2010 (in G.U. 31/12/2010, n. 305) ha disposto (con l'art. 1, comma 2) che le presenti modifiche avranno

effetto a decorrere dal 1 gennaio 2011.

AGGIORNAMENTO (114)

Il Decreto 19 dicembre 2012 (in G.U. 31/12/2012, n. 303) ha disposto (con l'art. 1, comma 2) che la presente modifica avra' effetto a decorrere dal 1 gennaio 2013.

AGGIORNAMENTO (124)

Il Decreto 16 dicembre 2014 (in G.U. 31/12/2012, n. 302) ha disposto (con l'art. 1, comma 2) che le presenti modifiche avranno effetto a decorrere dal 1 gennaio 2015.

AGGIORNAMENTO (133)

Il Decreto 20 dicembre 2016 (in G.U. 30/12/2016, n. 304) ha disposto (con l'art. 1, comma 1) che le presenti modifiche avranno effetto a decorrere dal 1 gennaio 2017.

AGGIORNAMENTO (145)

Il Decreto 27 dicembre 2018 (in G.U. 29/12/2018, n. 301) ha disposto (con l'art. 3, comma 1) che le presenti modifiche avranno effetto a decorrere dal 1° gennaio 2019.

AGGIORNAMENTO (163)

Il Decreto 31 dicembre 2020 (in G.U. 31/12/2020, n. 323) ha disposto (con l'art. 3, comma 1) che le presenti modifiche avranno effetto a decorrere dal 1° gennaio 2021.

AGGIORNAMENTO (168)

Il D.L. 21 ottobre 2021, n. 146, convertito con modificazioni, dalla L. 17 dicembre 2021, n. 215, ha disposto (con l'art. 7-bis, commi 2 e 3) che "Fino alla data di entrata in vigore del decreto di cui all'articolo 10, comma 10-bis, del codice di cui al decreto legislativo 30 aprile 1992, n. 285, come introdotto dal comma 1 del presente articolo, e comunque non oltre il 30 aprile 2022, continua ad applicarsi, ai trasporti in condizioni di eccezionalita' per massa complessiva fino a 108 tonnellate effettuati mediante complessi di veicoli a otto assi, la disciplina di cui al citato articolo 10 vigente al 9 novembre 2021. Conservano altresi' efficacia fino alla loro scadenza le autorizzazioni alla circolazione gia' rilasciate alla data di entrata in vigore del decreto di cui al citato articolo 10, comma 10-bis, e comunque non oltre il 30 aprile 2022.

3. Fatto salvo quanto previsto dal comma 2, fino alla data di

entrata in vigore del decreto di cui all'articolo 10, comma 10-bis, del codice di cui al decreto legislativo 30 aprile 1992, n. 285, come introdotto dal comma 1 del presente articolo, l'autorizzazione al trasporto in condizioni di eccezionalita', fermo restando quanto previsto dal citato articolo 10, comma 2, lettera b), quarto periodo, come modificata dal comma 1 del presente articolo, puo' essere rilasciata esclusivamente entro i limiti di massa complessiva di 38 tonnellate se effettuato mediante autoveicolo isolato a tre assi, di 48 tonnellate se effettuato mediante autoveicolo isolato a quattro assi e di 86 tonnellate se effettuato mediante complessi di veicoli a sei assi".

AGGIORNAMENTO (172)

Il D.L. 21 ottobre 2021, n. 146 convertito, con modificazioni,

dalla L. 17 dicembre 2021, n. 215, come modificato dal D.L. 17 maggio 2022, n. 50, convertito con modificazioni dalla L. 15 luglio 2022, n. 91, ha disposto (con l'art. 7-bis, comma 2) che "Fino alla data di entrata in vigore del decreto di cui all'articolo 10, comma 10-bis, del codice di cui al decreto legislativo 30 aprile 1992, n. 285, come introdotto dal comma 1 del presente articolo, e comunque non oltre il 31 luglio 2022, continua ad applicarsi, ai trasporti in condizioni di eccezionalita' per massa complessiva fino a 108 tonnellate effettuati mediante complessi di veicoli a otto assi, la disciplina di cui al citato articolo 10 vigente al 9 novembre 2021. Conservano altresi' efficacia fino alla loro scadenza le autorizzazioni alla circolazione gia' rilasciate alla data di entrata in vigore del decreto di cui al citato articolo 10, comma 10-bis, e comunque non oltre il 31 luglio 2022".

AGGIORNAMENTO (177)

Il D.L. 21 ottobre 2021, n. 146, convertito con modificazioni dalla L. 17 dicembre 2021, n. 215, come modificato dal D.L. 9 agosto 2022, n. 115, convertito, con modificazioni, dalla L. 21 settembre 2022, n. 142, ha disposto (con l'art. 7-bis, comma 2) che "Fino al 31 dicembre 2022, resta sospesa l'efficacia delle disposizioni contenute nel decreto di cui all'articolo 10, comma 10-bis, del codice della strada, di cui al decreto legislativo 30 aprile 1992, n. 285, al fine di semplificare la disciplina transitoria disposta dalle linee guida, adottate con il medesimo decreto, sui trasporti in condizioni di eccezionalita', relativa alle verifiche di sicurezza per il transito dei mezzi fino a 86 tonnellate. Fino alla medesima data continua ad applicarsi, ai trasporti in condizioni di eccezionalita' per massa complessiva fino a 108 tonnellate effettuati mediante complessi di veicoli a otto o piu' assi, la disciplina di cui all'articolo 10 del codice di cui al decreto legislativo 30 aprile 1992, n. 285, vigente al 9 novembre 2021. Conservano altresi' efficacia, fino alla loro scadenza, le autorizzazioni alla circolazione gia' rilasciate prima della data di entrata in vigore del decreto di cui al citato articolo 10, comma 10-bis".

Art. 11.
Servizi di polizia stradale

1. Costituiscono servizi di polizia stradale:

a) la prevenzione e l'accertamento delle violazioni in materia di circolazione stradale;

b) la rilevazione degli incidenti stradali;

c) la predisposizione e l'esecuzione dei servizi diretti a regolare il traffico;

d) la scorta per la sicurezza della circolazione;

e) la tutela e il controllo sull'uso della strada.

2. Gli organi di polizia stradale concorrono, altresi', alle operazioni di soccorso automobilistico e stradale in genere. Possono, inoltre, collaborare all'effettuazione di rilevazioni per studi sul traffico.

3. Ai servizi di polizia stradale provvede il Ministero dell'interno, salve le attribuzioni dei comuni per quanto concerne i centri abitati. Al Ministero dell'interno compete, altresi', il coordinamento dei servizi di polizia stradale da chiunque espletati.

4. Gli interessati possono chiedere agli organi di polizia di cui all'art. 12 le informazioni acquisite relativamente alle modalita' dell'incidente, alla residenza ed al domicilio delle parti, alla copertura assicurativa dei veicoli e ai dati di individuazione di questi ultimi.

Art. 12.
Espletamento dei servizi di polizia stradale

1. L'espletamento dei servizi di polizia stradale previsti dal presente codice spetta:

a) in via principale alla specialita' Polizia Stradale della Polizia di Stato;

b) alla Polizia di Stato;

c) all'Arma dei carabinieri;

d) al Corpo della guardia di finanza;

d-bis) ai Corpi e ai servizi di polizia provinciale, nell'ambito del territorio di competenza;

e) ai Corpi e ai servizi di polizia municipale, nell'ambito del territorio di competenza;

f) ai funzionari del Ministero dell'interno addetti al servizio di polizia stradale.

f-bis) al Corpo di polizia penitenziaria e al Corpo forestale dello Stato, in relazione ai compiti di istituto.

2. L'espletamento dei servizi di cui all'art. 11, comma 1, lettere a) e b), spetta anche ai rimanenti ufficiali e agenti di polizia giudiziaria indicati nell'art. 57, commi 1 e 2, del codice di procedura penale.

3. La prevenzione e l'accertamento delle violazioni in materia di circolazione stradale e la tutela e il controllo sull'uso delle strade possono, inoltre, essere effettuati, previo superamento di un esame di qualificazione secondo quanto stabilito dal regolamento di esecuzione:

a) dal personale dell'Ispettorato generale per la circolazione e la sicurezza stradale, dell'Amministrazione centrale e periferica del Ministero delle infrastrutture e dei trasporti, del Dipartimento per i trasporti terrestri appartenente al Ministero dei trasporti e dal personale dell'A.N.A.S. ((, nonche' dal personale, con compiti ispettivi o di vigilanza sulle infrastrutture stradali o autostradali, dell'Agenzia nazionale per la sicurezza delle ferroviee delle infrastrutture stradali e autostradali));

b) dal personale degli uffici competenti in materia di viabilita' delle regioni, delle province e dei comuni, limitatamente alle violazioni commesse sulle strade di proprieta' degli enti da cui dipendono;

c) dai dipendenti dello Stato, delle province e dei comuni aventi la qualifica o le funzioni di cantoniere, limitatamente alle violazioni commesse sulle strade o sui tratti di strade affidate alla loro sorveglianza;

d) dal personale dell'ente ferrovie dello Stato e delle ferrovie e tramvie in concessione, che espletano mansioni ispettive o di vigilanza, nell'esercizio delle proprie funzioni e limitatamente alle violazioni commesse nell'ambito dei passaggi a livello dell'amministrazione di appartenenza;

e) dal personale delle circoscrizioni aeroportuali dipendenti dal Ministero dei trasporti, nell'ambito delle aree di cui all'art. 6, comma 7.

f) dai militari del Corpo delle capitanerie di porto, dipendenti dal Ministero della marina mercantile, nell'ambito delle aree di cui all'articolo 6, comma 7.

3-bis. I servizi di scorta per la sicurezza della circolazione, nonche' i conseguenti servizi diretti a regolare il traffico, di cui all'articolo 11, comma 1, lettere c) e d), possono inoltre essere effettuati da personale abilitato a svolgere scorte tecniche ai veicoli eccezionali e ai trasporti in condizione di eccezionalita', limitatamente ai percorsi autorizzati con il rispetto delle prescrizioni imposte dagli enti proprietari delle strade nei provvedimenti di autorizzazione o di quelle richieste dagli altri organi di polizia stradale di cui al comma 1.

4. La scorta e l'attuazione dei servizi diretti ad assicurare la marcia delle colonne militari spetta, inoltre, agli ufficiali, sottufficiali e militari di truppa delle Forze armate, appositamente qualificati con specifico attestato rilasciato dall'autorita' militare competente.

5. I soggetti indicati nel presente articolo, eccetto quelli di cui al comma 3-bis, quando non siano in uniforme, per espletare i propri compiti di polizia stradale devono fare uso di apposito segnale distintivo, conforme al modello stabilito nel regolamento.

Art. 12-bis.

(((Prevenzione ed accertamento delle violazioni in materia di sosta e fermata)))

((1. Con provvedimento del sindaco possono essere conferite funzioni di prevenzione e accertamento di tutte le violazioni in materia di sosta nell'ambito delle aree oggetto dell'affidamento per la sosta regolamentata o a pagamento, aree verdi comprese, a dipendenti comunali o delle societa' private e pubbliche esercenti la gestione della sosta di superficie a pagamento o dei parcheggi. Con provvedimento del sindaco possono, inoltre, essere conferite a dipendenti comunali o a dipendenti delle aziende municipalizzate o delle imprese addette alla raccolta dei rifiuti urbani e alla pulizia delle strade funzioni di prevenzione e accertamento di tutte le violazioni in materia di sosta o di fermata connesse all'espletamento delle predette attivita'.

2. Le funzioni di prevenzione e accertamento delle violazioni in materia di sosta e di fermata sono svolte dal personale, nominativamente designato in tale funzione con il provvedimento del sindaco di cui al comma 1, previo accertamento dell'assenza di precedenti o pendenze penali e con l'effettuazione e il superamento di un'adeguata formazione. Tale personale, durante lo svolgimento delle proprie mansioni, riveste la qualifica di pubblico ufficiale.

3. Le funzioni di cui al comma 1 possono essere conferite anche al personale ispettivo delle aziende esercenti il trasporto pubblico di persone. A tale personale sono inoltre conferite, con le stesse modalita' di cui al comma 1, le funzioni di prevenzione e

accertamento in materia di circolazione, fermata e sosta sulle corsie e strade ove transitano i veicoli adibiti al servizio di linea.

4. Al personale di cui al presente articolo e' conferito il potere di contestazione delle infrazioni di cui agli articoli 7, 157 e 158, in ragione delle funzioni attribuibili ai sensi dei commi 1 e 2, nonche' di disporre la rimozione dei veicoli ai sensi dell'articolo 159, limitatamente agli ambiti oggetto di affidamento di cui al presente articolo. Al suddetto personale e' conferito il potere di contestazione nonche' di redazione e sottoscrizione del verbale di accertamento delle violazioni di propria competenza. Al personale di cui al comma 1, secondo periodo, e di cui al comma 3 e', altresi', conferito il potere di compiere accertamenti di violazioni in materia di sosta o di fermata in aree limitrofe a quelle oggetto dell'affidamento o di gestione dell'attivita' di propria competenza che sono funzionali, rispettivamente, alla gestione degli spazi per la raccolta dei rifiuti urbani o alla fruizione delle corsie o delle strade riservate al servizio di linea. Il personale dipendente dalle societa' di gestione dei parcheggi di cui al comma 1, primo periodo, ha possibilita' di accertare violazioni relative alla sosta o alla fermata anche nelle aree immediatamente limitrofe alle aree oggetto dell'affidamento solo quando queste costituiscono lo spazio minimo indispensabile per compiere le manovre necessarie a garantire la concreta fruizione dello spazio di sosta regolamentata o del parcheggio oggetto dell'affidamento.

5. L'attivita' sanzionatoria di successiva all'emissione del verbale da parte del personale, e l'organizzazione del relativo servizio sono di competenza dell'amministrazione comunale attraverso gli uffici o i comandi a cio' preposti, a cui compete anche tutta l'attivita' autorizzativa e di verifica sull'operato. I comuni possono conferire alle societa' di cui ai commi 1, 2 e 3 la facolta' di esercitare tutte le azioni cui al presente articolo, necessarie al recupero delle evasioni tariffarie e dei mancati pagamenti, ivi compresi il rimborso delle spese, gli interessi e le penali. Le modalita' operative e gli importi di tali azioni di recupero sono oggetto di negoziazione tra il soggetto concedente ed il concessionario.

6. Ai fini dell'accertamento nonche' per la redazione della documentazione in ordine alle violazioni di cui al presente articolo e' possibile ricorrere all'uso della tecnologia digitale e a strumenti elettronici e fotografici.

7. Dall'attuazione del presente articolo non devono derivare nuovi o maggiori oneri a carico della finanza pubblica)).

TITOLO II DELLA COSTRUZIONE E TUTELA DELLE STRADE
Capo I COSTRUZIONE E TUTELA DELLE STRADE ED AREE PUBBLICHE

Art. 13.
Norme per la costruzione e la gestione delle strade

1. Il Ministro delle infrastrutture e dei trasporti, sentiti il Consiglio superiore dei lavori pubblici ed il Consiglio nazionale delle ricerche, emana entro un anno dalla entrata in vigore del presente codice, sulla base della classificazione di cui all'art. 2, le norme funzionali e geometriche per la costruzione, il controllo e il collaudo delle strade, dei relativi impianti e servizi ((...)). Le norme devono essere improntate alla sicurezza della circolazione di tutti gli utenti della strada, alla riduzione dell'inquinamento acustico ed atmosferico per la salvaguardia degli occupanti gli edifici adiacenti le strade ed al rispetto dell'ambiente e di immobili di notevole pregio architettonico o storico. Le norme che riguardano la riduzione dell'inquinamento acustico ed atmosferico sono emanate nel rispetto delle direttive e degli atti di indirizzo del Ministero dell'ambiente e della tutela del territorio, che viene richiesto di specifico concerto nei casi previsti dalla legge.

2. La deroga alle norme di cui al comma 1 e' consentita solo per specifiche situazioni allorquando particolari condizioni locali, ambientali, paesaggistiche, archeologiche ed economiche non ne consentono il rispetto, sempre che sia assicurata la sicurezza stradale e siano comunque evitati inquinamenti.

3. Le norme di cui al comma 1 sono aggiornate ogni tre anni.

4. Il Ministro delle infrastrutture e dei trasporti, entro due anni dalla entrata in vigore del presente codice, emana, con i criteri e le modalita' di cui al comma 1, le norme per la classificazione delle strade esistenti in base alle caratteristiche costruttive, tecniche e funzionali di cui all'articolo 2, comma 2.

4-bis. Le strade di nuova costruzione classificate ai sensi delle lettere C, D, E ed F del comma 2 dell'articolo 2 devono avere, per l'intero sviluppo, una pista ciclabile adiacente purche' realizzata in conformita' ai programmi pluriennali degli enti locali, salvo comprovati problemi di sicurezza.

5. Gli enti proprietari delle strade devono classificare la loro rete entro un anno dalla emanazione delle norme di cui al comma 4. Gli stessi enti proprietari provvedono alla declassificazione delle strade di loro competenza, quando le stesse non possiedono piu' le caratteristiche costruttive, tecniche e funzionali di cui all'articolo 2, comma 2.

6. Gli enti proprietari delle strade sono obbligati ad istituire e tenere aggiornati la cartografia, il catasto delle strade e le loro

pertinenze secondo le modalita' stabilite con apposito decreto che il Ministro delle infrastrutture e dei trasporti emana sentiti il Consiglio superiore dei lavori pubblici e il Consiglio nazionale delle ricerche. Nel catasto dovranno essere compresi anche gli impianti e i servizi permanenti connessi alle esigenze della circolazione stradale.

7. Gli enti proprietari delle strade sono tenuti ad effettuare rilevazioni del traffico per l'acquisizione di dati che abbiano validita' temporale riferita all'anno nonche' per adempiere agli obblighi assunti dall'Italia in sede internazionale.

8. Ai fini dell'attuazione delle incombenze di cui al presente articolo, l'Ispettorato generale per la circolazione e la sicurezza stradale, di cui all'art. 35, comma 3, ha il compito di acquisire i dati dell'intero territorio nazionale, elaborarli e pubblicizzarli annualmente, nonche' comunicarli agli organismi internazionali. Detta struttura cura altresi' che i vari enti ottemperino alle direttive, norme e tempi fissati nel presente articolo e nei relativi decreti.

Art. 14.
Poteri e compiti degli enti proprietari delle strade

1. Gli enti proprietari delle strade, allo scopo di garantire la sicurezza e la fluidita' della circolazione, provvedono:

   a) alla manutenzione, gestione e pulizia delle strade, delle loro pertinenze e arredo, nonche' delle attrezzature, impianti e servizi;

   b) al controllo tecnico dell'efficienza delle strade e relative pertinenze;

c) alla apposizione e manutenzione della segnaletica prescritta.

2. Gli enti proprietari provvedono, inoltre:

   a) al rilascio delle autorizzazioni e delle concessioni di cui al presente titolo;

   b) alla segnalazione agli organi di polizia delle violazioni alle disposizioni di cui al presente titolo e alle altre norme ad esso attinenti, nonche' alle prescrizioni contenute nelle autorizzazioni e nelle concessioni.

((2-bis. Gli enti proprietari delle strade provvedono altresi', in caso di manutenzione straordinaria della sede stradale, a realizzare percorsi ciclabili adiacenti purche' realizzati in conformita' ai programmi pluriennali degli enti locali, salvo comprovati problemi di sicurezza)).

3. Per le strade in concessione i poteri e i compiti dell'ente proprietario della strada previsti dal presente codice sono esercitati dal concessionario, salvo che sia diversamente stabilito.

4. Per le strade vicinali di cui all'art. 2, comma 7, i poteri dell'ente proprietario previsti dal presente codice sono esercitati dal comune.

Art. 15.
Atti vietati

1. Su tutte le strade e loro pertinenze e' vietato:

a) danneggiare in qualsiasi modo le opere, le piantagioni e gli impianti che ad esse appartengono, alterarne la forma ed invadere od occupare la piattaforma e le pertinenze o creare comunque stati di pericolo per la circolazione;

b) danneggiare, spostare, rimuovere o imbrattare la segnaletica stradale ed ogni altro manufatto ad essa attinente;

c) impedire il libero deflusso delle acque nei fossi laterali e nelle relative opere di raccolta e di scarico;

d) impedire il libero deflusso delle acque che si scaricano sui terreni sottostanti;

e) far circolare bestiame, fatta eccezione per quelle locali con l'osservanza delle norme previste sulla conduzione degli animali;

f) depositare rifiuti o materie di qualsiasi specie, insudiciare e imbrattare comunque la strada e le sue pertinenze;

f-bis) insozzare la strada o le sue pertinenze gettando rifiuti o oggetti dai veicoli in sosta o in movimento;

g) apportare o spargere fango o detriti anche a mezzo delle ruote dei veicoli provenienti da accessi e diramazioni;

h) scaricare, senza regolare concessione, nei fossi e nelle cunette materiali o cose di qualsiasi genere o incanalare in essi acque di qualunque natura;

i) gettare dai veicoli in movimento qualsiasi cosa.

2. Chiunque viola uno dei divieti di cui al comma 1, lettere a), b) e g), e' soggetto alla sanzione amministrativa del pagamento di una somma da € 42 a € 173. (19) (29) (43) (52) (64) (80) (89) (101) (114) (124) (145)

3. Chiunque viola uno dei divieti di cui al comma 1, lettere c), d), e), f) ((e h))), e' soggetto alla sanzione amministrativa del pagamento di una somma da € 26 a € 102. (19) (29) (43) (52) (64) (80) (89) (101) (114) (124) (145)

3-bis. Chiunque viola il divieto di cui al comma 1, lettera f-bis), e' punito con la sanzione amministrativa pecuniaria ((da euro 216 ad euro 866)). (114) (124) (145) (163)

((3-ter. Chiunque viola il divieto di cui al comma 1, lettera i), e' soggetto alla sanzione amministrativa del pagamento di una somma da euro 52 ad euro 204)).

4. Dalle violazioni di cui ai commi 2, 3 e 3-bis consegue la sanzione amministrativa accessoria dell'obbligo per l'autore della violazione stessa del ripristino dei luoghi a proprie spese, secondo le norme del capo I, sezione II, del titolo VI.

AGGIORNAMENTO (19)
Il Decreto 20 dicembre 1996 (in G.U. 28/12/1996, n. 303) ha disposto (con l'art. 1, comma 1) che le presenti modifiche avranno effetto a decorrere dal 1 gennaio 1997.

AGGIORNAMENTO (29)
Il Decreto 22 dicembre 1998 (in G.U. 28/12/1998, n. 301) ha disposto (con l'art. 1, comma 1) che le presenti modifiche avranno effetto a decorrere dal 1 gennaio 1999.

AGGIORNAMENTO (43)
Il Decreto 29 dicembre 2000 (in G.U. 30/12/2000, n. 303) ha disposto (con l'art. 1, comma 1) che le presenti modifiche avranno effetto a decorrere dal 1 gennaio 2001.

AGGIORNAMENTO (52)
Il Decreto 24 dicembre 2002 (in G.U. 30/12/2002, n. 304) ha disposto (con l'art. 1, comma 1) che le presenti modifiche avranno effetto a decorrere dal 1 gennaio 2003.

AGGIORNAMENTO (64)
Il Decreto 22 dicembre 2004 (in G.U. 30/12/2004, n. 305) ha disposto (con l'art. 1, comma 2) che le presenti modifiche avranno effetto a decorrere dal 1 gennaio 2005.

AGGIORNAMENTO (80)
Il Decreto 29 dicembre 2006 (in G.U. 30/12/2006, n. 302) ha disposto (con l'art. 1, comma 2) che le presenti modifiche avranno effetto a decorrere dal 1 gennaio 2007.

AGGIORNAMENTO (89)
Il Decreto 17 dicembre 2008 (in G.U. 30/12/2008, n. 303) ha disposto (con l'art. 1, comma 2) che le presenti modifiche avranno effetto a decorrere dal 1 gennaio 2009.

AGGIORNAMENTO (101)
Il Decreto 22 dicembre 2010 (in G.U. 31/12/2010 n. 305) ha disposto (con l'art. 1, comma 2) che le presenti modifiche avranno effetto a decorrere dal 1 gennaio 2011.

AGGIORNAMENTO (114)
Il Decreto 19 dicembre 2012 (in G.U. 31/12/2012 n. 303) ha disposto

(con l'art. 1, comma 2) che le presenti modifiche avranno effetto a decorrere dal 1 gennaio 2013.

AGGIORNAMENTO (124)

Il Decreto 16 dicembre 2014 (in G.U. 31/12/2014, n. 302) ha disposto (con l'art. 1, comma 2) che le presenti modifiche avranno effetto a decorrere dal 1 gennaio 2015.

AGGIORNAMENTO (145)

Il Decreto 27 dicembre 2018 (in G.U. 29/12/2018, n. 301) ha disposto (con l'art. 3, comma 1) che le presenti modifiche avranno effetto a decorrere dal 1° gennaio 2019.

AGGIORNAMENTO (163)

Il Decreto 31 dicembre 2020 (in G.U. 31/12/2020, n. 323) ha disposto (con l'art. 3, comma 1) che la presente modifica avra' effetto a decorrere dal 1° gennaio 2021.

Art. 16.
Fasce di rispetto in rettilineo ed aree di visibilita' nelle intersezioni fuori dei centri abitati

1. Ai proprietari o aventi diritto dei fondi confinanti con le proprieta' stradali fuori dei centri abitati e' vietato:

a) aprire canali, fossi ed eseguire qualunque escavazione nei terreni laterali alle strade;

b) costruire, ricostruire o ampliare, lateralmente alle strade, edificazioni di qualsiasi tipo e materiale;

c) impiantare alberi lateralmente alle strade, siepi vive o piantagioni ovvero recinzioni.

Il regolamento, in relazione alla tipologia dei divieti indicati, alla classificazione di cui all'articolo 2, comma 2, nonche' alle strade vicinali, determina le distanze dal confine stradale entro le quali vigono i divieti di cui sopra, prevedendo, altresi' una particolare disciplina per le aree fuori dai centri abitati ma entro le zone previste come edificabili o trasformabili dagli strumenti urbanistici. Restano comunque ferme le disposizioni di cui agli articoli 892 e 893 del codice civile.

2. In corrispondenza di intersezioni stradali a raso, alle fasce di rispetto indicate nel comma 1, lettere b) e c), devesi aggiungere la area di visibilita' determinata dal triangolo avente due lati sugli allineamenti delimitanti le fasce di rispetto, la cui lunghezza misurata a partire dal punto di intersezione degli allineamenti stessi sia pari al doppio delle distanze stabilite nel regolamento, e il terzo lato costituito dal segmento congiungente i punti estremi.

3. In corrispondenza e all'interno degli svincoli e' vietata la costruzione di ogni genere di manufatti in elevazione e le fasce di rispetto da associare alle rampe esterne devono essere quelle relative alla categoria di strada di minore importanza tra quelle che si intersecano.

4. Chiunque viola le disposizioni del presente articolo e del regolamento e' soggetto alla sanzione amministrativa del pagamento di una somma ((da € 173 a € 694)). (19) (29) (43) (52) (64) (80) (89) (101) (114) (124) (133) (145) ((163))

5. La violazione delle suddette disposizioni importa la sanzione amministrativa accessoria dell'obbligo per l'autore della violazione stessa del ripristino dei luoghi a proprie spese, secondo le norme del capo I, sezione II, del titolo VI.

AGGIORNAMENTO (19)

Il Decreto 20 dicembre 1996 (in G.U. 28/12/1996, n. 303) ha disposto (con l'art. 1, comma 1) che la presente modifica avra' effetto a decorrere dal 1 gennaio 1997.

AGGIORNAMENTO (29)

Il Decreto 22 dicembre 1998 (in G.U. 28/12/1998, n. 301) ha disposto (con l'art. 1, comma 1) che la presente modifica avra' effetto a decorrere dal 1 gennaio 1999.

AGGIORNAMENTO (43)

Il Decreto 29 dicembre 2000 (in G.U. 30/12/2000, n. 303) ha disposto (con l'art. 1, comma 1) che la presente modifica avra' effetto a decorrere dal 1 gennaio 2001.

AGGIORNAMENTO (52)

Il Decreto 24 dicembre 2002 (in G.U. 30/12/2002, n. 304) ha disposto (con l'art. 1, comma 1) che la presente modifica avra' effetto a decorrere dal 1 gennaio 2003.

AGGIORNAMENTO (64)

Il Decreto 22 dicembre 2004 (in G.U. 30/12/2004, n. 305) ha disposto (con l'art. 1, comma 2) che la presente modifica avra' effetto a decorrere dal 1 gennaio 2005.

AGGIORNAMENTO (80)

Il Decreto 29 dicembre 2006 (in G.U. 30/12/2006, n. 302) ha disposto (con l'art. 1, comma 2) che la presente modifica avra'

effetto a decorrere dal 1 gennaio 2007.

AGGIORNAMENTO (89)

Il Decreto 17 dicembre 2008 (in G.U. 30/12/2008, n. 303) ha disposto (con l'art. 1, comma 2) che la presente modifica avra' effetto a decorrere dal 1 gennaio 2009.

AGGIORNAMENTO (101)

Il Decreto 22 dicembre 2010 (in G.U. 31/12/2010 n. 305) ha disposto (con l'art. 1, comma 2) che la presente modifica avra' effetto a decorrere dal 1 gennaio 2011.

AGGIORNAMENTO (114)

Il Decreto 19 dicembre 2012 (in G.U. 31/12/2012 n. 303) ha disposto (con l'art. 1, comma 2) che la presente modifica avra' effetto a decorrere dal 1 gennaio 2013.

AGGIORNAMENTO (124)

Il Decreto 16 dicembre 2014 (in G.U. 31/12/2014, n. 302) ha disposto (con l'art. 1, comma 2) che la presente modifica avra' effetto a decorrere dal 1 gennaio 2015.

AGGIORNAMENTO (133)

Il Decreto 20 dicembre 2016 (in G.U. 30/12/2016, n. 304) ha disposto (con l'art. 1, comma 1) che la presente modifica avra' effetto a decorrere dal 1 gennaio 2017.

AGGIORNAMENTO (145)

Il Decreto 27 dicembre 2018 (in G.U. 29/12/2018, n. 301) ha disposto (con l'art. 3, comma 1) che la presente modifica avra' effetto a decorrere dal 1° gennaio 2019.

AGGIORNAMENTO (163)

Il Decreto 31 dicembre 2020 (in G.U. 31/12/2020, n. 323) ha disposto (con l'art. 3, comma 1) che la presente modifica avra' effetto a decorrere dal 1° gennaio 2021.

Art. 17.

Fasce di rispetto nelle curve fuori dei centri abitati

1. Fuori dei centri abitati, all'interno delle curve devesi assicurare, fuori della proprieta' stradale, una fascia di rispetto, inibita a qualsiasi tipo di costruzione, di recinzione, di piantagione, di deposito, osservando le norme determinate dal regolamento in relazione all'ampiezza della curvatura.

2. All'esterno delle curve si osservano le fasce di rispetto stabilite per le strade in rettilineo.
3. Chiunque viola le disposizioni del presente articolo e del regolamento e' soggetto alla sanzione amministrativa del pagamento di una somma ((da € 430 a € 1.731)). (19) (29) (43) (52) (64) (80) (89) (101) (114) (124) (133) (145) ((163))
4. La violazione delle suddette disposizioni importa la sanzione amministrativa accessoria dell'obbligo per l'autore della violazione stessa del ripristino dei luoghi a proprie spese, secondo le norme del capo I, sezione II, del titolo VI.

AGGIORNAMENTO (19)

Il Decreto 20 dicembre 1996 (in G.U. 28/12/1996, n. 303) ha disposto (con l'art. 1, comma 1) che la presente modifica avra' effetto a decorrere dal 1 gennaio 1997.

AGGIORNAMENTO (29)

Il Decreto 22 dicembre 1998 (in G.U. 28/12/1998, n. 301) ha disposto (con l'art. 1, comma 1) che la presente modifica avra' effetto a decorrere dal 1 gennaio 1999.

AGGIORNAMENTO (43)

Il Decreto 29 dicembre 2000 (in G.U. 30/12/2000, n. 303) ha disposto (con l'art. 1, comma 1) che la presente modifica avra' effetto a decorrere dal 1 gennaio 2001.

AGGIORNAMENTO (52)

Il Decreto 24 dicembre 2002 (in G.U. 30/12/2002, n. 304) ha disposto (con l'art. 1, comma 1) che la presente modifica avra' effetto a decorrere dal 1 gennaio 2003.

AGGIORNAMENTO (64)

Il Decreto 22 dicembre 2004 (in G.U. 30/12/2004, n. 305) ha disposto (con l'art. 1, comma 2) che la presente modifica avra' effetto a decorrere dal 1 gennaio 2005.

AGGIORNAMENTO (80)

Il Decreto 29 dicembre 2006 (in G.U. 30/12/2006, n. 302) ha disposto (con l'art. 1, comma 2) che la presente modifica avra' effetto a decorrere dal 1 gennaio 2007.

AGGIORNAMENTO (89)

Il Decreto 17 dicembre 2008 (in G.U. 30/12/2008, n. 303) ha

disposto (con l'art. 1, comma 2) che la presente modifica avra' effetto a decorrere dal 1 gennaio 2009.

AGGIORNAMENTO (101)

Il Decreto 22 dicembre 2010 (in G.U. 31/12/2010 n. 305) ha disposto (con l'art. 1, comma 2) che la presente modifica avra' effetto a decorrere dal 1 gennaio 2011.

AGGIORNAMENTO (114)

Il Decreto 19 dicembre 2012 (in G.U. 31/12/2012 n. 303) ha disposto (con l'art. 1, comma 2) che la presente modifica avra' effetto a decorrere dal 1 gennaio 2013.

AGGIORNAMENTO (124)

Il Decreto 16 dicembre 2014 (in G.U. 31/12/2014, n. 302) ha disposto (con l'art. 1, comma 2) che la presente modifica avra' effetto a decorrere dal 1 gennaio 2015.

AGGIORNAMENTO (133)

Il Decreto 20 dicembre 2016 (in G.U. 30/12/2016, n. 304) ha disposto (con l'art. 1, comma 1) che la presente modifica avra' effetto a decorrere dal 1 gennaio 2017.

AGGIORNAMENTO (145)

Il Decreto 27 dicembre 2018 (in G.U. 29/12/2018, n. 301) ha disposto (con l'art. 3, comma 1) che la presente modifica avra' effetto a decorrere dal 1° gennaio 2019.

AGGIORNAMENTO (163)

Il Decreto 31 dicembre 2020 (in G.U. 31/12/2020, n. 323) ha disposto (con l'art. 3, comma 1) che la presente modifica avra' effetto a decorrere dal 1° gennaio 2021.

Art. 18.

Fasce di rispetto ed aree di visibilita' nei centri abitati

1. Nei centri abitati, per le nuove costruzioni, ricostruzioni ed ampliamenti, le fasce di rispetto a tutela delle strade, misurate dal confine stradale, non possono avere dimensioni inferiori a quel le indicate nel regolamento in relazione alla tipologia delle strade.

2. In corrispondenza di intersezioni stradali a raso, alle fasce di rispetto indicate nel comma 1 devesi aggiungere l'area di visibilita' determinata dal triangolo avente due lati sugli allineamenti delimitanti le fasce di rispetto, la cui lunghezza misurata a partire dal punto di intersezione degli allineamenti stessi sia pari al

doppio delle distanze stabilite nel regolamento a seconda del tipo di strada, e il terzo lato costituito dal segmento congiungente i punti estremi.

3. In corrispondenza di intersezioni stradali a livelli sfalsati e' vietata la costruzione di ogni genere di manufatti in elevazione all'interno dell'area di intersezione che pregiudichino, a giudizio dell'ente proprietario, la funzionalita' dell'intersezione stessa e le fasce di rispetto da associare alle rampe esterne devono essere quelle relative alla categoria di strada di minore importanza tra quelle che si intersecano.

4. Le recinzioni e le piantagioni dovranno essere realizzate in conformita' ai piani urbanistici e di traffico e non dovranno comunque ostacolare o ridurre, a giudizio dell'ente proprietario della strada, il campo visivo necessario a salvaguardare la sicurezza della circolazione.

5. Chiunque viola le disposizioni del presente articolo e del regolamento e' soggetto alla sanzione amministrativa del pagamento di una somma ((da € 173 a € 694)). (19) (29) (43) (52) (64) (80) (89) (101) (114) (124) (133) (145) ((163))

6. La violazione delle suddette disposizioni importa la sanzione amministrativa accessoria dell'obbligo per l'autore della violazione stessa del ripristino dei luoghi a proprie spese, secondo le norme del capo I, sezione II, del titolo VI.

AGGIORNAMENTO (19)

Il Decreto 20 dicembre 1996 (in G.U. 28/12/1996, n. 303) ha disposto (con l'art. 1, comma 1) che la presente modifica avra' effetto a decorrere dal 1 gennaio 1997.

AGGIORNAMENTO (29)

Il Decreto 22 dicembre 1998 (in G.U. 28/12/1998, n. 301) ha disposto (con l'art. 1, comma 1) che la presente modifica avra' effetto a decorrere dal 1 gennaio 1999.

AGGIORNAMENTO (43)

Il Decreto 29 dicembre 2000 (in G.U. 30/12/2000, n. 303) ha disposto (con l'art. 1, comma 1) che la presente modifica avra' effetto a decorrere dal 1 gennaio 2001.

AGGIORNAMENTO (52)

Il Decreto 24 dicembre 2002 (in G.U. 30/12/2002, n. 304) ha disposto (con l'art. 1, comma 1) che la presente modifica avra' effetto a decorrere dal 1 gennaio 2003.

AGGIORNAMENTO (64)

Il Decreto 22 dicembre 2004 (in G.U. 30/12/2004, n. 305) ha disposto (con l'art. 1, comma 2) che la presente modifica avra' effetto a decorrere dal 1 gennaio 2005.

AGGIORNAMENTO (80)

Il Decreto 29 dicembre 2006 (in G.U. 30/12/2006, n. 302) ha disposto (con l'art. 1, comma 2) che la presente modifica avra' effetto a decorrere dal 1 gennaio 2007.

AGGIORNAMENTO (89)

Il Decreto 17 dicembre 2008 (in G.U. 30/12/2008, n. 303) ha disposto (con l'art. 1, comma 2) che la presente modifica avra' effetto a decorrere dal 1 gennaio 2009.

AGGIORNAMENTO (101)

Il Decreto 22 dicembre 2010 (in G.U. 31/12/2010, n. 305) ha disposto (con l'art. 1, comma 2) che la presente modifica avra' effetto a decorrere dal 1 gennaio 2011.

AGGIORNAMENTO (114)

Il Decreto 19 dicembre 2012 (in G.U. 31/12/2012, n. 303) ha disposto (con l'art. 1, comma 2) che la presente modifica avra' effetto a decorrere dal 1 gennaio 2013.

AGGIORNAMENTO (124)

Il Decreto 16 dicembre 2014 (in G.U. 31/12/2012, n. 302) ha disposto (con l'art. 1, comma 2) che la presente modifica avra' effetto a decorrere dal 1 gennaio 2015.

AGGIORNAMENTO (133)

Il Decreto 20 dicembre 2016 (in G.U. 30/12/2016, n. 304) ha disposto (con l'art. 1, comma 1) che la presente modifica avra' effetto a decorrere dal 1 gennaio 2017.

AGGIORNAMENTO (145)

Il Decreto 27 dicembre 2018 (in G.U. 29/12/2018, n. 301) ha disposto (con l'art. 3, comma 1) che la presente modifica avra' effetto a decorrere dal 1° gennaio 2019.

AGGIORNAMENTO (163)

Il Decreto 31 dicembre 2020 (in G.U. 31/12/2020, n. 323) ha

disposto (con l'art. 3, comma 1) che la presente modifica avra' effetto a decorrere dal 1° gennaio 2021.

Art. 19.
Distanze di sicurezza dalle strade

1. La distanza dalle strade da osservare nella costruzione di tiri a segno, di opifici o depositi di materiale esplosivo, gas o liquidi infiammabili, di cave coltivate mediante l'uso di esplosivo, nonche' di stabilimenti che interessino comunque la sicurezza o la salute pubblica o la regolarita' della circolazione stradale, e' stabilita dalle relative disposizioni di legge e, in difetto di esse, dal prefetto, previo parere tecnico degli enti proprietari della strada e dei vigili del fuoco.

2. Chiunque viola le disposizioni del presente articolo e' soggetto alla sanzione amministrativa del pagamento di una somma ((da € 866 a € 3.464)). (19) (29) (43) (52) (64) (80) (89) (101) (114) (124) (133) (145) ((163))

3. La violazione delle suddette disposizioni importa la sanzione amministrativa accessoria dell'obbligo per l'autore della violazione stessa del ripristino dei luoghi a proprie spese, secondo le norme del capo I, sezione II, del titolo VI.

AGGIORNAMENTO (19)

Il Decreto 20 dicembre 1996 (in G.U. 28/12/1996, n. 303) ha disposto (con l'art. 1, comma 1) che la presente modifica avra' effetto a decorrere dal 1 gennaio 1997.

AGGIORNAMENTO (29)

Il Decreto 22 dicembre 1998 (in G.U. 28/12/1998, n. 301) ha disposto (con l'art. 1, comma 1) che la presente modifica avra' effetto a decorrere dal 1 gennaio 1999.

AGGIORNAMENTO (43)

Il Decreto 29 dicembre 2000 (in G.U. 30/12/2000, n. 303) ha disposto (con l'art. 1, comma 1) che la presente modifica avra' effetto a decorrere dal 1 gennaio 2001.

AGGIORNAMENTO (52)

Il Decreto 24 dicembre 2002 (in G.U. 30/12/2002, n. 304) ha disposto (con l'art. 1, comma 1) che la presente modifica avra' effetto a decorrere dal 1 gennaio 2003.

AGGIORNAMENTO (64)

Il Decreto 22 dicembre 2004 (in G.U. 30/12/2004, n. 305) ha

disposto (con l'art. 1, comma 2) che la presente modifica avra' effetto a decorrere dal 1 gennaio 2005.

AGGIORNAMENTO (80)

Il Decreto 29 dicembre 2006 (in G.U. 30/12/2006, n. 302) ha disposto (con l'art. 1, comma 2) che la presente modifica avra' effetto a decorrere dal 1 gennaio 2007.

AGGIORNAMENTO (89)

Il Decreto 17 dicembre 2008 (in G.U. 30/12/2008, n. 303) ha disposto (con l'art. 1, comma 2) che la presente modifica avra' effetto a decorrere dal 1 gennaio 2009.

AGGIORNAMENTO (101)

Il Decreto 22 dicembre 2010 (in G.U. 31/12/2010 n. 305) ha disposto (con l'art. 1, comma 2) che la presente modifica avra' effetto a decorrere dal 1 gennaio 2011.

AGGIORNAMENTO (114)

Il Decreto 19 dicembre 2012 (in G.U. 31/12/2012 n. 303) ha disposto (con l'art. 1, comma 2) che la presente modifica avra' effetto a decorrere dal 1 gennaio 2013.

AGGIORNAMENTO (124)

Il Decreto 16 dicembre 2014 (in G.U. 31/12/2014, n. 302) ha disposto (con l'art. 1, comma 2) che la presente modifica avra' effetto a decorrere dal 1 gennaio 2015.

AGGIORNAMENTO (133)

Il Decreto 20 dicembre 2016 (in G.U. 30/12/2016, n. 304) ha disposto (con l'art. 1, comma 1) che la presente modifica avra' effetto a decorrere dal 1 gennaio 2017.

AGGIORNAMENTO (145)

Il Decreto 27 dicembre 2018 (in G.U. 29/12/2018, n. 301) ha disposto (con l'art. 3, comma 1) che la presente modifica avra' effetto a decorrere dal 1° gennaio 2019.

AGGIORNAMENTO (163)

Il Decreto 31 dicembre 2020 (in G.U. 31/12/2020, n. 323) ha disposto (con l'art. 3, comma 1) che la presente modifica avra' effetto a decorrere dal 1° gennaio 2021.

Art. 20.

Occupazione della sede stradale

1. Sulle strade di tipo A), B), C) e D) e' vietata ogni tipo di occupazione della sede stradale, ivi compresi fiere e mercati, con veicoli, baracche, tende e simili; sulle strade di tipo E) ed F) l'occupazione della carreggiata puo' essere autorizzata a condizione che venga predisposto un itinerario alternativo per il traffico ovvero, nelle zone di rilevanza storico-ambientale, a condizione che essa non determini intralcio alla circolazione.

2. L'ubicazione di chioschi, edicole od altre installazioni, anche a carattere provvisorio, non e' consentita, fuori dei centri abitati, sulle fasce di rispetto previste per le recinzioni dal regolamento.

3. Nei centri abitati, ferme restando le limitazioni e i divieti di cui agli articoli ed ai commi precedenti, l'occupazione di marciapiedi da parte di chioschi, edicole od altre installazioni puo' essere consentita fino ad un massimo della meta' della loro larghezza, purche' in adiacenza ai fabbricati e sempre che rimanga libera una zona per la circolazione dei pedoni larga non meno di 2 m. Le occupazioni non possono comunque ricadere all'interno dei triangoli di visibilita' delle intersezioni, di cui all'art. 18, comma 2. Nelle zone di rilevanza storico-ambientale, ovvero quando sussistano particolari caratteristiche geometriche della strada, e' ammessa l'occupazione dei marciapiedi a condizione che sia garantita una zona adeguata per la circolazione dei pedoni e delle persone con limitata o impedita capacita' motoria.

4. Chiunque occupa abusivamente il suolo stradale, ovvero, avendo ottenuto la concessione, non ottempera alle relative prescrizioni, e' soggetto alla sanzione amministrativa del pagamento di una somma ((da € 173 a € 694)). (19) (29) (43) (52) (64) (80) (89) (101) (114) (124) (133) (145) ((163))

5. La violazione di cui ai commi 2, 3 e 4 importa la sanzione amministrativa accessoria dell' obbligo per l'autore della violazione stessa di rimuovere le opere abusive a proprie spese, secondo le norme del capo I, sezione II, del titolo VI.

AGGIORNAMENTO (19)

Il Decreto 20 dicembre 1996 (in G.U. 28/12/1996, n. 303) ha disposto (con l'art. 1, comma 1) che la presente modifica avra' effetto a decorrere dal 1 gennaio 1997.

AGGIORNAMENTO (29)

Il Decreto 22 dicembre 1998 (in G.U. 28/12/1998, n. 301) ha disposto (con l'art. 1, comma 1) che la presente modifica avra' effetto a decorrere dal 1 gennaio 1999.

AGGIORNAMENTO (43)
Il Decreto 29 dicembre 2000 (in G.U. 30/12/2000, n. 303) ha disposto (con l'art. 1, comma 1) che la presente modifica avra' effetto a decorrere dal 1 gennaio 2001.

AGGIORNAMENTO (52)
Il Decreto 24 dicembre 2002 (in G.U. 30/12/2002, n. 304) ha disposto (con l'art. 1, comma 1) che la presente modifica avra' effetto a decorrere dal 1 gennaio 2003.

AGGIORNAMENTO (64)
Il Decreto 22 dicembre 2004 (in G.U. 30/12/2004, n. 305) ha disposto (con l'art. 1, comma 2) che la presente modifica avra' effetto a decorrere dal 1 gennaio 2005.

AGGIORNAMENTO (80)
Il Decreto 29 dicembre 2006 (in G.U. 30/12/2006, n. 302) ha disposto (con l'art. 1, comma 2) che la presente modifica avra' effetto a decorrere dal 1 gennaio 2007.

AGGIORNAMENTO (89)
Il Decreto 17 dicembre 2008 (in G.U. 30/12/2008, n. 303) ha disposto (con l'art. 1, comma 2) che la presente modifica avra' effetto a decorrere dal 1 gennaio 2009.

AGGIORNAMENTO (101)
Il Decreto 22 dicembre 2010 (in G.U. 31/12/2010 n. 305) ha disposto (con l'art. 1, comma 2) che la presente modifica avra' effetto a decorrere dal 1 gennaio 2011.

AGGIORNAMENTO (114)
Il Decreto 19 dicembre 2012 (in G.U. 31/12/2012 n. 303) ha disposto (con l'art. 1, comma 2) che la presente modifica avra' effetto a decorrere dal 1 gennaio 2013.

AGGIORNAMENTO (124)
Il Decreto 16 dicembre 2014 (in G.U. 31/12/2014, n. 302) ha disposto (con l'art. 1, comma 2) che la presente modifica avra' effetto a decorrere dal 1 gennaio 2015.

AGGIORNAMENTO (133)
Il Decreto 20 dicembre 2016 (in G.U. 30/12/2016, n. 304) ha disposto (con l'art. 1, comma 1) che la presente modifica avra'

effetto a decorrere dal 1 gennaio 2017.

AGGIORNAMENTO (145)

Il Decreto 27 dicembre 2018 (in G.U. 29/12/2018, n. 301) ha disposto (con l'art. 3, comma 1) che la presente modifica avra' effetto a decorrere dal 1° gennaio 2019.

AGGIORNAMENTO (163)

Il Decreto 31 dicembre 2020 (in G.U. 31/12/2020, n. 323) ha disposto (con l'art. 3, comma 1) che la presente modifica avra' effetto a decorrere dal 1° gennaio 2021.

Art. 21.

Opere, depositi e cantieri stradali

1. Senza preventiva autorizzazione o concessione della competente autorita' di cui all'articolo 26 e' vietato eseguire opere o depositi e aprire cantieri stradali, anche temporanei, sulle strade e loro pertinenze, nonche' sulle relative fasce di rispetto e sulle aree di visibilita'.

2. Chiunque esegue lavori o deposita materiali sulle aree destinate alla circolazione o alla sosta di veicoli e di pedoni deve adottare gli accorgimenti necessari per la sicurezza e la fluidita' della circolazione e mantenerli in perfetta efficienza sia di giorno che di notte. Deve provvedere a rendere visibile, sia di giorno che di notte, il personale addetto ai lavori esposto al traffico dei veicoli.

3. Il regolamento stabilisce le norme relative alle modalita' ed ai mezzi per la delimitazione e la segnalazione dei cantieri, alla realizzabilita' della visibilita' sia di giorno che di notte del personale addetto ai lavori, nonche' agli accorgimenti necessari per la regolazione del traffico, nonche' le modalita' di svolgimento dei lavori nei cantieri stradali.

4. Chiunque viola le disposizioni del presente articolo, quelle del regolamento, ovvero le prescrizioni contenute nelle autorizzazioni, e' soggetto alla sanzione amministrativa del pagamento di una somma ((da € 866 a € 3.464)). (19) (29) (43) (52) (64) (80) (89) (101) (114) (124) (133) (145) ((163))

5. La violazione delle suddette disposizioni importa la sanzione amministrativa accessoria dell'obbligo della rimozione delle opere realizzate, a carico dell'autore delle stesse e a proprie spese, secondo le norme del capo I, sezione II, del titolo VI.

AGGIORNAMENTO (19)

Il Decreto 20 dicembre 1996 (in G.U. 28/12/1996, n. 303) ha

disposto (con l'art. 1, comma 1) che la presente modifica avra' effetto a decorrere dal 1 gennaio 1997.

AGGIORNAMENTO (29)

Il Decreto 22 dicembre 1998 (in G.U. 28/12/1998, n. 301) ha disposto (con l'art. 1, comma 1) che la presente modifica avra' effetto a decorrere dal 1 gennaio 1999.

AGGIORNAMENTO (43)

Il Decreto 29 dicembre 2000 (in G.U. 30/12/2000, n. 303) ha disposto (con l'art. 1, comma 1) che la presente modifica avra' effetto a decorrere dal 1 gennaio 2001.

AGGIORNAMENTO (52)

Il Decreto 24 dicembre 2002 (in G.U. 30/12/2002, n. 304) ha disposto (con l'art. 1, comma 1) che la presente modifica avra' effetto a decorrere dal 1 gennaio 2003.

AGGIORNAMENTO (64)

Il Decreto 22 dicembre 2004 (in G.U. 30/12/2004, n. 305) ha disposto (con l'art. 1, comma 2) che la presente modifica avra' effetto a decorrere dal 1 gennaio 2005.

AGGIORNAMENTO (80)

Il Decreto 29 dicembre 2006 (in G.U. 30/12/2006, n. 302) ha disposto (con l'art. 1, comma 2) che la presente modifica avra' effetto a decorrere dal 1 gennaio 2007.

AGGIORNAMENTO (89)

Il Decreto 17 dicembre 2008 (in G.U. 30/12/2008, n. 303) ha disposto (con l'art. 1, comma 2) che la presente modifica avra' effetto a decorrere dal 1 gennaio 2009.

AGGIORNAMENTO (101)

Il Decreto 22 dicembre 2010 (in G.U. 31/12/2010, n. 305) ha disposto (con l'art. 1, comma 2) che la presente modifica avra' effetto a decorrere dal 1 gennaio 2011.

AGGIORNAMENTO (114)

Il Decreto 19 dicembre 2012 (in G.U. 31/12/2012, n. 303) ha disposto (con l'art. 1, comma 2) che la presente modifica avra' effetto a decorrere dal 1 gennaio 2013.

AGGIORNAMENTO (124)

Il Decreto 16 dicembre 2014 (in G.U. 31/12/2012, n. 302) ha disposto (con l'art. 1, comma 2) che la presente modifica avra' effetto a decorrere dal 1 gennaio 2015.

AGGIORNAMENTO (133)

Il Decreto 20 dicembre 2016 (in G.U. 30/12/2016, n. 304) ha disposto (con l'art. 1, comma 1) che la presente modifica avra' effetto a decorrere dal 1 gennaio 2017.

AGGIORNAMENTO (145)

Il Decreto 27 dicembre 2018 (in G.U. 29/12/2018, n. 301) ha disposto (con l'art. 3, comma 1) che la presente modifica avra' effetto a decorrere dal 1° gennaio 2019.

AGGIORNAMENTO (163)

Il Decreto 31 dicembre 2020 (in G.U. 31/12/2020, n. 323) ha disposto (con l'art. 3, comma 1) che la presente modifica avra' effetto a decorrere dal 1° gennaio 2021.

Art. 22.

Accessi e diramazioni

1. Senza la preventiva autorizzazione dell'ente proprietario della strada non possono essere stabiliti nuovi accessi e nuove diramazioni dalla strada ai fondi o fabbricati laterali, ne' nuovi innesti di strade soggette a uso pubblico o privato.

2. Gli accessi o le diramazioni gia' esistenti, ove provvisti di autorizzazione, devono essere regolarizzati in conformita' alle prescrizioni di cui al presente titolo.

3. I passi carrabili devono essere individuati con l'apposito segnale, previa autorizzazione dell'ente proprietario.

4. Sono vietate trasformazioni di accessi o di diramazioni gia' esistenti e variazioni nell'uso di questi, salvo preventiva autorizzazione dell'ente proprietario della strada.

5. Il regolamento determina i casi in cui l'ente proprietario puo' negare l'autorizzazione di cui al comma 1.

6. Chiunque ha ottenuto l'autorizzazione deve realizzare e mantenere, ove occorre, le opere sui fossi laterali senza alterare la sezione dei medesimi, ne' le caratteristiche plano-altimetriche della sede stradale.

7. Il regolamento indica le modalita' di costruzione e di manutenzione degli accessi e delle diramazioni.

8. Il rilascio dell'autorizzazione di accessi a servizio di insediamenti di qualsiasi tipo e' subordinato alla realizzazione di

parcheggi nel rispetto delle normative vigenti in materia.

9. Nel caso di proprieta' naturalmente incluse o risultanti tali a seguito di costruzioni o modifiche di opere di pubblica utilita', nei casi di impossibilita' di regolarizzare in linea tecnica gli accessi esistenti, nonche' in caso di forte densita' degli accessi stessi e ogni qualvolta le caratteristiche plano-altimetriche nel tratto stradale interessato dagli accessi o diramazioni non garantiscano requisiti di sicurezza e fluidita' per la circolazione, l'ente proprietario della strada rilascia l'autorizzazione per l'accesso o la diramazione subordinatamente alla realizzazione di particolari opere quali innesti attrezzati, intersezioni a livelli diversi e strade parallele, anche se le stesse, interessando piu' proprieta', comportino la costituzione di consorzi obbligatori per la costruzione e la manutenzione delle opere stesse.

10. Il Ministro delle infrastrutture e dei trasporti stabilisce con proprio decreto, per ogni strada o per ogni tipo di strada da considerare in funzione del traffico interessante le due arterie intersecantisi, le
realizzazione degli
condizioni tecniche
proprietario essere
dell'autorizzazione. E' comunque vietata l'apertura di accessi lungo le rampe di intersezioni sia a raso che a livelli sfalsati, nonche' lungo le corsie di accelerazione e di decelerazione.
caratteristiche tecniche da adottare nella
accessi e delle diramazioni, nonche' le
e amministrative che dovranno dall'ente
tenute a base dell'eventuale rilascio

11. Chiunque apre nuovi accessi o nuove diramazioni ovvero li trasforma o ne varia l'uso senza l'autorizzazione dell'ente proprietario, oppure mantiene in esercizio accessi preesistenti privi di autorizzazione, e' soggetto alla sanzione amministrativa del pagamento di una somma ((da € 173 a € 694)). La violazione importa la sanzione amministrativa accessoria dell'obbligo del ripristino dei luoghi, a carico dell'autore della violazione stessa e a proprie spese, secondo le norme del capo I, sezione II, del titolo VI. La sanzione accessoria non si applica se le opere effettuate possono essere regolarizzate mediante autorizzazione successiva. Il rilascio di questa non esime dall'obbligo di pagamento della sanzione amministrativa pecuniaria. (19) (29) (43) (52) (64) (80) (89) (101) (114) (124) (133) (145) ((163))

12. Chiunque viola le altre disposizioni del presente articolo e del regolamento e' soggetto alla sanzione amministrativa del pagamento di una somma da € 42 a € 173. (19) (29) (43) (52) (64) (80) (89) (101) (114) (124) (145)

AGGIORNAMENTO (19)

Il Decreto 20 dicembre 1996 (in G.U. 28/12/1996, n. 303) ha disposto (con l'art. 1, comma 1) che le presenti modifiche avranno effetto a decorrere dal 1 gennaio 1997.

AGGIORNAMENTO (29)

Il Decreto 22 dicembre 1998 (in G.U. 28/12/1998, n. 301) ha disposto (con l'art. 1, comma 1) che le presenti modifiche avranno effetto a decorrere dal 1 gennaio 1999.

AGGIORNAMENTO (43)

Il Decreto 29 dicembre 2000 (in G.U. 30/12/2000, n. 303) ha disposto (con l'art. 1, comma 1) che le presenti modifiche avranno effetto a decorrere dal 1 gennaio 2001.

AGGIORNAMENTO (52)

Il Decreto 24 dicembre 2002 (in G.U. 30/12/2002, n. 304) ha disposto (con l'art. 1, comma 1) che le presenti modifiche avranno effetto a decorrere dal 1 gennaio 2003.

AGGIORNAMENTO (64)

Il Decreto 22 dicembre 2004 (in G.U. 30/12/2004, n. 305) ha disposto (con l'art. 1, comma 2) che le presenti modifiche avranno effetto a decorrere dal 1 gennaio 2005.

AGGIORNAMENTO (80)

Il Decreto 29 dicembre 2006 (in G.U. 30/12/2006, n. 302) ha disposto (con l'art. 1, comma 2) che le presenti modifiche avranno effetto a decorrere dal 1 gennaio 2007.

AGGIORNAMENTO (89)

Il Decreto 17 dicembre 2008 (in G.U. 30/12/2008, n. 303) ha disposto (con l'art. 1, comma 2) che le presenti modifiche avranno effetto a decorrere dal 1 gennaio 2009.

AGGIORNAMENTO (101)

Il Decreto 22 dicembre 2010 (in G.U. 31/12/2010, n. 305) ha disposto (con l'art. 1, comma 2) che le presenti modifiche avranno effetto a decorrere dal 1 gennaio 2011.

AGGIORNAMENTO (114)

Il Decreto 19 dicembre 2012 (in G.U. 31/12/2012, n. 303) ha

disposto (con l'art. 1, comma 2) che le presenti modifiche avranno effetto a decorrere dal 1 gennaio 2013.

AGGIORNAMENTO (124)

Il Decreto 16 dicembre 2014 (in G.U. 31/12/2012, n. 302) ha disposto (con l'art. 1, comma 2) che le presenti modifiche avranno effetto a decorrere dal 1 gennaio 2015.

AGGIORNAMENTO (133)

Il Decreto 20 dicembre 2016 (in G.U. 30/12/2016, n. 304) ha disposto (con l'art. 1, comma 1) che la presente modifica avra' effetto a decorrere dal 1 gennaio 2017.

AGGIORNAMENTO (145)

Il Decreto 27 dicembre 2018 (in G.U. 29/12/2018, n. 301) ha disposto (con l'art. 3, comma 1) che le presenti modifiche avranno effetto a decorrere dal 1° gennaio 2019.

AGGIORNAMENTO (163)

Il Decreto 31 dicembre 2020 (in G.U. 31/12/2020, n. 323) ha disposto (con l'art. 3, comma 1) che la presente modifica avra' effetto a decorrere dal 1° gennaio 2021.

Art. 23.
Pubblicita' sulle strade e sui veicoli

1. Lungo le strade o in vista di esse e' vietato collocare insegne, cartelli, manifesti, impianti di pubblicita' o propaganda, segni orizzontali reclamistici, sorgenti luminose, visibili dai veicoli transitanti sulle strade, che per dimensioni, forma, colori, disegno e ubicazione possono ingenerare confusione con la segnaletica stradale, ovvero possono renderne difficile la comprensione o ridurne la visibilita' o l'efficacia, ovvero arrecare disturbo visivo agli utenti della strada o distrarne l'attenzione con conseguente pericolo per la sicurezza della circolazione; in ogni caso, detti impianti non devono costituire ostacolo o, comunque, impedimento alla circolazione delle persone invalide. Sono, altresi', vietati i cartelli e gli altri mezzi pubblicitari rifrangenti, nonche' le sorgenti e le pubblicita' luminose che possono produrre abbagliamento. Sulle isole di traffico delle intersezioni canalizzate e' vietata la posa di qualunque installazione diversa dalla prescritta segnaletica.

2. E' vietata l'apposizione di scritte o insegne pubblicitarie luminose sui veicoli. E' consentita quella di scritte o insegne pubblicitarie rifrangenti nei limiti e alle condizioni stabiliti dal regolamento, purche' sia escluso ogni rischio di abbagliamento o di

distrazione dell'attenzione nella guida per i conducenti degli altri veicoli.

3. COMMA ABROGATO DAL D.LGS. 22 GENNAIO 2004, N. 42.

4. La collocazione di cartelli e di altri mezzi pubblicitari lungo le strade o in vista di esse e' soggetta in ogni caso ad autorizzazione da parte dell'ente proprietario della strada nel rispetto delle presenti norme. Nell'interno dei centri abitati la competenza e' dei comuni, salvo il preventivo nulla osta tecnico dell'ente proprietario se la strada e' statale, regionale o provinciale.

((4-bis. E' vietata sulle strade e sui veicoli qualsiasi forma di pubblicita' il cui contenuto proponga messaggi sessisti o violenti o stereotipi di genere offensivi o messaggi lesivi del rispetto delle liberta' individuali, dei diritti civili e politici, del credo religioso o dell'appartenenza etnica oppure discriminatori con riferimento all'orientamento sessuale, all'identita' di genere o alle abilita' fisiche e psichiche.

4-ter. Con decreto dell'autorita' di Governo delegata per le pari opportunita', di concerto con il Ministro delle infrastrutture e della mobilita' sostenibili e con il Ministro della giustizia, da emanare entro novanta giorni dalla data di entrata in vigore della presente disposizione, sono stabilite le modalita' di attuazione delle disposizioni del comma 4-bis.

4-quater. L'osservanza delle disposizioni del comma 4-bis e' condizione per il rilascio dell'autorizzazione di cui al comma 4; in caso di violazione, l'autorizzazione rilasciata e' immediatamente revocata)).

5. Quando i cartelli e gli altri mezzi pubblicitari collocati su una strada sono visibili da un'altra strada appartenente ad ente diverso, l'autorizzazione e' subordinata al preventivo nulla osta di quest'ultimo. I cartelli e gli altri mezzi pubblicitari posti lungo le sedi ferroviarie, quando siano visibili dalla strada, sono soggetti alle disposizioni del presente articolo e la loro collocazione viene autorizzata dall'Ente Ferrovie dello Stato, previo nulla osta dell'ente proprietario della strada.

6. Il regolamento stabilisce le norme per le dimensioni, le caratteristiche, l'ubicazione dei mezzi pubblicitari lungo le strade, le fasce di pertinenza e nelle stazioni di servizio e di rifornimento di carburante. Nell'interno dei centri abitati, nel rispetto di quanto previsto dal comma 1, i comuni hanno la facolta' di concedere deroghe alle norme relative alle distanze minime per il posizionamento dei cartelli e degli altri mezzi pubblicitari, nel rispetto delle esigenze di sicurezza della circolazione stradale

7. E' vietata qualsiasi forma di pubblicita' lungo e in vista degli itinerari internazionali, delle autostrade e delle strade extraurbane principali e relativi accessi. Su dette strade e' consentita la pubblicita' nelle aree di servizio o di parcheggio solo se autorizzata dall'ente proprietario e sempre che non sia visibile dalle stesse. Sono consentiti i segnali indicanti servizi o indicazioni agli utenti purche' autorizzati dall'ente proprietario delle strade. Sono altresi' consentite le insegne di esercizio, con esclusione dei cartelli e delle insegne pubblicitarie e altri mezzi pubblicitari, purche' autorizzate dall'ente proprietario della strada ed entro i limiti e alle condizioni stabilite con decreto del Ministro delle infrastrutture e dei trasporti. Sono inoltre consentiti, purche' autorizzati dall'ente proprietario della strada, nei limiti e alle condizioni stabiliti con il decreto di cui al periodo precedente, cartelli di valorizzazione e promozione del territorio indicanti siti d'interesse turistico e culturale e cartelli indicanti servizi di pubblico interesse. Con il decreto di cui al quarto periodo sono altresi' individuati i servizi di pubblico interesse ai quali si applicano le disposizioni del periodo precedente. (99) (107)

((7-bis. In deroga al divieto di cui al comma 1, terzo periodo, al centro delle rotatorie nelle quali vi e' un'area verde, la cui manutenzione e' affidata a titolo gratuito a societa' private o ad altri enti, e' consentita l'installazione di un cartello indicante il nome dell'impresa o ente affidatari del servizio di manutenzione del verde, fissato al suolo e di dimensioni non superiori a 40 cm per lato. Per l'installazione del cartello di cui al presente comma si applicano in ogni caso le disposizioni del comma 4)).

8. E' parimenti vietata la pubblicita', relativa ai veicoli sotto qualsiasi forma, che abbia un contenuto, significato o fine in contrasto con le norme di comportamento previste dal presente codice. La pubblicita' fonica sulle strade e' consentita agli utenti autorizzati e nelle forme stabilite dal regolamento. Nei centri abitati, per regioni di pubblico interesse, i comuni possono limitarla a determinare ore od a particolari periodi dell'anno.

9. Per l'adattamento alle presenti norme delle forme di pubblicita' attuate all'atto dell'entrata in vigore del presente codice, provvede il regolamento di esecuzione.

10. Il Ministro delle infrastrutture e dei trasporti puo' impartire agli enti proprietari delle strade direttive per l'applicazione delle disposizioni del presente articolo e di quelle attuative del regolamento, nonche' disporre, a mezzo di propri organi, il controllo dell'osservanza delle disposizioni stesse.

11. Chiunque viola le disposizioni del presente articolo e quelle

del regolamento e' soggetto alla sanzione amministrativa del pagamento di una somma da € 430 a € 1.731. (19) (29) (43) (52) (64) (80) (89) (101) (114) (124) (133) (145) (163)

12. Chiunque non osserva le prescrizioni indicate nelle autorizzazioni previste dal presente articolo e' soggetto alla sanzione amministrativa del pagamento di una somma da € 1.417 a € 14.168 in via solidale con il soggetto pubblicizzato. (124) (133) (145) (150) (163)

13. Gli enti proprietari, per le strade di rispettiva competenza, assicurano il rispetto delle disposizioni del presente articolo. Per il raggiungimento di tale fine l'ufficio o comando da cui dipende l'agente accertatore, che ha redatto il verbale di contestazione delle violazioni di cui ai commi 11 e 12, trasmette copia dello stesso al competente ente proprietario della strada.

13-bis. In caso di collocazione di cartelli, insegne di esercizio o altri mezzi pubblicitari privi di autorizzazione o comunque in contrasto con quanto disposto ((dai commi 1, 4-bis e 7-bis)), l'ente proprietario della strada diffida l'autore della violazione e il proprietario o il possessore del suolo privato, nei modi di legge, a rimuovere il mezzo pubblicitario a loro spese entro e non oltre dieci giorni dalla data di comunicazione dell'atto ((; in caso di violazione del comma 4-bis, il termine e' ridotto a cinque giorni e, nei casi piu' gravi, l'ente proprietario puo' disporre l'immediata rimozione del mezzo pubblicitario)). Decorso il suddetto termine, l'ente proprietario provvede ad effettuare la rimozione del mezzo pubblicitario e alla sua custodia ponendo i relativi oneri a carico dell'autore della violazione e, in via tra loro solidale, del proprietario o possessore del suolo; a tal fine tutti gli organi di polizia stradale di cui all'articolo 12 sono autorizzati ad accedere sul fondo privato ove e' collocato il mezzo pubblicitario. Chiunque viola le prescrizioni indicate al presente comma e al comma 7 e' soggetto alla sanzione amministrativa del pagamento di una somma da € 4.833 a € 19.332; nel caso in cui non sia possibile individuare l'autore della violazione, alla stessa sanzione amministrativa e' soggetto chi utilizza gli spazi pubblicitari privi di autorizzazione. (80) (89) (101) (114) (124) (133) (145) (163)

13-ter. PERIODO ABROGATO DAL D.LGS. 22 GENNAIO 2004, N. 42. In caso
di inottemperanza al divieto, i cartelli, le insegne di esercizio e
gli altri mezzi pubblicitari sono rimossi ai sensi del comma 13-bis.
Le regioni possono individuare entro dodici mesi dalla data di
entrata in vigore della presente disposizione le strade di interesse
panoramico ed ambientale nelle quali i cartelli, le insegne di
esercizio ed altri mezzi pubblicitari provocano deturpamento del
paesaggio. Entro sei mesi dal provvedimento di individuazione delle
strade di interesse panoramico ed ambientale i comuni provvedono alle

rimozioni ai sensi del comma 13-bis.

13-quater. Nel caso in cui l'installazione dei cartelli, delle insegne di esercizio o di altri mezzi pubblicitari sia realizzata su suolo demaniale ovvero rientrante nel patrimonio degli enti proprietari delle strade, o nel caso in cui la loro ubicazione lungo le strade e le fasce di pertinenza costituisca pericolo per la circolazione, in quanto in contrasto con le disposizioni contenute nel regolamento, l'ente proprietario esegue senza indugio la rimozione del mezzo pubblicitario. Successivamente alla stessa, l'ente proprietario trasmette la nota delle spese sostenute al prefetto, che emette ordinanza - ingiunzione di pagamento. Tale ordinanza costituisce titolo esecutivo ai sensi di legge.

13-quater.1. In ogni caso, l'ente proprietario puo' liberamente disporre dei mezzi pubblicitari rimossi in conformita' al presente articolo, una volta che sia decorso il termine di sessanta giorni senza che l'autore della violazione, il proprietario o il possessore del terreno ne abbiano richiesto la restituzione. Il predetto termine decorre dalla data della diffida, nel caso di rimozione effettuata ai sensi del comma 13-bis, e dalla data di effettuazione della rimozione, nell'ipotesi prevista dal comma 13-quater.

13-quinquies. COMMA ABROGATO DALLA L. 27 DICEMBRE 2006, N. 296.

AGGIORNAMENTO (19)

Il Decreto 20 dicembre 1996 (in G.U. 28/12/1996, n. 303) ha disposto (con l'art. 1, comma 1) che le presenti modifiche avranno effetto a decorrere dal 1 gennaio 1997.

AGGIORNAMENTO (29)

Il Decreto 22 dicembre 1998 (in G.U. 28/12/1998, n. 301) ha disposto (con l'art. 1, comma 1) che le presenti modifiche avranno effetto a decorrere dal 1 gennaio 1999.

AGGIORNAMENTO (43)

Il Decreto 29 dicembre 2000 (in G.U. 30/12/2000, n. 303) ha disposto (con l'art. 1, comma 1) che le presenti modifiche avranno effetto a decorrere dal 1 gennaio 2001.

AGGIORNAMENTO (52)

Il Decreto 24 dicembre 2002 (in G.U. 30/12/2002, n. 304) ha disposto (con l'art. 1, comma 1) che le presenti modifiche avranno effetto a decorrere dal 1 gennaio 2003.

AGGIORNAMENTO (64)
Il Decreto 22 dicembre 2004 (in G.U. 30/12/2004, n. 305) ha disposto (con l'art. 1, comma 2) che le presenti modifiche avranno effetto a decorrere dal 1 gennaio 2005.

AGGIORNAMENTO (80)
Il Decreto 29 dicembre 2006 (in G.U. 30/12/2006, n. 302) ha disposto (con l'art. 1, comma 2) che le presenti modifiche avranno effetto a decorrere dal 1 gennaio 2007.

AGGIORNAMENTO (89)
Il Decreto 17 dicembre 2008 (in G.U. 30/12/2008, n. 303) ha disposto (con l'art. 1, comma 2) che le presenti modifiche avranno effetto a decorrere dal 1 gennaio 2009.

AGGIORNAMENTO (99)
La L. 29 luglio 2010, n. 120 ha disposto (con l'art. 5, comma 3) che "Nelle more di una revisione e di un aggiornamento degli itinerari internazionali, i divieti e le prescrizioni di cui al comma 7 dell'articolo 23 del decreto legislativo n. 285 del 1992, come da ultimo modificato dal comma 2 del presente articolo, si applicano alle strade inserite nei citati itinerari che risultano classificate

nei tipi A e B. Nel caso di strade inserite negli itinerari internazionali che sono classificate nel tipo C, i divieti e le prescrizioni di cui al periodo precedente si applicano soltanto qualora sussistano comprovate ragioni di garanzia della sicurezza per la circolazione stradale, da individuare con decreto del Ministro delle infrastrutture e dei trasporti".

AGGIORNAMENTO (101)
Il Decreto 22 dicembre 2010 (in G.U. 31/12/2010 n. 305) ha disposto (con l'art. 1, comma 2) che le presenti modifiche avranno effetto a decorrere dal 1 gennaio 2011.

AGGIORNAMENTO (107)
Il D.L. 29 dicembre 2011, n. 216, convertito con modificazioni dalla L. 24 febbraio 2012, n. 14, ha disposto (con l'art. 11, comma 6-bis) che "Il decreto di cui all'articolo 23, comma 7, quarto periodo, del codice della strada, di cui al decreto legislativo 30 aprile 1992, n. 285, e successive modificazioni, relativo ai cartelli di valorizzazione e promozione del territorio indicanti siti

d'interesse turistico e culturale, e' adottato entro il 31 marzo 2012 di concerto con il Ministro per gli affari regionali, il turismo e lo sport".

AGGIORNAMENTO (114)

Il Decreto 19 dicembre 2012 (in G.U. 31/12/2012 n. 303) ha disposto (con l'art. 1, comma 2) che le presenti modifiche avranno effetto a decorrere dal 1 gennaio 2013.

AGGIORNAMENTO (124)

Il Decreto 16 dicembre 2014 (in G.U. 31/12/2014, n. 302) ha disposto (con l'art. 1, comma 2) che le presenti modifiche avranno effetto a decorrere dal 1 gennaio 2015.

AGGIORNAMENTO (133)

Il Decreto 20 dicembre 2016 (in G.U. 30/12/2016, n. 304) ha disposto (con l'art. 1, comma 1) che le presenti modifiche avranno effetto a decorrere dal 1 gennaio 2017.

AGGIORNAMENTO (145)

Il Decreto 27 dicembre 2018 (in G.U. 29/12/2018, n. 301) ha disposto (con l'art. 3, comma 1) che le presenti modifiche avranno effetto a decorrere dal 1° gennaio 2019.

AGGIORNAMENTO (150)

La Corte Costituzionale, con sentenza 3 aprile - 10 maggio 2019, n. 113 (in G.U. 1a s.s. 15/05/2019, n. 20), ha dichiarato "l'illegittimita' costituzionale dell'art. 23, comma 12, del decreto legislativo 30 aprile 1992, n. 285 (Nuovo codice della strada), nel testo sostituito dall'art. 36, comma 10-bis, del decreto-legge 6 luglio 2011, n. 98 (Disposizioni urgenti per la stabilizzazione finanziaria), convertito, con modificazioni, in legge 15 luglio 2011, n. 111, nella parte relativa alla determinazione della sanzione pecuniaria della infrazione ivi prevista".

AGGIORNAMENTO (163)

Il Decreto 31 dicembre 2020 (in G.U. 31/12/2020, n. 323) ha disposto (con l'art. 3, comma 1) che le presenti modifiche avranno effetto a decorrere dal 1° gennaio 2021.

Art. 24.

Pertinenze delle strade

1. Le pertinenze stradali sono le parti della strada destinate in

modo permanente al servizio o all'arredo funzionale di essa.

2. Le pertinenze stradali sono regolate dalle presenti norme e da quelle del regolamento e si distinguono in pertinenze di esercizio e pertinenze di servizio.

3. Sono pertinenze di esercizio quelle che costituiscono parte integrante della strada o ineriscono permanentemente alla sede stradale.

4. Sono pertinenze di servizio le aree di servizio, con i relativi manufatti per il rifornimento e la ricarica dei veicoli ed il ristoro degli utenti, le aree di parcheggio, le aree ed i fabbricati per la manutenzione delle strade o comunque destinati dall'ente proprietario della strada in modo permanente ed esclusivo al servizio della strada e dei suoi utenti. Le pertinenze di servizio sono determinate, secondo le modalita' fissate nel regolamento, dall'ente proprietario della strada in modo che non intralcino la circolazione o limitino la visibilita'.

5. Le pertinenze costituite da aree di servizio, da aree per la ricarica dei veicoli ((...)), da aree di parcheggio e da fabbricati destinate al ristoro possono appartenere anche a soggetti diversi dall'ente proprietario ovvero essere affidate dall'ente proprietario in concessione a terzi secondo le condizioni stabilite dal regolamento.

5-bis. Per esigenze di sicurezza della circolazione stradale connesse alla congruenza del progetto autostradale, le pertinenze di servizio relative alle strade di tipo A) sono previste, secondo le modalita' fissate dall'Autorita' di regolazione dei trasporti, sentita l'Agenzia per le infrastrutture stradali e autostradali di cui all'articolo 36 del decreto-legge 6 luglio 2011, n. 98, convertito, con modificazioni, dalla legge 15 luglio 2011, n. 111 dai progetti dell'ente proprietario ovvero, se individuato, del concessionario e approvate dal concedente, nel rispetto delle disposizioni in materia di affidamento dei servizi di distribuzione di carbolubrificanti e delle attivita' commerciali e ristorative

nelle aree di servizio autostradali di cui al comma 5-ter dell'articolo 11 della legge 23 dicembre 1992, n. 498, e successive modificazioni, ((e delle norme che disciplinano l'installazione e la gestione di stazioni di ricarica elettrica)) e d'intesa con le regioni, esclusivamente per i profili di competenza regionale.

6. Chiunque installa o mette in esercizio impianti od opere non avendo ottenuto il rilascio dello specifico provvedimento dell'autorita' pubblica previsto dalle vigenti disposizioni di legge e indicato nell'art. 26, o li trasforma o ne varia l'uso stabilito in tale provvedimento, e' soggetto alla sanzione amministrativa del pagamento di una somma da € 866 a € 3.464. (19) (29) (43) (52) (64)

(80) (89) (101) (114) (124) (133) (145) (163)

7. Chiunque viola le prescrizioni indicate nel provvedimento di cui sopra e' soggetto alla sanzione amministrativa del pagamento di una somma da € 430 a € 1.731. (19) (29) (43) (52) (64) (80) (89) (101) (114) (124) (133) (145) (163)

8. La violazione di cui al comma 6 importa la sanzione amministrativa accessoria della rimozione dell'impianto e delle opere realizzate abusivamente, a carico dell'autore della violazione ed a sue spese, secondo le norme del capo I, sezione II, del titolo VI. La violazione di cui al comma 7 importa la sanzione amministrativa accessoria della sospensione dell'attivita' esercitata fino all'attuazione delle prescrizioni violate, secondo le norme del capo I, sezione II, del titolo VI. L'attuazione successiva non esime dal pagamento della somma indicata nel comma 7.

AGGIORNAMENTO (19)

Il Decreto 20 dicembre 1996 (in G.U. 28/12/1996, n. 303) ha disposto (con l'art. 1, comma 1) che le presenti modifiche avranno effetto a decorrere dal 1 gennaio 1997.

AGGIORNAMENTO (29)

Il Decreto 22 dicembre 1998 (in G.U. 28/12/1998, n. 301) ha disposto (con l'art. 1, comma 1) che le presenti modifiche avranno effetto a decorrere dal 1 gennaio 1999.

AGGIORNAMENTO (43)

Il Decreto 29 dicembre 2000 (in G.U. 30/12/2000, n. 303) ha disposto (con l'art. 1, comma 1) che le presenti modifiche avranno effetto a decorrere dal 1 gennaio 2001.

AGGIORNAMENTO (52)

Il Decreto 24 dicembre 2002 (in G.U. 30/12/2002, n. 304) ha disposto (con l'art. 1, comma 1) che le presenti modifiche avranno effetto a decorrere dal 1 gennaio 2003.

AGGIORNAMENTO (64)

Il Decreto 22 dicembre 2004 (in G.U. 30/12/2004, n. 305) ha disposto (con l'art. 1, comma 2) che le presenti modifiche avranno effetto a decorrere dal 1 gennaio 2005.

AGGIORNAMENTO (80)

Il Decreto 29 dicembre 2006 (in G.U. 30/12/2006, n. 302) ha

disposto (con l'art. 1, comma 2) che le presenti modifiche avranno effetto a decorrere dal 1 gennaio 2007.

AGGIORNAMENTO (89)

Il Decreto 17 dicembre 2008 (in G.U. 30/12/2008, n. 303) ha disposto (con l'art. 1, comma 2) che le presenti modifiche avranno effetto a decorrere dal 1 gennaio 2009.

AGGIORNAMENTO (101)

Il Decreto 22 dicembre 2010 (in G.U. 31/12/2010, n. 305) ha disposto (con l'art. 1, comma 2) che le presenti modifiche avranno effetto a decorrere dal 1 gennaio 2011.

AGGIORNAMENTO (114)

Il Decreto 19 dicembre 2012 (in G.U. 31/12/2012, n. 303) ha disposto (con l'art. 1, comma 2) che le presenti modifiche avranno effetto a decorrere dal 1 gennaio 2013.

AGGIORNAMENTO (124)

Il Decreto 16 dicembre 2014 (in G.U. 31/12/2012, n. 302) ha disposto (con l'art. 1, comma 2) che le presenti modifiche avranno effetto a decorrere dal 1 gennaio 2015.

AGGIORNAMENTO (133)

Il Decreto 20 dicembre 2016 (in G.U. 30/12/2016, n. 304) ha disposto (con l'art. 1, comma 1) che le presenti modifiche avranno effetto a decorrere dal 1 gennaio 2017.

AGGIORNAMENTO (145)

Il Decreto 27 dicembre 2018 (in G.U. 29/12/2018, n. 301) ha disposto (con l'art. 3, comma 1) che le presenti modifiche avranno effetto a decorrere dal 1° gennaio 2019.

AGGIORNAMENTO (163)

Il Decreto 31 dicembre 2020 (in G.U. 31/12/2020, n. 323) ha disposto (con l'art. 3, comma 1) che le presenti modifiche avranno effetto a decorrere dal 1° gennaio 2021.

Art. 25.
Attraversamenti ed uso della sede stradale

1. Non possono essere effettuati, senza preventiva concessione dell'ente proprietario, attraversamenti od uso della sede stradale e relative pertinenze con corsi d'acqua, condutture idriche, linee elettriche e di telecomunicazione, sia aeree che in cavo sotterraneo,

sottopassi e soprappassi, teleferiche di qualsiasi specie, gasdotti, serbatoi di combustibili liquidi, o con altri impianti ed opere, che possono comunque interessare la proprieta' stradale. Le opere di cui sopra devono, per quanto possibile, essere realizzate in modo tale che il loro uso e la loro manutenzione non intralci la circolazione dei veicoli sulle strade, garantendo l'accessibilita' dalle fasce di pertinenza della strada.

1-bis. In caso di attraversamento a livelli sfalsati tra due strade appartenenti a enti diversi, ferma restando l'obbligatorieta' della concessione di cui al comma 1, le strutture che realizzano l'opera d'arte principale del sottopasso o sovrappasso, comprese le barriere di sicurezza nei sovrappassi, sono di titolarita' ((, ai fini della loro realizzazione e manutenzione anche straordinaria,)) dell'ente che rilascia la concessione qualora la strada interferita sia di tipo superiore, con riferimento ai tipi definiti dall'articolo 2, comma 2, a quello della strada interferente.

1-ter. Per ragioni di sicurezza e di importanza dei flussi di traffico:

   a) le strutture dei sottopassi e sovrappassi di strade di tipo A e B con strade di tipo inferiore, comprese le barriere di sicurezza nei sovrappassi, sono di titolarita' degli enti proprietari delle strade di tipo A e B, anche quando tali enti rilasciano la concessione all'attraversamento;

   b) nel caso di attraversamento tra strada di tipo A e strada di tipo B, le strutture dei sottopassi e sovrappassi, comprese le barriere di sicurezza nei sovrappassi, sono di titolarita' dell'ente proprietario della strada di tipo A;

   c) nel caso di attraversamento tra strade di tipo A appartenenti a enti diversi, la titolarita' delle strutture dei sottopassi e sovrappassi, comprese le barriere di sicurezza nei sovrappassi, e' indicata nell'atto di concessione di cui al comma 1, che va rinnovato o rilasciato se privo di tale indicazione;

   c-bis) nel caso di attraversamento tra strade di tipo B appartenenti a enti diversi, la titolarita' delle strutture dei sottopassi e sovrappassi, comprese le barriere di sicurezza nei sovrappassi, e' indicata, con preferenza per l'ente cui appartiene la strada di interesse nazionale, nell'atto di concessione di cui al comma 1, che va rinnovato o rilasciato se privo di tale indicazione;

   d) nel caso di attraversamento tra strade di tipo C appartenenti a enti diversi, la titolarita' delle strutture dei sottopassi e sovrappassi, comprese le barriere di sicurezza nei sovrappassi, e' indicata, con preferenza per l'ente cui appartiene la strada di interesse nazionale, nell'atto di concessione di cui al comma 1, che va rinnovato o rilasciato se privo di tale indicazione.

((1-quater. Fermo restando quanto previsto dai commi 1-bis e 1-ter in relazione agli enti titolari delle strutture delle opere d'arte dei sottopassi e sovrappassi, comprese le barriere di sicurezza nei sovrappassi, gli enti proprietari e i gestori delle strade interessate dall'attraversamento a livello sfalsato provvedono a disciplinare mediante appositi atti convenzionali le modalita' e gli oneri di realizzazione e manutenzione delle predette strutture)).

1-quinquies. In relazione ai sottopassi e sovrappassi stradali esistenti, gli enti proprietari della strada interferita e di quella interferente provvedono, ove necessario anche mediante trasferimento della titolarita' delle opere d'arte da realizzarsi senza nuovi o maggiori oneri a carico della finanza pubblica, a dare attuazione alle previsioni di cui ai commi 1-bis, 1-ter e 1-quater entro sei mesi dalla data di entrata in vigore della presente disposizione. Gli enti proprietari, nonche' i gestori dei medesimi procedono, senza nuovi o maggiori oneri a carico della finanza pubblica, alla formazione e all'aggiornamento degli elenchi dei sottopassi e sovrappassi, di cui risultano o divengano titolari in attuazione dei commi 1-bis, 1-ter e 1-quater.

2. Le concessioni sono rilasciate soltanto in caso di assoluta necessita', previo accertamento tecnico dell'autorita' competente di cui all'art. 26.

3. I cassonetti per la raccolta dei rifiuti solidi urbani di qualsiasi tipo e natura devono essere collocati in modo da non arrecare pericolo od intralcio alla circolazione.

4. Il regolamento stabilisce norme per gli attraversamenti e l'uso della sede stradale.

5. Chiunque realizza un'opera o un impianto di quelli previsti nel comma 1 o ne varia l'uso o ne mantiene l'esercizio senza concessione e' soggetto alla sanzione amministrativa del pagamento di una somma da € 866 a € 3.464. (19) (29) (43) (52) (64) (80) (89) (101) (114) (124) (133) (145) (163)

6. Chiunque non osserva le prescrizioni indicate nella concessione o nelle norme del regolamento e' soggetto alla sanzione amministrativa del pagamento di una somma da € 430 a € 1.731. (19) (29) (43) (52) (64) (80) (89) (101) (114) (124) (133) (145) (163)

7. La violazione prevista dal comma 5 importa la sanzione amministrativa accessoria dell'obbligo, a carico dell'autore della violazione ed a sue spese, della rimozione delle opere abusivamente realizzate, secondo le norme del capo I, sezione II, del titolo VI. La violazione prevista dal comma 6 importa la sanzione amministrativa accessoria della sospensione di ogni attivita' fino all'attuazione successiva delle prescrizioni violate, secondo le norme del capo I,

sezione II, del titolo VI.

AGGIORNAMENTO (19)

Il Decreto 20 dicembre 1996 (in G.U. 28/12/1996, n. 303) ha disposto (con l'art. 1, comma 1) che le presenti modifiche avranno effetto a decorrere dal 1 gennaio 1997.

AGGIORNAMENTO (29)

Il Decreto 22 dicembre 1998 (in G.U. 28/12/1998, n. 301) ha disposto (con l'art. 1, comma 1) che le presenti modifiche avranno effetto a decorrere dal 1 gennaio 1999.

AGGIORNAMENTO (43)

Il Decreto 29 dicembre 2000 (in G.U. 30/12/2000, n. 303) ha disposto (con l'art. 1, comma 1) che le presenti modifiche avranno effetto a decorrere dal 1 gennaio 2001.

AGGIORNAMENTO (52)

Il Decreto 24 dicembre 2002 (in G.U. 30/12/2002, n. 304) ha disposto (con l'art. 1, comma 1) che le presenti modifiche avranno effetto a decorrere dal 1 gennaio 2003.

AGGIORNAMENTO (64)

Il Decreto 22 dicembre 2004 (in G.U. 30/12/2004, n. 305) ha disposto (con l'art. 1, comma 2) che le presenti modifiche avranno effetto a decorrere dal 1 gennaio 2005.

AGGIORNAMENTO (80)

Il Decreto 29 dicembre 2006 (in G.U. 30/12/2006, n. 302) ha disposto (con l'art. 1, comma 2) che le presenti modifiche avranno effetto a decorrere dal 1 gennaio 2007.

AGGIORNAMENTO (89)

Il Decreto 17 dicembre 2008 (in G.U. 30/12/2008, n. 303) ha disposto (con l'art. 1, comma 2) che le presenti modifiche avranno effetto a decorrere dal 1 gennaio 2009.

AGGIORNAMENTO (101)

Il Decreto 22 dicembre 2010 (in G.U. 31/12/2010 n. 305) ha disposto (con l'art. 1, comma 2) che le presenti modifiche avranno effetto a decorrere dal 1 gennaio 2011.

AGGIORNAMENTO (114)

Il Decreto 19 dicembre 2012 (in G.U. 31/12/2012 n. 303) ha disposto (con l'art. 1, comma 2) che le presenti modifiche avranno effetto a decorrere dal 1 gennaio 2013.

AGGIORNAMENTO (124)

Il Decreto 16 dicembre 2014 (in G.U. 31/12/2014, n. 302) ha disposto (con l'art. 1, comma 2) che le presenti modifiche avranno effetto a decorrere dal 1 gennaio 2015.

AGGIORNAMENTO (133)

Il Decreto 20 dicembre 2016 (in G.U. 30/12/2016, n. 304) ha disposto (con l'art. 1, comma 1) che le presenti modifiche avranno effetto a decorrere dal 1 gennaio 2017.

AGGIORNAMENTO (145)

Il Decreto 27 dicembre 2018 (in G.U. 29/12/2018, n. 301) ha disposto (con l'art. 3, comma 1) che le presenti modifiche avranno effetto a decorrere dal 1° gennaio 2019.

AGGIORNAMENTO (163)

Il Decreto 31 dicembre 2020 (in G.U. 31/12/2020, n. 323) ha disposto (con l'art. 3, comma 1) che le presenti modifiche avranno effetto a decorrere dal 1° gennaio 2021.

Art. 26.
Competenza per le autorizzazioni e le concessioni

1. Le autorizzazioni di cui al presente titolo sono rilasciate dall'ente proprietario della strada o da altro ente da quest'ultimo delegato o dall'ente concessionario della strada in conformita' alle relative convenzioni; l'eventuale delega e' comunicata al Ministero delle infrastrutture e dei trasporti o al prefetto se trattasi di ente locale.

2. Le autorizzazioni e le concessioni di cui al presente titolo sono di competenza dell'ente proprietario della strada e per le strade in concessione si provvede in conformita' alle relative convenzioni.

3. Per i tratti di strade statali, regionali o provinciali, correnti nell'interno di centri abitati con popolazione inferiore a diecimila abitanti, il rilascio di concessioni e di autorizzazioni e' di competenza del comune, previo nulla osta dell'ente proprietario della strada.

((3-bis. Nel caso di interventi finalizzati all'installazione di reti di comunicazione elettronica a banda ultralarga, il nulla osta di cui al comma 3 e' rilasciato nel termine di quindici giorni dalla ricezione della richiesta da parte del comune)).

4. L'impianto su strade e sulle relative pertinenze di linee ferroviarie, tramviarie, di speciali tubazioni o altre condotte comunque destinate a servizio pubblico, o anche il solo attraversamento di strade o relative pertinenze con uno qualsiasi degli impianti di cui sopra, sono autorizzati, in caso di assoluta necessita' e ove non siano possibili altre soluzioni tecniche, con decreto del Ministro delle infrastrutture e dei trasporti, sentiti il Ministero dei trasporti, se trattasi di linea ferroviaria, e l'ente proprietario della strada.

Art. 27.
Formalita' per il rilascio delle autorizzazioni e concessioni

1. Le domande dirette a conseguire le concessioni e le autorizzazioni di cui al presente titolo, se interessano strade o autostrade statali, sono presentate al competente ufficio dell'A.N.A.S e, in caso di strade in concessione, all'ente concessionario che provvede a trasmetterle con il proprio parere al competente ufficio dell'A.N.A.S., ove le convenzioni di concessione non consentono al concessionario di adottare il relativo provvedimento.

2. Le domande rivolte a conseguire i provvedimenti di cui al comma 1 interessanti strade non statali sono presentate all'ente proprietario della strada.

3. Le domande sono corredate dalla relativa documentazione tecnica e dall'impegno del richiedente a sostenere tutte le spese di sopralluogo e di istruttoria, previo deposito di eventuali cauzioni.

4. I provvedimenti di concessione ed autorizzazione previsti dal presente titolo sono, in ogni caso, accordati senza pregiudizio dei diritti dei terzi e con l'obbligo del titolare di riparare eventuali danni derivanti dalle opere, dalle occupazioni e dai depositi autorizzati.

5. I provvedimenti di concessione ed autorizzazione di cui al presente titolo, che sono rinnovabili alla loro scadenza, indicano le condizioni e le prescrizioni di carattere tecnico o amministrativo alle quali esse sono assoggettate, la somma dovuta per l'occupazione o per l'uso concesso, nonche' la durata, che non potra' comunque eccedere gli anni ventinove. L'autorita' competente puo' revocarli o modificarli in qualsiasi momento per sopravvenuti motivi di pubblico interesse o di tutela della sicurezza stradale, senza essere tenuta a corrispondere alcun indennizzo.

6. La durata dell'occupazione di suolo stradale per l'impianto di pubblici servizi e' fissata in relazione al previsto o comunque stabilito termine per l'ultimazione dei relativi lavori.

7. La somma dovuta per l'uso o l'occupazione delle strade e delle loro pertinenze puo' essere stabilita dall'ente proprietario della strada in annualita' ovvero in unica soluzione.

8. Nel determinare la misura della somma si ha riguardo alle soggezioni che derivano alla strada o autostrada, quando la concessione costituisce l'oggetto principale dell'impresa, al valore economico risultante dal provvedimento di autorizzazione o concessione e al vantaggio che l'utente ne ricava.

9. L'autorita' competente al rilascio dei provvedimenti autorizzatori di cui al presente titolo puo' chiedere un deposito cauzionale.

10. Chiunque intraprende lavori, effettua occupazioni o esegue depositi interessanti le strade o autostrade e le relative pertinenze per le quali siano prescritti provvedimenti autorizzatori deve tenere, nel luogo dei lavori, dell'occupazione o del deposito, il relativo atto autorizzatorio o copia conforme, che e' tenuto a presentare ad ogni richiesta dei funzionari, ufficiali o agenti indicati nell'art. 12.

11. Per la mancata presentazione del titolo di cui al comma 10 il responsabile e' soggetto alla sanzione amministrativa del pagamento di una somma ((da € 87 a € 344)). (19) (29) (43) (52) (64) (80) (89) (101) (114) (124) (145) ((163))

12. La violazione del comma 10 importa la sanzione amministrativa accessoria della sospensione dei lavori, secondo le norme del capo I, sezione II, del titolo VI. In ogni caso di rifiuto della presentazione del titolo o accertata mancanza dello stesso, da effettuare senza indugio, la sospensione e' definitiva e ne consegue la sanzione amministrativa accessoria dell'obbligo, a carico dell'autore della violazione, del ripristino a sue spese dei luoghi secondo le norme del capo I, sezione II, del titolo VI.

AGGIORNAMENTO (19)

Il Decreto 20 dicembre 1996 (in G.U. 28/12/1996, n. 303) ha disposto (con l'art. 1, comma 1) che la presente modifica avra' effetto a decorrere dal 1 gennaio 1997.

AGGIORNAMENTO (29)

Il Decreto 22 dicembre 1998 (in G.U. 28/12/1998, n. 301) ha disposto (con l'art. 1, comma 1) che la presente modifica avra' effetto a decorrere dal 1 gennaio 1999.

AGGIORNAMENTO (43)

Il Decreto 29 dicembre 2000 (in G.U. 30/12/2000, n. 303) ha

disposto (con l'art. 1, comma 1) che la presente modifica avra' effetto a decorrere dal 1 gennaio 2001.

AGGIORNAMENTO (52)
Il Decreto 24 dicembre 2002 (in G.U. 30/12/2002, n. 304) ha disposto (con l'art. 1, comma 1) che la presente modifica avra' effetto a decorrere dal 1 gennaio 2003.

AGGIORNAMENTO (64)
Il Decreto 22 dicembre 2004 (in G.U. 30/12/2004, n. 305) ha disposto (con l'art. 1, comma 2) che la presente modifica avra' effetto a decorrere dal 1 gennaio 2005.

AGGIORNAMENTO (80)
Il Decreto 29 dicembre 2006 (in G.U. 30/12/2006, n. 302) ha disposto (con l'art. 1, comma 2) che la presente modifica avra' effetto a decorrere dal 1 gennaio 2007.

AGGIORNAMENTO (89)
Il Decreto 17 dicembre 2008 (in G.U. 30/12/2008, n. 303) ha disposto (con l'art. 1, comma 2) che la presente modifica avra' effetto a decorrere dal 1 gennaio 2009.

AGGIORNAMENTO (101)
Il Decreto 22 dicembre 2010 (in G.U. 31/12/2010 n. 305) ha disposto (con l'art. 1, comma 2) che la presente modifica avra' effetto a decorrere dal 1 gennaio 2011.

AGGIORNAMENTO (114)
Il Decreto 19 dicembre 2012 (in G.U. 31/12/2012 n. 303) ha disposto (con l'art. 1, comma 2) che la presente modifica avra' effetto a decorrere dal 1 gennaio 2013.

AGGIORNAMENTO (124)
Il Decreto 16 dicembre 2014 (in G.U. 31/12/2014, n. 302) ha disposto (con l'art. 1, comma 2) che la presente modifica avra' effetto a decorrere dal 1 gennaio 2015.

AGGIORNAMENTO (145)
Il Decreto 27 dicembre 2018 (in G.U. 29/12/2018, n. 301) ha disposto (con l'art. 3, comma 1) che la presente modifica avra' effetto a decorrere dal 1° gennaio 2019.

NUOVO CODICE DELLA STRADA

AGGIORNAMENTO (163)

Il Decreto 31 dicembre 2020 (in G.U. 31/12/2020, n. 323) ha disposto (con l'art. 3, comma 1) che la presente modifica avra' effetto a decorrere dal 1° gennaio 2021.

Art. 28.
Obblighi dei concessionari di determinati servizi

((1. I concessionari di ferrovie, di tranvie, di filovie, di funivie, di teleferiche, di linee elettriche e telefoniche, sia aeree che sotteranee, quelli di servizi di oleodotti, di metanodotti, di distribuzione di acqua potabile o di gas, nonche' quelli di servizi di fognature e quelli di servizi che interessano comunque le strade, hanno l'obbligo di osservare le condizioni e le prescrizioni imposte dall'ente proprietario per la conservazione della strada e per la sicurezza della circolazione. Quando si tratta di impianti inerenti a servizi di trasporto, i relativi provvedimenti sono comunicati al Ministero dei trasporti o alla regione competente. Nel regolamento sono indicate le modalita' di rilascio delle concessioni ed autorizzazioni all'esecuzione dei lavori ed i casi di deroga.))

((2. Qualora per comprovate esigenze della viabilita' si renda necessario modificare o spostare su apposite sedi messe a disposizione dall'ente proprietario della strada, le opere e gli impianti eserciti dai soggetti indicati nel comma 1, l'onere relativo allo spostamento dell'impianto e' a carico del gestore del pubblico servizio; i termini e le modalita' per l'esecuzione dei lavori sono previamente concordati tra le parti, contemperando i rispettivi interessi pubblici perseguiti. In caso di ritardo ingiustificato, il gestore del pubblico servizio e' tenuto a risarcire i danni e a corrispondere le eventuali penali fissate nelle specifiche convenzioni.))

Art. 29.
Piantagioni e siepi

1. I proprietari confinanti hanno l'obbligo di mantenere le siepi in modo da non restringere o danneggiare la strada o l'autostrada e di tagliare i rami delle piante che si protendono oltre il confine stradale e che nascondono la segnaletica o che ne compromettono comunque la leggibilita' dalla distanza e dalla angolazione necessarie.

2. Qualora per effetto di intemperie o per qualsiasi altra causa vengano a cadere sul piano stradale alberi piantati in terreni laterali o ramaglie di qualsiasi specie e dimensioni, il proprietario di essi e' tenuto a rimuoverli nel piu' breve tempo possibile.

3. Chiunque viola le disposizioni del presente articolo e' soggetto alla sanzione amministrativa del pagamento di una somma ((da € 173 a € 694)).

(19) (29) (43) (52) (64) (80) (89) (101) (114) (124) (133) (145) ((163))

4. Alla violazione delle precedenti disposizioni consegue la sanzione amministrativa accessoria dell'obbligo, per l'autore della stessa, del ripristino a sue spese dei luoghi o della rimozione delle opere abusive secondo le norme del capo I, sezione II, del titolo VI.

AGGIORNAMENTO (19)

Il Decreto 20 dicembre 1996 (in G.U. 28/12/1996, n. 303) ha disposto (con l'art. 1, comma 1) che la presente modifica avra' effetto a decorrere dal 1 gennaio 1997.

AGGIORNAMENTO (29)

Il Decreto 22 dicembre 1998 (in G.U. 28/12/1998, n. 301) ha disposto (con l'art. 1, comma 1) che la presente modifica avra' effetto a decorrere dal 1 gennaio 1999.

AGGIORNAMENTO (43)

Il Decreto 29 dicembre 2000 (in G.U. 30/12/2000, n. 303) ha disposto (con l'art. 1, comma 1) che la presente modifica avra' effetto a decorrere dal 1 gennaio 2001.

AGGIORNAMENTO (52)

Il Decreto 24 dicembre 2002 (in G.U. 30/12/2002, n. 304) ha disposto (con l'art. 1, comma 1) che la presente modifica avra' effetto a decorrere dal 1 gennaio 2003.

AGGIORNAMENTO (64)

Il Decreto 22 dicembre 2004 (in G.U. 30/12/2004, n. 305) ha disposto (con l'art. 1, comma 2) che la presente modifica avra' effetto a decorrere dal 1 gennaio 2005.

AGGIORNAMENTO (80)

Il Decreto 29 dicembre 2006 (in G.U. 30/12/2006, n. 302) ha disposto (con l'art. 1, comma 2) che la presente modifica avra' effetto a decorrere dal 1 gennaio 2007.

AGGIORNAMENTO (89)

Il Decreto 17 dicembre 2008 (in G.U. 30/12/2008, n. 303) ha disposto (con l'art. 1, comma 2) che le presenti modifiche avranno effetto a decorrere dal 1 gennaio 2009.

AGGIORNAMENTO (101)

Il Decreto 22 dicembre 2010 (in G.U. 31/12/2010, n. 305) ha

disposto (con l'art. 1, comma 2) che la presente modifica avra' effetto a decorrere dal 1 gennaio 2011.

AGGIORNAMENTO (114)

Il Decreto 19 dicembre 2012 (in G.U. 31/12/2012, n. 303) ha disposto (con l'art. 1, comma 2) che la presente modifica avra' effetto a decorrere dal 1 gennaio 2013.

AGGIORNAMENTO (124)

Il Decreto 19 dicembre 2012 (in G.U. 31/12/2012, n. 303) ha disposto (con l'art. 1, comma 2) che la presente modifica avra' effetto a decorrere dal 1 gennaio 2013.

AGGIORNAMENTO (133)

Il Decreto 20 dicembre 2016 (in G.U. 30/12/2016, n. 304) ha disposto (con l'art. 1, comma 1) che la presente modifica avra' effetto a decorrere dal 1 gennaio 2017.

AGGIORNAMENTO (145)

Il Decreto 27 dicembre 2018 (in G.U. 29/12/2018, n. 301) ha disposto (con l'art. 3, comma 1) che la presente modifica avra' effetto a decorrere dal 1° gennaio 2019.

AGGIORNAMENTO (163)

Il Decreto 31 dicembre 2020 (in G.U. 31/12/2020, n. 323) ha disposto (con l'art. 3, comma 1) che la presente modifica avra' effetto a decorrere dal 1° gennaio 2021.

Art. 30.

Fabbricati, muri e opere di sostegno

1. I fabbricati ed i muri di qualunque genere fronteggianti le strade devono essere conservati in modo da non compromettere l'incolumita' pubblica e da non arrecare danno alle strade ed alle relative pertinenze.

2. Salvi i provvedimenti che nei casi contingibili ed urgenti possono essere adottati dal sindaco a tutela della pubblica incolumita', il prefetto, sentito l'ente proprietario o concessionario, puo' ordinare la demolizione o il consolidamento a spese dello stesso proprietario dei fabbricati e dei muri che minacciano rovina se il proprietario, nonostante la diffida, non abbia provveduto a compiere le opere necessarie.

3. In caso di inadempienza nel termine fissato, l'autorita' competente ai sensi del comma 2 provvede d'ufficio alla demolizione o al consolidamento, addebitando le spese al proprietario.

4. La costruzione e la riparazione delle opere di sostegno lungo le strade ed autostrade, qualora esse servano unicamente a difendere ed a sostenere i fondi adiacenti, sono a carico dei proprietari dei fondi stessi; se hanno per scopo la stabilita' o la conservazione delle strade od autostrade, la costruzione o riparazione e' a carico dell'ente proprietario della strada.

5. La spesa si divide in ragione dell'interesse quando l'opera abbia scopo promiscuo. Il riparto della spesa e' fatto con decreto del Ministro delle infrastrutture e dei trasporti, su proposta dell'ufficio periferico dell'A.N.A.S., per le strade statali ed autostrade e negli altri casi con decreto del presidente della regione, su proposta del competente ufficio tecnico.

6. La costruzione di opere di sostegno che servono unicamente a difendere e a sostenere i fondi adiacenti, effettuata in sede di costruzione di nuove strade, e' a carico dell'ente cui appartiene la strada, fermo restando a carico dei proprietari dei fondi l'obbligo e l'onere di manutenzione e di eventuale riparazione o ricostruzione di tali opere.

7. In caso di mancata esecuzione di quanto compete ai proprietari dei fondi si adotta nei confronti degli inadempienti la procedura di cui ai commi 2 e 3.

8. Chiunque non osserva le disposizioni di cui al comma 1 e' soggetto alla sanzione amministrativa del pagamento di una somma ((da € 430 a € 1.731)). (19) (29) (43) (52) (64) (80) (89) (114) (124) (133) (145) ((163))

AGGIORNAMENTO (19)

Il Decreto 20 dicembre 1996 (in G.U. 28/12/1996, n. 303) ha disposto (con l'art. 1, comma 1) che la presente modifica avra' effetto a decorrere dal 1 gennaio 1997.

AGGIORNAMENTO (29)

Il Decreto 22 dicembre 1998 (in G.U. 28/12/1998, n. 301) ha disposto (con l'art. 1, comma 1) che la presente modifica avra' effetto a decorrere dal 1 gennaio 1999.

AGGIORNAMENTO (43)

Il Decreto 29 dicembre 2000 (in G.U. 30/12/2000, n. 303) ha disposto (con l'art. 1, comma 1) che la presente modifica avra' effetto a decorrere dal 1 gennaio 2001.

AGGIORNAMENTO (52)

Il Decreto 24 dicembre 2002 (in G.U. 30/12/2002, n. 304) ha disposto (con l'art. 1, comma 1) che la presente modifica avra'

effetto a decorrere dal 1 gennaio 2003.

AGGIORNAMENTO (64)
Il Decreto 22 dicembre 2004 (in G.U. 30/12/2004, n. 305) ha disposto (con l'art. 1, comma 2) che la presente modifica avra' effetto a decorrere dal 1 gennaio 2005.

AGGIORNAMENTO (80)
Il Decreto 29 dicembre 2006 (in G.U. 30/12/2006, n. 302) ha disposto (con l'art. 1, comma 2) che la presente modifica avra' effetto a decorrere dal 1 gennaio 2007.

AGGIORNAMENTO (89)
Il Decreto 17 dicembre 2008 (in G.U. 30/12/2008, n. 303) ha disposto (con l'art. 1, comma 2) che la presente modifica avra' effetto a decorrere dal 1 gennaio 2009.

AGGIORNAMENTO (101)
Il Decreto 22 dicembre 2010 (in G.U. 31/12/2010 n. 305) ha disposto (con l'art. 1, comma 2) che la presente modifica avra' effetto a decorrere dal 1 gennaio 2011.

AGGIORNAMENTO (114)
Il Decreto 19 dicembre 2012 (in G.U. 31/12/2012 n. 303) ha disposto (con l'art. 1, comma 2) che la presente modifica avra' effetto a decorrere dal 1 gennaio 2013.

AGGIORNAMENTO (124)
Il Decreto 16 dicembre 2014 (in G.U. 31/12/2014, n. 302) ha disposto (con l'art. 1, comma 2) che la presente modifica avra' effetto a decorrere dal 1 gennaio 2015.

AGGIORNAMENTO (133)
Il Decreto 20 dicembre 2016 (in G.U. 30/12/2016, n. 304) ha disposto (con l'art. 1, comma 1) che la presente modifica avra' effetto a decorrere dal 1 gennaio 2017.

AGGIORNAMENTO (145)
Il Decreto 27 dicembre 2018 (in G.U. 29/12/2018, n. 301) ha disposto (con l'art. 3, comma 1) che la presente modifica avra' effetto a decorrere dal 1° gennaio 2019.

AGGIORNAMENTO (163)

Il Decreto 31 dicembre 2020 (in G.U. 31/12/2020, n. 323) ha disposto (con l'art. 3, comma 1) che la presente modifica avra' effetto a decorrere dal 1° gennaio 2021.

Art. 31.
Manutenzione delle ripe

1. I proprietari devono mantenere le ripe dei fondi laterali alle strade, sia a valle che a monte delle medesime, in stato tale da impedire franamenti o cedimenti del corpo stradale, ivi comprese le opere di sostegno di cui all'art. 30, lo scoscendimento del terreno, l'ingombro delle pertinenze e della sede stradale in modo da prevenire la caduta di massi o di altro materiale sulla strada. Devono altresi' realizzare, ove occorrono, le necessarie opere di mantenimento ed evitare di eseguire interventi che possano causare i predetti eventi.

2. Chiunque viola le disposizioni del presente articolo e' soggetto alla sanzione amministrativa del pagamento di una somma ((da € 159 a € 641)). (19) (29) (43) (52) (64) (80) (89) (101) (124) (133) (145) ((163))

3. La violazione suddetta importa a carico dell'autore della violazione la sanzione amministrativa accessoria del ripristino, a proprie spese, dello stato dei luoghi, secondo le norme del capo I, sezione II, del titolo VI.

AGGIORNAMENTO (19)

Il Decreto 20 dicembre 1996 (in G.U. 28/12/1996, n. 303) ha disposto (con l'art. 1, comma 1) che la presente modifica avra' effetto a decorrere dal 1 gennaio 1997.

AGGIORNAMENTO (29)

Il Decreto 22 dicembre 1998 (in G.U. 28/12/1998, n. 301) ha disposto (con l'art. 1, comma 1) che la presente modifica avra' effetto a decorrere dal 1 gennaio 1999.

AGGIORNAMENTO (43)

Il Decreto 29 dicembre 2000 (in G.U. 30/12/2000, n. 303) ha disposto (con l'art. 1, comma 1) che la presente modifica avra' effetto a decorrere dal 1 gennaio 2001.

AGGIORNAMENTO (52)

Il Decreto 24 dicembre 2002 (in G.U. 30/12/2002, n. 304) ha disposto (con l'art. 1, comma 1) che la presente modifica avra' effetto a decorrere dal 1 gennaio 2003.

AGGIORNAMENTO (64)

Il Decreto 22 dicembre 2004 (in G.U. 30/12/2004, n. 305) ha disposto (con l'art. 1, comma 2) che la presente modifica avra' effetto a decorrere dal 1 gennaio 2005.

AGGIORNAMENTO (80)

Il Decreto 29 dicembre 2006 (in G.U. 30/12/2006, n. 302) ha disposto (con l'art. 1, comma 2) che la presente modifica avra' effetto a decorrere dal 1 gennaio 2007.

AGGIORNAMENTO (89)

Il Decreto 17 dicembre 2008 (in G.U. 30/12/2008, n. 303) ha disposto (con l'art. 1, comma 2) che la presente modifica avra' effetto a decorrere dal 1 gennaio 2009.

AGGIORNAMENTO (101)

Il Decreto 22 dicembre 2010 (in G.U. 31/12/2010, n. 305) ha disposto (con l'art. 1, comma 2) che la presente modifica avra' effetto a decorrere dal 1 gennaio 2011.

AGGIORNAMENTO (124)

Il Decreto 16 dicembre 2014 (in G.U. 31/12/2012, n. 302) ha disposto (con l'art. 1, comma 2) che la presente modifica avra' effetto a decorrere dal 1 gennaio 2015.

AGGIORNAMENTO (133)

Il Decreto 20 dicembre 2016 (in G.U. 30/12/2016, n. 304) ha disposto (con l'art. 1, comma 1) che la presente modifica avra' effetto a decorrere dal 1 gennaio 2017.

AGGIORNAMENTO (145)

Il Decreto 27 dicembre 2018 (in G.U. 29/12/2018, n. 301) ha disposto (con l'art. 3, comma 1) che la presente modifica avra' effetto a decorrere dal 1° gennaio 2019.

AGGIORNAMENTO (163)

Il Decreto 31 dicembre 2020 (in G.U. 31/12/2020, n. 323) ha disposto (con l'art. 3, comma 1) che la presente modifica avra' effetto a decorrere dal 1° gennaio 2021.

Art. 32.

Condotta delle acque

1. Coloro che hanno diritto di condurre acque nei fossi delle strade sono tenuti a provvedere alla conservazione del fosso e, in difetto, a corrispondere all'ente proprietario della strada le spese

necessarie per la manutenzione del fosso e per la riparazione degli eventuali danni non causati da terzi.

2. Salvo quanto e' stabilito nell'art. 33, coloro che hanno diritto di attraversare le strade con corsi o condotte d'acqua hanno l'obbligo di costruire e di mantenere i ponti e le opere necessari per il passaggio e per la condotta delle acque; devono, altresi', eseguire e mantenere le altre opere d'arte, anche a monte e a valle della strada, che siano o si rendano necessarie per l'esercizio della concessione e per ovviare ai danni che dalla medesima possono derivare alla strada stessa. Tali opere devono essere costruite secondo le prescrizioni tecniche contenute nel disciplinare allegato all'atto di concessione rilasciato dall'ente proprietario della strada e sotto la sorveglianza dello stesso.

3. L'irrigazione dei terreni laterali deve essere regolata in modo che le acque non cadano sulla sede stradale ne' comunque intersechino questa e le sue pertinenze, al fine di evitare qualunque danno al corpo stradale o pericolo per la circolazione. A tale regolamentazione sono tenuti gli aventi diritto sui terreni laterali, sui quali si effettua l'irrigazione.

4. L'ente proprietario della strada, nel caso che i soggetti di cui ai commi 1 e 2 non provvedano a quanto loro imposto, ingiunge ai medesimi l'esecuzione delle opere necessarie per il raggiungimento delle finalita' di cui ai precedenti commi. In caso di inottemperanza vi provvede d'ufficio, addebitando ai soggetti obbligati le relative spese.

5. Parimenti procede il prefetto in ordine agli obblighi indicati nel comma 1, quando non siano ottemperati spontaneamente dall'obbligato.

6. Chiunque viola le norme del presente articolo e' soggetto alla sanzione amministrativa del pagamento di una somma ((da € 173 a € 694)). (19) (29) (43) (52) (64) (80) (89) (101) (114) (133) (145) ((163))

AGGIORNAMENTO (19)

Il Decreto 20 dicembre 1996 (in G.U. 28/12/1996, n. 303) ha disposto (con l'art. 1, comma 1) che la presente modifica avra' effetto a decorrere dal 1 gennaio 1997.

AGGIORNAMENTO (29)

Il Decreto 22 dicembre 1998 (in G.U. 28/12/1998, n. 301) ha disposto (con l'art. 1, comma 1) che la presente modifica avra' effetto a decorrere dal 1 gennaio 1999.

AGGIORNAMENTO (43)

Il Decreto 29 dicembre 2000 (in G.U. 30/12/2000, n. 303) ha disposto (con l'art. 1, comma 1) che la presente modifica avra' effetto a decorrere dal 1 gennaio 2001.

AGGIORNAMENTO (52)
Il Decreto 24 dicembre 2002 (in G.U. 30/12/2002, n. 304) ha disposto (con l'art. 1, comma 1) che la presente modifica avra' effetto a decorrere dal 1 gennaio 2003.

AGGIORNAMENTO (64)
Il Decreto 22 dicembre 2004 (in G.U. 30/12/2004, n. 305) ha disposto (con l'art. 1, comma 2) che la presente modifica avra' effetto a decorrere dal 1 gennaio 2005.

AGGIORNAMENTO (80)
Il Decreto 29 dicembre 2006 (in G.U. 30/12/2006, n. 302) ha disposto (con l'art. 1, comma 2) che la presente modifica avra' effetto a decorrere dal 1 gennaio 2007.

AGGIORNAMENTO (89)
Il Decreto 17 dicembre 2008 (in G.U. 30/12/2008, n. 303) ha disposto (con l'art. 1, comma 2) che la presente modifica avra' effetto a decorrere dal 1 gennaio 2009.

AGGIORNAMENTO (101)
Il Decreto 22 dicembre 2010 (in G.U. 31/12/2010, n. 305) ha disposto (con l'art. 1, comma 2) che la presente modifica avra' effetto a decorrere dal 1 gennaio 2011.

AGGIORNAMENTO (114)
Il Decreto 19 dicembre 2012 (in G.U. 31/12/2012, n. 303) ha disposto (con l'art. 1, comma 2) che la presente modifica avra' effetto a decorrere dal 1 gennaio 2013.

AGGIORNAMENTO (133)
Il Decreto 20 dicembre 2016 (in G.U. 30/12/2016, n. 304) ha disposto (con l'art. 1, comma 1) che la presente modifica avra' effetto a decorrere dal 1 gennaio 2017.

AGGIORNAMENTO (145)
Il Decreto 27 dicembre 2018 (in G.U. 29/12/2018, n. 301) ha disposto (con l'art. 3, comma 1) che la presente modifica avra' effetto a decorrere dal 1° gennaio 2019.

AGGIORNAMENTO (163)

Il Decreto 31 dicembre 2020 (in G.U. 31/12/2020, n. 323) ha disposto (con l'art. 3, comma 1) che la presente modifica avra' effetto a decorrere dal 1° gennaio 2021.

Art. 33.
Canali artificiali e manufatti sui medesimi

1. I proprietari e gli utenti di canali artificiali in prossimita' del confine stradale hanno l'obbligo di porre in essere tutte le misure di carattere tecnico idonee ad impedire l'afflusso delle acque sulla sede stradale e ogni conseguente danno al corpo stradale e alle fasce di pertinenza.

2. Gli oneri di manutenzione e rifacimento di manufatti stradali esistenti sopra canali artificiali sono a carico dei proprietari e degli utenti di questi, a meno che ne provino la preesistenza alle strade o abbiano titolo o possesso in contrario.

3. I manufatti a struttura portante in legname esistenti sui canali artificiali che attraversano la strada devono, nel caso di ricostruzione, essere eseguiti con strutture murarie o in cemento armato, in ferro o miste secondo le indicazioni e le prescrizioni tecniche dell'ente proprietario della strada in relazione ai carichi ammissibili per la strada interessata. Non sono comprese in questa disposizione le opere ricadenti in localita' soggette a servitu' militari per le quali si ravvisa l'opportunita' di provvedere diversamente.

4. La ricostruzione dei manufatti in legname con le strutture e con le prescrizioni sopra indicate e' obbligatoria da parte dei proprietari o utenti delle acque ed e' a loro spese:

   a) quando occorre spostare o allargare le strade attraversate da canali artificiali;

   b) quando, a giudizio dell'ente proprietario, i manufatti presentano condizioni di insufficiente sicurezza.

5. E', altresi', a carico di detti proprietari la manutenzione dei manufatti ricostruiti.

6. In caso di ampliamento dei manufatti di ogni altro tipo, per dar luogo all'allargamento della sede stradale, il relativo costo e' a carico dell'ente proprietario della strada, fermo restando a carico dei proprietari, possessori o utenti delle acque l'onere di manutenzione dell'intero manufatto.

7. Chiunque viola le disposizioni del presente articolo e' soggetto alla sanzione amministrativa del pagamento di una somma ((da € 173 a € 694)).
(19) (29) (43) (52) (64) (80) (89) (101) (114) (124) (133) (145) ((163))

AGGIORNAMENTO (19)

Il Decreto 20 dicembre 1996 (in G.U. 28/12/1996, n. 303) ha disposto (con l'art. 1, comma 1) che la presente modifica avra' effetto a decorrere dal 1 gennaio 1997.

AGGIORNAMENTO (29)

Il Decreto 22 dicembre 1998 (in G.U. 28/12/1998, n. 301) ha disposto (con l'art. 1, comma 1) che la presente modifica avra' effetto a decorrere dal 1 gennaio 1999.

AGGIORNAMENTO (43)

Il Decreto 29 dicembre 2000 (in G.U. 30/12/2000, n. 303) ha disposto (con l'art. 1, comma 1) che la presente modifica avra' effetto a decorrere dal 1 gennaio 2001.

AGGIORNAMENTO (52)

Il Decreto 24 dicembre 2002 (in G.U. 30/12/2002, n. 304) ha disposto (con l'art. 1, comma 1) che la presente modifica avra' effetto a decorrere dal 1 gennaio 2003.

AGGIORNAMENTO (64)

Il Decreto 22 dicembre 2004 (in G.U. 30/12/2004, n. 305) ha disposto (con l'art. 1, comma 2) che la presente modifica avra' effetto a decorrere dal 1 gennaio 2005.

AGGIORNAMENTO (80)

Il Decreto 29 dicembre 2006 (in G.U. 30/12/2006, n. 302) ha disposto (con l'art. 1, comma 2) che la presente modifica avra' effetto a decorrere dal 1 gennaio 2007.

AGGIORNAMENTO (89)

Il Decreto 17 dicembre 2008 (in G.U. 30/12/2008, n. 303) ha disposto (con l'art. 1, comma 2) che la presente modifica avra' effetto a decorrere dal 1 gennaio 2009.

AGGIORNAMENTO (101)

Il Decreto 22 dicembre 2010 (in G.U. 31/12/2010 n. 305) ha disposto (con l'art. 1, comma 2) che la presente modifica avra' effetto a decorrere dal 1 gennaio 2011.

AGGIORNAMENTO (114)

Il Decreto 19 dicembre 2012 (in G.U. 31/12/2012 n. 303) ha disposto (con l'art. 1, comma 2) che la presente modifica avra' effetto a

decorrere dal 1 gennaio 2013.

AGGIORNAMENTO (124)

Il Decreto 16 dicembre 2014 (in G.U. 31/12/2014, n. 302) ha disposto (con l'art. 1, comma 2) che la presente modifica avra' effetto a decorrere dal 1 gennaio 2015.

AGGIORNAMENTO (133)

Il Decreto 20 dicembre 2016 (in G.U. 30/12/2016, n. 304) ha disposto (con l'art. 1, comma 1) che la presente modifica avra' effetto a decorrere dal 1 gennaio 2017.

AGGIORNAMENTO (145)

Il Decreto 27 dicembre 2018 (in G.U. 29/12/2018, n. 301) ha disposto (con l'art. 3, comma 1) che la presente modifica avra' effetto a decorrere dal 1° gennaio 2019.

AGGIORNAMENTO (163)

Il Decreto 31 dicembre 2020 (in G.U. 31/12/2020, n. 323) ha disposto (con l'art. 3, comma 1) che la presente modifica avra' effetto a decorrere dal 1° gennaio 2021.

Art. 34.
Oneri supplementari a carico dei mezzi d'opera per l'adeguamento delle infrastrutture stradali

1. I mezzi d'opera di cui all'art. 54, comma 1, lettera n), devono essere muniti, ai fini della circolazione, di apposito contrassegno comprovante l'avvenuto pagamento di un indennizzo di usura, per un importo pari alla tassa di possesso, da corrispondere contestualmente alla stessa e per la stessa durata.

2. Per la circolazione sulle autostrade dei mezzi d'opera deve essere corrisposta alle concessionarie un'ulteriore somma ad integrazione dell'indennizzo di usura. Tale somma e' equivalente alla tariffa autostradale applicata al veicolo in condizioni normali, maggiorata del 50 per cento, e deve essere versata insieme alla normale tariffa alle porte controllate manualmente.

3. I proventi dell'indennizzo di usura, di cui al comma 1, affluiscono in un apposito capitolo dello stato di previsione dell'entrata del bilancio dello Stato.

4. Il regolamento determina le modalita' di assegnazione dei proventi delle somme di cui al comma 3 agli enti proprietari delle strade a esclusiva copertura delle spese per le opere connesse al rinforzo, all'adeguamento e all'usura delle infrastrutture. (37)(128)

5. Se il mezzo d'opera circola senza il contrassegno di cui al comma 1, il

conducente e' soggetto alla sanzione amministrativa del pagamento di una somma ((da € 87 a € 344)). Se non e' stato corrisposto l'indennizzo d'usura previsto dal medesimo comma 1, si applicano le sanzioni previste dall'art. 1, comma terzo, della legge 24 gennaio 1978, n. 27, e successive modificazioni, a carico del proprietario. (19) (29) (43) (52) (64) (80) (89) (101) (114) (124) (145) ((163))

AGGIORNAMENTO (19)
Il Decreto 20 dicembre 1996 (in G.U. 28/12/1996, n. 303) ha disposto (con l'art. 1, comma 1) che la presente modifica avra' effetto a decorrere dal 1 gennaio 1997.

AGGIORNAMENTO (29)
Il Decreto 22 dicembre 1998 (in G.U. 28/12/1998, n. 301) ha disposto (con l'art. 1, comma 1) che la presente modifica avra' effetto a decorrere dal 1 gennaio 1999.

AGGIORNAMENTO (37)
Il D.Lgs. 18 febbraio 2000, n. 56, ha disposto (con l'art. 1, comma 1, lettera b)) che a decorrere dall'anno 2001 cessano i trasferimenti erariali in favore delle regioni a statuto ordinario previsti dal comma 4 del presente articolo concernenti gli indennizzi di usura derivanti dall'uso dei mezzi d'opera.

AGGIORNAMENTO (43)
Il Decreto 29 dicembre 2000 (in G.U. 30/12/2000, n. 303) ha disposto (con l'art. 1, comma 1) che la presente modifica avra' effetto a decorrere dal 1 gennaio 2001.

AGGIORNAMENTO (52)
Il Decreto 24 dicembre 2002 (in G.U. 30/12/2002, n. 304) ha disposto (con l'art. 1, comma 1) che la presente modifica avra' effetto a decorrere dal 1 gennaio 2003.

AGGIORNAMENTO (64)
Il Decreto 22 dicembre 2004 (in G.U. 30/12/2004, n. 305) ha disposto (con l'art. 1, comma 2) che la presente modifica avra' effetto a decorrere dal 1 gennaio 2005.

AGGIORNAMENTO (80)
Il Decreto 29 dicembre 2006 (in G.U. 30/12/2006, n. 302) ha disposto (con l'art. 1, comma 2) che la presente modifica avra'

effetto a decorrere dal 1 gennaio 2007.

AGGIORNAMENTO (89)
Il Decreto 17 dicembre 2008 (in G.U. 30/12/2008, n. 303) ha disposto (con l'art. 1, comma 2) che la presente modifica avra' effetto a decorrere dal 1 gennaio 2009.

AGGIORNAMENTO (101)
Il Decreto 22 dicembre 2010 (in G.U. 31/12/2010 n. 305) ha disposto (con l'art. 1, comma 2) che la presente modifica avra' effetto a decorrere dal 1 gennaio 2011.

AGGIORNAMENTO (114)
Il Decreto 19 dicembre 2012 (in G.U. 31/12/2012 n. 303) ha disposto (con l'art. 1, comma 2) che la presente modifica avra' effetto a decorrere dal 1 gennaio 2013.

AGGIORNAMENTO (124)
Il Decreto 16 dicembre 2014 (in G.U. 31/12/2014, n. 302) ha disposto (con l'art. 1, comma 2) che la presente modifica avra' effetto a decorrere dal 1 gennaio 2015.

AGGIORNAMENTO (128)
La L. 28 dicembre 2015, n. 208 ha disposto (con l'art. 1, comma 596) che "A decorrere dall'anno 2016 cessano i trasferimenti erariali in favore delle regioni a statuto speciale previsti dall'articolo 34, comma 4, del decreto legislativo 30 aprile 1992, n. 285, e dall'articolo 72, comma 3, del regolamento di cui al decreto del Presidente della Repubblica 16 dicembre 1992, n. 495, concernenti gli indennizzi di usura derivanti dall'uso dei mezzi d'opera".

AGGIORNAMENTO (145)
Il Decreto 27 dicembre 2018 (in G.U. 29/12/2018, n. 301) ha disposto (con l'art. 3, comma 1) che la presente modifica avra' effetto a decorrere dal 1° gennaio 2019.

AGGIORNAMENTO (163)
Il Decreto 31 dicembre 2020 (in G.U. 31/12/2020, n. 323) ha disposto (con l'art. 3, comma 1) che la presente modifica avra' effetto a decorrere dal 1° gennaio 2021.

Art. 34-bis

((ARTICOLO ABROGATO DALLA L. 29 LUGLIO 2010, N. 120))

Capo II ORGANIZZAZIONE DELLA CIRCOLAZIONE E SEGNALETICA STRADALE

Art. 35.
Competenze

1. Il Ministero delle infrastrutture e dei trasporti e' competente ad impartire direttive per l'organizzazione della circolazione e della relativa segnaletica stradale, sentito il Ministero dell'ambiente e della tutela del territorio per gli aspetti di sua competenza, su tutte le strade ((...)). Stabilisce, inoltre, i criteri per la pianificazione del traffico cui devono attenersi gli enti proprietari delle strade, coordinando questi ultimi nei casi e nei modi previsti dal regolamento e, comunque, ove si renda necessario.

2. Il Ministro delle infrastrutture e dei trasporti e' autorizzato ad adeguare con propri decreti le norme del regolamento per l'esecuzione del presente codice alle direttive comunitarie ed agli accordi internazionali in materia. Analogamente il Ministro dei trasporti e' autorizzato ad adeguare con propri decreti le norme regolamentari relative alle segnalazioni di cui all'art. 44.

3. L'Ispettorato circolazione e traffico del Ministero delle infrastrutture e dei trasporti assume la denominazione di Ispettorato generale per la circolazione e la sicurezza stradale, che e' posto alle dirette dipendenze del Ministro delle infrastrutture e dei trasporti. All'Ispettorato sono demandate le attribuzioni di cui ai commi 1 e 2, nonche' le altre attribuzioni di competenza del Ministero delle infrastrutture e dei trasporti di cui al presente codice, le quali sono svolte con autonomia funzionale ed operativa.

Art. 36.
Piani urbani del traffico e piani del traffico per la viabilita' extraurbana

1. Ai comuni, con popolazione residente superiore a trentamila abitanti, e' fatto obbligo dell'adozione del piano urbano del traffico .

2. All'obbligo di cui al comma 1 sono tenuti ad adempiere i comuni con popolazione residente inferiore a trentamila abitanti i quali registrino, anche in periodi dell'anno, una particolare affluenza turistica, risultino interessati da elevati fenomeni di pendolarismo o siano, comunque, impegnati per altre particolari ragioni alla soluzione di rilevanti problematiche derivanti da congestione della circolazione stradale. L'elenco dei comuni interessati viene predisposto dalla regione e pubblicato, a cura del ((Ministero delle infrastrutture e dei trasporti)), nella Gazzetta Ufficiale della Repubblica italiana.

3. Le province provvedono, all'adozione di piani del traffico per

la viabilita' extraurbana d'intesa con gli altri enti proprietari delle strade interessate . La legge regionale puo' prevedere, ai sensi dell'art. 19 della legge 8 giugno 1990, n. 142, che alla redazione del piano urbano del traffico delle aree, indicate all'art. 17 della stessa, provvedano gli organi della citta' metropolitana.

4. I piani di traffico sono finalizzati ad ottenere il miglioramento delle condizioni di circolazione e della sicurezza stradale, la riduzione degli inquinamenti acustico ed atmosferico ed il risparmio energetico, in accordo con gli strumenti urbanistici vigenti e con i piani di trasporto e nel rispetto dei valori ambientali, stabilendo le priorita' e i tempi di attuazione degli interventi. Il piano urbano del traffico prevede il ricorso ad adeguati sistemi tecnologici, su base informatica di regolamentazione e controllo del traffico, nonche' di verifica del rallentamento della velocita ' e di dissuasione della sosta, al fine anche di consentire modifiche ai flussi della circolazione stradale che si rendano necessarie in relazione agli obiettivi da perseguire.

5. Il piano urbano del traffico viene aggiornato ogni due anni. Il sindaco o il sindaco metropolitano, ove ricorrano le condizioni di cui al comma 3, sono tenuti a darne comunicazione al ((Ministero delle infrastrutture e dei trasporti)) per l' inserimento nel sistema informativo previsto dall'art. 226, comma 2. Allo stesso adempimento e' tenuto il presidente della provincia quando sia data attuazione alla disposizione di cui al comma 3.

6. La redazione dei piani di traffico deve essere predisposta nel rispetto delle direttive emanate dal ((Ministro delle infrastrutture e dei trasporti)), di concerto con il ((Ministro dell'ambiente e della tutela del territorio)) e il ((Ministro delle infrastrutture e dei trasporti)), sulla base delle indicazioni formulate dal Comitato interministeriale per la programmazione economica nel trasporto. Il piano urbano del traffico viene adeguato agli obiettivi generali della programmazione economico-sociale e territoriale , fissati dalla regione ai sensi dell'art. 3, comma 4, della legge 8 giugno 1990, n. 142.

7. Per il perseguimento dei fini di cui ai commi 1 e 2 e anche per consentire la integrale attuazione di quanto previsto dal comma 3, le autorita' indicate dall'art. 27, comma 3, della legge 8 giugno 1990, n. 142, convocano una conferenza tra i rappresentanti delle amministrazioni, anche statali, interessate.

8. E' istituito, presso il ((Ministero delle infrastrutture e dei trasporti)), l'albo degli esperti in materia di piani di traffico, formato mediante concorso biennale per titoli. Il bando di concorso e' approvato con decreto del ((Ministro delle infrastrutture e dei trasporti)) di concerto con il Ministro dell'universita' e della ricerca scientifica e tecnologica.

9. A partire dalla data di formazione dell'albo degli esperti di

cui al comma 8 e' fatto obbligo di conferire l'incarico della redazione dei piani di traffico, oltre che a tecnici specializzati appartenenti al proprio Ufficio tecnico del traffico , agli esperti specializzati inclusi nell'albo stesso.
10. I comuni e gli enti inadempienti sono invitati, su segnalazione del prefetto, dal ((Ministero delle infrastrutture e dei trasporti)) a provvedere entro un termine assegnato, trascorso il quale il Ministero provvede alla esecuzione d'ufficio del piano e alla sua realizzazione.

Art. 37.
Apposizione e manutenzione della segnaletica stradale

1. L'apposizione e la manutenzione della segnaletica, ad eccezione dei casi previsti nel regolamento per singoli segnali, fanno carico:
   a) agli enti proprietari delle strade, fuori dei centri abitati;
   b) ai comuni, nei centri abitati, compresi i segnali di inizio e fine del centro abitato, anche se collocati su strade non comunali;
   c) al comune, sulle strade private aperte all'uso pubblico e sulle strade locali;
   d) nei tratti di strade non di proprieta' del comune all'interno dei centri abitati con popolazione inferiore ai diecimila abitanti, agli enti proprietari delle singole strade limitatamente ai segnali concernenti le caratteristiche strutturali o geometriche della strada. La rimanente segnaletica e' di competenza del comune.
2. Gli enti di cui al comma 1 autorizzano la collocazione di segnali che indicano posti di servizio stradali, esclusi i segnali di avvio ai posti di pronto soccorso che fanno carico agli enti stessi. L'apposizione e la manutenzione di detti segnali fanno carico agli esercenti.
2-bis. Gli enti di cui al comma 1 possono utilizzare, nei segnali di localizzazione territoriale del confine del comune, lingue regionali o idiomi locali presenti nella zona di riferimento, in aggiunta alla denominazione nella lingua italiana.
3. ((COMMA ABROGATO DAL D.L. 16 LUGLIO 2020, N. 76, CONVERTITO CON MODIFICAZIONI DALLA L. 11 SETTEMBRE 2020, N. 120)).

Art. 38.
Segnaletica stradale

1. La segnaletica stradale comprende i seguenti gruppi:
   a) segnali verticali;
   b) segnali orizzontali;
   c) segnali luminosi;
   d) segnali ed attrezzature complementari.
2. Gli utenti della strada devono rispettare le prescrizioni rese

note a mezzo della segnaletica stradale ancorche' in difformita' con le altre regole di circolazione. Le prescrizioni dei segnali semaforici, esclusa quella lampeggiante gialla di pericolo di cui all'art. 41, prevalgono su quelle date a mezzo dei segnali verticali e orizzontali che regolano la precedenza. Le prescrizioni dei segnali verticali prevalgono su quelle dei segnali orizzontali. In ogni caso prevalgono le segnalazioni degli agenti di cui all'art. 43.

3. E' ammessa la collocazione temporanea di segnali stradali per imporre prescrizioni in caso di emergenza, urgenza e necessita', ivi comprese le attivita' di ispezioni delle reti e degli impianti tecnologici posti al di sotto della piattaforma stradale in deroga a quanto disposto dagli articoli 6 e 7. Gli utenti della strada devono rispettare le prescrizioni rese note a mezzo di tali segnali, anche se appaiono in contrasto con altre regole della circolazione.

4. Quanto stabilito dalle presenti norme, e dal regolamento per la segnaletica stradale fuori dai centri abitati, si applica anche nei centri abitati alle strade sulle quali sia fissato un limite massimo di velocita' pari o superiore a 70 km/h.

5. Nel regolamento sono stabiliti, per ciascun gruppo, i singoli segnali, i dispositivi o i mezzi segnaletici, nonche' la loro denominazione, il significato, i tipi, le caratteristiche tecniche (forma, dimensioni, colori, materiali, rifrangenza, illuminazione), le modalita' di tracciamento, apposizione ed applicazione (distanze ed altezze), le norme tecniche di impiego, i casi di obbligatorieta'. Sono, inoltre, indicate le figure di ogni singolo segnale e le rispettive didascalie costituiscono esplicazione del significato anche ai fini del comportamento dell'utente della strada. I segnali sono, comunque, collocati in modo da non costituire ostacolo o impedimento alla circolazione delle persone invalide.

6. La collocazione della segnaletica stradale risponde a criteri di uniformita' sul territorio nazionale, fissati con decreto del Ministro delle infrastrutture e dei trasporti nel rispetto della normativa comunitaria e internazionale vigente.

7. La segnaletica stradale deve essere sempre mantenuta in perfetta efficienza da parte degli enti o esercenti obbligati alla sua posa in opera e deve essere sostituita o reintegrata o rimossa quando sia anche parzialmente inefficiente o non sia piu' rispondente allo scopo per il quale e' stata collocata.

8. E' vietato apporre su un segnale di qualsiasi gruppo, nonche' sul retro dello stesso e sul suo sostegno, tutto cio' che non e' previsto dal regolamento.

9. Il regolamento stabilisce gli spazi da riservare alla

installazione dei complessi segnaletici di direzione, in corrispondenza o prossimita' delle intersezioni stradali.

10. Il campo di applicazione obbligatorio della segnaletica stradale comprende le strade di uso pubblico e tutte le strade di proprieta' privata aperte all'uso pubblico. Nelle aree private non aperte all'uso pubblico l'utilizzo e la posa in opera della segnaletica, ove adottata, devono essere conformi a quelli prescritti dal regolamento.

11. COMMA ABROGATO DAL D.LGS. 15 MARZO 2010, N. 66.

12. I conducenti dei veicoli su rotaia quando marciano in sede promiscua sono tenuti a rispettare la segnaletica stradale, salvo che sia diversamente disposto dalle presenti norme.

13. I soggetti diversi dagli enti proprietari che violano le disposizioni di cui ai commi 7, 8, 9 e 10 sono soggetti alla sanzione amministrativa del pagamento di una somma ((da € 421 a € 1.691)). (19) (29) (43) (52) (64) (80) (89) (114) (124) (133) (145) ((163))

14. Nei confronti degli enti proprietari della strada che non adempiono agli obblighi di cui al presente articolo o al regolamento o che facciano uso improprio delle segnaletiche previste, il Ministero delle infrastrutture e dei trasporti ingiunge di adempiere

a quanto dovuto. In caso di inottemperanza nel termine di quindici giorni dall'ingiunzione, provvede il Ministro delle infrastrutture e dei trasporti ponendo a carico dell'ente proprietario della strada le spese relative, con ordinanza-ingiunzione che costituisce titolo esecutivo.

15. Le violazioni da parte degli utenti della strada delle disposizioni del presente articolo sono regolate dall'art. 146.

AGGIORNAMENTO (19)

Il Decreto 20 dicembre 1996 (in G.U. 28/12/1996, n. 303) ha disposto (con l'art. 1, comma 1) che la presente modifica avra' effetto a decorrere dal 1 gennaio 1997.

AGGIORNAMENTO (29)

Il Decreto 22 dicembre 1998 (in G.U. 28/12/1998, n. 301) ha disposto (con l'art. 1, comma 1) che la presente modifica avra' effetto a decorrere dal 1 gennaio 1999.

AGGIORNAMENTO (43)

Il Decreto 29 dicembre 2000 (in G.U. 30/12/2000, n. 303) ha disposto (con l'art. 1, comma 1) che la presente modifica avra' effetto a decorrere dal 1 gennaio 2001.

AGGIORNAMENTO (52)
Il Decreto 24 dicembre 2002 (in G.U. 30/12/2002, n. 304) ha disposto (con l'art. 1, comma 1) che la presente modifica avra' effetto a decorrere dal 1 gennaio 2003.

AGGIORNAMENTO (64)
Il Decreto 22 dicembre 2004 (in G.U. 30/12/2004, n. 305) ha disposto (con l'art. 1, comma 2) che la presente modifica avra' effetto a decorrere dal 1 gennaio 2005.

AGGIORNAMENTO (80)
Il Decreto 29 dicembre 2006 (in G.U. 30/12/2006, n. 302) ha disposto (con l'art. 1, comma 2) che la presente modifica avra' effetto a decorrere dal 1 gennaio 2007.

AGGIORNAMENTO (89)
Il Decreto 17 dicembre 2008 (in G.U. 30/12/2008, n. 303) ha disposto (con l'art. 1, comma 2) che la presente modifica avra' effetto a decorrere dal 1 gennaio 2009.

AGGIORNAMENTO (114)
Il Decreto 19 dicembre 2012 (in G.U. 31/12/2012 n. 303) ha disposto (con l'art. 1, comma 2) che la presente modifica avra' effetto a decorrere dal 1 gennaio 2013.

AGGIORNAMENTO (124)
Il Decreto 16 dicembre 2014 (in G.U. 31/12/2014, n. 302) ha disposto (con l'art. 1, comma 2) che la presente modifica avra' effetto a decorrere dal 1 gennaio 2015.

AGGIORNAMENTO (133)
Il Decreto 20 dicembre 2016 (in G.U. 30/12/2016, n. 304) ha disposto (con l'art. 1, comma 1) che la presente modifica avra' effetto a decorrere dal 1 gennaio 2017.

AGGIORNAMENTO (145)
Il Decreto 27 dicembre 2018 (in G.U. 29/12/2018, n. 301) ha disposto (con l'art. 3, comma 1) che la presente modifica avra' effetto a decorrere dal 1° gennaio 2019.

AGGIORNAMENTO (163)
Il Decreto 31 dicembre 2020 (in G.U. 31/12/2020, n. 323) ha

disposto (con l'art. 3, comma 1) che la presente modifica avra' effetto a decorrere dal 1° gennaio 2021.

Art. 39.
Segnali verticali

1. I segnali verticali si dividono nelle seguenti categorie:

A) segnali di pericolo: preavvisano l'esistenza di pericoli, ne indicano la natura e impongono ai conducenti di tenere un comportamento prudente;

B) segnali di prescrizione: rendono noti obblighi, divieti e limitazioni cui gli utenti della strada devono uniformarsi; si suddividono in:

a) segnali di precedenza;
b) segnali di divieto;
c) segnali di obbligo;

C) segnali di indicazione: hanno la funzione di fornire agli utenti della strada informazioni necessarie o utili per la guida e per la individuazione di localita', itinerari, servizi ed impianti;

si suddividono in:

a) segnali di preavviso;
b) segnali di direzione;
c) segnali di conferma;
d) segnali di identificazione strade;
e) segnali di itinerario;
f) segnali di localita' e centro abitato;
g) segnali di nome strada;
h) segnali turistici e di territorio;
i) altri segnali che danno informazioni necessarie per la guida dei veicoli;
l) altri segnali che indicano installazioni o servizi.

2. Il regolamento stabilisce forme, dimensioni, colori e simboli dei segnali stradali verticali e le loro modalita' di impiego e di apposizione.

3. Ai soggetti diversi dagli enti proprietari delle strade che non rispettano le disposizioni del presente articolo e del regolamento si applica il comma 13 dell'art. 38.

Art. 40
Segnali orizzontali

1. I segnali orizzontali, tracciati sulla strada, servono per regolare la circolazione, per guidare gli utenti e per fornire prescrizioni od utili indicazioni per particolari comportamenti da seguire.

2. I segnali orizzontali si dividono in:
- strisce longitudinali;

- strisce trasversali;
- attraversamenti pedonali o ciclabili;
- frecce direzionali;
- iscrizioni e simboli;
- strisce di delimitazione degli stalli di sosta o per la sosta riservata;
- isole di traffico o di presegnalamento di ostacoli entro la carreggiata;
- strisce di delimitazione della fermata dei veicoli in servizio di trasporto pubblico di linea;
- altri segnali stabiliti dal regolamento.

3. Le strisce longitudinali possono essere continue o discontinue. Le continue, ad eccezione di quelle che delimitano le corsie di emergenza, indicano il limite invalicabile di una corsia di marcia o della carreggiata; le discontinue delimitano le corsie di marcia o la carreggiata.

4. Una striscia longitudinale continua puo' affiancarne un'altra discontinua; in tal caso esse indicano ai conducenti, marcianti alla destra di quella discontinua, la possibilita' di oltrepassarle.

5. Una striscia trasversale continua indica il limite prima del quale il conducente ha l'obbligo di arrestare il veicolo per rispettare le prescrizioni semaforiche o il segnale di "fermarsi e dare precedenza" o il segnale di "passaggio a livello" ovvero un segnale manuale del personale che espleta servizio di polizia stradale.

6. Una striscia trasversale discontinua indica il limite prima del quale il conducente ha l'obbligo di arrestare il veicolo, se necessario, per rispettare il segnale "dare precedenza".

7. Nel regolamento sono stabilite norme per le forme, le dimensioni, i colori, i simboli e le caratteristiche dei segnali stradali orizzontali, nonche' le loro modalita' di applicazione.

8. Le strisce longitudinali continue non devono essere oltrepassate; le discontinue possono essere oltrepassate sempre che siano rispettate tutte le altre norme di circolazione. E' vietato valicare le strisce longitudinali continue, tranne che dalla parte dove e' eventualmente affiancata una discontinua.

9. Le strisce di margine continue possono essere oltrepassate solo dai veicoli in attivita' di servizio di pubblico interesse e dai veicoli che debbono effettuare una sosta di emergenza.

10. E' vietata:
   a) la sosta sulle carreggiate i cui margini sono evidenziati da una striscia continua;
   b) la circolazione sopra le strisce longitudinali, salvo che per

il cambio di corsia;
c) la circolazione dei veicoli non autorizzati sulle corsie riservate.

11. In corrispondenza degli attraversamenti pedonali i conducenti dei veicoli devono dare la precedenza ai pedoni ((che si accingono ad attraversare la strada o che hanno iniziato l'attraversamento)); analogo comportamento devono tenere i conducenti dei veicoli nei confronti dei ciclisti in corrispondenza degli attraversamenti ciclabili. Gli attraversamenti pedonali devono essere sempre accessibili anche alle persone non deambulanti su sedie a ruote; a tutela dei non vedenti possono essere collocati segnali a pavimento o altri segnali di pericolo in prossimita' degli attraversamenti stessi.

Art. 41.
Segnali luminosi

1. I segnali luminosi si suddividono nelle seguenti categorie:
   a) segnali luminosi di pericolo e di prescrizione;
   b) segnali luminosi di indicazione;
   b-bis) tabelloni luminosi rilevatori della velocita' in tempo reale dei veicoli in transito;
   c) lanterne semaforiche veicolari normali;
   d) lanterne semaforiche veicolari di corsia;
   e) lanterne semaforiche per i veicoli di trasporto pubblico;
   f) lanterne semaforiche pedonali;
   g) lanterne semaforiche per velocipedi;
   h) lanterne semaforiche veicolari per corsie reversibili;
   i) lanterna semaforica gialla lampeggiante;
   l) lanterne semaforiche speciali;
   m) segnali luminosi particolari.

2. Le luci delle lanterne semaforiche veicolari normali sono di forma circolare e di colore:
   - rosso, con significato di arresto;
   - giallo, con significato di preavviso di arresto;
   - verde, con significato di via libera.

3. Le luci delle lanterne semaforiche di corsia sono a forma di freccia colorata su fondo nero; i colori sono rosso, giallo e verde; il significato e' identico a quello delle luci di cui al comma 2, ma limitatamente ai veicoli che devono proseguire nella direzione indicata dalla freccia.

4. Le luci delle lanterne semaforiche per i veicoli di trasporto pubblico sono a forma di barra bianca su fondo nero, orizzontale con significato di arresto, verticale o inclinata a destra o sinistra con significato di via libera, rispettivamente diritto, a destra o sinistra, e di un triangolo giallo su fondo nero, con significato di

preavviso di arresto.

5. Gli attraversamenti pedonali semaforizzati possono essere dotati di segnalazioni acustiche per non vedenti. Le luci delle lanterne semaforiche pedonali sono a forma di pedone colorato su fondo nero. I colori sono:

    a) rosso, con significato di arresto e non consente ai pedoni di effettuare l'attraversamento, ne' di impegnare la carreggiata;

    b) giallo, con significato di sgombero dell'attraversamento pedonale e consente ai pedoni che si trovano all'interno dello attraversamento di sgombrarlo il piu' rapidamente possibile e vieta a quelli che si trovano sul marciapiede di impegnare la carreggiata;

    c) verde, con significato di via libera e consente ai pedoni l'attraversamento della carreggiata nella sola direzione consentita dalla luce verde.

6. Le luci delle lanterne semaforiche per velocipedi sono a forma di bicicletta colorata su fondo nero; i colori sono rosso, giallo e verde; il significato e' identico a quello delle luci di cui al comma 2, ma limitatamente ai velocipedi provenienti da una pista ciclabile.

7. Le luci delle lanterne semaforiche per corsie reversibili sono rossa a forma di X, con significato di divieto di percorrere la corsia o di impegnare il varco sottostante la luce, e verde a forma di freccia, con significato di consenso a percorrere la corsia o ad impegnare il varco sottostante la luce.

8. Tutti i segnali e dispositivi luminosi previsti dal presente articolo sono soggetti ad omologazione da parte del Ministero delle infrastrutture e dei trasporti, previo accertamento del grado di protezione e delle caratteristiche geometriche, fotometriche, cromatiche e di idoneita' indicati dal regolamento e da specifiche normative.

((8-bis. A decorrere dalla data di entrata in vigore della presente disposizione, nelle lanterne semaforiche, le lampade ad incandescenza, quando necessitino di sostituzione, devono essere sostituite con lampade a basso consumo energetico, ivi comprese le lampade realizzate con tecnologia a LED. Le lampade da utilizzare nelle lanterne semaforiche devono avere marcatura CE e attacco normalizzato E27 e assicurare l'accensione istantanea. La loro sostituzione deve essere eseguita utilizzando la struttura ottica della lanterna semaforica gia' esistente, ove cio' sia tecnicamente possibile senza apportarvi modifiche. Le lampade realizzate con tecnologia a LED, in caso di rottura anche di un solo componente, devono spegnersi automaticamente in modo da garantire l'uniformita' del segnale luminoso durante il loro funzionamento)).

9. Durante il periodo di accensione della luce verde, i veicoli

possono procedere verso tutte le direzioni consentite dalla segnaletica verticale ed orizzontale; in ogni caso i veicoli non possono impegnare l'area di intersezione se i conducenti non hanno la certezza di poterla sgomberare prima dell'accensione della luce rossa; i conducenti devono dare sempre la precedenza ai pedoni ed ai ciclisti ai quali sia data contemporaneamente via libera; i conducenti in svolta devono, altresi', dare la precedenza ai veicoli provenienti da destra ed ai veicoli della corrente di traffico nella quale vanno ad immettersi.

10. Durante il periodo di accensione della luce gialla, i veicoli non possono oltrepassare gli stessi punti stabiliti per l'arresto, di cui al comma 11, a meno che vi si trovino cosi' prossimi, al momento dell'accensione della luce gialla, che non possano piu' arrestarsi in condizioni di sufficiente sicurezza; in tal caso essi devono sgomberare sollecitamente l'area di intersezione con opportuna prudenza.

11. Durante il periodo di accensione della luce rossa, i veicoli non devono superare la striscia di arresto; in mancanza di tale striscia i veicoli non devono impegnare l'area di intersezione, ne' l'attraversamento pedonale, ne' oltrepassare il segnale, in modo da poterne osservare le indicazioni.

12. Le luci delle lanterne semaforiche veicolari di corsia o quelle per i veicoli di trasporto pubblico hanno lo stesso significato delle corrispondenti luci delle lanterne semaforiche normali, ma limitatamente ai soli veicoli che devono proseguire nella direzione indicata dalle frecce o dalle barre; di conseguenza, i conducenti di detti veicoli devono attenersi alle stesse disposizioni di cui ai commi 9, 10 e 11.

13. Nel caso in cui la lanterna semaforica pedonale o quella per i velocipedi risulti spenta o presenti indicazioni anomale, il pedone o il ciclista ha l'obbligo di usare particolare prudenza anche in relazione alla possibilita' che verso altre direzioni siano accese luci che consentano il passaggio ai veicoli che interferiscono con la sua traiettoria di attraversamento.

14. Durante il periodo di accensione delle luci verde, giallo o rossa a forma di bicicletta, i ciclisti devono tenere lo stesso comportamento dei veicoli nel caso di lanterne semaforiche veicolari normali di cui rispettivamente ai commi 9, 10 e 11.

15. In assenza di lanterne semaforiche per i velocipedi, i ciclisti sulle intersezioni semaforizzate devono assumere il comportamento dei pedoni.

16. Durante il periodo di accensione delle luci delle lanterne semaforiche per corsie reversibili, i conducenti non possono

percorrere la corsia o impegnare il varco sottostanti alla luce rossa a forma di X; possono percorrere la corsia o impegnare il varco sottostanti la luce verde a forma di freccia rivolta verso il basso. E' vietato ai veicoli di arrestarsi comunque dinnanzi alle luci delle lanterne semaforiche per corsie reversibili anche quando venga data l'indicazione della X rossa.

17. In presenza di una luce gialla lampeggiante, di cui al comma 1, lettera i), i veicoli possono procedere purche' a moderata velocita' e con particolare prudenza, rispettando le norme di precedenza.

18. Qualora per avaria o per altre cause una lanterna semaforica veicolare di qualsiasi tipo sia spenta o presenti indicazioni anomale, il conducente ha l'obbligo di procedere a minima velocita' e di usare particolare prudenza anche in relazione alla possibilita' che verso altre direzioni siano accese luci che consentono il passaggio. Se, peraltro, le indicazioni a lui dirette sono ripetute da altre lanterne semaforiche efficienti egli deve tener conto di esse.

19. Il regolamento stabilisce forme, caratteristiche, dimensioni, colori e simboli dei segnali luminosi, nonche' le modalita' di impiego e il comportamento che l'utente della strada deve tenere in rapporto alle varie situazioni segnalate.

Art. 42.
Segnali complementari

1. I segnali complementari sono destinati ad evidenziare o rendere noto:
   a) il tracciato stradale;
   b) particolari curve e punti critici;
   c) ostacoli posti sulla carreggiata o ad essa adiacenti.

2. Sono, altresi', segnali complementari i dispositivi destinati ad impedire la sosta o a rallentare la velocita'.

3. Il regolamento stabilisce forme, dimensioni, colori e simboli dei segnali complementari, le loro caratteristiche costruttive e le modalita' di impiego e di apposizione.

Art. 43.
Segnalazioni degli agenti del traffico

1. Gli utenti della strada sono tenuti ad ottemperare senza indugio alle segnalazioni degli agenti preposti alla regolazione del traffico.

2. Le prescrizioni date mediante segnalazioni eseguite dagli agenti annullano ogni altra prescrizione data a mezzo della segnaletica stradale ovvero delle norme di circolazione.

3. Le segnalazioni degli agenti sono, in particolare, le seguenti:
   a) braccio alzato verticalmente significa: "attenzione, arresto"

per tutti gli utenti, ad eccezione dei conducenti che non siano piu' in grado di fermarsi in sufficienti condizioni di sicurezza; se il segnale e' fatto in una intersezione, esso non impone l'arresto ai conducenti che abbiano gia' impegnato l'intersezione stessa;

b) braccia o braccio tesi orizzontalmente significano: "arresto" per tutti gli utenti, qualunque sia il loro senso di marcia, provenienti da direzioni intersecanti quella indicata dal braccio o dalle braccia e per contro "via libera" per coloro che percorrono la direzione indicata dal braccio o dalle braccia.

4. Dopo le segnalazioni di cui al comma 3, l'agente potra' abbassare il braccio o le braccia; la nuova posizione significa ugualmente "arresto" per tutti gli utenti che si trovano di fronte all'agente o dietro di lui e "via libera" per coloro che si trovano di fianco.

5. Gli agenti, per esigenze connesse con la fluidita' o con la sicurezza della circolazione, possono altresi far accelerare o rallentare la marcia dei veicoli, fermare o dirottare correnti veicolari o singoli veicoli, nonche' dare altri ordini necessari a risolvere situazioni contingenti, anche se in contrasto con la segnaletica esistente, ovvero con le norme di circolazione.

6. Nel regolamento sono precisate altre segnalazioni eventualmente necessarie per la regolazione del traffico, nonche' modalita' e mezzi per rendere facilmente riconoscibili e visibili a distanza, sia di giorno che di notte, gli agenti preposti alla regolazione del traffico e i loro ordini, anche a mezzo di apposito segnale distintivo.

Art. 44.
Passaggi a livello

1. In corrispondenza dei passaggi a livello con barriere puo' essere collocato, a destra della strada, un dispositivo ad una luce rossa fissa, posto a cura e spese dell'esercente la ferrovia, il quale avverta in tempo utile della chiusura delle barriere, integrato da altro dispositivo di segnalazione acustica. I dispositivi, luminoso e acustico, sono obbligatori qualora trattasi di barriere manovrate a distanza o non visibili direttamente dal posto di manovra. Sono considerate barriere le sbarre, i cancelli e gli altri dispositivi di chiusura equivalenti.

2. In corrispondenza dei passaggi a livello con semibarriere deve essere collocato, sulla destra della strada, a cura e spese dell'esercente la ferrovia, un dispositivo luminoso a due luci rosse lampeggianti alternativamente che entra in funzione per avvertire in tempo utile della chiusura delle semibarriere, integrato da un dispositivo di segnalazione acustica. Le semibarriere possono essere

installate solo nel caso che la carreggiata sia divisa nei due sensi di marcia da spartitraffico invalicabile di adeguata lunghezza. I passaggi a livello su strada a senso unico muniti di barriere che sbarrano l'intera carreggiata solo in entrata sono considerati passaggi a livello con semibarriere.

3. Nel regolamento sono stabiliti i segnali verticali ed orizzontali obbligatori di presegnalazione e di segnalazione dei passaggi a livello, le caratteristiche dei segnali verticali, luminosi ed acustici, nonche' la superficie minima rifrangente delle barriere, delle semibarriere e dei cavalletti da collocare in caso di avaria.

4. Le opere necessarie ((per l'adeguamento dei passaggi a livello e quelle)) per assicurare la visibilita' delle strade ferrate hanno carattere di pubblica utilita', nonche' di indifferibilita' e urgenza ai fini dell'applicazione delle leggi sulle espropriazioni per causa di pubblica utilita'.

Art. 45.
Uniformita' della segnaletica, dei mezzi di regolazione e controllo ed omologazioni

1. Sono vietati la fabbricazione e l'impiego di segnaletica stradale non prevista o non conforme a quella stabilita dal presente codice, dal regolamento o dai decreti o da direttive ministeriali, nonche' la collocazione dei segnali e dei mezzi segnaletici in modo diverso da quello prescritto.

2. Il Ministero delle infrastrutture e dei trasporti puo' intimare agli enti proprietari, concessionari o gestori delle strade, ai comuni e alle province, alle imprese o persone autorizzate o incaricate della collocazione della segnaletica, di sostituire, integrare, spostare, rimuovere o correggere, entro un termine massimo di quindici giorni, ogni segnale non conforme, per caratteristiche, modalita' di scelta del simbolo, di impiego, di collocazione, alle disposizionI delle presenti norme e del regolamento, dei decreti e direttive ministeriali, ovvero quelli che possono ingenerare confusione con altra segnaletica, nonche' a provvedere alla collocazione della segnaletica mancante. Per la segnaletica dei passaggi a livello di cui all'art. 44 i provvedimenti vengono presi d'intesa con il Ministero dei trasporti.

3. Decorso inutilmente il tempo indicato nella intimazione, la rimozione, la sostituzione, l'installazione, lo spostamento, ovvero la correzione e quanto altro occorre per rendere le segnalazioni conformi alle norme di cui al comma 2, sono effettuati dal Ministero delle infrastrutture e dei trasporti, che esercita il potere sostitutivo nei confronti degli enti proprietari, concessionari o gestori delle strade, a cura dei dipendenti degli uffici centrali o

periferici.

4. Le spese relative sono recuperate dal Ministro delle infrastrutture e dei trasporti, a carico degli enti inadempienti, mediante ordinanza che costituisce titolo esecutivo.

5. Per i segnali che indicano installazioni o servizi, posti in opera dai soggetti autorizzati, l'ente proprietario della strada puo' intimare, ove occorra, ai soggetti stessi di reintegrare, spostare, rimuovere immediatamente e, comunque, non oltre dieci giorni, i segnali che non siano conformi alle norme di cui al comma 2 o che siano anche parzialmente deteriorati o non piu' corrispondenti alle condizioni locali o che possano disturbare o confondere la visione di altra segnaletica stradale. Decorso inutilmente il termine indicato nella intimazione, l'ente proprietario della strada provvede d'ufficio, a spese del trasgressore. Il prefetto su richiesta dell'ente proprietario ne ingiunge il pagamento con propria ordinanza che costituisce titolo esecutivo.

6. Nel regolamento sono precisati i segnali, i dispositivi, le apparecchiature e gli altri mezzi tecnici di controllo e regolazione del traffico, nonche' quelli atti all'accertamento e al rilevamento automatico delle violazioni alle norme di circolazione, ed i materiali che, per la loro fabbricazione e diffusione, sono soggetti all'approvazione od omologazione da parte del Ministero delle infrastrutture e dei trasporti, previo accertamento delle caratteristiche geometriche, fotometriche, funzionali, di idoneita' e di quanto altro necessario. Nello stesso regolamento sono precisate altresi' le modalita' di omologazione e di approvazione. (126)

7. Chiunque viola le norme del comma 1 e quelle relative del regolamento, e' soggetto alla sanzione amministrativa del pagamento di una somma ((da € 430 a € 1.731)). (19) (29) (43) (52) (64) (80) (89) (101) (114) (124) (133) (145) ((163))

8. La fabbricazione dei segnali stradali e' consentita alle imprese autorizzate dall'Ispettorato generale per la circolazione e la sicurezza stradale di cui all'art. 35, comma 3, che provvede, a mezzo di specifico servizio, ad accertare i requisiti tecnico-professionali e la dotazione di adeguate attrezzature che saranno indicati nel regolamento. Nel regolamento sono, altresi', stabiliti i casi di revoca dell'autorizzazione.

9. Chiunque abusivamente costruisce, fabbrica o vende i segnali, dispositivi o apparecchiature, di cui al comma 6, non omologati o comunque difformi dai prototipi omologati o approvati e' soggetto, ove il fatto non costituisca reato, alla sanzione amministrativa del pagamento di una somma ((da € 866 a € 3.464)). A tale violazione consegue la sanzione amministrativa accessoria della confisca delle cose oggetto della violazione, secondo le norme del

capo I, sezione II, del titolo VI. (19) (29) (43) (52) (64) (80) (89) (101) (114) (124) (133) (145) ((163))

9-bis. E' vietata la produzione, la commercializzazione e l'uso di dispositivi che, direttamente o indirettamente, segnalano la presenza e consentono la localizzazione delle apposite apparecchiature di rilevamento di cui all'articolo 142, comma 6, utilizzate dagli organi di polizia stradale per il controllo delle violazioni.

9-ter. Chiunque produce, commercializza o utilizza i dispositivi di cui al comma 9-bis e' soggetto, ove il fatto non costituisca reato, alla sanzione amministrativa del pagamento di una somma ((da € 825 a € 3.305)). Alla violazione consegue la sanzione amministrativa accessoria della confisca della cosa oggetto della violazione secondo le norme del Capo I, Sezione II, del Titolo VI. (52) (64) (80) (89) (101) (114) (124) (133) (145) ((163))

(153)

AGGIORNAMENTO (19)

Il Decreto 20 dicembre 1996 (in G.U. 28/12/1996, n. 303) ha disposto (con l'art. 1, comma 1) che le presenti modifiche avranno effetto a decorrere dal 1 gennaio 1997.

AGGIORNAMENTO (29)

Il Decreto 22 dicembre 1998 (in G.U. 28/12/1998, n. 301) ha disposto (con l'art. 1, comma 1) che le presenti modifiche avranno effetto a decorrere dal 1 gennaio 1999.

AGGIORNAMENTO (43)

Il Decreto 29 dicembre 2000 (in G.U. 30/12/2000, n. 303) ha disposto (con l'art. 1, comma 1) che le presenti modifiche avranno effetto a decorrere dal 1 gennaio 2001.

AGGIORNAMENTO (52)

Il Decreto 24 dicembre 2002 (in G.U. 30/12/2002, n. 304) ha disposto (con l'art. 1, comma 1) che le presenti modifiche avranno effetto a decorrere dal 1 gennaio 2003.

AGGIORNAMENTO (64)

Il Decreto 22 dicembre 2004 (in G.U. 30/12/2004, n. 305) ha disposto (con l'art. 1, comma 2) che le presenti modifiche avranno effetto a decorrere dal 1 gennaio 2005.

AGGIORNAMENTO (80)

Il Decreto 29 dicembre 2006 (in G.U. 30/12/2006, n. 302) ha

disposto (con l'art. 1, comma 2) che le presenti modifiche avranno effetto a decorrere dal 1 gennaio 2007.

AGGIORNAMENTO (89)

Il Decreto 17 dicembre 2008 (in G.U. 30/12/2008, n. 303) ha disposto (con l'art. 1, comma 2) che le presenti modifiche avranno effetto a decorrere dal 1 gennaio 2009.

AGGIORNAMENTO (101)

Il Decreto 22 dicembre 2010 (in G.U. 31/12/2010 n. 305) ha disposto (con l'art. 1, comma 2) che le presenti modifiche avranno effetto a decorrere dal 1 gennaio 2011.

AGGIORNAMENTO (114)

Il Decreto 19 dicembre 2012 (in G.U. 31/12/2012 n. 303) ha disposto (con l'art. 1, comma 2) che le presenti modifiche avranno effetto a decorrere dal 1 gennaio 2013.

AGGIORNAMENTO (124)

Il Decreto 16 dicembre 2014 (in G.U. 31/12/2014, n. 302) ha disposto (con l'art. 1, comma 2) che le presenti modifiche avranno effetto a decorrere dal 1 gennaio 2015.

AGGIORNAMENTO (126)

La Corte Costituzionale, con sentenza 29 aprile - 18 giugno 2015, n. 113 (in G.U. 1a s.s. 24/6/2015, n. 25), ha dichiarato "l'illegittimita' costituzionale dell'art. 45, comma 6, del decreto legislativo 30 aprile 1992, n. 285 (Nuovo codice della strada), nella parte in cui non prevede che tutte le apparecchiature impiegate nell'accertamento delle violazioni dei limiti di velocita' siano sottoposte a verifiche periodiche di funzionalita' e di taratura".

AGGIORNAMENTO (133)

Il Decreto 20 dicembre 2016 (in G.U. 30/12/2016, n. 304) ha disposto (con l'art. 1, comma 1) che le presenti modifiche avranno effetto a decorrere dal 1 gennaio 2017.

AGGIORNAMENTO (145)

Il Decreto 27 dicembre 2018 (in G.U. 29/12/2018, n. 301) ha disposto (con l'art. 3, comma 1) che le presenti modifiche avranno effetto a decorrere dal 1° gennaio 2019.

AGGIORNAMENTO (153)

Il Decreto 4 dicembre 2019 (in G.U. 24/01/2020, n. 19) ha disposto:
- (con l'art. 1, comma 1) che "Alle disposizioni, relative all'omologazione dei pannelli per la segnalazione della sporgenza longitudinale del carico, previste dall'art. 45 del Codice e dagli articoli 192 e 361 del Regolamento, subentra il regime delle dichiarazioni di prestazioni di prodotto, ai sensi del regolamento (UE) n. 305/2011";
- (con l'art. 2, comma 1) che "I dispositivi segnaletici di cui all'art. 1, comma 1, prodotti sulla base dell'omologazione ai sensi dell'art. 45 del Codice e degli articoli 192 e 361 del Regolamento, e gia' in uso, conservano la loro validita'";
- (con l'art. 2, comma 2) che "I dispositivi segnaletici di cui all'art. 1, comma 1, prodotti sulla base dell'omologazione ai sensi dell'art. 45 del Codice e degli articoli 192 e 361 del Regolamento, possono essere commercializzati sino al 31 dicembre 2020";
- (con l'art. 2, comma 3) che "I dispositivi segnaletici di cui all'art. 1, comma 1, gia' provvisti della prestazione di prodotto, ai sensi del regolamento (UE) n. 305/2011, conservano la loro validita'";

- (con l'art. 2, comma 4) che "A decorrere dal 1° gennaio 2021 i dispositivi segnaletici di cui all'art. 1, comma 1, ai fini della commercializzazione, devono essere provvisti esclusivamente della dichiarazione di prestazione di prodotto".

AGGIORNAMENTO (163)

Il Decreto 31 dicembre 2020 (in G.U. 31/12/2020, n. 323) ha disposto (con l'art. 3, comma 1) che le presenti modifiche avranno effetto a decorrere dal 1° gennaio 2021.

TITOLO IIIDEI VEICOLICapo IDEI VEICOLI IN GENERALE

Art. 46.

Nozione di veicolo

1. Ai fini delle norme del presente codice, si intendono per veicoli tutte le macchine di qualsiasi specie, che circolano sulle strade guidate dall'uomo. ((Non rientrano nella definizione di veicolo:

a) le macchine per uso di bambini, le cui caratteristiche non superano i limiti stabiliti dal regolamento;
b) le macchine per uso di invalidi, rientranti tra gli ausili medici secondo le vigenti disposizioni comunitarie, anche se asservite da motore)).(4)

---------------AGGIORNAMENTO (4)

Il D.Lgs. 28 giugno 1993, n. 214 ha disposto (con l'art. 1, comma 1) che le disposizioni del titolo III del presente D.Lgs. si applicano dal 1° ottobre 1993.

Art. 47.
Classificazione dei veicoli

1. I veicoli si classificano, ai fini del presente codice, come segue:

a) veicoli a braccia;
b) veicoli a trazione animale;
c) velocipedi;
d) slitte;
e) ciclomotori;
f) motoveicoli;
g) autoveicoli;
h) filoveicoli;
i) rimorchi;
l) macchine agricole;
m) macchine operatrici;
n) veicoli con caratteristiche atipiche.

2. I veicoli a motore e i loro rimorchi, di cui al comma 1, lettere e), f), g), h), i) e n) sono altresi' classificati come segue in base alle categorie internazionali:
a)
 - categoria L1e: veicoli a due ruote la cilindrata del cui motore non supera i 50 cc per i motori a combustione interna ad accensione comandata, la cui potenza del motore elettrico non supera i 4 kW e la cui velocita' massima di costruzione non supera i 45 km/h;
 - categoria L2e: veicoli a tre ruote la cilindrata del cui motore non supera i 50 cc per i motori a combustione interna ad accensione comandata o non supera i 500 cc per i motori a combustione interna ad accensione spontanea, la cui potenza del motore elettrico non supera i 4 kW, la cui massa in ordine di marcia non supera i 270 kg e la cui velocita' massima di costruzione non supera i 45 km/h;
 - categoria L3e: veicoli a due ruote che non possono essere classificati come appartenenti alla categoria ((L1e));
 - categoria L4e: veicoli a tre ruote asimmetriche rispetto all'asse longitudinale mediano, costituiti da veicoli di categoria L3e dotati di sidecar, con un numero massimo di quattro posti a sedere incluso il conducente e con un numero massimo di due posti per passeggeri nel sidecar;
 - categoria L5e: veicoli a tre ruote simmetriche rispetto all'asse longitudinale mediano, la cilindrata del cui motore (se si tratta di motore termico) supera i 50 cc o la cui velocita' massima di costruzione (qualunque sia il sistema di propulsione) supera i 45 km/h;

- categoria L6e: quadricicli leggeri, la cui massa a vuoto e' inferiore o pari a 350 kg, esclusa la massa delle batterie per i veicoli elettrici, la cui velocita' massima per costruzione e' inferiore o uguale a 45 km/h e la cui cilindrata del motore e' inferiore o pari a 50 cm3 per i motori ad accensione comandata; o la cui potenza massima netta e' inferiore o uguale a 4 kW per gli altri motori, a combustione interna; o la cui potenza nominale continua massima e' inferiore o uguale a 4 kW per i motori elettrici. Tali veicoli sono conformi alle prescrizioni tecniche applicabili ai ciclomotori a tre ruote della categoria L2e, salvo altrimenti disposto da specifiche disposizioni comunitarie;

- categoria L7e: i quadricicli, diversi da quelli di cui alla categoria L6e, la cui massa a vuoto e' inferiore o pari a 400 kg (550 kg per i veicoli destinati al trasporto di merci), esclusa la massa delle batterie per i veicoli elettrici, e la cui potenza massima netta del motore e' inferiore o uguale a 15 kW. Tali veicoli sono considerati come tricicli e sono conformi alle prescrizioni tecniche applicabili ai tricicli della categoria L5e salvo altrimenti disposto da specifiche disposizioni comunitarie;

b)
- categoria M: veicoli a motore destinati al trasporto di persone ed aventi almeno quattro ruote;

- categoria M1: veicoli destinati al trasporto di persone, aventi al massimo otto posti a sedere oltre al sedile del conducente;

- categoria M2: veicoli destinati al trasporto di persone, aventi piu' di otto posti a sedere oltre al sedile del conducente e massa massima non superiore a 5 t;

- categoria M3: veicoli destinati al trasporto di persone, aventi piu' di otto posti a sedere oltre al sedile del conducente e massa massima superiore a 5 t; (35)

c)
- categoria N: veicoli a motore destinati al trasporto di merci, aventi almeno quattro ruote;

- categoria N1: veicoli destinati al trasporto di merci, aventi massa massima non superiore a 3,5 t;

- categoria N2: veicoli destinati al trasporto di merci, aventi massa massima superiore a 3,5 t ma non superiore a 12 t;

- categoria N3: veicoli destinati al trasporto di merci, aventi massa massima superiore a 12 t;

d)
- categoria O : rimorchi (compresi i semirimorchi);

- categoria O 1 : rimorchi con massa massima non superiore a 0,75t;

- categoria O 2: rimorchi con massa massima superiore a 0,75 t ma non superiore a 3,5 t;
- categoria O 3: rimorchi con massa massima superiore a 3,5 t ma non superiore a 10 t;
- categoria O 4: rimorchi con massa massima superiore a 10 t.
(4) (102)

AGGIORNAMENTO (4)

Il D.Lgs. 28 giugno 1993, n. 214 ha disposto (con l'art. 1, comma 1) che le disposizioni del titolo III del presente D.Lgs. si applicano dal 1° ottobre 1993.

AGGIORNAMENTO (35)

La L. 16 dicembre 1999, n. 494 ha disposto (con l'art. 11, comma 1) che:

- "Fino al 30 giugno 2001, nel centro abitato dei' comune di Roma, le sanzioni amministrative per le infrazioni previste dall'articolo 146, comma 3, del decreto legislativo 30 aprile 1992, n. 285, e successive modificazioni, nonche', per quelle inerenti alla fermata, alla sosta e all'accesso ai settori interdetti alla circolazione, commesse dai conducenti degli autoveicoli pubblici e privati di cui all'articolo 47, comma 2, lettera b), categorie M2 e M3, dello stesso decreto legislativo n. 285 del 1992, sono elevate del 500 per cento rispetto a quelle vigenti; per le infrazioni concernenti la fermata e la sosta e' disposto il blocco del veicolo, sino al pagamento della sanzione irrogata."
- "Nelle ipotesi previste dall'articolo 146, comma 3, e dall'articolo 159 comma 1, del citato decreto legislativo n. 285 del 1992, e successive modificazioni, ed in caso di accesso ai settori interdetti alla circolazione, ferme le sanzioni amministrative di cui al presente articolo e sempre limitatamente alle infrazioni commesse dai conducenti degli autoveicoli pubblici e privati di cui al citato articolo 47, comma 2, lettera b), categorie M2 e M3, del predetto decreto legislativo n. 285 del 1992, si applica la sanzione accessoria della sospensione della patente di cui agli articoli 129 e 218 del medesimo decreto legislativo secondo le procedure dallo stesso previste, per un periodo da quindici giorni a due mesi."

AGGIORNAMENTO (102)

Il D.Lgs. 18 aprile 2011, n. 59 ha disposto (con l'art. 28, comma 1) che "Le disposizioni del presente decreto legislativo si applicano a decorrere dal 19 gennaio 2013, ad eccezione di quelle contenute negli articoli 9, comma 2, 22, comma 1, e 23, nonche' nell'allegato III, con riferimento alle patenti per le categorie A, A1, B, BE, C, CE, D, DE, KA e KB".

Art. 48.
Veicoli a braccia

1. I veicoli a braccia sono quelli:
   a) spinti o trainati dall'uomo a piedi;
   b) azionati dalla forza muscolare dello stesso conducente.

((4))

AGGIORNAMENTO (4)

Il D.Lgs. 28 giugno 1993, n. 214 ha disposto (con l'art. 1, comma 1) che le disposizioni del titolo III del presente D.Lgs. si applicano dal 1° ottobre 1993.

Art. 49.
Veicoli a trazione animale

1. I veicoli a trazione animale sono i veicoli trainati da uno o piu' animali e si distinguono in:
   a) veicoli destinati principalmente al trasporto di persone;
   b) veicoli destinati principalmente al trasporto di cose;
   c) carri agricoli destinati a trasporti per uso esclusivo delle aziende agricole.
2. I veicoli a trazione animale muniti di pattini sono denominati slitte.

((4))

AGGIORNAMENTO (4)

Il D.Lgs. 28 giugno 1993, n. 214 ha disposto (con l'art. 1, comma 1) che le disposizioni del titolo III del presente D.Lgs. si applicano dal 1° ottobre 1993.

Art. 50
Velocipedi

1. I velocipedi sono i veicoli con due ruote o piu' ruote funzionanti a propulsione esclusivamente muscolare, per mezzo di pedali o di analoghi dispositivi, azionati dalle persone che si trovano sul veicolo; sono altresi' considerati velocipedi le biciclette a pedalata assistita, dotate di un motore ausiliario elettrico avente potenza nominale continua massima di 0,25 KW, o di 0,5 KW se adibiti al trasporto di merci, la cui alimentazione e' progressivamente ridotta ed infine interrotta quando il veicolo raggiunge i 25 km/h o prima se il ciclista smette di pedalare. I velocipedi a pedalata assistita possono essere dotati di un pulsante

che permetta di attivare il motore anche a pedali fermi, purche' con questa modalita' il veicolo non superi i 6 km/h. (163)

2. I velocipedi non possono superare 1,30 m di larghezza, 3,5 m di lunghezza e 2,20 m di altezza. I velocipedi adibiti al trasporto di merci devono avere un piano di carico approssimativamente piano e orizzontale, aperto o chiuso, corrispondente al seguente criterio: lunghezza del piano di carico × larghezza del piano di carico ? 0,3 × lunghezza del veicolo × larghezza massima del veicolo.

2-bis. I velocipedi a pedalata assistita non rispondenti ad una o piu' delle caratteristiche o prescrizioni indicate nel comma 1 sono considerati ciclomotori ai sensi e per gli effetti dell'articolo 97.

2-ter. Chiunque fabbrica, produce, pone in commercio o vende velocipedi a pedalata assistita che sviluppino una velocita' superiore a quella prevista dal comma 1 e' soggetto alla sanzione amministrativa del pagamento di una somma da euro 1.084 a euro 4.339. Alla sanzione ((amministrativa del pagamento di una somma)) da euro 845 ad euro 3.382 e' soggetto chi effettua sui velocipedi a pedalata assistita modifiche idonee ad aumentare la potenza nominale continua massima del motore ausiliario elettrico o la velocita' oltre i limiti previsti dal comma 1.

(4) (153)

AGGIORNAMENTO (4)

Il D.Lgs. 28 giugno 1993, n. 214 ha disposto (con l'art. 1, comma 1) che le disposizioni del titolo III del presente D.Lgs. si applicano dal 1° ottobre 1993.

AGGIORNAMENTO (153)

La L. 27 dicembre 2019, n. 160, come modificata dal D.L. 30 dicembre 2019, n. 162, convertito con modificazioni dalla L. 28 febbraio 2020, n. 8, ha disposto (con l'art. 1, comma 75) che "Nelle more della sperimentazione di cui all'articolo 1, comma 102, della legge 30 dicembre 2018, n. 145, e fino alla data di entrata in vigore delle nuove norme relative alla stessa sperimentazione, sono considerati velocipedi, ai sensi dell'articolo 50 del codice della strada, di cui al decreto legislativo 30 aprile 1992, n. 285, anche al di fuori degli ambiti territoriali della sperimentazione, i monopattini a propulsione prevalentemente elettrica non dotati di posti a sedere, aventi motore elettrico di potenza nominale continua non superiore a 0,50 kW, rispondenti agli altri requisiti tecnici e costruttivi indicati nel decreto del Ministro delle infrastrutture e dei trasporti 4 giugno 2019, pubblicato nella Gazzetta Ufficiale n. 162 del 12 luglio 2019, e caratterizzati dai componenti elencati nell'allegato 1 al medesimo decreto".

AGGIORNAMENTO (163)

La L. 30 dicembre 2020, n. 178 ha disposto (con l'art. 1, comma 699) che "L'efficacia delle disposizioni di cui al comma 698 e' subordinata all'autorizzazione della Commissione europea ai sensi dell'articolo 108, paragrafo 3, del Trattato sul funzionamento dell'Unione europea".

Art. 51.
Slitte

1. La circolazione delle slitte e di tutti i veicoli muniti di pattini, a trazione animale, e' ammessa soltanto quando le strade sono ricoperte di ghiaccio o neve di spessore sufficiente ad evitare il danneggiamento del manto stradale.

2. Chiunque circola con slitte in assenza delle condizioni di cui al comma 1 e' soggetto alla sanzione amministrativa del pagamento di una somma ((da € 26 a € 102)). (19) (29) (43) (52) (64) (80) (89) (101) (114) (124) ((145))(4)

-------------AGGIORNAMENTO (4)

Il D.Lgs. 28 giugno 1993, n. 214 ha disposto (con l'art. 1, comma 1) che le disposizioni del titolo III del presente D.Lgs. si applicano dal 1° ottobre 1993.

AGGIORNAMENTO (19)

Il Decreto 20 dicembre 1996 (in G.U. 28/12/1996, n. 303) ha disposto (con l'art. 1, comma 1) che la presente modifica avra' effetto a decorrere dal 1 gennaio 1997.

AGGIORNAMENTO (29)

Il Decreto 22 dicembre 1998 (in G.U. 28/12/1998, n. 301) ha disposto (con l'art. 1, comma 1) che la presente modifica avra' effetto a decorrere dal 1 gennaio 1999.

AGGIORNAMENTO (43)

Il Decreto 29 dicembre 2000 (in G.U. 30/12/2000, n. 303) ha disposto (con l'art. 1, comma 1) che la presente modifica avra' effetto a decorrere dal 1 gennaio 2001.

AGGIORNAMENTO (52)

Il Decreto 24 dicembre 2002 (in G.U. 30/12/2002, n. 304) ha disposto (con l'art. 1, comma 1) che la presente modifica avra' effetto a decorrere dal 1 gennaio 2003.

AGGIORNAMENTO (64)

Il Decreto 22 dicembre 2004 (in G.U. 30/12/2004, n. 305) ha disposto (con l'art. 1, comma 2) che la presente modifica avra' effetto a decorrere dal 1 gennaio 2005.

AGGIORNAMENTO (80)

Il Decreto 29 dicembre 2006 (in G.U. 30/12/2006, n. 302) ha disposto (con l'art. 1, comma 2) che la presente modifica avra' effetto a decorrere dal 1 gennaio 2007.

AGGIORNAMENTO (89)

Il Decreto 17 dicembre 2008 (in G.U. 30/12/2008, n. 303) ha disposto (con l'art. 1, comma 2) che la presente modifica avra' effetto a decorrere dal 1 gennaio 2009.

AGGIORNAMENTO (101)

Il Decreto 22 dicembre 2010 (in G.U. 31/12/2010, n. 305) ha disposto (con l'art. 1, comma 2) che la presente modifica avra' effetto a decorrere dal 1 gennaio 2011.

AGGIORNAMENTO (114)

Il Decreto 19 dicembre 2012 (in G.U. 31/12/2012, n. 303) ha disposto (con l'art. 1, comma 2) che la presente modifica avra' effetto a decorrere dal 1 gennaio 2013.

AGGIORNAMENTO (124)

Il Decreto 16 dicembre 2014 (in G.U. 31/12/2012, n. 302) ha disposto (con l'art. 1, comma 2) che la presente modifica avra' effetto a decorrere dal 1 gennaio 2015.

AGGIORNAMENTO (145)

Il Decreto 27 dicembre 2018 (in G.U. 29/12/2018, n. 301) ha disposto (con l'art. 3, comma 1) che la presente modifica avra' effetto a decorrere dal 1° gennaio 2019.

Art. 52.

Ciclomotori

1. I ciclomotori sono veicoli a motore a due o tre ruote aventi le seguenti caratteristiche:

a) motore di cilindrata non superiore a 50 cm, se termico ((, o avente potenza non superiore a 4.000 watt, se ad alimentazione elettrica));

b) capacita' di sviluppare su strada orizzontale una velocita' fino a 45 Km/h;

c) LETTERA SOPPRESSA DAL D.LGS. 10 SETTEMBRE 1993, N.

360.

2. I ciclomotori a tre ruote possono, per costruzione, essere destinati al trasporto di merci. La massa e le dimensioni sono stabilite in adempimento delle direttive comunitarie a riguardo, con decreto del Ministro dei trasporti, o, in alternativa, in applicazione delle corrispondenti prescrizioni tecniche contenute nelle raccomandazioni o nei regolamenti emanati dall'ufficio europeo per le Nazioni Unite - Commissione economica per l'Europa, recepiti dal Ministero dei trasporti, ove a cio' non osti il diritto comunitario.

3. Le caratteristiche dei veicoli di cui ai commi 1 e 2 devono risultare per costruzione. Nel regolamento sono stabiliti i criteri per la determinazione delle caratteristiche suindicate e le modalita' per il controllo delle medesime, nonche' le prescrizioni tecniche atte ad evitare l'agevole manomissione degli organi di propulsione.

4. Detti veicoli, qualora superino il limite stabilito per una delle caratteristiche indicate nei commi 1 e 2, sono considerati motoveicoli.

(4)

AGGIORNAMENTO (4)

Il D.Lgs. 28 giugno 1993, n. 214 ha disposto (con l'art. 1, comma 1) che le disposizioni del titolo III del presente D.Lgs. si applicano dal 1° ottobre 1993.

Art. 53.
Motoveicoli

1. I motoveicoli sono veicoli a motore, a due, tre o quattro ruote, e si distinguono in:

a) motocicli: veicoli a due ruote destinati al trasporto di persone, in numero non superiore a due compreso il conducente;

b) motocarrozzette: veicoli a tre ruote destinati al trasporto di persone, capaci di contenere al massimo quattro posti compreso quello del conducente ed equipaggiati di idonea carrozzeria;

c) motoveicoli per trasporto promiscuo: veicoli a tre ruote destinati al trasporto di persone e cose, capaci di contenere al massimo quattro posti compreso quello del conducente;

d) motocarri: veicoli a tre ruote destinati al trasporto di cose;

e) mototrattori: motoveicoli a tre ruote destinati al traino di semirimorchi ((. Tale classificazione deve essere abbinata a quella di motoarticolato, con la definizione del tipo o dei tipi dei semirimorchi di cui al comma 2, che possono essere abbinati a ciascun mototrattore;));

f) motoveicoli per trasporti specifici: veicoli a tre ruote

destinati al trasporto di determinate cose o di persone in particolari condizioni e caratterizzati dall'essere muniti permanentemente di speciali attrezzature relative a tale scopo;

g) motoveicoli per uso speciale: veicoli a tre ruote caratterizzati da particolari attrezzature installate permanentemente sugli stessi; su tali veicoli e' consentito il trasporto del personale e dei materiali connessi con il ciclo operativo delle attrezzature;

h) quadricicli a motore: veicoli a quattro ruote destinati al trasporto di cose con al massimo una persona oltre al conducente nella cabina di guida, ai trasporti specifici e per uso speciale, la cui massa a vuoto non superi le 0,55 t, con esclusione della massa delle batterie se a trazione elettrica, capaci di sviluppare su strada orizzontale una velocita' massima fino a 80 km/h. Le caratteristiche costruttive sono stabilite dal regolamento. Detti veicoli, qualora superino anche uno solo dei limiti stabiliti sono considerati autoveicoli.

2. Sono, altresi', considerati motoveicoli i motoarticolati: complessi di veicoli, costituiti da un mototrattore e da un semirimorchio, destinati al trasporto di cui alle lettere d), f) e g).

3. Nel regolamento sono elencati i tipi di motoveicoli da immatricolare come motoveicoli per trasporti specifici e motoveicoli per uso speciale.

4. I motoveicoli non possono superare 1,60 m di larghezza, 4,00 m di lunghezza e 2,50 m di altezza. La massa complessiva a pieno carico di un motoveicolo non puo' eccedere 2,5 t.

5. I motoarticolati possono raggiungere la lunghezza massima di 5 m.

6. I motoveicoli di cui alle lettere d), e), f) e g) possono essere attrezzati con un numero di posti, per le persone interessate al trasporto, non superiore a due, compreso quello del conducente. (4)

AGGIORNAMENTO (4)

Il D.Lgs. 28 giugno 1993, n. 214 ha disposto (con l'art. 1, comma 1) che le disposizioni del titolo III del presente D.Lgs. si applicano dal 1° ottobre 1993.

Art. 54.
Autoveicoli

1. Gli autoveicoli sono veicoli a motore con almeno quattro ruote, esclusi i motoveicoli, e si distinguono in:

a) autovetture: veicoli destinati al trasporto di persone, aventi al massimo nove posti, compreso quello del conducente;

b) autobus: veicoli destinati al trasporto di persone equipaggiati con piu' di nove posti compreso quello del conducente;

c) autoveicoli per trasporto promiscuo: veicoli aventi una massa complessiva a pieno carico non superiore a 3,5 t o 4,5 t se a trazione elettrica o a batteria, destinati al trasporto di persone e di cose e capaci di contenere al massimo nove posti compreso quello del conducente;

d) autocarri: veicoli destinati al trasporto di cose e delle persone addette all'uso o al trasporto delle cose stesse; ((167))

e) trattori stradali: veicoli destinati esclusivamente al traino di rimorchi o semirimorchi;

f) autoveicoli per trasporti specifici: veicoli destinati al trasporto di determinate cose o di persone in particolari condizioni, caratterizzati dall'essere muniti permanentemente di speciali attrezzature relative a tale scopo;

g) autoveicoli per uso speciale: veicoli dall'essere muniti permanentemente di speciali destinati prevalentemente al trasporto proprio. Su tali veicoli e' consentito il trasporto del personale e dei materiali connessi col ciclo operativo delle attrezzature e di persone e cose connesse alla destinazione d'uso delle attrezzature stesse;

h) autotreni: complessi di veicoli costituiti da due unita' distinte, agganciate, delle quali una motrice. Ai soli fini della applicazione dell'art. 61, commi 1 e 2, costituiscono un'unica unita' gli autotreni caratterizzati in modo permanente da particolari attrezzature per il trasporto di cose determinate nel regolamento. In ogni caso se vengono superate le dimensioni massime di cui all'art. 61, il veicolo o il trasporto e' considerato eccezionale;

i) autoarticolati: complessi di veicoli costituiti da un trattore e da un semirimorchio;

l) autosnodati: autobus composti da due tronconi rigidi collegati tra loro da una sezione snodata. Su questi tipi di veicoli i compartimenti viaggiatori situati in ciascuno dei due tronconi rigidi sono comunicanti. La sezione snodata permette la libera circolazione dei viaggiatori tra i tronconi rigidi. La connessione e la
  caratterizzati
attrezzature e
disgiunzione delle due parti possono essere effettuate soltanto in officina;

m) autocaravan: veicoli aventi una speciale carrozzeria ed attrezzati permanentemente per essere adibiti al trasporto e all'alloggio di sette persone al massimo, compreso il conducente.

n) mezzi d'opera: veicoli o complessi di veicoli dotati di particolare attrezzatura per il carico e il trasporto di materiali di impiego o di risulta dell'attivita' edilizia, stradale, di escavazione mineraria e materiali assimilati ovvero che completano, durante la marcia, il ciclo produttivo di specifici materiali per la costruzione edilizia; tali veicoli o complessi di veicoli possono essere adibiti a trasporti in eccedenza ai limiti di massa stabiliti nell'art. 62 e non superiori a quelli di cui all'art. 10, comma 8, e comunque nel rispetto dei limiti dimensionali fissati nell'art. 61. I mezzi d'opera devono essere, altresi', idonei allo specifico impiego nei cantieri o utilizzabili a uso misto su strada e fuori strada.

2. Nel regolamento sono elencati, in relazione alle speciali attrezzature di cui sono muniti, i tipi di autoveicoli da immatricolare come autoveicoli per trasporti specifici ed autoveicoli per usi speciali.

(4)

AGGIORNAMENTO (4)

Il D.Lgs. 28 giugno 1993, n. 214 ha disposto (con l'art. 1, comma 1) che le disposizioni del titolo III del presente D.Lgs. si applicano dal 1° ottobre 1993.

AGGIORNAMENTO (167)

Il D.L. 10 settembre 2021, n. 121, convertito con modificazioni dalla L. 9 novembre 2021, n. 156, ha disposto (con l'art. 1, comma 5-quinquies) che "In deroga a quanto disposto dall'articolo 54, comma 1, lettera d), del codice della strada, di cui al decreto legislativo 30 aprile 1992, n. 285, sugli autocarri e' possibile la presenza a bordo, oltre che delle persone addette all'uso o al trasporto delle cose trasportate, anche di un soggetto neo-assunto, in possesso dei titoli professionali previsti per l'esercizio della professione, per un periodo di addestramento di durata massima di tre mesi".

Art. 55.

Filoveicoli

1. I filoveicoli sono veicoli a motore elettrico non vincolati da rotaie e collegati a una linea aerea di contatto per l'alimentazione; sono consentite la installazione a bordo di un motore ausiliario di trazione, non necessariamente elettrico, e l'alimentazione dei motori da una sorgente ausiliaria di energia elettrica.

2. I filoveicoli possono essere distinti, compatibilmente con le loro caratteristiche, nelle categorie previste dall'art. 54 per gli

autoveicoli.
((4))

AGGIORNAMENTO (4)

Il D.Lgs. 28 giugno 1993, n. 214 ha disposto (con l'art. 1, comma 1) che le disposizioni del titolo III del presente D.Lgs. si applicano dal 1° ottobre 1993.

Art. 56.
Rimorchi

1. ((Ad eccezione di quanto stabilito dal comma 1, lettera e) e dal comma 2 dell'articolo 53,)) I rimorchi sono veicoli destinati ad essere trainati dagli autoveicoli di cui al comma 1 dell'art. 54 e
dai filoveicoli di cui all'art. 55, con esclusione degli autosnodati. 2. I rimorchi si distinguono in:

   a) rimorchi per trasporto di persone, limitatamente ai rimorchi con almeno due assi ed ai semirimorchi;

   b) rimorchi per trasporto di cose;

   c) rimorchi per trasporti specifici, caratterizzati ai sensi della lettera f) dell'art. 54;

   d) rimorchi ad uso speciale, caratterizzati ai sensi delle lettere g) e h) dell'art. 54;

   e) caravan: rimorchi ad un asse o a due assi posti a distanza non superiore ad un metro, aventi speciale carrozzeria ed attrezzati per essere adibiti ad alloggio esclusivamente a veicolo fermo;

   f) rimorchi per trasporto di attrezzature turistiche e sportive: rimorchi ad un asse o a due assi posti a distanza non superiore ad un metro, muniti di specifica attrezzatura atta al trasporto di attrezzature turistiche e sportive, quali imbarcazioni, alianti od altre.

3. I semirimorchi sono veicoli costruiti in modo tale che una parte di essi si sovrapponga all'unita' motrice e che una parte notevole della sua massa o del suo carico sia sopportata da detta motrice.

4. I carrelli appendice a non piu' di due ruote destinati al trasporto di bagagli, attrezzi e simili, e trainabili da autoveicoli di cui all'art. 54, comma 1, esclusi quelli indicati nelle lettere h), i) ed l), si considerano parti integranti di questi purche' rientranti nei limiti di sagoma e di massa previsti dagli articoli 61 e 62 ((e dal regolamento)).
(4)

AGGIORNAMENTO (4)

Il D.Lgs. 28 giugno 1993, n. 214 ha disposto (con l'art. 1, comma 1) che le disposizioni del titolo III del presente D.Lgs. si applicano dal 1° ottobre 1993.

Art. 57

Macchine agricole

1. Le macchine agricole sono macchine a ruote o a cingoli destinate ad essere impiegate nelle attivita' agricole e forestali e possono, in quanto veicoli, circolare su strada per il proprio trasferimento e per il trasporto per conto delle aziende agricole e forestali di prodotti agricoli e sostanze di uso agrario, nonche' di addetti alle lavorazioni; pospossono, altresi', portare attrezzature destinate alla esecuzione di dette attivita'. ((E' consentito l'uso delle macchine agricole nelle operazioni di manutenzione e tutela del territorio.))

2. Ai fini della circolazione su strada le macchine agricole si distinguono in:

a) SEMOVENTI:

1) trattrici agricole: macchine a motore con o senza piano di carico munite di almeno due assi, prevalentemente atte alla trazione, concepite per tirare, spingere, portare prodotti agricoli e sostanze di uso agrario nonche' azionare determinati strumenti, eventualmente equipaggiate con attrezzature portate o semiportate da considerare parte integrante della trattrice agricola;

2) macchine agricole operatrici a due o piu' assi: macchine munite o predisposte per l'applicazione di speciali apparecchiature per l'esecuzione di operazioni agricole;

3) macchine agricole operatrici ad un asse: macchine guidabili da conducente a terra, che possono essere equipaggiate con carrello separabile destinato esclusivamente al trasporto del conducente. La massa complessiva non puo' superare 0,7 t compreso il conducente;

b) TRAINATE:

1) macchine agricole operatrici: macchine per l'esecuzione di operazioni agricole e per il trasporto di attrezzature e di accessori funzionali per le lavorazioni meccanico-agrarie, trainabili dalle macchine agricole semoventi ad eccezione di quelle di cui alla lettera a), numero 3);

2) rimorchi agricoli: veicoli destinati al carico e trainabili dalle trattrici agricole; possono eventualmente essere muniti di apparecchiature per lavorazioni agricole; qualora la massa complessiva a pieno carico non sia superiore a 1,5 t, sono considerati parte integrante della trattrice traente.

3. Ai fini della circolazione su strada, le macchine agricole semoventi a ruote pneumatiche o a sistema equivalente non devono essere atte a superare, su strada orizzontale, la velocita' di 40 km/h; le macchine agricole a ruote metalliche, semi pneumatiche o a cingoli metallici, purche' muniti di sovrapattini, nonche' le

macchine agricole operatrici ad un asse con carrello per il conducente non devono essere atte a superare, su strada orizzontale, la velocita' di 15 km/h.

4. Le macchine agricole di cui alla lettera a), numeri 1 e 2, e di cui alla lettera b), numero 1, possono essere attrezzate con un numero di posti per gli addetti non superiore a tre, compreso quello del conducente; i rimorchi agricoli possono essere adibiti per il trasporto esclusivo degli addetti, purche' muniti di idonea attrezzatura non permanente.

(4)

AGGIORNAMENTO (4)

Il D.Lgs. 28 giugno 1993, n. 214 ha disposto (con l'art. 1, comma 1) che le disposizioni del titolo III del presente D.Lgs. si applicano dal 1° ottobre 1993.

Art. 58.
Macchine operatrici

1. Le macchine operatrici sono macchine semoventi o trainate, a ruote o a cingoli, destinate ad operare su strada o nei cantieri, equipaggiate, eventualmente, con speciali attrezzature. In quanto veicoli possono circolare su strada per il proprio trasferimento e per lo spostamento di cose connesse con il ciclo operativo della macchina stessa o del cantiere, nei limiti e con le modalita' stabilite dal regolamento di esecuzione.

2. Ai fini della circolazione su strada le macchine operatrici si distinguono in:

   a) macchine impiegate per la costruzione e la manutenzione di opere civili o delle infrastrutture stradali o per il ripristino del traffico;

   b) macchine sgombraneve, spartineve o ausiliarie quali spanditrici di sabbia e simili;

   c) carrelli: veicoli destinati alla movimentazione di cose.

3. Le macchine operatrici semoventi, in relazione alle loro caratteristiche, possono essere attrezzate con un numero di posti, per gli addetti, non superiore a tre, compreso quello del conducente.

4. Ai fini della circolazione su strada le macchine operatrici non devono essere atte a superare, su strada orizzontale, la velocita' di 40 km/h; le macchine operatrici semoventi a ruote non pneumatiche o a cingoli non devono essere atte a superare, su strada orizzontale, la velocita' di 15 km/h.

((4))

AGGIORNAMENTO (4)

Il D.Lgs. 28 giugno 1993, n. 214 ha disposto (con l'art. 1, comma 1) che le disposizioni del titolo III del presente D.Lgs. si applicano dal 1° ottobre 1993.

Art. 59
Veicoli con caratteristiche atipiche

1. Sono considerati atipici i veicoli che per le loro specifiche caratteristiche non rientrano fra quelli definiti nel presente capo.
2. Il Ministro dei trasporti, sentiti i Ministri interessati, stabilisce, con proprio decreto:
   a) la categoria, fra quelle individuate nel presente capo, alla quale i veicoli atipici devono essere assimilati ai fini della circolazione e della guida;
   b) i requisiti tecnici di idoneita' alla circolazione dei medesimi veicoli individuandoli, con criteri di equivalenza, fra quelli previsti per una o piu' delle categorie succitate.
((2-bis. Chiunque circola con un veicolo atipico per il quale non sono state ancora definite le caratteristiche tecniche e funzionali indicate dal comma 2 e' soggetto alla sanzione amministrativa del pagamento di una somma da euro 200 a euro 800. Alla violazione consegue la sanzione amministrativa accessoria della confisca del veicolo, secondo le norme del titolo VI, capo I, sezione II. Si procede in ogni caso alla sua distruzione)).
(4)

AGGIORNAMENTO (4)

Il D.Lgs. 28 giugno 1993, n. 214 ha disposto (con l'art. 1, comma 1) che le disposizioni del titolo III del presente D.Lgs. si applicano dal 1° ottobre 1993.

Art. 60.
((Motoveicoli, ciclomotori, autoveicoli e macchine agricole d'epoca e di interesse storico e collezionistico iscritti negli appositi registri))
((1. Sono considerati appartenenti alla categoria dei veicoli con caratteristiche atipiche i motoveicoli, i ciclomotori, gli autoveicoli e le macchine agricole d'epoca, nonche' i motoveicoli, gli autoveicoli e le macchine agricole di interesse storico e collezionistico)).
2. ((Rientrano nella categoria dei veicoli d'epoca i motoveicoli, i ciclomotori, gli autoveicoli e le macchine agricole)) cancellati dal P.R.A. perche' destinati alla loro conservazione in musei o locali pubblici e privati, ai fini della salvaguardia delle originarie caratteristiche tecniche specifiche della casa costruttrice, e che non siano adeguati nei requisiti, nei dispositivi e negli equipaggiamenti alle vigenti prescrizioni stabilite per l'ammissione alla circolazione. Tali veicoli sono iscritti in apposito elenco presso il Centro

storico del Dipartimento per i trasporti terrestri.

3. I veicoli d'epoca sono soggetti alle seguenti disposizioni:

a) la loro circolazione puo' essere consentita soltanto in occasione di apposite manifestazioni o raduni autorizzati, limitatamente all'ambito della localita' e degli itinerari di svolgimento delle manifestazioni o raduni. All'uopo i veicoli, per

poter circolare, devono essere provvisti di una particolare autorizzazione rilasciata dal competente ufficio del Dipartimento per i trasporti terrestri nella cui circoscrizione e' compresa la localita' sede della manifestazione o del raduno ed al quale sia stato preventivamente presentato, da parte dell'ente organizzatore, l'elenco particolareggiato dei veicoli partecipanti. Nella autorizzazione sono indicati la validita' della stessa, i percorsi stabiliti e la velocita' massima consentita in relazione alla garanzia di sicurezza offerta dal tipo di veicolo;

b) il trasferimento di proprieta' degli stessi deve essere comunicato alla Dipartimento per i trasporti terrestri, per l'aggiornamento dell'elenco di cui al comma 2.

4. Rientrano nella categoria dei motoveicoli e autoveicoli di interesse storico e collezionistico tutti quelli di cui risulti l'iscrizione in uno dei seguenti registri: ASI, Storico Lancia, Italiano FIAT, Italiano Alfa Romeo, Storico FMI.

5. I veicoli di interesse storico o collezionistico possono circolare sulle strade purche' posseggano i requisiti previsti per questo tipo di veicoli, determinati dal regolamento.

6. Chiunque circola con veicoli d'epoca senza l'autorizzazione prevista dal comma 3, ovvero con veicoli di cui al comma 5 sprovvisti dei requisiti previsti per questo tipo di veicoli dal regolamento, e' soggetto alla sanzione amministrativa del pagamento di una somma da € 87 a € 344 se si tratta di autoveicoli, o da € 42 a € 173 se si tratta di motoveicoli. (19) (29) (43) (52) (64) (80) (89) (101) (114) (124) (145) (163) (4)

AGGIORNAMENTO (4)

Il D.Lgs. 28 giugno 1993, n. 214 ha disposto (con l'art. 1, comma 1) che le disposizioni del titolo III del presente D.Lgs. si applicano dal 1° ottobre 1993.

AGGIORNAMENTO (19)

Il Decreto 20 dicembre 1996 (in G.U. 28/12/1996, n. 303) ha disposto (con l'art. 1, comma 1) che le presenti modifiche avranno

effetto a decorrere dal 1 gennaio 1997.

AGGIORNAMENTO (29)

Il Decreto 22 dicembre 1998 (in G.U. 28/12/1998, n. 301) ha disposto (con l'art. 1, comma 1) che le presenti modifiche avranno effetto a decorrere dal 1 gennaio 1999.

AGGIORNAMENTO (43)

Il Decreto 29 dicembre 2000 (in G.U. 30/12/2000, n. 303) ha disposto (con l'art. 1, comma 1) che le presenti modifiche avranno effetto a decorrere dal 1 gennaio 2001.

AGGIORNAMENTO (52)

Il Decreto 24 dicembre 2002 (in G.U. 30/12/2002, n. 304) ha disposto (con l'art. 1, comma 1) che le presenti modifiche avranno effetto a decorrere dal 1 gennaio 2003.

AGGIORNAMENTO (64)

Il Decreto 22 dicembre 2004 (in G.U. 30/12/2004, n. 305) ha disposto (con l'art. 1, comma 2) che le presenti modifiche avranno effetto a decorrere dal 1 gennaio 2005.

AGGIORNAMENTO (80)

Il Decreto 29 dicembre 2006 (in G.U. 30/12/2006, n. 302) ha disposto (con l'art. 1, comma 2) che le presenti modifiche avranno effetto a decorrere dal 1 gennaio 2007.

AGGIORNAMENTO (89)

Il Decreto 17 dicembre 2008 (in G.U. 30/12/2008, n. 303) ha disposto (con l'art. 1, comma 2) che le presenti modifiche avranno effetto a decorrere dal 1 gennaio 2009.

AGGIORNAMENTO (101)

Il Decreto 22 dicembre 2010 (in G.U. 31/12/2010 n. 305) ha disposto (con l'art. 1, comma 2) che le presenti modifiche avranno effetto a decorrere dal 1 gennaio 2011.

AGGIORNAMENTO (114)

Il Decreto 19 dicembre 2012 (in G.U. 31/12/2012 n. 303) ha disposto (con l'art. 1, comma 2) che le presenti modifiche avranno effetto a decorrere dal 1 gennaio 2013.

AGGIORNAMENTO (124)

Il Decreto 16 dicembre 2014 (in G.U. 31/12/2014, n. 302) ha disposto (con l'art. 1, comma 2) che le presenti modifiche avranno effetto a decorrere dal 1 gennaio 2015.

AGGIORNAMENTO (145)

Il Decreto 27 dicembre 2018 (in G.U. 29/12/2018, n. 301) ha disposto (con l'art. 3, comma 1) che le presenti modifiche avranno effetto a decorrere dal 1° gennaio 2019.

AGGIORNAMENTO (163)

Il Decreto 31 dicembre 2020 (in G.U. 31/12/2020, n. 323) ha disposto (con l'art. 3, comma 1) che la presente modifica avra' effetto a decorrere dal 1° gennaio 2021.

Art. 61.

Sagoma limite

1. Fatto salvo quanto disposto nell'art. 10 e nei commi successivi del presente articolo, ogni veicolo compreso il suo carico deve avere:

a) larghezza massima non eccedente 2,55 m ; nel computo di tale larghezza non sono comprese le sporgenze dovute ai retrovisori, purche' mobili;

b) altezza massima non eccedente 4 m; per gli autobus e i filobus destinati a servizi pubblici di linea urbani e suburbani circolanti su itinerari prestabiliti e' consentito che tale altezza sia di 4,30 m;

c) lunghezza totale, compresi gli organi di traino, non eccedente 12 m, con l'esclusione dei semirimorchi, per i veicoli isolati. Nel computo della suddetta lunghezza non sono considerati i retrovisori purche' mobili. Gli autobus da noleggio, da gran turismo e di linea possono essere dotati di strutture portasci, portabiciclette o portabagagli applicate a sbalzo posteriormente o, per le sole strutture portabiciclette, anche anteriormente secondo direttive stabilite con decreto del Ministero delle infrastrutture e dei trasporti - Dipartimento per i trasporti terrestri. ((I veicoli o complessi di veicoli che sono equipaggiati con cabine allungate o con dispositivi aerodinamici rispondenti ai requisiti di omologazione previsti dalla normativa europea possono superare le lunghezze totali previste dal presente articolo nel rispetto, comunque, di quanto prescritto al comma 5. Tali dispositivi devono essere piegati, ritratti o rimossi, a cura del conducente, ove sia a rischio la sicurezza di altri utenti della strada o del conducente o, su strade urbane ed extraurbane con limite di velocita' inferiore o uguale a 50 km/h, in presenza di altri utenti della strada vulnerabili. L'uso dei dispositivi aerodinamici deve essere comunque compatibile con le operazioni di trasporto intermodali e, in ogni caso, allorche' ritratti o piegati, i dispositivi non devono superare di oltre 20 cm la lunghezza totale del veicolo o del complesso di veicoli privo di tali dispositivi)).

2. Gli autoarticolati e gli autosnodati non devono eccedere la lunghezza totale, compresi gli organi di traino, di 18,75 m, ferma restando l'idoneita' certificata dei rimorchi, o delle unita' di carico ivi caricate, al trasporto intermodale strada-rotaia e strada-mare e, sempre che siano rispettati gli altri limiti stabiliti nel regolamento; gli autosnodati e filosnodati adibiti a servizio di linea per il trasporto di persone destinati a percorrere itinerari prestabiliti possono raggiungere la lunghezza massima di 18 m; gli autotreni e filotreni non devono eccedere la lunghezza massima di 18,75 m in conformita' alle prescrizioni tecniche stabilite dal Ministro delle infrastrutture e dei trasporti.

2-bis Gli autosnodati e i filosnodati destinati a sistemi di trasporto rapido di massa possono raggiungere la lunghezza massima di 24 m su itinerari in corsia riservata autorizzati dal Ministero delle infrastrutture e della mobilita' sostenibili.

3. Le caratteristiche costruttive e funzionali delle autocaravan e dei caravan sono stabilite con decreto del Ministro dei trasporti.

4. La larghezza massima dei veicoli per trasporto di merci deperibili in regime di temperatura controllata (ATP) puo' raggiungere il valore di 2,60 m, escluse le sporgenze dovute ai retrovisori, purche' mobili.

5. Ai fini della inscrivibilita' in curva dei veicoli e dei complessi di veicoli, il regolamento stabilisce le condizioni da soddisfare e le modalita' di controllo.

6. I veicoli che per specifiche esigenze funzionali superano, da soli o compreso il loro carico, i limiti di sagoma stabiliti nei precedenti commi possono essere ammessi alla circolazione come veicoli o trasporti eccezionali se rispondenti alle apposite norme contenute nel regolamento.

7. Chiunque circola con un veicolo o con un complesso di veicoli compreso il carico che supera i limiti di sagoma stabiliti dal presente articolo, salvo che lo stesso costituisca trasporto eccezionale, e' soggetto alla sanzione amministrativa del pagamento di una somma da € 421 a € 1.691. Per la prosecuzione del viaggio si applicano le disposizioni contenute nell'articolo 164, comma 9. (19) (29) (43) (52) (64) (80) (89) (101) (114) (124) (133) (145) (163) (4)

AGGIORNAMENTO (4)

Il D.Lgs. 28 giugno 1993, n. 214 ha disposto (con l'art. 1, comma 1) che le disposizioni del titolo III del presente D.Lgs. si applicano dal 1° ottobre 1993.

AGGIORNAMENTO (19)

Il Decreto 20 dicembre 1996 (in G.U. 28/12/1996, n. 303) ha disposto (con l'art. 1, comma 1) che la presente modifica avra' effetto a decorrere dal 1 gennaio 1997.

AGGIORNAMENTO (29)

Il Decreto 22 dicembre 1998 (in G.U. 28/12/1998, n. 301) ha disposto (con l'art. 1, comma 1) che la presente modifica avra' effetto a decorrere dal 1 gennaio 1999.

AGGIORNAMENTO (43)

Il Decreto 29 dicembre 2000 (in G.U. 30/12/2000, n. 303) ha disposto (con l'art. 1, comma 1) che la presente modifica avra' effetto a decorrere dal 1 gennaio 2001.

AGGIORNAMENTO (52)

Il Decreto 24 dicembre 2002 (in G.U. 30/12/2002, n. 304) ha disposto (con l'art. 1, comma 1) che la presente modifica avra'

effetto a decorrere dal 1 gennaio 2003.

AGGIORNAMENTO (64)

Il Decreto 22 dicembre 2004 (in G.U. 30/12/2004, n. 305) ha disposto (con l'art. 1, comma 2) che la presente modifica avra' effetto a decorrere dal 1 gennaio 2005.

AGGIORNAMENTO (80)

Il Decreto 29 dicembre 2006 (in G.U. 30/12/2006, n. 302) ha disposto (con l'art. 1, comma 2) che la presente modifica avra' effetto a decorrere dal 1 gennaio 2007.

AGGIORNAMENTO (89)

Il Decreto 17 dicembre 2008 (in G.U. 30/12/2008, n. 303) ha disposto (con l'art. 1, comma 2) che la presente modifica avra' effetto a decorrere dal 1 gennaio 2009.

AGGIORNAMENTO (101)

Il Decreto 22 dicembre 2010 (in G.U. 31/12/2010, n. 305) ha disposto (con l'art. 1, comma 2) che la presente modifica avra'

effetto a decorrere dal 1 gennaio 2011.

AGGIORNAMENTO (114)

Il Decreto 19 dicembre 2012 (in G.U. 31/12/2012, n. 303) ha disposto (con l'art. 1, comma 2) che la presente modifica avra' effetto a decorrere dal 1 gennaio 2013.

AGGIORNAMENTO (124)

Il Decreto 16 dicembre 2014 (in G.U. 31/12/2012, n. 302) ha disposto (con l'art. 1, comma 2) che la presente modifica avra' effetto a decorrere dal 1 gennaio 2015.

AGGIORNAMENTO (133)

Il Decreto 20 dicembre 2016 (in G.U. 30/12/2016, n. 304) ha disposto (con l'art. 1, comma 1) che la presente modifica avra' effetto a decorrere dal 1 gennaio 2017.

AGGIORNAMENTO (145)

Il Decreto 27 dicembre 2018 (in G.U. 29/12/2018, n. 301) ha disposto (con l'art. 3, comma 1) che la presente modifica avra' effetto a decorrere dal 1° gennaio 2019.

AGGIORNAMENTO (163)

Il Decreto 31 dicembre 2020 (in G.U. 31/12/2020, n. 323) ha disposto (con l'art. 3, comma 1) che la presente modifica avra' effetto a decorrere dal 1° gennaio 2021.

Art. 62.

Massa limite

1. La massa limite complessiva a pieno carico di un veicolo, salvo quanto disposto nell'art. 10 e nei commi 2, 3, 4, 5 e 6 del presente articolo, costituita dalla massa del veiocolo stesso in ordine di marcia e da quella del suo carico, non puo' eccedere 5 t per i veiocli ad un asse, 8 t per quelli a due assi e 10 t. per quelli a 3 o piu' assi.

2. Con esclusione dei semirimorchi, per i rmorchi muniti di pneumatici tali che il carico unitario medio trasmesso all'aerea di impronta sulla strada non sia superiore a 8 da N/cm2, la massa complessiva a pieno carico non puo' eccedere 6 t se ad un asse, con esclusione dell'unita' posteriore dell'autosnodato, 22 t se a due assi e 26 t se tre o piu' assi.

3. Salvo quanto diversamente previsto dall'art. 104, per i veicoli a motore isolati muniti di pneumatici, tali che il carico unitario medio trasmesso all'area di impronta sulla strada non sia superiore a 8 daN/cm2 e quando, se

trattasi di veicoli a 3 o piu' assi, la distanza fra due assi contigui non sia inferiore ad 1 m, la massa complessiva a pieno carico del veicolo isolato non puo' eccedere 18 t se si tratta di veicoli a due assi e 25 t se si tratta di veicoli a tre o piu' assi; 26 t e 32 t rispettivamente, se si tratta di veicoli a tre o quattro assi quando l'asse motore e' munito di pneumatici accoppiati e di sospensione penumatiche ovvero riconosciute equivalenti dal Ministero dei trasporti. ((Qualora si tratti di autobus o filobus a due assi, la massa complessiva a pieno carico non deve eccedere 19,5 t)).

4. Nel rispetto delle condizioni prescritte nei commi 2, 3 e 6, la massa complessiva di un autotreno a tre assi non puo' superare 30 t, quella di un autotreno, di un autoarticolato o di un autosnodato non puo' superare 40 t se a quattro assi e 44 t se a cinque o piu' assi.

5. Qualunque sia il tipo di veicolo, la massa gravante sull'asse puo' caricato non deve eccedere 12 t.

6. In corrispondenza di due assi contigui la somma delle masse non deve superare 12 t, se la distanza assiale e' inferiore a 1 m; nel caso in cui la distanza assiale sia pari o superiore a 1 m ed inferiore a 1,3 m, il limite non puo' superare 16 t; nel caso in cui la distanza sia pari o superiore a 1,3 m ed inferiore a 2 m, tale limite non puo' eccedere 20 t.

7. Chiunque circola con un veicolo che supera compreso il carico, salvo quanto disposto dall'art. 167, i limiti di massa stabiliti dal presente articolo e dal regolamento e' soggetto alle sanzioni previste dall'art. 10.

7-bis. COMMA ABROGATO DAL D.L. 24 GENNAIO 2012, N. 1, CONVERTITO,
CON MODIFICAZIONI, DALLA L. 24 MARZO 2012, N. 27.
(4)

AGGIORNAMENTO (4)

Il D.Lgs. 28 giugno 1993, n. 214 ha disposto (con l'art. 1, comma 1) che le disposizioni del titolo III del presente D.Lgs. si applicano dal 1° ottobre 1993.

Art. 63.
Traino veicoli

1. Nessun veicolo puo' trainare o essere trainato da piu' di un veicolo, salvo che cio' risulti necessario per l'effettuazione dei trasporti eccezionali di cui all'art. 10 e salvo quanto disposto dall'art. 105.

2. Un autoveicolo puo' trainare un veicolo che non sia rimorchio se questo non e' piu' atto a circolare per avaria o per mancanza di organi essenziali, ovvero nei casi previsti dall'art. 159. La

solidita' dell'attacco, le modalita' del traino, la condotta e le cautele di guida devono rispondere alle esigenze di sicurezza della circolazione.

3. Salvo quanto indicato nel comma 2, il Ministero dei trasporti puo' autorizzare, per speciali esigenze, il traino con autoveicoli di veicoli non considerati rimorchi.

4. Nel regolamento sono stabiliti i criteri per la determinazione della massa limite rimorchiabile, nonche' le modalita' e procedure per l'agganciamento.

5. Chiunque viola le disposizioni del presente articolo e' soggetto alla sanzione amministrativa del pagamento di una somma ((da € 87 a € 344)). (19) (29) (43) (52) (64) (80) (89) (101) (114) (124) (145) ((163)) (4)

AGGIORNAMENTO (4)

Il D.Lgs. 28 giugno 1993, n. 214 ha disposto (con l'art. 1, comma 1) che le disposizioni del titolo III del presente D.Lgs. si applicano dal 1° ottobre 1993.

AGGIORNAMENTO (29)

Il Decreto 22 dicembre 1998 (in G.U. 28/12/1998, n. 301) ha disposto (con l'art. 1, comma 1) che la presente modifica avra' effetto a decorrere dal 1 gennaio 1999.

AGGIORNAMENTO (43)

Il Decreto 29 dicembre 2000 (in G.U. 30/12/2000, n. 303) ha disposto (con l'art. 1, comma 1) che la presente modifica avra' effetto a decorrere dal 1 gennaio 2001.

AGGIORNAMENTO (52)

Il Decreto 24 dicembre 2002 (in G.U. 30/12/2002, n. 304) ha disposto (con l'art. 1, comma 1) che la presente modifica avra' effetto a decorrere dal 1 gennaio 2003.

AGGIORNAMENTO (64)

Il Decreto 22 dicembre 2004 (in G.U. 30/12/2004, n. 305) ha disposto (con l'art. 1, comma 2) che la presente modifica avra' effetto a decorrere dal 1 gennaio 2005.

AGGIORNAMENTO (80)

Il Decreto 29 dicembre 2006 (in G.U. 30/12/2006, n. 302) ha disposto (con l'art. 1, comma 2) che la presente modifica avra'

effetto a decorrere dal 1 gennaio 2007.

AGGIORNAMENTO (89)

Il Decreto 17 dicembre 2008 (in G.U. 30/12/2008, n. 303) ha disposto (con l'art. 1, comma 2) che la presente modifica avra' effetto a decorrere dal 1 gennaio 2009.

AGGIORNAMENTO (101)

Il Decreto 22 dicembre 2010 (in G.U. 31/12/2010, n. 305) ha disposto (con l'art. 1, comma 2) che la presente modifica avra' effetto a decorrere dal 1 gennaio 2011.

AGGIORNAMENTO (114)

Il Decreto 19 dicembre 2012 (in G.U. 31/12/2012, n. 303) ha disposto (con l'art. 1, comma 2) che la presente modifica avra' effetto a decorrere dal 1 gennaio 2013.

AGGIORNAMENTO (124)

Il Decreto 16 dicembre 2014 (in G.U. 31/12/2012, n. 302) ha disposto (con l'art. 1, comma 2) che la presente modifica avra' effetto a decorrere dal 1 gennaio 2015.

AGGIORNAMENTO (145)

Il Decreto 27 dicembre 2018 (in G.U. 29/12/2018, n. 301) ha disposto (con l'art. 3, comma 1) che la presente modifica avra' effetto a decorrere dal 1° gennaio 2019.

AGGIORNAMENTO (163)

Il Decreto 31 dicembre 2020 (in G.U. 31/12/2020, n. 323) ha disposto (con l'art. 3, comma 1) che la presente modifica avra' effetto a decorrere dal 1° gennaio 2021.

Capo II DEI VEICOLI A TRAZIONE ANIMALE, SLITTE E VELOCIPEDI

Art. 64.

Dispositivi di frenatura dei veicoli a trazione animale e delle slitte

1. I veicoli a trazione animale e le slitte devono essere muniti di un dispositivo di frenatura efficace e disposto in modo da poter essere in qualunque occasione facilmente e rapidamente manovrato.

2. Sono vietati i dispositivi di frenatura che agiscono direttamente sul manto stradale.

3. Chiunque viola le disposizioni del presente articolo e dell'art. 69 e' soggetto alla sanzione amministrativa del pagamento di una somma ((da €

42 a € 173)). (19) (29) (43) (52) (64) (80) (89) (101) (114) (124) ((145)) (4)

AGGIORNAMENTO (4)

Il D.Lgs. 28 giugno 1993, n. 214 ha disposto (con l'art. 1, comma 1) che le disposizioni del titolo III del presente D.Lgs. si applicano dal 1° ottobre 1993.

AGGIORNAMENTO (19)

Il Decreto 20 dicembre 1996 (in G.U. 28/12/1996, n. 303) ha disposto (con l'art. 1, comma 1) che la presente modifica avra' effetto a decorrere dal 1 gennaio 1997.

AGGIORNAMENTO (29)

Il Decreto 22 dicembre 1998 (in G.U. 28/12/1998, n. 301) ha disposto (con l'art. 1, comma 1) che la presente modifica avra' effetto a decorrere dal 1 gennaio 1999.

AGGIORNAMENTO (43)

Il Decreto 29 dicembre 2000 (in G.U. 30/12/2000, n. 303) ha disposto (con l'art. 1, comma 1) che la presente modifica avra' effetto a decorrere dal 1 gennaio 2001.

AGGIORNAMENTO (52)

Il Decreto 24 dicembre 2002 (in G.U. 30/12/2002, n. 304) ha

disposto (con l'art. 1, comma 1) che la presente modifica avra' effetto a decorrere dal 1 gennaio 2003.

AGGIORNAMENTO (64)

Il Decreto 22 dicembre 2004 (in G.U. 30/12/2004, n. 305) ha disposto (con l'art. 1, comma 2) che la presente modifica avra' effetto a decorrere dal 1 gennaio 2005.

AGGIORNAMENTO (80)

Il Decreto 29 dicembre 2006 (in G.U. 30/12/2006, n. 302) ha disposto (con l'art. 1, comma 2) che la presente modifica avra' effetto a decorrere dal 1 gennaio 2007.

AGGIORNAMENTO (89)

Il Decreto 17 dicembre 2008 (in G.U. 30/12/2008, n. 303) ha disposto (con l'art. 1, comma 2) che la presente modifica avra' effetto a decorrere dal 1 gennaio 2009.

AGGIORNAMENTO (101)

Il Decreto 22 dicembre 2010 (in G.U. 31/12/2010 n. 305) ha disposto (con l'art. 1, comma 2) che la presente modifica avra' effetto a decorrere dal 1 gennaio 2011.

AGGIORNAMENTO (114)

Il Decreto 19 dicembre 2012 (in G.U. 31/12/2012 n. 303) ha disposto (con l'art. 1, comma 2) che la presente modifica avra' effetto a decorrere dal 1 gennaio 2013.

AGGIORNAMENTO (124)

Il Decreto 16 dicembre 2014 (in G.U. 31/12/2014, n. 302) ha disposto (con l'art. 1, comma 2) che la presente modifica avra' effetto a decorrere dal 1 gennaio 2015.

AGGIORNAMENTO (145)

Il Decreto 27 dicembre 2018 (in G.U. 29/12/2018, n. 301) ha disposto (con l'art. 3, comma 1) che la presente modifica avra' effetto a decorrere dal 1° gennaio 2019.

Art. 65.
Dispositivi di segnalazione visiva dei veicoli a trazione animale e delle slitte

1. Nelle ore e nei casi previsti dall'art. 152, comma 1, i veicoli a trazione animale e le slitte devono esser muniti di due fanali anteriori che emettano in avanti luce bianca e di due fanali posteriori che emettano all'indietro luce rossa, disposti sui lati del veicolo. Devono, altresi', essere muniti di due catadiottri bianchi anteriormente, due catadiottri rossi posteriormente e di un catadiottro arancione su ciascun lato.

2. I veicoli di cui al comma 1 devono essere dotati di un segnale mobile di pericolo.

3. Chiunque circola con un veicolo a trazione animale o con una slitta non provvisti di dispositivi di segnalazione visiva, nei casi in cui l'uso dei medesimi e' prescritto, ovvero con dispositivi non conformi alle disposizioni stabilite nel presente articolo e nell'art. 69, e' soggetto alla sanzione amministrativa del pagamento di una somma ((da € 42 a € 173)). (19) (29) (43) (52) (64) (80) (89) (101) (114) (124) ((145))

AGGIORNAMENTO (4)
(4)

Il D.Lgs. 28 giugno 1993, n. 214 ha disposto (con l'art. 1, comma 1) che le disposizioni del titolo III del presente D.Lgs. si applicano dal 1° ottobre 1993.

AGGIORNAMENTO (19)

Il D.Lgs. 28 giugno 1993, n. 214 ha disposto (con l'art. 1, comma 1) che le disposizioni del titolo III del presente D.Lgs. si applicano dal 1° ottobre 1993.

AGGIORNAMENTO (29)

Il Decreto 20 dicembre 1996 (in G.U. 28/12/1996, n. 303) ha disposto (con l'art. 1, comma 1) che la presente modifica avra' effetto a decorrere dal 1 gennaio 1997.

AGGIORNAMENTO (43)

Il Decreto 29 dicembre 2000 (in G.U. 30/12/2000, n. 303) ha disposto (con l'art. 1, comma 1) che la presente modifica avra' effetto a decorrere dal 1 gennaio 2001.

AGGIORNAMENTO (52)

Il Decreto 24 dicembre 2002 (in G.U. 30/12/2002, n. 304) ha disposto (con l'art. 1, comma 1) che la presente modifica avra' effetto a decorrere dal 1 gennaio 2003.

AGGIORNAMENTO (64)

Il Decreto 22 dicembre 2004 (in G.U. 30/12/2004, n. 305) ha disposto (con l'art. 1, comma 2) che la presente modifica avra' effetto a decorrere dal 1 gennaio 2005.

AGGIORNAMENTO (80)

Il Decreto 29 dicembre 2006 (in G.U. 30/12/2006, n. 302) ha disposto (con l'art. 1, comma 2) che la presente modifica avra' effetto a decorrere dal 1 gennaio 2007.

AGGIORNAMENTO (89)

Il Decreto 17 dicembre 2008 (in G.U. 30/12/2008, n. 303) ha disposto (con l'art. 1, comma 2) che la presente modifica avra' effetto a decorrere dal 1 gennaio 2009.

AGGIORNAMENTO (101)

Il Decreto 22 dicembre 2010 (in G.U. 31/12/2010, n. 305) ha disposto (con l'art. 1, comma 2) che la presente modifica avra' effetto a decorrere dal 1 gennaio 2011.

AGGIORNAMENTO (114)

Il Decreto 19 dicembre 2012 (in G.U. 31/12/2012, n. 303) ha disposto (con l'art. 1, comma 2) che la presente modifica avra' effetto a decorrere dal 1 gennaio 2013.

AGGIORNAMENTO (124)

Il Decreto 16 dicembre 2014 (in G.U. 31/12/2012, n. 302) ha disposto (con l'art. 1, comma 2) che la presente modifica avra' effetto a decorrere dal 1 gennaio 2015.

AGGIORNAMENTO (145)

Il Decreto 27 dicembre 2018 (in G.U. 29/12/2018, n. 301) ha disposto (con l'art. 3, comma 1) che la presente modifica avra' effetto a decorrere dal 1° gennaio 2019.

Art. 66.
Cerchioni alle ruote

1. I veicoli a trazione animale, di massa complessiva a pieno carico sino a 6 t, possono essere muniti di cerchioni metallici, sempre che tale massa non superi 0,15 volte la somma della larghezza dei cerchioni, espressa in centimetri. In ogni altro caso i veicoli devono essere muniti di ruote gommate.

2. La larghezza di ciascun cerchione non puo' essere mai inferiore a 50 mm; i bordi del cerchione a contatto della strada devono essere arrotondati con raggio non inferiore allo spessore del cerchione metallico; nella determinazione della larghezza si tiene conto dei raccordi nella misura massima di 5 mm per parte.

3. La superficie di rotolamento della ruota deve essere cilindrica senza spigoli, sporgenze o discontinuita'.

4. I comuni accertano la larghezza dei cerchioni e determinano la massa complessiva a pieno carico consentita per ogni veicolo a trazione animale destinato a trasporto di cose.

5. Chiunque circola con un veicolo a trazione animale non rispondente ai requisiti stabiliti dal presente articolo e' soggetto alla sanzione amministrativa del pagamento di una somma ((da € 42 a € 173)). (19) (29) (43) (52) (64) (80) (89) (101) (114) (124) ((145))
(4)

AGGIORNAMENTO (4)

Il D.Lgs. 28 giugno 1993, n. 214 ha disposto (con l'art. 1, comma 1) che le disposizioni del titolo III del presente D.Lgs. si applicano dal 1° ottobre 1993.

AGGIORNAMENTO (19)

Il Decreto 20 dicembre 1996 (in G.U. 28/12/1996, n. 303) ha disposto (con l'art. 1, comma 1) che la presente modifica avra' effetto a decorrere dal 1 gennaio 1997.

AGGIORNAMENTO (29)

Il Decreto 22 dicembre 1998 (in G.U. 28/12/1998, n. 301) ha disposto (con l'art. 1, comma 1) che la presente modifica avra' effetto a decorrere dal 1 gennaio 1999.

AGGIORNAMENTO (43)

Il Decreto 29 dicembre 2000 (in G.U. 30/12/2000, n. 303) ha disposto (con l'art. 1, comma 1) che la presente modifica avra' effetto a decorrere dal 1 gennaio 2001.

AGGIORNAMENTO (52)

Il Decreto 24 dicembre 2002 (in G.U. 30/12/2002, n. 304) ha disposto (con l'art. 1, comma 1) che la presente modifica avra' effetto a decorrere dal 1 gennaio 2003.

AGGIORNAMENTO (64)

Il Decreto 22 dicembre 2004 (in G.U. 30/12/2004, n. 305) ha disposto (con l'art. 1, comma 2) che la presente modifica avra' effetto a decorrere dal 1 gennaio 2005.

AGGIORNAMENTO (80)

Il Decreto 29 dicembre 2006 (in G.U. 30/12/2006, n. 302) ha disposto (con l'art. 1, comma 2) che la presente modifica avra' effetto a decorrere dal 1 gennaio 2007.

AGGIORNAMENTO (89)

Il Decreto 17 dicembre 2008 (in G.U. 30/12/2008, n. 303) ha disposto (con l'art. 1, comma 2) che la presente modifica avra' effetto a decorrere dal 1 gennaio 2009.

AGGIORNAMENTO (101)

Il Decreto 22 dicembre 2010 (in G.U. 31/12/2010 n. 305) ha disposto (con l'art. 1, comma 2) che la presente modifica avra' effetto a decorrere dal 1 gennaio 2011.

AGGIORNAMENTO (114)

Il Decreto 19 dicembre 2012 (in G.U. 31/12/2012 n. 303) ha disposto (con l'art. 1, comma 2) che la presente modifica avra' effetto a

decorrere dal 1 gennaio 2013.

AGGIORNAMENTO (124)

Il Decreto 16 dicembre 2014 (in G.U. 31/12/2014, n. 302) ha disposto (con l'art. 1, comma 2) che la presente modifica avra' effetto a decorrere dal 1 gennaio 2015.

AGGIORNAMENTO (145)

Il Decreto 27 dicembre 2018 (in G.U. 29/12/2018, n. 301) ha disposto (con l'art. 3, comma 1) che la presente modifica avra' effetto a decorrere dal 1° gennaio 2019.

Art. 67.
Targhe dei veicoli a trazione animale e delle slitte

1. I veicoli a trazione animale e le slitte devono essere muniti di una targa contenente le indicazioni del proprietario, del comune di residenza, della categoria di appartenenza, del numero di matricola e, per quelli destinati al trasporto di cose, della massa complessiva a pieno carico, nonche' della larghezza dei cerchioni.

2. La targa deve essere rinnovata solo quando occorre modificare alcuna delle indicazioni prescritte o quando le indicazioni stesse non siano piu' chiaramente leggibili.

3. La fornitura delle targhe e' riservata ai comuni, che le consegnano agli interessati complete delle indicazioni stabilite dal comma 1. Il modello delle targhe e' indicato nel regolamento. Il prezzo che l'interessato corrispondera' al comune e' stabilito con decreto del Ministro delle infrastrutture e dei trasporti.

4. I veicoli a trazione animale e le slitte sono immatricolati in apposito registro del comune di residenza del proprietario.

5. Chiunque circola con un veicolo a trazione animale o con una slitta non munito della targa prescritta, ovvero viola le disposizioni del comma 2, e' soggetto alla sanzione amministrativa del pagamento di una somma da € 42 a € 173. (19) (29) (43) (52) (64) (80) (89) (101) (114) (124) (145)

6. Chiunque abusivamente fabbrica o vende targhe per veicoli a trazione animale o slitte, ovvero usa targhe abusivamente fabbricate, e' soggetto, ove il fatto non costituisca reato, alla sanzione amministrativa del pagamento di una somma ((da € 87 a € 344)). (19) (29) (43) (52) (64) (80) (89) (101) (114) (124) (145) ((163))

7. Alle violazioni di cui ai commi 5 e 6 consegue la sanzione amministrativa accessoria della confisca della targa non rispondente ai requisiti indicati o abusivamente fabbricata, secondo le norme del capo I, sezione II, del titolo VI.
(4)

AGGIORNAMENTO (4)

Il D.Lgs. 28 giugno 1993, n. 214 ha disposto (con l'art. 1, comma 1) che le disposizioni del titolo III del presente D.Lgs. si applicano dal 1° ottobre 1993.

AGGIORNAMENTO (19)

Il Decreto 20 dicembre 1996 (in G.U. 28/12/1996, n. 303) ha disposto (con l'art. 1, comma 1) che le presenti modifiche avranno effetto a decorrere dal 1 gennaio 1997.

AGGIORNAMENTO (29)

Il Decreto 22 dicembre 1998 (in G.U. 28/12/1998, n. 301) ha disposto (con l'art. 1, comma 1) che le presenti modifiche avranno effetto a decorrere dal 1 gennaio 1999.

AGGIORNAMENTO (43)

Il Decreto 29 dicembre 2000 (in G.U. 30/12/2000, n. 303) ha disposto (con l'art. 1, comma 1) che le presenti modifiche avranno effetto a decorrere dal 1 gennaio 2001.

AGGIORNAMENTO (52)

Il Decreto 24 dicembre 2002 (in G.U. 30/12/2002, n. 304) ha disposto (con l'art. 1, comma 1) che le presenti modifiche avranno effetto a decorrere dal 1 gennaio 2003.

AGGIORNAMENTO (64)

Il Decreto 22 dicembre 2004 (in G.U. 30/12/2004, n. 305) ha disposto (con l'art. 1, comma 2) che le presenti modifiche avranno effetto a decorrere dal 1 gennaio 2005.

AGGIORNAMENTO (80)

Il Decreto 29 dicembre 2006 (in G.U. 30/12/2006, n. 302) ha disposto (con l'art. 1, comma 2) che le presenti modifiche avranno effetto a decorrere dal 1 gennaio 2007.

AGGIORNAMENTO (89)

Il Decreto 17 dicembre 2008 (in G.U. 30/12/2008, n. 303) ha disposto (con l'art. 1, comma 2) che le presenti modifiche avranno effetto a decorrere dal 1 gennaio 2009.

AGGIORNAMENTO (101)

Il Decreto 22 dicembre 2010 (in G.U. 31/12/2010, n. 305) ha

disposto (con l'art. 1, comma 2) che le presenti modifiche avranno effetto a decorrere dal 1 gennaio 2011.

AGGIORNAMENTO (114)

Il Decreto 19 dicembre 2012 (in G.U. 31/12/2012, n. 303) ha disposto (con l'art. 1, comma 2) che le presenti modifiche avranno effetto a decorrere dal 1 gennaio 2013.

AGGIORNAMENTO (124)

Il Decreto 16 dicembre 2014 (in G.U. 31/12/2012, n. 302) ha disposto (con l'art. 1, comma 2) che le presenti modifiche avranno effetto a decorrere dal 1 gennaio 2015.

AGGIORNAMENTO (145)

Il Decreto 27 dicembre 2018 (in G.U. 29/12/2018, n. 301) ha disposto (con l'art. 3, comma 1) che le presenti modifiche avranno effetto a decorrere dal 1° gennaio 2019.

AGGIORNAMENTO (163)

Il Decreto 31 dicembre 2020 (in G.U. 31/12/2020, n. 323) ha disposto (con l'art. 3, comma 1) che la presente modifica avra' effetto a decorrere dal 1° gennaio 2021.

Art. 68.
Caratteristiche costruttive e funzionali e dispositivi di equipaggiamento dei velocipedi

1. I velocipedi devono essere muniti di pneumatici, nonche':

   a) per la frenatura: di un dispositivo indipendente per ciascun asse che agisca in maniera pronta ed efficace sulle rispettive ruote;

   b) per le segnalazioni acustiche: di un campanello;

   c) per le segnalazioni visive: anteriormente di luci bianche o gialle, posteriormente di luci rosse e di catadiottri rossi; inoltre, sui pedali devono essere applicati catadiottri gialli ed analoghi dispositivi devono essere applicati sui lati.

((2. I dispositivi di segnalazione di cui alla lettera c) del comma 1 devono essere funzionanti da mezz'ora dopo il tramonto del sole a mezz'ora prima del suo sorgere e anche di giorno nelle gallerie, in caso di nebbia, di caduta di neve, di forte pioggia e in ogni altro caso di scarsa visibilita', durante la marcia sia nei centri abitati che fuori dai centri abitati)).

3. Le disposizioni previste nelle lettere b) e c) del comma 1 non si applicano ai velocipedi quando sono usati durante competizioni sportive.

4. Con decreto del Ministro delle infrastrutture e dei trasporti

sono stabilite le caratteristiche costruttive, funzionali nonche' le modalita' di omologazione dei velocipedi a piu' ruote simmetriche che consentono il trasporto di altre persone oltre il conducente.

5. I velocipedi possono essere equipaggiati per il trasporto di un bambino, con idonee attrezzature, le cui caratteristiche sono stabilite dal regolamento.

6. Chiunque circola con un velocipede senza pneumatici o nel quale alcuno dei dispositivi di frenatura o di segnalazione acustica o visiva manchi o non sia conforme alle disposizioni stabilite nel presente articolo e nell'articolo 69, e' soggetto alla sanzione amministrativa del pagamento di una somma da € 26 a € 102. (19) (29) (43) (52) (64) (80) (89) (101) (114) (124) (145)

7. Chiunque circola con un velocipede di cui al comma 4, non omologato, e' soggetto alla sanzione amministrativa del pagamento di un a somma da € 42 a € 173. (19) (29) (43) (52) (64) (80) (89) (101) (114) (124) (145)

8. Chiunque produce o mette in commercio velocipedi o i relativi dispositivi di equipaggiamento non conformi al tipo omologato, ove ne sia richiesta l'omologazione, e' soggetto, se il fatto non costituisce reato, alla sanzione amministrativa del pagamento di una somma da € 430 a € 1.731. (19) (29) (43) (52) (64) (80) (89) (101) (114) (124) (133) (145) (163) (4)

AGGIORNAMENTO (4)

Il D.Lgs. 28 giugno 1993, n. 214 ha disposto (con l'art. 1, comma 1) che le disposizioni del titolo III del presente D.Lgs. si applicano dal 1° ottobre 1993.

AGGIORNAMENTO (19)

Il Decreto 20 dicembre 1996 (in G.U. 28/12/1996, n. 303) ha disposto (con l'art. 1, comma 1) che le presenti modifiche avranno effetto a decorrere dal 1 gennaio 1997.

AGGIORNAMENTO (29)

Il Decreto 22 dicembre 1998 (in G.U. 28/12/1998, n. 301) ha disposto (con l'art. 1, comma 1) che le presenti modifiche avranno effetto a decorrere dal 1 gennaio 1999.

AGGIORNAMENTO (43)

Il Decreto 29 dicembre 2000 (in G.U. 30/12/2000, n. 303) ha disposto (con l'art. 1, comma 1) che le presenti modifiche avranno effetto a decorrere dal 1 gennaio 2001.

AGGIORNAMENTO (52)
Il Decreto 24 dicembre 2002 (in G.U. 30/12/2002, n. 304) ha disposto (con l'art. 1, comma 1) che le presenti modifiche avranno effetto a decorrere dal 1 gennaio 2003.

AGGIORNAMENTO (64)
Il Decreto 22 dicembre 2004 (in G.U. 30/12/2004, n. 305) ha disposto (con l'art. 1, comma 2) che le presenti modifiche avranno effetto a decorrere dal 1 gennaio 2005.

AGGIORNAMENTO (80)
Il Decreto 29 dicembre 2006 (in G.U. 30/12/2006, n. 302) ha disposto (con l'art. 1, comma 2) che le presenti modifiche avranno effetto a decorrere dal 1 gennaio 2007.

AGGIORNAMENTO (89)
Il Decreto 17 dicembre 2008 (in G.U. 30/12/2008, n. 303) ha disposto (con l'art. 1, comma 2) che le presenti modifiche avranno effetto a decorrere dal 1 gennaio 2009.

AGGIORNAMENTO (101)
Il Decreto 22 dicembre 2010 (in G.U. 31/12/2010 n. 305) ha disposto (con l'art. 1, comma 2) che le presenti modifiche avranno effetto a decorrere dal 1 gennaio 2011.

AGGIORNAMENTO (114)
Il Decreto 19 dicembre 2012 (in G.U. 31/12/2012 n. 303) ha disposto (con l'art. 1, comma 2) che le presenti modifiche avranno effetto a decorrere dal 1 gennaio 2013.

AGGIORNAMENTO (124)
Il Decreto 16 dicembre 2014 (in G.U. 31/12/2014, n. 302) ha disposto (con l'art. 1, comma 2) che le presenti modifiche avranno effetto a decorrere dal 1 gennaio 2015.

AGGIORNAMENTO (133)
Il Decreto 20 dicembre 2016 (in G.U. 30/12/2016, n. 304) ha disposto (con l'art. 1, comma 1) che la presente modifica avra' effetto a decorrere dal 1 gennaio 2017.

AGGIORNAMENTO (145)

Il Decreto 27 dicembre 2018 (in G.U. 29/12/2018, n. 301) ha disposto (con l'art. 3, comma 1) che le presenti modifiche avranno effetto a decorrere dal 1° gennaio 2019.

AGGIORNAMENTO (163)

Il Decreto 31 dicembre 2020 (in G.U. 31/12/2020, n. 323) ha disposto (con l'art. 3, comma 1) che la presente modifica avra' effetto a decorrere dal 1° gennaio 2021.

Art. 69.
Caratteristiche dei dispositivi di segnalazione e di frenatura dei veicoli a trazione animale, delle slitte e dei velocipedi

1. Nel regolamento sono stabiliti, per i veicoli di cui agli articoli 49, 50 e 51, il numero, il colore, le caratteristiche e le modalita' di applicazione dei dispositivi di segnalazione visiva e le caratteristiche e le modalita' di applicazione dei dispositivi di frenatura dei veicoli a trazione animale e dei velocipedi, nonche', limitatamente ai velocipedi, le caratteristiche dei dispositivi di segnalazione acustica.((4))

AGGIORNAMENTO (4)

Il D.Lgs. 28 giugno 1993, n. 214 ha disposto (con l'art. 1, comma 1) che le disposizioni del titolo III del presente D.Lgs. si applicano dal 1° ottobre 1993.

Art. 70.
Servizio di piazza con veicoli a trazione animale o con slitte

1. I comuni sono autorizzati a rilasciare licenze per il servizio di piazza con veicoli a trazione animale. Tale servizio si svolge nell'area comunale ed i comuni possono determinare i tratti e le zone in cui tali servizi sono consentiti per interessi turistici e culturali. I veicoli a trazione animale destinati a servizi di piazza, oltre alla targa indicata nell'art. 67, devono essere muniti di altra targa con l'indicazione "servizio di piazza". I comuni possono destinare speciali aree, delimitate e segnalate, per lo stazionamento delle vetture a trazione animale per i servizi di piazza.

2. Il regolamento di esecuzione determina:
   a) i tipi di vettura a trazione animale con le quali puo' essere esercitato il servizio di piazza;
   b) le condizioni ed i requisiti per ottenere la licenza per i servizi di piazza con vetture a trazione animale;
   c) le modalita' per la revisione, che deve essere eseguita di regola ogni cinque anni;
   d) le modalita' per il rilascio delle licenze di cui al comma 1.

3. Nelle localita' e nei periodi di tempo in cui e' consentito l'uso delle slitte possono essere destinate slitte al servizio di piazza. Si applicano, in quanto compatibili le norme sul servizio di piazza a trazione animale.

4. Chiunque destina vetture a trazione animale o slitte a servizio pubblico o di piazza senza avere ottenuto la relativa licenza e' soggetto alla sanzione amministrativa del pagamento di una somma ((da € 87 a € 344)). Se la licenza e' stata ottenuta, ma non ne sono osservate le condizioni, la sanzione e' del pagamento di una somma da € 42 a € 173. In tal caso consegue la sanzione amministrativa accessoria del ritiro della licenza. (19) (29) (43) (52) (64) (80) (89) (101) (114) (124) (145) ((163))

5. Dalla violazione prevista dal primo periodo del comma 4 consegue la sanzione accessoria della confisca del veicolo, secondo le norme di cui al capo I, sezione II, del titolo VI.

(4)

AGGIORNAMENTO (4)

Il D.Lgs. 28 giugno 1993, n. 214 ha disposto (con l'art. 1, comma 1) che le disposizioni del titolo III del presente D.Lgs. si applicano dal 1° ottobre 1993.

AGGIORNAMENTO (19)

Il Decreto 20 dicembre 1996 (in G.U. 28/12/1996, n. 303) ha disposto (con l'art. 1, comma 1) che le presenti modifiche avranno effetto a decorrere dal 1 gennaio 1997.

AGGIORNAMENTO (29)

Il Decreto 22 dicembre 1998 (in G.U. 28/12/1998, n. 301) ha disposto (con l'art. 1, comma 1) che le presenti modifiche avranno effetto a decorrere dal 1 gennaio 1999.

AGGIORNAMENTO (43)

Il Decreto 29 dicembre 2000 (in G.U. 30/12/2000, n. 303) ha disposto (con l'art. 1, comma 1) che le presenti modifiche avranno effetto a decorrere dal 1 gennaio 2001.

AGGIORNAMENTO (52)

Il Decreto 24 dicembre 2002 (in G.U. 30/12/2002, n. 304) ha disposto (con l'art. 1, comma 1) che le presenti modifiche avranno effetto a decorrere dal 1 gennaio 2003.

AGGIORNAMENTO (64)

Il Decreto 22 dicembre 2004 (in G.U. 30/12/2004, n. 305) ha disposto (con l'art. 1, comma 2) che le presenti modifiche avranno effetto a decorrere dal 1 gennaio 2005.

AGGIORNAMENTO (80)

Il Decreto 29 dicembre 2006 (in G.U. 30/12/2006, n. 302) ha disposto (con l'art. 1, comma 2) che le presenti modifiche avranno effetto a decorrere dal 1 gennaio 2007.

AGGIORNAMENTO (89)

Il Decreto 17 dicembre 2008 (in G.U. 30/12/2008, n. 303) ha disposto (con l'art. 1, comma 2) che le presenti modifiche avranno effetto a decorrere dal 1 gennaio 2009.

AGGIORNAMENTO (101)

Il Decreto 22 dicembre 2010 (in G.U. 31/12/2010 n. 305) ha disposto (con l'art. 1, comma 2) che le presenti modifiche avranno effetto a decorrere dal 1 gennaio 2011.

AGGIORNAMENTO (114)

Il Decreto 19 dicembre 2012 (in G.U. 31/12/2012 n. 303) ha disposto (con l'art. 1, comma 2) che le presenti modifiche avranno effetto a decorrere dal 1 gennaio 2013.

AGGIORNAMENTO (124)

Il Decreto 16 dicembre 2014 (in G.U. 31/12/2014, n. 302) ha disposto (con l'art. 1, comma 2) che le presenti modifiche avranno effetto a decorrere dal 1 gennaio 2015.

AGGIORNAMENTO (145)

Il Decreto 27 dicembre 2018 (in G.U. 29/12/2018, n. 301) ha disposto (con l'art. 3, comma 1) che le presenti modifiche avranno effetto a decorrere dal 1° gennaio 2019.

AGGIORNAMENTO (163)

Il Decreto 31 dicembre 2020 (in G.U. 31/12/2020, n. 323) ha disposto (con l'art. 3, comma 1) che la presente modifica avra' effetto a decorrere dal 1° gennaio 2021.

Capo IIIVEICOLI A MOTORE E LORO RIMORCHISezione INorme costruttive e di equipaggiamento e accertamenti tecnici per la circolazione
Art. 71.
Caratteristiche costruttive e funzionali dei veicoli a motore e loro

rimorchi

1. Le caratteristiche generali costruttive e funzionali dei veicoli a motore e loro rimorchi che interessano sia i vari aspetti della sicurezza della circolazione sia la protezione dell'ambiente da ogni tipo di inquinamento, compresi i sistemi di frenatura, sono soggette ad accertamento e sono indicate nel regolamento.

2. Il Ministro dei trasporti, con propri decreti, di concerto con il Ministro dell'ambiente e della tutela del territorio per gli aspetti di sua competenza e con gli altri Ministri quando interessati, stabilisce periodicamente le particolari caratteristiche costruttive e funzionali cui devono corrispondere i veicoli a motore e i rimorchi per trasporti specifici o per uso speciale, nonche' i veicoli blindati.

3. Il Ministro dei trasporti, con propri decreti, di concerto con gli altri Ministri quando interessati, stabilisce periodicamente le prescrizioni tecniche relative alle caratteristiche di cui ai commi 1 e 2, nonche' le modalita' per il loro accertamento.

4. Qualora i decreti di cui al comma 3 si riferiscano a disposizioni oggetto di direttive comunitarie le prescrizioni tecniche sono quelle contenute nelle predette direttive; in alternativa a quanto prescritto nei richiamati decreti, se a cio' non osta il diritto comunitario, l'omologazione e' effettuata in applicazione delle corrispondenti prescrizioni tecniche contenute nei regolamenti o nelle raccomandazioni emanati dall'Ufficio europeo per le Nazioni unite - Commissione economica per l'Europa, recepiti dal Ministero dei trasporti.

5. Con provvedimento del Ministero dei trasporti - Dipartimento per i trasporti terrestri, sono approvate tabelle e norme di unificazione riguardanti le materie di propria competenza.

6. Chiunque circola con un veicolo a motore o con un rimorchio non conformi alle prescrizioni stabilite dal regolamento e' soggetto alla sanzione amministrativa del pagamento di una somma ((da € 87 a € 344)). Se i veicoli e i rimorchi sono adibiti al trasporto di merci pericolose, la sanzione amministrativa e' ((da € 173 a € 694)). (19) (29) (43) (52) (64) (80) (89) (101) (114) (124) (133) (145) ((163))
(4)

AGGIORNAMENTO (4)

Il D.Lgs. 28 giugno 1993, n. 214 ha disposto (con l'art. 1, comma 1) che le disposizioni del titolo III del presente D.Lgs. si applicano dal 1° ottobre 1993.

AGGIORNAMENTO (19)

Il Decreto 20 dicembre 1996 (in G.U. 28/12/1996, n. 303) ha disposto (con l'art. 1, comma 1) che le presenti modifiche avranno effetto a decorrere dal 1 gennaio 1997.

AGGIORNAMENTO (29)

Il Decreto 22 dicembre 1998 (in G.U. 28/12/1998, n. 301) ha disposto (con l'art. 1, comma 1) che le presenti modifiche avranno effetto a decorrere dal 1 gennaio 1999.

AGGIORNAMENTO (43)

Il Decreto 29 dicembre 2000 (in G.U. 30/12/2000, n. 303) ha disposto (con l'art. 1, comma 1) che le presenti modifiche avranno effetto a decorrere dal 1 gennaio 2001.

AGGIORNAMENTO (52)

Il Decreto 24 dicembre 2002 (in G.U. 30/12/2002, n. 304) ha disposto (con l'art. 1, comma 1) che le presenti modifiche avranno effetto a decorrere dal 1 gennaio 2003.

AGGIORNAMENTO (64)

Il Decreto 22 dicembre 2004 (in G.U. 30/12/2004, n. 305) ha disposto (con l'art. 1, comma 2) che le presenti modifiche avranno effetto a decorrere dal 1 gennaio 2005.

AGGIORNAMENTO (80)

Il Decreto 29 dicembre 2006 (in G.U. 30/12/2006, n. 302) ha disposto (con l'art. 1, comma 2) che le presenti modifiche avranno effetto a decorrere dal 1 gennaio 2007.

AGGIORNAMENTO (89)

Il Decreto 17 dicembre 2008 (in G.U. 30/12/2008, n. 303) ha disposto (con l'art. 1, comma 2) che le presenti modifiche avranno effetto a decorrere dal 1 gennaio 2009.

AGGIORNAMENTO (101)

Il Decreto 22 dicembre 2010 (in G.U. 31/12/2010, n. 305) ha disposto (con l'art. 1, comma 2) che le presenti modifiche avranno effetto a decorrere dal 1 gennaio 2011.

AGGIORNAMENTO (114)

Il Decreto 19 dicembre 2012 (in G.U. 31/12/2012, n. 303) ha disposto (con l'art. 1, comma 2) che le presenti modifiche avranno

effetto a decorrere dal 1 gennaio 2013.

AGGIORNAMENTO (124)
Il Decreto 16 dicembre 2014 (in G.U. 31/12/2012, n. 302) ha disposto (con l'art. 1, comma 2) che le presenti modifiche avranno effetto a decorrere dal 1 gennaio 2015.

AGGIORNAMENTO (133)
Il Decreto 20 dicembre 2016 (in G.U. 30/12/2016, n. 304) ha disposto (con l'art. 1, comma 1) che la presente modifica avra' effetto a decorrere dal 1 gennaio 2017.

AGGIORNAMENTO (145)
Il Decreto 27 dicembre 2018 (in G.U. 29/12/2018, n. 301) ha disposto (con l'art. 3, comma 1) che le presenti modifiche avranno effetto a decorrere dal 1° gennaio 2019.

AGGIORNAMENTO (163)
Il Decreto 31 dicembre 2020 (in G.U. 31/12/2020, n. 323) ha disposto (con l'art. 3, comma 1) che le presenti modifiche avranno effetto a decorrere dal 1° gennaio 2021.

Art. 72.
Dispositivi di equipaggiamento dei veicoli a motore e loro rimorchi

1. I ciclomotori, i motoveicoli e gli autoveicoli devono essere equipaggiati con:

   a) dispositivi di segnalazione visiva e di illuminazione;

   b) dispositivi silenziatori e di scarico se hanno il motore termico;

   c) dispositivi di segnalazione acustica;

   d) dispositivi retrovisori;

   e) pneumatici o sistemi equivalenti.

2. Gli autoveicoli e i motoveicoli di massa a vuoto superiore a 0,35 t devono essere muniti del dispositivo per la retromarcia. Gli autoveicoli devono altresi' essere equipaggiati con:

   a) dispositivi di ritenuta e dispositivi di protezione, se trattasi di veicoli predisposti fin dall'origine con gli specifici punti di attacco, aventi le caratteristiche indicate, per ciascuna categoria di veicoli, con decreto del Ministro dei trasporti;

   b) segnale mobile di pericolo di cui all'art. 162;

   c) contachilometri aventi le caratteristiche stabilite dal regolamento.

2-bis. Durante la circolazione, gli autoveicoli, i rimorchi ed i semirimorchi adibiti al trasporto di cose, nonche' classificati per uso speciale o per trasporti speciali o per trasporti specifici, immatricolati in Italia con massa complessiva a pieno carico superiore a 3,5 t., devono altresi' essere equipaggiati con strisce posteriori e laterali retroriflettenti. Le caratteristiche tecniche delle strisce retroriflettenti sono definite con decreto del Ministro delle infrastrutture e dei trasporti, in ottemperanza a quanto previsto dal regolamento internazionale ONU/ECE 104. I veicoli di nuova immatricolazione devono essere equipaggiati con i dispositivi del presente comma dal 1° aprile 2005 ed i veicoli in circolazione entro il 31 dicembre 2006.

2-ter. Gli autoveicoli, i rimorchi ed i semirimorchi, abilitati al trasporto di cose, di massa complessiva a pieno carico superiore a 7,5 t, sono equipaggiati con dispositivi, di tipo omologato, atti a ridurre la nebulizzazione dell'acqua in caso di precipitazioni. La prescrizione si applica ai veicoli nuovi immatricolati in Italia a decorrere dal 1° gennaio 2007. Le caratteristiche tecniche di tali dispositivi sono definite con decreto del Ministero delle infrastrutture e dei trasporti.

3. Gli autoveicoli possono essere equipaggiati con apparecchiature per il pagamento automatico di pedagi anche urbani, oppure per la ricezione di segnali ed informazioni sulle condizioni di viabilita'. Possono altresi' essere equipaggiati con il segnale mobile plurifunzionale di soccorso, le cui caratteristiche e disciplina d'uso sono stabilite nel regolamento.

4. I filoveicoli devono essere equipaggiati con i dispositivi indicati nei commi 1 e 2 e 3, in quanto applicabili a tale tipo di veicolo.

5. I rimorchi devono essere equipaggiati con i dispositivi indicati al comma 1, lettere a) ed e). I veicoli di cui al comma 1 riconosciuti atti al traino di rimorchi ed i rimorchi devono altresi' essere equipaggiati con idonei dispositivi di agganciamento.

6. Il Ministro dei trasporti, sentito il Ministro dell'interno, con propri decreti stabilisce i dispositivi supplementari di cui devono o possono essere equipaggiati i veicoli indicati nei commi 1 e 5 in relazione alla loro particolare destinazione o uso, ovvero in dipendenza di particolari norme di comportamento.

7. Il Ministro dei trasporti, con propri decreti, stabilisce norme specifiche sui dispositivi di equipaggiamento dei veicoli destinati ad essere condotti dagli invalidi ovvero al loro trasporto.

8. I dispositivi di cui ai commi precedenti sono soggetti ad omologazione da parte del Ministero dei trasporti - Dipartimento per i trasporti terrestri, secondo modalita' stabilite con decreti del Ministro dei trasporti, salvo quanto previsto nell'art. 162. Negli

stessi decreti e' indicata la documentazione che l'interessato deve esibire a corredo della domanda di omologazione.

9. Nei decreti di cui al comma 8 sono altresi' stabilite, per i dispositivi indicati nei precedenti commi, le prescrizioni tecniche relative al numero, alle caratteristiche costruttive e funzionali e di montaggio, le caratteristiche del contrassegno che indica la conformita' dei dispositivi alle norme del presente articolo ed a quelle attuative e le modalita' dell'apposizione.

10. Qualora le norme di cui al comma 9 si riferiscono a dispositivi oggetto di direttive comunitarie, le prescrizioni tecniche sono quelle contenute nelle predette direttive, salvo il caso dei dispositivi presenti al comma 7; in alternativa a quanto prescritto dai richiamati decreti, l'omologazione e' effettuata in applicazione delle corrispondenti prescrizioni tecniche contenute nei regolamenti o nelle raccomandazioni emanati dall'Ufficio europeo per le Nazioni Unite - Commissione economica per l'Europa, recepiti dal Ministro dei trasporti.

11. L'omologazione rilasciata da uno Stato estero per uno dei dispositivi di cui sopra puo' essere riconosciuta valida in Italia a condizione di reciprocita' e fatti salvi gli accordi internazionali.

12. Con decreto del Ministro dei trasporti puo' essere reso obbligatorio il rispetto di tabelle e norme di unificazione aventi carattere definitivo ed attinenti alle caratteristiche costruttive, funzionali e di montaggio dei dispositivi di cui al presente articolo.

13. Chiunque circola con uno dei veicoli citati nel presente articolo in cui alcuno dei dispositivi ivi prescritti manchi o non sia conforme alle disposizioni stabilite nei previsti provvedimenti e' soggetto alla sanzione amministrativa del pagamento di una somma ((da € 87 a € 344)). (19) (29) (43) (52) (64) (80) (89) (101) (114) (124) (145) ((163)) (4)

AGGIORNAMENTO (4)

Il D.Lgs. 28 giugno 1993, n. 214 ha disposto (con l'art. 1, comma 1) che le disposizioni del titolo III del presente D.Lgs. si applicano dal 1° ottobre 1993.

AGGIORNAMENTO (19)

Il Decreto 20 dicembre 1996 (in G.U. 28/12/1996, n. 303) ha disposto (con l'art. 1, comma 1) che la presente modifica avra' effetto a decorrere dal 1 gennaio 1997.

AGGIORNAMENTO (29)

Il Decreto 22 dicembre 1998 (in G.U. 28/12/1998, n. 301) ha disposto (con l'art. 1, comma 1) che la presente modifica avra' effetto a decorrere dal 1 gennaio 1999.

AGGIORNAMENTO (43)

Il Decreto 29 dicembre 2000 (in G.U. 30/12/2000, n. 303) ha disposto (con l'art. 1, comma 1) che la presente modifica avra' effetto a decorrere dal 1 gennaio 2001.

AGGIORNAMENTO (52)

Il Decreto 24 dicembre 2002 (in G.U. 30/12/2002, n. 304) ha disposto (con l'art. 1, comma 1) che la presente modifica avra' effetto a decorrere dal 1 gennaio 2003.

AGGIORNAMENTO (56)

Il D.L. 27 giugno 2003, n. 151, convertito con modificazioni dalla L. 1 agosto 2003, n. 214 ha disposto (con l'art. 7, comma 5-bis) che le disposizioni del comma 2-bis del presente articolo hanno effetto a decorrere dal 1° luglio 2004.

AGGIORNAMENTO (60)

Il D.L. 27 giugno 2003, n. 151, convertito con modificazioni dalla L. 1 agosto 2003, n. 214, come modificato dal D.L. 24 dicembre 2003, n. 355, convertito con modificazioni dalla L. 27 febbraio 2004, n. 47, ha disposto (con l'art. 7, comma 5-bis) che le disposizioni del comma 2-bis del presente articolo, hanno effetto a decorrere dal 1° gennaio 2005.

AGGIORNAMENTO (64)

Il Decreto 22 dicembre 2004 (in G.U. 30/12/2004, n. 305) ha disposto (con l'art. 1, comma 2) che la presente modifica avra' effetto a decorrere dal 1 gennaio 2005.

AGGIORNAMENTO (80)

Il Decreto 29 dicembre 2006 (in G.U. 30/12/2006, n. 302) ha disposto (con l'art. 1, comma 2) che la presente modifica avra' effetto a decorrere dal 1 gennaio 2007.

AGGIORNAMENTO (89)

Il Decreto 17 dicembre 2008 (in G.U. 30/12/2008, n. 303) ha disposto (con l'art. 1, comma 2) che la presente modifica avra' effetto a decorrere dal 1 gennaio 2009.

AGGIORNAMENTO (101)
Il Decreto 22 dicembre 2010 (in G.U. 31/12/2010 n. 305) ha disposto (con l'art. 1, comma 2) che la presente modifica avra' effetto a decorrere dal 1 gennaio 2011.

AGGIORNAMENTO (114)
Il Decreto 19 dicembre 2012 (in G.U. 31/12/2012 n. 303) ha disposto (con l'art. 1, comma 2) che la presente modifica avra' effetto a decorrere dal 1 gennaio 2013.

AGGIORNAMENTO (124)
Il Decreto 16 dicembre 2014 (in G.U. 31/12/2014, n. 302) ha disposto (con l'art. 1, comma 2) che la presente modifica avra' effetto a decorrere dal 1 gennaio 2015.

AGGIORNAMENTO (145)
Il Decreto 27 dicembre 2018 (in G.U. 29/12/2018, n. 301) ha disposto (con l'art. 3, comma 1) che la presente modifica avra' effetto a decorrere dal 1° gennaio 2019.

AGGIORNAMENTO (163)
Il Decreto 31 dicembre 2020 (in G.U. 31/12/2020, n. 323) ha disposto (con l'art. 3, comma 1) che la presente modifica avra' effetto a decorrere dal 1° gennaio 2021.

Art. 73.
Veicoli su rotaia in sede promiscua

1. I veicoli su rotaia, per circolare in sede promiscua, devono essere muniti di dispositivi di illuminazione e di segnalazione visiva e acustica analoghi a quelli degli autoveicoli. Inoltre devono essere muniti di dispositivi tali da consentire al conducente l'agevole visibilita' anche a tergo. Negli stessi il campo di visibilita' del conducente, In avanti e lateralmente, deve essere tale da consentirgli di guidare con sicurezza.
2. Con decreto del Ministro dei trasporti sono stabilite le caratteristiche e le modalita' di installazione dei dispositivi di cui al comma 1, nonche' le caratteristiche del campo di visibilita' del conducente.
3. Chiunque circola in sede promiscua con un veicolo su rotaia mancante di alcuno dei dispositivi previsti dal presente articolo o nel quale alcuno dei dispositivi stessi, ivi compreso il campo di visibilita', non sia conforme per caratteristiche o modalita' di installazione e funzionamento a quanto stabilito ai sensi del comma 2 e' soggetto alla sanzione amministrativa del

pagamento di una somma ((da € 87 a € 344)). (19) (29) (43) (52) (64) (80) (89) (101) (114) (124) (145) ((163)) (4)

AGGIORNAMENTO (4)

Il D.Lgs. 28 giugno 1993, n. 214 ha disposto (con l'art. 1, comma 1) che le disposizioni del titolo III del presente D.Lgs. si applicano dal 1° ottobre 1993.

AGGIORNAMENTO (19)

Il Decreto 20 dicembre 1996 (in G.U. 28/12/1996, n. 303) ha disposto (con l'art. 1, comma 1) che la presente modifica avra' effetto a decorrere dal 1 gennaio 1997.

AGGIORNAMENTO (29)

Il Decreto 22 dicembre 1998 (in G.U. 28/12/1998, n. 301) ha disposto (con l'art. 1, comma 1) che la presente modifica avra' effetto a decorrere dal 1 gennaio 1999.

AGGIORNAMENTO (43)

Il Decreto 29 dicembre 2000 (in G.U. 30/12/2000, n. 303) ha disposto (con l'art. 1, comma 1) che la presente modifica avra' effetto a decorrere dal 1 gennaio 2001.

AGGIORNAMENTO (52)

Il Decreto 24 dicembre 2002 (in G.U. 30/12/2002, n. 304) ha disposto (con l'art. 1, comma 1) che la presente modifica avra' effetto a decorrere dal 1 gennaio 2003.

AGGIORNAMENTO (64)

Il Decreto 22 dicembre 2004 (in G.U. 30/12/2004, n. 305) ha disposto (con l'art. 1, comma 2) che la presente modifica avra' effetto a decorrere dal 1 gennaio 2005.

AGGIORNAMENTO (80)

Il Decreto 29 dicembre 2006 (in G.U. 30/12/2006, n. 302) ha disposto (con l'art. 1, comma 2) che la presente modifica avra' effetto a decorrere dal 1 gennaio 2007.

AGGIORNAMENTO (89)

Il Decreto 17 dicembre 2008 (in G.U. 30/12/2008, n. 303) ha disposto (con l'art. 1, comma 2) che la presente modifica avra'

effetto a decorrere dal 1 gennaio 2009.

AGGIORNAMENTO (101)

Il Decreto 22 dicembre 2010 (in G.U. 31/12/2010 n. 305) ha disposto (con l'art. 1, comma 2) che la presente modifica avra' effetto a decorrere dal 1 gennaio 2011.

AGGIORNAMENTO (114)

Il Decreto 19 dicembre 2012 (in G.U. 31/12/2012 n. 303) ha disposto (con l'art. 1, comma 2) che la presente modifica avra' effetto a decorrere dal 1 gennaio 2013.

AGGIORNAMENTO (124)

Il Decreto 16 dicembre 2014 (in G.U. 31/12/2014, n. 302) ha disposto (con l'art. 1, comma 2) che la presente modifica avra' effetto a decorrere dal 1 gennaio 2015.

AGGIORNAMENTO (145)

Il Decreto 27 dicembre 2018 (in G.U. 29/12/2018, n. 301) ha disposto (con l'art. 3, comma 1) che la presente modifica avra' effetto a decorrere dal 1° gennaio 2019.

AGGIORNAMENTO (163)

Il Decreto 31 dicembre 2020 (in G.U. 31/12/2020, n. 323) ha disposto (con l'art. 3, comma 1) che la presente modifica avra' effetto a decorrere dal 1° gennaio 2021.

Art. 74.

Dati di identificazione

1. I ciclomotori, i motoveicoli, gli autoveicoli, i filoveicoli e i rimorchi devono avere per costruzione:

a) una targhetta di identificazione, solidamente fissata al veicolo stesso;

b) un numero di identificazione impresso sul telaio, anche se realizzato con una struttura portante o equivalente, riprodotto in modo tale da non poter essere cancellato o alterato.

2. La targhetta e il numero di identificazione devono essere collocati in punti visibili, su una parte del veicolo che normalmente non sia suscettibile di sostituzione durante l'utilizzazione del veicolo stesso.

3. Nel caso in cui il numero di identificazione del telaio o della struttura portante sia contraffatto, alterato, manchi o sia illegibbile, deve essere riprodotto, a cura degli uffici competenti del Dipartimento per i trasporti terrestri, un numero distintivo,

preceduto e seguito dal marchio con punzone dell'ufficio stesso.

4. Nel regolamento sono stabilite le caratteristiche, le modalita' di applicazione e le indicazioni che devono contenere le targhette di identificazione, le caratteristiche del numero di identificazione, le caratteristiche e le modalita' di applicazione del numero di ufficio di cui al comma 3.

5. Qualora le norme del regolamento si riferiscano a disposizioni oggetto di direttive comunitarie, le prescrizioni tecniche sono quelle contenute nelle predette direttive; e' fatta salva la facolta' per gli interessati di chiedere, per l'omologazione, l'applicazione delle corrispondenti prescrizioni tecniche contenute nei regolamenti e nelle raccomandazioni emanate dall'Ufficio europeo per le Nazioni Unite - Commissione economica per l'Europa, recepite dal Ministro dei trasporti.

6. Chiunque contraffa', asporta, sostituisce, altera, cancella o rende illeggibile la targhetta del costruttore, ovvero il numero di identificazione del telaio, e' punito, se il fatto non costituisce reato, con la sanzione amministrativa del pagamento di una somma ((da € 2.728 a € 10.913)). (52) (64) (80) (89) (101) (114) (124) (133) (145) ((163))

AGGIORNAMENTO (4)

(4)

Il D.Lgs. 28 giugno 1993, n. 214 ha disposto (con l'art. 1, comma 1) che le disposizioni del titolo III del presente D.Lgs. si applicano dal 1° ottobre 1993.

AGGIORNAMENTO (52)

Il Decreto 24 dicembre 2002 (in G.U. 30/12/2002, n. 304) ha disposto (con l'art. 1, comma 1) che la presente modifica avra' effetto a decorrere dal 1 gennaio 2003.

AGGIORNAMENTO (64)

Il Decreto 22 dicembre 2004 (in G.U. 30/12/2004, n. 305) ha disposto (con l'art. 1, comma 2) che la presente modifica avra' effetto a decorrere dal 1 gennaio 2005.

AGGIORNAMENTO (80)

Il Decreto 29 dicembre 2006 (in G.U. 30/12/2006, n. 302) ha disposto (con l'art. 1, comma 2) che la presente modifica avra' effetto a decorrere dal 1 gennaio 2007.

AGGIORNAMENTO (89)

Il Decreto 17 dicembre 2008 (in G.U. 30/12/2008, n. 303) ha disposto (con l'art. 1, comma 2) che la presente modifica avra' effetto a decorrere dal 1 gennaio 2009.

AGGIORNAMENTO (101)
Il Decreto 22 dicembre 2010 (in G.U. 31/12/2010, n. 305) ha disposto (con l'art. 1, comma 2) che la presente modifica avra' effetto a decorrere dal 1 gennaio 2011.

AGGIORNAMENTO (114)
Il Decreto 19 dicembre 2012 (in G.U. 31/12/2012, n. 303) ha disposto (con l'art. 1, comma 2) che la presente modifica avra' effetto a decorrere dal 1 gennaio 2013.

AGGIORNAMENTO (124)
Il Decreto 16 dicembre 2014 (in G.U. 31/12/2012, n. 302) ha disposto (con l'art. 1, comma 2) che la presente modifica avra' effetto a decorrere dal 1 gennaio 2015.

AGGIORNAMENTO (133)
Il Decreto 20 dicembre 2016 (in G.U. 30/12/2016, n. 304) ha disposto (con l'art. 1, comma 1) che la presente modifica avra' effetto a decorrere dal 1 gennaio 2017.

AGGIORNAMENTO (145)
Il Decreto 27 dicembre 2018 (in G.U. 29/12/2018, n. 301) ha disposto (con l'art. 3, comma 1) che la presente modifica avra' effetto a decorrere dal 1° gennaio 2019.

AGGIORNAMENTO (163)
Il Decreto 31 dicembre 2020 (in G.U. 31/12/2020, n. 323) ha disposto (con l'art. 3, comma 1) che la presente modifica avra' effetto a decorrere dal 1° gennaio 2021.

Art. 75
Accertamento dei requisiti di idoneita' alla circolazione e omologazione

1. I ciclomotori, i motoveicoli, gli autoveicoli, i filoveicoli e i rimorchi, per essere ammessi alla circolazione, sono soggetti all'accertamento dei dati di identificazione e della loro corrispondenza alle prescrizioni tecniche ed alle caratteristiche costruttive e funzionali previste dalle norme del presente codice. Per i ciclomotori costituiti da un normale velocipede e da un motore ausiliario di cilindrata fino a 50 cmfB0123, tale accertamento e'

limitato al solo motore.

2. L'accertamento di cui al comma 1 puo' riguardare singoli veicoli o gruppi di esemplari dello stesso tipo di veicolo ed ha luogo mediante visita e prova da parte dei competenti uffici delle direzioni generali territoriali del Dipartimento per i trasporti terrestri e del trasporto intermodale del Ministero delle infrastrutture e dei trasporti, con le modalita' stabilite con decreto dallo stesso Ministero. Con il medesimo decreto e' indicata la documentazione che l'interessato deve esibire a corredo della domanda di accertamento.

3. I veicoli indicati nel comma 1, i loro componenti o entita' tecniche prodotti in serie, sono soggetti all'omologazione del tipo; questa ha luogo a seguito dell'accertamento di cui ai commi 1 e 2, effettuata su un prototipo, secondo le modalita' stabilite con decreto del Ministro dei trasporti. Con lo stesso decreto e' indicata la documentazione che l'interessato deve esibire a corredo della domanda di omologazione.

3-bis. Il Ministro delle infrastrutture e dei trasporti stabilisce con propri decreti norme specifiche per l'approvazione nazionale dei sistemi, componenti ed entita' tecniche, nonche' le idonee procedure per la loro installazione quali elementi di sostituzione o di integrazione di parti dei veicoli, su tipi di autovetture e motocicli nuovi o in circolazione. I sistemi, componenti ed entita' tecniche, per i quali siano stati emanati i suddetti decreti contenenti le norme specifiche per l'approvazione nazionale degli stessi, sono esentati dalla necessita' di ottenere l'eventuale nulla osta della casa costruttrice del veicolo di cui all'articolo 236, secondo comma, del regolamento di cui al decreto del Presidente della Repubblica 16 dicembre 1992, n. 495, salvo che sia diversamente disposto nei decreti medesimi.

3-ter. Qualora le norme di cui al comma 3-bis si riferiscano a sistemi, componenti ed entita' tecniche oggetto di direttive comunitarie, ovvero di regolamenti emanati dall'Ufficio europeo per le Nazioni Unite recepite dal Ministero delle infrastrutture e dei trasporti, le prescrizioni di approvazione nazionale e di installazione sono conformi a quanto previsto dalle predette direttive o regolamenti.

3-quater. Gli accertamenti relativi all'approvazione nazionale di cui al comma 3-bis sono effettuati dai competenti uffici delle direzioni generali territoriali del Dipartimento per i trasporti terrestri e per il trasporto intermodale del Ministero delle infrastrutture e dei trasporti.

((4. Il Ministro delle infrastrutture e dei trasporti individua, con proprio decreto, i veicoli di tipo omologato da adibire a servizio di noleggio con conducente per trasporto di persone di cui all'articolo 85, o a servizio di piazza di cui all'articolo 86, o a servizio di linea per trasporto di persone di cui all'articolo 87, che sono soggetti all'accertamento di cui al comma 2)).

5. Fatti salvi gli accordi internazionali, l'omologazione, totale o parziale, rilasciata da uno Stato estero, puo' essere riconosciuta in Italia a condizione di reciprocita'.

6. L'omologazione puo' essere rilasciata anche a veicoli privi di carrozzeria. Il successivo accertamento sul veicolo carrozzato ha luogo con le modalita' previste nel comma 2.

7. Sono fatte salve le competenze del Ministero dell'ambiente e della tutela del territorio.

(4)

AGGIORNAMENTO (4)

Il D.Lgs. 28 giugno 1993, n. 214 ha disposto (con l'art. 1, comma 1) che le disposizioni del titolo III del presente D.Lgs. si applicano dal 1° ottobre 1993.

Art. 76.
Certificato di approvazione, certificato di origine e dichiarazione di conformita'

1. L'ufficio competente del Dipartimento per i trasporti terrestri che ha proceduto con esito favorevole all'accertamento di cui all'art. 75, comma 2, rilascia al costruttore del veicolo il certificato di approvazione.

2. Alla richiesta di accertamento deve essere unito il certificato di origine del veicolo, rilasciato dal medesimo costruttore. Quando si tratta di veicoli di tipo omologato in uno Stato membro delle Comunita' europee che, a termine dell'art. 75, comma 4, sono soggetti all' accertamento dei requisiti di idoneita' alla circolazione, il certificato di origine e' sostituito dalla dichiarazione di conformita' di cui al comma 6.

3. Il rilascio del certificato di approvazione e' sospeso per i necessari accertamenti qualora emergano elementi che facciano presumere che il veicolo o parte di esso siano di illecita provenienza.

4. Nel regolamento sono stabilite le caratteristiche e il contenuto del certificato di approvazione e del certificato di origine.

5. Il Dipartimento per i trasporti terrestri, visto l'esito favorevole dell'accertamento sul prototipo di cui all'art. 75, comma 3, rilascia al costruttore il certificato di omologazione ed il certificato che contiene la descrizione degli elementi che

caratterizzano il veicolo.

6. Per ciascun veicolo costruito conformemente al tipo omologato, il costruttore rilascia all'acquirente la dichiarazione di conformita'. Tale dichiarazione, redatta sul modello approvato dal Ministero dei trasporti per i veicoli di tipo omologato in Italia in base ad omologazione nazionale, attesta che il veicolo e' conforme al tipo omologato. Di tale dichiarazione il costruttore assume la piena responsabilita' ad ogni effetto di legge. Il costruttore deve tenere una registrazione progressiva delle dichiarazioni di conformita' rilasciate. (65)

7. Nel caso di veicoli allestiti o trasformati da costruttori diversi da quello che ha costruito l'autotelaio, ogni costruttore rilascia, per al parte di propria competenza, la certificazione di origine che deve essere accompagnata dalla dichiarazione di conformita', o da certificato di origine relativi all'autotelaio. Nel caso di omologazione in piu' fasi, le relative certificazioni sono costituite dalle dichiarazioni di conformita'. I criteri e le modalita' opertaive per le suddette omologazioni sono stabiliti dal Ministro dei trasporti, con proprio decreto. (65)

8. Chiunque rilascia la dichiarazione di conformita' di cui ai commi 6 e 7 per veicoli non conformi al tipo omologato e' soggetto, ove il fatto non costituisca reato, alla sanzione amministrativa del pagamento di una somma ((da € 866 a € 3.464)). (19) (29) (43) (52) (64) (80) (89) (101) (114) (124) (133) (145) ((163))
(4)

AGGIORNAMENTO (4)

Il D.Lgs. 28 giugno 1993, n. 214 ha disposto (con l'art. 1, comma 1) che le disposizioni del titolo III del presente D.Lgs. si applicano dal 1° ottobre 1993.

AGGIORNAMENTO (19)

Il Decreto 20 dicembre 1996 (in G.U. 28/12/1996, n. 303) ha disposto (con l'art. 1, comma 1) che la presente modifica avra' effetto a decorrere dal 1 gennaio 1997.

AGGIORNAMENTO (29)

Il Decreto 22 dicembre 1998 (in G.U. 28/12/1998, n. 301) ha disposto (con l'art. 1, comma 1) che la presente modifica avra' effetto a decorrere dal 1 gennaio 1999.

AGGIORNAMENTO (43)

Il Decreto 29 dicembre 2000 (in G.U. 30/12/2000, n. 303) ha disposto (con l'art. 1, comma 1) che la presente modifica avra' effetto a decorrere dal 1 gennaio 2001.

AGGIORNAMENTO (52)

Il Decreto 24 dicembre 2002 (in G.U. 30/12/2002, n. 304) ha disposto (con l'art. 1, comma 1) che la presente modifica avra' effetto a decorrere dal 1 gennaio 2003.

AGGIORNAMENTO (65)

La L. 30 dicembre 2004, n. 311 ha disposto (con l'art. 1, comma 280) che "A decorrere dal 1 gennaio 2005 le dichiarazioni di conformita' di cui all'articolo 76, commi 6 e 7, del decreto legislativo 30 aprile 1992, n. 285, sono assoggettate all'imposta di bollo di cui all'articolo 2 della tariffa, parte prima, allegata al decreto del Presidente della Repubblica 26 ottobre 1972, n. 642, e

successive modificazioni".

AGGIORNAMENTO (64)

Il Decreto 22 dicembre 2004 (in G.U. 30/12/2004, n. 305) ha disposto (con l'art. 1, comma 2) che la presente modifica avra' effetto a decorrere dal 1 gennaio 2005.

AGGIORNAMENTO (80)

Il Decreto 29 dicembre 2006 (in G.U. 30/12/2006, n. 302) ha disposto (con l'art. 1, comma 2) che la presente modifica avra' effetto a decorrere dal 1 gennaio 2007.

AGGIORNAMENTO (89)

Il Decreto 17 dicembre 2008 (in G.U. 30/12/2008, n. 303) ha disposto (con l'art. 1, comma 2) che la presente modifica avra' effetto a decorrere dal 1 gennaio 2009.

AGGIORNAMENTO (101)

Il Decreto 22 dicembre 2010 (in G.U. 31/12/2010 n. 305) ha disposto (con l'art. 1, comma 2) che la presente modifica avra' effetto a decorrere dal 1 gennaio 2011.

AGGIORNAMENTO (114)

Il Decreto 19 dicembre 2012 (in G.U. 31/12/2012 n. 303) ha disposto (con l'art. 1, comma 2) che la presente modifica avra' effetto a decorrere dal 1 gennaio 2013.

AGGIORNAMENTO (124)
Il Decreto 16 dicembre 2014 (in G.U. 31/12/2014, n. 302) ha disposto (con l'art. 1, comma 2) che la presente modifica avra' effetto a decorrere dal 1 gennaio 2015.

AGGIORNAMENTO (133)
Il Decreto 20 dicembre 2016 (in G.U. 30/12/2016, n. 304) ha disposto (con l'art. 1, comma 1) che la presente modifica avra' effetto a decorrere dal 1 gennaio 2017.

AGGIORNAMENTO (145)
Il Decreto 27 dicembre 2018 (in G.U. 29/12/2018, n. 301) ha disposto (con l'art. 3, comma 1) che la presente modifica avra' effetto a decorrere dal 1° gennaio 2019.

AGGIORNAMENTO (163)
Il Decreto 31 dicembre 2020 (in G.U. 31/12/2020, n. 323) ha disposto (con l'art. 3, comma 1) che la presente modifica avra' effetto a decorrere dal 1° gennaio 2021.

Art. 77.
Controlli di conformita' al tipo omologato

1. Il Ministero dei trasporti ha facolta' di procedere, in qualsiasi momento, all'accertamento della conformita' al tipo omologato dei veicoli a motore, dei rimorchi e dei dispositivi per i quali sia stata rilasciata la relativa dichiarazione di conformita'.
Ha facolta', inoltre, di sospendere l'efficacia della omologazione dei veicoli e dei dispositivi o di revocare l'omologazione stessa qualora dai suddetti accertamenti di controllo risulti il mancato rispetto della conformita' al tipo omologato.

2. Con decreto del Ministro dei trasporti, sentiti i Ministeri interessati, sono stabiliti i criteri e le modalita' per gli accertamenti e gli eventuali prelievi di veicoli e dispositivi. I relativi oneri sono a carico del titolare dell'omologazione.

3. Chiunque produce o mette in commercio un veicolo non conforme al tipo omologato e' soggetto, se il fatto non costituisce reato, alla sanzione amministrativa del pagamento di una somma ((da € 866 a € 3.464)). (19) (29) (43) (52) (64) (80) (89) (101) (114) (124) (133) (145) ((163))

3-bis. Chiunque importa, produce per la commercializzazione sul territorio nazionale ovvero commercializza sistemi, componenti ed entita' tecniche senza la prescritta omologazione o approvazione ai sensi dell'articolo 75, comma 3-bis, e' soggetto alla sanzione amministrativa del pagamento di una somma ((da € 168 a € 678)). E' soggetto alla sanzione amministrativa del pagamento di una somma ((da € 845 a € 3.382)) chiunque commetta le violazioni di cui al periodo precedente relativamente a sistemi frenanti, dispositivi di ritenuta ovvero cinture di sicurezza e pneumatici. I componenti di cui al presente comma, ancorche' installati sui veicoli, sono soggetti a sequestro e confisca ai sensi del capo I, sezione II, del titolo VI. (114) (124) (133) (145) ((163))

4. Sono fatte salve le competenze del Ministero dell'ambiente e della tutela del territorio.

AGGIORNAMENTO (4)
(4)
Il D.Lgs. 28 giugno 1993, n. 214 ha disposto (con l'art. 1, comma 1) che le disposizioni del titolo III del presente D.Lgs. si applicano dal 1° ottobre 1993.

AGGIORNAMENTO (19)
Il Decreto 20 dicembre 1996 (in G.U. 28/12/1996, n. 303) ha disposto (con l'art. 1, comma 1) che le presenti modifiche avranno effetto a decorrere dal 1 gennaio 1997.

AGGIORNAMENTO (29)
Il Decreto 22 dicembre 1998 (in G.U. 28/12/1998, n. 301) ha

disposto (con l'art. 1, comma 1) che la presente modifica avra' effetto a decorrere dal 1 gennaio 1999.

AGGIORNAMENTO (43)
Il Decreto 29 dicembre 2000 (in G.U. 30/12/2000, n. 303) ha disposto (con l'art. 1, comma 1) che le presenti modifiche avranno effetto a decorrere dal 1 gennaio 2001.

AGGIORNAMENTO (52)
Il Decreto 24 dicembre 2002 (in G.U. 30/12/2002, n. 304) ha disposto (con l'art. 1, comma 1) che la presente modifica avra' effetto a decorrere dal 1 gennaio 2003.

AGGIORNAMENTO (64)
Il Decreto 22 dicembre 2004 (in G.U. 30/12/2004, n. 305) ha disposto (con l'art. 1, comma 2) che la presente modifica avra' effetto a decorrere dal 1 gennaio 2005.

AGGIORNAMENTO (80)
Il Decreto 29 dicembre 2006 (in G.U. 30/12/2006, n. 302) ha

disposto (con l'art. 1, comma 2) che la presente modifica avra' effetto a decorrere dal 1 gennaio 2007.

AGGIORNAMENTO (89)
Il Decreto 17 dicembre 2008 (in G.U. 30/12/2008, n. 303) ha disposto (con l'art. 1, comma 2) che la presente modifica avra' effetto a decorrere dal 1 gennaio 2009.

AGGIORNAMENTO (101)
Il Decreto 22 dicembre 2010 (in G.U. 31/12/2010, n. 305) ha disposto (con l'art. 1, comma 2) che la presente modifica avra' effetto a decorrere dal 1 gennaio 2011.

AGGIORNAMENTO (114)
Il Decreto 19 dicembre 2012 (in G.U. 31/12/2012, n. 303) ha disposto (con l'art. 1, comma 2) che le presenti modifiche avranno effetto a decorrere dal 1 gennaio 2013.

AGGIORNAMENTO (124)
Il Decreto 16 dicembre 2014 (in G.U. 31/12/2012, n. 302) ha disposto (con l'art. 1, comma 2) che le presenti modifiche avranno effetto a decorrere dal 1 gennaio 2015.

AGGIORNAMENTO (133)
Il Decreto 20 dicembre 2016 (in G.U. 30/12/2016, n. 304) ha disposto (con l'art. 1, comma 1) che le presenti modifiche avranno effetto a decorrere dal 1 gennaio 2017.

AGGIORNAMENTO (145)
Il Decreto 27 dicembre 2018 (in G.U. 29/12/2018, n. 301) ha disposto (con l'art. 3, comma 1) che le presenti modifiche avranno effetto a decorrere dal 1° gennaio 2019.

AGGIORNAMENTO (163)
Il Decreto 31 dicembre 2020 (in G.U. 31/12/2020, n. 323) ha disposto (con l'art. 3, comma 1) che le presenti modifiche avranno effetto a decorrere dal 1° gennaio 2021.

Art. 78.
Modifiche delle caratteristiche costruttive dei veicoli in circolazione e aggiornamento della carta di circolazione

1. I veicoli a motore ed i loro rimorchi devono essere sottoposti a visita e prova presso i competenti uffici del Dipartimento per i trasporti terrestri quando siano apportate una o piu' modifiche alle

caratteristiche costruttive o funzionali, ovvero ai dispositivi d'equipaggiamento indicati negli articoli 71 e 72, oppure sia stato sostituito o modificato il telaio. Con decreto del Ministero delle infrastrutture e dei trasporti, da emanare entro novanta giorni dalla data di entrata in vigore della presente disposizione, sono individuate le tipologie di modifica delle caratteristiche costruttive e funzionali, anche con riferimento ai veicoli con adattamenti per le persone con disabilita', per le quali la visita e prova di cui al primo periodo non sono richieste. Con il medesimo decreto sono stabilite, altresi', le modalita' e le procedure per gli accertamenti e l'aggiornamento della carta di circolazione. Entro sessanta giorni dall'approvazione delle modifiche, gli uffici competenti del Dipartimento per i trasporti terrestri ne danno comunicazione ai competenti uffici del P.R.A. Solo ai fini dei conseguenti adeguamenti fiscali.

2. Nel regolamento sono stabiliti le caratteristiche costruttive e funzionali, nonche' i dispositivi di equipaggiamento che possono essere' modificati solo previa presentazione della documentazione prescritta dal regolamento medesimo. Sono stabilite, altresi', le modalita' per gli accertamenti e l'aggiornamento della carta di circolazione.

3. Chiunque circola con un veicolo al quale siano state apportate modifiche alle caratteristiche indicate nel certificato di omologazione o di approvazione e nella carta di circolazione, oppure con il telaio modificato e che non risulti abbia sostenuto, con esito favorevole, le prescritte visita e prova, ovvero circola con un veicolo al quale sia stato sostituito il telaio in tutto o in parte e che non risulti abbia sostenuto con esito favorevole le prescritte visita e prova, e' soggetto alla sanzione amministrativa del pagamento di una somma ((da € 430 a € 1.731)). (19) (29) (43) (52) (64) (80) (89) (101) (114) (124) (133) (145) ((163))

4. Le violazioni suddette importano la sanzione amministrativa accessoria del ritiro della carta di circolazione, secondo le norme del capo I, sezione II, del titolo VI.
(4)

AGGIORNAMENTO (4)

Il D.Lgs. 28 giugno 1993, n. 214 ha disposto (con l'art. 1, comma 1) che le disposizioni del titolo III del presente D.Lgs. si applicano dal 1° ottobre 1993.

AGGIORNAMENTO (19)

Il Decreto 20 dicembre 1996 (in G.U. 28/12/1996, n. 303) ha disposto (con l'art. 1, comma 1) che la presente modifica avra'

effetto a decorrere dal 1 gennaio 1997.

AGGIORNAMENTO (29)
Il Decreto 22 dicembre 1998 (in G.U. 28/12/1998, n. 301) ha disposto (con l'art. 1, comma 1) che la presente modifica avra' effetto a decorrere dal 1 gennaio 1999.

AGGIORNAMENTO (43)
Il Decreto 29 dicembre 2000 (in G.U. 30/12/2000, n. 303) ha disposto (con l'art. 1, comma 1) che la presente modifica avra' effetto a decorrere dal 1 gennaio 2001.

AGGIORNAMENTO (52)
Il Decreto 24 dicembre 2002 (in G.U. 30/12/2002, n. 304) ha disposto (con l'art. 1, comma 1) che la presente modifica avra' effetto a decorrere dal 1 gennaio 2003.

AGGIORNAMENTO (64)
Il Decreto 22 dicembre 2004 (in G.U. 30/12/2004, n. 305) ha disposto (con l'art. 1, comma 2) che la presente modifica avra' effetto a decorrere dal 1 gennaio 2005.

AGGIORNAMENTO (80)
Il Decreto 29 dicembre 2006 (in G.U. 30/12/2006, n. 302) ha disposto (con l'art. 1, comma 2) che la presente modifica avra' effetto a decorrere dal 1 gennaio 2007.

AGGIORNAMENTO (89)
Il Decreto 17 dicembre 2008 (in G.U. 30/12/2008, n. 303) ha disposto (con l'art. 1, comma 2) che la presente modifica avra' effetto a decorrere dal 1 gennaio 2009.

AGGIORNAMENTO (101)
Il Decreto 22 dicembre 2010 (in G.U. 31/12/2010 n. 305) ha disposto

(con l'art. 1, comma 2) che la presente modifica avra' effetto a decorrere dal 1 gennaio 2011.

AGGIORNAMENTO (114)
Il Decreto 19 dicembre 2012 (in G.U. 31/12/2012 n. 303) ha disposto (con l'art. 1, comma 2) che la presente modifica avra' effetto a decorrere dal 1 gennaio 2013.

AGGIORNAMENTO (124)

Il Decreto 16 dicembre 2014 (in G.U. 31/12/2014, n. 302) ha disposto (con l'art. 1, comma 2) che la presente modifica avra' effetto a decorrere dal 1 gennaio 2015.

AGGIORNAMENTO (133)

Il Decreto 20 dicembre 2016 (in G.U. 30/12/2016, n. 304) ha disposto (con l'art. 1, comma 1) che la presente modifica avra' effetto a decorrere dal 1 gennaio 2017.

AGGIORNAMENTO (145)

Il Decreto 27 dicembre 2018 (in G.U. 29/12/2018, n. 301) ha disposto (con l'art. 3, comma 1) che la presente modifica avra' effetto a decorrere dal 1° gennaio 2019.

AGGIORNAMENTO (163)

Il Decreto 31 dicembre 2020 (in G.U. 31/12/2020, n. 323) ha disposto (con l'art. 3, comma 1) che la presente modifica avra' effetto a decorrere dal 1° gennaio 2021.

Art. 79.

Efficienza dei veicoli a motore e loro rimorchi in circolazione

1. I veicoli a motore ed i loro rimorchi durante la circolazione devono essere tenuti in condizioni di massima efficienza, comunque tale da garantire la sicurezza e da contenere il rumore e l'inquinamento entro i limiti di cui al comma 2.

2. Nel regolamento sono stabilite le prescrizioni tecniche relative alle caratteristiche funzionali ed a quelle dei dispositivi di equipaggiamento cui devono corrispondere i veicoli, particolarmente per quanto riguarda i pneumatici e i sistemi equivalenti, la frenatura, i dispositivi di segnalazione visiva e di illuminazione, la limitazione della rumorosita' e delle emissioni inquinanti.

3. Qualora le norme di cui al comma 2 si riferiscono a disposizioni oggetto di direttive comunitarie, le prescrizioni tecniche sono quelle contenute nelle direttive stesse.

4. Chiunque circola con un veicolo che presenti alterazioni nelle caratteristiche costruttive e funzionali prescritte, ovvero circola con i dispositivi di cui all'art. 72 non funzionanti o non regolarmente installati, ovvero circola con i dispositivi di cui all'articolo 80, comma 1, del presente codice e all'articolo 238 del regolamento non funzionanti, e' soggetto alla sanzione amministrativa del pagamento di una somma ((da € 87 a € 344)). La misura della sanzione e' ((da € 1.208 a € 12.084)) se il veicolo e' utilizzato nelle competizioni previste dagli articoli 9-bis e 9-ter. (19) (29) (43) (52) (64) (80) (89) (101) (114) (124)

(133) (145) ((163))
(4)

AGGIORNAMENTO (4)

Il D.Lgs. 28 giugno 1993, n. 214 ha disposto (con l'art. 1, comma 1) che le disposizioni del titolo III del presente D.Lgs. si applicano dal 1° ottobre 1993.

AGGIORNAMENTO (19)

Il Decreto 20 dicembre 1996 (in G.U. 28/12/1996, n. 303) ha disposto (con l'art. 1, comma 1) che la presente modifica avra' effetto a decorrere dal 1 gennaio 1997.

AGGIORNAMENTO (29)

Il Decreto 22 dicembre 1998 (in G.U. 28/12/1998, n. 301) ha disposto (con l'art. 1, comma 1) che la presente modifica avra' effetto a decorrere dal 1 gennaio 1999.

AGGIORNAMENTO (43)

Il Decreto 29 dicembre 2000 (in G.U. 30/12/2000, n. 303) ha disposto (con l'art. 1, comma 1) che la presente modifica avra' effetto a decorrere dal 1 gennaio 2001.

AGGIORNAMENTO (52)

Il Decreto 24 dicembre 2002 (in G.U. 30/12/2002, n. 304) ha disposto (con l'art. 1, comma 1) che la presente modifica avra' effetto a decorrere dal 1 gennaio 2003.

AGGIORNAMENTO (64)

Il Decreto 22 dicembre 2004 (in G.U. 30/12/2004, n. 305) ha disposto (con l'art. 1, comma 2) che la presente modifica avra' effetto a decorrere dal 1 gennaio 2005.

AGGIORNAMENTO (80)

Il Decreto 29 dicembre 2006 (in G.U. 30/12/2006, n. 302) ha disposto (con l'art. 1, comma 2) che le presenti modifiche avranno effetto a decorrere dal 1 gennaio 2007.

AGGIORNAMENTO (89)

Il Decreto 17 dicembre 2008 (in G.U. 30/12/2008, n. 303) ha disposto (con l'art. 1, comma 2) che le presenti modifiche avranno effetto a decorrere dal 1 gennaio 2009.

AGGIORNAMENTO (101)
Il Decreto 22 dicembre 2010 (in G.U. 31/12/2010, n. 305) ha disposto (con l'art. 1, comma 2) che le presenti modifiche avranno effetto a decorrere dal 1 gennaio 2011.

AGGIORNAMENTO (114)
Il Decreto 19 dicembre 2012 (in G.U. 31/12/2012, n. 303) ha disposto (con l'art. 1, comma 2) che le presenti modifiche avranno effetto a decorrere dal 1 gennaio 2013.

AGGIORNAMENTO (124)
Il Decreto 16 dicembre 2014 (in G.U. 31/12/2012, n. 302) ha disposto (con l'art. 1, comma 2) che le presenti modifiche avranno effetto a decorrere dal 1 gennaio 2015.

AGGIORNAMENTO (133)
Il Decreto 20 dicembre 2016 (in G.U. 30/12/2016, n. 304) ha disposto (con l'art. 1, comma 1) che la presente modifica avra' effetto a decorrere dal 1 gennaio 2017.

AGGIORNAMENTO (145)
Il Decreto 27 dicembre 2018 (in G.U. 29/12/2018, n. 301) ha disposto (con l'art. 3, comma 1) che le presenti modifiche avranno effetto a decorrere dal 1° gennaio 2019.

AGGIORNAMENTO (163)
Il Decreto 31 dicembre 2020 (in G.U. 31/12/2020, n. 323) ha disposto (con l'art. 3, comma 1) che le presenti modifiche avranno effetto a decorrere dal 1° gennaio 2021.

Art. 80

Revisioni

1. Il Ministro dei trasporti stabilisce, con propri decreti, i criteri, i tempi e le modalita' per l'effettuazione della revisione generale o parziale delle categorie di veicoli a motore e dei loro rimorchi, al fine di accertare che sussistano in essi le condizioni di sicurezza per la circolazione e di silenziosita' e che i veicoli stessi non producano emanazioni inquinanti superiori ai limiti prescritti; le revisioni, salvo quanto stabilito nei commi 8 e seguenti, sono effettuate a cura degli uffici competenti del Dipartimento per i trasporti terrestri. Nel regolamento sono stabiliti gli elementi su cui deve essere effettuato il controllo tecnico dei dispositivi che costituiscono l'equipaggiamento dei

veicoli e che hanno rilevanza ai fini della sicurezza stessa.

2. Le prescrizioni contenute nei decreti emanati in applicazione del comma 1 sono mantenute in armonia con quelle contenute nelle direttive della Comunita' europea relative al controllo tecnico dei veicoli a motore.

3. Per le autovetture, per gli autoveicoli adibiti al trasporto di cose o ad uso speciale di massa complessiva a pieno carico non superiore a 3,5 t e per gli autoveicoli per trasporto promiscuo la revisione deve essere disposta entro quattro anni dalla data di prima immatricolazione e successivamente ogni due anni, nel rispetto delle specifiche decorrenze previste dalle direttive comunitarie vigenti in materia.

4. Per i veicoli destinati al trasporto di persone con numero di posti superiore a 9 compreso quello del conducente, per gli autoveicoli destinati ai trasporti di cose o ad uso speciale di massa complessiva a pieno carico superiore a 3,5 t, per i rimorchi di massa complessiva a pieno carico superiore a 3,5 t, per i taxi, per le autoambulanze, per i veicoli adibiti a noleggio con conducente e per i veicoli atipici la revisione deve essere disposta annualmente, salvo che siano stati gia' sottoposti nell'anno in corso a visita e prova ai sensi dei commi 5 e 6.

5. Gli uffici competenti del Dipartimento per i trasporti terrestri, anche su segnalazione degli organi di polizia stradale di cui all'art. 12, qualora sorgano dubbi sulla persistenza dei requisiti di sicurezza, rumorosita' ed inquinamento prescritti, possono ordinare in qualsiasi momento la revisione di singoli veicoli.

6. I decreti contenenti la disciplina relativa alla revisione limitata al controllo dell'inquinamento acustico ed atmosferico sono emanati sentito il Ministero dell'ambiente e della tutela del territorio.

7. In caso di incidente stradale nel quale i veicoli a motore o rimorchi abbiano subito gravi danni in conseguenza dei quali possono sorgere dubbi sulle condizioni di sicurezza per la circolazione, gli organi di polizia stradale di cui all'art. 12, commi 1 e 2, intervenuti per i rilievi, sono tenuti a darne notizia al competente ufficio del Dipartimento per i trasporti terrestri per la adozione del provvedimento di revisione singola.

8. Il Ministro dei trasporti, al fine di assicurare in relazione a particolari e contingenti situazioni operative degli uffici competenti del Dipartimento per i trasporti terrestri, il rispetto dei termini previsti per le revisioni periodiche dei veicoli a motore capaci di contenere al massimo 16 persone compreso il conducente, o

con massa complessiva a pieno carico fino a 3,5 t, ovvero superiore a 3,5 t se destinati al trasporto di merci non pericolose o non deperibili in regime di temperatura controllata (ATP) e dei relativi rimorchi e semirimorchi, puo' per singole province individuate con proprio decreto affidare in concessione quinquennale le suddette revisioni ad imprese di autoriparazione che svolgono la propria attivita' nel campo della meccanica e motoristica, carrozzeria, elettrauto e gommista ovvero ad imprese che, esercendo in prevalenza attivita' di commercio di veicoli, esercitino altresi', con carattere strumentale o accessorio, l'attivita' di autoriparazione. Tali imprese devono essere iscritte nel registro delle imprese esercenti attivita' di autoriparazione di cui all'art. 2, comma 1, della legge 5 febbraio 1992, n. 122. Le suddette revisioni possono essere altresi' affidate in concessione ai consorzi e alle societa' consortili, anche in forma di cooperativa, appositamente costituiti tra imprese iscritte ognuna almeno in una diversa sezione del medesimo registro, in modo da garantire l'iscrizione in tutte e quattro le sezioni. (83)

9. Le imprese di cui al comma 8 devono essere in possesso di requisiti tecnico-professionali, di attrezzature e di locali idonei al corretto esercizio delle attivita' di verifica e controllo per le revisioni, precisati nel regolamento; il titolare della ditta o, in sua vece, il responsabile tecnico devono essere in possesso dei requisiti personali e professionali precisati nel regolamento. Tali requisiti devono sussistere durante tutto il periodo della concessione. Il Ministro dei trasporti definisce con proprio decreto le modalita' tecniche e amministrative per le revisioni effettuate dalle imprese di cui al comma 8.

10. Il Ministero dei trasporti - Dipartimento per i trasporti terrestri effettua periodici controlli sulle officine delle imprese di cui al comma 8 e controlli, anche a campione, sui veicoli sottoposti a revisione presso le medesime. I controlli periodici sulle officine delle imprese di cui al comma 8 sono effettuati, con le modalita' di cui all'art. 19, commi 1, 2, 3, e 4, della legge 1' dicembre 1986, n. 870, da personale del Dipartimento per i trasporti terrestri in possesso di laurea ad indirizzo tecnico ed inquadrato in qualifiche funzionali e profili professionali corrispondenti alle qualifiche della ex carriera direttiva tecnica, individuati nel regolamento. I relativi importi a carico delle officine dovranno essere versati in conto corrente postale ed affluire alle entrate dello Stato con imputazione al capitolo 3566 del Ministero dei trasporti, la cui denominazione viene conseguentemente modificata dal Ministro dell'economia e delle finanze.

11. Nel caso in cui, nel corso dei controlli, si accerti che l'impresa non sia piu' in possesso delle necessarie attrezzature, oppure che le revisioni siano state effettuate in difformita' dalle prescrizioni vigenti, le concessioni relative ai compiti di revisione sono revocate.

12. Il Ministro dei trasporti con proprio decreto, di concerto con il Ministro dell'economia e delle finanze, stabilisce le tariffe per le operazioni di revisione svolte dalla Dipartimento per i trasporti terrestri e dalle imprese di cui al comma 8, nonche' quelle inerenti ai controlli periodici sulle officine ed ai controlli a campione effettuati dal Ministero dei trasporti - Dipartimento per i trasporti terrestri, ai sensi del comma 10.

13. Le imprese di cui al comma 8, entro i termini e con le modalita' che saranno stabilite con disposizioni del Ministro dei trasporti, trasmettono all'ufficio provinciale competente del Dipartimento per i trasporti terrestri la carta di circolazione, la certificazione della revisione effettuata con indicazione delle operazioni di controllo eseguite e degli interventi prescritti effettuati, nonche' l'attestazione del pagamento della tariffa da parte dell'utente, al fine della relativa annotazione sulla carta di circolazione cui si dovra' procedere entro e non oltre sessanta giorni dal ricevimento della carta stessa. Effettuato tale adempimento, la carta di circolazione sara' a disposizione presso gli uffici competenti del Dipartimento per i trasporti terrestri per il ritiro da parte delle officine, che provvederanno a restituirla all'utente. Fino alla avvenuta annotazione sulla carta di circolazione la certificazione dell'impresa che ha effettuato la revisione sostituisce a tutti gli effetti la carta di circolazione.

14. Ad esclusione dei casi previsti dall'articolo 176, comma 18, chiunque circola con un veicolo che non sia stato presentato alla prescritta revisione e' soggetto alla sanzione amministrativa del pagamento di una somma da € 173 a € 694. Tale sanzione e' raddoppiabile in caso di revisione omessa per piu' di una volta in relazione alle cadenze previste dalle disposizioni vigenti. L'organo accertatore annota sul documento di circolazione che il veicolo e' sospeso dalla circolazione fino all'effettuazione della revisione. E' consentita la circolazione del veicolo al solo fine di recarsi presso uno dei soggetti di cui al comma 8 ovvero presso il competente ufficio del Dipartimento per i trasporti, la navigazione ed i sistemi informativi e statistici per la prescritta revisione. Al di fuori di tali ipotesi, nel caso in cui si circoli con un veicolo sospeso dalla circolazione in attesa dell'esito della revisione, si applica la

sanzione amministrativa del pagamento di una somma da € 1.998 a € 7.993. All'accertamento della violazione di cui al periodo precedente consegue la sanzione amministrativa accessoria amministrativo del veicolo per novanta giorni, disposizioni del capo I, sezione II, del titolo VI. In caso di reiterazione delle violazioni, si applica la sanzione accessoria della confisca amministrativa del veicolo. (19) (29) (43) (52) (64) (80) (89) (101) (114) (124) (133) (145) (163)

15. Le imprese di cui al comma 8, nei confronti delle quali sia stato accertato da parte dei competenti uffici competenti del Dipartimento per i trasporti terrestri il mancato rispetto dei termini e delle modalita' stabiliti dal Ministro dei trasporti ai sensi del comma 13, sono soggette alla sanzione amministrativa del pagamento di una somma da € 430 a € 1.731. Se nell'arco di due anni decorrenti dalla prima vengono accertate tre violazioni, l'ufficio competente del Dipartimento per i trasporti terrestri revoca la concessione. (19) (29) (43) (52) (64) (80) (89) (101) (114) (124) (133) (145) (163)

16. L'accertamento della falsita' della certificazione di revisione del fermo
secondo le
comporta la cancellazione dal registro di cui al comma 8.

17. Chiunque produce agli organi competenti attestazione di revisione falsa e' soggetto alla sanzione amministrativa del pagamento di una somma da € 430 a € 1.731. Da tale violazione discende la sanzione amministrativa accessoria del ritiro della carta di circolazione, secondo le norme del capo I, sezione II, del titolo VI. (19) (29) (43) (52) (64) (80) (89) (101) (114) (124) (133) (145) (163)

((17-bis. Con decreto del Ministro delle infrastrutture e della mobilita' sostenibili, da emanare entro quarantacinque giorni dalla data di entrata in vigore della presente disposizione, sono stabilite le modalita' di riqualificazione delle bombole approvate in conformita' al regolamento n. 110 della Commissione economica per l'Europa delle Nazioni Unite (UNECE R 110) e sono individuati i soggetti preposti alla riqualificazione, al fine di semplificare l'esecuzione della riqualificazione stessa)). (4)

AGGIORNAMENTO (4)
(83)

Il D.Lgs. 28 giugno 1993, n. 214 ha disposto (con l'art. 1, comma 1) che le disposizioni del titolo III del presente D.Lgs. si applicano dal 1° ottobre 1993.

AGGIORNAMENTO (19)

Il Decreto 20 dicembre 1996 (in G.U. 28/12/1996, n. 303) ha disposto (con l'art. 1, comma 1) che le presenti modifiche avranno effetto a decorrere dal 1 gennaio 1997.

AGGIORNAMENTO (29)

Il Decreto 22 dicembre 1998 (in G.U. 28/12/1998, n. 301) ha disposto (con l'art. 1, comma 1) che le presenti modifiche avranno effetto a decorrere dal 1 gennaio 1999.

AGGIORNAMENTO (43)

Il Decreto 29 dicembre 2000 (in G.U. 30/12/2000, n. 303) ha disposto (con l'art. 1, comma 1) che le presenti modifiche avranno effetto a decorrere dal 1 gennaio 2001.

AGGIORNAMENTO (52)

Il Decreto 24 dicembre 2002 (in G.U. 30/12/2002, n. 304) ha disposto (con l'art. 1, comma 1) che le presenti modifiche avranno effetto a decorrere dal 1 gennaio 2003.

AGGIORNAMENTO (64)

Il Decreto 22 dicembre 2004 (in G.U. 30/12/2004, n. 305) ha disposto (con l'art. 1, comma 2) che le presenti modifiche avranno

effetto a decorrere dal 1 gennaio 2005.

AGGIORNAMENTO (80)

Il Decreto 29 dicembre 2006 (in G.U. 30/12/2006, n. 302) ha disposto (con l'art. 1, comma 2) che le presenti modifiche avranno effetto a decorrere dal 1 gennaio 2007.

AGGIORNAMENTO (83)

Il Decreto 2 agosto 2007, n. 161, ha disposto:
- (con l'art. 1, comma 1) che "La tariffa relativa alle operazioni di revisione dei veicoli a motore e dei loro rimorchi eseguite dai funzionari degli Uffici della motorizzazione civile ai sensi dell'articolo 80 del decreto legislativo 30 aprile 1992, n. 285, e' fissata in Euro 45,00 che l'utente corrisponde anticipatamente mediante versamento sul conto corrente postale n. 9001 intestato al Dipartimento trasporti terrestri - Roma."
- (con l'art. 2, comma 1) che "La tariffa relativa alle operazioni di revisione dei veicoli a motore e dei loro rimorchi eseguite dalle

imprese di cui all'articolo 80, comma 8, del decreto legislativo n. 285 del 1992 e' fissata in Euro 45,00 che l'utente corrisponde anticipatamente all'impresa interessata. A tale tariffa e' aggiunta quella prevista al punto 2) della tabella 3) allegata alla legge 1° dicembre 1986, n. 870, che l'utente corrisponde anticipatamente con le modalita' previste dall'articolo 1, per l'annotazione dell'esito della revisione sulla carta di circolazione".

AGGIORNAMENTO (89)

Il Decreto 17 dicembre 2008 (in G.U. 30/12/2008, n. 303) ha disposto (con l'art. 1, comma 2) che le presenti modifiche avranno effetto a decorrere dal 1 gennaio 2009.

AGGIORNAMENTO (101)

Il Decreto 22 dicembre 2010 (in G.U. 31/12/2010 n. 305) ha disposto (con l'art. 1, comma 2) che le presenti modifiche avranno effetto a decorrere dal 1 gennaio 2011.

AGGIORNAMENTO (114)

Il Decreto 19 dicembre 2012 (in G.U. 31/12/2012 n. 303) ha disposto (con l'art. 1, comma 2) che le presenti modifiche avranno effetto a decorrere dal 1 gennaio 2013.

AGGIORNAMENTO (124)

Il Decreto 16 dicembre 2014 (in G.U. 31/12/2014, n. 302) ha disposto (con l'art. 1, comma 2) che le presenti modifiche avranno effetto a decorrere dal 1 gennaio 2015.

AGGIORNAMENTO (133)

Il Decreto 20 dicembre 2016 (in G.U. 30/12/2016, n. 304) ha disposto (con l'art. 1, comma 1) che le presenti modifiche avranno effetto a decorrere dal 1 gennaio 2017.

AGGIORNAMENTO (145)

Il Decreto 27 dicembre 2018 (in G.U. 29/12/2018, n. 301) ha disposto (con l'art. 3, comma 1) che le presenti modifiche avranno effetto a decorrere dal 1° gennaio 2019.

AGGIORNAMENTO (163)

Il Decreto 31 dicembre 2020 (in G.U. 31/12/2020, n. 323) ha disposto (con l'art. 3, comma 1) che le presenti modifiche avranno effetto a decorrere dal 1° gennaio 2021.

Art. 81.
Competenze dei funzionari del Ministero dei trasporti
((Dipartimento per i trasporti terrestri))

1. Gli accertamenti tecnici previsti dal presente codice in materia di veicoli a motore e di quelli da essi trainati sono effettuati da dipendenti appartenenti ai ruoli ((del Dipartimento per i trasporti terrestri)) della VI, VII, VIII e IX qualifica funzionale o dirigenti, muniti di diploma di laurea in ingegneria o architettura, ovvero diploma di perito industriale, perito nautico, geometra o maturita' scientifica.

2. I dipendenti di cui al comma 1, muniti di diploma di perito industriale, perito nautico, geometra o maturita' scientifica, vengono abilitati all'effettuazione degli accertamenti tecnici a seguito di apposito corso di qualificazione con esame finale, secondo le modalita' stabilite con decreto del Ministro dei trasporti.

3. Il regolamento determina i profili professionali che danno titolo all'effettuazione degli accertamenti tecnici di cui ai commi precedenti.

4. Con decreto del Ministro dei trasporti vengono fissate le norme e le modalita' di effettuazione del corso di qualificazione previsto dal comma 2.

(4)

AGGIORNAMENTO (4)

Il D.Lgs. 28 giugno 1993, n. 214 ha disposto (con l'art. 1, comma 1) che le disposizioni del titolo III del presente D.Lgs. si applicano dal 1° ottobre 1993.

Sezione II Destinazione ed uso dei veicoli
Art. 82.
Destinazione ed uso dei veicoli

1. Per destinazione del veicolo s'intende la sua utilizzazione in base alle caratteristiche tecniche.

2. Per uso del veicolo s'intende la sua utilizzazione economica.

3. I veicoli possono essere adibiti a uso proprio o a uso di terzi.

4. Si ha l'uso di terzi quando un veicolo e' utilizzato, dietro corrispettivo, nell'interesse di persone diverse dall'intestatario della carta di circolazione. Negli altri casi il veicolo si intende adibito a uso proprio.

5. L'uso di terzi comprende:
   a) locazione senza conducente;
   b) servizio di noleggio con conducente e servizio di piazza (taxi) per trasporto di persone;
   c) servizio di linea per trasporto di persone;

d) servizio di trasporto di cose per conto terzi;
e) servizio di linea per trasporto di cose;
f) servizio di piazza per trasporto di cose per conto terzi.

6. Previa autorizzazione dell'ufficio competente del Dipartimento per i trasporti terrestri, gli autocarri possono essere utilizzati, in via eccezionale e temporanea, per il trasporto di persone. L'autorizzazione e' rilasciata in base al nulla osta del prefetto. Analoga autorizzazione viene rilasciata dall'ufficio competente del Dipartimento per i trasporti terrestri agli autobus destinati a servizio di noleggio con conducente, i quali possono essere impiegati, in via eccezionale secondo direttive emanate dal Ministero dei trasporti con decreti ministeriali, in servizio di linea e viceversa.

7. Nel regolamento sono stabilite le caratteristiche costruttive del veicolo in relazione alle destinazioni o agli usi cui puo' essere adibito.

8. Ferme restando le disposizioni di leggi speciali, chiunque utilizza un veicolo per una destinazione o per un uso diversi da quelli indicati sulla carta di circolazione e' soggetto alla sanzione amministrativa del pagamento di una somma ((da € 87 a € 344)). (19) (29) (43) (52) (64) (80) (89) (101) (114) (124) (145) ((163))9. Chiunque, senza l'autorizzazione di cui al comma 6, utilizza per il trasporto di persone un veicolo destinato al trasporto di cose e' soggetto alla sanzione amministrativa del pagamento di una somma ((da € 430 a € 1.731)). (19) (29) (43) (52) (64) (80) (89) (101) (114) (124) (133) (145) ((163))

10. Dalla violazione dei commi 8 e 9 consegue la sanzione amministrativa accessoria della sospensione della carta di circolazione da uno a sei mesi, secondo le norme del capo I, sezione II, del titolo VI. In caso di recidiva la sospensione e' da sei a dodici mesi.

(4)

AGGIORNAMENTO (4)

Il D.Lgs. 28 giugno 1993, n. 214 ha disposto (con l'art. 1, comma 1) che le disposizioni del titolo III del presente D.Lgs. si applicano dal 1° ottobre 1993.

AGGIORNAMENTO (19)

Il Decreto 20 dicembre 1996 (in G.U. 28/12/1996, n. 303) ha disposto (con l'art. 1, comma 1) che le presenti modifiche avranno effetto a decorrere dal 1 gennaio 1997.

AGGIORNAMENTO (29)
Il Decreto 22 dicembre 1998 (in G.U. 28/12/1998, n. 301) ha disposto (con l'art. 1, comma 1) che le presenti modifiche avranno effetto a decorrere dal 1 gennaio 1999.

AGGIORNAMENTO (43)
Il Decreto 29 dicembre 2000 (in G.U. 30/12/2000, n. 303) ha disposto (con l'art. 1, comma 1) che le presenti modifiche avranno effetto a decorrere dal 1 gennaio 2001.

AGGIORNAMENTO (52)
Il Decreto 24 dicembre 2002 (in G.U. 30/12/2002, n. 304) ha disposto (con l'art. 1, comma 1) che le presenti modifiche avranno effetto a decorrere dal 1 gennaio 2003.

AGGIORNAMENTO (64)
Il Decreto 22 dicembre 2004 (in G.U. 30/12/2004, n. 305) ha disposto (con l'art. 1, comma 2) che le presenti modifiche avranno effetto a decorrere dal 1 gennaio 2005.

AGGIORNAMENTO (80)
Il Decreto 29 dicembre 2006 (in G.U. 30/12/2006, n. 302) ha disposto (con l'art. 1, comma 2) che la presente modifica avra' effetto a decorrere dal 1 gennaio 2007.

AGGIORNAMENTO (89)
Il Decreto 17 dicembre 2008 (in G.U. 30/12/2008, n. 303) ha disposto (con l'art. 1, comma 2) che le presenti modifiche avranno effetto a decorrere dal 1 gennaio 2009.

AGGIORNAMENTO (101)
Il Decreto 22 dicembre 2010 (in G.U. 31/12/2010, n. 305) ha disposto (con l'art. 1, comma 2) che le presenti modifiche avranno effetto a decorrere dal 1 gennaio 2011.

AGGIORNAMENTO (114)
Il Decreto 19 dicembre 2012 (in G.U. 31/12/2012, n. 303) ha disposto (con l'art. 1, comma 2) che le presenti modifiche avranno effetto a decorrere dal 1 gennaio 2013.

AGGIORNAMENTO (124)
Il Decreto 16 dicembre 2014 (in G.U. 31/12/2012, n. 302) ha

disposto (con l'art. 1, comma 2) che le presenti modifiche avranno effetto a decorrere dal 1 gennaio 2015.

AGGIORNAMENTO (133)

Il Decreto 20 dicembre 2016 (in G.U. 30/12/2016, n. 304) ha disposto (con l'art. 1, comma 1) che la presente modifica avra' effetto a decorrere dal 1 gennaio 2017.

AGGIORNAMENTO (145)

Il Decreto 27 dicembre 2018 (in G.U. 29/12/2018, n. 301) ha disposto (con l'art. 3, comma 1) che le presenti modifiche avranno effetto a decorrere dal 1° gennaio 2019.

AGGIORNAMENTO (163)

Il Decreto 31 dicembre 2020 (in G.U. 30/12/2020, n. 323) ha disposto (con l'art. 3, comma 1) che le presenti modifiche avranno effetto a decorrere dal 1° gennaio 2021.

Art. 83.
Uso proprio

1. Per gli autobus adibiti ad uso proprio e per i veicoli destinati al trasporto specifico di persone ugualmente adibiti a uso proprio, la carta di circolazione puo' essere rilasciata soltanto a enti pubblici, imprenditori, collettivita', per il soddisfacimento di necessita' strettamente connesse con la loro attivita', a seguito di accertamento effettuato dalla Dipartimento per i trasporti terrestri sulla sussistenza di tali necessita', secondo direttive emanate dal Ministero dei trasporti con decreti ministeriali.

2. La carta di circolazione dei veicoli soggetti alla disciplina del trasporto di cose in conto proprio e' rilasciata sulla base della licenza per l'esercizio del trasporto di cose in conto proprio; su detta carta dovranno essere annotati gli estremi della licenza per l'esercizio dell'autotrasporto in conto proprio cosi' come previsto dalla legge 6 giugno 1974, n. 298, e successive modificazioni. Le disposizioni di tale legge non si applicano agli autoveicoli aventi una massa complessiva a pieno carico non superiore a 6 t.

3. Per gli altri documenti di cui deve essere munito il veicolo adibito al trasporto di cose in conto proprio restano salve le disposizioni stabilite dalle norme speciali in materia.

4. Chiunque adibisce ad uso proprio un veicolo per trasporto di persone senza il titolo prescritto oppure violi le condizioni o i limiti stabiliti nella carta di circolazione e' soggetto alla sanzione amministrativa del pagamento di una somma ((da € 173 a € 694)). (19) (29) (43) (52) (64) (80) (89) (101) (114) (124) (133) (145) ((163))

5. La violazione di cui al comma 4 importa la sanzione accessoria della sospensione della carta di circolazione per un periodo da due a otto mesi, secondo le norme di cui al capo I, sezione II, del titolo VI.

6. Chiunque adibisce ad uso proprio per trasporto di cose un veicolo senza il titolo prescritto o viola le prescrizioni o i limiti contenuti nella licenza e' punito con le sanzioni amministrative previste dall'art. 46, primo e secondo comma, della legge 6 giugno 1974, n. 298.

(4)

AGGIORNAMENTO (4)

Il D.Lgs. 28 giugno 1993, n. 214 ha disposto (con l'art. 1, comma 1) che le disposizioni del titolo III del presente D.Lgs. si applicano dal 1° ottobre 1993.

AGGIORNAMENTO (19)

Il Decreto 20 dicembre 1996 (in G.U. 28/12/1996, n. 303) ha disposto (con l'art. 1, comma 1) che la presente modifica avra' effetto a decorrere dal 1 gennaio 1997.

AGGIORNAMENTO (29)

Il Decreto 22 dicembre 1998 (in G.U. 28/12/1998, n. 301) ha disposto (con l'art. 1, comma 1) che la presente modifica avra' effetto a decorrere dal 1 gennaio 1999.

AGGIORNAMENTO (43)

Il Decreto 29 dicembre 2000 (in G.U. 30/12/2000, n. 303) ha disposto (con l'art. 1, comma 1) che la presente modifica avra' effetto a decorrere dal 1 gennaio 2001.

AGGIORNAMENTO (52)

Il Decreto 24 dicembre 2002 (in G.U. 30/12/2002, n. 304) ha disposto (con l'art. 1, comma 1) che la presente modifica avra' effetto a decorrere dal 1 gennaio 2003.

AGGIORNAMENTO (64)

Il Decreto 22 dicembre 2004 (in G.U. 30/12/2004, n. 305) ha disposto (con l'art. 1, comma 2) che la presente modifica avra' effetto a decorrere dal 1 gennaio 2005.

AGGIORNAMENTO (80)

Il Decreto 29 dicembre 2006 (in G.U. 30/12/2006, n. 302) ha disposto (con l'art. 1, comma 2) che la presente modifica avra' effetto a decorrere dal 1 gennaio 2007.

AGGIORNAMENTO (89)

Il Decreto 17 dicembre 2008 (in G.U. 30/12/2008, n. 303) ha disposto (con l'art. 1, comma 2) che la presente modifica avra' effetto a decorrere dal 1 gennaio 2009.

AGGIORNAMENTO (101)

Il Decreto 22 dicembre 2010 (in G.U. 31/12/2010 n. 305) ha disposto (con l'art. 1, comma 2) che la presente modifica avra' effetto a decorrere dal 1 gennaio 2011.

AGGIORNAMENTO (114)

Il Decreto 19 dicembre 2012 (in G.U. 31/12/2012 n. 303) ha disposto (con l'art. 1, comma 2) che la presente modifica avra' effetto a decorrere dal 1 gennaio 2013.

AGGIORNAMENTO (124)

Il Decreto 16 dicembre 2014 (in G.U. 31/12/2014, n. 302) ha disposto (con l'art. 1, comma 2) che la presente modifica avra' effetto a decorrere dal 1 gennaio 2015.

AGGIORNAMENTO (133)

Il Decreto 20 dicembre 2016 (in G.U. 30/12/2016, n. 304) ha disposto (con l'art. 1, comma 1) che la presente modifica avra' effetto a decorrere dal 1 gennaio 2017.

AGGIORNAMENTO (145)

Il Decreto 27 dicembre 2018 (in G.U. 29/12/2018, n. 301) ha disposto (con l'art. 3, comma 1) che la presente modifica avra' effetto a decorrere dal 1° gennaio 2019.

AGGIORNAMENTO (163)

Il Decreto 31 dicembre 2020 (in G.U. 31/12/2020, n. 323) ha disposto (con l'art. 3, comma 1) che la presente modifica avra' effetto a decorrere dal 1° gennaio 2021.

Art. 84.
Locazione senza conducente

1. Agli effetti del presente articolo un veicolo si intende adibito a locazione senza conducente quando il locatore, dietro corrispettivo, si obbliga a mettere a disposizione del locatario, per

le esigenze di quest'ultimo, il veicolo stesso.

2. E' ammessa, nell' ambito delle disposizioni che regolano i trasporti internazionali tra Stati membri delle Comunita' europee, l'utilizzazione di autocarri, trattori, rimorchi e semirimorchi, autotreni ed autoarticolati locati senza conducente, dei quali risulti locataria un'impresa stabilita in un altro Stato membro delle Comunita' europee, a condizione che i suddetti veicoli risultino immatricolati o messi in circolazione conformemente alla legislazione dello Stato membro.

3. L'impresa italiana iscritta all'albo degli autotrasportatori di cose per conto terzi e titolare di autorizzazioni puo' utilizzare autocarri, rimorchi e semirimorchi, autotreni ed autoarticolati muniti di autorizzazione, acquisiti in disponibilita' mediante contratto di locazione ed in proprieta' di altra impresa italiana iscritta all'albo degli autotrasportatori e titolare di autorizzazioni.

3-bis. L'impresa esercente attivita' di trasporto di viaggiatori effettuato mediante noleggio di autobus con conducente sopra i 9 posti, iscritta al Registro elettronico nazionale e titolare di autorizzazione, puo' utilizzare i veicoli in proprieta' di altra impresa esercente la medesima attivita' ed iscritta al Registro elettronico nazionale, acquisendone la disponibilita' mediante contratto di locazione.

4. Possono, inoltre, essere destinati alla locazione senza conducente:

a) i veicoli ad uso speciale ed i veicoli destinati al trasporto di cose, la cui massa complessiva a pieno carico non sia superiore a 6 t;

b) i veicoli, aventi al massimo nove posti compreso quello del conducente, destinati al trasporto di persone, i veicoli di cui all'articolo 87, comma 2, adibiti ai servizi di linea di trasporto di persone nonche' i veicoli per il trasporto promiscuo e le autocaravan, le caravan ed i rimorchi destinati al trasporto di attrezzature turistiche e sportive.

5. La carta di circolazione di tali veicoli e' rilasciata sulla base della prescritta licenza. (50)

6. Il Ministro dei trasporti con proprio decreto, d'intesa con il Ministro dell'interno, e' autorizzato a stabilire eventuali criteri limitativi e le modalita' per il rilascio della carta di circolazione.

7. Chiunque adibisce a locazione senza conducente un veicolo non destinato a tale uso e' soggetto alla sanzione amministrativa del pagamento

di una somma ((da € 430 a € 1.731)) se trattasi di autoveicoli o rimorchi ovvero da € 42 a € 173 se trattasi di altri veicoli. (19) (29) (43) (52) (64) (80) (89) (101) (114) (124) (133) (145) ((163))

8. Alla suddetta violazione consegue la sanzione amministrativa accessoria della sospensione della carta di circolazione per un periodo da due a otto mesi, secondo le norme del capo I, sezione II, del titolo VI.

AGGIORNAMENTO (4)

Il D.Lgs. 28 giugno 1993, n. 214 ha disposto (con l'art. 1, comma 1) che le disposizioni del titolo III del presente D.Lgs. si applicano dal 1° ottobre 1993.

AGGIORNAMENTO (19)

Il Decreto 20 dicembre 1996 (in G.U. 28/12/1996, n. 303) ha disposto (con l'art. 1, comma 1) che le presenti modifiche avranno effetto a decorrere dal 1 gennaio 1997.

AGGIORNAMENTO (29)

Il Decreto 22 dicembre 1998 (in G.U. 28/12/1998, n. 301) ha disposto (con l'art. 1, comma 1) che le presenti modifiche avranno effetto a decorrere dal 1 gennaio 1999.

AGGIORNAMENTO (43)

Il Decreto 29 dicembre 2000 (in G.U. 30/12/2000, n. 303) ha disposto (con l'art. 1, comma 1) che le presenti modifiche avranno effetto a decorrere dal 1 gennaio 2001.

AGGIORNAMENTO (50)

Il D.P.R. 19 dicembre 2001, n. 481 ha disposto (con l'art. 3, comma 2) che "La disposizione di cui al comma 5, dell'articolo 84 del decreto legislativo 30 aprile 1992, n. 285, si intende riferita alla denuncia di inizio attivita' di cui al presente regolamento anziche' alla licenza."

AGGIORNAMENTO (52)

Il Decreto 24 dicembre 2002 (in G.U. 30/12/2002, n. 304) ha disposto (con l'art. 1, comma 1) che le presenti modifiche avranno effetto a decorrere dal 1 gennaio 2003.

AGGIORNAMENTO (64)

Il Decreto 22 dicembre 2004 (in G.U. 30/12/2004, n. 305) ha disposto (con l'art. 1, comma 2) che le presenti modifiche avranno

effetto a decorrere dal 1 gennaio 2005.

AGGIORNAMENTO (80)
Il Decreto 29 dicembre 2006 (in G.U. 30/12/2006, n. 302) ha disposto (con l'art. 1, comma 2) che le presenti modifiche avranno effetto a decorrere dal 1 gennaio 2007.

AGGIORNAMENTO (89)
Il Decreto 17 dicembre 2008 (in G.U. 30/12/2008, n. 303) ha disposto (con l'art. 1, comma 2) che le presenti modifiche avranno effetto a decorrere dal 1 gennaio 2009.

AGGIORNAMENTO (101)
Il Decreto 22 dicembre 2010 (in G.U. 31/12/2010 n. 305) ha disposto (con l'art. 1, comma 2) che le presenti modifiche avranno effetto a decorrere dal 1 gennaio 2011.

AGGIORNAMENTO (114)
Il Decreto 19 dicembre 2012 (in G.U. 31/12/2012 n. 303) ha disposto (con l'art. 1, comma 2) che le presenti modifiche avranno effetto a decorrere dal 1 gennaio 2013.

AGGIORNAMENTO (124)
Il Decreto 16 dicembre 2014 (in G.U. 31/12/2014, n. 302) ha disposto (con l'art. 1, comma 2) che le presenti modifiche avranno effetto a decorrere dal 1 gennaio 2015.

AGGIORNAMENTO (133)
Il Decreto 20 dicembre 2016 (in G.U. 30/12/2016, n. 304) ha disposto (con l'art. 1, comma 1) che la presente modifica avra' effetto a decorrere dal 1 gennaio 2017.

AGGIORNAMENTO (145)
Il Decreto 27 dicembre 2018 (in G.U. 29/12/2018, n. 301) ha disposto (con l'art. 3, comma 1) che le presenti modifiche avranno effetto a decorrere dal 1° gennaio 2019.

AGGIORNAMENTO (163)
Il Decreto 31 dicembre 2020 (in G.U. 31/12/2020, n. 323) ha disposto (con l'art. 3, comma 1) che la presente modifica avra' effetto a decorrere dal 1° gennaio 2021.

Art. 85.

Servizio di noleggio con conducente per trasporto di persone

1. Il servizio di noleggio con conducente per trasporto di persone e' disciplinato dalle leggi specifiche che regolano la materia.

2. Possono essere destinati ad effettuare servizio di noleggio con conducente per trasporto di persone:

a) i motocicli con o senza sidecar;
b) i tricicli;
b-bis) i velocipedi;
c) i quadricicli;
d) le autovetture;
e) gli autobus;
f) gli autoveicoli per trasporto promiscuo o per trasporti specifici di persone;
g) i veicoli a trazione animale.

3. La carta di circolazione di tali veicoli e' rilasciata sulla base della licenza comunale d'esercizio.

4. Chiunque adibisce a noleggio con conducente un veicolo non destinato a tale uso ovvero, pur essendo munito di autorizzazione, guida un'autovettura adibita al servizio di noleggio con conducente senza ottemperare alle norme in vigore, ovvero alle condizioni di cui all'autorizzazione, e' soggetto alla sanzione amministrativa del pagamento di una somma ((da € 173 a € 694)) e, se si tratta di autobus, ((da € 430 a € 1.731)). La violazione medesima importa la sanzione amministrativa della sospensione della carta di circolazione per un periodo da due a otto mesi, secondo le norme del capo I, sezione II, del titolo VI. (19) (29) (43) (52) (64) (80) (89) (101) (114) (124) (133) (145) (145a) ((163))

4-bis. Chiunque, pur essendo munito di autorizzazione, guida un veicolo di cui al comma 2 senza ottemperare alle norme in vigore ovvero alle condizioni di cui all'autorizzazione medesima e' soggetto alla sanzione amministrativa del pagamento di una somma ((da € 86 a € 338)). Dalla violazione consegue la sanzione amministrativa accessoria del ritiro della carta di circolazione e dell'autorizzazione, ai sensi delle norme di cui al capo I, sezione II, del titolo VI. (80) (89) (101) (114) (124) (145) (145a) ((163)) (4)

AGGIORNAMENTO (4)

Il D.Lgs. 28 giugno 1993, n. 214 ha disposto (con l'art. 1, comma 1) che le disposizioni del titolo III del presente D.Lgs. si applicano dal 1° ottobre 1993.

AGGIORNAMENTO (19)

Il Decreto 20 dicembre 1996 (in G.U. 28/12/1996, n. 303) ha disposto (con l'art. 1, comma 1) che le presenti modifiche avranno

effetto a decorrere dal 1 gennaio 1997.

AGGIORNAMENTO (29)
Il Decreto 22 dicembre 1998 (in G.U. 28/12/1998, n. 301) ha disposto (con l'art. 1, comma 1) che le presenti modifiche avranno effetto a decorrere dal 1 gennaio 1999.

AGGIORNAMENTO (43)
Il Decreto 29 dicembre 2000 (in G.U. 30/12/2000, n. 303) ha disposto (con l'art. 1, comma 1) che le presenti modifiche avranno effetto a decorrere dal 1 gennaio 2001.

AGGIORNAMENTO (52)
Il Decreto 24 dicembre 2002 (in G.U. 30/12/2002, n. 304) ha disposto (con l'art. 1, comma 1) che le presenti modifiche avranno effetto a decorrere dal 1 gennaio 2003.

AGGIORNAMENTO (64)
Il Decreto 22 dicembre 2004 (in G.U. 30/12/2004, n. 305) ha disposto (con l'art. 1, comma 2) che le presenti modifiche avranno effetto a decorrere dal 1 gennaio 2005.

AGGIORNAMENTO (80)
Il Decreto 29 dicembre 2006 (in G.U. 30/12/2006, n. 302) ha disposto (con l'art. 1, comma 2) che le presenti modifiche avranno effetto a decorrere dal 1 gennaio 2007.

AGGIORNAMENTO (89)
Il Decreto 17 dicembre 2008 (in G.U. 30/12/2008, n. 303) ha disposto (con l'art. 1, comma 2) che le presenti modifiche avranno effetto a decorrere dal 1 gennaio 2009.

AGGIORNAMENTO (101)
Il Decreto 22 dicembre 2010 (in G.U. 31/12/2010 n. 305) ha disposto (con l'art. 1, comma 2) che le presenti modifiche avranno effetto a decorrere dal 1 gennaio 2011.

AGGIORNAMENTO (114)
Il Decreto 19 dicembre 2012 (in G.U. 31/12/2012 n. 303) ha disposto (con l'art. 1, comma 2) che le presenti modifiche avranno effetto a decorrere dal 1 gennaio 2013.

AGGIORNAMENTO (124)

Il Decreto 16 dicembre 2014 (in G.U. 31/12/2014, n. 302) ha disposto (con l'art. 1, comma 2) che le presenti modifiche avranno effetto a decorrere dal 1 gennaio 2015.

AGGIORNAMENTO (133)

Il Decreto 20 dicembre 2016 (in G.U. 30/12/2016, n. 304) ha disposto (con l'art. 1, comma 1) che le presenti modifiche avranno effetto a decorrere dal 1 gennaio 2017.

AGGIORNAMENTO (145)

Il Decreto 27 dicembre 2018 (in G.U. 29/12/2018, n. 301) ha disposto (con l'art. 3, comma 1) che le presenti modifiche avranno effetto a decorrere dal 1° gennaio 2019.

AGGIORNAMENTO (145a)

Il D.L. 14 dicembre 2018, n. 135, convertito con modificazioni dalla L. 11 febbraio 2019, n. 12, ha disposto (con l'art. 10-bis, comma 4) che "Le sanzioni di cui all'articolo 11-bis della legge 15 gennaio 1992, n. 21, per l'inosservanza degli articoli 3 e 11 della medesima legge, come modificati dal comma 1 del presente articolo, si applicano a decorrere dal novantesimo giorno successivo alla data di entrata in vigore del presente decreto. Parimenti rimangono sospese per la stessa durata le sanzioni previste dall'articolo 85, commi 4 e 4-bis, del codice della strada, di cui al decreto legislativo 30 aprile 1992, n. 285, limitatamente ai soggetti titolari di autorizzazione per l'esercizio del servizio di noleggio con conducente".

AGGIORNAMENTO (163)

Il Decreto 31 dicembre 2020 (in G.U. 31/12/2020, n. 323) ha disposto (con l'art. 3, comma 1) che le presenti modifiche avranno effetto a decorrere dal 1° gennaio 2021.

Art. 86.

((Servizio di piazza con autovetture, motocicli e velocipedi con conducente o taxi))

1. Il servizio di piazza con autovetture ((, motocicli e velocipedi)) con conducente o taxi e' disciplinato dalle leggi specifiche che regolano il settore.

2. Chiunque, senza avere ottenuto la licenza prevista dall'articolo 8 della legge 15 gennaio 1992, n. 21, adibisce un veicolo a servizio di piazza con conducente o a taxi e' soggetto alla sanzione amministrativa del pagamento di una somma da € 1.812 a € 7.249. Dalla

violazione conseguono le sanzioni amministrative accessorie della confisca del veicolo e della sospensione della patente di guida da quattro a dodici mesi, ai sensi delle norme di cui al capo I, sezione II, del titolo VI. Quando lo stesso soggetto e' incorso, in un periodo di tre anni, in tale violazione per almeno due volte, all'ultima di esse consegue la sanzione accessoria della revoca della patente. Le stesse sanzioni si applicano a coloro ai quali e' stata sospesa o revocata la licenza. (80) (89) (101) (114) (124) (133) (145) (163)

3. Chiunque, pur essendo munito di licenza, guida un taxi senza ottemperare alle norme in vigore ovvero alle condizioni di cui alla licenza e' soggetto alla sanzione amministrativa del pagamento di una somma da € 86 a € 338. (80) (89) (101) (114) (124) (145) (163) (4) (23)

AGGIORNAMENTO (4)

Il D.Lgs. 28 giugno 1993, n. 214 ha disposto (con l'art. 1, comma 1) che le disposizioni del titolo III del presente D.Lgs. si applicano dal 1° ottobre 1993.

AGGIORNAMENTO (19)

Il Decreto 20 dicembre 1996 (in G.U. 28/12/1996, n. 303) ha disposto (con l'art. 1, comma 1) che le presenti modifiche avranno effetto a decorrere dal 1 gennaio 1997.

AGGIORNAMENTO (23)

Il D.Lgs. 19 novembre 1997, n. 422, ha disposto (con l'art. 14, comma 6) che "Ad integrazione dell'articolo 86 del decreto legislativo 30 aprile 1992, n. 285, ai veicoli adibiti al servizio di piazza per il trasporto di persone di cui all'articolo 82, comma 5, lettera b), dello stesso decreto, e' consentito l'uso proprio fuori servizio."

AGGIORNAMENTO (29)

Il Decreto 22 dicembre 1998 (in G.U. 28/12/1998, n. 301) ha disposto (con l'art. 1, comma 1) che le presenti modifiche avranno effetto a decorrere dal 1 gennaio 1999.

AGGIORNAMENTO (43)

Il Decreto 29 dicembre 2000 (in G.U. 30/12/2000, n. 303) ha disposto (con l'art. 1, comma 1) che le presenti modifiche avranno effetto a decorrere dal 1 gennaio 2001.

AGGIORNAMENTO (52)
  Il Decreto 24 dicembre 2002 (in G.U. 30/12/2002, n. 304) ha disposto (con l'art. 1, comma 1) che le presenti modifiche avranno effetto a decorrere dal 1 gennaio 2003.

AGGIORNAMENTO (80)
  Il Decreto 29 dicembre 2006 (in G.U. 30/12/2006, n. 302) ha disposto (con l'art. 1, comma 2) che le presenti modifiche avranno effetto a decorrere dal 1 gennaio 2007.

AGGIORNAMENTO (89)
  Il Decreto 17 dicembre 2008 (in G.U. 30/12/2008, n. 303) ha disposto (con l'art. 1, comma 2) che le presenti modifiche avranno effetto a decorrere dal 1 gennaio 2009.

AGGIORNAMENTO (101)
  Il Decreto 22 dicembre 2010 (in G.U. 31/12/2010, n. 305) ha disposto (con l'art. 1, comma 2) che le presenti modifiche avranno effetto a decorrere dal 1 gennaio 2011.

AGGIORNAMENTO (114)
  Il Decreto 19 dicembre 2012 (in G.U. 31/12/2012, n. 303) ha disposto (con l'art. 1, comma 2) che le presenti modifiche avranno effetto a decorrere dal 1 gennaio 2013.

AGGIORNAMENTO (124)
  Il Decreto 19 dicembre 2012 (in G.U. 31/12/2012, n. 303) ha disposto (con l'art. 1, comma 2) che le presenti modifiche avranno effetto a decorrere dal 1 gennaio 2013.

AGGIORNAMENTO (133)
  Il Decreto 20 dicembre 2016 (in G.U. 30/12/2016, n. 304) ha disposto (con l'art. 1, comma 1) che la presente modifica avra' effetto a decorrere dal 1 gennaio 2017.

AGGIORNAMENTO (145)
  Il Decreto 27 dicembre 2018 (in G.U. 29/12/2018, n. 301) ha disposto (con l'art. 3, comma 1) che le presenti modifiche avranno effetto a decorrere dal 1° gennaio 2019.

AGGIORNAMENTO (163)

Il Decreto 31 dicembre 2020 (in G.U. 31/12/2020, n. 323) ha disposto (con l'art. 3, comma 1) che le presenti modifiche avranno effetto a decorrere dal 1° gennaio 2021.

Art. 87.
Servizio di linea per trasporto di persone

1. Agli effetti del presente articolo un veicolo si intende adibito al servizio di linea quando l'esercente, comunque remunerato, effettua corse per una destinazione predeterminata su itinerari autorizzati e con offerta indifferenziata al pubblico, anche se questo sia costituito da una particolare categoria di persone.

2. Possono essere destinati ai servizi di linea per trasporto di persone: gli autobus, gli autosnodati, gli autoarticolati, gli autotreni, i filobus, i filosnodati, i filoarticolati e i filotreni destinati a tale trasporto.

3. La carta di circolazione di tali veicoli e' rilasciata sulla base del nulla osta emesso dalle autorita' competenti ad accordare le relative concessioni.

4. I suddetti veicoli possono essere utilizzati esclusivamente sulle linee per le quali l'intestatario della carta di circolazione ha ottenuto il titolo legale, salvo le eventuali limitazioni imposte in detto titolo. Il concedente la linea puo' autorizzare l'utilizzo di veicoli destinati al servizio di linea per quello di noleggio da rimessa, purche' non sia pregiudicata la regolarita' del servizio. A tal fine la carta di circolazione deve essere accompagnata da un documento rilasciato dall'autorita' concedente, in cui sono indicate le linee o i bacini di traffico o il noleggio per i quali i veicoli possono essere utilizzati.

5. I proprietari di autoveicoli immatricolati a uso servizio di linea per trasporto di persone possono locare temporaneamente e in via eccezionale, secondo direttive emanate con decreto del Ministero dei trasporti, ad altri esercenti di servizi di linea per trasporto persone parte dei propri veicoli, con l'autorizzazione delle rispettive autorita' competenti a rilasciare le concessioni.

6. Chiunque utilizza in servizio di linea un veicolo non adibito a tale uso, ovvero impiega un veicolo su linee diverse da quelle per le quali ha titolo legale, e' soggetto alla sanzione amministrativa del pagamento di una somma ((da € 430 a € 1.731)). (19) (29) (43) (52) (64) (80) (89) (101) (114) (124) (133) (145) ((163)).

7. La violazione di cui al comma 6 importa la sanzione accessoria della sospensione della carta di circolazione da due a otto mesi, secondo le norme del capo I, sezione II, del titolo VI.

AGGIORNAMENTO (4)

(4)
Il D.Lgs. 28 giugno 1993, n. 214 ha disposto (con l'art. 1, comma 1) che le disposizioni del titolo III del presente D.Lgs. si applicano dal 1° ottobre 1993.

AGGIORNAMENTO (19)

Il Decreto 20 dicembre 1996 (in G.U. 28/12/1996, n. 303) ha disposto (con l'art. 1, comma 1) che la presente modifica avra' effetto a decorrere dal 1 gennaio 1997.

AGGIORNAMENTO (29)

Il Decreto 22 dicembre 1998 (in G.U. 28/12/1998, n. 301) ha disposto (con l'art. 1, comma 1) che la presente modifica avra' effetto a decorrere dal 1 gennaio 1999.

AGGIORNAMENTO (43)

Il Decreto 29 dicembre 2000 (in G.U. 30/12/2000, n. 303) ha disposto (con l'art. 1, comma 1) che la presente modifica avra' effetto a decorrere dal 1 gennaio 2001.

AGGIORNAMENTO (52)

Il Decreto 24 dicembre 2002 (in G.U. 30/12/2002, n. 304) ha disposto (con l'art. 1, comma 1) che la presente modifica avra' effetto a decorrere dal 1 gennaio 2003.

AGGIORNAMENTO (64)

Il Decreto 22 dicembre 2004 (in G.U. 30/12/2004, n. 305) ha disposto (con l'art. 1, comma 2) che la presente modifica avra' effetto a decorrere dal 1 gennaio 2005.

AGGIORNAMENTO (80)

Il Decreto 29 dicembre 2006 (in G.U. 30/12/2006, n. 302) ha disposto (con l'art. 1, comma 2) che la presente modifica avra' effetto a decorrere dal 1 gennaio 2007.

AGGIORNAMENTO (89)

Il Decreto 17 dicembre 2008 (in G.U. 30/12/2008, n. 303) ha disposto (con l'art. 1, comma 2) che la presente modifica avra' effetto a decorrere dal 1 gennaio 2009.

AGGIORNAMENTO (101)

Il Decreto 22 dicembre 2010 (in G.U. 31/12/2010 n. 305) ha disposto

(con l'art. 1, comma 2) che la presente modifica avra' effetto a decorrere dal 1 gennaio 2011.

AGGIORNAMENTO (114)

Il Decreto 22 dicembre 2010 (in G.U. 31/12/2010 n. 305) ha disposto (con l'art. 1, comma 2) che la presente modifica avra' effetto a decorrere dal 1 gennaio 2011.

AGGIORNAMENTO (124)

Il Decreto 22 dicembre 2010 (in G.U. 31/12/2010 n. 305) ha disposto (con l'art. 1, comma 2) che la presente modifica avra' effetto a decorrere dal 1 gennaio 2011.

AGGIORNAMENTO (133)

Il Decreto 20 dicembre 2016 (in G.U. 30/12/2016, n. 304) ha disposto (con l'art. 1, comma 1) che la presente modifica avra' effetto a decorrere dal 1 gennaio 2017.

AGGIORNAMENTO (145)

Il Decreto 27 dicembre 2018 (in G.U. 29/12/2018, n. 301) ha disposto (con l'art. 3, comma 1) che la presente modifica avra' effetto a decorrere dal 1° gennaio 2019.

AGGIORNAMENTO (163)

Il Decreto 31 dicembre 2020 (in G.U. 31/12/2020, n. 323) ha disposto (con l'art. 3, comma 1) che la presente modifica avra' effetto a decorrere dal 1° gennaio 2021.

Art. 88.

Servizio di trasporto di cose per conto terzi

1. Agli effetti del presente articolo un veicolo si intende adibito al servizio di trasporto di cose per conto terzi quando l'imprenditore si obbliga, dietro corrispettivo, a prestare i servizi di trasporto ordinati dal mittente.

2. La carta di circolazione e' rilasciata sulla base della autorizzazione prescritta per effettuare il servizio ed e' accompagnata dall'apposito documento previsto dalle leggi specifiche che disciplinano la materia, che costituisce parte integrante della carta di circolazione. Le disposizioni della legge 6 giugno 1974, n. 298, non si applicano agli autoveicoli aventi una massa complessiva a pieno carico non superiore a 6 t.

3. Chiunque adibisce al trasporto di cose per conto terzi veicoli non adibiti a tale uso o viola le prescrizioni e i limiti indicati nell'autorizzazione o nella carta di circolazione e' punito ((con le sanzioni amministrative previste

dall'art. 46, primo e secondo comma, della legge 6 giugno 1974, n. 298)).(4)
---------------AGGIORNAMENTO (4)
Il D.Lgs. 28 giugno 1993, n. 214 ha disposto (con l'art. 1, comma 1) che le disposizioni del titolo III del presente D.Lgs. si applicano dal 1° ottobre 1993.

Art. 89.
Servizio di linea per trasporto di cose

1. Il servizio di linea per trasporto di cose e' disciplinato dalle leggi specifiche che regolano la materia.((4))----------------

AGGIORNAMENTO (4)

Il D.Lgs. 28 giugno 1993, n. 214 ha disposto (con l'art. 1, comma 1) che le disposizioni del titolo III del presente D.Lgs. si applicano dal 1° ottobre 1993.

Art. 90.
Trasporto di cose per conto terzi in servizio di piazza

1. Il servizio di piazza di trasporto di cose per conto terzi e' disciplinato dalle norme specifiche di settore; la carta di circolazione e' rilasciata sulla base della autorizzazione prescritta per effettuare il servizio.

2. Chiunque utilizza per il trasporto di cose per conto terzi in servizio di piazza veicoli non adibiti a tale uso e' soggetto alla sanzione amministrativa del pagamento di una somma ((da € 430 a € 1.731)). (19) (29) (43) (52) (64) (80) (89) (101) (114) (124) (133) (145) ((163))

(4)
Il D.Lgs. 28 giugno 1993, n. 214 ha disposto (con l'art. 1, comma
----
AGGIORNAMENTO (4)

1) che le disposizioni del titolo III del presente D.Lgs. si applicano dal 1° ottobre 1993.

AGGIORNAMENTO (19)

Il Decreto 20 dicembre 1996 (in G.U. 28/12/1996, n. 303) ha disposto (con l'art. 1, comma 1) che la presente modifica avra' effetto a decorrere dal 1 gennaio 1997.

AGGIORNAMENTO (29)

Il Decreto 22 dicembre 1998 (in G.U. 28/12/1998, n. 301) ha disposto (con l'art. 1, comma 1) che la presente modifica avra' effetto a decorrere dal 1 gennaio 1999.

AGGIORNAMENTO (43)

Il Decreto 29 dicembre 2000 (in G.U. 30/12/2000, n. 303) ha disposto (con l'art. 1, comma 1) che la presente modifica avra' effetto a decorrere dal 1 gennaio 2001.

AGGIORNAMENTO (52)

Il Decreto 24 dicembre 2002 (in G.U. 30/12/2002, n. 304) ha disposto (con l'art. 1, comma 1) che la presente modifica avra' effetto a decorrere dal 1 gennaio 2003.

AGGIORNAMENTO (64)

Il Decreto 22 dicembre 2004 (in G.U. 30/12/2004, n. 305) ha disposto (con l'art. 1, comma 2) che la presente modifica avra' effetto a decorrere dal 1 gennaio 2005.

AGGIORNAMENTO (80)

Il Decreto 29 dicembre 2006 (in G.U. 30/12/2006, n. 302) ha disposto (con l'art. 1, comma 2) che la presente modifica avra' effetto a decorrere dal 1 gennaio 2007.

AGGIORNAMENTO (89)

Il Decreto 17 dicembre 2008 (in G.U. 30/12/2008, n. 303) ha disposto (con l'art. 1, comma 2) che la presente modifica avra' effetto a decorrere dal 1 gennaio 2009.

AGGIORNAMENTO (101)

Il Decreto 22 dicembre 2010 (in G.U. 31/12/2010 n. 305) ha disposto (con l'art. 1, comma 2) che la presente modifica avra' effetto a decorrere dal 1 gennaio 2011.

AGGIORNAMENTO (114)

Il Decreto 19 dicembre 2012 (in G.U. 31/12/2012 n. 303) ha disposto (con l'art. 1, comma 2) che la presente modifica avra' effetto a decorrere dal 1 gennaio 2013.

AGGIORNAMENTO (124)

Il Decreto 16 dicembre 2014 (in G.U. 31/12/2014, n. 302) ha disposto (con l'art. 1, comma 2) che la presente modifica avra' effetto a decorrere dal 1 gennaio 2015.

AGGIORNAMENTO (133)

Il Decreto 20 dicembre 2016 (in G.U. 30/12/2016, n. 304) ha disposto (con l'art. 1, comma 1) che la presente modifica avra' effetto a decorrere dal 1 gennaio 2017.

AGGIORNAMENTO (145)

Il Decreto 27 dicembre 2018 (in G.U. 29/12/2018, n. 301) ha disposto (con l'art. 3, comma 1) che la presente modifica avra' effetto a decorrere dal 1° gennaio 2019.

AGGIORNAMENTO (163)

Il Decreto 31 dicembre 2020 (in G.U. 31/12/2020, n. 323) ha disposto (con l'art. 3, comma 1) che la presente modifica avra' effetto a decorrere dal 1° gennaio 2021.

Art. 91.
Locazione senza conducente con facolta' di acquistoleasing e vendita di veicoli con patto di riservato dominio

1. I motoveicoli, gli autoveicoli ed i rimorchi locati con facolta' di acquisto sono immatricolati a nome del locatore, ma con specifica annotazione sulla carta di circolazione del nominativo del locatario e della data di scadenza del relativo contratto. In tale ipotesi, la immatricolazione viene effettuata in relazione all'uso cui il locatario intende adibire il veicolo e a condizione che lo stesso sia in possesso del titolo e dei requisiti eventualmente prescritti dagli articoli da 82 a 90. Nelle medesime ipotesi, si considera intestatario della carta di circolazione anche il locatore. Le indicazioni di cui sopra sono riportate nella iscrizione al P.R.A.

2. Ai fini del risarcimento dei danni prodotti a persone o cose dalla circolazione dei veicoli, il locatario e' responsabile in solido con il conducente ai sensi dell'art. 2054, comma terzo, del codice civile.

3. Nell'ipotesi di vendita di veicolo con patto di riservato dominio, il veicolo e' immatricolato al nome dell'acquirente, ma con specifica indicazione nella carta di circolazione del nome del venditore e della data di pagamento dell'ultima rata. Le stesse indicazioni sono riportate nella iscrizione al P.R.A.

4. Ai fini delle violazioni amministrative si applica all'utilizzatore a titolo di locazione finanziaria e all'acquirente con patto di riservato dominio l'art. 196, comma 1.((4))

AGGIORNAMENTO (4)

Il D.Lgs. 28 giugno 1993, n. 214 ha disposto (con l'art. 1, comma 1) che le disposizioni del titolo III del presente D.Lgs. si applicano dal 1° ottobre 1993.

Art. 92.
Estratto dei documenti di circolazione o di guida

1. Quando per ragione d'ufficio i documenti di circolazione, la patente di guida e il certificato di abilitazione professionale, ovvero uno degli altri documenti previsti dall'art. 180, vengono consegnati agli uffici che ne hanno curato il rilascio per esigenze inerenti alle loro rispettive attribuzioni, questi ultimi provvedono a fornire, previo accertamento degli adempimenti prescritti, un estratto del documento che sostituisce a tutti gli effetti l'originale per la durata massima di sessanta giorni.
2. La ricevuta rilasciata dalle imprese di consulenza ai sensi dell'articolo 7, comma 1, della legge 8 agosto 1991, n. 264, e successive modificazioni, sostituisce il documento ad esse consegnato ovvero l'estratto di cui al comma 1 del presente articolo per trenta giorni dalla data di rilascio, che deve essere riportata lo stesso giorno nel registro giornale tenuto dalle predette imprese. Queste devono porre a disposizione dell'interessato, entro i predetti trenta giorni, l'estratto di cui al comma 1 del presente articolo ovvero il documento conseguente all'operazione cui si riferisce la ricevuta. Tale ricevuta non e' rinnovabile ne' reiterabile ed e' valida per la circolazione nella misura in cui ne sussistano le condizioni.
3. Chiunque abusivamente rilascia la ricevuta e' punito con la sanzione amministrativa del pagamento di una somma ((da € 430 a € 1.731)). Alla contestazione di tre violazioni nell'arco di un triennio consegue la revoca dell'autorizzazione di cui all'articolo 3 della legge 8 agosto 1991, n. 264. Ogni altra irregolarita' nel rilascio della ricevuta e' punita con la sanzione amministrativa del pagamento di una somma ((da € 87 a € 344)). (19) (29) (43) (52) (64) (80) (89) (101) (114) (124) (133) (145) ((163))
4. Alla violazione di cui al comma 2, secondo periodo, consegue la sanzione amministrativa del pagamento di una somma ((da € 87 a € 344)). (19) (29) (43) (52) (64) (80) (89) (101) (114) (124) (145) ((163))
(4)

AGGIORNAMENTO (4)

Il D.Lgs. 28 giugno 1993, n. 214 ha disposto (con l'art. 1, comma 1) che le disposizioni del titolo III del presente D.Lgs. si applicano dal 1° ottobre 1993.

AGGIORNAMENTO (8)

Il D.Lgs. 10 settembre 1993, n. 360, come modificato dall'avviso di rettifica in G.U. 03/03/1994, n. 51, ha disposto (con l'art. 40, comma 1, lettera a)) che al comma 2 del presente articolo le parole "quindici giorni" sono sostituite, ogni volta, dalle seguenti: "trenta giorni".

AGGIORNAMENTO (19)

Il Decreto 20 dicembre 1996 (in G.U. 28/12/1996, n. 303) ha disposto (con l'art. 1, comma 1) che le presenti modifiche avranno effetto a decorrere dal 1 gennaio 1997.

AGGIORNAMENTO (29)

Il Decreto 22 dicembre 1998 (in G.U. 28/12/1998, n. 301) ha disposto (con l'art. 1, comma 1) che le presenti modifiche avranno effetto a decorrere dal 1 gennaio 1999.

AGGIORNAMENTO (43)

Il Decreto 29 dicembre 2000 (in G.U. 30/12/2000, n. 303) ha disposto (con l'art. 1, comma 1) che le presenti modifiche avranno effetto a decorrere dal 1 gennaio 2001.

AGGIORNAMENTO (52)

Il Decreto 24 dicembre 2002 (in G.U. 30/12/2002, n. 304) ha disposto (con l'art. 1, comma 1) che le presenti modifiche avranno effetto a decorrere dal 1 gennaio 2003.

AGGIORNAMENTO (64)

Il Decreto 22 dicembre 2004 (in G.U. 30/12/2004, n. 305) ha disposto (con l'art. 1, comma 2) che le presenti modifiche avranno effetto a decorrere dal 1 gennaio 2005.

AGGIORNAMENTO (80)

Il Decreto 29 dicembre 2006 (in G.U. 30/12/2006, n. 302) ha disposto (con l'art. 1, comma 2) che le presenti modifiche avranno effetto a decorrere dal 1 gennaio 2007.

AGGIORNAMENTO (89)

Il Decreto 17 dicembre 2008 (in G.U. 30/12/2008, n. 303) ha disposto (con l'art. 1, comma 2) che le presenti modifiche avranno effetto a decorrere dal 1 gennaio 2009.

AGGIORNAMENTO (101)

Il Decreto 22 dicembre 2010 (in G.U. 31/12/2010 n. 305) ha disposto (con l'art. 1, comma 2) che le presenti modifiche avranno effetto a decorrere dal 1 gennaio 2011.

AGGIORNAMENTO (114)

Il Decreto 19 dicembre 2012 (in G.U. 31/12/2012 n. 303) ha disposto (con l'art. 1, comma 2) che le presenti modifiche avranno effetto a decorrere dal 1 gennaio 2013.

AGGIORNAMENTO (124)

Il Decreto 16 dicembre 2014 (in G.U. 31/12/2014, n. 302) ha disposto (con l'art. 1, comma 2) che le presenti modifiche avranno effetto a decorrere dal 1 gennaio 2015.

AGGIORNAMENTO (133)

Il Decreto 20 dicembre 2016 (in G.U. 30/12/2016, n. 304) ha disposto (con l'art. 1, comma 1) che la presente modifica avra' effetto a decorrere dal 1 gennaio 2017.

AGGIORNAMENTO (145)

Il Decreto 27 dicembre 2018 (in G.U. 29/12/2018, n. 301) ha disposto (con l'art. 3, comma 1) che le presenti modifiche avranno effetto a decorrere dal 1° gennaio 2019.

AGGIORNAMENTO (163)

Il Decreto 31 dicembre 2020 (in G.U. 31/12/2020, n. 323) ha disposto (con l'art. 3, comma 1) che le presenti modifiche avranno effetto a decorrere dal 1° gennaio 2021.

Sezione III Documenti di circolazione e immatricolazione

Art. 93.

Formalita' necessarie per la circolazione degli autoveicoli, motoveicoli e rimorchi

1. Gli autoveicoli, i motoveicoli e i rimorchi per circolare devono essere muniti di una carta di circolazione e immatricolati presso il Dipartimento per i trasporti terrestri.

1-bis. ((COMMA ABROGATO DALLA L. 23 DICEMBRE 2021, N. 238)).1-ter. ((COMMA ABROGATO DALLA L. 23 DICEMBRE 2021, N. 238)). 1-quater. ((COMMA ABROGATO DALLA L. 23 DICEMBRE 2021, N. 238)). 1-quinquies. ((COMMA ABROGATO DALLA L. 23 DICEMBRE 2021, N. 238)). 2. L'ufficio competente del Dipartimento per i trasporti terrestri

provvede all'immatricolazione e rilascia la carta di circolazione intestandola a chi si dichiara proprietario del veicolo, indicando, ove ricorrano, anche le generalita' dell'usufruttuario o del locatario con facolta' di acquisto o del venditore con patto di riservato dominio, con le specificazioni di cui all'art. 91.

3. La carta di circolazione non puo' essere rilasciata se non sussistono il titolo o i requisiti per il servizio o il trasporto,

ove richiesti dalle disposizioni di legge.

4. Il Ministero dei trasporti, con propri decreti, stabilisce le procedure e la documentazione occorrente per l'immatricolazione, il contenuto della carta di circolazione, prevedendo, in particolare per i rimorchi, le annotazioni eventualmente necessarie per consentirne il traino. L'ufficio competente del Dipartimento per i trasporti terrestri, per i casi previsti dal comma 5, da' immediata comunicazione delle nuove immatricolazioni al Pubblico Registro Automobilistico gestito dall'A.C.I. ai sensi della legge 9 luglio 1990, n. 187. L'immatricolazione dei veicoli di interesse storico e collezionistico e' effettuata su presentazione di un titolo di proprieta' e di un certificato attestante le caratteristiche tecniche rilasciato dalla casa costruttrice o da uno degli enti o delle associazioni abilitati indicati dall'articolo 60. In caso di nuova immatricolazione di veicoli che sono gia' stati precedentemente iscritti al Pubblico registro automobilistico e cancellati d'ufficio o su richiesta di un precedente proprietario, ad esclusione dei veicoli che risultano demoliti ai sensi della normativa vigente in materia di contributi statali alla rottamazione, il richiedente ha facolta' di ottenere le targhe e il libretto di circolazione della prima iscrizione al Pubblico registro automobilistico, ovvero di ottenere una targa del periodo storico di costruzione o di circolazione del veicolo, in entrambi i casi conformi alla grafica originale, purche' la sigla alfa-numerica prescelta non sia gia' presente nel sistema meccanografico del Centro elaborazione dati della Motorizzazione civile e riferita a un altro veicolo ancora circolante, indipendentemente dalla difformita' di grafica e di formato di tali documenti rispetto a quelli attuali rispondenti allo standard europeo. Tale facolta' e' concessa anche retroattivamente per i veicoli che sono stati negli anni reimmatricolati o ritargati, purche' in regola con il pagamento degli oneri dovuti. Il rilascio della targa e del libretto di circolazione della prima iscrizione al Pubblico registro automobilistico, nonche' il rilascio di una targa del periodo storico di costruzione o di circolazione del veicolo sono soggetti al pagamento di un contributo, il cui importo e i cui criteri e modalita' di versamento sono stabiliti con decreto

dirigenziale del Ministero delle infrastrutture e dei trasporti. I proventi derivanti dal contributo di cui al periodo precedente concorrono al raggiungimento degli obiettivi di finanza pubblica.

5. Per i veicoli soggetti ad iscrizione nel P.R.A., nella carta di circolazione sono annotati i dati attestanti la proprieta' e lo stato giuridico del veicolo. (138a) (148)

6. Per gli autoveicoli e i rimorchi indicati nell'art. 10, comma 1, e' rilasciata una speciale carta di circolazione, che deve essere accompagnata dall'autorizzazione, quando prevista dall'articolo stesso. Analogo speciale documento e' rilasciato alle macchine agricole quando per le stesse ricorrono le condizioni di cui all'art. 104, comma 8.

7. Chiuque circola con un veicolo per il quale non sia stata rilasciata la carta di circolazione e' soggetto alla sanzione amministrativa del pagamento di una somma da € 430 a € 1.731. Alla medesima sanzione e' sottoposto separatamente il proprietario del veicolo o l'usufruttuario o il locatario con facolta' di acquisto o l'acquirente con patto di riservato dominio. Dalla violazione consegue la sanzione amministrativa accessoria della confisca del veicolo, secondo le norme di cui al capo I, sezione II, del titolo VI. (19) (29) (43) (52) (64) (80) (89) (101) (114) (124) (133) (145) (163)

7-bis. ((COMMA ABROGATO DALLA L. 23 DICEMBRE 2021, N. 238)).7-ter. ((COMMA ABROGATO DALLA L. 23 DICEMBRE 2021, N. 238)).8. Chiunque circola con un rimorchio agganciato ad una motrice le cui caratteristiche non siano indicate, ove prescritto, nella carta di circolazione e' soggetto alla sanzione amministrativa del pagamento di una somma da € 87 a € 344. (19) (29) (43) (52) (64) (80) (89) (101) (114) (124) (145) (163)

9. COMMA SOPPRESSO DAL D.LGS. 29 MAGGIO 2017, N. 98. (138a) (148)

10. Le norme suddette non si applicano ai veicoli delle Forze armate di cui all'art. 138, comma 1, ed a quelli degli enti e corpi equiparati ai sensi dell'art. 138, comma 11; a tali veicoli si applicano le disposizioni dell'art. 138.

11. I veicoli destinati esclusivamente all'impiego dei servizi di polizia stradale indicati nell'art. 11 vanno immatricolati dall'ufficio competente del Dipartimento per i trasporti terrestri, su richiesta del corpo, ufficio o comando che utilizza tali veicoli per i servizi di polizia stradale. A siffatto corpo, ufficio o comando viene rilasciata, dall'ufficio competente del Dipartimento per i trasporti terrestri che ha immatricolato il veicolo, la carta di circolazione; questa deve contenere, oltre i dati di cui al comma 4, l'indicazione che il veicolo e' destinato esclusivamente a servizio di polizia stradale. Nel regolamento sono stabilite le caratteristiche di tali veicoli.

12. Fermo restando quanto previsto dal decreto del Presidente della Repubblica 19 settembre 2000, n. 358, istitutivo dello sportello telematico dell'automobilista, gli adempimenti amministrativi

previsti dal presente articolo e dagli articoli 94 e 103, comma 1, sono gestiti in via telematica dagli uffici del Dipartimento per i trasporti, la navigazione, gli affari generali e del personale, quale centro unico di servizio, attraverso il sistema informativo del Dipartimento stesso. (138a) (148)
(4)

AGGIORNAMENTO (4)

Il D.Lgs. 28 giugno 1993, n. 214 ha disposto (con l'art. 1, comma 1) che le disposizioni del titolo III del presente D.Lgs. si applicano dal 1° ottobre 1993.

AGGIORNAMENTO (19)

Il Decreto 20 dicembre 1996 (in G.U. 28/12/1996, n. 303) ha disposto (con l'art. 1, comma 1) che le presenti modifiche avranno effetto a decorrere dal 1 gennaio 1997.

AGGIORNAMENTO (29)

Il Decreto 22 dicembre 1998 (in G.U. 28/12/1998, n. 301) ha disposto (con l'art. 1, comma 1) che le presenti modifiche avranno effetto a decorrere dal 1 gennaio 1999.

AGGIORNAMENTO (43)

Il Decreto 29 dicembre 2000 (in G.U. 30/12/2000, n. 303) ha disposto (con l'art. 1, comma 1) che le presenti modifiche avranno effetto a decorrere dal 1 gennaio 2001.

AGGIORNAMENTO (52)

Il Decreto 24 dicembre 2002 (in G.U. 30/12/2002, n. 304) ha disposto (con l'art. 1, comma 1) che le presenti modifiche avranno effetto a decorrere dal 1 gennaio 2003.

AGGIORNAMENTO (64)

Il Decreto 22 dicembre 2004 (in G.U. 30/12/2004, n. 305) ha disposto (con l'art. 1, comma 2) che le presenti modifiche avranno effetto a decorrere dal 1 gennaio 2005.

AGGIORNAMENTO (80)

Il Decreto 29 dicembre 2006 (in G.U. 30/12/2006, n. 302) ha disposto (con l'art. 1, comma 2) che le presenti modifiche avranno effetto a decorrere dal 1 gennaio 2007.

AGGIORNAMENTO (89)

Il Decreto 17 dicembre 2008 (in G.U. 30/12/2008, n. 303) ha disposto (con l'art. 1, comma 2) che le presenti modifiche avranno effetto a decorrere dal 1 gennaio 2009.

AGGIORNAMENTO (101)

Il Decreto 22 dicembre 2010 (in G.U. 31/12/2010, n. 305) ha disposto (con l'art. 1, comma 2) che le presenti modifiche avranno effetto a decorrere dal 1 gennaio 2011.

AGGIORNAMENTO (114)

Il Decreto 19 dicembre 2012 (in G.U. 31/12/2012, n. 303) ha disposto (con l'art. 1, comma 2) che le presenti modifiche avranno effetto a decorrere dal 1 gennaio 2013.

AGGIORNAMENTO (124)

Il Decreto 16 dicembre 2014 (in G.U. 31/12/2012, n. 302) ha disposto (con l'art. 1, comma 2) che le presenti modifiche avranno effetto a decorrere dal 1 gennaio 2015.

AGGIORNAMENTO (133)

Il Decreto 20 dicembre 2016 (in G.U. 30/12/2016, n. 304) ha disposto (con l'art. 1, comma 1) che le presenti modifiche avranno effetto a decorrere dal 1 gennaio 2017.

AGGIORNAMENTO (138a)

Il D.Lgs. 29 maggio 2017, n. 98, come modificato dalla L. 27 dicembre 2017, n. 205, ha disposto (con l'art. 7, comma 1) la proroga dell'entrata in vigore delle modifiche di cui ai commi 5 e 12 e dell'abrogazione di cui al comma 9 del presente articolo dal 1° luglio 2018 al 1° gennaio 2019.

AGGIORNAMENTO (148)

Il D.Lgs. 29 maggio 2017, n. 98, come modificato dalla L. 30 dicembre 2018, n. 145, ha disposto (con l'art. 7, comma 1) la proroga dell'entrata in vigore delle modifiche di cui ai commi 5 e 12 e dell'abrogazione di cui al comma 9 del presente articolo dal 1° gennaio 2019 al 1° gennaio 2020.

AGGIORNAMENTO (145)

Il Decreto 27 dicembre 2018 (in G.U. 29/12/2018, n. 301) ha disposto (con l'art. 3, comma 1) che le presenti modifiche avranno

effetto a decorrere dal 1° gennaio 2019.

AGGIORNAMENTO (163)

Il Decreto 31 dicembre 2020 (in G.U. 31/12/2020, n. 323) ha disposto (con l'art. 3, comma 1) che le presenti modifiche avranno effetto a decorrere dal 1° gennaio 2021.

Art. 93-bis.

(((Formalita' necessarie per la circolazione degli autoveicoli, motoveicoli e rimorchi immatricolati in uno Stato estero e condotti da residenti in Italia).))

((1. Fuori dei casi di cui al comma 3, gli autoveicoli, i motoveicoli e i rimorchi immatricolati in uno Stato estero di proprieta' di persona che abbia acquisito residenza anagrafica in Italia sono ammessi a circolare sul territorio nazionale a condizione che entro tre mesi dall'acquisizione della residenza siano immatricolati secondo le disposizioni degli articoli 93 e 94.))

((2. A bordo degli autoveicoli, dei motoveicoli e dei rimorchi immatricolati in uno Stato estero, condotti sul territorio nazionale da soggetto avente residenza anagrafica in Italia non coincidente con l'intestatario del veicolo stesso, deve essere custodito un documento, sottoscritto con data certa dall'intestatario, dal quale risultino il titolo e la durata della disponibilita' del veicolo. Quando la disponibilita' del veicolo da parte di persona fisica o giuridica residente o avente sede in Italia supera un periodo di trenta giorni, anche non continuativi, nell'anno solare, il titolo e la durata della disponibilita' devono essere registrati, a cura dell'utilizzatore, in apposito elenco del sistema informativo del P.R.A. di cui all'articolo 94, comma 4-ter. Ogni successiva variazione della disponibilita' del veicolo registrato deve essere annotata entro tre giorni a cura di chiunque cede la disponibilita' del veicolo stesso. In caso di trasferimento della residenza o di sede se si tratta di persona giuridica, all'annotazione provvede chi ha la disponibilita' del veicolo. In mancanza di idoneo documento a bordo del veicolo ovvero di registrazione nell'elenco di cui all'articolo 94, comma 4-ter, la disponibilita' del veicolo si considera in capo al conducente e l'obbligo di registrazione deve essere assolto immediatamente dallo stesso. Ai veicoli immatricolati in uno Stato estero si applicano le medesime disposizioni previste dal presente codice per i veicoli immatricolati in Italia per tutto il tempo in cui risultano registrati nell'elenco dei veicoli di cui all'articolo 94, comma 4-ter.)) ((171))

((3. Le disposizioni di cui al comma 2 si applicano altresi' ai lavoratori subordinati o autonomi che esercitano un'attivita' professionale nel territorio di uno Stato limitrofo o confinante e che circolano con veicoli di loro proprieta' ivi immatricolati. Tali soggetti hanno obbligo di registrazione entro sessanta giorni dall'acquisizione della proprieta' del veicolo. I veicoli registrati ai sensi del comma 2 possono essere condotti anche dai familiari conviventi dei predetti soggetti che hanno residenza in Italia.

4. Le targhe dei veicoli di cui ai commi 1, 2 e 3 devono essere chiaramente leggibili e contenere il contrassegno di immatricolazione composto da cifre arabe e da caratteri latini maiuscoli, secondo le modalita' da stabilire nel regolamento. Chiunque viola le disposizioni del presente comma e' soggetto alle sanzioni di cui all'articolo 100, commi 11 e 15.

5. Le disposizioni di cui ai commi 1 e 2 non si applicano:

a) ai cittadini residenti nel comune di Campione d'Italia;

b) al personale civile e militare dipendente da pubbliche amministrazioni in servizio all'estero, di cui all'articolo 1, comma 9, lettere a) e b), della legge 27 ottobre 1988, n. 470;

c) al personale delle Forze armate e di polizia in servizio all'estero presso organismi internazionali o basi militari;

d) ai familiari conviventi all'estero con il personale di cui alle lettere b) e c);

e) qualora il proprietario del veicolo, residente all'estero, sia presente a bordo.

6. Le disposizioni di cui al comma 2 non si applicano ai conducenti residenti in Italia da oltre sessanta giorni che si trovano alla guida di veicoli immatricolati nella Repubblica di San Marino e nella disponibilita' di imprese aventi sede nel territorio sammarinese, con le quali sono legati da un rapporto di lavoro subordinato o di collaborazione continuativa.

7. Il proprietario del veicolo che ne consente la circolazione in violazione delle disposizioni di cui ai commi 1 e 3 e' soggetto alla sanzione amministrativa del pagamento di una somma da euro 400 a euro 1.600. L'organo accertatore ritira il documento di circolazione e intima al proprietario di immatricolare il veicolo secondo le disposizioni degli articoli 93 e 94, ovvero, nei casi di cui al comma 3, di provvedere alla registrazione ai sensi del comma 2. Ordina altresi' l'immediata cessazione della circolazione del veicolo e il suo trasporto e deposito in luogo non soggetto a pubblico passaggio. Si applicano, in quanto compatibili, le disposizioni dell'articolo 213. Il documento di circolazione ritirato e' trasmesso all'ufficio della motorizzazione civile competente per territorio. Il veicolo e' restituito all'avente diritto dopo la verifica dell'adempimento

dell'intimazione. In alternativa all'immatricolazione o alla registrazione in Italia, l'intestatario del documento di circolazione estero puo' chiedere all'organo accertatore di essere autorizzato a lasciare per la via piu' breve il territorio dello Stato e a condurre il veicolo oltre i transiti di confine. Qualora, entro il termine di trenta giorni decorrenti dalla data della violazione, il veicolo non sia immatricolato o registrato in Italia o, qualora autorizzato, lo stesso non sia condotto oltre i transiti di confine, si applica la sanzione accessoria della confisca amministrativa. Chiunque circola durante il periodo di sequestro amministrativo ovvero violando le prescrizioni imposte dall'autorizzazione rilasciata per condurre il veicolo oltre i transiti di confine e' soggetto alle sanzioni di cui all'articolo 213, comma 8.

8. Chiunque viola le disposizioni di cui al comma 2, primo periodo, e' soggetto alla sanzione amministrativa del pagamento di una somma da euro 250 a euro 1.000. Nel verbale di contestazione e' imposto l'obbligo di esibizione del documento di cui al comma 2 entro il termine di trenta giorni. Il veicolo e' sottoposto alla sanzione accessoria del fermo amministrativo secondo le disposizioni dell'articolo 214 in quanto compatibili ed e' riconsegnato al conducente, al proprietario o al legittimo detentore, ovvero a persona delegata dal proprietario, solo dopo che sia stato esibito il documento di cui al comma 2 o, comunque, decorsi sessanta giorni dall'accertamento della violazione. In caso di mancata esibizione del documento, l'organo accertatore provvede all'applicazione della sanzione di cui all'articolo 94, comma 3, con decorrenza dei termini per la notificazione dal giorno successivo a quello stabilito per la presentazione dei documenti.

9. Chiunque, nelle condizioni indicate al comma 2, secondo periodo, circola con un veicolo per il quale non abbia effettuato la registrazione ivi prevista ovvero non abbia provveduto a comunicare le successive variazioni di disponibilita' o il trasferimento di residenza o di sede, e' soggetto alla sanzione amministrativa del pagamento di una somma da euro 712 a euro 3.558. Il documento di circolazione e' ritirato immediatamente dall'organo accertatore e restituito solo dopo l'adempimento delle prescrizioni non osservate. Del ritiro e' fatta menzione nel verbale di contestazione. In caso di circolazione del veicolo durante il periodo in cui il documento di circolazione e' ritirato ai sensi del presente comma, si applicano le sanzioni di cui all'articolo 216, comma 6)).

AGGIORNAMENTO (171)
La L. 23 dicembre 2021, n. 238, ha disposto (con l'art. 2, comma 2)

che le disposizioni di cui al comma 2 del presente articolo, si applicano decorsi sessanta giorni dalla data di pubblicazione della suindicata legge nella Gazzetta Ufficiale.

Art. 94.
(Formalita' per il trasferimento di proprieta' degli autoveicoli, motoveicoli e rimorchi e per il trasferimento di residenza dell'intestatario).

1. In caso di trasferimento della proprieta' degli autoveicoli, dei motoveicoli e dei rimorchi o nel caso di costituzione dell'usufrutto o di stipulazione di locazione con facolta' di acquisto, l'ufficio competente del Dipartimento per i trasporti, la navigazione, gli affari generali e del personale, su richiesta avanzata dall'acquirente entro sessanta giorni dalla data in cui la sottoscrizione dell'atto e' stata autenticata o giudizialmente accertata, provvede al rilascio di una nuova carta di circolazione nella quale sono annotati gli intervenuti mutamenti della proprieta' e dello stato giuridico del veicolo. Il competente ufficio del P.R.A. provvede alla relativa trascrizione ovvero, in caso di accertate irregolarita', procede alla ricusazione della formalita' entro tre giorni dal ricevimento delle informazioni e delle documentazioni trasmesse, in via telematica, dall'ufficio del Dipartimento per i trasporti, la navigazione, gli affari generali e del personale.

(138a) (148)
2. In caso di trasferimento della residenza dell'intestatario della carta di circolazione, o di sede se si tratta di persona giuridica, l'ufficio competente del Dipartimento per i trasporti, la navigazione, gli affari generali e del personale procede all'aggiornamento dell'archivio nazionale dei veicoli di cui agli articoli 225 e 226. (138a) (148)
3. Chi non osserva le disposizioni stabilite nel presente articolo e' soggetto alla sanzione amministrativa del pagamento di una somma da € 727 a € 3.629. (52) (64) (80) (89) (101) (114) (124) (133) (145) (163)
4. Chiunque circoli con un veicolo per il quale non e' stato richiesto, nel termine stabilito dal comma 1, l'aggiornamento dei dati presenti nell'archivio nazionale dei veicoli o il rinnovo della carta di circolazione e' soggetto alla sanzione amministrativa del pagamento di una somma da € 363 a € 1.813. (52) (64) (80) (89) (101) (114) (124) (133) (138a) (148) (145) (163)
4-bis. Fatto salvo quanto previsto dall'articolo 93, comma 2, gli atti, ancorche' diversi da quelli di cui al comma 1 del presente articolo, da cui derivi una variazione dell'intestatario della carta

di circolazione ovvero che comportino la disponibilita' del veicolo, per un periodo superiore a trenta giorni, in favore di un soggetto diverso dall'intestatario stesso, nei casi previsti dal regolamento sono dichiarati dall'avente causa, entro trenta giorni, al Dipartimento per i trasporti, la navigazione ed i sistemi informativi e statistici al fine dell'annotazione sulla carta di circolazione, nonche' della registrazione nell'archivio di cui agli articoli 225, comma 1, lettera b), e 226, comma 5. In caso di omissione si applica la sanzione prevista dal comma 3.

((4-ter. Nel sistema informativo del P.R.A. e' formato ed aggiornato l'elenco dei veicoli immatricolati all'estero per i quali e' richiesta la registrazione ai sensi del comma 2 dell'articolo 93-bis, secondo la medesima disciplina prevista per l'iscrizione dei veicoli ai sensi della legge 9 luglio 1990, n. 187. Tale elenco costituisce una base di dati disponibile per tutte le finalita' previste dall'articolo 51, comma 2-bis, del decreto-legge 26 ottobre 2019, n. 124, convertito, con modificazioni, dalla legge 19 dicembre 2019, n. 157. L'elenco e' pubblico)).

5. La carta di circolazione e' ritirata immediatamente da chi accerta le violazioni previste nei commi 4 e 4-bis ed e' inviata all'ufficio competente del Dipartimento per i trasporti terrestri, che provvede al rinnovo dopo l'adempimento delle prescrizioni omesse.

6. Per gli atti di trasferimento di proprieta' degli autoveicoli, motoveicoli e rimorchi posti in essere fino alla data di entrata in vigore della presente disposizione e' consentito entro novanta giorni procedere, senza l'applicazione di sanzioni, alle necessarie regolarizzazioni.

7. Ai fini dell'esonero dall'obbligo di pagamento delle tasse di circolazione e relative soprattasse e accessori derivanti dalla titolarita' di beni mobili iscritti al Pubblico registro automobilistico, nella ipotesi di sopravvenuta cessazione dei relativi diritti, e' sufficiente produrre ai competenti uffici idonea documentazione attestante la inesistenza del presupposto giuridico per l'applicazione della tassa.

8. In tutti i casi in cui e' dimostrata l'assenza di titolarita' del bene e del conseguente obbligo fiscale, gli uffici di cui al comma 1 procedono all'annullamento delle procedure di riscossione coattiva delle tasse, soprattasse e accessori.

AGGIORNAMENTO (4)

Il D.Lgs. 28 giugno 1993, n. 214 ha disposto (con l'art. 1, comma 1) che le disposizioni del titolo III del presente D.Lgs. si applicano dal 1° ottobre 1993.

AGGIORNAMENTO (19)

Il Decreto 20 dicembre 1996 (in G.U. 28/12/1996, n. 303) ha disposto (con l'art. 1, comma 1) che le presenti modifiche avranno effetto a decorrere dal 1 gennaio 1997.

AGGIORNAMENTO (52)

Il Decreto 24 dicembre 2002 (in G.U. 30/12/2002, n. 304) ha disposto (con l'art. 1, comma 1) che le presenti modifiche avranno effetto a decorrere dal 1 gennaio 2003.

AGGIORNAMENTO (64)

Il Decreto 22 dicembre 2004 (in G.U. 30/12/2004, n. 305) ha disposto (con l'art. 1, comma 2) che le presenti modifiche avranno effetto a decorrere dal 1 gennaio 2005.

AGGIORNAMENTO (80)

Il Decreto 29 dicembre 2006 (in G.U. 30/12/2006, n. 302) ha disposto (con l'art. 1, comma 2) che le presenti modifiche avranno effetto a decorrere dal 1 gennaio 2007.

AGGIORNAMENTO (89)

Il Decreto 17 dicembre 2008 (in G.U. 30/12/2008, n. 303) ha disposto (con l'art. 1, comma 2) che le presenti modifiche avranno effetto a decorrere dal 1 gennaio 2009.

AGGIORNAMENTO (101)

Il Decreto 22 dicembre 2010 (in G.U. 31/12/2010 n. 305) ha disposto (con l'art. 1, comma 2) che le presenti modifiche avranno effetto a decorrere dal 1 gennaio 2011.

AGGIORNAMENTO (114)

Il Decreto 19 dicembre 2012 (in G.U. 31/12/2012 n. 303) ha disposto (con l'art. 1, comma 2) che le presenti modifiche avranno effetto a decorrere dal 1 gennaio 2013.

AGGIORNAMENTO (124)

Il Decreto 16 dicembre 2014 (in G.U. 31/12/2014, n. 302) ha disposto (con l'art. 1, comma 2) che le presenti modifiche avranno effetto a decorrere dal 1 gennaio 2015.

AGGIORNAMENTO (133)

Il Decreto 20 dicembre 2016 (in G.U. 30/12/2016, n. 304) ha disposto (con l'art. 1, comma 1) che le presenti modifiche avranno effetto a decorrere dal 1 gennaio 2017.

AGGIORNAMENTO (138a)

Il D.Lgs. 29 maggio 2017, n. 98, come modificato dalla L. 27 dicembre 2017, n. 205, ha disposto (con l'art. 7, comma 1) la proroga dell'entrata in vigore delle modifiche di cui ai commi 1, 2 e 4 del presente articolo dal 1° luglio 2018 al 1° gennaio 2019.

AGGIORNAMENTO (148)

Il D.Lgs. 29 maggio 2017, n. 98, come modificato dalla L. 30 dicembre 2018, n. 145, ha disposto (con l'art. 7, comma 1) la proroga dell'entrata in vigore delle modifiche di cui ai commi 1, 2 e 4 del presente articolo dal 1° gennaio 2019 al 1° gennaio 2020.

AGGIORNAMENTO (145)

Il Decreto 27 dicembre 2018 (in G.U. 29/12/2018, n. 301) ha disposto (con l'art. 3, comma 1) che le presenti modifiche avranno effetto a decorrere dal 1° gennaio 2019.

AGGIORNAMENTO (163)

Il Decreto 31 dicembre 2020 (in G.U. 31/12/2020, n. 323) ha disposto (con l'art. 3, comma 1) che le presenti modifiche avranno effetto a decorrere dal 1° gennaio 2021.

Art. 94-bis.
(Divieto di intestazione fittizia dei veicoli).

1. La carta di circolazione di cui all'articolo 93 e il certificato di circolazione di cui all'articolo 97 non possono essere rilasciati qualora risultino situazioni di intestazione o cointestazione simulate o che eludano o pregiudichino l'accertamento del responsabile civile della circolazione di un veicolo. (138a) (148)

2. Salvo che il fatto costituisca reato, chiunque richieda o abbia ottenuto il rilascio dei documenti di cui al comma 1 in violazione di quanto disposto dal medesimo comma 1 e' punito con la sanzione amministrativa del pagamento di una somma ((da € 543 a € 2.170)). La sanzione di cui al periodo precedente si applica anche a chi abbia la materiale disponibilita' del veicolo al quale si riferisce l'operazione, nonche' al soggetto proprietario dissimulato. (114) (124) (133) (145) ((163))

3. Il veicolo in relazione al quale sono rilasciati i documenti di cui al comma 1 in violazione del divieto di cui al medesimo comma e' soggetto alla cancellazione d'ufficio dal PRA e dall'archivio di cui

agli articoli 225, comma 1, lettera b), e 226, comma 5. In caso di circolazione dopo la cancellazione, si applicano le sanzioni amministrative di cui al comma 7 dell'articolo 93. La cancellazione e' disposta su richiesta degli organi di polizia stradale che hanno accertato le violazioni di cui al comma 2 dopo che l'accertamento e' divenuto definitivo.

4. Con uno o piu' decreti del Ministro delle infrastrutture e dei trasporti, di concerto con i Ministri della giustizia e dell'interno, sono dettate le disposizioni applicative della disciplina recata dai commi 1, 2 e 3, con particolare riferimento all'individuazione di quelle situazioni che, in relazione alla tutela della finalita' di cui al comma 1 o per l'elevato numero dei veicoli coinvolti, siano tali da richiedere una verifica che non ricorrano le circostanze di cui al predetto comma 1.

AGGIORNAMENTO (114)

Il Decreto 19 dicembre 2012 (in G.U. 31/12/2012, n. 303) ha disposto (con l'art. 1, comma 2) che la presente modifica avra' effetto a decorrere dal 1 gennaio 2013.

AGGIORNAMENTO (124)

Il Decreto 19 dicembre 2012 (in G.U. 31/12/2012, n. 303) ha disposto (con l'art. 1, comma 2) che la presente modifica avra' effetto a decorrere dal 1 gennaio 2013.

AGGIORNAMENTO (133)

Il Decreto 20 dicembre 2016 (in G.U. 30/12/2016, n. 304) ha disposto (con l'art. 1, comma 1) che la presente modifica avra' effetto a decorrere dal 1 gennaio 2017.

AGGIORNAMENTO (138a)

Il D.Lgs. 29 maggio 2017, n. 98, come modificato dalla L. 27 dicembre 2017, n. 205, ha disposto (con l'art. 7, comma 1) la proroga dell'entrata in vigore della modifica di cui al comma 1 del presente articolo dal 1° luglio 2018 al 1° gennaio 2019.

AGGIORNAMENTO (148)

Il D.Lgs. 29 maggio 2017, n. 98, come modificato dalla L. 30 dicembre 2018, n. 145, ha disposto (con l'art. 7, comma 1) la proroga dell'entrata in vigore della modifica di cui al comma 1 del presente articolo dal 1° gennaio 2019 al 1° gennaio 2020.

AGGIORNAMENTO (145)
Il Decreto 27 dicembre 2018 (in G.U. 29/12/2018, n. 301) ha disposto (con l'art. 3, comma 1) che la presente modifica avra' effetto a decorrere dal 1° gennaio 2019.

AGGIORNAMENTO (163)
Il Decreto 31 dicembre 2020 (in G.U. 31/12/2020, n. 323) ha disposto (con l'art. 3, comma 1) che la presente modifica avra' effetto a decorrere dal 1° gennaio 2021.

Art. 95.
Duplicato della carta di circolazione (138a) (148)
1. COMMA SOPPRESSO DAL D.LGS. 29 MAGGIO 2017, N. 98. (138a)(148)
1-bis. Il Ministero delle infrastrutture e dei trasporti, con decreto dirigenziale, stabilisce il procedimento per il rilascio, attraverso il proprio sistema informatico, del duplicato delle carte di circolazione, con l'obiettivo della massima semplificazione amministrativa, anche con il coinvolgimento dei soggetti di cui alla legge 8 agosto 1991, n. 264. (99)
2. COMMA ABROGATO DAL D.P.R. 9 MARZO 2000, N. 105.
3. COMMA ABROGATO DAL D.P.R. 9 MARZO 2000, N. 105.
4. COMMA ABROGATO DAL D.P.R. 9 MARZO 2000, N. 105.
5. COMMA ABROGATO DAL D.P.R. 9 MARZO 2000, N. 105.
6. COMMA SOPPRESSO DAL D.LGS. 29 MAGGIO 2017, N. 98. (138a)(148)
7. Chiunque circola senza avere con se' l'estratto della carta di circolazione e' soggetto alla sanzione amministrativa del pagamento di una somma ((da € 26 a € 102)). (19) (29) (43) (52) (64) (80) (89)

(101) (114) (124) ((145))

AGGIORNAMENTO (4)
(4)
Il D.Lgs. 28 giugno 1993, n. 214 ha disposto (con l'art. 1, comma 1) che le disposizioni del titolo III del presente D.Lgs. si applicano dal 1° ottobre 1993.

AGGIORNAMENTO (19)
Il Decreto 20 dicembre 1996 (in G.U. 28/12/1996, n. 303) ha disposto (con l'art. 1, comma 1) che le presenti modifiche avranno effetto a decorrere dal 1 gennaio 1997.

AGGIORNAMENTO (29)

Il Decreto 22 dicembre 1998 (in G.U. 28/12/1998, n. 301) ha disposto (con l'art. 1, comma 1) che le presenti modifiche avranno effetto a decorrere dal 1 gennaio 1999.

AGGIORNAMENTO (43)
Il Decreto 29 dicembre 2000 (in G.U. 30/12/2000, n. 303) ha disposto (con l'art. 1, comma 1) che la presente modifica avra' effetto a decorrere dal 1 gennaio 2001.

AGGIORNAMENTO (52)
Il Decreto 24 dicembre 2002 (in G.U. 30/12/2002, n. 304) ha disposto (con l'art. 1, comma 1) che le presenti modifiche avranno effetto a decorrere dal 1 gennaio 2003.

AGGIORNAMENTO (64)
Il Decreto 22 dicembre 2004 (in G.U. 30/12/2004, n. 305) ha disposto (con l'art. 1, comma 2) che le presenti modifiche avranno effetto a decorrere dal 1 gennaio 2005.

AGGIORNAMENTO (80)
Il Decreto 29 dicembre 2006 (in G.U. 30/12/2006, n. 302) ha disposto (con l'art. 1, comma 2) che le presenti modifiche avranno effetto a decorrere dal 1 gennaio 2007.

AGGIORNAMENTO (89)
Il Decreto 17 dicembre 2008 (in G.U. 30/12/2008, n. 303) ha disposto (con l'art. 1, comma 2) che le presenti modifiche avranno effetto a decorrere dal 1 gennaio 2009.

AGGIORNAMENTO (99)
La L. 29 luglio 2010, n. 120 ha disposto (con l'art. 13, comma 1) che all'articolo 95, comma 1-bis dopo le parole: "carta di circolazione," sono inserite le seguenti: "anche con riferimento ai duplicati per smarrimento, deterioramento o distruzione dell' originale,".

AGGIORNAMENTO (101)
Il Decreto 22 dicembre 2010 (in G.U. 31/12/2010, n. 305) ha disposto (con l'art. 1, comma 2) che le presenti modifiche avranno effetto a decorrere dal 1 gennaio 2011.

AGGIORNAMENTO (114)

Il Decreto 19 dicembre 2012 (in G.U. 31/12/2012, n. 303) ha disposto (con l'art. 1, comma 2) che le presenti modifiche avranno effetto a decorrere dal 1 gennaio 2013.

AGGIORNAMENTO (124)

Il Decreto 16 dicembre 2014 (in G.U. 31/12/2012, n. 302) ha disposto (con l'art. 1, comma 2) che le presenti modifiche avranno effetto a decorrere dal 1 gennaio 2015.

AGGIORNAMENTO (138a)

Il D.Lgs. 29 maggio 2017, n. 98, come modificato dalla L. 27 dicembre 2017, n. 205, ha disposto (con l'art. 7, comma 1) la proroga dell'entrata in vigore della modifica della rubrica e della soppressione di cui ai commi 1 e 6 del presente articolo dal 1° luglio 2018 al 1° gennaio 2019.

AGGIORNAMENTO (148)

Il D.Lgs. 29 maggio 2017, n. 98, come modificato dalla L. 30 dicembre 2018, n. 145, ha disposto (con l'art. 7, comma 1) la proroga dell'entrata in vigore della modifica della rubrica e della soppressione di cui ai commi 1 e 6 del presente articolo dal 1° gennaio 2019 al 1° gennaio 2020.

AGGIORNAMENTO (145)

Il Decreto 27 dicembre 2018 (in G.U. 29/12/2018, n. 301) ha disposto (con l'art. 3, comma 1) che la presente modifica avra' effetto a decorrere dal 1° gennaio 2019.

Art. 96.
Adempimenti conseguenti al mancato pagamento della tassa automobilistica

((1. Ferme restando le procedure di recupero degli importi dovuti per le tasse automobilistiche, l'ente impositore, anche per il tramite del soggetto cui e' affidata la riscossione, qualora accerti il mancato pagamento delle stesse per almeno tre anni consecutivi, notifica al proprietario l'avviso dell'avvio del procedimento e, in assenza di giustificato motivo, ove non sia dimostrato l'effettuato pagamento entro trenta giorni dalla data di tale notifica, chiede all'ufficio competente del Dipartimento per i trasporti, la navigazione, gli affari generali e del personale la cancellazione d'ufficio dall'archivio nazionale dei veicoli e dal P.R.A. Il predetto ufficio provvede al ritiro delle targhe e della carta di circolazione tramite gli organi di polizia.)) ((138a)) ((148))

2. ((COMMA SOPPRESSO DAL D.LGS. 29 MAGGIO 2017, N. 98)). ((138a)) ((148))

2-bis. In caso di circolazione dopo la cancellazione si applicano le sanzioni amministrative di cui al comma 7 dell'articolo 93.

AGGIORNAMENTO (4)

(4)

Il D.Lgs. 28 giugno 1993, n. 214 ha disposto (con l'art. 1, comma 1) che le disposizioni del titolo III del presente D.Lgs. si applicano dal 1° ottobre 1993.

AGGIORNAMENTO (138a)

Il D.Lgs. 29 maggio 2017, n. 98, come modificato dalla L. 27 dicembre 2017, n. 205, ha disposto (con l'art. 7, comma 1) la proroga dell'entrata in vigore della modifica di cui al comma 1 e della soppressione di cui al comma 2 del presente articolo dal 1° luglio 2018 al 1° gennaio 2019.

AGGIORNAMENTO (148)

Il D.Lgs. 29 maggio 2017, n. 98, come modificato dalla L. 30 dicembre 2018, n. 145, ha disposto (con l'art. 7, comma 1) la proroga dell'entrata in vigore della modifica di cui al comma 1 e della soppressione di cui al comma 2 del presente articolo dal 1° gennaio 2019 al 1° gennaio 2020.

Art. 97
Circolazione dei ciclomotori

1. I ciclomotori, per circolare, devono essere muniti di:

a) un certificato di circolazione, contenente i dati di identificazione e costruttivi del veicolo, nonche' quelli della targa e dell'intestatario, rilasciato dal Dipartimento per i trasporti terrestri, ovvero da uno dei soggetti di cui alla legge 8 agosto 1991, n. 264, con le modalita' stabilite con decreto dirigenziale del Ministero delle infrastrutture e dei trasporti, a seguito di aggiornamento dell'Archivio nazionale dei veicoli di cui agli articoli 225 e 226;

b) una targa, che identifica l'intestatario del certificato di circolazione.

2. La targa e' personale e abbinata a un solo veicolo. Il titolare la trattiene in caso di vendita. La fabbricazione e la vendita delle targhe sono riservate allo Stato, che puo' affidarle con le modalita' previste dal regolamento ai soggetti di cui alla legge 8 agosto 1991,

n. 264.

3. Ciascun ciclomotore e' individuato nell'Archivio nazionale dei veicoli di cui agli articoli 225 e 226, da una scheda elettronica, contenente il numero di targa, il nominativo del suo titolare, i dati costruttivi e di identificazione di tutti i veicoli di cui, nel tempo, il titolare della targa sia risultato intestatario, con l'indicazione della data e dell'ora di ciascuna variazione d'intestazione. I dati relativi alla proprieta' del veicolo sono inseriti nel sistema informatico del Dipartimento per i trasporti terrestri a fini di sola notizia, per l'individuazione del responsabile della circolazione.

3-bis. In caso di trasferimento di residenza delle persone fisiche intestatarie di certificati di circolazione, l'ufficio competente del Dipartimento per la mobilita' sostenibile procede all'aggiornamento dell'archivio nazionale dei veicoli (ANV), di cui agli articoli 225 e 226. A tal fine, i comuni danno notizia dell'avvenuto trasferimento di residenza per il tramite ((dell'anagrafe)) nazionale della

popolazione residente (ANPR) non appena eseguita la registrazione della variazione anagrafica. In caso di trasferimento della sede delle persone giuridiche intestatarie di certificati di circolazione, l'aggiornamento dell'archivio nazionale dei veicoli e' richiesto dalle medesime persone giuridiche all'ufficio competente del Dipartimento per la mobilita' sostenibile o a uno dei soggetti di cui alla legge 8 agosto 1991, n. 264, abilitati al collegamento telematico con il centro elaborazione dati del Dipartimento stesso entro trenta giorni dal trasferimento.

4. Le procedure e la documentazione occorrente per il rilascio del certificato di circolazione e per la produzione delle targhe sono stabilite con decreto dirigenziale del Ministero delle infrastrutture e dei trasporti, secondo criteri di economicita' e di massima semplificazione.

5. Chiunque fabbrica, produce, pone in commercio o vende ciclomotori che sviluppino una velocita' superiore a quella prevista dall'art. 52 e' soggetto alla sanzione amministrativa del pagamento di una somma da € 1.084 a € 4.339. Alla sanzione da € 845 a € 3.382 e' soggetto chi effettua sui ciclomotori modifiche idonee ad aumentarne la velocita' oltre i limiti previsti dall'articolo 52.
(19) (29) (43) (52) (64) (80) (89) (114) (124) (133) (145) (163)

6. Chiunque circola con un ciclomotore non rispondente ad una o piu' delle caratteristiche o prescrizioni indicate nell'art. 52 o nel certificato di circolazione, ovvero che sviluppi una velocita' superiore a quella prevista dallo stesso art. 52, e' soggetto alla

sanzione amministrativa del pagamento di una somma da € 421 a € 1.691. (19) (29) (43) (52) (64) (80) (89) (114) (124) (133) (145) (163)

7. Chiunque circola con un ciclomotore per il quale non e' stato rilasciato il certificato di circolazione, quando previsto, e' soggetto alla sanzione amministrativa del pagamento di una somma da € 158 a € 635. (80) (89) (101) (114) (124) (133) (145) (163)

8. Chiunque circola con un ciclomotore sprovvisto di targa e' soggetto alla sanzione amministrativa del pagamento di una somma da € 79 a € 316. (80) (89) (101) (114) (124) (145) (163)

9. Chiunque circola con un ciclomotore munito di targa non propria e' soggetto alla sanzione amministrativa del pagamento di una somma da € 1.871 a € 7.488. (80) (89) (101) (114) (124) (133) (145) (163)

10. Chiunque circola con un ciclomotore munito di una targa i cui dati non siano chiaramente visibili e' soggetto alla sanzione amministrativa del pagamento di una somma da € 85 a € 337. (19) (29) (43) (52) (64) (80) (89) (114) (124) (145) (163)

11. Chiunque fabbrica o vende targhe con caratteristiche difformi da quelle indicate dal regolamento, ovvero circola con un ciclomotore munito delle suddette targhe e' soggetto alla sanzione amministrativa del pagamento di una somma da € 1.871 a € 7.488. (80) (89) (101) (114) (124) (133) (145) (163)

12. Chiunque circola con un ciclomotore per il quale non e' stato richiesto l'aggiornamento del certificato di circolazione per trasferimento della proprieta' secondo le modalita' previste dal regolamento, e' soggetto alla sanzione amministrativa del pagamento di una somma da € 396 a € 1.584. Alla medesima sanzione e' sottoposto chi non comunica la cessazione della circolazione. Il certificato di circolazione e' ritirato immediatamente da chi accerta la violazione ed e' inviato al competente ufficio del Dipartimento per i trasporti terrestri, che provvede agli aggiornamenti previsti dopo l'adempimento delle prescrizioni omesse. (80) (89) (101) (114) (124) (133) (145) (163)

13. L'intestatario che in caso di smarrimento, sottrazione o distruzione del certificato di circolazione o della targa non provvede, entro quarantotto ore, a farne denuncia agli organi di polizia e' soggetto alla sanzione amministrativa del pagamento di una somma da € 79 a € 316. Alla medesima sanzione e' soggetto chi non provvede a chiedere il duplicato del certificato di circolazione entro tre giorni dalla suddetta denuncia. (80) (89) (101) (114) (124) (145) (163)

14. Alle violazioni previste dai commi 5 e 7 consegue la sanzione

amministrativa accessoria della confisca del ciclomotore, secondo le norme di cui al capo I, sezione II, del titolo VI; nei casi previsti dal comma 5 si procede alla distruzione del ciclomotore, fatta salva la facolta' degli enti da cui dipende il personale di polizia stradale che ha accertato la violazione di chiedere tempestivamente che sia assegnato il ciclomotore confiscato, previo ripristino delle caratteristiche costruttive, per lo svolgimento dei compiti istituzionali e fatto salvo l'eventuale risarcimento del danno in caso di accertata illegittimita' della confisca e distruzione. Alla violazione prevista dal comma 6 consegue la sanzione amministrativa accessoria del fermo amministrativo del veicolo per un periodo di sessanta giorni; in caso di reiterazione della violazione, nel corso di un biennio, il fermo amministrativo del veicolo e' disposto per novanta giorni. Alla violazione prevista dai commi 8 e 9 consegue la sanzione accessoria del fermo amministrativo del veicolo per un periodo di un mese o, in caso di reiterazione delle violazioni nel biennio, la sanzione accessoria della confisca amministrativa del veicolo, secondo le norme di cui al capo I, sezione II, del titolo VI.
(4) (56)

AGGIORNAMENTO (4)

Il D.Lgs. 28 giugno 1993, n. 214 ha disposto (con l'art. 1, comma 1) che le disposizioni del titolo III del presente D.Lgs. si applicano dal 1° ottobre 1993.

AGGIORNAMENTO (19)

Il Decreto 20 dicembre 1996 (in G.U. 28/12/1996, n. 303) ha disposto (con l'art. 1, comma 1) che le presenti modifiche avranno effetto a decorrere dal 1 gennaio 1997.

AGGIORNAMENTO (29)

Il Decreto 22 dicembre 1998 (in G.U. 28/12/1998, n. 301) ha disposto (con l'art. 1, comma 1) che le presenti modifiche avranno effetto a decorrere dal 1 gennaio 1999.

AGGIORNAMENTO (43)

Il Decreto 29 dicembre 2000 (in G.U. 30/12/2000, n. 303) ha disposto (con l'art. 1, comma 1) che le presenti modifiche avranno effetto a decorrere dal 1 gennaio 2001.

AGGIORNAMENTO (52)

Il Decreto 24 dicembre 2002 (in G.U. 30/12/2002, n. 304) ha disposto (con l'art. 1, comma 1) che le presenti modifiche avranno effetto a decorrere dal 1 gennaio 2003.

AGGIORNAMENTO (56)

Il D.L. 27 giugno 2003, n. 151, convertito, con modificazioni, dalla L. 1 agosto 2003, n. 214, nel modificare l'art. 3, comma 1 del D.Lgs. 15 gennaio 2002, n. 9, ha conseguentemente disposto (con l'art. 7, comma 1) la proroga al 1 luglio 2004 dell'entrata in vigore delle modifiche apportate dal citato D.Lgs. al presente articolo.

AGGIORNAMENTO (64)

Il Decreto 22 dicembre 2004 (in G.U. 30/12/2004, n. 305) ha disposto (con l'art. 1, comma 2) che le presenti modifiche avranno effetto a decorrere dal 1 gennaio 2005.

AGGIORNAMENTO (80)

Il Decreto 29 dicembre 2006 (in G.U. 30/12/2006, n. 302) ha disposto (con l'art. 1, comma 2) che le presenti modifiche avranno effetto a decorrere dal 1 gennaio 2007.

AGGIORNAMENTO (89)

Il Decreto 17 dicembre 2008 (in G.U. 30/12/2008, n. 303) ha disposto (con l'art. 1, comma 2) che le presenti modifiche avranno effetto a decorrere dal 1 gennaio 2009.

AGGIORNAMENTO (101)

Il Decreto 22 dicembre 2010 (in G.U. 31/12/2010 n. 305) ha disposto (con l'art. 1, comma 2) che le presenti modifiche avranno effetto a decorrere dal 1 gennaio 2011.

AGGIORNAMENTO (114)

Il Decreto 19 dicembre 2012 (in G.U. 31/12/2012 n. 303) ha disposto (con l'art. 1, comma 2) che le presenti modifiche avranno effetto a decorrere dal 1 gennaio 2013.

AGGIORNAMENTO (124)

Il Decreto 16 dicembre 2014 (in G.U. 31/12/2014, n. 302) ha disposto (con l'art. 1, comma 2) che le presenti modifiche avranno effetto a decorrere dal 1 gennaio 2015.

AGGIORNAMENTO (133)

Il Decreto 20 dicembre 2016 (in G.U. 30/12/2016, n. 304) ha disposto (con l'art. 1, comma 1) che le presenti modifiche avranno effetto a decorrere dal 1 gennaio 2017.

AGGIORNAMENTO (145)

Il Decreto 27 dicembre 2018 (in G.U. 29/12/2018, n. 301) ha disposto (con l'art. 3, comma 1) che le presenti modifiche avranno effetto a decorrere dal 1° gennaio 2019.

AGGIORNAMENTO (163)

Il Decreto 31 dicembre 2020 (in G.U. 31/12/2020, n. 323) ha disposto (con l'art. 3, comma 1) che le presenti modifiche avranno effetto a decorrere dal 1° gennaio 2021.

Art. 98
Circolazione di prova

1. COMMA ABROGATO DAL D.P.R. 24 NOVEMBRE 2001, N. 474.
2. COMMA ABROGATO DAL D.P.R. 24 NOVEMBRE 2001, N. 474.
3. Chiunque adibisce un veicolo in circolazione di prova ad uso diverso e' soggetto alla sanzione amministrativa del pagamento di una somma ((da € 87 a € 344)). La stessa sanzione si applica se il veicolo circola senza che su di esso sia presente il titolare dell'autorizzazione o un suo dipendente munito di apposita delega. (19) (29) (43) (52) (64) (80) (89) (101) (114) (124) (145) ((163))
4. Se le violazioni di cui al comma 3 superano il numero di tre, la sanzione amministrativa e' del pagamento di una somma ((da € 173 a € 694)); ne consegue in quest'ultimo caso la sanzione amministrativa accessoria della confisca del veicolo, secondo le norme del capo I, sezione II, del titolo VI. (19) (29) (43) (52) (64) (80) (89) (101) (114) (124) (133) (145) ((163))

4-bis. COMMA ABROGATO DAL D.L. 23 OTTOBRE 2008, N. 162, CONVERTITO

CON MODIFICAZIONI DALLA L. 22 DICEMBRE 2008, N. 201.

AGGIORNAMENTO (4)
(4)

Il D.Lgs. 28 giugno 1993, n. 214 ha disposto (con l'art. 1, comma 1) che le disposizioni del titolo III del presente D.Lgs. si applicano dal 1° ottobre 1993.

AGGIORNAMENTO (19)

Il Decreto 20 dicembre 1996 (in G.U. 28/12/1996, n. 303) ha

disposto (con l'art. 1, comma 1) che le presenti modifiche avranno effetto a decorrere dal 1 gennaio 1997.

AGGIORNAMENTO (29)

Il Decreto 22 dicembre 1998 (in G.U. 28/12/1998, n. 301) ha disposto (con l'art. 1, comma 1) che le presenti modifiche avranno effetto a decorrere dal 1 gennaio 1999.

AGGIORNAMENTO (43)

Il Decreto 29 dicembre 2000 (in G.U. 30/12/2000, n. 303) ha disposto (con l'art. 1, comma 1) che le presenti modifiche avranno effetto a decorrere dal 1 gennaio 2001.

AGGIORNAMENTO (52)

Il Decreto 24 dicembre 2002 (in G.U. 30/12/2002, n. 304) ha disposto (con l'art. 1, comma 1) che le presenti modifiche avranno effetto a decorrere dal 1 gennaio 2003.

AGGIORNAMENTO (64)

Il Decreto 22 dicembre 2004 (in G.U. 30/12/2004, n. 305) ha disposto (con l'art. 1, comma 2) che le presenti modifiche avranno effetto a decorrere dal 1 gennaio 2005.

AGGIORNAMENTO (80)

Il Decreto 29 dicembre 2006 (in G.U. 30/12/2006, n. 302) ha disposto (con l'art. 1, comma 2) che la presente modifica avra' effetto a decorrere dal 1 gennaio 2007.

AGGIORNAMENTO (89)

Il Decreto 17 dicembre 2008 (in G.U. 30/12/2008, n. 303) ha disposto (con l'art. 1, comma 2) che le presenti modifiche avranno effetto a decorrere dal 1 gennaio 2009.

AGGIORNAMENTO (101)

Il Decreto 22 dicembre 2010 (in G.U. 31/12/2010, n. 305) ha disposto (con l'art. 1, comma 2) che la presente modifica avra' effetto a decorrere dal 1 gennaio 2011.

AGGIORNAMENTO (114)

Il Decreto 19 dicembre 2012 (in G.U. 31/12/2012, n. 303) ha disposto (con l'art. 1, comma 2) che le presenti modifiche avranno effetto a decorrere dal 1 gennaio 2013.

AGGIORNAMENTO (124)
Il Decreto 16 dicembre 2014 (in G.U. 31/12/2012, n. 302) ha disposto (con l'art. 1, comma 2) che le presenti modifiche avranno a decorrere dal 1 gennaio 2015.

AGGIORNAMENTO (133)
Il Decreto 20 dicembre 2016 (in G.U. 30/12/2016, n. 304) ha disposto (con l'art. 1, comma 1) che la presente modifica avra' effetto a decorrere dal 1 gennaio 2017.

AGGIORNAMENTO (145)
Il Decreto 27 dicembre 2018 (in G.U. 29/12/2018, n. 301) ha disposto (con l'art. 3, comma 1) che le presenti modifiche avranno effetto a decorrere dal 1° gennaio 2019.

AGGIORNAMENTO (163)
Il Decreto 31 dicembre 2020 (in G.U. 31/12/2020, n. 323) ha disposto (con l'art. 3, comma 1) che le presenti modifiche avranno effetto a decorrere dal 1° gennaio 2021.

Art. 99
Foglio di via

1. Gli autoveicoli, i motoveicoli e i rimorchi che circolano per le operazioni di accertamento e di controllo della idoneita' tecnica, per recarsi ai transiti di confine per l'esportazione, per partecipare a riviste prescritte dall'autorita' militare, a mostre o a fiere autorizzate di veicoli nuovi ed usati, per i quali non e' stata pagata la tassa di circolazione, devono essere muniti di un foglio di via e di una targa provvisoria rilasciati da un ufficio competente del Dipartimento per i trasporti terrestri.

1-bis. Alle fabbriche costruttrici di veicoli a motore e di rimorchi e' consentito, direttamente o avvalendosi di altri soggetti abilitati, per il tramite di veicoli nuovi di categoria N o O provvisti del foglio di via e della targa provvisoria per recarsi ai transiti di confine per l'esportazione, il trasporto di altri veicoli nuovi di fabbrica destinati anch'essi alla medesima finalita'.

1-ter. E' consentito ai veicoli a motore e rimorchi di categoria N o O, muniti di foglio di via e targa provvisoria per partecipare a riviste prescritte dall'autorita' militare, a mostre o a fiere autorizzate di veicoli nuovi ed usati, di trasportare altri veicoli o loro parti, anch'essi destinati alle medesime finalita'.

2. Il foglio di via deve indicare il percorso, la durata e le eventuali prescrizioni tecniche. La durata non puo' comunque eccedere i giorni sessanta. Tuttavia, per particolari esigenze di

sperimentazione di veicoli nuovi non ancora immatricolati, l'ufficio competente del Dipartimento per i trasporti terrestri puo' rilasciare alla fabbrica costruttrice uno speciale foglio di via, senza limitazioni di percorso, della durata massima di centottanta giorni.
3. Chiunque circola senza avere con se' il foglio di via e/o la targa provvisoria di cui al comma 1 e' soggetto alla sanzione amministrativa del pagamento di una somma da € 26 a € 102. (19) (29) (43) (52) (64) (80) (89) (101) (114) (124) (145)
4. Chiunque circola senza rispettare il percorso o le prescrizioni tecniche del foglio di via e' soggetto alla sanzione amministrativa del pagamento di una somma da € 42 a € 173. (19) (29) (43) (52) (64) (80) (89) (101) (114) (124) (145)
5. Ove le violazioni di cui ai commi 3 e 4 siano compiute per piu' di tre volte, alla successiva la sanzione amministrativa e' del pagamento di una somma ((da € 87 a € 344)) e ne consegue la sanzione amministrativa accessoria della confisca del veicolo, secondo le norme del capo I, sezione II, del titolo VI. (19) (29) (43) (52) (64) (80) (89) (101) (114) (124) (145) ((163))
(4)

AGGIORNAMENTO (4)

Il D.Lgs. 28 giugno 1993, n. 214 ha disposto (con l'art. 1, comma 1) che le disposizioni del titolo III del presente D.Lgs. si applicano dal 1° ottobre 1993.

AGGIORNAMENTO (19)

Il Decreto 20 dicembre 1996 (in G.U. 28/12/1996, n. 303) ha disposto (con l'art. 1, comma 1) che le presenti modifiche avranno effetto a decorrere dal 1 gennaio 1997.

AGGIORNAMENTO (29)

Il Decreto 22 dicembre 1998 (in G.U. 28/12/1998, n. 301) ha disposto (con l'art. 1, comma 1) che le presenti modifiche avranno effetto a decorrere dal 1 gennaio 1999.

AGGIORNAMENTO (43)

Il Decreto 29 dicembre 2000 (in G.U. 30/12/2000, n. 303) ha disposto (con l'art. 1, comma 1) che le presenti modifiche avranno effetto a decorrere dal 1 gennaio 2001.

AGGIORNAMENTO (52)

Il Decreto 24 dicembre 2002 (in G.U. 30/12/2002, n. 304) ha disposto (con l'art. 1, comma 1) che le presenti modifiche avranno

effetto a decorrere dal 1 gennaio 2003.

AGGIORNAMENTO (64)

Il Decreto 22 dicembre 2004 (in G.U. 30/12/2004, n. 305) ha disposto (con l'art. 1, comma 2) che le presenti modifiche avranno effetto a decorrere dal 1 gennaio 2005.

AGGIORNAMENTO (80)

Il Decreto 29 dicembre 2006 (in G.U. 30/12/2006, n. 302) ha disposto (con l'art. 1, comma 2) che le presenti modifiche avranno effetto a decorrere dal 1 gennaio 2007.

AGGIORNAMENTO (89)

Il Decreto 17 dicembre 2008 (in G.U. 30/12/2008, n. 303) ha disposto (con l'art. 1, comma 2) che le presenti modifiche avranno effetto a decorrere dal 1 gennaio 2009.

AGGIORNAMENTO (101)

Il Decreto 22 dicembre 2010 (in G.U. 31/12/2010 n. 305) ha disposto (con l'art. 1, comma 2) che le presenti modifiche avranno effetto a decorrere dal 1 gennaio 2011.

AGGIORNAMENTO (114)

Il Decreto 19 dicembre 2012 (in G.U. 31/12/2012 n. 303) ha disposto (con l'art. 1, comma 2) che le presenti modifiche avranno effetto a decorrere dal 1 gennaio 2013.

AGGIORNAMENTO (124)

Il Decreto 16 dicembre 2014 (in G.U. 31/12/2014, n. 302) ha disposto (con l'art. 1, comma 2) che le presenti modifiche avranno effetto a decorrere dal 1 gennaio 2015.

AGGIORNAMENTO (145)

Il Decreto 27 dicembre 2018 (in G.U. 29/12/2018, n. 301) ha disposto (con l'art. 3, comma 1) che le presenti modifiche avranno effetto a decorrere dal 1° gennaio 2019.

AGGIORNAMENTO (163)

Il Decreto 31 dicembre 2020 (in G.U. 31/12/2020, n. 323) ha disposto (con l'art. 3, comma 1) che la presente modifica avra' effetto a decorrere dal 1° gennaio 2021.

Art. 100.

Targhe di immatricolazione degli autoveicoli, dei motoveicoli e dei rimorchi

1. Gli autoveicoli devono essere muniti, anteriormente e posteriormente, di una targa contenente i dati di immatricolazione.

2. I motoveicoli devono essere muniti posteriormente di una targa contenente i dati di immatricolazione.

3. I rimorchi devono essere muniti di una targa posteriore contenente i dati di immatricolazione.

3-bis. Le targhe di cui ai commi 1, 2 e 3 sono personali, non possono essere abbinate contemporaneamente a piu' di un veicolo e sono trattenute dal titolare in caso di trasferimento di proprieta', costituzione di usufrutto, stipulazione di locazione con facolta' di acquisto, esportazione all'estero e cessazione o sospensione dalla circolazione. (99)

4. I carrelli appendice, quando sono agganciati ad una motrice, devono essere muniti posteriormente di una targa ripetitrice dei dati di immatricolazione della motrice stessa. (99)

5. Le targhe indicate ai commi 1, 2, 3, 4 devono avere caratteristiche rifrangenti.

6. COMMA ABROGATO DAL D.P.R. 24 NOVEMBRE 2001, N. 474.

7. Nel regolamento sono stabiliti i criteri di definizione delle targhe di immatricolazione, ripetitrici e di riconoscimento.

8. Ferma restando la sequenza alfanumerica fissata dal regolamento, l'intestatario della carta di circolazione puo' chiedere, per le targhe di cui ai commi 1 e 2, ai costi fissati con il decreto di cui all'articolo 101, comma 1, e con le modalita' stabilite dal Dipartimento per i trasporti terrestri, una specifica combinazione alfanumerica. Il competente ufficio del Dipartimento per i trasporti terrestri, dopo avere verificato che la combinazione richiesta non sia stata gia' utilizzata, immatricola il veicolo e rilascia la carta di circolazione. Alla consegna delle targhe provvede direttamente l'Istituto Poligrafico dello Stato nel termine di trenta giorni dal rilascio della carta di circolazione. Durante tale periodo e' consentita la circolazione ai sensi dell'articolo 102, comma 3.

9. Il regolamento stabilisce per le targhe di cui al presente articolo:

 - i criteri per la formazione dei dati di immatricolazione;
 - la collocazione e le modalita' di installazione;
 - le caratteristiche costruttive, dimensionali, fotometriche, cromatiche e di leggibilita', nonche' i requisiti di idoneita' per l'accettazione.

10. Sugli autoveicoli, motoveicoli e rimorchi e' vietato apporre iscrizioni, distintivi o sigle che possano creare equivoco nella identificazione del

veicolo. ((I motoveicoli impegnati in competizioni motoristiche fuori strada che prevedono trasferimenti su strada possono esporre, limitatamente ai giorni e ai percorsi di gara, in luogo della targa di cui al comma 2, una targa sostitutiva costituita da un pannello auto-costruito che riproduce i dati di immatricolazione del veicolo. Il pannello deve avere fondo giallo, cifre e lettere nere e caratteristiche dimensionali identiche a quelle della targa che sostituisce ed e' collocato in modo da garantire la visibilita' e la posizione richieste dal regolamento per le targhe di immatricolazione. Sono autorizzati all'utilizzo della targa sostitutiva i partecipanti concorrenti muniti di regolare licenza sportiva della Federazione motociclistica italiana, esclusivamente per la durata della manifestazione e lungo il percorso indicato nel regolamento della manifestazione stessa)).

11. Chiunque viola le disposizioni dei commi 1, 2, 3, 4 e 9, lettera b) e' soggetto alla sanzione amministrativa del pagamento di una somma da € 87 a € 344. (19) (29) (43) (52) (64) (80) (89) (101) (114) (124) (145) (163)

12. Chiunque circola con un veicolo munito di targa non propria o contraffatta e' punito con la sanzione amministrativa del pagamento di una somma da € 2.046 a € 8.186. (52) (64) (80) (89) (101) (114) (124) (133) (145) (163)

13. Chiunque viola le disposizioni dei commi 5 e 10 e' soggetto alla sanzione amministrativa del pagamento di una somma da € 26 a € 102. (19) (29) (43) (52) (64) (80) (89) (101) (114) (124) (145)

14. Chiunque falsifica, manomette o altera targhe automobilistiche ovvero usa targhe manomesse, falsificate o alterate e' punito ai sensi del codice penale.

15. Dalle violazioni di cui ai commi precedenti deriva la sanzione amministrativa accessoria del ritiro della targa non rispondente ai requisiti indicati. Alle violazioni di cui ai commi 11 e 12 consegue la sanzione accessoria del fermo amministrativo del veicolo o, in caso di reiterazione delle violazioni, la sanzione accessoria della confisca amministrativa del veicolo. La durata del fermo amministrativo e' di tre mesi, salvo nei casi in cui tale sanzione accessoria e' applicata a seguito del ritiro della targa. Si osservano le norme di cui al capo I, sezione II, del titolo VI.
(4)

AGGIORNAMENTO (4)

Il D.Lgs. 28 giugno 1993, n. 214 ha disposto (con l'art. 1, comma 1) che le disposizioni del titolo III del presente D.Lgs. si applicano dal 1° ottobre 1993.

AGGIORNAMENTO (19)

Il Decreto 20 dicembre 1996 (in G.U. 28/12/1996, n. 303) ha disposto (con l'art. 1, comma 1) che le presenti modifiche avranno effetto a decorrere dal 1 gennaio 1997.

AGGIORNAMENTO (29)

Il Decreto 22 dicembre 1998 (in G.U. 28/12/1998, n. 301) ha disposto (con l'art. 1, comma 1) che le presenti modifiche avranno effetto a decorrere dal 1 gennaio 1999.

AGGIORNAMENTO (43)

Il Decreto 29 dicembre 2000 (in G.U. 30/12/2000, n. 303) ha disposto (con l'art. 1, comma 1) che le presenti modifiche avranno effetto a decorrere dal 1 gennaio 2001.

AGGIORNAMENTO (52)

Il Decreto 24 dicembre 2002 (in G.U. 30/12/2002, n. 304) ha disposto (con l'art. 1, comma 1) che le presenti modifiche avranno effetto a decorrere dal 1 gennaio 2003.

AGGIORNAMENTO (64)

Il Decreto 22 dicembre 2004 (in G.U. 30/12/2004, n. 305) ha disposto (con l'art. 1, comma 2) che le presenti modifiche avranno effetto a decorrere dal 1 gennaio 2005.

AGGIORNAMENTO (80)

Il Decreto 29 dicembre 2006 (in G.U. 30/12/2006, n. 302) ha disposto (con l'art. 1, comma 2) che le presenti modifiche avranno effetto a decorrere dal 1 gennaio 2007.

AGGIORNAMENTO (89)

Il Decreto 17 dicembre 2008 (in G.U. 30/12/2008, n. 303) ha disposto (con l'art. 1, comma 2) che le presenti modifiche avranno effetto a decorrere dal 1 gennaio 2009.

AGGIORNAMENTO (99)

La L. 29 luglio 2010, n. 120 ha disposto (con l'art. 11, comma 6) che "Le disposizioni degli articoli 94, 100, comma 3-bis, e 103 del decreto legislativo n. 285 del 1992, come da ultimo modificati dai commi 1, 2, lettera a), e 3 del presente articolo, si applicano a decorrere dal sesto mese successivo alla data di entrata in vigore del regolamento di cui al comma 5".

Ha inoltre disposto (con l'art. 11, comma 8) che "Le disposizioni del comma 4 dell'articolo 100 del decreto legislativo n. 285 del 1992, come da ultimo modificato dal comma 2, lettera b), del presente articolo, si applicano a decorrere dalla data di entrata in vigore delle modifiche del regolamento di cui al comma 7, e comunque ai soli rimorchi immatricolati dopo tale data. E' fatta salva la possibilita' di immatricolare nuovamente i rimorchi immessi in circolazione prima della data di cui al periodo precedente".

AGGIORNAMENTO (101)

Il Decreto 22 dicembre 2010 (in G.U. 31/12/2010, n. 305) ha disposto (con l'art. 1, comma 2) che le presenti modifiche avranno effetto a decorrere dal 1 gennaio 2011.

AGGIORNAMENTO (114)

Il Decreto 19 dicembre 2012 (in G.U. 31/12/2012, n. 303) ha disposto (con l'art. 1, comma 2) che le presenti modifiche avranno effetto a decorrere dal 1 gennaio 2013.

AGGIORNAMENTO (124)

Il Decreto 16 dicembre 2014 (in G.U. 31/12/2012, n. 302) ha disposto (con l'art. 1, comma 2) che le presenti modifiche avranno effetto a decorrere dal 1 gennaio 2015.

AGGIORNAMENTO (133)

Il Decreto 20 dicembre 2016 (in G.U. 30/12/2016, n. 304) ha disposto (con l'art. 1, comma 1) che la presente modifica avra'

effetto a decorrere dal 1 gennaio 2017.

AGGIORNAMENTO (145)

Il Decreto 27 dicembre 2018 (in G.U. 29/12/2018, n. 301) ha disposto (con l'art. 3, comma 1) che le presenti modifiche avranno effetto a decorrere dal 1° gennaio 2019.

AGGIORNAMENTO (163)

Il Decreto 31 dicembre 2020 (in G.U. 31/12/2020, n. 323) ha disposto (con l'art. 3, comma 1) che le presenti modifiche avranno effetto a decorrere dal 1° gennaio 2021.

Art. 101.
Produzione, distribuzione, restituzione e ritiro delle targhe

1. La produzione e la distribuzione delle targhe dei veicoli a motore o da essi rimorchiati sono riservate allo Stato. Il Ministro

dei trasporti con proprio decreto, sentiti il Ministro dell'economia e delle finanze e il Ministro dell'economia e delle finanze, stabilisce il prezzo di vendita delle targhe comprensivo del costo di produzione e di una quota di maggiorazione da destinare esclusivamente alle attivita' previste dall'art. 208, comma 2. Il Ministro dei trasporti con proprio decreto, di concerto con i Ministri dell'economia e delle finanze e delle infrastrutture e dei trasporti, assegna annualmente i proventi derivanti dalla quota di maggiorazione al Ministero delle infrastrutture e dei trasporti nella misura del venti per cento e alla Dipartimento per i trasporti terrestri nella misura dell'ottanta per cento. Il Ministro dell'economia e delle finanze e' autorizzato ad adottare, con propri decreti, le necessarie variazioni di bilancio. (48)

2. Le targhe sono consegnate agli intestatari dall' ufficio competente del Dipartimento per i trasporti terrestri all'atto dell'immatricolazione dei veicoli.

3. Le targhe del veicolo e il relativo documento di circolazione devono essere restituiti all'ufficio competente del Dipartimento per i trasporti terrestri in caso che l'interessato non ottenga l'iscrizione al P.R.A. entro tre giorni dal rilascio del documento stesso. (138a) (148)

4. Nel caso di mancato adempimento degli obblighi di cui al comma 3, l'ufficio competente del Dipartimento per i trasporti terrestri, provvede, tramite gli organi di polizia, al ritiro delle targhe e della carta di circolazione. (138a) (148)

5. Chiunque abusivamente produce o distribuisce targhe per autoveicoli, motoveicoli e rimorchi e' soggetto, se il fatto non costituisce reato, alla sanzione amministrativa del pagamento di una somma ((da € 430 a € 1.731)). (19) (29) (43) (52) (64) (80) (89) (101) (114) (124) (133) (145) ((163))

6. La violazione di cui al comma 5 importa la sanzione amministrativa accessoria della confisca delle targhe, secondo le norme di cui al capo I, sezione II, del titolo VI. (4)

AGGIORNAMENTO (19)

Il Decreto 20 dicembre 1996 (in G.U. 28/12/1996, n. 303) ha disposto (con l'art. 1, comma 1) che la presente modifica avra' effetto a decorrere dal 1 gennaio 1997.

AGGIORNAMENTO (29)

Il Decreto 22 dicembre 1998 (in G.U. 28/12/1998, n. 301) ha disposto (con l'art. 1, comma 1) che la presente modifica avra' effetto a decorrere dal 1 gennaio 1999.

AGGIORNAMENTO (43)

Il Decreto 29 dicembre 2000 (in G.U. 30/12/2000, n. 303) ha disposto (con l'art. 1, comma 1) che la presente modifica avra' effetto a decorrere dal 1 gennaio 2001.

AGGIORNAMENTO (52)

Il Decreto 24 dicembre 2002 (in G.U. 30/12/2002, n. 304) ha disposto (con l'art. 1, comma 1) che la presente modifica avra' effetto a decorrere dal 1 gennaio 2003.

AGGIORNAMENTO (64)

Il Decreto 22 dicembre 2004 (in G.U. 30/12/2004, n. 305) ha disposto (con l'art. 1, comma 2) che la presente modifica avra' effetto a decorrere dal 1 gennaio 2005.

AGGIORNAMENTO (80)

Il Decreto 29 dicembre 2006 (in G.U. 30/12/2006, n. 302) ha disposto (con l'art. 1, comma 2) che la presente modifica avra' effetto a decorrere dal 1 gennaio 2007.

AGGIORNAMENTO (89)

Il Decreto 17 dicembre 2008 (in G.U. 30/12/2008, n. 303) ha disposto (con l'art. 1, comma 2) che la presente modifica avra' effetto a decorrere dal 1 gennaio 2009.

AGGIORNAMENTO (101)

Il Decreto 22 dicembre 2010 (in G.U. 31/12/2010 n. 305) ha disposto (con l'art. 1, comma 2) che la presente modifica avra' effetto a decorrere dal 1 gennaio 2011.

AGGIORNAMENTO (114)

Il Decreto 19 dicembre 2012 (in G.U. 31/12/2012 n. 303) ha disposto (con l'art. 1, comma 2) che la presente modifica avra' effetto a decorrere dal 1 gennaio 2013.

AGGIORNAMENTO (124)

Il Decreto 16 dicembre 2014 (in G.U. 31/12/2014, n. 302) ha disposto (con l'art. 1, comma 2) che la presente modifica avra' effetto a decorrere dal 1 gennaio 2015.

AGGIORNAMENTO (133)

Il Decreto 20 dicembre 2016 (in G.U. 30/12/2016, n. 304) ha

disposto (con l'art. 1, comma 1) che la presente modifica avra' effetto a decorrere dal 1 gennaio 2017.

AGGIORNAMENTO (138a)

Il D.Lgs. 29 maggio 2017, n. 98, come modificato dalla L. 27 dicembre 2017, n. 205, ha disposto (con l'art. 7, comma 1) la proroga dell'entrata in vigore delle modifiche di cui ai commi 3 e 4 del presente articolo dal 1° luglio 2018 al 1° gennaio 2019.

AGGIORNAMENTO (148)

Il D.Lgs. 29 maggio 2017, n. 98, come modificato dalla L. 30 dicembre 2018, n. 145, ha disposto (con l'art. 7, comma 1) la proroga dell'entrata in vigore delle modifiche di cui ai commi 3 e 4 del presente articolo dal 1° gennaio 2019 al 1° gennaio 2020.

AGGIORNAMENTO (145)

Il Decreto 27 dicembre 2018 (in G.U. 29/12/2018, n. 301) ha disposto (con l'art. 3, comma 1) che la presente modifica avra' effetto a decorrere dal 1° gennaio 2019.

AGGIORNAMENTO (163)

Il Decreto 31 dicembre 2020 (in G.U. 31/12/2020, n. 323) ha disposto (con l'art. 3, comma 1) che la presente modifica avra' effetto a decorrere dal 1° gennaio 2021.

Art. 102.

Smarrimento, sottrazione, deterioramento e distruzione di targa

1. In caso di smarrimento, sottrazione o distruzione di una delle targhe di cui all'art. 100, l'intestatario della carta di circolazione deve, entro quarantotto ore, farne denuncia agli organi di polizia, che ne prendono formalmente atto e ne rilasciano ricevuta.

2. Trascorsi quindici giorni dalla presentazione della denuncia di smarrimento o sottrazione anche di una sola delle targhe, senza che queste siano state rinvenute, l'intestatario deve richiedere al Dipartimento per i trasporti terrestri. Una nuova immatricolazione del veicolo, con le procedure indicate dall'art. 93.

3. Durante il periodo di cui al comma 2 e' consentita la circolazione del veicolo previa apposizione sullo stesso, a cura dell'intestatario, di un pannello a fondo bianco riportante le indicazioni contenute nella targa originaria; la posizione e la dimensione del pannello, nonche' i caratteri di iscrizione devono essere corrispondenti a quelli della targa originaria.

4. I dati di immatricolazione indicati nelle targhe devono essere sempre leggibili. Quando per deterioramento tali dati non siano piu' leggibili, l'intestatario della carta di circolazione deve richiedere all'ufficio competente del Dipartimento per i trasporti terrestri. Una nuova immatricolazione del veicolo, con le procedure indicate nell'art. 93.

5. Nei casi di distruzione di una delle targhe di cui all'art. 100, comma 1, l'intestatario della carta di circolazione sulla base della ricevuta di cui al comma 1 deve richiedere una nuova immatricolazione del veicolo.

6. L'intestatario della carta di circolazione che in caso di smarrimento, sottrazione o distruzione anche di una sola delle targhe di immatricolazione o della targa per veicoli in circolazione di prova non provvede agli adempimenti di cui al comma 1, ovvero circola con il pannello di cui al comma 3 senza aver provveduto agli adempimenti di cui ai commi 1 e 2, e' soggetto alla sanzione amministrativa del pagamento di una somma ((da € 87 a € 344)). (19) (29) (43) (52) (64) (80) (89) (101) (114) (124) (145) ((163))

7. Chiunque circola con targa non chiaramente e integralmente leggibile e' soggetto alla sanzione amministrativa del pagamento di una somma da € 42 a € 173. (19) (29) (43) (52) (64) (80) (89) (101) (114) (124) (145)

(4)

AGGIORNAMENTO (4)

Il D.Lgs. 28 giugno 1993, n. 214 ha disposto (con l'art. 1, comma 1) che le disposizioni del titolo III del presente D.Lgs. si applicano dal 1° ottobre 1993.

AGGIORNAMENTO (19)

Il Decreto 20 dicembre 1996 (in G.U. 28/12/1996, n. 303) ha disposto (con l'art. 1, comma 1) che le presenti modifiche avranno effetto a decorrere dal 1 gennaio 1997.

AGGIORNAMENTO (29)

Il Decreto 22 dicembre 1998 (in G.U. 28/12/1998, n. 301) ha disposto (con l'art. 1, comma 1) che le presenti modifiche avranno effetto a decorrere dal 1 gennaio 1999.

AGGIORNAMENTO (43)

Il Decreto 29 dicembre 2000 (in G.U. 30/12/2000, n. 303) ha disposto (con l'art. 1, comma 1) che le presenti modifiche avranno

effetto a decorrere dal 1 gennaio 2001.

AGGIORNAMENTO (52)
Il Decreto 24 dicembre 2002 (in G.U. 30/12/2002, n. 304) ha disposto (con l'art. 1, comma 1) che le presenti modifiche avranno effetto a decorrere dal 1 gennaio 2003.

AGGIORNAMENTO (64)
Il Decreto 22 dicembre 2004 (in G.U. 30/12/2004, n. 305) ha disposto (con l'art. 1, comma 2) che le presenti modifiche avranno effetto a decorrere dal 1 gennaio 2005.

AGGIORNAMENTO (80)
Il Decreto 29 dicembre 2006 (in G.U. 30/12/2006, n. 302) ha disposto (con l'art. 1, comma 2) che le presenti modifiche avranno effetto a decorrere dal 1 gennaio 2007.

AGGIORNAMENTO (89)
Il Decreto 17 dicembre 2008 (in G.U. 30/12/2008, n. 303) ha disposto (con l'art. 1, comma 2) che le presenti modifiche avranno effetto a decorrere dal 1 gennaio 2009.

AGGIORNAMENTO (101)
Il Decreto 22 dicembre 2010 (in G.U. 31/12/2010 n. 305) ha disposto (con l'art. 1, comma 2) che le presenti modifiche avranno effetto a decorrere dal 1 gennaio 2011.

AGGIORNAMENTO (114)
Il Decreto 19 dicembre 2012 (in G.U. 31/12/2012 n. 303) ha disposto (con l'art. 1, comma 2) che le presenti modifiche avranno effetto a decorrere dal 1 gennaio 2013.

AGGIORNAMENTO (124)
Il Decreto 16 dicembre 2014 (in G.U. 31/12/2014, n. 302) ha disposto (con l'art. 1, comma 2) che le presenti modifiche avranno effetto a decorrere dal 1 gennaio 2015.

AGGIORNAMENTO (145)
Il Decreto 27 dicembre 2018 (in G.U. 29/12/2018, n. 301) ha disposto (con l'art. 3, comma 1) che le presenti modifiche avranno effetto a decorrere dal 1° gennaio 2019.

AGGIORNAMENTO (163)
Il Decreto 31 dicembre 2020 (in G.U. 31/12/2020, n. 323) ha

disposto (con l'art. 3, comma 1) che la presente modifica avra' effetto a decorrere dal 1° gennaio 2021.

Art. 103
Obblighi conseguenti alla cessazione della circolazione dei veicoli a motore e dei rimorchi

1. Per esportare definitivamente all'estero autoveicoli, motoveicoli o rimorchi, l'intestatario o l'avente titolo chiede all'ufficio competente del Dipartimento per i trasporti, la navigazione, gli affari generali e del personale la cancellazione dall'archivio nazionale dei veicoli e dal P.R.A., restituendo le relative targhe e la carta di circolazione, secondo le procedure stabilite dal Dipartimento stesso nel rispetto delle vigenti norme comunitarie in materia. La cancellazione e' disposta a condizione che il veicolo sia in regola con gli obblighi di revisione o sia stato sottoposto, nell'anno in cui ricorre l'obbligo della revisione, a visita e prova per l'accertamento dell'idoneita' alla circolazione ai sensi dell'articolo 75, e che non sia pendente un provvedimento di revisione singola ai sensi dell'articolo 80, comma 7. Per raggiungere i transiti di confine per l'esportazione il veicolo cancellato puo' circolare su strada solo se munito del foglio di via e della targa provvisoria prevista dall'articolo 99. (138a) (148)

2. Le targhe ed i documenti di circolazione vengono, ritirati d'ufficio tramite gli organi di polizia, che ne curano la consegna al competente ufficio del Dipartimento per i trasporti, la navigazione, gli affari generali e del personale, nel caso che trascorsi centottanta giorni dalla rimozione del veicolo dalla circolazione, ai sensi dell'art. 159, non sia stata denunciata la sua sottrazione ovvero il veicolo stesso non sia stato reclamato dall'intestatario dei documenti anzidetti o dall'avente titolo o venga demolito o alienato ai sensi dello stesso articolo. Il predetto ufficio provvede alla cancellazione dall'archivio nazionale dei veicoli e ne da' notizia al competente ufficio del P.R.A. per la cancellazione dal pubblico registro automobilistico. (138a) (148)

3. IL D.LGS. 3 APRILE 2006, N. 152 HA CONFERMATO L'ABROGAZIONE DEL PRESENTE COMMA.

4. IL D.LGS. 3 APRILE 2006, N. 152 HA CONFERMATO L'ABROGAZIONE DEL PRESENTE COMMA.

5. Chiunque viola le disposizioni di cui al comma 1 e' soggetto alla sanzione amministrativa del pagamento di una somma ((da € 173 a € 694)). IL D.LGS. 3 APRILE 2006, N. 152 HA CONFERMATO L'ABROGAZIONE DEL PRESENTE PERIODO. (19) (29) (43) (52)

(64) (80) (89) (101) (114) (124) (133) (145) ((163))
(4)

AGGIORNAMENTO (4)

Il D.Lgs. 28 giugno 1993, n. 214 ha disposto (con l'art. 1, comma 1) che le disposizioni del titolo III del presente D.Lgs. si applicano dal 1° ottobre 1993.

AGGIORNAMENTO (19)

Il Decreto 20 dicembre 1996 (in G.U. 28/12/1996, n. 303) ha disposto (con l'art. 1, comma 1) che le presenti modifiche avranno effetto a decorrere dal 1 gennaio 1997.

AGGIORNAMENTO (29)

Il Decreto 22 dicembre 1998 (in G.U. 28/12/1998, n. 301) ha disposto (con l'art. 1, comma 1) che la presente modifica avra' effetto a decorrere dal 1 gennaio 1999.

AGGIORNAMENTO (43)

Il Decreto 29 dicembre 2000 (in G.U. 30/12/2000, n. 303) ha disposto (con l'art. 1, comma 1) che la presente modifica avra' effetto a decorrere dal 1 gennaio 2001.

AGGIORNAMENTO (52)

Il Decreto 24 dicembre 2002 (in G.U. 30/12/2002, n. 304) ha disposto (con l'art. 1, comma 1) che la presente modifica avra' effetto a decorrere dal 1 gennaio 2003.

AGGIORNAMENTO (64)

Il Decreto 22 dicembre 2004 (in G.U. 30/12/2004, n. 305) ha disposto (con l'art. 1, comma 2) che la presente modifica avra' effetto a decorrere dal 1 gennaio 2005.

AGGIORNAMENTO (80)

Il Decreto 29 dicembre 2006 (in G.U. 30/12/2006, n. 302) ha disposto (con l'art. 1, comma 2) che la presente modifica avra' effetto a decorrere dal 1 gennaio 2007.

AGGIORNAMENTO (89)

Il Decreto 17 dicembre 2008 (in G.U. 30/12/2008, n. 303) ha disposto (con l'art. 1, comma 2) che la presente modifica avra' effetto a decorrere dal 1 gennaio 2009.

AGGIORNAMENTO (99)

La L. 29 luglio 2010, n. 120 ha disposto (con l'art. 11, comma 6) che "Le disposizioni degli articoli 94, 100, comma 3-bis, e 103 del decreto legislativo n. 285 del 1992, come da ultimo modificati dai commi 1, 2, lettera a), e 3 del presente articolo, si applicano a decorrere dal sesto mese successivo alla data di entrata in vigore del regolamento di cui al comma 5".

AGGIORNAMENTO (101)

Il Decreto 22 dicembre 2010 (in G.U. 31/12/2010 n. 305) ha disposto (con l'art. 1, comma 2) che la presente modifica avra' effetto a decorrere dal 1 gennaio 2011.

AGGIORNAMENTO (114)

Il Decreto 19 dicembre 2012 (in G.U. 31/12/2012 n. 303) ha disposto (con l'art. 1, comma 2) che la presente modifica avra' effetto a decorrere dal 1 gennaio 2013.

AGGIORNAMENTO (124)

Il Decreto 16 dicembre 2014 (in G.U. 31/12/2014, n. 302) ha disposto (con l'art. 1, comma 2) che la presente modifica avra' effetto a decorrere dal 1 gennaio 2015.

AGGIORNAMENTO (133)

Il Decreto 20 dicembre 2016 (in G.U. 30/12/2016, n. 304) ha disposto (con l'art. 1, comma 1) che la presente modifica avra' effetto a decorrere dal 1 gennaio 2017.

AGGIORNAMENTO (138a)

Il D.Lgs. 29 maggio 2017, n. 98, come modificato dalla L. 27 dicembre 2017, n. 205, ha disposto (con l'art. 7, comma 1) la proroga dell'entrata in vigore delle modifiche di cui ai commi 1 e 2 del presente articolo dal 1° luglio 2018 al 1° gennaio 2019.

AGGIORNAMENTO (148)

Il D.Lgs. 29 maggio 2017, n. 98, come modificato dalla L. 30 dicembre 2018, n. 145, ha disposto (con l'art. 7, comma 1) la proroga dell'entrata in vigore delle modifiche di cui ai commi 1 e 2 del presente articolo dal 1° gennaio 2019 al 1° gennaio 2020.

AGGIORNAMENTO (145)

Il Decreto 27 dicembre 2018 (in G.U. 29/12/2018, n. 301) ha disposto (con l'art. 3, comma 1) che la presente modifica avra' effetto a decorrere dal 1° gennaio 2019.

AGGIORNAMENTO (163)

Il Decreto 31 dicembre 2020 (in G.U. 31/12/2020, n. 323) ha disposto (con l'art. 3, comma 1) che la presente modifica avra' effetto a decorrere dal 1° gennaio 2021.

Capo IV
CIRCOLAZIONE SU STRADA DELLE MACCHINE AGRICOLE E DELLE MACCHINE OPERATRICI

Art. 104.

Sagome e masse limite delle macchine agricole

1. Alle macchine agricole semoventi e a quelle trainate che circolano su strada si applicano per la sagoma limite le norme stabilite dall'art. 61 rispettivamente per i veicoli in genere e per i rimorchi.

2. Salvo quanto diversamente disposto dall'art. 57, la massa complessiva a pieno carico delle macchine agricole su ruote non puo' eccedere 5 t se a un asse, 8 t se a due assi e 10 t se a tre o piu' assi.

3. Per le macchine agricole semoventi e per quelle trainate munite di pneumatici, tali che il carico unitario medio trasmesso dall'area di impronta sulla strada non sia superiore a 8 daN/cm2 e quando, se trattasi di veicoli a tre o piu' assi, la distanza fra due assi contigui non sia inferiore a 1,20 m, le masse complessive di cui al comma 2 non possono superare rispettivamente 6 t, 14 t e 20 t.

4. La massa massima sull'asse piu' caricato non puo' superare 10 t; quella su due assi contigui a distanza inferiore a 1,20 m non puo' superare 11 t e, se a distanza non inferiore a 1,20 m, 14 t.

5. Qualunque sia la condizione di carico della macchina agricola semovente, la massa trasmessa alla strada dall'asse di guida in condizioni statiche non deve essere inferiore al 20% della massa della macchina stessa in ordine di marcia. Tale valore non deve essere inferiore al 15% per le macchine con velocita' inferiore a 15 km/h, ridotto al 13% per le macchine agricole semicingolate.

6. La massa complessiva delle macchine agricole cingolate non puo' eccedere 16 t.

7. Le trattrici agricole per circolare su strada con attrezzature di tipo portato o semiportato devono rispondere alle seguenti prescrizioni:

a) lo sbalzo anteriore del complesso non deve risultare superiore al 60% della lunghezza della trattrice non zavorrata;

b) lo sbalzo posteriore del complesso non deve risultare superiore al 90% della lunghezza della trattrice non zavorrata;

c) la lunghezza complessiva dell'insieme, data dalla somma dei due sbalzi e del passo della trattrice agricola, non deve superare il doppio di quella della trattrice non zavorrata;

d) la sporgenza laterale non deve eccedere di 1,60 m dal piano mediano verticale longitudinale della trattrice;

e) la massa del complesso trattrice e attrezzi comunque portati non deve superare la massa ammissibile accertata nel rispetto delle norme stabilite dal regolamento, nei limiti delle masse fissati nei commi precedenti;

f) il bloccaggio tridimensionale degli attacchi di supporto degli attrezzi deve impedire, durante il trasporto, qualsiasi oscillazione degli stessi rispetto alla trattrice, a meno che l'attrezzatura sia equipaggiata con una o piu' ruote liberamente orientabili intorno ad un asse verticale rispetto al piano di appoggio.

8. Le macchine agricole che per necessita' funzionali hanno sagome e masse eccedenti quelle previste nei commi dall'1 al 6 e le trattrici equipaggiate con attrezzature di tipo portato o semiportato, che non rientrano nei limiti stabiliti nel comma 7, sono considerate macchine agricole eccezionali e devono essere munite, per circolare su strada, dell'autorizzazione valida per due anni e rinnovabile, rilasciata dal compartimento A.N.A.S. di partenza per le strade statali e dalla regione di partenza per la rimanente rete stradale. (99)

9. Nel regolamento sono stabilite posizioni, caratteristiche fotometriche, colorimetriche e modalita' di applicazione di pannelli e dispositivi di segnalazione visiva, atti a segnalare gli ingombri dati dalle macchine agricole indicate nei commi 7 e 8; nel regolamento saranno indicate le condizioni e le cautele da osservare durante la marcia su strada.

10. Chiunque circola su strada con una macchina agricola che supera le sagome o le masse fissate e' soggetto alla sanzione amministrativa del pagamento di una somma ((da € 430 a € 1.731)). (19) (29) (43) (52) (64) (80) (89) (101) (114) (124) (133) (145) ((163))

11. Chiunque circola su strada con una macchina agricola eccezionale in violazione delle norme di bloccaggio degli attrezzi, sui pannelli e dispositivi di segnalazione visiva di cui al comma 9 oppure senza osservare le prescrizioni stabilite nell'autorizzazione e' soggetto alla sanzione amministrativa del pagamento di una somma ((da € 173 a € 694)). (19) (29) (43) (52) 64) (80) (89) (101) (114) (124) (133) (145) ((163))

12. Chiunque circola su strada con una macchina agricola eccezionale senza avere con se' l'autorizzazione e' soggetto alla sanzione amministrativa del pagamento di una somma da € 42 a € 173. Il viaggio potra' proseguire solo dopo la esibizione dell'autorizzazione; questa non sana l'obbligo di corrispondere la somma dovuta a titolo di sanzione pecuniaria. (19) (29) (43) (52) (64) (80) (89) (101) (114) (124) (145)

13. Dalle violazioni di cui ai commi 10 e 11 consegue la sanzione amministrativa accessoria prevista dai commi 24 e 25 dell'art. 10.

(4)

AGGIORNAMENTO (4)

Il D.Lgs. 28 giugno 1993, n. 214 ha disposto (con l'art. 1, comma 1) che le disposizioni del titolo III del presente D.Lgs. si applicano dal 1° ottobre 1993.

AGGIORNAMENTO (19)

Il Decreto 20 dicembre 1996 (in G.U. 28/12/1996, n. 303) ha disposto (con l'art. 1, comma 1) che le presenti modifiche avranno effetto a decorrere dal 1 gennaio 1997.

AGGIORNAMENTO (29)

Il Decreto 22 dicembre 1998 (in G.U. 28/12/1998, n. 301) ha disposto (con l'art. 1, comma 1) che le presenti modifiche avranno effetto a decorrere dal 1 gennaio 1999.

AGGIORNAMENTO (43)

Il Decreto 29 dicembre 2000 (in G.U. 30/12/2000, n. 303) ha disposto (con l'art. 1, comma 1) che le presenti modifiche avranno effetto a decorrere dal 1 gennaio 2001.

AGGIORNAMENTO (52)

Il Decreto 24 dicembre 2002 (in G.U. 30/12/2002, n. 304) ha disposto (con l'art. 1, comma 1) che le presenti modifiche avranno effetto a decorrere dal 1 gennaio 2003.

AGGIORNAMENTO (64)

Il Decreto 22 dicembre 2004 (in G.U. 30/12/2004, n. 305) ha disposto (con l'art. 1, comma 2) che le presenti modifiche avranno effetto a decorrere dal 1 gennaio 2005.

AGGIORNAMENTO (80)

Il Decreto 29 dicembre 2006 (in G.U. 30/12/2006, n. 302) ha disposto (con l'art. 1, comma 2) che le presenti modifiche avranno effetto a decorrere dal 1 gennaio 2007.

AGGIORNAMENTO (89)

Il Decreto 17 dicembre 2008 (in G.U. 30/12/2008, n. 303) ha disposto (con l'art. 1, comma 2) che le presenti modifiche avranno effetto a decorrere dal 1 gennaio 2009.

AGGIORNAMENTO (99)

La L. 29 luglio 2010, n. 120 ha disposto (con l'art. 15, comma 2) che "Le disposizioni di cui al comma 1 si applicano alle autorizzazioni rilasciate successivamente alla data di entrata in vigore della presente legge. Sono conseguentemente raddoppiati gli importi dell'imposta di bollo dovuta ai sensi dell'articolo 104, comma 8, del decreto legislativo n. 285 del 1992, e, ove previsti, degli indennizzi dovuti ai sensi dell'articolo 18 del regolamento".

AGGIORNAMENTO (101)

Il Decreto 22 dicembre 2010 (in G.U. 31/12/2010, n. 305) ha disposto (con l'art. 1, comma 2) che le presenti modifiche avranno effetto a decorrere dal 1 gennaio 2011.

AGGIORNAMENTO (114)

Il Decreto 19 dicembre 2012 (in G.U. 31/12/2012, n. 303) ha disposto (con l'art. 1, comma 2) che le presenti modifiche avranno effetto a decorrere dal 1 gennaio 2013.

AGGIORNAMENTO (124)

Il Decreto 16 dicembre 2014 (in G.U. 31/12/2012, n. 302) ha disposto (con l'art. 1, comma 2) che le presenti modifiche avranno effetto a decorrere dal 1 gennaio 2015.

AGGIORNAMENTO (133)

Il Decreto 20 dicembre 2016 (in G.U. 30/12/2016, n. 304) ha disposto (con l'art. 1, comma 1) che le presenti modifiche avranno effetto a decorrere dal 1 gennaio 2017.

AGGIORNAMENTO (145)

Il Decreto 27 dicembre 2018 (in G.U. 29/12/2018, n. 301) ha disposto (con l'art. 3, comma 1) che le presenti modifiche avranno effetto a decorrere dal 1° gennaio 2019.

AGGIORNAMENTO (163)

Il Decreto 31 dicembre 2020 (in G.U. 31/12/2020, n. 323) ha disposto (con l'art. 3, comma 1) che le presenti modifiche avranno effetto a decorrere dal 1° gennaio 2021.

Art. 105.
Traino di macchine agricole

1. I convogli formati da macchine agricole semoventi e macchine agricole trainate non possono superare la lunghezza di ((18,75 m. I convogli che per specifiche necessita' funzionali superano, da soli o compreso il loro carico, il limite di lunghezza di 18,75 m possono essere ammessi alla circolazione come trasporti eccezionali; a tali convogli si applicano le norme previste dall'articolo 104, comma 8)).

2. Nel limite di cui al comma 1 le trattrici agricole possono trainare un solo rimorchio agricolo o non piu' di due macchine operatrici agricole, se munite di dispositivi di frenatura comandati dalla trattrice.

3. Alle trattrici agricole con attrezzi portati anteriormente e' fatto divieto di traino di macchine agricole rimorchiate sprovviste di disposivo di frenatura, anche se considerate parte integrante del veicolo traente.

4. Chiunque viola le disposizioni del presente articolo e' soggetto alla sanzione amministrativa del pagamento di una somma da € 173 a € 694)). (19) (29) (43) (52) (64) (80) (89) (101) (114) (124) (133)(145) (163)

AGGIORNAMENTO (4)

Il D.Lgs. 28 giugno 1993, n. 214 ha disposto (con l'art. 1, comma 1) che le disposizioni del titolo III del presente D.Lgs. si applicano dal 1° ottobre 1993.

AGGIORNAMENTO (19)

Il Decreto 20 dicembre 1996 (in G.U. 28/12/1996, n. 303) ha disposto (con l'art. 1, comma 1) che la presente modifica avra' effetto a decorrere dal 1 gennaio 1997.

AGGIORNAMENTO (29)

Il Decreto 22 dicembre 1998 (in G.U. 28/12/1998, n. 301) ha disposto (con l'art. 1, comma 1) che la presente modifica avra' effetto a decorrere dal 1 gennaio 1999.

AGGIORNAMENTO (43)

Il Decreto 29 dicembre 2000 (in G.U. 30/12/2000, n. 303) ha

disposto (con l'art. 1, comma 1) che la presente modifica avra' effetto a decorrere dal 1 gennaio 2001.

AGGIORNAMENTO (52)

Il Decreto 24 dicembre 2002 (in G.U. 30/12/2002, n. 304) ha disposto (con l'art. 1, comma 1) che la presente modifica avra' effetto a decorrere dal 1 gennaio 2003.

AGGIORNAMENTO (64)

Il Decreto 22 dicembre 2004 (in G.U. 30/12/2004, n. 305) ha disposto (con l'art. 1, comma 2) che la presente modifica avra' effetto a decorrere dal 1 gennaio 2005.

AGGIORNAMENTO (80)

Il Decreto 29 dicembre 2006 (in G.U. 30/12/2006, n. 302) ha disposto (con l'art. 1, comma 2) che la presente modifica avra' effetto a decorrere dal 1 gennaio 2007.

AGGIORNAMENTO (89)

Il Decreto 17 dicembre 2008 (in G.U. 30/12/2008, n. 303) ha disposto (con l'art. 1, comma 2) che la presente modifica avra' effetto a decorrere dal 1 gennaio 2009.

AGGIORNAMENTO (101)

Il Decreto 22 dicembre 2010 (in G.U. 31/12/2010 n. 305) ha disposto (con l'art. 1, comma 2) che la presente modifica avra' effetto a decorrere dal 1 gennaio 2011.

----

(4)

AGGIORNAMENTO (114)

Il Decreto 19 dicembre 2012 (in G.U. 31/12/2012 n. 303) ha disposto (con l'art. 1, comma 2) che la presente modifica avra' effetto a decorrere dal 1 gennaio 2013.

AGGIORNAMENTO (124)

Il Decreto 16 dicembre 2014 (in G.U. 31/12/2014, n. 302) ha disposto (con l'art. 1, comma 2) che la presente modifica avra' effetto a decorrere dal 1 gennaio 2015.

AGGIORNAMENTO (133)

Il Decreto 20 dicembre 2016 (in G.U. 30/12/2016, n. 304) ha disposto (con l'art. 1, comma 1) che la presente modifica avra'

effetto a decorrere dal 1 gennaio 2017.

AGGIORNAMENTO (145)

Il Decreto 27 dicembre 2018 (in G.U. 29/12/2018, n. 301) ha disposto (con l'art. 3, comma 1) che la presente modifica avra' effetto a decorrere dal 1° gennaio 2019.

AGGIORNAMENTO (163)

Il Decreto 31 dicembre 2020 (in G.U. 31/12/2020, n. 323) ha disposto (con l'art. 3, comma 1) che la presente modifica avra' effetto a decorrere dal 1° gennaio 2021.

Art. 106.

Norme costruttive e dispositivi di equipaggiamento delle macchine agricole

1. Le macchine agricole indicate nell'art. 57, comma 2, devono essere costruite in modo che, ai fini della circolazione stradale, garantiscano sufficiente stabilita' sia quando circolano isolatamente, sia quando effettuano il traino, se previsto, sia, infine, quando sono equipaggiate con attrezzi portati o semiportati dei quali deve essere garantito il bloccaggio tridimensionale. Le macchine agricole semoventi devono essere inoltre costruite in modo da consentire un idoneo campo di visibilita', anche quando sono equipaggiate con cabina di guida chiusa, con dispositivi di protezione del conducente e con attrezzi portati o semiportati. Il sedile del conducente deve essere facilmente accessibile e confortevole ed i comandi adeguatamente agibili.

2. Le macchine agricole semoventi indicate nell'art. 57, comma 2, lettera a), escluse quelle di cui al punto 3), devono essere munite di:

   a) dispositivi per la segnalazione visiva e per l'illuminazione;
   b) dispositivi per la frenatura;
   c) dispositivo di sterzo;
   d) dispositivo silenziatore del rumore emesso dal motore;
   e) dispositivo per la segnalazione acustica;
   f) dispositivo retrovisore;
   g) ruote o cingoli idonei per la marcia su strada;
   h) dispositivi amovibili per la protezione dalle parti pericolose;
   i) dispositivi di agganciamento, anche amovibili, se predisposte per il traino;
   l) superfici trasparenti di sicurezza e dispositivo tergivetro del parabrezza.

3. Le macchine agricole semoventi indicate nell'art. 57, comma 2,

lettera a), punto 3), devono essere munite, con riferimento all'elencazione del comma 2, dei dispositivi di cui alle lettere b), c), d), g) ed h); devono inoltre essere munite dei dispositivi di cui alla lettera a), anche se amovibili; nel limite di massa di 0,3 t possono essere sprovviste dei dispositivi di cui alla lettera b).

4. Le macchine agricole trainate indicate nell'art. 57, comma 2, lettera b), devono essere munite dei dispositivi di cui al comma 2, lettere a), b), g), h) ed i); le macchine agricole trainate di cui all'art. 57, comma 2, lettera b), punto 1, se di massa complessiva inferiore od uguale a quella rimorchiabile riconosciuta alla macchina agricola traente per macchine operatrici trainate prive di freni, possono essere sprovviste dei dispositivi di cui alla lettera b) del comma 2. Sulle macchine agricole trainate, esclusi i rimorchi agricoli, e' consentito che i dispositivi di cui alla lettera a) siano amovibili.

5. Le prescrizioni tecniche relative alle caratteristiche costruttive delle macchine agricole e ai dispositivi di cui le stesse devono essere munite, quando non espressamente previste dal regolamento, sono stabilite con decreto del Ministro dei trasporti, di concerto con il ((Ministro delle politiche agricole e forestali)), fatte salve le competenze del ((Ministro dell'ambiente e della tutela del territorio)) in materia di emissioni inquinanti e di rumore. Con lo stesso strumento possono essere stabilite caratteristiche, numero e modalita' di applicazione dei dispositivi di cui al presente articolo.

6. Le macchine agricole indicate nell'art. 57, comma 2, devono inoltre rispondere alle disposizioni relative ai mezzi e sistemi di difesa previsti dalle normative per la sicurezza e igiene del lavoro, nonche' per la protezione dell'ambiente da ogni tipo di inquinamento.

7. Qualora i decreti di cui al comma 5 si riferiscano a disposizioni oggetto di direttive del Consiglio o della Commissione delle Comunita' Europee, le prescrizioni tecniche sono quelle contenute nelle predette direttive; per l'omologazione si fa salva la facolta', per gli interessati, di richiedere l'applicazione delle corrispondenti prescrizioni tecniche contenute nei regolamenti o nelle raccomandazioni emanate dall'ufficio europeo per le Nazioni unite - Commissione economica per l'Europa, accettati dal Ministero competente per la materia.

8. Con gli stessi decreti puo' essere reso obbligatorio il rispetto di norme di unificazione attinenti alle disposizioni dei commi 1, 2, 3, 4, 5 e 6.
(4)

AGGIORNAMENTO (4)

Il D.Lgs. 28 giugno 1993, n. 214 ha disposto (con l'art. 1, comma 1) che le disposizioni del titolo III del presente D.Lgs. si applicano dal 1° ottobre 1993.

Art. 107.
Accertamento dei requisiti di idoneita' delle macchine agricole

1. Le macchine agricole di cui all'art. 57, comma 2, sono soggette all'accertamento dei dati di identificazione, della potenza del motore quando ricorre e della corrispondenza alle prescrizioni tecniche ed alle caratteristiche disposte a norma di legge. Il regolamento stabilisce le categorie di macchine agricole operatrici trainate che sono escluse dall'accertamento di cui sopra.

2. L'accertamento di cui al comma 1 ha luogo mediante visita e prova da parte degli uffici competenti del Dipartimento per i trasporti terrestri ((o da parte di strutture o Enti aventi i requisiti stabiliti con decreto del Ministro delle infrastrutture e dei trasporti di concerto con il Ministro delle politiche agricole, alimentari e forestali)) , secondo modalita' stabilite con decreto del Ministero dei trasporti, di concerto con i Ministri delle politiche agricole e forestali e del del lavoro e delle politiche sociali, fatte salve le competenze del Ministro dell'ambiente e della tutela del territorio in materia di emissioni inquinanti e di rumore.

3. Per le macchine agricole di cui al comma 1, i loro componenti o entita' tecniche, prodotte in serie, l'accertamento viene effettuato su un prototipo mediante omologazione del tipo, secondo modalita' stabilite con decreto del Ministro dei trasporti, sentito il Comitato interministeriale per le macchine agricole (C.I.M.A.), fatte salve le competenze del Ministro dell'ambiente e della tutela del territorio in materia di emissioni inquinanti e di rumore. Fatti salvi gli accordi internazionali, l'omologazione totale o parziale rilasciata da uno stato estero puo' essere riconosciute valida in Italia a condizione di reciprocita'. (6)

(4)

AGGIORNAMENTO (4)

Il D.Lgs. 28 giugno 1993, n. 214 ha disposto (con l'art. 1, comma 1) che le disposizioni del titolo III del presente D.Lgs. si applicano dal 1° ottobre 1993.

AGGIORNAMENTO (6)

Il D.Lgs. 10 settembre 1993, n. 360 ha disposto (con l'art. 49, comma 1, lettera a)) che nel comma 3 del presente articolo la parola: "prodotto" e' sostituita dalla seguente: "prodotti".

Art. 108.
Rilascio del certificato di idoneita' tecnica alla circolazione e della carta di circolazione delle macchine agricole

1. Per essere immesse in circolazione le macchine agricole, con le esclusioni previste dall'art. 107, comma 1, devono essere munite di un certificato di idoneita' tecnica alla circolazione ovvero di una carta di circolazione.

2. Il certificato di idoneita' tecnica alla circolazione, la carta di circolazione ovvero il certificato di approvazione sono rilasciati a seguito dell'esito favorevole dell'accertamento di cui all'art. 107, comma 1, sulla base di documentazione idonea a stabilire l'origine della macchina agricola. Nel regolamento sono stabiliti il contenuto e le caratteristiche del certificato di idoneita' tecnica e della carta di circolazione.

3. Per le macchine agricole non prodotte in serie, compresi i prototipi, la documentazione di origine e' costituita dal certificato di origine dell'esemplare rilasciato dalla fabbrica costruttrice o da chi ha proceduto alla costruzione del medesimo. Qualora gli accertamenti siano richiesti per macchine agricole costruite con parti staccate, deve essere inoltre esibita la documentazione relativa alla provenienza delle parti impiegate.

4. Per le macchine agricole di tipo omologato prodotte in serie il costruttore o il suo legale rappresentante rilascia all'acquirente una formale dichiarazione, redatta su modello approvato dal Ministero dei trasporti, attestante che la macchina agricola, in tutte le sue parti, e' conforme al tipo omologato. Di tale dichiarazione il costruttore assume la piena responsabilita' a tutti gli effetti di legge. La dichiarazione di conformita', quando ne sia ammesso il rilascio, ha anche valore di certificato di origine.

5. Per le macchine agricole di tipo omologato il certificato di idoneita' tecnica alla circolazione ovvero la carta di circolazione vengono rilasciati sulla base della dichiarazione di conformita', senza ulteriori accertamenti.

6. Chiunque rilascia la dichiarazione di conformita' per macchine agricole non conformi al tipo omologato e' soggetto alla sanzione amministrativa del pagamento di una somma ((da € 430 a € 1.731)). (19) (29) (43) (52) (64) (80) (89) (101) (114) (124) (133) (145) ((163))

7. Il rilascio del certificato di idoneita' tecnica o della carta di circolazione e' sospeso qualora emergano elementi che facciano ritenere la possibilita' della sussistenza di un reato perseguibile ai sensi delle leggi penali.

(4)

AGGIORNAMENTO (4)
Il D.Lgs. 28 giugno 1993, n. 214 ha disposto (con l'art. 1, comma 1) che le disposizioni del titolo III del presente D.Lgs. si applicano dal 1° ottobre 1993.

AGGIORNAMENTO (19)
Il Decreto 20 dicembre 1996 (in G.U. 28/12/1996, n. 303) ha disposto (con l'art. 1, comma 1) che la presente modifica avra' effetto a decorrere dal 1 gennaio 1997.

AGGIORNAMENTO (29)
Il Decreto 22 dicembre 1998 (in G.U. 28/12/1998, n. 301) ha disposto (con l'art. 1, comma 1) che la presente modifica avra' effetto a decorrere dal 1 gennaio 1999.

AGGIORNAMENTO (43)
Il Decreto 29 dicembre 2000 (in G.U. 30/12/2000, n. 303) ha disposto (con l'art. 1, comma 1) che la presente modifica avra' effetto a decorrere dal 1 gennaio 2001.

AGGIORNAMENTO (52)
Il Decreto 24 dicembre 2002 (in G.U. 30/12/2002, n. 304) ha disposto (con l'art. 1, comma 1) che la presente modifica avra' effetto a decorrere dal 1 gennaio 2003.

AGGIORNAMENTO (64)
Il Decreto 22 dicembre 2004 (in G.U. 30/12/2004, n. 305) ha disposto (con l'art. 1, comma 2) che la presente modifica avra' effetto a decorrere dal 1 gennaio 2005.

AGGIORNAMENTO (80)
Il Decreto 29 dicembre 2006 (in G.U. 30/12/2006, n. 302) ha disposto (con l'art. 1, comma 2) che la presente modifica avra' effetto a decorrere dal 1 gennaio 2007.

AGGIORNAMENTO (89)
Il Decreto 17 dicembre 2008 (in G.U. 30/12/2008, n. 303) ha disposto (con l'art. 1, comma 2) che la presente modifica avra' effetto a decorrere dal 1 gennaio 2009.

AGGIORNAMENTO (101)
Il Decreto 22 dicembre 2010 (in G.U. 31/12/2010, n. 305) ha disposto (con l'art. 1, comma 2) che la presente modifica avra'

effetto a decorrere dal 1 gennaio 2011.

AGGIORNAMENTO (114)

Il Decreto 19 dicembre 2012 (in G.U. 31/12/2012, n. 303) ha disposto (con l'art. 1, comma 2) che la presente modifica avra' effetto a decorrere dal 1 gennaio 2013.

AGGIORNAMENTO (124)

Il Decreto 19 dicembre 2012 (in G.U. 31/12/2012, n. 303) ha disposto (con l'art. 1, comma 2) che la presente modifica avra' effetto a decorrere dal 1 gennaio 2013.

AGGIORNAMENTO (133)

Il Decreto 20 dicembre 2016 (in G.U. 30/12/2016, n. 304) ha disposto (con l'art. 1, comma 1) che la presente modifica avra' effetto a decorrere dal 1 gennaio 2017.

AGGIORNAMENTO (145)

Il Decreto 27 dicembre 2018 (in G.U. 29/12/2018, n. 301) ha disposto (con l'art. 3, comma 1) che la presente modifica avra' effetto a decorrere dal 1° gennaio 2019.

AGGIORNAMENTO (163)

Il Decreto 31 dicembre 2020 (in G.U. 31/12/2020, n. 323) ha disposto (con l'art. 3, comma 1) che la presente modifica avra' effetto a decorrere dal 1° gennaio 2021.

Art. 109.
Controlli di conformita' al tipo omologato delle macchine agricole
1. Le macchine agricole ed i relativi dispositivi di tipo omologato sono identificati ai sensi dell'art. 74.
2. Il Ministero dei trasporti ha facolta' di prelevare e di sottoporre in qualsiasi momento ad accertamenti di controllo della conformita' al tipo omologato le macchine agricole non ancora immatricolate e i relativi dispositivi destinati al mercato nazionale e identificati a norma del comma 1. Con decreto del Ministro dei trasporti, emesso di concerto con i Ministri delle politiche agricole e forestali e del lavoro e delle politiche sociali, fatte salve le competenze del Ministro dell'ambiente e della tutela del territorio in materia di emissioni inquinanti e di rumore, sono stabiliti i criteri e le modalita' per gli accertamenti e gli eventuali prelievi, nonche' i relativi oneri a carico del titolare dell'omologazione.
3. Con lo stesso decreto sono stabilite le modalita' da seguire

fino alla sospensione dell'efficacia dell'omologazione o alla revoca dell'omologazione stessa, qualora in seguito al controllo di cui al comma 2 risulti il mancato rispetto della conformita' della serie al tipo omologato.

4. Chiunque produce o mette in vendita una macchina agricola o dispositivi non conformi ai tipi omologati e' soggetto alla sanzione amministrativa del pagamento di una somma ((da € 430 a € 1.731)). (19) (29) (43) (52) (64) (80) (89) (101) (114) (124) (133) (145) ((163))

5. Chiunque produce o mette in vendita una macchina agricola omologata, rilasciando la relativa dichiarazione di conformita' non munita dei dati di identificazione a norma del comma 1, e' soggetto alla sanzione amministrativa del pagamento di una somma da € 42 a € 173. (19) (29) (43) (52) (64) (80) (89) (101) (114) (124) (145) (4)

AGGIORNAMENTO (4)

Il D.Lgs. 28 giugno 1993, n. 214 ha disposto (con l'art. 1, comma 1) che le disposizioni del titolo III del presente D.Lgs. si applicano dal 1° ottobre 1993.

AGGIORNAMENTO (19)

Il Decreto 20 dicembre 1996 (in G.U. 28/12/1996, n. 303) ha disposto (con l'art. 1, comma 1) che le presenti modifiche avranno effetto a decorrere dal 1 gennaio 1997.

AGGIORNAMENTO (29)

l Decreto 22 dicembre 1998 (in G.U. 28/12/1998, n. 301) ha disposto (con l'art. 1, comma 1) che le presenti modifiche avranno effetto a decorrere dal 1 gennaio 1999.

AGGIORNAMENTO (43)

Il Decreto 29 dicembre 2000 (in G.U. 30/12/2000, n. 303) ha disposto (con l'art. 1, comma 1) che le presenti modifiche avranno effetto a decorrere dal 1 gennaio 2001.

AGGIORNAMENTO (52)

Il Decreto 24 dicembre 2002 (in G.U. 30/12/2002, n. 304) ha disposto (con l'art. 1, comma 1) che le presenti modifiche avranno effetto a decorrere dal 1 gennaio 2003.

AGGIORNAMENTO (64)

Il Decreto 22 dicembre 2004 (in G.U. 30/12/2004, n. 305) ha

disposto (con l'art. 1, comma 2) che le presenti modifiche avranno effetto a decorrere dal 1 gennaio 2005.

AGGIORNAMENTO (80)
Il Decreto 29 dicembre 2006 (in G.U. 30/12/2006, n. 302) ha disposto (con l'art. 1, comma 2) che le presenti modifiche avranno effetto a decorrere dal 1 gennaio 2007.

AGGIORNAMENTO (89)
Il Decreto 17 dicembre 2008 (in G.U. 30/12/2008, n. 303) ha disposto (con l'art. 1, comma 2) che le presenti modifiche avranno effetto a decorrere dal 1 gennaio 2009.

AGGIORNAMENTO (101)
Il Decreto 22 dicembre 2010 (in G.U. 31/12/2010 n. 305) ha disposto (con l'art. 1, comma 2) che le presenti modifiche avranno effetto a decorrere dal 1 gennaio 2011.

AGGIORNAMENTO (114)
Il Decreto 19 dicembre 2012 (in G.U. 31/12/2012 n. 303) ha disposto (con l'art. 1, comma 2) che le presenti modifiche avranno effetto a decorrere dal 1 gennaio 2013.

AGGIORNAMENTO (124)
Il Decreto 16 dicembre 2014 (in G.U. 31/12/2014, n. 302) ha disposto (con l'art. 1, comma 2) che le presenti modifiche avranno effetto a decorrere dal 1 gennaio 2015.

AGGIORNAMENTO (133)
Il Decreto 20 dicembre 2016 (in G.U. 30/12/2016, n. 304) ha disposto (con l'art. 1, comma 1) che la presente modifica avra' effetto a decorrere dal 1 gennaio 2017.

AGGIORNAMENTO (145)
Il Decreto 27 dicembre 2018 (in G.U. 29/12/2018, n. 301) ha disposto (con l'art. 3, comma 1) che le presenti modifiche avranno effetto a decorrere dal 1° gennaio 2019.

AGGIORNAMENTO (163)
Il Decreto 31 dicembre 2020 (in G.U. 31/12/2020, n. 323) ha disposto (con l'art. 3, comma 1) che la presente modifica avra' effetto a decorrere dal 1° gennaio 2021.

Art. 110.
Immatricolazione, carta di circolazione e certificato di idoneita' tecnica alla circolazione delle macchine agricole

1. Le macchine agricole indicate nell'art. 57, comma 2, lettera a), punto 1) e punto 2), e lettera b), punto 2, esclusi i rimorchi agricoli di massa complessiva non superiore a 1,5 t ed aventi le altre caratteristiche fissate dal regolamento, per circolare su strada sono soggette all'immatricolazione ed al rilascio della carta di circolazione. Quelle invece indicate nello stesso comma 2, lettera a), punto 3), e lettera b), punto 1), con le esclusioni previste all'art. 107, comma 1, ed i rimorchi agricoli di massa complessiva non superiore a 1,5 t ed aventi le altre caratteristiche fissate dal regolamento per circolare su strada sono soggette al rilascio di un certificato di idoneita' tecnica alla circolazione.

2. La carta di circolazione ovvero il certificato di idoneita' tecnica alla circolazione sono rilasciati dall'ufficio competente del Dipartimento per i trasporti terrestri competente per territorio; il medesimo ufficio provvede alla immatricolazione delle macchine agricole indicate nell'art. 57, comma 2, lettera a), punto 1) e punto 2), e lettera b), punto 2), ad esclusione dei rimorchi agricoli di massa complessiva non superiore a 1,5 t ed aventi le altre caratteristiche fissate dal regolamento, a nome di colui che dichiari di essere titolare di impresa agricola o forestale ovvero di impresa che effettua lavorazioni agromeccaniche o locazione di macchine agricole, nonche' a nome di enti e consorzi pubblici. 3. Il trasferimento di proprieta' delle macchine agricole soggette all'immatricolazione, nonche' il trasferimento di sede ovvero di residenza ed abitazione del titolare devono essere comunicati entro trenta giorni, unitamente alla prescritta documentazione ed alla carta di circolazione, all'ufficio competente del Dipartimento per i trasporti terrestri rispettivamente dal nuovo titolare e dall'intestatario della carta di circolazione. Detto ufficio annota le relative variazioni sul certificato di circolazione stessa. Qualora il titolo presentato per la trascrizione del trasferimento di proprieta' consista in un atto unilaterale, lo stesso ufficio dovra' acquisire anche la dichiarazione di assunzione di responsabilita' e provvedere alla comunicazione al nuovo titolare secondo le modalita' indicate nell'art. 95, comma 4, in quanto applicabili e commercianti di macchine agricole e, limitatamente alle macchine agricole indicate dall'articolo 57, comma 2, lettera a), numeri 1) e 2), aventi massa massima a pieno carico tecnicamente ammissibile non superiore a 6 t, e ai rimorchi agricoli di cui all'articolo 57, comma 2, lettera b), numero 2), aventi massa complessiva non superiore a 6 t, a nome di

colui che si dichiara proprietario.

2-bis. Al fine di promuovere lo sviluppo delle reti di imprese di cui all'articolo 3 del decreto-legge 10 febbraio 2009, n. 5, convertito, con modificazioni, dalla legge 9 aprile 2009, n. 33, e all'articolo 6-bis, comma 2, del decreto-legge 24 giugno 2014, n. 91, convertito, con modificazioni, dalla legge 11 agosto 2014, n. 116, alle reti costituite da imprenditori agricoli, singoli o associati, di cui all'articolo 2135 del codice civile, finalizzate anche all'acquisto di macchine agricole, e' consentita l'immatricolazione ai sensi del comma 2 del presente articolo a nome della rete di imprese, identificata dal codice fiscale, richiesto dalle imprese partecipanti, e dal contratto di rete, redatto e iscritto ai sensi del citato articolo 3 del decreto-legge n. 5 del 2009, da cui risultino la sede, la denominazione e il programma della rete, previa individuazione di un'impresa della rete incaricata di svolgere le funzioni amministrative attribuite dalla legge al proprietario del veicolo.

3. Il trasferimento di proprieta' delle macchine agricole soggette all'immatricolazione, nonche' il trasferimento di sede ovvero di residenza ed abitazione del titolare devono essere comunicati entro trenta giorni, unitamente alla prescritta documentazione ed alla carta di circolazione, all'ufficio della Direzione generale della M.C.T.C. rispettivamente dal nuovo titolare e dall'intestatario della carta di circolazione. Detto ufficio annota le relative variazioni sul certificato di circolazione stessa. Qualora il titolo presentato per la trascrizione del trasferimento di proprieta' consista in un atto unilaterale, lo stesso ufficio dovra' acquisire anche la dichiarazione di assunzione di responsabilita' e provvedere alla comunicazione al nuovo titolare secondo le modalita' indicate nell'art. 95, comma 4, in quanto applicabili.

4. L'annotazione del trasferimento di proprieta' e' condizionata dal possesso da parte del nuovo titolare dei requisiti richiesti al comma 2.

5. Il regolamento stabilisce il contenuto e le caratteristiche della carta di circolazione e del certificato di idoneita' tecnica, nonche' le modalita' ((di svolgimento, in via esclusivamente telematica, degli adempimenti previsti ai commi 2, 2-bis e 3)).

((5-bis. Le operazioni di cui ai commi 2, 2-bis e 3 sono svolte dall'Ufficio della motorizzazione civile anche per il tramite dei soggetti di cui alla legge 8 agosto 1991, n. 264, attraverso il collegamento telematico con il centro elaborazione dati del Dipartimento per la mobilita' sostenibile secondo le modalita' stabilite con decreto del Ministero delle infrastrutture e della mobilita' sostenibili)).

6. Chiunque circola su strada con una macchina agricola per la quale non e' stata rilasciata la carta di circolazione, ovvero il certificato di idoneita' tecnica alla circolazione, e' soggetto alla sanzione amministrativa del pagamento di una somma da € 173 a € 694. (19) (29) (43) (52) (64) (80) (89) (101) (114) (124) (133) (145) (163)

7. Chiunque circola su strada con una macchina agricola non osservando le prescrizioni contenute nella carta di circolazione ovvero nel certificato di idoneita' tecnica, e' soggetto alla sanzione amministrativa del pagamento di una somma da € 87 a € 344. (19) (29) (43) (52) (64) (80) (89) (101) (114) (124) (145) (163)

8. Chiunque omette di comunicare il trasferimento di proprieta', di sede o di residenza ed abitazione nel termine stabilito e' soggetto alla sanzione amministrativa del pagamento di una somma da € 42 a € 173. Dalla violazione consegue la sanzione amministrativa accessoria del ritiro della carta di circolazione o del certificato di idoneita' tecnica alla circolazione, secondo le norme di cui al capo I, sezione II, del titolo VI. (19) (29) (43) (52) (64) (80) (89) (101) (114) (124) (145)
(4)

AGGIORNAMENTO (4)

Il D.Lgs. 28 giugno 1993, n. 214 ha disposto (con l'art. 1, comma 1) che le disposizioni del titolo III del presente D.Lgs. si

applicano dal 1° ottobre 1993.

AGGIORNAMENTO (19)

Il Decreto 20 dicembre 1996 (in G.U. 28/12/1996, n. 303) ha disposto (con l'art. 1, comma 1) che le presenti modifiche avranno effetto a decorrere dal 1 gennaio 1997.

AGGIORNAMENTO (29)

Il Decreto 22 dicembre 1998 (in G.U. 28/12/1998, n. 301) ha disposto (con l'art. 1, comma 1) che le presenti modifiche avranno effetto a decorrere dal 1 gennaio 1999.

AGGIORNAMENTO (43)

Il Decreto 29 dicembre 2000 (in G.U. 30/12/2000, n. 303) ha disposto (con l'art. 1, comma 1) che le presenti modifiche avranno effetto a decorrere dal 1 gennaio 2001.

AGGIORNAMENTO (52)
Il Decreto 24 dicembre 2002 (in G.U. 30/12/2002, n. 304) ha disposto (con l'art. 1, comma 1) che le presenti modifiche avranno effetto a decorrere dal 1 gennaio 2003.

AGGIORNAMENTO (64)
Il Decreto 22 dicembre 2004 (in G.U. 30/12/2004, n. 305) ha disposto (con l'art. 1, comma 2) che le presenti modifiche avranno effetto a decorrere dal 1 gennaio 2005.

AGGIORNAMENTO (80)
Il Decreto 29 dicembre 2006 (in G.U. 30/12/2006, n. 302) ha disposto (con l'art. 1, comma 2) che le presenti modifiche avranno effetto a decorrere dal 1 gennaio 2007.

AGGIORNAMENTO (89)
Il Decreto 17 dicembre 2008 (in G.U. 30/12/2008, n. 303) ha disposto (con l'art. 1, comma 2) che le presenti modifiche avranno effetto a decorrere dal 1 gennaio 2009.

AGGIORNAMENTO (101)
Il Decreto 22 dicembre 2010 (in G.U. 31/12/2010, n. 305) ha disposto (con l'art. 1, comma 2) che le presenti modifiche avranno effetto a decorrere dal 1 gennaio 2011.

AGGIORNAMENTO (114)
Il Decreto 19 dicembre 2012 (in G.U. 31/12/2012, n. 303) ha disposto (con l'art. 1, comma 2) che le presenti modifiche avranno effetto a decorrere dal 1 gennaio 2013.

AGGIORNAMENTO (124)
Il Decreto 16 dicembre 2014 (in G.U. 31/12/2012, n. 302) ha disposto (con l'art. 1, comma 2) che le presenti modifiche avranno effetto a decorrere dal 1 gennaio 2015.

AGGIORNAMENTO (133)
Il Decreto 20 dicembre 2016 (in G.U. 30/12/2016, n. 304) ha disposto (con l'art. 1, comma 1) che la presente modifica avra' effetto a decorrere dal 1 gennaio 2017.

AGGIORNAMENTO (145)
Il Decreto 27 dicembre 2018 (in G.U. 29/12/2018, n. 301) ha disposto (con l'art. 3, comma 1) che le presenti modifiche avranno

effetto a decorrere dal 1° gennaio 2019.

AGGIORNAMENTO (163)

Il Decreto 31 dicembre 2020 (in G.U. 31/12/2020, n. 323) ha disposto (con l'art. 3, comma 1) che le presenti modifiche avranno effetto a decorrere dal 1° gennaio 2021.

Art. 111.
Revisione delle macchine agricole in circolazione

1. Al fine di garantire adeguati livelli di sicurezza nei luoghi di lavoro e nella circolazione stradale, il Ministro delle infrastrutture e dei trasporti, di concerto con il Ministro delle politiche agricole alimentari e forestali, con decreto da adottare entro e non oltre il 30 giugno 2015, dispone la revisione obbligatoria delle macchine agricole soggette ad immatricolazione a norma dell'articolo 110, al fine di accertarne lo stato di efficienza e la permanenza dei requisiti minimi di idoneita' per la sicurezza della circolazione. Con il medesimo decreto e' disposta, a far data dal 30 giugno 2016, la revisione obbligatoria delle macchine agricole in circolazione soggette ad immatricolazione in ragione del relativo stato di vetusta' e con precedenza per quelle immatricolate antecedentemente al 1° gennaio 2009, e sono stabiliti, d'intesa con la Conferenza permanente per i rapporti tra lo Stato, le regioni e le province autonome di Trento e di Bolzano, i criteri, le modalita' ed i contenuti della formazione professionale per il conseguimento dell'abilitazione all'uso delle macchine agricole, in attuazione di quanto disposto dall'articolo 73 del decreto legislativo 9 aprile 2008, n. 81.

2. Gli uffici competenti del Dipartimento per i trasporti terrestri, qualora sorgano dubbi sulla persistenza dei requisiti di cui al comma 1, possono ordinare in qualsiasi momento la revisione di singole macchine agricole.

3. Nel regolamento sono stabilite le procedure, i tempi e le modalita' delle revisioni di cui al presente articolo, nonche', ove ricorrano, i criteri per l'accertamento dei requisiti minimi d'idoneita' cui devono corrispondere le macchine agricole in circolazione e del loro stato di efficienza.

4. Il Ministro dei trasporti, con decreto emesso di concerto con il Ministro delle politiche agricole e forestali, puo' modificare la normativa prevista dal presente articolo in relazione a quanto stabilito in materia da disposizioni della Comunita' economica europea.

5. Alle macchine agricole, di cui al comma 1 si applicano le

disposizioni dell'art. 80, comma 7.

6. Chiunque circola su strada con una macchina agricola che non e' stata presentata alla revisione e' soggetto alla sanzione amministrativa del pagamento di una somma ((da € 87 a € 344)). Da tale violazione discende la sanzione amministrativa accessoria del ritiro della carta di circolazione o del certificato di idoneita' tecnica, secondo le norme del capo I, sezione II, del titolo VI. (19) (29) (43) (52) (64) (80) (89) (101) (114) (124) (145) ((163)) (4)

AGGIORNAMENTO (4)

Il D.Lgs. 28 giugno 1993, n. 214 ha disposto (con l'art. 1, comma 1) che le disposizioni del titolo III del presente D.Lgs. si applicano dal 1° ottobre 1993.

AGGIORNAMENTO (19)

Il Decreto 20 dicembre 1996 (in G.U. 28/12/1996, n. 303) ha disposto (con l'art. 1, comma 1) che la presente modifica avra' effetto a decorrere dal 1 gennaio 1997.

AGGIORNAMENTO (29)

Il Decreto 22 dicembre 1998 (in G.U. 28/12/1998, n. 301) ha disposto (con l'art. 1, comma 1) che la presente modifica avra' effetto a decorrere dal 1 gennaio 1999.

AGGIORNAMENTO (43)

Il Decreto 29 dicembre 2000 (in G.U. 30/12/2000, n. 303) ha disposto (con l'art. 1, comma 1) che la presente modifica avra' effetto a decorrere dal 1 gennaio 2001.

AGGIORNAMENTO (52)

Il Decreto 24 dicembre 2002 (in G.U. 30/12/2002, n. 304) ha disposto (con l'art. 1, comma 1) che la presente modifica avra' effetto a decorrere dal 1 gennaio 2003.

AGGIORNAMENTO (64)

Il Decreto 22 dicembre 2004 (in G.U. 30/12/2004, n. 305) ha disposto (con l'art. 1, comma 2) che la presente modifica avra' effetto a decorrere dal 1 gennaio 2005.

AGGIORNAMENTO (80)

Il Decreto 29 dicembre 2006 (in G.U. 30/12/2006, n. 302) ha disposto (con l'art. 1, comma 2) che la presente modifica avra'

effetto a decorrere dal 1 gennaio 2007.

AGGIORNAMENTO (89)

Il Decreto 17 dicembre 2008 (in G.U. 30/12/2008, n. 303) ha disposto (con l'art. 1, comma 2) che la presente modifica avra' effetto a decorrere dal 1 gennaio 2009.

AGGIORNAMENTO (101)

Il Decreto 22 dicembre 2010 (in G.U. 31/12/2010 n. 305) ha disposto (con l'art. 1, comma 2) che la presente modifica avra' effetto a decorrere dal 1 gennaio 2011.

AGGIORNAMENTO (114)

Il Decreto 19 dicembre 2012 (in G.U. 31/12/2012 n. 303) ha disposto (con l'art. 1, comma 2) che la presente modifica avra' effetto a decorrere dal 1 gennaio 2013.

AGGIORNAMENTO (124)

Il Decreto 16 dicembre 2014 (in G.U. 31/12/2014, n. 302) ha disposto (con l'art. 1, comma 2) che la presente modifica avra' effetto a decorrere dal 1 gennaio 2015.

AGGIORNAMENTO (145)

Il Decreto 27 dicembre 2018 (in G.U. 29/12/2018, n. 301) ha disposto (con l'art. 3, comma 1) che la presente modifica avra' effetto a decorrere dal 1° gennaio 2019.

AGGIORNAMENTO (163)

Il Decreto 31 dicembre 2020 (in G.U. 31/12/2020, n. 323) ha disposto (con l'art. 3, comma 1) che la presente modifica avra' effetto a decorrere dal 1° gennaio 2021.

Art. 112.
Modifiche dei requisiti di idoneita' delle macchine agricole in circolazione e aggiornamento del documento di circolazione

1. Le macchine agricole soggette all'accertamento dei requisiti ai sensi dell'art. 107 non devono presentare difformita' rispetto alle caratteristiche indicate nella carta di circolazione ovvero nel certificato di idoneita' tecnica alla circolazione, ne' alterazioni o danneggiamenti dei dispositivi prescritti.

2. Gli uffici competenti del Dipartimento per i trasporti terrestri, su richiesta dell'interessato, sottopongono alla visita e prova di accertamento prevista all'art. 107, comma 2, la macchina agricola alla quale siano state modificate una o piu' caratteristiche

oppure uno o piu' dispositivi indicati nel documento di circolazione; a seguito dell'esito favorevole dell'accertamento i predetti uffici provvedono all'aggiornamento del documento stesso.

3. Alle macchine agricole soggette all'immatricolazione ed al rilascio della carta di circolazione si applicano le disposizioni contenute negli articoli 93, 94, 95, 98 e 103 in quanto applicabili.

4. Chiunque circola su strada con una macchina agricola difforme nelle caratteristiche indicate nel comma 1, nonche' con i dispositivi, prescritti a norma di legge, alterati, danneggiati o mancanti e' soggetto alla sanzione amministrativa del pagamento di una somma ((da € 87 a € 344)), salvo che il fatto costituisca reato. Da tale violazione discende la sanzione amministrativa accessoria del ritiro della carta di circolazione, secondo le norme del capo I, sezione II, del titolo VI. (19) (29) (43) (52) (64) (80) (89) (101) (114) (124) (145) ((163))
(4)

AGGIORNAMENTO (4)

Il D.Lgs. 28 giugno 1993, n. 214 ha disposto (con l'art. 1, comma 1) che le disposizioni del titolo III del presente D.Lgs. si applicano dal 1° ottobre 1993.

AGGIORNAMENTO (19)

Il Decreto 20 dicembre 1996 (in G.U. 28/12/1996, n. 303) ha disposto (con l'art. 1, comma 1) che la presente modifica avra' effetto a decorrere dal 1 gennaio 1997.

AGGIORNAMENTO (29)

Il Decreto 22 dicembre 1998 (in G.U. 28/12/1998, n. 301) ha disposto (con l'art. 1, comma 1) che la presente modifica avra' effetto a decorrere dal 1 gennaio 1999.

AGGIORNAMENTO (43)

Il Decreto 29 dicembre 2000 (in G.U. 30/12/2000, n. 303) ha disposto (con l'art. 1, comma 1) che la presente modifica avra' effetto a decorrere dal 1 gennaio 2001.

AGGIORNAMENTO (52)

Il Decreto 24 dicembre 2002 (in G.U. 30/12/2002, n. 304) ha disposto (con l'art. 1, comma 1) che la presente modifica avra' effetto a decorrere dal 1 gennaio 2003.

AGGIORNAMENTO (64)

Il Decreto 22 dicembre 2004 (in G.U. 30/12/2004, n. 305) ha

disposto (con l'art. 1, comma 2) che la presente modifica avra' effetto a decorrere dal 1 gennaio 2005.

AGGIORNAMENTO (80)

Il Decreto 29 dicembre 2006 (in G.U. 30/12/2006, n. 302) ha disposto (con l'art. 1, comma 2) che la presente modifica avra' effetto a decorrere dal 1 gennaio 2007.

AGGIORNAMENTO (89)

Il Decreto 17 dicembre 2008 (in G.U. 30/12/2008, n. 303) ha disposto (con l'art. 1, comma 2) che la presente modifica avra' effetto a decorrere dal 1 gennaio 2009.

AGGIORNAMENTO (101)

Il Decreto 22 dicembre 2010 (in G.U. 31/12/2010, n. 305) ha disposto (con l'art. 1, comma 2) che la presente modifica avra' effetto a decorrere dal 1 gennaio 2011.

AGGIORNAMENTO (114)

Il Decreto 19 dicembre 2012 (in G.U. 31/12/2012, n. 303) ha disposto (con l'art. 1, comma 2) che la presente modifica avra' effetto a decorrere dal 1 gennaio 2013.

AGGIORNAMENTO (124)

Il Decreto 16 dicembre 2014 (in G.U. 31/12/2012, n. 302) ha disposto (con l'art. 1, comma 2) che la presente modifica avra' effetto a decorrere dal 1 gennaio 2015.

AGGIORNAMENTO (145)

Il Decreto 27 dicembre 2018 (in G.U. 29/12/2018, n. 301) ha disposto (con l'art. 3, comma 1) che la presente modifica avra' effetto a decorrere dal 1° gennaio 2019.

AGGIORNAMENTO (163)

Il Decreto 31 dicembre 2020 (in G.U. 31/12/2020, n. 323) ha disposto (con l'art. 3, comma 1) che la presente modifica avra' effetto a decorrere dal 1° gennaio 2021.

Art. 113.
Targhe delle macchine agricole

1. Le macchine agricole semoventi di cui all'art. 57, comma 2, lettera a), punti 1) e 2), per circolare su strada devono essere munite posteriormente di una targa contenente i dati di

immatricolazione. PERIODO SOPPRESSO DAL D.LGS. 10 SETTEMBRE 1993, N. 360.

2. L'ultimo elemento del convoglio di macchine agricole deve essere individuato con la targa ripetitrice della macchina agricola traente, quando sia occultata la visibilita' della targa d'immatricolazione di quest'ultima.

3. I rimorchi agricoli, esclusi quelli di massa complessiva non superiore a 1,5 t, devono essere muniti di una speciale targa contenente i dati di immatricolazione del rimorchio stesso.

4. La targatura e' disciplinata dalle disposizioni degli articoli 99, 100 e 102, in quanto applicabili. Per la produzione, distribuzione e restituzione delle targhe si applica l'art. 101.

5. Chiunque viola le disposizioni del presente articolo ((e' soggetto alle sanzioni amministrative, comprese quelle accessorie,)) stabilite dagli articoli 100, 101 e 102.

6. Il Ministro dei trasporti stabilisce, con proprio decreto, le modalita' per l'applicazione di quanto previsto al comma 4.
(4)

AGGIORNAMENTO (4)

Il D.Lgs. 28 giugno 1993, n. 214 ha disposto (con l'art. 1, comma 1) che le disposizioni del titolo III del presente D.Lgs. si applicano dal 1° ottobre 1993.

Art. 114.
Circolazione su strada delle macchine operatrici

1. Le macchine operatrici per circolare su strada devono rispettare per le sagome e masse le norme stabilite negli articoli 61 e 62 e per le norme costruttive ed i dispositivi di equipaggiamento quelle stabilite dall'art. 106.

2. Le macchine operatrici per circolare su strada sono soggette ad immatricolazione presso gli uffici competenti del Dipartimento per i trasporti terrestri, che rilasciano la carta di circolazione a colui che dichiari di essere il proprietario del veicolo.

2-bis. Le prescrizioni di cui al comma 2 non si applicano ai carrelli di cui all'articolo 58, comma 2, lettera c), qualora circolino su strada per brevi e saltuari spostamenti a vuoto o a carico. Con decreto del Ministero delle infrastrutture e dei trasporti, da emanare entro tre mesi dalla data di entrata in vigore della presente disposizione, sono stabilite le relative prescrizioni tecniche per l'immissione in circolazione.

3. Le macchine operatrici per circolare su strada sono soggette

altresi' alla disciplina prevista dagli articoli 99, 107, 108, 109, 111 e 112. Le macchine operatrici che per necessita' funzionali hanno sagome e massa eccedenti quelle previste dagli articoli 61 e 62 sono considerate macchine operatrici eccezionali; ad esse si applicano le norme previste dall'art. 104, comma 8, salvo che l'autorizzazione per circolare ivi prevista e' valida per un anno e rinnovabile.

4. Le macchine operatrici semoventi per circolare su strada devono essere munite di una targa contenente i dati di immatricolazione; le macchine operatrici trainate devono essere munite di una speciale targa di immatricolazione.

5. La modalita' per gli adempimenti di cui ai commi 2 e 3, nonche' per quelli riguardanti le modificazioni nella titolarita' del veicolo ed il contenuto e le caratteristiche della carta di circolazione sono stabilite con decreto del Ministro dei trasporti.

6. Le modalita' per l' immatricolazione ((, gestite esclusivamente in via telematica,)) e la targatura sono stabilite dal regolamento.

((6-bis. Le operazioni di cui al comma 2 sono svolte dall'Ufficio della motorizzazione civile anche per il tramite dei soggetti di cui alla legge 8 agosto 1991, n. 264, attraverso il collegamento telematico con il centro elaborazione dati del Dipartimento per la mobilita' sostenibile secondo le modalita' stabilite con decreto del Ministero delle infrastrutture e della mobilita' sostenibili)).

7. Chiunque viola le disposizioni del presente articolo e' soggetto alle medesime sanzioni amministrative, comprese quelle accessorie, previste per le analoghe violazioni commesse con macchine agricole. (4)

AGGIORNAMENTO (4)

Il D.Lgs. 28 giugno 1993, n. 214 ha disposto (con l'art. 1, comma 1) che le disposizioni del titolo III del presente D.Lgs. si applicano dal 1° ottobre 1993.

TITOLO IVGUIDA DEI VEICOLI E CONDUZIONE DEGLI ANIMALI

Art. 115.

Requisiti per la guida dei veicoli e la conduzione di animali

1. Fatte salve le disposizioni specifiche in materia di carta di qualificazione del conducente, chi guida veicoli o conduce animali deve essere idoneo per requisiti fisici e psichici e aver compiuto:

a) anni quattordici per guidare:

1) veicoli a trazione animale o condurre animali da tiro, da soma o da sella, ovvero armenti, greggi o altri raggruppamenti di animali;

2) sul territorio nazionale, veicoli cui abilita la patente di guida della categoria AM, purche' non trasportino altre persone oltre al conducente;
  b) anni sedici per guidare:
    1) veicoli cui abilita la patente di guida della categoria AM;
    2) veicoli cui abilita la patente di guida della categoria A1;

    3) veicoli cui abilita la patente di guida della categoria B1;
  c) anni diciotto per guidare:
    1) NUMERO ABROGATO DALLA L. 29 LUGLIO 2015, N. 115;
    2) veicoli cui abilita la patente di guida della categoria A2;
    3) veicoli cui abilita la patente di guida delle categorie B e BE;
    4) veicoli cui abilita la patente di guida delle categorie C1 e C1E;
  d) anni venti per guidare:
    1) veicoli cui abilita la patente di guida della categoria A, a condizione che il conducente sia titolare della patente di guida della categoria A2 da almeno due anni;
  e) anni ventuno per guidare:
    1) tricicli cui abilita la patente di guida della categoria A;
    2) veicoli cui abilita la patente di guida delle categorie C e CE;
    3) veicoli cui abilita la patente di guida delle categorie D1 e D1E;
    4) veicoli per i quali e' richiesto un certificato di abilitazione professionale di tipo KA o KB nonche' i veicoli che circolano in servizio di emergenza, di cui all'articolo 177;
  f) anni ventiquattro per guidare:
    1) veicoli cui abilita la patente di guida della categoria A;
    2) veicoli cui abilita la patente di guida delle categorie D e DE. (102)
1-bis. Ai minori che hanno compiuto diciassette anni e che sono titolari di patente di guida di categoria A1 o B1, e' consentita, a fini di esercitazione, la guida di autoveicoli di massa complessiva a pieno carico non superiore a 3,5 t, con esclusione del traino di qualunque tipo di rimorchio, e comunque nel rispetto dei limiti di potenza specifica riferita alla tara di cui all'articolo 117, comma 2-bis, purche' accompagnati da un conducente titolare di patente di guida di categoria B o superiore da almeno dieci anni, previo rilascio di un'apposita autorizzazione da parte del competente ufficio del Dipartimento per i trasporti, la navigazione ed i sistemi informativi e statistici, su istanza presentata al medesimo ufficio

dal genitore o dal legale rappresentante del minore.

1-ter. Il minore autorizzato ai sensi del comma 1-bis puo' procedere alla guida accompagnato da uno dei soggetti indicati al medesimo comma solo dopo aver effettuato almeno dieci ore di corso pratico di guida, delle quali almeno quattro in autostrada o su strade extraurbane e due in condizione di visione notturna, presso un'autoscuola con istruttore abilitato e autorizzato.

1-quater. Nelle ipotesi di guida di cui al comma 1-bis, sul veicolo non puo' prendere posto, oltre al conducente, un'altra persona che non sia l'accompagnatore. Il veicolo adibito a tale guida deve essere munito di un apposito contrassegno recante le lettere alfabetiche "GA". Chiunque viola le disposizioni del presente comma e' punito con la sanzione amministrativa pecuniaria di cui al comma 9 dell'articolo 122.

1-quinquies. Nelle ipotesi di guida di cui al comma 1-bis si applicano le disposizioni di cui al comma 2 dell'articolo 117 e, in caso di violazioni, la sanzione amministrativa pecuniaria di cui al comma 5 del medesimo articolo. L'accompagnatore e' responsabile del pagamento delle sanzioni amministrative pecuniarie in solido con il genitore o con chi esercita l'autorita' parentale o con il tutore del conducente minorenne autorizzato ai sensi del citato comma 1-bis.

1-sexies. Nelle ipotesi di guida di cui al comma 1-bis, se il minore autorizzato commette violazioni per le quali, ai sensi delle disposizioni del presente codice, sono previste le sanzioni amministrative accessorie di cui agli articoli 218 e 219, e' sempre disposta la revoca dell'autorizzazione alla guida accompagnata. Per la revoca dell'autorizzazione si applicano le disposizioni dell'articolo 219, in quanto compatibili. Nell'ipotesi di cui al presente comma il minore non puo' conseguire di nuovo l'autorizzazione di cui al comma 1-bis.

1-septies. Nelle ipotesi di guida di cui al comma 1-bis, se il minore non ha a fianco l'accompagnatore indicato nell'autorizzazione, si applicano le sanzioni amministrative previste dall'articolo 122, comma 8, primo e secondo periodo. Si applicano altresi' le disposizioni del comma 1-sexies del presente articolo.

2. Chi guida veicoli a motore non puo' aver superato:

a) anni sessantacinque per guidare autotreni ed autoarticolati la cui massa complessiva a pieno carico sia superiore a 20 t. Tale limite puo' essere elevato, anno per anno, fino a sessantotto anni qualora il conducente consegua uno specifico attestato sui requisiti fisici e psichici a seguito di visita medica specialistica annuale, con oneri a carico del richiedente, secondo le modalita' stabilite nel regolamento;

b) anni sessanta per guidare autobus, autocarri, autotreni, autoarticolati, autosnodati, adibiti al trasporto di persone. Tale limite puo' essere elevato, anno per anno, fino a sessantotto anni qualora il conducente consegua uno specifico attestato sui requisiti fisici e psichici a seguito di visita medica specialistica annuale, con oneri a carico del richiedente, secondo le modalita' stabilite nel regolamento. (122)

2-bis. COMMA ABROGATO DAL D.L. 9 FEBBRAIO 2012, N. 5, CONVERTITO
CON MODIFICAZIONI DALLA L. 4 APRILE 2012, N. 35. (109)

3. Fatto salvo quanto previsto dall'articolo 126, comma 12, chiunque guida veicoli o conduce animali e non si trovi nelle condizioni richieste dal presente articolo e' soggetto, salvo quanto disposto nei successivi commi, alla sanzione amministrativa del pagamento di una somma ((da € 87 a € 344)). Qualora trattasi di veicoli di cui al comma 1, lettera e), numero 4), ovvero di veicoli per la cui guida e' richiesta la carta di qualificazione del conducente, e' soggetto alla sanzione amministrativa del pagamento di

una somma ((da € 158 a € 638)). (19) (29) (43) (52) (64) (80) (89) (101) (102) (114) (124) (133) (145) ((163))

4. COMMA ABROGATO DALLA L. 29 LUGLIO 2015, N. 115.

5. Chiunque, avendo la materiale disponibilita' di veicoli o di animali, ne affida o ne consente la condotta a persone che non si trovino nelle condizioni richieste dal presente articolo e' soggetto alla sanzione amministrativa del pagamento di una somma da € 42 a € 173 se si tratta di veicolo o alla sanzione amministrativa del pagamento di una somma da € 26 a € 102. (19) (29) (43) (52) (64) (80) (89) (101) (114) (124) (145)

6. Le violazioni alle disposizioni che precedono, quando commesse con veicoli a motore, importano la sanzione accessoria del fermo amministrativo del veicolo per giorni trenta, secondo le norme di cui al capo I, sezione II, del titolo VI.

AGGIORNAMENTO (19)

Il Decreto 20 dicembre 1996 (in G.U. 28/12/1996, n. 303) ha disposto (con l'art. 1, comma 1) che le presenti modifiche avranno effetto a decorrere dal 1 gennaio 1997.

AGGIORNAMENTO (29)

Il Decreto 22 dicembre 1998 (in G.U. 28/12/1998, n. 301) ha disposto (con l'art. 1, comma 1) che le presenti modifiche avranno effetto a decorrere dal 1 gennaio 1999.

AGGIORNAMENTO (43)

Il Decreto 29 dicembre 2000 (in G.U. 30/12/2000, n. 303) ha disposto (con l'art. 1, comma 1) che le presenti modifiche avranno effetto a decorrere dal 1 gennaio 2001.

AGGIORNAMENTO (52)

Il Decreto 24 dicembre 2002 (in G.U. 30/12/2002, n. 304) ha disposto (con l'art. 1, comma 1) che le presenti modifiche avranno effetto a decorrere dal 1 gennaio 2003.

AGGIORNAMENTO (64)

Il Decreto 22 dicembre 2004 (in G.U. 30/12/2004, n. 305) ha disposto (con l'art. 1, comma 2) che le presenti modifiche avranno effetto a decorrere dal 1 gennaio 2005.

AGGIORNAMENTO (72)

Il D.Lgs. 21 novembre 2005, n. 286 ha disposto (con l'art. 18, comma 1, lettera a)) che i conducenti, muniti della carta di qualificazione del conducente, devono aver compiuto 18 anni, per guidare veicoli adibiti al trasporto di merci per cui e' richiesta la patente di guida delle categorie C e C+E, in deroga alle limitazioni di massa di cui al comma 1, lettera d), numero 2 del presente articolo.

AGGIORNAMENTO (80)

Il Decreto 29 dicembre 2006 (in G.U. 30/12/2006, n. 302) ha disposto (con l'art. 1, comma 2) che le presenti modifiche avranno effetto a decorrere dal 1 gennaio 2007.

AGGIORNAMENTO (89)

Il Decreto 17 dicembre 2008 (in G.U. 30/12/2008, n. 303) ha disposto (con l'art. 1, comma 2) che le presenti modifiche avranno effetto a decorrere dal 1 gennaio 2009.

AGGIORNAMENTO (91)

Il D.Lgs. 21 novembre 2005, n. 286, come modificato dal D.Lgs. 22 dicembre 2008, n. 214, ha disposto (con l'art. 18, comma 1, lettera a)) che i conducenti muniti della carta di qualificazione del conducente devono aver compiuto 18 anni per guidare veicoli adibiti al trasporto di merci per cui e' richiesta la patente di guida delle categorie C e C+E, in deroga alle limitazioni di massa di cui al comma 1, lettera d), numero 2), del presente articolo, a condizione di aver seguito il corso di formazione iniziale di cui all'articolo 19, comma 2 dello stesso D.Lgs. 286/2005.

AGGIORNAMENTO (101)

Il Decreto 22 dicembre 2010 (in G.U. 31/12/2010 n. 305) ha disposto (con l'art. 1, comma 2) che le presenti modifiche avranno effetto a decorrere dal 1 gennaio 2011.

AGGIORNAMENTO (102)

Il D.Lgs. 18 aprile 2011, n. 59 ha disposto (con gli artt. 2, comma 1, lettera b) e 28, comma 1) l'abrogazione del comma 2-bis del presente articolo a decorrere dal 19 gennaio 2013.

Ha inoltre disposto (con l'art. 28, comma 1) che "Le disposizioni del presente decreto legislativo si applicano a decorrere dal 19 gennaio 2013, ad eccezione di quelle contenute negli articoli 9, comma 2, 22, comma 1, e 23, nonche' nell'allegato III, con riferimento alle patenti per le categorie A, A1, B, BE, C, CE, D, DE, KA e KB".

AGGIORNAMENTO (109)

Il D.L. 9 febbraio 2012, n. 5, convertito con modificazioni dalla L. 4 aprile 2012, n. 35, ha disposto (con l'art. 11, comma 1, lettera a)) che "all'articolo 115, l'abrogazione del comma 2-bis, disposta dall'articolo 2 del decreto legislativo 18 aprile 2011, n. 59, e' anticipata alla data di entrata in vigore del presente decreto".

AGGIORNAMENTO (114)

Il Decreto 19 dicembre 2012 (in G.U. 31/12/2012, n. 303), prendendo in considerazione gli importi delle sanzioni cosi' come aggiornati dal Decreto 22 dicembre 2010 (in G.U. 31/12/2010, n. 305), aveva previsto (con l'art. 1, comma 1) che la sanzione da € 159 a € 639 dovesse intendersi sostituita dalla sanzione da € 168 a € 674 e la sanzione da da € 39 a € 159 dovesse intendersi sostituita dalla sanzione da € 41 a € 168. Tali modifiche devono intendersi superate da quelle disposte dal D.Lgs. 18 aprile 2011, n. 59 a decorrere dal 19 gennaio 2013.

Lo stesso Decreto 19 dicembre 2012 (in G.U. 31/12/2012, n. 303) aveva inoltre previsto (con l'art. 1, comma 2) che le suindicate modifiche avrebbero avuto effetto a decorrere dal 1 gennaio 2013.

AGGIORNAMENTO (122)

Il Decreto 17 maggio 1995, n. 317, come modificato dal Decreto 10 gennaio 2014, n. 30, ha disposto (con l'art. 8, comma 6) che "Gli istruttori abilitati e autorizzati che hanno superato il limite di eta' di sessantotto anni, di cui all'articolo 115, comma 2, lettera a), del decreto legislativo 30 aprile 1992, n. 285, possono continuare a svolgere le proprie funzioni, purche' mantengano la titolarita' della patente di guida della categoria C o CE, con gli autoveicoli per i quali e' valida la patente di cui sono titolari, purche' la massa autorizzata, se trattasi di autotreni o autoarticolati, non sia superiore a 20t".

AGGIORNAMENTO (124)
Il Decreto 16 dicembre 2014 (in G.U. 31/12/2014, n. 302) ha disposto (con l'art. 1, comma 2) che le presenti modifiche avranno effetto a decorrere dal 1 gennaio 2015.

AGGIORNAMENTO (133)
Il Decreto 20 dicembre 2016 (in G.U. 30/12/2016, n. 304) ha disposto (con l'art. 1, comma 1) che la presente modifica avra' effetto a decorrere dal 1° gennaio 2017.

AGGIORNAMENTO (145)
Il Decreto 27 dicembre 2018 (in G.U. 29/12/2018, n. 301) ha disposto (con l'art. 3, comma 1) che le presenti modifiche avranno effetto a decorrere dal 1° gennaio 2019.

AGGIORNAMENTO (163)
Il Decreto 31 dicembre 2020 (in G.U. 31/12/2020, n. 323) ha disposto (con l'art. 3, comma 1) che le presenti modifiche avranno effetto a decorrere dal 1° gennaio 2021.

Art. 116
(Patente e abilitazioni professionali per la guida di veicoli a motore).

1. Non si possono guidare ciclomotori, motocicli, tricicli, quadricicli e autoveicoli senza aver conseguito la patente di guida ed, ove richieste, le abilitazioni professionali. Tali documenti sono rilasciati dal competente ufficio del Dipartimento per i trasporti, la navigazione e i sistemi informativi e statistici a soggetti che hanno la residenza in Italia ai sensi dell'articolo 118-bis.
2. Per sostenere gli esami di idoneita' per la patente di guida occorre presentare apposita domanda al competente ufficio del Dipartimento per i trasporti, la navigazione ed i sistemi informativi

e statistici ed essere in possesso dei requisiti fisici e psichici prescritti. Il Ministero delle infrastrutture e dei trasporti, con decreti dirigenziali, stabilisce il procedimento per il rilascio, l'aggiornamento e il duplicato, attraverso il proprio sistema informatico, delle patenti di guida e delle abilitazioni professionali, con l'obiettivo della massima semplificazione amministrativa, anche con il coinvolgimento dei medici di cui all'articolo 119, dei comuni, delle autoscuole di cui all'articolo 123 e dei soggetti di cui alla legge 8 agosto 1991, n. 264.

3. La patente di guida, conforme al modello UE, si distingue nelle seguenti categorie ed abilita alla guida dei veicoli per ciascuna di esse indicati:

a) AM:

1) ciclomotori a due ruote (categoria L1e) con velocita' massima di costruzione non superiore a 45 km/h, la cui cilindrata e' inferiore o uguale a 50 cm3 se a combustione interna, oppure la cui potenza nominale continua massima e' inferiore o uguale a 4 kW per i motori elettrici;

2) veicoli a tre ruote (categoria L2e) aventi una velocita' massima per costruzione non superiore a 45 km/h e caratterizzati da un motore, la cui cilindrata e' inferiore o uguale a 50 cm3 se ad accensione comandata, oppure la cui potenza massima netta e' inferiore o uguale a 4 kW per gli altri motori a combustione interna, oppure la cui potenza nominale continua massima e' inferiore o uguale a 4kW per i motori elettrici;

3) quadricicli leggeri la cui massa a vuoto e' inferiore o pari a 350 kg (categoria L6e), esclusa la massa delle batterie per i veicoli elettrici, la cui velocita' massima per costruzione e' inferiore o uguale a 45 km/h e la cui cilindrata del motore e' inferiore o pari a 50 cm3 per i motori ad accensione comandata; o la cui potenza massima netta e' inferiore o uguale a 4 kW per gli altri motori, a combustione interna; o la cui potenza nominale continua massima e' inferiore o uguale a 4 kW per i motori elettrici; (113) (121) (125)

b) A1:

1) motocicli di cilindrata massima di 125 cm3, di potenza massima di 11 kW e con un rapporto potenza/peso non superiore a 0,1 kW/kg;

2) tricicli di potenza non superiore a 15 kW; (113) (121) (125)

c) A2: motocicli di potenza non superiore a 35 kW con un rapporto potenza/peso non superiore a 0,2 kW/kg e che non siano derivati da una versione che sviluppa oltre il doppio della potenza massima;

(113) (121) (125)

d) A:

1) motocicli, ossia veicoli a due ruote, senza carrozzetta (categoria L3e) o con carrozzetta (categoria L4e), muniti di un motore con cilindrata superiore a 50 cm3 se a combustione interna e/o aventi una velocita' massima per costruzione superiore a 45 km/h;

2) tricicli di potenza superiore a 15 kW, fermo restando quanto previsto dall'articolo 115, comma 1, lettera e), numero 1); (113) (121) (125)

e) B1: quadricicli diversi da quelli di cui alla lettera a), numero 3), la cui massa a vuoto e' inferiore o pari a 400 kg (categoria L7e) (550 kg per i veicoli destinati al trasporto di merci), esclusa la massa delle batterie per i veicoli elettrici, e la cui potenza massima netta del motore e' inferiore o uguale a 15 kW. Tali veicoli sono considerati come tricicli e sono conformi alle prescrizioni tecniche applicabili ai tricicli della categoria L5e salvo altrimenti disposto da specifiche disposizioni comunitarie; (113) (121) (125)

((f) B:

1) autoveicoli la cui massa massima autorizzata non supera 3500 kg e progettati e costruiti per il trasporto di non piu' di otto persone oltre al conducente; ai veicoli di questa categoria puo' essere agganciato un rimorchio avente una massa massima autorizzata non superiore a 750 kg. Agli autoveicoli di questa categoria puo' essere agganciato un rimorchio la cui massa massima autorizzata superi 750 kg, purche' la massa massima autorizzata di tale combinazione non superi 4250 kg. Qualora tale combinazione superi 3500 kg, e' richiesto il superamento di una prova di capacita' e comportamento su veicolo specifico. In caso di esito positivo, e' rilasciata una patente di guida che, con un apposito codice europeo, indica che il titolare puo' condurre tali complessi di veicoli;

2) veicoli senza rimorchio adibiti al trasporto di merci, alimentati con combustibili alternativi di cui all'articolo 2 della direttiva 96/53/CE del Consiglio, del 25 luglio 1996, e con una massa autorizzata massima superiore a 3500 kg ma non superiore a 4250 kg, a condizione che la massa superiore a 3500 kg non determini aumento della capacita' di carico in relazione allo stesso veicolo e sia dovuta esclusivamente all'eccesso di massa del sistema di propulsione in relazione al sistema di propulsione di un veicolo delle stesse dimensioni dotato di un motore convenzionale a combustione interna ad accensione comandata o ad accensione a compressione. In tali casi, la patente di guida deve essere conseguita da almeno due anni)); ((173))

g) BE: complessi di veicoli composti di una motrice della

categoria B e di un rimorchio o semirimorchio: questi ultimi devono avere massa massima autorizzata non superiore a 3500 kg;

h) C1: autoveicoli diversi da quelli delle categorie D1 o D la cui massa massima autorizzata e' superiore a 3500 kg, ma non superiore a 7500 kg, progettati e costruiti per il trasporto di non piu' di otto passeggeri, oltre al conducente; agli autoveicoli di questa categoria puo' essere agganciato un rimorchio la cui massa massima autorizzata non sia superiore a 750 kg; (113) (121) (125)

i) C1E:

1) complessi di veicoli composti di una motrice rientrante nella categoria C1 e di un rimorchio o di un semirimorchio la cui massa massima autorizzata e' superiore a 750 kg, sempre che la massa autorizzata del complesso non superi 12000 kg;

2) complessi di veicoli composti di una motrice rientrante nella categoria B e di un rimorchio o di un semirimorchio la cui massa autorizzata e' superiore a 3500 kg, sempre che la massa autorizzata del complesso non superi 12000 kg. (113) (121) (125)

l) C: autoveicoli diversi da quelli delle categorie D1 o D la cui massa massima autorizzata e' superiore a 3500 kg e progettati e costruiti per il trasporto di non piu' di otto passeggeri, oltre al conducente; agli autoveicoli di questa categoria puo' essere agganciato un rimorchio la cui massa massima autorizzata non superi 750 kg;

m) CE: complessi di veicoli composti di una motrice rientrante nella categoria C e di un rimorchio o di un semirimorchio la cui massa massima autorizzata superi 750 kg;

n) D1: autoveicoli progettati e costruiti per il trasporto di non piu' di 16 persone, oltre al conducente, e aventi una lunghezza massima di 8 metri; agli autoveicoli di questa categoria puo' essere agganciato un rimorchio la cui massa massima autorizzata non superi 750 kg; (113) (121) (125)

o) D1E: complessi di veicoli composti da una motrice rientrante nella categoria D1 e da un rimorchio la cui massa massima autorizzata e' superiore a 750 kg; (113) (121) (125)

p) D: autoveicoli progettati e costruiti per il trasporto di piu' di otto persone oltre al conducente; a tali autoveicoli puo' essere agganciato un rimorchio la cui massa massima autorizzata non superi 750 kg;

q) DE: complessi di veicoli composti da una motrice rientrante nella categoria D e da un rimorchio la cui massa massima autorizzata supera 750 kg. (115)

4. I mutilati ed i minorati fisici, anche se affetti da piu' minorazioni,

possono conseguire la patente speciale delle categorie AM, A1, A2, A, B1, B, ((BE, C1, C1E, C, CE, D1, D1E, D, DE)). Le suddette patenti possono essere limitate alla guida di veicoli di particolari tipi e caratteristiche, e possono indicare determinate prescrizioni in relazione all'esito degli accertamenti di cui all'articolo 119, comma 4. Le limitazioni devono essere riportate sulla patente utilizzando i codici comunitari armonizzati, ovvero i codici nazionali stabiliti dal Dipartimento per i trasporti, la navigazione e i sistemi informativi e statistici. Ai titolari di patente B speciale e' vietata la guida di autoambulanze. ((173))

5. La patente di guida conseguita sostenendo la prova pratica su veicolo munito di cambio di velocita' automatico consente di condurre solo veicoli muniti di tale tipo di cambio. Per veicolo dotato di cambio automatico si intende un veicolo nel quale non e' presente il pedale della frizione o la leva manuale per la frizione, per le categorie A, A2 A1.

6. La validita' della patente puo' essere estesa dal competente ufficio del Dipartimento per i trasporti, la navigazione ed i sistemi informativi e statistici, previo accertamento dei requisiti fisici e psichici ed esame, a categorie di patente diversa da quella posseduta.

7. Si puo' essere titolari di un'unica patente di guida rilasciata da uno Stato membro dell'Unione europea o dello Spazio economico europeo.

8. Ai fini del servizio di noleggio con conducente per trasporto di persone, di cui all'articolo 85, comma 2, lettere a), b) c) e d), e di servizio di piazza con autovetture con conducente, di cui all'articolo 86, i conducenti, di eta' non inferiore a ventuno anni, conseguono un certificato di abilitazione professionale di tipo KA, se per la guida del veicolo adibito ai predetti servizi e' richiesta la patente di guida di categoria A1, A2 o A, ovvero di tipo KB, se per la guida del veicolo adibito ai predetti servizi e' richiesta la patente di guida di categoria B1 o B.

9. I certificati di abilitazione professionale di cui al comma 8 sono rilasciati dal competente ufficio del Dipartimento per i trasporti, la navigazione ed i sistemi informativi e statistici, sulla base dei requisiti, delle modalita' e dei programmi di esame stabiliti nel regolamento. Ai fini del conseguimento del certificato di abilitazione professionale di tipo KA e' necessario che il conducente abbia la patente di categoria A1, A2 o A, nonche' l'attestazione di avere frequentato con profitto un corso di formazione di primo soccorso anche presso un'autoscuola di cui all'articolo 123. Ai fini del conseguimento del certificato di abilitazione professionale di tipo KB e' necessario che il conducente

abbia almeno la patente di categoria B1, nonche' l'attestazione di avere frequentato con profitto un corso di formazione di primo soccorso anche presso un'autoscuola di cui all'articolo 123. Con decreto del Ministro della salute sono stabilite le modalita' con cui anche gli istituti dedicati all'educazione stradale possono erogare la formazione sulle nozioni di primo soccorso prevista per i soggetti che intendono conseguire i certificati di abilitazione professionale di cui al secondo e al terzo periodo.

10. I mutilati ed i minorati fisici, qualora in possesso almeno delle patenti speciali corrispondenti a quelle richieste dal comma 9, possono conseguire i certificati di abilitazione professionale di tipo KA e KB, previa verifica della sussistenza dei requisiti di idoneita' fisica e psichica da parte della commissione medica locale, di cui all'articolo 119, comma 4, sulla base delle indicazioni alla stessa fornite dal comitato tecnico, ai sensi dell'articolo 119, comma 10.

11. Quando richiesto dalle disposizioni comunitarie, come recepite nell'ordinamento interno, i conducenti titolari di patente di guida di categoria ((C1, C, C1E e CE, anche speciale)), conseguono la carta di qualificazione del conducente per il trasporto di cose ed i conducenti titolari di patente di guida di categoria D1, D1E, D e DE ((, anche speciale,)) conseguono la carta di qualificazione del conducente per il trasporto di persone. Quest'ultima e' sempre richiesta nel caso di trasporto di scolari. ((173))

12. Nei casi previsti dagli accordi internazionali cui l'Italia abbia aderito, per la guida di veicoli adibiti a determinati trasporti professionali, i titolari di patente di guida valida per la prescritta categoria devono inoltre conseguire il relativo certificato di abilitazione, idoneita', capacita' o formazione professionale, rilasciato dal competente ufficio del Dipartimento per i trasporti, la navigazione ed i sistemi informativi e statistici. Tali certificati non possono essere rilasciati ai mutilati e ai minorati fisici.

13. L'annotazione del trasferimento di residenza da uno ad un altro comune o il cambiamento di abitazione nell'ambito dello stesso comune, viene effettuata dal competente ufficio centrale del Dipartimento per i trasporti, la navigazione e i sistemi informativi e statistici che aggiorna il dato nell'anagrafe nazionale degli abilitati alla guida. A tale fine, i comuni trasmettono al suddetto ufficio, per via telematica o su supporto magnetico secondo i tracciati record prescritti dal Dipartimento per i trasporti, la navigazione e i sistemi informativi e statistici, notizia dell'avvenuto trasferimento di residenza, nel termine di un mese

decorrente dalla data di registrazione della variazione anagrafica.

14. Chiunque, avendo la materiale disponibilita' di un veicolo, lo affida o ne consente la guida a persona che non abbia conseguito la corrispondente patente di guida, o altra abilitazione prevista ai commi 8, 10, 11 e 12, se prescritta, e' soggetto alla sanzione amministrativa del pagamento di una somma da € 397 a € 1.592. (133) (145) (163)

15. Chiunque conduce veicoli senza aver conseguito la corrispondente patente di guida e' punito con l'ammenda da 2.257 euro a 9.032 euro; la stessa sanzione si applica ai conducenti che guidano senza patente perche' revocata o non rinnovata per mancanza dei requisiti fisici e psichici. Nell'ipotesi di recidiva nel biennio si applica altresi' la pena dell'arresto fino ad un anno. Per le violazioni di cui al presente comma e' competente il tribunale in composizione monocratica.

15-bis. Il titolare di patente di guida di categoria A1 che guida veicoli per i quali e' richiesta la patente di categoria A2, il titolare di patente di guida di categoria A1 o A2 che guida veicoli per i quali e' richiesta la patente di categoria A, ovvero titolare di patente di guida di categoria B1, C1 o D1 che guida veicoli per i quali e' richiesta rispettivamente la patente di categoria B, C o D, e' soggetto alla sanzione amministrativa del pagamento di una somma da € 1.021 a € 4.084. Si applica la sanzione accessoria della sospensione della patente di guida posseduta da quattro a otto mesi, secondo le norme del capo I, sezione II, del titolo VI. (133) (145) (163)

16. Fermo restando quando previsto da specifiche disposizioni, chiunque guida veicoli essendo munito della patente di guida ma non di altra abilitazione di cui ai commi 8, 10, 11 e 12, quando prescritta, e' soggetto alla sanzione amministrativa del pagamento di una somma da € 408 a € 1.634. (133) (145) (163)

17. Alle violazioni di cui al comma 15 consegue la sanzione accessoria del fermo amministrativo del veicolo per un periodo di tre mesi, o in caso di recidiva delle violazioni, la sanzione accessoria della confisca amministrativa del veicolo. Quando non e' possibile disporre il fermo amministrativo o la confisca del veicolo, si applica la sanzione accessoria della sospensione della patente di guida eventualmente posseduta per un periodo da tre a dodici mesi. Si osservano le norme di cui al capo II, sezione II, del titolo VI.

18. Le violazioni delle disposizioni di cui al comma 16 importano la sanzione accessoria del fermo amministrativo del veicolo per giorni sessanta, secondo le norme del capo I, sezione II, del titolo VI.

(102) (114)

AGGIORNAMENTO (12)
Il D.L. 1 aprile 1995, n. 98, convertito con modificazioni dalla L. 30 maggio 1995, n. 204, ha disposto (con l'art. 9, comma 1) che "Il termine del 1 luglio 1994 di cui all'articolo 116, comma 8, del decreto legislativo 30 aprile 1992, n. 285, come integrato dall'articolo 57, comma 1, lettera d), del decreto legislativo 10 settembre 1993, n. 360, concernente il rilascio del certificato del tipo K.E. ai conducenti di veicoli adibiti a servizi di emergenza senza sostenere il relativo esame, e' prorogato al 30 giugno 1995".

AGGIORNAMENTO (15)
Il D.L. 25 novembre 1995, n. 501, convertito con modificazioni dalla L. 5 gennaio 1996, n. 11, nel modificare l'art. 16, comma 1 del D.P.R. 19 aprile 1994, n. 575, ha conseguentemente disposto (con l'art. 2, comma 2) che le presenti modifiche decorrono dal 1 ottobre 1995.

AGGIORNAMENTO (19)

Il Decreto 20 dicembre 1996 (in G.U. 28/12/1996, n. 303) ha disposto (con l'art. 1, comma 1) che le presenti modifiche avranno effetto a decorrere dal 1 gennaio 1997.

AGGIORNAMENTO (21)
La Corte Costituzionale, con sentenza 9-10 gennaio 1997, n. 3 (in G.U. 1a s.s. 15/1/1997, n. 3), ha dichiarato l'illegittimita' costituzionale del comma 13 del presente articolo 116 "nella parte in cui punisce con la sanzione penale, colui che, munito di patente di categoria B, C o D, guida un veicolo per il quale e' richiesta patente di categoria A".

AGGIORNAMENTO (25)
La L. 27 dicembre 1997, n. 449 ha diposto (con l'art. 17, comma 25) che gli obblighi di eseguire i versamenti di cui al comma 11 del presente articolo sono soppressi.
Ha inoltre disposto (con l'art. 17, comma 26) che e' soppresso il certificato di abilitazione professionale del tipo KE di cui al comma 8 del presente articolo.

AGGIORNAMENTO (29)
Il Decreto 22 dicembre 1998 (in G.U. 28/12/1998, n. 301) ha

disposto (con l'art. 1, comma 1) che le presenti modifiche avranno effetto a decorrere dal 1 gennaio 1999.

AGGIORNAMENTO (43)

Il Decreto 29 dicembre 2000 (in G.U. 30/12/2000, n. 303) ha disposto (con l'art. 1, comma 1) che le presenti modifiche avranno effetto a decorrere dal 1 gennaio 2001.

AGGIORNAMENTO (52)

Il Decreto 24 dicembre 2002 (in G.U. 30/12/2002, n. 304) ha disposto (con l'art. 1, comma 1) che le presenti modifiche avranno effetto a decorrere dal 1 gennaio 2003.

AGGIORNAMENTO (56)

Il D.Lgs. 15 gennaio 2002, n. 9, ha disposto (con l'art. 6, comma 1, lettera g)) l'introduzione del comma 13-bis del presente articolo. Ha inoltre disposto (con l'art. 18, comma 3) che lo stesso entra in vigore il 1 gennaio 2004.

Successivamente, il D.L. 27 giugno 2003, n. 151, convertito, con modificazioni, dalla L. 1 agosto 2003, n. 214, nel modificare l'art. 18, comma 3 del D.Lgs. 15 gennaio 2002, n. 9, ha disposto (con l'art. 7, comma 5) la proroga dell'entrata in vigore del presente comma al 1 luglio 2004, e (con l'art. 2, comma 1, lettera b-bis) ne ha modificato il testo. Di seguito si riporta il testo antecedente la citata modifica: vigore il 1 gennaio 2004.

"13-bis. Chiunque, non essendo titolare di patente, guida ciclomotori senza aver conseguito il certificato di idoneita' di cui

al comma 11-bis e' soggetto alla sanzione amministrativa del pagamento di una somma da euro cinquecentosedici a euro duemilasessantacinque."

AGGIORNAMENTO (64)

Il Decreto 22 dicembre 2004 (in G.U. 30/12/2004, n. 305) ha disposto (con l'art. 1, comma 2) che le presenti modifiche avranno effetto a decorrere dal 1 gennaio 2005.

AGGIORNAMENTO (80)

Il Decreto 29 dicembre 2006 (in G.U. 30/12/2006, n. 302) ha disposto (con l'art. 1, comma 2) che le presenti modifiche avranno effetto a decorrere dal 1 gennaio 2007.

AGGIORNAMENTO (89)

Il Decreto 17 dicembre 2008 (in G.U. 30/12/2008, n. 303) ha disposto (con l'art. 1, comma 2) che le presenti modifiche avranno effetto a decorrere dal 1 gennaio 2009.

AGGIORNAMENTO (99)

La L. 29 luglio 2010, n. 120 ha disposto (con l'art. 17, comma 2) che "Le disposizioni di cui al comma 1, limitatamente al superamento di una prova pratica di guida del ciclomotore, si applicano a decorrere dal 19 gennaio 2011".

Inoltre, il D.Lgs 21 novembre 2005, n. 286, come modificato dalla L. 29 luglio 2010, n. 120 ha disposto (con l'art. 22, comma 7-bis) che "In deroga ai criteri di propedeuticita' di cui all'articolo 116, comma 6, del decreto legislativo 30 aprile 1992, n. 285, puo' conseguire la patente di guida corrispondente alle categorie della patente estera posseduta il conducente titolare di patente di guida rilasciata da uno Stato con il quale non sussistono le condizioni di reciprocita' richiestedall'articolo 136, comma 2, del decreto legislativo n. 285 del 1992, dipendente di un'impresa di autotrasporto di persone o cose avente sede in Italia e titolare di carta di qualificazione del conducente rilasciata in Italia per mera esibizione della patente di guida posseduta, il quale ha stabilito la propria residenza in Italia da oltre un anno".

AGGIORNAMENTO (101)

Il Decreto 22 dicembre 2010 (in G.U. 31/12/2010, n. 305) ha disposto (con l'art. 1, comma 2) che le presenti modifiche avranno effetto a decorrere dal 1 gennaio 2011.

AGGIORNAMENTO (100)

Il D.L. 29 dicembre 2010, n. 225, convertito con modificazioni dalla L. 26 febbraio 2011, n. 10, nel modificare l'art. 17, comma 2 della L. 29 luglio 2010, n. 120, ha conseguentemente disposto (con l'art. 1, comma 1) che "E' fissato al 31 marzo 2011 il termine di

scadenza dei termini e dei regimi giuridici indicati nella tabella 1 allegata con scadenza in data anteriore al 15 marzo 2011".

AGGIORNAMENTO (102)

Il D.Lgs. 18 aprile 2011, n. 59 ha disposto (con l'art. 22, comma 1) che "Il modello di patente di guida comunitaria, di cui all'articolo 116, comma 3, Codice della strada, come modificato dall'articolo 3, comma 1, del presente decreto, e' conforme al modello comunitario di cui all'allegato I".

Ha inoltre disposto (con l'art. 28, comma 1) che "Le disposizioni del presente decreto legislativo si applicano a decorrere dal 19 gennaio 2013, ad eccezione di quelle contenute negli articoli 9, comma 2, 22, comma 1, e 23, nonche' nell'allegato III, con riferimento alle patenti per le categorie A, A1, B, BE, C, CE, D, DE, KA e KB".

AGGIORNAMENTO (113)

La L. 24 dicembre 2012, n. 228, nel modificare l'art. 28, comma 1 del D.Lgs. 18 aprile 2011, n. 59, ha conseguentemente disposto (con l'art. 1, comma 388) che le modifiche apportate dal D.Lgs. 18 aprile 2011, n. 59 al comma 3, lettere a), b), c), d), e), h), i), n) ed o) del presente articolo, si applicano a decorrere dal 30 giugno 2013.

AGGIORNAMENTO (114)

Il Decreto 19 dicembre 2012 (in G.U. 31/12/2012, n. 303), prendendo in considerazione gli importi delle sanzioni cosi' come aggiornati dal Decreto 22 dicembre 2010 (in G.U. 31/12/2010, n. 305), aveva previsto (con l'art. 1, comma 1) che la sanzione da da € 398 a € 1.596 dovesse intendersi sostituita dalla sanzione da € 419 a € 1.682 e che la sanzione da € 555 a € 2.220 dovesse intendersi sostituita dalla sanzione da € 585 a € 2.340. Tali modifiche devono intendersi superate da quelle disposte dal D.Lgs. 18 aprile 2011, n. 59 a decorrere dal 19 gennaio 2013.

Lo stesso Decreto 19 dicembre 2012 (in G.U. 31/12/2012, n. 303) aveva inoltre previsto (con l'art. 1, comma 2) che le suindicate modifiche avrebbero avuto effetto a decorrere dal 1 gennaio 2013.

AGGIORNAMENTO (115)

Il D.Lgs. 18 aprile 2011, n. 59, come modificato dal D.Lgs. 16 gennaio 2013, n. 2, ha disposto (con l'art. 22, comma 1) che "Il modello di patente di guida, di cui all'articolo 116, comma 3, Codice della strada, come modificato dall'articolo 3, comma 1, del presente decreto, e' conforme al modello UE di cui all'allegato I".

AGGIORNAMENTO (121)

Il D.L. 30 dicembre 2013, n. 150 convertito con modificazioni dalla L. 27 febbraio 2014, n. 15 nel modificare l'art. 3, comma 1 del D.Lgs. 18 aprile 2011, n. 59 ha conseguentemente disposto (con l'art. 4, comma 3) che l'entrata in vigore delle modifiche apportate dal D.Lgs. 18 aprile 2011, n. 59 al comma 3, lettere a), b), c), d), e), h), i), n), e o) del presente articolo e' prorogata al 31 dicembre

2014.

AGGIORNAMENTO (125)
Il D.L. 31 dicembre 2014, n. 192, convertito con modificazioni dalla L. 27 febbraio 2015, n. 11, nel modificare l'art. 3, comma 1 del D.Lgs. 18 aprile 2011, n. 59, ha conseguentemente disposto (con l'art. 8, comma 6) che l'entrata in vigore delle modifiche apportate dal D.Lgs. 18 aprile 2011, n. 59 al comma 3, lettere a), b), c), d), e), h), i), n) e o) del presente articolo e' prorogata al 30 giugno 2015.

AGGIORNAMENTO (133)
Il Decreto 20 dicembre 2016 (in G.U. 30/12/2016, n. 304) ha disposto (con l'art. 1, comma 1) che le presenti modifiche avranno effetto a decorrere dal 1 gennaio 2017.

AGGIORNAMENTO (145)
Il Decreto 27 dicembre 2018 (in G.U. 29/12/2018, n. 301) ha disposto (con l'art. 3, comma 1) che le presenti modifiche avranno effetto a decorrere dal 1° gennaio 2019.

AGGIORNAMENTO (163)
Il Decreto 31 dicembre 2020 (in G.U. 31/12/2020, n. 323) ha disposto (con l'art. 3, comma 1) che le presenti modifiche avranno effetto a decorrere dal 1° gennaio 2021.

AGGIORNAMENTO (173)
Il D.L. 16 giugno 2022, n. 68, convertito con modificazioni dalla L. 5 agosto 2022, n. 108, ha disposto (con l'art. 7, comma 2) che l'efficacia delle presenti modifiche, e' subordinata alla definizione della procedura di consultazione della Commissione europea ai sensi della direttiva 96/53/CE del Consiglio del 25 luglio 1996 e le medesime modifiche si applicano ai veicoli per i quali il documento di circolazione riporta le indicazioni di cui al primo periodo del comma 2 dell'art. 7 del suindicato decreto-legge.

Art. 116-bis
       (((Rete dell'Unione europea delle patenti di guida).))
((1. Lo scambio di informazioni con gli altri Stati dell'Unione europea e dello Spazio economico europeo, relative al rilascio, alla conversione, ai duplicati, ai rinnovi di validita' e alle revoche delle patenti avviene mediante la rete dell'Unione europea delle patenti di guida, di seguito "rete".

2. La rete puo' essere utilizzata anche per lo scambio di informazioni per finalita' di controllo previste dalla legislazione dell'Unione.

3. L'accesso alla rete e' protetto. Lo scambio di informazioni sulla rete dell'Unione europea si conforma alle norme vigenti in materia di protezione dei dati personali e l'accesso alla stessa e' consentita esclusivamente alle autorita' competenti responsabili per il rilascio, la gestione ed il controllo e delle patenti di guida e delle qualificazioni dei conducenti professionali.))

Art. 117
Limitazioni nella guida

1. COMMA ABROGATO DAL D.LGS. 18 APRILE 2011, N. 59.

2. Per i primi tre anni dal conseguimento della patente di categoria A2, A, B1 e B non e' consentito il superamento della velocita' di 100 km/h per le autostrade e di 90 km/h per le strade extraurbane principali. (102)

2-bis. Ai titolari di patente di guida di categoria B, per il primo anno dal rilascio non e' consentita la guida di autoveicoli aventi una potenza specifica, riferita alla tara, superiore a 55 kW/t. Nel caso di veicoli di categoria M1, ai fini di cui al precedente periodo si applica un ulteriore limite di potenza massima pari a 70 kW. ((Per le autovetture elettriche o ibride plug-in, il limite di potenza specifica e' di 65 kW/t compreso il peso della batteria.)) Le limitazioni di cui al presente comma non si applicano ai veicoli adibiti al servizio di persone invalide, autorizzate ai sensi dell'articolo 188, purche' la persona invalida sia presente sul veicolo. Le limitazioni di cui al presente comma non si applicano, inoltre, se a fianco del conducente si trova, in funzione di istruttore, persona di eta' non superiore a sessantacinque anni, munita di patente valida per la stessa categoria, conseguita da almeno dieci anni, ovvero valida per la categoria superiore. Fatto salvo quanto previsto dall'articolo 120 del presente codice, alle persone destinatarie del divieto di cui all'articolo 75, comma 1, lettera a), del testo unico di cui al decreto del Presidente della Repubblica 9 ottobre 1990, n. 309, il divieto di cui al presente comma ha effetto per i primi tre anni dal rilascio della patente di guida. (82) (84) (86) (90) (94) (99)

3. Nel regolamento saranno stabilite le modalita' per l'indicazione sulla carta di circolazione dei limiti di cui ai commi 2 e 2-bis. Analogamente sono stabilite norme per i veicoli in circolazione alla data di entrata in vigore del presente codice. (102)

4. Le limitazioni alla guida e alla velocita' sono automatiche e decorrono dalla data di superamento dell'esame di cui all'articolo 121. PERIODO SOPPRESSO DAL D.L. 1 APRILE 1995, N. 98, CONVERTITO, CON
MODIFICAZIONI, DALLA L. 30 MAGGIO 1995, N. 204.

5. Il titolare di patente di guida italiana che, viola le disposizioni di cui ai commi 2 e 2-bis e' soggetto alla sanzione

amministrativa del pagamento di una somma da € 165 a € 660. La violazione importa la sanzione amministrativa accessoria della sospensione della validita' della patente da due ad otto mesi, secondo le norme del capo I, sezione II, del titolo VI. (12) (19) (29) (43) (52) (64) (80) (101) (114) (124) (133) (145) (163)

AGGIORNAMENTO (12)
  Il D.L. 1 aprile 1995, n. 98, convertito, con modificazioni, dalla L. 30 maggio 1995, n. 204, ha disposto (con l'art. 11, comma 3) che "Non sono punibili le infrazioni per violazione dell'articolo 117, comma 5, del decreto legislativo 30 aprile 1992, n. 285, cosi' come modificato dal decreto legislativo 10 settembre 1993, n. 360, vigente prima della data di entrata in vigore della modifica apportata dal presente articolo."

AGGIORNAMENTO (19)
  Il Decreto 20 dicembre 1996 (in G.U. 28/12/1996, n. 303) ha disposto (con l'art. 1, comma 1) che la presente modifica avra' effetto a decorrere dal 1 gennaio 1997.

AGGIORNAMENTO (29)
  Il Decreto 22 dicembre 1998 (in G.U. 28/12/1998, n. 301) ha disposto (con l'art. 1, comma 1) che la presente modifica avra' effetto a decorrere dal 1 gennaio 1999.

AGGIORNAMENTO (43)
  Il Decreto 29 dicembre 2000 (in G.U. 30/12/2000, n. 303) ha disposto (con l'art. 1, comma 1) che la presente modifica avra' effetto a decorrere dal 1 gennaio 2001.

AGGIORNAMENTO (52)
  Il Decreto 24 dicembre 2002 (in G.U. 30/12/2002, n. 304) ha disposto (con l'art. 1, comma 1) che la presente modifica avra' effetto a decorrere dal 1 gennaio 2003.

AGGIORNAMENTO (64)
  Il Decreto 22 dicembre 2004 (in G.U. 30/12/2004, n. 305) ha disposto (con l'art. 1, comma 2) che la presente modifica avra' effetto a decorrere dal 1 gennaio 2005.

AGGIORNAMENTO (80)

Il Decreto 29 dicembre 2006 (in G.U. 30/12/2006, n. 302) ha disposto (con l'art. 1, comma 2) che la presente modifica avra' effetto a decorrere dal 1 gennaio 2007.

AGGIORNAMENTO (82)

Il D.L. 3 agosto 2007, n. 117, convertito con modificazioni dalla

L. 2 ottobre 2007, n. 160 ha disposto (con l'art. 2, comma 2) che le disposizioni del comma 2-bis del presente articolo, si applicano ai titolari di patente di guida di categoria B rilasciata a fare data dal centottantesimo giorno successivo alla data di entrata in vigore del D.L. 3 agosto 2007, n. 117 stesso.

AGGIORNAMENTO (84)

Il D.L. 3 agosto 2007, n. 117, convertito con modificazioni dalla L. 2 ottobre 2007, n. 160, come modificato dall'art. 22, comma 1 del D.L. 31 dicembre 2007, n. 248, convertito con modificazioni dalla L. 28 febbraio 2008, n. 31, ha disposto (con l'art. 2, comma 2) che le disposizioni del comma 2-bis del presente articolo si applicano ai titolari di patente di guida di categoria B rilasciata a fare data dal 1° luglio 2008.

AGGIORNAMENTO (86)

Il D.L. 3 agosto 2007, n. 117, convertito con modificazioni dalla L. 2 ottobre 2007, n. 160, come modificato dall'art. 4, comma 4 del D.L. 3 giugno 2008, n. 97, convertito con modificazioni dalla L. 2 agosto 2008, n. 129, ha disposto (con l'art. 2, comma 2) che le disposizioni del comma 2-bis del presente articolo si applicano ai titolari di patente di guida di categoria B rilasciata a fare data dal 1° gennaio 2009.

AGGIORNAMENTO (90)

Il D.L. 3 agosto 2007, n. 117, convertito con modificazioni dalla L. 2 ottobre 2007, n. 160, come modificato dall'art. 24, comma 1 del D.L. 30 dicembre 2008, n. 207, convertito con modificazioni dalla L. 27 febbraio 2009, n. 14, ha disposto (con l'art. 2, comma 2) che le disposizioni del comma 2-bis del presente articolo si applicano ai titolari di patente di guida di categoria B rilasciata a fare data dal 1° gennaio 2010.

AGGIORNAMENTO (94)

Il D.L. 3 agosto 2007, n. 117, convertito con modificazioni dalla L. 2 ottobre 2007, n. 160, come modificato dall'art. 5, comma 2 del D.L. 30 dicembre 2009, n. 194, convertito con modificazioni dalla L. 26 febbraio 2010, n. 25, ha disposto (con l'art. 2, comma 2) che le disposizioni del comma 2-bis del presente articolo si applicano ai titolari di patente di guida di categoria B rilasciata a fare data dal 1° gennaio 2011.

AGGIORNAMENTO (99)

La L. 29 luglio 2010, n. 120 ha disposto (con l'art. 18, comma 2) che "Le disposizioni di cui al comma 2-bis dell'articolo 117 del decreto legislativo n. 285 del 1992, come modificato dal comma 1 del presente articolo, si applicano ai titolari di patente di guida di categoria B rilasciata a decorrere dal centottantesimo giorno

successivo alla data di entrata in vigore della presente legge".

AGGIORNAMENTO (101)

Il Decreto 22 dicembre 2010 (in G.U. 31/12/2010 n. 305) ha disposto (con l'art. 1, comma 2) che la presente modifica avra' effetto a decorrere dal 1 gennaio 2011.

AGGIORNAMENTO (102)

Il D.Lgs. 18 aprile 2011, n. 59 ha disposto (con l'art. 28, comma 1) che "Le disposizioni del presente decreto legislativo si applicano a decorrere dal 19 gennaio 2013, ad eccezione di quelle contenute negli articoli 9, comma 2, 22, comma 1, e 23, nonche' nell'allegato III, con riferimento alle patenti per le categorie A, A1, B, BE, C, CE, D, DE, KA e KB".

AGGIORNAMENTO (114)

Il Decreto 19 dicembre 2012 (in G.U. 31/12/2012 n. 303) ha disposto (con l'art. 1, comma 2) che la presente modifica avra' effetto a decorrere dal 1 gennaio 2013.

AGGIORNAMENTO (124)

Il Decreto 16 dicembre 2014 (in G.U. 31/12/2014, n. 302) ha disposto (con l'art. 1, comma 2) che la presente modifica avra' effetto a decorrere dal 1 gennaio 2015.

AGGIORNAMENTO (133)

Il Decreto 20 dicembre 2016 (in G.U. 30/12/2016, n. 304) ha disposto (con l'art. 1, comma 1) che la presente modifica avra'

effetto a decorrere dal 1 gennaio 2017.

AGGIORNAMENTO (145)

Il Decreto 27 dicembre 2018 (in G.U. 29/12/2018, n. 301) ha disposto (con l'art. 3, comma 1) che la presente modifica avra' effetto a decorrere dal 1° gennaio 2019.

AGGIORNAMENTO (163)

Il Decreto 31 dicembre 2020 (in G.U. 31/12/2020, n. 323) ha disposto (con l'art. 3, comma 1) che la presente modifica avra' effetto a decorrere dal 1° gennaio 2021.

Art. 118.
Patente e certificato di idoneita' per la guida di filoveicoli

1. Non si possono guidare filoveicoli senza avere conseguito la patente di guida per autoveicoli, la carta di qualificazione del conducente per il trasporto di persone nel caso della guida di filoveicoli per trasporto di persone e un certificato di idoneita' rilasciato dal competente ufficio del Dipartimento per i trasporti terrestri, su proposta della azienda interessata. (102)

2. La categoria della patente di guida e la carta di qualificazione del conducente per il trasporto di persone di cui devono essere muniti i conducenti di veicoli filoviari devono essere gli stessi di quelli prescritti per i corrispondenti autoveicoli. (102)

3. Il certificato di idoneita' si consegue mediante esame che deve essere preceduto da un periodo di esercitazioni nella condotta di un veicolo filoviario da effettuarsi con la assistenza di un guidatore gia' autorizzato e sotto il controllo di un funzionario tecnico della azienda che intende adibire il candidato alla funzione di guidatore di filobus.

4. Nel regolamento sono stabiliti i requisiti, le modalita' ed i programmi di esame per il conseguimento del suddetto certificato di idoneita'.

5. I candidati che hanno sostenuto gli esami con esito non favorevole possono ripresentarsi ad un successivo esame solo dopo che abbiano ripetuto il periodo di esercitazioni e siano trascorsi almeno trenta giorni.

6. L'ufficio competente rilascia ai candidati che hanno superato gli esami un certificato di idoneita' alle funzioni di guidatore di filobus, che e' valido solo se accompagnato dalla patente per autoveicoli di cui al comma 2 e dalla carta di qualificazione del conducente per il trasporto di persone. Il certificato di idoneita' abilita a condurre le vetture filoviarie presso qualsiasi azienda.

(102)
7. La validita' nel tempo del certificato di idoneita' e' la stessa della patente di guida in possesso dell'interessato ai sensi del comma 2. Quando la patente viene confermata di validita' a norma dell'art. 126, l'ufficio competente provvede ad analoga conferma per anni cinque del certificato di idoneita'. Se la validita' della patente non viene confermata, il certificato di idoneita' deve essere ritirato a cura dell'ufficio che lo ha rilasciato.

8. I competenti uffici del Dipartimento per i trasporti terrestri possono disporre che siano sottoposti a visita medica o ad esame di idoneita' i titolari del certificato di idoneita' alla guida di vetture filoviarie quando sorgano dubbi sulla persistenza dei requisiti fisici o psichici prescritti o della idoneita'.

9. Le disposizioni relative alla sospensione e alla revoca della patente di guida di cui agli articoli 129 e 130 si applicano anche ai certificati di idoneita' alla guida dei filoveicoli per fatti derivanti dalla guida degli stessi.

10. Avverso i provvedimenti di sospensione o revoca del certificato di idoneita' alla guida di filoveicoli e' ammesso ricorso al Ministro dei trasporti.

11. Chiunque, avendo la materiale disponibilita' di un filoveicolo, ne affida o ne consente la guida a persone che non siano munite della patente di guida per autoveicoli, della carta di qualificazione del conducente per il trasporto di persone, o del certificato di idoneita' e' soggetto alla sanzione amministrativa del pagamento di una somma ((da € 173 a € 694)). (19) (29) (43) (52) (64) (80) (89) (101) (102) (114) (124) (133) (145) ((163))

12. Chiunque guida filoveicoli senza essere munito della patente di guida e della carta di qualificazione del conducente per il trasporto di persone, e' soggetto alla sanzione amministrativa del pagamento di una somma ((da € 173 a € 694)). (19) (29) (43) (52) (64) (89) (101) (102) (114) (124) (133) (145) ((163))

13. Chiunque, munito di patente di guida, guida filoveicoli senza essere munito del certificato di idoneita' e' soggetto alla sanzione amministrativa del pagamento di una somma ((da € 87 a € 344)). (19) (29) (43) (52) (64) (80) (89) (101) (114) (124) (145) ((163))

14. Alle violazioni suddette consegue la sanzione accessoria del fermo amministrativo del veicolo per sei mesi, secondo le norme di cui al capo I, sezione II, del titolo VI.

AGGIORNAMENTO (19)

Il Decreto 20 dicembre 1996 (in G.U. 28/12/1996, n. 303) ha disposto (con l'art. 1, comma 1) che le presenti modifiche avranno

effetto a decorrere dal 1 gennaio 1997.

AGGIORNAMENTO (29)
Il Decreto 22 dicembre 1998 (in G.U. 28/12/1998, n. 301) ha disposto (con l'art. 1, comma 1) che le presenti modifiche avranno effetto a decorrere dal 1 gennaio 1999.

AGGIORNAMENTO (43)
Il Decreto 29 dicembre 2000 (in G.U. 30/12/2000, n. 303) ha disposto (con l'art. 1, comma 1) che le presenti modifiche avranno effetto a decorrere dal 1 gennaio 2001.

AGGIORNAMENTO (52)
Il Decreto 24 dicembre 2002 (in G.U. 30/12/2002, n. 304) ha disposto (con l'art. 1, comma 1) che le presenti modifiche avranno effetto a decorrere dal 1 gennaio 2003.

AGGIORNAMENTO (64)
Il Decreto 22 dicembre 2004 (in G.U. 30/12/2004, n. 305) ha disposto (con l'art. 1, comma 2) che le presenti modifiche avranno effetto a decorrere dal 1 gennaio 2005.

AGGIORNAMENTO (80)
Il Decreto 29 dicembre 2006 (in G.U. 30/12/2006, n. 302) ha disposto (con l'art. 1, comma 2) che le presenti modifiche avranno effetto a decorrere dal 1 gennaio 2007.

AGGIORNAMENTO (89)
Il Decreto 17 dicembre 2008 (in G.U. 30/12/2008, n. 303) ha disposto (con l'art. 1, comma 2) che le presenti modifiche avranno effetto a decorrere dal 1 gennaio 2009.

AGGIORNAMENTO (101)
Il Decreto 22 dicembre 2010 (in G.U. 31/12/2010 n. 305) ha disposto (con l'art. 1, comma 2) che le presenti modifiche avranno effetto a decorrere dal 1 gennaio 2011.

AGGIORNAMENTO (102)
Il D.Lgs. 18 aprile 2011, n. 59 ha disposto (con l'art. 28, comma 1) che "Le disposizioni del presente decreto legislativo si applicano a decorrere dal 19 gennaio 2013, ad eccezione di quelle contenute negli articoli 9, comma 2, 22, comma 1, e 23, nonche' nell'allegato III, con riferimento alle patenti per le categorie A, A1, B, BE, C,

CE, D, DE, KA e KB".

AGGIORNAMENTO (114)
Il Decreto 19 dicembre 2012 (in G.U. 31/12/2012 n. 303) ha disposto (con l'art. 1, comma 2) che le presenti modifiche avranno effetto a decorrere dal 1 gennaio 2013.

AGGIORNAMENTO (124)
Il Decreto 16 dicembre 2014 (in G.U. 31/12/2014, n. 302) ha disposto (con l'art. 1, comma 2) che le presenti modifiche avranno effetto a decorrere dal 1 gennaio 2015.

AGGIORNAMENTO (133)
Il Decreto 20 dicembre 2016 (in G.U. 30/12/2016, n. 304) ha disposto (con l'art. 1, comma 1) che le presenti modifiche avranno effetto a decorrere dal 1 gennaio 2017.

AGGIORNAMENTO (145)
Il Decreto 27 dicembre 2018 (in G.U. 29/12/2018, n. 301) ha disposto (con l'art. 3, comma 1) che le presenti modifiche avranno effetto a decorrere dal 1° gennaio 2019.

AGGIORNAMENTO (163)
Il Decreto 31 dicembre 2020 (in G.U. 31/12/2020, n. 323) ha disposto (con l'art. 3, comma 1) che le presenti modifiche avranno effetto a decorrere dal 1° gennaio 2021.

Art. 118-bis
(Requisito della residenza normale per il rilascio della patente di guida e delle abilitazioni professionali).
((1. Ai fini del rilascio di una patente di guida o di una delle abilitazioni professionali di cui all'articolo 116, nonche'

dell'applicazione delle disposizioni di cui all'articolo 126, per residenza si intende la residenza normale in Italia di cittadini di Stati membri dell'Unione europea o dello Spazio economico europeo)).

2. Per residenza normale in Italia si intende il luogo, sul territorio nazionale, in cui una persona dimora abitualmente, vale a dire per almeno centottantacinque giorni all'anno, per interessi personali e professionali o, nel caso di una persona che non abbia interessi professionali, per interessi personali, che rivelino stretti legami tra la persona e il luogo in cui essa abita. Si intende altresi' per residenza normale il luogo, sul territorio nazionale, in cui una persona, che ha interessi professionali in

altro Stato comunitario o dello Spazio economico europeo, ha i propri interessi personali, a condizione che vi ritorni regolarmente. Tale condizione non e' necessaria se la persona effettua un soggiorno in Italia per l'esecuzione di una missione a tempo determinato. La frequenza di corsi universitari e scolastici non implica il trasferimento della residenza normale.

3. Ai fini dell'applicazione delle disposizioni del presente codice, e' equiparato alla residenza normale il possesso della qualifica di studente nel territorio nazionale, per almeno sei mesi all'anno.

(92)

AGGIORNAMENTO (92)

Il D.Lgs. 18 aprile 2011, n. 59 ha disposto (con l'art. 28, comma 1) che "Le disposizioni del presente decreto legislativo si applicano a decorrere dal 19 gennaio 2013, ad eccezione di quelle contenute negli articoli 9, comma 2, 22, comma 1, e 23, nonche' nell'allegato III, con riferimento alle patenti per le categorie A, A1, B, BE, C, CE, D, DE, KA e KB".

Art. 119.
Requisiti fisici e psichici per il conseguimento della patente di guida

1. Non puo' ottenere la patente di guida o l'autorizzazione ad esercitarsi alla guida di cui all'art. 122, comma 2, chi sia affetto da malattia fisica o psichica, deficienza organica o minorazione psichica, anatomica o funzionale tale da impedire di condurre con sicurezza veicoli a motore.

2. L'accertamento dei requisiti fisici e psichici, tranne per i casi stabiliti nel comma 4, e' effettuato dall'ufficio della unita' sanitaria locale territorialmente competente, cui sono attribuite funzioni in materia medico-legale. L'accertamento suindicato puo' essere effettuato altresi' da un medico responsabile dei servizi di base del distretto sanitario ovvero da un medico appartenente al ruolo dei medici del Ministero della salute, o da un ispettore medico delle Ferrovie dello Stato o da un medico militare in servizio permanente effettivo o in quiescenza o da un medico del ruolo professionale dei sanitari della Polizia di Stato o da un medico del ruolo sanitario del Corpo nazionale dei vigili del fuoco o da un ispettore medico del Ministero del lavoro e delle politiche sociali. L'accertamento puo' essere effettuato dai medici di cui al periodo precedente, anche dopo aver cessato di appartenere alle amministrazioni e ai corpi ivi indicati, purche' abbiano svolto

l'attivita' di accertamento negli ultimi dieci anni o abbiano fatto parte delle commissioni di cui al comma 4 per almeno cinque anni. In tutti i casi tale accertamento deve essere effettuato nei gabinetti medici. (99)

2-bis. L'accertamento dei requisiti psichici e fisici nei confronti dei soggetti affetti da diabete per il conseguimento, la revisione o la conferma delle patenti di categoria A, B, BE e sottocategorie, e' effettuato dai medici specialisti nell'area della diabetologia e malattie del ricambio dell'unita' sanitaria locale che indicheranno l'eventuale scadenza entro la quale effettuare il successivo controllo medico cui e' subordinata la conferma o la revisione della patente di guida.

2-ter. Ai fini dell'accertamento dei requisiti psichici e fisici per il primo rilascio della patente di guida di qualunque categoria, ovvero di certificato di abilitazione professionale di tipo KA o KB, l'interessato deve esibire apposita certificazione da cui risulti il non abuso di sostanze alcoliche e il non uso di sostanze stupefacenti o psicotrope, rilasciata sulla base di accertamenti clinicotossicologici le cui modalita' sono individuate con decreto del Ministero della salute, di concerto con il Ministero delle infrastrutture e dei trasporti, sentito il Dipartimento per le politiche antidroga della Presidenza del Consiglio dei ministri. Con il medesimo provvedimento sono altresi' individuate le strutture competenti ad effettuare gli accertamenti prodromici alla predetta certificazione ed al rilascio della stessa. La predetta certificazione deve essere esibita dai soggetti di cui all'articolo 186-bis, comma 1, lettere b), c) e d), e dai titolari del certificato CFP o patentino filoviario, in occasione della revisione o della conferma di validita' delle patenti possedute, nonche' da coloro che siano titolari di certificato professionale di tipo KA o KB, quando il rinnovo di tale certificato non coincida con quello della patente. Le relative spese sono a carico del richiedente. (99)

3. L'accertamento di cui ai commi 2 e 2-ter deve risultare da certificazione di data non anteriore a tre mesi dalla presentazione della domanda per sostenere l'esame di guida. PERIODO ABROGATO DAL D.P.R. 19 APRILE 1994, N. 575. La certificazione deve tener conto dei precedenti morbosi del richiedente dichiarati da un certificato medico rilasciato da un medico di fiducia. (15)

4. L'accertamento dei requisiti psichici e fisici e' effettuato da commissioni mediche locali, costituite dai competenti organi regionali ovvero dalle province autonome di Trento e di Bolzano che provvedono altresi' alla nomina dei rispettivi presidenti, nei

riguardi:

a) dei mutilati e minorati fisici. Nel caso in cui il giudizio di idoneita' non possa essere formulato in base ai soli accertamenti clinici si dovra' procedere ad una prova pratica di guida su veicolo adattato in relazione a particolari esigenze. ((Qualora, all'esito della visita di cui al precedente periodo, la commissione medica locale certifichi che il conducente presenti situazioni di mutilazione o minorazione fisica stabilizzate e non suscettibili di aggravamento ne' di modifica delle prescrizioni o delle limitazioni in atto, i successivi rinnovi di validita' della patente di guida posseduta potranno essere esperiti secondo le procedure di cui al comma 2 e secondo la durata di cui all'articolo 126, commi 2, 3 e 4.));

b) di coloro che abbiano superato i sessantacinque anni di eta' ed abbiano titolo a guidare autocarri di massa complessiva, a pieno carico, superiore a 3,5 t, autotreni ed autoarticolati adibiti al trasporto di cose, la cui massa complessiva, a pieno carico, non sia superiore a 20 t, macchine operatrici;

b-bis) LETTERA SOPPRESSA DAL D.L. 9 FEBBRAIO 2012, N. 5, CONVERTITO CON MODIFICAZIONI DALLA L. 4 APRILE 2012, N. 35;

c) di coloro per i quali e' fatta richiesta dal prefetto o dall'ufficio competente del Dipartimento per i trasporti terrestri;

d) di coloro nei confronti dei quali l'esito degli accertamenti clinici, strumentali e di laboratorio faccia sorgere al medico di cui al comma 2 dubbi circa l'idoneita' e la sicurezza della guida.

d-bis) dei soggetti affetti da diabete per il conseguimento, la revisione o la conferma delle patenti C, D, CE, DE e sottocategorie. In tal caso la commissione medica e' integrata da un medico specialista diabetologo, sia ai fini degli accertamenti relativi alla specifica patologia sia ai fini dell'espressione del giudizio finale.

5. Le commissioni di cui al comma 4 comunicano il giudizio di temporanea o permanente inidoneita' alla guida al competente ufficio della motorizzazione civile che adotta il provvedimento di sospensione o revoca della patente di guida ai sensi degli articoli 129 e 130 del presente codice. Le commissioni comunicano altresi' all'ufficio della motorizzazione civile eventuali riduzioni della validita' della patente, anche con riferimento ai veicoli che la stessa abilita a guidare ovvero ad eventuali adattamenti, ai fini del rilascio del duplicato che tenga conto del nuovo termine di validita' ovvero delle diverse prescrizioni delle commissioni mediche locali. I provvedimenti di sospensione o di revoca ovvero la riduzione del termine di validita' della patente o i diversi provvedimenti, che

incidono sulla categoria di veicolo alla cui guida la patente abilita o che prescrivono eventuali adattamenti, possono essere modificati dai suddetti uffici della motorizzazione civile in autotutela, qualora l'interessato produca, a sua richiesta e a sue spese, una nuova certificazione medica rilasciata dagli organi sanitari periferici della societa' Rete Ferroviaria Italiana Spa dalla quale

emerga una diversa valutazione. E' onere dell'interessato produrre la nuova certificazione medica entro i termini utili alla eventuale proposizione del ricorso giurisdizionale al tribunale amministrativo regionale competente ovvero del ricorso straordinario al Presidente della Repubblica. La produzione del certificato oltre tali termini comporta decadenza dalla possibilita' di esperire tali ricorsi.

6. I provvedimenti di sospensione e revoca della patente di guida emanati dagli uffici del Dipartimento per i trasporti terrestri a norma dell'articolo 129, comma 2, e dell'articolo 130, comma 1, nei casi in cui sia accertato il difetto con carattere temporaneo o permanente dei requisiti fisici e psichici prescritti, sono atti definitivi. (56)

7. Per esprimersi sui ricorsi inoltrati dai richiedenti di cui al comma 4, lettera a), il Ministro dei trasporti si avvale della collaborazione di medici appartenenti ai servizi territoriali della riabilitazione.

8. Nel regolamento di esecuzione sono stabiliti:

a) i requisiti fisici e psichici per conseguire e confermare le patenti di guida;

b) le modalita' di rilascio ed i modelli dei certificati medici;

c) la composizione e le modalita' di funzionamento delle commissioni mediche di cui al comma 4, delle quali dovra' far parte un medico appartenente ai servizi territoriali della riabilitazione, qualora vengano sottoposti a visita aspiranti conducenti di cui alla lettera a) del citato comma 4. In questa ipotesi, dovra' farne parte un ingegnere del ruolo del Dipartimento per i trasporti terrestri. Qualora siano sottoposti a visita aspiranti conducenti che manifestano comportamenti o sintomi associabili a patologie alcoolcorrelate, le commissioni mediche sono integrate con la presenza di un medico dei servizi per lo svolgimento delle attivita' di prevenzione, cura, riabilitazione e reinserimento sociale dei soggetti con problemi e patologie alcoolcorrelati. Puo' intervenire, ove richiesto dall'interessato, un medico di sua fiducia.

d) i tipi e le caratteristiche dei veicoli che possono essere guidati con le patenti speciali di categorie A, B. C e D.

9. I medici di cui al comma 2 o, nei casi previsti, le

commissioni mediche di cui al comma 4, possono richiedere, qualora lo ritengano opportuno, che l'accertamento dei requisiti fisici e psichici sia integrato da specifica valutazione psicodiagnostica effettuata da psicologi abilitati all'esercizio della professione ed iscritti all'albo professionale.

10. Con decreto del Ministro dei trasporti, di concerto con il Ministro della salute, e' istituito un apposito comitato tecnico che ha il compito di fornire alle Commissioni mediche locali informazioni sul progresso tecnico - scientifico che ha riflessi sulla guida dei veicoli a motore da parte dei mutilati e minorati fisici.

AGGIORNAMENTO (15)

Il D.L. 25 novembre 1995, n. 501, convertito con modificazioni dalla L. 5 gennaio 1996, n. 11, nel modificare l'art. 16, comma 1 del D.P.R. 19 aprile 1994, n. 575, ha conseguentemente disposto (con l'art. 2, comma 2) che le presenti modifiche decorrono dal 1 ottobre 1995.

AGGIORNAMENTO (56)

Il D.L. 27 giugno 2003, n. 151, convertito con modificazioni dalla L. 1 agosto 2003, n. 214 ha disposto (con l'art. 7, comma 6) che le disposizioni del comma 6 del presente articolo hanno effetto dal 1° settembre 2003.

AGGIORNAMENTO (99)

La L. 29 luglio 2010, n. 120 ha disposto (con l'art. 23, comma 2) che "Le spese relative all'attivita' di accertamento di cui all'articolo 119, comma 2, del decreto legislativo n. 285 del 1992, come modificato dal comma 1 del presente articolo, inclusive degli emolumenti da corrispondere ai medici, sono poste a carico dei soggetti richiedenti".

Ha inoltre disposto (con l'art. 23, comma 4) che "Le disposizioni del primo e terzo periodo del comma 2-ter dell'articolo 119 del decreto legislativo n. 285 del 1992, introdotto dal comma 1, lettera c), del presente articolo, si applicano, rispettivamente, decorsi dodici mesi e sei mesi dalla data di entrata in vigore del decreto di cui al medesimo comma 2-ter".

Art. 120 Requisiti ((soggettivi)) per ottenere il rilascio della patente di guida e disposizioni sull'interdizione alla conduzione di velocipedi a pedalata assistita

1. Non possono conseguire la patente di guida i delinquenti abituali, professionali o per tendenza e coloro che sono o sono stati sottoposti a misure di sicurezza personali o alle misure di

prevenzione previste dalla legge 27 dicembre 1956, n. 1423, ad eccezione di quella di cui all'articolo 2, e dalla legge 31 maggio 1965, n. 575, le persone condannate per i reati di cui agli articoli 73 e 74 del testo unico di cui al decreto del Presidente della Repubblica 9 ottobre 1990, n. 309, fatti salvi gli effetti di provvedimenti riabilitativi, nonche' i soggetti destinatari dei divieti di cui agli articoli 75, comma 1, lettera a), e 75-bis, comma 1, lettera f), del medesimo testo unico di cui al decreto del Presidente della Repubblica n. 309 del 1990 per tutta la durata dei predetti divieti. Non possono di nuovo conseguire la patente di guida le persone a cui sia applicata per la seconda volta, con sentenza di condanna per il reato di cui al terzo periodo del comma 2 dell'articolo 222, la revoca della patente ai sensi del quarto

periodo del medesimo comma. (102) (118)

2. Fermo restando quanto previsto dall'articolo 75, comma 1, lettera a), del citato testo unico di cui al decreto del Presidente della Repubblica n. 309 del 1990, se le condizioni soggettive indicate al primo periodo del comma 1 del presente articolo intervengono in data successiva al rilascio, il prefetto provvede alla revoca della patente di guida. La revoca non puo' essere disposta se sono trascorsi piu' di tre anni dalla data di applicazione delle misure di prevenzione, o di quella del passaggio in giudicato della sentenza di condanna per i reati indicati al primo periodo del medesimo comma 1. (102) (118) (140) (154) (159)

3. La persona destinataria del provvedimento di revoca di cui al comma 2 non puo' conseguire una nuova patente di guida prima che siano trascorsi almeno tre anni.

4. Avverso i provvedimenti di diniego di cui al comma 1 e i provvedimenti di cui al comma 2 e' ammesso il ricorso al Ministro dell'interno il quale decide, entro sessanta giorni, di concerto con il Ministro delle infrastrutture e dei trasporti.

5. Con decreto del Ministro dell'interno e del Ministro delle infrastrutture e dei trasporti sono stabilite le modalita' necessarie per l' adeguamento del collegamento telematico tra il sistema informativo del Dipartimento per i trasporti terrestri e il trasporto intermodale e quello del Dipartimento per le politiche del personale dell'amministrazione civile e per le risorse strumentali e finanziarie, in modo da consentire la trasmissione delle informazioni necessarie ad impedire il rilascio dei titoli abilitativi di cui al comma 1 e l'acquisizione dei dati relativi alla revoca dei suddetti titoli intervenuta ai sensi del comma 2. (93)

6. Salvo che il fatto costituisca reato, chiunque, in violazione

delle disposizioni di cui ai commi 1 e 3, provvede al rilascio dei titoli abilitativi di cui all'articolo 116 e' punito con la sanzione amministrativa pecuniaria da € 1.084 a € 3.253. (114) (124) (133) (145) (163)

6-bis. Nei confronti dei soggetti indicati dal comma 1, il giudice con la sentenza di condanna o con l'applicazione di una misura di sicurezza o di prevenzione, ovvero il prefetto con l'irrogazione dei divieti di cui agli articoli 75, comma 1, lettera a), e 75-bis, comma 1, lettera f), del testo unico di cui al decreto del Presidente della Repubblica n. 309 del 1990, puo' disporre l'interdizione dalla conduzione dei velocipedi a pedalata assistita di cui all'articolo 50, comma 1, fatti salvi gli effetti di provvedimenti riabilitativi e, per i soggetti destinatari dei predetti divieti, per tutta la loro durata. Nell'ipotesi di cui al comma 2, il prefetto con il provvedimento di revoca della patente di guida puo' disporre l'applicazione dell'ulteriore misura dell'interdizione dalla conduzione dei predetti velocipedi. Avverso il provvedimento interdittivo del prefetto e' ammesso ricorso ai sensi del comma 4. La violazione della misura interdittiva di cui al presente comma e' punita con la sanzione amministrativa pecuniaria da euro 2.000 a euro 7.000 ed e' disposta la confisca del mezzo.

AGGIORNAMENTO (14)

Il D.L. 25 novembre 1995, n. 501, convertito con modificazioni dalla L. 5 gennaio 1996, n. 11, nel modificare l'art. 16, comma 1 del D.P.R. 19 aprile 1994, n. 575, ha conseguentemente disposto (con l'art. 2, comma 2) che le presenti modifiche decorrono dal 1 ottobre 1995.

AGGIORNAMENTO (28)

La Corte Costituzionale, con sentenza 14-21 ottobre 1998, n. 354 (in G.U. 1a s.s. 28/10/1998, n. 43), ha dichiarato l'illegittimita' costituzionale "del combinato disposto degli artt. 120, comma 1, e 130, comma 1, lett. b), del decreto legislativo 30 aprile 1992, n. 285 (Nuovo codice della strada), nella versione anteriore al d.P.R. 19 aprile 1994, n. 575, nella parte in cui prevede la revoca della patente nei confronti di coloro che "sono stati" sottoposti a misure di sicurezza personali".

AGGIORNAMENTO (39)

La Corte Costituzionale, con sentenza 9-18 ottobre 2000, n. 427 (in G.U. 1a s.s. 25/10/2000, n. 44) ha dichiarato l'illegittimita' costituzionale del combinato disposto degli articoli 120, comma 1 e 130, comma 1, lett. b), del presente decreto legislativo, nella parte in cui prevede la revoca della patente di guida nei confronti di coloro che sono sottoposti alla misura di cui all'art. 2 della legge 27 dicembre 1956, n. 1423.

AGGIORNAMENTO (47)

La Corte Costituzionale, con sentenza 5-17 luglio 2001, n. 251 (in G.U. 1a s.s. 25/7/2001 n. 29), ha dichiarato "l'illegittimita' costituzionale dell'art. 120, comma 1, del decreto legislativo 30 aprile 1992, n. 285 (Nuovo codice della strada), in relazione all'art. 130, comma 1, lettera b), del medesimo codice, nella parte in cui prevede la revoca della patente nei confronti di coloro che sono stati sottoposti alle misure di prevenzione previste dalla legge 27 dicembre 1956, n. 1423, come sostituita dalla legge 3 agosto 1988, n. 327, nonche' dalla legge 31 maggio 1965, n. 575, cosi' come successivamente modificata e integrata".

AGGIORNAMENTO (57)

La Corte Costituzionale, con sentenza 30 giugno-15 luglio 2003, n. 239 (in G.U. 1a s.s. 23/7/2003, n. 29) ha dichiarato l'illegittimita' costituzionale dell'articolo 120, comma 2, nella parte in cui prevede la revoca della patente nei confronti delle persone condannate a pena detentiva non inferiore a tre anni, quando l'utilizzazione del documento di guida possa agevolare la commissione di reati della stessa natura.

AGGIORNAMENTO (93)

La L. 15 luglio 2009, n. 94 ha disposto (con l'art. 3, comma 53) che "fino alla data di entrata in vigore del decreto di cui al comma 5 dell'articolo 120 del decreto legislativo 30 aprile 1992, n. 285, come sostituito dal comma 52, lettera a), del presente articolo, da adottare entro sei mesi dalla data di entrata in vigore della presente legge, continuano ad applicarsi le modalita' di interscambio informativo previste dal comma 2 dell'articolo 120 del medesimo decreto legislativo, nel testo vigente anteriormente alla data di entrata in vigore della presente legge".

AGGIORNAMENTO (102)

Il D.Lgs. 18 aprile 2011, n. 59 ha disposto (con l'art. 28, comma 1) che "Le disposizioni del presente decreto legislativo si applicano a decorrere dal 19 gennaio 2013, ad eccezione di quelle contenute negli articoli 9, comma 2, 22, comma 1, e 23, nonche' nell'allegato III, con riferimento alle patenti per le categorie A, A1, B, BE, C, CE, D, DE, KA e KB".

AGGIORNAMENTO (114)

Il Decreto 19 dicembre 2012 (in G.U. 31/12/2012, n. 303) ha disposto (con l'art. 1, comma 2) che la presente modifica avra' effetto a decorrere dal 1 gennaio 2013.

AGGIORNAMENTO (118)

La Corte Costituzionale, con sentenza 20 - 28 novembre 2013, n. 281 (in G.U. 1a s.s. 4/12/2013, n. 49), ha dichiarato "l'illegittimita' costituzionale dell'art. 120, commi 1 e 2, del decreto legislativo 30 aprile 1992, n. 285 (Nuovo codice della strada), come sostituito dall'art. 3, comma 52, lettera a), della legge 15 luglio 2009, n. 94 (Disposizioni in materia di sicurezza pubblica), nella parte in cui si applica anche con riferimento a sentenze pronunziate, ai sensi dell'art. 444 del codice di procedura penale, in epoca antecedente all'entrata in vigore della legge n. 94 del 2009".

AGGIORNAMENTO (124)

Il Decreto 16 dicembre 2014 (in G.U. 31/12/2012, n. 302) ha disposto (con l'art. 1, comma 2) che la presente modifica avra' effetto a decorrere dal 1 gennaio 2015.

AGGIORNAMENTO (133)

Il Decreto 20 dicembre 2016 (in G.U. 30/12/2016, n. 304) ha disposto (con l'art. 1, comma 1) che la presente modifica avra' effetto a decorrere dal 1 gennaio 2017.

AGGIORNAMENTO (140)

La Corte Costituzionale, con sentenza 24 gennaio - 9 febbraio 2018, n. 22 (in G.U. 1a s.s. 14/02/2018, n. 7), ha dichiarato "l'illegittimita' costituzionale dell'art. 120, comma 2, del decreto legislativo 30 aprile 1992, n. 285 (Nuovo codice della strada), come sostituito dall'art. 3, comma 52, lettera a), della legge 15 luglio 2009, n. 94 (Disposizioni in materia di sicurezza pubblica), nella parte in cui - con riguardo all'ipotesi di condanna per reati di cui agli artt. 73 e 74 del decreto del Presidente della Repubblica 9 ottobre 1990, n. 309 (Testo unico delle leggi in materia di disciplina degli stupefacenti e sostanze psicotrope, prevenzione, cura e riabilitazione dei relativi stati di tossicodipendenza), che intervenga in data successiva a quella di rilascio della patente di guida - dispone che il prefetto «provvede» - invece che «puo' provvedere» - alla revoca della patente".

AGGIORNAMENTO (145)

Il Decreto 27 dicembre 2018 (in G.U. 29/12/2018, n. 301) ha disposto (con l'art. 3, comma 1) che la presente modifica avra' effetto a decorrere dal 1° gennaio 2019.

AGGIORNAMENTO (154)

La Corte Costituzionale, con sentenza 16 gennaio - 20 febbraio 2020, n. 24 (in G.U. 1a s.s. 26/02/2020, n. 9), ha dichiarato "l'illegittimita' costituzionale dell'art. 120, comma 2, del decreto legislativo 30 aprile 1992, n. 285 (Nuovo codice della strada), come sostituito dall'art. 3, comma 52, lettera a), della legge 15 luglio 2009, n. 94 (Disposizioni in materia di sicurezza pubblica), e come modificato dall'art. 19, comma 2, lettere a) e b), della legge 29 luglio 2010, n. 120 (Disposizioni in materia di sicurezza stradale) e dall'art. 8, comma 1, lettera b), del decreto legislativo 18 aprile 2011, n. 59 (Attuazione delle direttive 2006/126/CE e 2009/113/CE concernenti la patente di guida), nella parte in cui dispone che il prefetto "provvede" - invece che "puo' provvedere" - alla revoca della patente di guida nei confronti di coloro che sono sottoposti a misura di sicurezza personale".

AGGIORNAMENTO (159)

La Corte Costituzionale, con sentenza 6 - 27 maggio 2020, n. 99 (in G.U. 1a s.s. 03/06/2020, n. 23), ha dichiarato "l'illegittimita' costituzionale dell'art. 120, comma 2, del decreto legislativo 30 aprile 1992, n. 285 (Nuovo codice della strada), come sostituito dall'art. 3, comma 52, lettera a), della legge 15 luglio 2009, n. 94 (Disposizioni in materia di sicurezza pubblica), e come modificato dall'art. 19, comma 2, lettere a) e b), della legge 29 luglio 2010, n. 120 (Disposizioni in materia di sicurezza stradale) e dall'art. 8, comma 1, lettera b), del decreto legislativo 18 aprile 2011, n. 59 (Attuazione delle direttive 2006/126/CE e 2009/113/CE concernenti la patente di guida), nella parte in cui dispone che il prefetto «provvede» - invece che «puo' provvedere» - alla revoca della patente di guida nei confronti dei soggetti che sono o sono stati sottoposti a misure di prevenzione ai sensi del decreto legislativo 6 settembre 2011, n. 159 (Codice delle leggi antimafia e delle misure di prevenzione, nonche' nuove disposizioni in materia di documentazione antimafia, a norma degli articoli 1 e 2 della legge 13 agosto 2010, n. 136)".

AGGIORNAMENTO (163)

Il Decreto 31 dicembre 2020 (in G.U. 31/12/2020, n. 323) ha disposto (con l'art. 3, comma 1) che la presente modifica avra' effetto a decorrere dal 1° gennaio 2021.

Art. 121.
Esame di idoneita'

1. L'idoneita' tecnica necessaria per il rilascio della patente di guida si consegue superando una prova di verifica delle capacita' e dei comportamenti ed una prova di controllo delle cognizioni.

2. Gli esami di cui al comma 1 sono effettuati secondo direttive, modalita' e programmi stabiliti con decreto del Ministro dei trasporti sulla base delle direttive della Comunita' Europea e con il ricorso a sussidi audiovisivi, questionari d'esame e quant'altro necessario per una uniforme formulazione del giudizio.

3. Gli esami per la patente di guida, per le abilitazioni professionali di cui all'articolo 116 e del certificato di idoneita' professionale di cui all'articolo 118, sono effettuati da dipendenti del ((Ministero delle infrastrutture e della mobilita' sostenibili)), a seguito della frequenza di corso di qualificazione iniziale, secondo le disposizioni di cui ai commi 5 e 5-bis, ed esame di abilitazione. Il permanere nell'esercizio della funzione di esaminatore e' subordinato alla frequenza di corsi di formazione periodica, secondo le disposizioni di cui ai commi 5 e 5-bis. (102)

4. Nel regolamento sono determinati i profili professionali dei dipendenti del ((Ministero delle infrastrutture e della mobilita' sostenibili)) che danno titolo all'effettuazione degli esami di cui al comma 3. (102)

5. Con decreto del Ministro dei trasporti sono determinate le norme e modalita' di effettuazione dei corsi di qualificazione iniziale, di formazione periodica e degli esami per l'abilitazione del personale di cui al comma 3, adibito alla funzione di esaminatore nelle prove di controllo delle cognizioni. (102) ((173))

5-bis. I contenuti del corso di qualificazione iniziale del personale di cui al comma 3, adibito alla funzione di esaminatore nelle prove di verifica delle capacita' e dei comportamenti, e delle competenze a cui gli stessi sono finalizzati, sono definiti con decreto del ((Ministro delle infrastrutture e della mobilita'

sostenibili)). Con lo stesso decreto sono altresi' disciplinate le condizioni soggettive necessarie per la frequenza dei suddetti corsi nonche' i contenuti e le procedure dell'esame finale. ((La Direzione generale del personale, del bilancio, degli affari generali e della gestione sostenibile del Ministero delle infrastrutture e della mobilita' sostenibili provvede a un controllo di qualita' sul predetto personale e a una formazione periodica dello stesso, secondo modalita' e programmi indicati dal Dipartimento per la mobilita' sostenibile.)) (102)

6. L'esame di coloro che hanno frequentato una autoscuola puo' svolgersi presso la stessa se dotata di locali riconosciuti dal competente ufficio del Dipartimento per i trasporti terrestri idonei allo scopo o presso centri di istruzione da questa formati e legalmente costituiti.

7. Le prove d'esame sono pubbliche.

8. La prova pratica di guida non puo' essere sostenuta prima che sia trascorso un mese dalla data del rilascio dell'autorizzazione per esercitarsi alla guida, ai sensi del comma 1 dell'articolo 122.

9. La prova pratica di guida, con esclusione di quella per il conseguimento di patente di categoria AM, A1, A2 ed A, va in ogni caso effettuata su veicoli muniti di doppi comandi. (102)

10. Tra una prova d'esame sostenuta con esito sfavorevole ed una successiva prova deve trascorrere almeno un mese.

11. Gli esami possono essere sostenuti, previa prenotazione da inoltrarsi non oltre il quinto giorno precedente la data della prova, entro il termine di validita' dell'autorizzazione per l'esercitazione di guida. Nel limite di detta validita' e' consentito ripetere, per non piu' di due volte, la prova pratica di guida. (15)

12. Contestualmente al superamento con esito favorevole dell'esam di guida, il competente ufficio competente del Dipartimento per i trasporti terrestri rilascia la patente di guida a chi ne ha fatto richiesta ai sensi dell'art. 116. (15)

AGGIORNAMENTO (15)

Il D.L. 25 novembre 1995, n. 501, convertito con modificazioni dalla L. 5 gennaio 1996, n. 11, nel modificare l'art. 16, comma 1 del D.P.R. 19 aprile 1994, n. 575, ha conseguentemente disposto (con l'art. 2, comma 2) che le presenti modifiche decorrono dal 1 ottobre 1995.

AGGIORNAMENTO (102)

Il D.Lgs. 18 aprile 2011, n. 59 ha disposto (con l'art. 28, comma 1) che "Le disposizioni del presente decreto legislativo si applicano a decorrere dal 19 gennaio 2013, ad eccezione di quelle contenute negli articoli 9, comma 2, 22, comma 1, e 23, nonche' nell'allegato III, con riferimento alle patenti per le categorie A, A1, B, BE, C, CE, D, DE, KA e KB".

AGGIORNAMENTO (173)
Il D.L. 16 giugno 2022, n. 68 ha disposto (con l'art. 9, comma 8, lettera b)) che "All'articolo 121 del decreto legislativo 30 aprile 1992, n. 285, sono apportate le seguenti modificazioni:
[...]
b) al comma 5, le parole «Ministro delle infrastrutture e dei trasporti» sono sostituite dalle seguenti: «Ministro delle infrastrutture e della mobilita' sostenibili»".

Art. 122.
Esercitazioni di guida

1. A chi ha fatto domanda per sostenere l'esame per la patente di guida ovvero per l'estensione di validita' della patente ad altre categorie di veicoli ed e' in possesso dei requisiti fisici e psichici prescritti e' rilasciata un' autorizzazione per esercitarsi alla guida, previo superamento della prova di controllo delle cognizioni di cui al comma 1 dell'articolo 121, che deve avvenire entro sei mesi dalla data di presentazione della domanda per il conseguimento della patente. Entro il termine di cui al periodo precedente non sono consentite piu' di due prove. (99)

2. L'autorizzazione consente all'aspirante di esercitarsi su veicoli delle categorie per le quali e' stata richiesta la patente o l'estensione di validita' della medesima, purche' al suo fianco si trovi, in funzione di istruttore, persona di eta' non superiore a sessantacinque anni, munita di patente valida per la stessa categoria, conseguita da almeno dieci anni, ovvero valida per la categoria superiore; l'istruttore deve, a tutti gli effetti, vigilare sulla marcia del veicolo, intervenendo tempestivamente ed efficacemente in caso di necessita'. PERIODO SOPPRESSO DAL D.L. 9 FEBBRAIO 2012, N. 5, CONVERTITO CON MODIFICAZIONI DALLA L. 4 APRILE 2012, N. 35.

((3. Agli aspiranti autorizzati a esercitarsi per conseguire le patenti di categoria AM, A1, A2 e A, quando utilizzano veicoli nei quali non puo' prendere posto, a fianco del conducente, altra persona in funzione di istruttore, non si applicano le disposizioni del comma 2)).

4. Gli autoveicoli per le esercitazioni e gli esami di guida devono essere muniti di appositi contrassegni recanti la lettera alfabetica "P". Tale contrassegno e' sostituito per i veicoli delle autoscuole con la scritta "scuola guida". Le caratteristiche di tali contrassegni e le modalita' di applicazione saranno determinate nel

regolamento.

5. ((COMMA ABROGATO DAL D.L. 10 SETTEMBRE 2021, N. 121, CONVERTITO CON MODIFICAZIONI DALLA L. 9 NOVEMBRE 2021, N. 156)).

5-bis. L'aspirante al conseguimento della patente di guida di categoria B deve effettuare esercitazioni in autostrada o su strade extraurbane e in condizione di visione notturna presso un'autoscuola con istruttore abilitato e autorizzato. Con decreto del Ministro delle infrastrutture e dei trasporti sono stabilite la disciplina e le modalita' di svolgimento delle esercitazioni di cui al presente comma. (99)

6. L'autorizzazione e' valida per ((dodici mesi)).

7. Chiunque guida senza l'autorizzazione per l'esercitazione, ma avendo a fianco, in funzione di istruttore, persona provvista di patente di guida ai sensi del comma 2, e' soggetto alla sanzione amministrativa del pagamento di una somma da € 430 a € 1.731. La stessa sanzione si applica alla persona che funge da istruttore. (19) (29) (43) (52) (64) (80) (89) (101) (114) (124) (133) (145) (163)

((8. Chiunque, essendo autorizzato per l'esercitazione, guida senza avere a fianco, ove previsto, in funzione di istruttore, persona provvista di patente valida ai sensi del comma 2 e' soggetto alla sanzione amministrativa del pagamento di una somma da euro 430 a euro 1.731. Alla violazione consegue la sanzione accessoria del fermo amministrativo del veicolo per tre mesi, secondo le norme del capo I, sezione II, del titolo VI)).

9. Chiunque viola le disposizioni di cui al comma 4 e' soggetto alla sanzione amministrativa del pagamento di una somma da € 87 a € 344. (19) (29) (43) (52) (64)(80) (89) (101) (114) (124) (145) (163)

AGGIORNAMENTO (19)

Il Decreto 20 dicembre 1996 (in G.U. 28/12/1996, n. 303) ha disposto (con l'art. 1, comma 1) che le presenti modifiche avranno effetto a decorrere dal 1 gennaio 1997.

AGGIORNAMENTO (29)

Il Decreto 22 dicembre 1998 (in G.U. 28/12/1998, n. 301) ha disposto (con l'art. 1, comma 1) che le presenti modifiche avranno effetto a decorrere dal 1 gennaio 1999.

AGGIORNAMENTO (43)

Il Decreto 29 dicembre 2000 (in G.U. 30/12/2000, n. 303) ha disposto (con l'art. 1, comma 1) che le presenti modifiche avranno effetto a decorrere dal 1 gennaio 2001.

AGGIORNAMENTO (52)
Il Decreto 24 dicembre 2002 (in G.U. 30/12/2002, n. 304) ha disposto (con l'art. 1, comma 1) che le presenti modifiche avranno effetto a decorrere dal 1 gennaio 2003.

AGGIORNAMENTO (64)
Il Decreto 22 dicembre 2004 (in G.U. 30/12/2004, n. 305) ha disposto (con l'art. 1, comma 2) che le presenti modifiche avranno effetto a decorrere dal 1 gennaio 2005.

AGGIORNAMENTO (80)
Il Decreto 29 dicembre 2006 (in G.U. 30/12/2006, n. 302) ha disposto (con l'art. 1, comma 2) che le presenti modifiche avranno effetto a decorrere dal 1 gennaio 2007.

AGGIORNAMENTO (89)
Il Decreto 17 dicembre 2008 (in G.U. 30/12/2008, n. 303) ha disposto (con l'art. 1, comma 2) che le presenti modifiche avranno effetto a decorrere dal 1 gennaio 2009.

AGGIORNAMENTO (99)
La L. 29 luglio 2010, n. 120 ha disposto:
- (con l'art. 20, comma 3) che "Il comma 1 dell'articolo 122 del decreto legislativo n. 285 del 1992, come modificato dalla lettera a) del comma 2 del presente articolo, si applica alle domande per il conseguimento della patente di guida presentate a decorrere dal novantesimo giorno successivo alla data di entrata in vigore della presente legge";
- (con l'art. 20, comma 4) che "Il decreto di cui al comma 5-bis dell'articolo 122 del decreto legislativo n. 285 del 1992, introdotto dalla lettera b) del comma 2 del presente articolo, e' adottato entro tre mesi dalla data di entrata in vigore della presente legge."

AGGIORNAMENTO (101)
Il Decreto 22 dicembre 2010 (in G.U. 31/12/2010, n. 305) ha disposto (con l'art. 1, comma 2) che le presenti modifiche avranno effetto a decorrere dal 1 gennaio 2011.

AGGIORNAMENTO (114)
Il Decreto 19 dicembre 2012 (in G.U. 31/12/2012, n. 303) ha disposto (con l'art. 1, comma 2) che le presenti modifiche avranno effetto a decorrere dal 1 gennaio 2013.

AGGIORNAMENTO (124)

Il Decreto 16 dicembre 2014 (in G.U. 31/12/2012, n. 302) ha disposto (con l'art. 1, comma 2) che le presenti modifiche avranno effetto a decorrere dal 1 gennaio 2015.

AGGIORNAMENTO (133)

Il Decreto 20 dicembre 2016 (in G.U. 30/12/2016, n. 304) ha disposto (con l'art. 1, comma 1) che le presenti modifiche avranno effetto a decorrere dal 1 gennaio 2017.

AGGIORNAMENTO (145)

Il Decreto 27 dicembre 2018 (in G.U. 29/12/2018, n. 301) ha disposto (con l'art. 3, comma 1) che le presenti modifiche avranno effetto a decorrere dal 1° gennaio 2019.

AGGIORNAMENTO (163)

Il Decreto 31 dicembre 2020 (in G.U. 31/12/2020, n. 323) ha disposto (con l'art. 3, comma 1) che le presenti modifiche avranno effetto a decorrere dal 1° gennaio 2021.

Art. 123.
Autoscuole

1. Le scuole per l'educazione stradale, l'istruzione e la formazione dei conducenti sono denominate autoscuole.

2. Le autoscuole sono soggette a vigilanza amministrativa e tecnica da parte delle province, alle quali compete inoltre l'applicazione delle sanzioni di cui al comma 11-bis.

3. I compiti delle province in materia di dichiarazioni di inizio attivita' e di vigilanza amministrativa sulle autoscuole sono svolti sulla base di apposite direttive emanate dal Ministro dei trasporti, nel rispetto dei principi legislativi ed in modo uniforme per la vigilanza tecnica sull'insegnamento.

4. Le persone fisiche o giuridiche, le societa', gli enti possono presentare l'apposita dichiarazione di inizio attivita'. Il titolare deve avere la proprieta' e gestione diretta, personale, esclusiva e permanente dell'esercizio, nonche' la gestione diretta dei beni patrimoniali dell'autoscuola, rispondendo del suo regolare funzionamento nei confronti del concedente; nel caso di apertura di ulteriori sedi per l'esercizio dell'attivita' di autoscuola, per ciascuna deve essere dimostrato il possesso di tutti i requisiti prescritti, ad eccezione della capacita' finanziaria che deve essere dimostrata per una sola sede, e deve essere preposto un responsabile

didattico, in organico quale dipendente o collaboratore familiare ovvero anche, nel caso di societa' di persone o di capitali, quale rispettivamente socio o amministratore, che sia in possesso dei requisiti di cui al comma 5, ad eccezione della capacita' finanziaria. PERIODO SOPPRESSO DAL D.L. 31 GENNAIO 2007, N. 7, CONVERTITO CON MODIFICAZIONI DALLA L. 2 APRILE 2007, N. 40. (81)

5. La dichiarazione puo' essere presentata da chi abbia compiuto gli anni ventuno, risulti di buona condotta e sia in possesso di adeguata capacita' finanziaria, di diploma di istruzione di secondo grado e di abilitazione quale insegnante di teoria e istruttore di guida con almeno un'esperienza biennale, maturata negli ultimi cinque anni. Per le persone giuridiche i requisiti richiesti dal presente comma, ad eccezione della capacita' finanziaria che deve essere posseduta dalla persona giuridica, sono richiesti al legale rappresentante. (81)

6. La dichiarazione non puo' essere presentata dai delinquenti abituali, professionali o per tendenza e da coloro che sono sottoposti a misure amministrative di sicurezza personali o alle misure di prevenzione previste dall'art. 120, comma 1.

7. L'autoscuola deve svolgere l'attivita' di formazione dei conducenti per il conseguimento di patente di qualsiasi categoria, possedere un'adeguata attrezzatura tecnica e didattica e disporre di insegnanti ed istruttori riconosciuti idonei dal Ministero dei trasporti, che rilascia specifico attestato di qualifica professionale. Qualora piu' scuole autorizzate si consorzino e costituiscano un centro di istruzione automobilistica, riconosciuto dall'ufficio competente del Dipartimento per i trasporti terrestri. Secondo criteri uniformi fissati con decreto del Ministro dei trasporti, le medesime autoscuole possono demandare, integralmente o parzialmente, al centro di istruzione automobilistica la formazione dei conducenti per il conseguimento delle patenti di categoria A, BS, BE, C, D, CE e DE e dei documenti di abilitazione e di qualificazione professionale. In caso di applicazione del periodo precedente, le dotazioni complessive, in personale e in attrezzature, delle singole autoscuole consorziate possono essere adeguatamente ridotte. ((Il corso di formazione, presso un'autoscuola, frequentato da parte del titolare di patente A1 o A2 e svolto ai sensi dell'articolo 7, paragrafo 1, lettera c), della direttiva 2006/126/CE del Parlamento europeo e del Consiglio, del 20 dicembre 2006, concernente la patente di guida, nelle condizioni ivi previste, consente il conseguimento, rispettivamente, della patente A2 o A senza il sostenimento di un esame di guida)). (99) (102) (113) (121) (125)

((7-bis. L'avvio di attivita' di un'autoscuola avviene tramite segnalazione certificata di inizio di attivita' ai sensi dell'articolo 19-bis, comma 3, della legge 7 agosto 1990, n. 241, trasmessa per via telematica allo Sportello unico delle attivita' produttive istituito presso il comune territorialmente competente in ragione della sede dell'autoscuola stessa. Ai fini delle verifiche preventive relative alla disponibilita' del parco veicolare ai sensi del comma 7, per ciascuno Sportello unico delle attivita' produttive e' assicurata una specifica funzionalita' di accesso e consultazione dell'archivio nazionale dei veicoli di cui all'articolo 226, commi 5, 6 e 7)).

8. L'attivita' dell'autoscuola e' sospesa per un periodo da uno a tre mesi quando:

    a) l'attivita' dell'autoscuola non si svolga regolarmente;

    b) il titolare non provveda alla sostituzione degli insegnanti o degli istruttori che non siano piu' ritenuti idonei dal competente ufficio del Dipartimento per i trasporti terrestri;

    c) il titolare non ottemperi alle disposizioni date dall'ufficio competente del Dipartimento per i trasporti terrestri ai fini del regolare funzionamento dell'autoscuola.

9. L'esercizio dell'autoscuola e' revocato quando:

    a) siano venuti meno la capacita' finanziaria e i requisiti morali del titolare;

    b) venga meno l'attrezzatura tecnica e didattica dell'autoscuola;

    c) siano stati adottati piu' di due provvedimenti di sospensione

in un quinquennio.

9-bis. In caso di revoca per sopravvenuta carenza dei requisiti morali del titolare, a quest'ultimo e' parimenti revocata l'idoneita' tecnica. L'interessato potra' conseguire una nuova idoneita' trascorsi cinque anni dalla revoca o a seguito di intervenuta riabilitazione.

10. Il Ministro dei trasporti stabilisce, con propri decreti: i requisiti minimi di capacita' finanziaria; i requisiti di idoneita', i corsi di formazione iniziale e periodica, con i relativi programmi, degli insegnanti e degli istruttori delle autoscuole per conducenti; le modalita' di svolgimento delle verifiche di cui al comma 7-bis; i criteri per l'accreditamento da parte delle regioni e delle province autonome dei soggetti di cui al comma 10-bis, lettera b); le prescrizioni sui locali e sull'arredamento didattico, anche al fine di consentire l'eventuale svolgimento degli esami, nonche' la durata dei corsi; i programmi di esame per l'accertamento della idoneita' tecnica degli insegnanti e degli istruttori, cui si accede dopo la citata formazione iniziale; i programmi di esame per il conseguimento della patente di guida. (99)

10-bis. I corsi di formazione degli insegnanti e degli istruttori delle autoscuole, di cui al comma 10, sono organizzati:

a) dalle autoscuole che svolgono l'attivita' di formazione dei conducenti per il conseguimento di qualsiasi categoria di patente ovvero dai centri di istruzione automobilistica riconosciuti per la formazione integrale;

b) da soggetti accreditati dalle regioni o dalle province autonome di Trento e di Bolzano, sulla base della disciplina quadro di settore definita con l'intesa stipulata in sede di Conferenza permanente per i rapporti tra lo Stato, le regioni e le province autonome di Trento e di Bolzano il 20 marzo 2008, pubblicata nella Gazzetta Ufficiale n. 18 del 23 gennaio 2009, nonche' dei criteri specifici dettati con il decreto del Ministro delle infrastrutture e dei trasporti di cui al comma 10. (99)

11. Chiunque gestisce un'autoscuola senza la dichiarazione di inizio attivita' o i requisiti prescritti e' soggetto alla sanzione amministrativa del pagamento di una somma da € 11.108 a € 16.661. Dalla violazione consegue la sanzione amministrativa accessoria dell'immediata chiusura dell'autoscuola e di cessazione della relativa attivita', ordinata dal competente ufficio secondo le norme di cui al capo I, sezione II, del titolo VI. (19) (29) (43) (52) (64) (80) (101) (114) (124) (133) (145) (163)

11-bis. L'istruzione o la formazione dei conducenti impartita in forma professionale o, comunque, a fine di lucro al di fuori di quanto disciplinato dal presente articolo costituisce esercizio abusivo dell'attivita' di autoscuola. Chiunque esercita o concorre ad esercitare abusivamente l'attivita' di autoscuola e' soggetto alla sanzione amministrativa del pagamento di una somma da € 11.108 a € 16.661. Si applica inoltre il disposto del comma 9-bis del presente articolo. (101) (114) (124) (133) (145) (163)

11-ter. Lo svolgimento dei corsi di formazione di insegnanti e di istruttori di cui al comma 10 e' sospeso dalla regione territorialmente competente o dalle province autonome di Trento e di Bolzano, in relazione alla sede del soggetto che svolge i corsi:

a) per un periodo da uno a tre mesi, quando il corso non si tiene regolarmente;

b) per un periodo da tre a sei mesi, quando il corso si tiene in carenza dei requisiti relativi all'idoneita' dei docenti, alle attrezzature tecniche e al materiale didattico;

c) per un ulteriore periodo da sei a dodici mesi nel caso di reiterazione, nel triennio, delle ipotesi di cui alle lettere a) e b).

11-quater. La regione territorialmente competente o le province autonome di Trento e di Bolzano dispongono l'inibizione alla prosecuzione dell'attivita' per i soggetti a carico dei quali, nei due anni successivi all'adozione di un provvedimento di sospensione ai sensi della lettera c) del comma 11-ter, e' adottato un ulteriore provvedimento di sospensione ai sensi delle lettere a) e b) del medesimo comma.

12. Chiunque insegna teoria nelle autoscuole o istruisce alla guida su veicoli delle autoscuole, senza essere a cio' abilitato ed autorizzato, e' soggetto alla sanzione amministrativa del pagamento di una somma da € 173 a € 694. (19) (29) (43) (52) (64) (80) (89) (101) (114) (124) (133) (145) (163)

13. Nel regolamento saranno stabilite le modalita' per la dichiarazione di inizio attivita', fermo restando quanto previsto dal comma 7-bis. Con lo stesso regolamento saranno dettate norme per lo svolgimento, da parte degli enti pubblici non economici, dell'attivita' di consulenza, secondo la legge 8 agosto 1991, n. 264.

AGGIORNAMENTO (19)
Il Decreto 20 dicembre 1996 (in G.U. 28/12/1996, n. 303) ha disposto (con l'art. 1, comma 1) che le presenti modifiche avranno effetto a decorrere dal 1 gennaio 1997.

AGGIORNAMENTO (29)
Il Decreto 22 dicembre 1998 (in G.U. 28/12/1998, n. 301) ha disposto (con l'art. 1, comma 1) che le presenti modifiche avranno effetto a decorrere dal 1 gennaio 1999.

AGGIORNAMENTO (43)
Il Decreto 29 dicembre 2000 (in G.U. 30/12/2000, n. 303) ha disposto (con l'art. 1, comma 1) che le presenti modifiche avranno effetto a decorrere dal 1 gennaio 2001.

AGGIORNAMENTO (52)

Il Decreto 24 dicembre 2002 (in G.U. 30/12/2002, n. 304) ha disposto (con l'art. 1, comma 1) che le presenti modifiche avranno effetto a decorrere dal 1 gennaio 2003.

AGGIORNAMENTO (64)
Il Decreto 22 dicembre 2004 (in G.U. 30/12/2004, n. 305) ha disposto (con l'art. 1, comma 2) che le presenti modifiche avranno effetto a decorrere dal 1 gennaio 2005.

AGGIORNAMENTO (80)

Il Decreto 29 dicembre 2006 (in G.U. 30/12/2006, n. 302) ha disposto (con l'art. 1, comma 2) che le presenti modifiche avranno effetto a decorrere dal 1 gennaio 2007.

AGGIORNAMENTO (81)

Il D.L. 31 gennaio 2007, n. 7, convertito con modificazioni dalla L. 2 aprile 2007, n. 40 ha disposto (con l'art. 10, comma 5-ter) che le modifiche al comma 4 si applicano a decorrere dalla data di entrata in vigore del decreto medesimo.

Ha inoltre disposto (con l'art. 10, comma 5-quater) che le modifiche al comma 5 si applicano a decorrere dalla data di entrata in vigore della legge di conversione del decreto medesimo.

AGGIORNAMENTO (89)

Il Decreto 17 dicembre 2008 (in G.U. 30/12/2008, n. 303) ha disposto (con l'art. 1, comma 2) che la presente modifica avra' effetto a decorrere dal 1 gennaio 2009.

AGGIORNAMENTO (99)

La L. 29 luglio 2010, n. 120 ha disposto:

- (con l'art. 20, comma 6) che "Le autoscuole che esercitano attivita' di formazione dei conducenti esclusivamente per il conseguimento delle patenti di categoria A e B si adeguano a quanto disposto dal comma 7 dell'articolo 123 del decreto legislativo n. 285 del 1992, come da ultimo modificato dal comma 5 del presente articolo, a decorrere dalla prima variazione della titolarita' dell'autoscuola successiva alla data di entrata in vigore della presente legge";

- (con l'art.
all'organizzazione dei corsi di cui ai commi 10 e 10-bis dell'articolo 123 del decreto legislativo n. 285 del 1992, come da ultimo, rispettivamente, modificato e introdotto dal comma 5 del presente articolo, sono posti integralmente a carico dei soggetti richiedenti".

AGGIORNAMENTO (101)

Il Decreto 22 dicembre 2010 (in G.U. 31/12/2010 n. 305) ha disposto (con l'art. 1, comma 2) che le presenti modifiche avranno effetto a 20, comma 7) che "I costi relativi

decorrere dal 1 gennaio 2011.

AGGIORNAMENTO (102)

Il D.Lgs. 18 aprile 2011, n. 59 ha disposto:
- (con l'art. 10, comma 1) che al comma 7, secondo periodo, del presente articolo le parole: «delle patenti di categoria A, BS, BE, C, D, CE e DE e dei documenti di abilitazione e di qualificazione professionale» sono sostituite dalle seguenti: «di tutte le categorie di patenti, anche speciali, fatta eccezione per quella di categoria B, e dei documenti di abilitazione e di qualificazione professionale»;
- (con l'art. 28, comma 1) che "Le disposizioni del presente decreto legislativo si applicano a decorrere dal 19 gennaio 2013, ad eccezione di quelle contenute negli articoli 9, comma 2, 22, comma 1, e 23, nonche' nell'allegato III, con riferimento alle patenti per le categorie A, A1, B, BE, C, CE, D, DE, KA e KB".

AGGIORNAMENTO (113)

La L. 24 dicembre 2012, n. 228, nel modificare l'art. 28, comma 1 del D.Lgs. 18 aprile 2011, n. 59, ha conseguentemente disposto (con l'art. 1, comma 388) che le modifiche apportate dal D.Lgs. 18 aprile 2011, n. 59 al comma 7, secondo periodo, del presente articolo, si applicano a decorrere dal 30 giugno 2013.

AGGIORNAMENTO (114)

Il Decreto 19 dicembre 2012 (in G.U. 31/12/2012 n. 303) ha disposto (con l'art. 1, comma 2) che le presenti modifiche avranno effetto a decorrere dal 1 gennaio 2013.

AGGIORNAMENTO (121)

Il D.L. 30 dicembre 2013, n. 150 convertito con modificazioni dalla L. 27 febbraio 2014, n. 15 nel modificare l'art. 10, comma 1 del D.Lgs. 18 aprile 2011, n. 59 ha conseguentemente disposto (con l'art. 4, comma 3) che l'entrata in vigore delle modifiche apportate dal D.Lgs. 18 aprile 2011, n. 59 al comma 7, secondo periodo, del presente articolo e' prorogata al 31 dicembre 2014.

AGGIORNAMENTO (124)

Il Decreto 16 dicembre 2014 (in G.U. 31/12/2014, n. 302) ha disposto (con l'art. 1, comma 2) che le presenti modifiche avranno effetto a decorrere dal 1 gennaio 2015.

AGGIORNAMENTO (125)

Il D.L. 31 dicembre 2014, n. 192, convertito con modificazioni dalla L. 27 febbraio 2015, n. 11, nel modificare l'art. 10, comma 1 del D.Lgs. 18 aprile 2011, n. 59 ha conseguentemente disposto (con l'art. 8, comma 6) che l'entrata in vigore delle modifiche apportate dal D.Lgs. 18 aprile 2011, n. 59 al comma 7, secondo periodo, del presente articolo e' prorogata al 30 giugno 2015.

AGGIORNAMENTO (133)

Il Decreto 20 dicembre 2016 (in G.U. 30/12/2016, n. 304) ha disposto (con l'art. 1, comma 1) che le presenti modifiche avranno effetto a decorrere dal 1 gennaio 2017.

AGGIORNAMENTO (145)

Il Decreto 27 dicembre 2018 (in G.U. 29/12/2018, n. 301) ha disposto (con l'art. 3, comma 1) che le presenti modifiche avranno effetto a decorrere dal 1° gennaio 2019.

AGGIORNAMENTO (163)

Il Decreto 31 dicembre 2020 (in G.U. 31/12/2020, n. 323) ha disposto (con l'art. 3, comma 1) che le presenti modifiche avranno effetto a decorrere dal 1° gennaio 2021.

Art. 124.

(([Testo applicabile dal 19 gennaio 2013]
Guida delle macchine agricole e delle macchine operatrici))

((1. Per guidare macchine agricole, escluse quelle con conducente a terra, nonche' macchine operatrici, escluse quelle a vapore, che circolano su strada, occorre avere ottenuto una delle patenti di cui all'articolo 116, comma 3, e precisamente:

a) della categoria A1, per la guida delle macchine agricole o dei loro complessi che non superino i limiti di sagoma e di peso stabiliti dall'articolo 53, comma 4, e che non superino la velocita' di 40 km/h;

b) della categoria B, per la guida delle macchine agricole, diverse da quelle di cui alla lettera a), nonche' delle macchine operatrici;

c) della categoria C1, per le macchine operatrici eccezionali.

2. Con decreto del Ministro delle infrastrutture e dei trasporti sono stabiliti i tipi e le caratteristiche dei veicoli di cui al comma 1, lettere a) e b) che, eventualmente adattati, possono essere guidati da mutilati e minorati fisici con patenti speciali delle categorie A1 e B, previste dall'articolo 116, comma 3, lettere b) ed f).

3. Qualora non sia necessario prescrivere adattamenti, lo stesso decreto di cui al comma 2 stabilisce i tipi e le caratteristiche dei veicoli di cui al comma 1 che possono essere guidati da mutilati e minorati fisici.

4. Chiunque guida macchine agricole o macchine operatrici senza essere munito della patente e' punito ai sensi dell'articolo 116, commi 15 e 17. All'incauto affidamento si applica la disposizione di cui all'articolo 116, comma 14.))

AGGIORNAMENTO (52)

Il Decreto 24 dicembre 2002 (in G.U. 30/12/2002, n. 304) ha disposto (con l'art. 1, comma 1) che la presente modifica avra' effetto a decorrere dal 1 gennaio 2003.

AGGIORNAMENTO (64)

Il Decreto 22 dicembre 2004 (in G.U. 30/12/2004, n. 305) ha disposto (con l'art. 1, comma 2) che la presente modifica avra' effetto a decorrere dal 1 gennaio 2005.

AGGIORNAMENTO (80)

Il Decreto 29 dicembre 2006 (in G.U. 30/12/2006, n. 302) ha disposto (con l'art. 1, comma 2) che la presente modifica avra' effetto a decorrere dal 1 gennaio 2007.

AGGIORNAMENTO (89)

Il Decreto 17 dicembre 2008 (in G.U. 30/12/2008, n. 303) ha disposto (con l'art. 1, comma 2) che la presente modifica avra' effetto a decorrere dal 1 gennaio 2009.

AGGIORNAMENTO (101)

Il Decreto 22 dicembre 2010 (in G.U. 31/12/2010 n. 305) ha disposto (con l'art. 1, comma 2) che la presente modifica avra' effetto a decorrere dal 1 gennaio 2011.

AGGIORNAMENTO (102)

Il D.Lgs. 18 aprile 2011, n. 59 ha disposto (con l'art. 28, comma 1) che "Le disposizioni del presente decreto legislativo si applicano a decorrere dal 19 gennaio 2013, ad eccezione di quelle contenute negli articoli 9, comma 2, 22, comma 1, e 23, nonche' nell'allegato III, con riferimento alle patenti per le categorie A, A1, B, BE, C, CE, D, DE, KA e KB".

AGGIORNAMENTO (114)

Il Decreto 19 dicembre 2012 (in G.U. 31/12/2012 n. 303) ha disposto (con l'art. 1, comma 2) che la presente modifica avra' effetto a decorrere dal 1 gennaio 2013.

Art. 125

1. Il rilascio della patente di guida e' subordinato alle seguenti condizioni:

   a) la patente per le categorie C1, C, D1 o D puo' essere rilasciata unicamente ai conducenti gia' in possesso di patente di categoria B;

   b) la patente per le categorie BE, C1E, CE, D1E e DE puo' essere rilasciata unicamente ai conducenti gia' in possesso di patente rispettivamente delle categorie B, C1, C, D1 o D.

2. La validita' della patente di guida e' fissata come segue:

   a) la patente rilasciata per le categorie C1E, CE, D1E, o DE e' valida per i complessi di veicoli della categoria BE;

   b) la patente rilasciata per la categoria CE e' valida per la categoria DE, purche' il relativo titolare sia gia' in possesso di patente per la categoria D;

   c) la patente rilasciata per le categorie CE e DE e' valida per i complessi di veicoli, rispettivamente, delle categoria C1E e D1E;

   d) la patente rilasciata per una qualsiasi categoria e' valida per i veicoli della categoria AM;

   e) la patente rilasciata per la categoria A2 e' valida anche per la categoria A1;

   f) la patente rilasciata per le categorie A, B, C o D e' valida, rispettivamente, per le categorie A1 e A2, B1, C1 o D1;

   g) la patente speciale di guida delle categorie AM, A1, A2, A, B1, B, C1, C, D1 e D rilasciata a mutilati o minorati fisici e' valida soltanto per la guida dei veicoli aventi le caratteristiche indicate nella patente stessa;

   h) la patente di guida della categoria B e' valida, sul territorio nazionale, per condurre i tricicli di potenza superiore a 15 kW, purche' il titolare abbia almeno 21 anni, nonche' i veicoli della categoria A1.

3. Fermo restando quanto previsto dal comma 4, chiunque, munito di patente di guida recante un codice unionale o nazionale relativo a "MODIFICHE DEL VEICOLO", conduce un veicolo o circola in condizioni diverse da quelle indicate dai predetti codici, e' soggetto alla sanzione amministrativa del pagamento di una somma ((da € 158 a € 638)). (133) (145) ((163))

3-bis. Fermo restando quanto previsto dal comma 4, chiunque, munito di patente di guida recante un codice unionale o nazionale relativo a

"CONDUCENTE (motivi medici)" conduce un veicolo o circola in condizioni diverse da quelle indicate dai predetti codici, e' soggetto alla sanzione di cui all'articolo 173, comma 3.

4. Chiunque, munito di patente speciale, guida un veicolo diverso da quello indicato e specialmente adattato in relazione alla sua mutilazione o minorazione, ovvero con caratteristiche diverse da quella indicate nella patente posseduta, e' soggetto alla sanzione amministrativa del pagamento di una somma ((da 80 euro a 317 euro)). (145) ((163))

5. Dalle violazioni di cui ai commi 3 e 4 consegue la sanzione amministrativa accessoria della sospensione della patente da uno a sei mesi, secondo le norme del capo I, sezione II, del titolo VI. (102) (114)

AGGIORNAMENTO (19)

Il Decreto 20 dicembre 1996 (in G.U. 28/12/1996, n. 303) ha disposto (con l'art. 1, comma 1) che le presenti modifiche avranno effetto a decorrere dal 1 gennaio 1997.

AGGIORNAMENTO (29)

Il Decreto 22 dicembre 1998 (in G.U. 28/12/1998, n. 301) ha disposto (con l'art. 1, comma 1) che le presenti modifiche avranno effetto a decorrere dal 1 gennaio 1999.

AGGIORNAMENTO (43)

Il Decreto 29 dicembre 2000 (in G.U. 30/12/2000, n. 303) ha disposto (con l'art. 1, comma 1) che le presenti modifiche avranno effetto a decorrere dal 1 gennaio 2001.

AGGIORNAMENTO (52)

Il Decreto 24 dicembre 2002 (in G.U. 30/12/2002, n. 304) ha disposto (con l'art. 1, comma 1) che le presenti modifiche avranno effetto a decorrere dal 1 gennaio 2003.

AGGIORNAMENTO (64)

Il Decreto 22 dicembre 2004 (in G.U. 30/12/2004, n. 305) ha disposto (con l'art. 1, comma 2) che le presenti modifiche avranno effetto a decorrere dal 1 gennaio 2005.

AGGIORNAMENTO (80)

Il Decreto 29 dicembre 2006 (in G.U. 30/12/2006, n. 302) ha disposto (con l'art. 1, comma 2) che le presenti modifiche avranno effetto a decorrere dal 1 gennaio 2007.

AGGIORNAMENTO (89)
Il Decreto 17 dicembre 2008 (in G.U. 30/12/2008, n. 303) ha disposto (con l'art. 1, comma 2) che le presenti modifiche avranno effetto a decorrere dal 1 gennaio 2009.

AGGIORNAMENTO (101)
Il Decreto 22 dicembre 2010 (in G.U. 31/12/2010, n. 305) ha disposto (con l'art. 1, comma 2) che le presenti modifiche avranno effetto a decorrere dal 1 gennaio 2011.

AGGIORNAMENTO (102)
Il D.Lgs. 18 aprile 2011, n. 59 ha disposto (con l'art. 28, comma 1) che "Le disposizioni del presente decreto legislativo si applicano a decorrere dal 19 gennaio 2013, ad eccezione di quelle contenute negli articoli 9, comma 2, 22, comma 1, e 23, nonche' nell'allegato III, con riferimento alle patenti per le categorie A, A1, B, BE, C, CE, D, DE, KA e KB".

AGGIORNAMENTO (114)
Il Decreto 19 dicembre 2012 (in G.U. 31/12/2012, n. 303), prendendo in considerazione gli importi delle sanzioni cosi' come aggiornati

dal Decreto 22 dicembre 2010 (in G.U. 31/12/2010, n. 305), aveva previsto (con l'art. 1, comma 1) che la sanzione da € 80 a € 318 dovesse intendersi sostituita dalla sanzione da € 84 a € 335 e che la sanzione da € 159 a € 639 dovesse intendersi sostituita dalla sanzione da € 168 a € 674. Tali modifiche devono intendersi superate da quelle disposte dal D.Lgs. 18 aprile 2011, n. 59 a decorrere dal 19 gennaio 2013.

Lo stesso Decreto 19 dicembre 2012 (in G.U. 31/12/2012, n. 303) aveva inoltre previsto (con l'art. 1, comma 2) che le suindicate modifiche avrebbero avuto effetto a decorrere dal 1 gennaio 2013.

AGGIORNAMENTO (133)
Il Decreto 20 dicembre 2016 (in G.U. 30/12/2016, n. 304) ha disposto (con l'art. 1, comma 1) che la presente modifica avra' effetto a decorrere dal 1° gennaio 2017.

AGGIORNAMENTO (145)
Il Decreto 27 dicembre 2018 (in G.U. 29/12/2018, n. 301) ha disposto (con l'art. 3, comma 1) che le presenti modifiche avranno effetto a decorrere dal 1° gennaio 2019.

AGGIORNAMENTO (163)

Il Decreto 31 dicembre 2020 (in G.U. 31/12/2020, n. 323) ha disposto (con l'art. 3, comma 1) che le presenti modifiche avranno effetto a decorrere dal 1° gennaio 2021.

Art. 126
(Durata e conferma della validita' della patente di guida).

1. Fermo restando quanto previsto dall'articolo 119, la durata della validita' delle patenti di guida e dei certificati di abilitazione professionale di cui all'articolo 116, commi 8 e 10, e' regolata dalle disposizioni del presente articolo. La conferma della validita' delle patenti di guida e dei certificati di abilitazione professionale di cui all'articolo 116, commi 8 e 10, e' subordinata alla permanenza dei requisiti fisici e psichici di idoneita' alla guida.

2. Le patenti di guida delle categorie AM, A1, A2, A, B1, B e BE sono valide per dieci anni; qualora siano rilasciate o confermate a chi ha superato il cinquantesimo anno di eta' sono valide per cinque anni ed a chi ha superato il settantesimo anno di eta' sono valide per tre anni.

3. Le patenti di guida delle categorie C1, C1E, C e CE, sono valide per cinque anni fino al compimento del sessantacinquesimo anno di eta' e, oltre tale limite di eta', per due anni, previo accertamento dei requisiti fisici e psichici in commissione medica locale. Fatto salvo quanto previsto dall'articolo 115, comma 2, lettera a), al compimento del sessantacinquesimo anno di eta', le patenti di categoria C e CE abilitano alla guida di autotreni ed autoarticolati di massa complessiva a pieno carico non superiore a 20 t.

4. Le patenti di guida delle categorie D1, D1E, D e DE sono valide per cinque anni e per tre anni a partire dal settantesimo anno di eta'. Fatto salvo quanto previsto dall'articolo 115, comma 2, lettera b), al compimento del sessantesimo anno di eta', le patenti di guida di categoria D1 o D, ovvero di categoria D1E o DE abilitano alla guida solo di veicoli per i quali e' richiesto rispettivamente il possesso delle patenti di categoria B o BE. E' fatta salva la possibilita' per il titolare di richiedere la riclassificazione della patente D1 o D, ovvero, D1E o DE rispettivamente in patente di categoria B o BE.

5. Le patenti di guida speciali, rilasciate a mutilati e minorati fisici, delle categorie AM, A1, A2, A, B1 e B sono valide per cinque anni; qualora siano rilasciate o confermate a chi ha superato il settantesimo anno di eta' sono valide per tre anni. Alle patenti di guida speciali delle categorie C1, C, D1 e D si applicano le

disposizioni dei commi 3 e 4.

6. I titolari delle patenti di guida di cui ai commi 2, 3, 4 e 5, al compimento dell'ottantesimo anno di eta', rinnovano la validita' della patente posseduta ogni due anni.

7. L'accertamento dei requisiti fisici e psichici per il rinnovo di validita' dei certificati di abilitazione professionale di tipo KA e KB e' effettuato ogni cinque anni e comunque in occasione del rinnovo di validita' della patente di guida.

8. Fatto salvo quanto previsto dal comma 8-ter, la validita' della patente e' confermata dal competente ufficio centrale del Dipartimento per la mobilita' sostenibile, che trasmette per posta al titolare della patente di guida un duplicato della patente medesima, con l'indicazione del nuovo termine di validita'. A tal fine i sanitari indicati nell'articolo 119, comma 2, sono tenuti a trasmettere al suddetto ufficio del Dipartimento per la mobilita' sostenibile, nel termine di cinque giorni decorrente dalla data di effettuazione della visita medica, i dati e ogni altro documento utile ai fini dell'emissione del duplicato della patente di cui al primo periodo. Analogamente procedono le commissioni di cui all'articolo 119, comma 4. Non possono essere sottoposti alla visita medica i conducenti che non dimostrano, previa esibizione delle ricevute, di avere effettuato i versamenti in conto corrente postale degli importi dovuti per la conferma di validita' della patente di guida. Il personale sanitario che effettua la visita e' responsabile in solido dell'omesso pagamento. Il titolare della patente, dopo aver ricevuto il duplicato, deve provvedere alla distruzione della patente scaduta di validita'.

8-bis. Al titolare di patente di guida che si sottopone, presso la commissione medica locale di cui all'articolo 119, comma 4, agli accertamenti per la verifica della persistenza dei requisiti di idoneita' psicofisica richiesti per il rinnovo di validita' della patente di guida, la commissione stessa rilascia, per una sola volta, un permesso provvisorio di guida, valido fino all'esito finale della procedura di rinnovo. Il rilascio del permesso provvisorio di guida e' subordinato alla verifica dell'insussistenza di condizioni di ostativita' presso l'anagrafe nazionale degli abilitati alla guida di cui all'articolo 226, comma 10. Il permesso provvisorio di guida non e' rilasciato ai titolari di patente di guida che devono sottoporsi agli accertamenti previsti dagli articoli 186, comma 8, e 187, comma 6.

8-ter. Qualora una patente di guida sia scaduta da piu' di cinque anni, la conferma della validita' e' subordinata anche all'esito positivo di un esperimento di guida finalizzato a comprovare il permanere dell'idoneita' tecnica alla guida del titolare. A tal fine, gli uffici periferici del Dipartimento per la mobilita' sostenibile rilasciano, previa acquisizione della certificazione medica di cui al comma 8 e su richiesta del conducente, una ricevuta di prenotazione dell'esperimento di guida, valida per condurre il veicolo fino al giorno della prova. L'esperimento di guida consiste nell'esecuzione di almeno una delle manovre e almeno tre dei comportamenti di guida nel traffico previsti per la prova di verifica delle capacita' e dei comportamenti per il conseguimento della patente della medesima categoria di quella posseduta. ((In caso di esito negativo dell'esperimento di guida, la patente e' revocata con decorrenza dal giorno stesso della prova. In caso di assenza del titolare, la patente e' sospesa fino all'esito positivo di un ulteriore esperimento di guida che dovra' essere richiesto dall'interessato. La sospensione decorre dal giorno successivo a quello fissato per la prova senza necessita' di emissione di un ulteriore provvedimento da parte degli uffici periferici del Dipartimento per la mobilita' sostenibile)).

9. Per i titolari di patente italiana, residenti o dimoranti in un altro Stato per un periodo di almeno sei mesi, la validita' della patente e' altresi' confermata, tranne per i casi previsti nell'articolo 119, commi 2-bis e 4, dalle autorita' diplomatico-consolari italiane presenti negli Stati medesimi, che rilasciano, previo accertamento dei requisiti fisici e psichici da parte di medici fiduciari delle ambasciate o dei consolati italiani, una specifica attestazione che per il periodo di permanenza all'estero fa fede dell'avvenuta verifica del permanere dei requisiti di idoneita' psichica e fisica. Chi ha rinnovato la patente di guida presso un'autorita' diplomatico-consolare italiana in uno Stato non appartenente all'Unione europea o allo Spazio economico europeo ha l'obbligo, entro sei mesi dalla riacquisizione della residenza in Italia, di rinnovare la patente stessa secondo la procedura ordinaria prevista al comma 8. Si applicano le disposizioni di cui al comma 8-ter.

10. L'autorita' sanitaria, nel caso che dagli accertamenti di cui al comma 8 rilevi che siano venute a mancare le condizioni per la conferma della validita' della patente, comunica al competente ufficio della Direzione generale per la motorizzazione per i servizi ai cittadini ed alle imprese in materia di trasporti e di navigazione del Dipartimento per la mobilita' sostenibile l'esito dell'accertamento stesso per i provvedimenti di cui agli articoli 129, comma 2, e 130.

10-bis. La commissione medica locale di cui all'articolo 119, comma 4, che, a seguito di accertamento dell'idoneita' psicofisica, valuta che il conducente debba procedere al declassamento della patente di guida, trasmette, per via informatica, i dati del conducente all'Ufficio centrale operativo, che provvede alla stampa e alla spedizione della nuova patente di guida. Contenuti e modalita' di trasmissione dei dati della commissione medica locale all'Ufficio centrale operativo del Dipartimento per i trasporti, la navigazione, gli affari generali ed il personale sono fissati con decreto del Ministero delle infrastrutture e della mobilita' sostenibili. (173)

11. Chiunque guida con patente o con altra abilitazione professionale di cui all'articolo 116, commi 8, 10, 11 e 12, scaduti di validita' e' soggetto alla sanzione amministrativa del pagamento di una somma da € 158 a € 638. Alla violazione consegue la sanzione amministrativa accessoria del ritiro della patente, del certificato di abilitazione professionale di tipo KA o KB o della carta di qualificazione del conducente rilasciata ad un conducente titolare di patente di guida emessa da altro Stato, secondo le norme del capo I, sezione II, del titolo VI. Al conducente titolare di patente di guida italiana che, nell'esercizio dell'attivita' professionale di autotrasporto per la quale e' richiesta l'abilitazione di cui all'articolo 116, comma 11, guida con tale abilitazione scaduta, si applicano le sanzioni di cui all'articolo 216, comma 6. (115) (133) (145) (163)

12. Chiunque viola le disposizioni del comma 3, secondo periodo, e' punito con le sanzioni di cui all'articolo 116, commi 15 e 17. Le medesime sanzioni si applicano a chiunque viola le disposizioni del comma 4, secondo periodo.
(102) (114)

AGGIORNAMENTO (15)

Il D.L. 25 novembre 1995, n. 501, convertito con modificazioni dalla L. 5 gennaio 1996, n. 11, nel modificare l'art. 16, comma 1 del D.P.R. 19 aprile 1994, n. 575, ha conseguentemente disposto (con l'art. 2, comma 2) che le modifiche di cui ai commi 5 e 6 del presente articolo decorrono dal 1 ottobre 1995.

Il D.L. 25 novembre 1995, n. 501, convertito con modificazioni dalla L. 5 gennaio 1996, n. 11 ha inoltre disposto (con l'art. 2, comma 4) che e' prorogata al 31 dicembre 1997 la validita' dei certificati di abilitazione professionale di cui al comma 4 del presente articolo, fermo restando che il certificato di abilitazione professionale deve essere rinnovato contestualmente alla scadenza delle patente di guida dei veicoli.

AGGIORNAMENTO (19)

Il Decreto 20 dicembre 1996 (in G.U. 28/12/1996, n. 303) ha

disposto (con l'art. 1, comma 1) che la presente modifica avra' effetto a decorrere dal 1 gennaio 1997.

AGGIORNAMENTO (29)

Il Decreto 22 dicembre 1998 (in G.U. 28/12/1998, n. 301) ha disposto (con l'art. 1, comma 1) che la presente modifica avra' effetto a decorrere dal 1 gennaio 1999.

AGGIORNAMENTO (43)

Il Decreto 29 dicembre 2000 (in G.U. 30/12/2000, n. 303) ha disposto (con l'art. 1, comma 1) che la presente modifica avra' effetto a decorrere dal 1 gennaio 2001.

AGGIORNAMENTO (52)

Il Decreto 24 dicembre 2002 (in G.U. 30/12/2002, n. 304) ha disposto (con l'art. 1, comma 1) che la presente modifica avra' effetto a decorrere dal 1 gennaio 2003.

AGGIORNAMENTO (64)

Il Decreto 22 dicembre 2004 (in G.U. 30/12/2004, n. 305) ha disposto (con l'art. 1, comma 2) che la presente modifica avra' effetto a decorrere dal 1 gennaio 2005.

AGGIORNAMENTO (80)

Il Decreto 29 dicembre 2006 (in G.U. 30/12/2006, n. 302) ha disposto (con l'art. 1, comma 2) che la presente modifica avra' effetto a decorrere dal 1 gennaio 2007.

AGGIORNAMENTO (89)

Il Decreto 17 dicembre 2008 (in G.U. 30/12/2008, n. 303) ha disposto (con l'art. 1, comma 2) che la presente modifica avra' effetto a decorrere dal 1 gennaio 2009.

AGGIORNAMENTO (99)

La L. 29 luglio 2010, n. 120 ha disposto (con l'art. 21, comma 3) che "Le disposizioni del comma 5 dell'articolo 126 del decreto legislativo n. 285 del 1992, come da ultimo modificato dal comma 1 del presente articolo, si applicano a decorrere dalla data di entrata in vigore del decreto del Ministro delle infrastrutture e dei trasporti di cui al comma 2".

AGGIORNAMENTO (101)

Il Decreto 22 dicembre 2010 (in G.U. 31/12/2010 n. 305) ha disposto (con l'art. 1, comma 2) che la presente modifica avra' effetto a decorrere dal 1 gennaio 2011.

AGGIORNAMENTO (102)

Il D.Lgs. 18 aprile 2011, n. 59 ha disposto (con l'art. 28, comma 1) che "Le disposizioni del presente decreto legislativo si applicano a decorrere dal 19 gennaio 2013, ad eccezione di quelle contenute negli articoli 9, comma 2, 22, comma 1, e 23, nonche' nell'allegato III, con riferimento alle patenti per le categorie A, A1, B, BE, C, CE, D, DE, KA e KB".

AGGIORNAMENTO (114)

Il Decreto 19 dicembre 2012 (in G.U. 31/12/2012, n. 303), prendendo in considerazione gli importi delle sanzioni cosi' come aggiornati dal Decreto 22 dicembre 2010 (in G.U. 31/12/2010, n. 305), aveva previsto (con l'art. 1, comma 1) che la sanzione da € 159 a € 639 dovesse intendersi sostituita dalla sanzione da € 168 a € 674. Tale modifica deve intendersi superata da quella disposta dal D.Lgs. 18 aprile 2011, n. 59 a decorrere dal 19 gennaio 2013.

Lo stesso Decreto 19 dicembre 2012 (in G.U. 31/12/2012, n. 303) aveva inoltre previsto (con l'art. 1, comma 2) che le suindicate modifiche avrebbero avuto effetto a decorrere dal 1 gennaio 2013.

AGGIORNAMENTO (115)

Il D.Lgs. 16 gennaio 2013, n. 2 ha disposto (con l'art. 24, comma 5) che "Le disposizioni di cui all'articolo 126, comma 11, del decreto legislativo 30 aprile 1992, n. 285, e successive modificazioni, come modificato dall'articolo 5, comma 1, lettera b-bis), del presente decreto, sono applicabili a decorrere dal novantesimo giorno successivo alla data di entrata in vigore di quest'ultimo".

AGGIORNAMENTO (133)

Il Decreto 20 dicembre 2016 (in G.U. 30/12/2016, n. 304) ha disposto (con l'art. 1, comma 1) che la presente modifica avra' effetto a decorrere dal 1 gennaio 2017.

AGGIORNAMENTO (145)

Il Decreto 27 dicembre 2018 (in G.U. 29/12/2018, n. 301) ha disposto (con l'art. 3, comma 1) che la presente modifica avra' effetto a decorrere dal 1° gennaio 2019.

AGGIORNAMENTO (163)

Il Decreto 31 dicembre 2020 (in G.U. 31/12/2020, n. 323) ha disposto (con l'art. 3, comma 1) che la presente modifica avra' effetto a decorrere dal 1° gennaio 2021.

AGGIORNAMENTO (173)

Il D.L. 16 giugno 2022, n. 68 ha disposto (con l'art. 7, comma 1, lettera h)) che "al comma 10-bis, le parole: «Dipartimento per i trasporti, la navigazione ed i sistemi informativi e statistici» sono sostituite dalle seguenti: «Dipartimento per la mobilita' sostenibile»".

Art. 126-bis.

Patente a punti

1. All'atto del rilascio della patente viene attribuito un punteggio di venti punti. Tale punteggio, annotato nell'anagrafe nazionale degli abilitati alla guida di cui agli articoli 225 e 226, subisce decurtazioni, nella misura indicata nella tabella allegata, a seguito della comunicazione all'anagrafe di cui sopra della violazione di una delle norme per le quali e' prevista la sanzione amministrativa accessoria della sospensione della patente ovvero di una tra le norme di comportamento di cui al titolo V, indicate nella tabella medesima. L'indicazione del punteggio relativo ad ogni violazione deve risultare dal verbale di contestazione.

1-bis. Qualora vengano accertate contemporaneamente piu' violazioni delle norme di cui al comma 1 possono essere decurtati un massimo di quindici punti. Le disposizioni del presente comma non si applicano nei casi in cui e' prevista la sospensione o la revoca della patente.

2. L'organo da cui dipende l'agente che ha accertato la violazione che comporta la perdita di punteggio, ne da' notizia, entro trenta giorni dalla definizione della contestazione effettuata, all'anagrafe nazionale degli abilitati alla guida. La contestazione si intende definita quando sia avvenuto il pagamento della sanzione amministrativa pecuniaria o siano conclusi i procedimenti dei ricorsi amministrativi e giurisdizionali ammessi ovvero siano decorsi i termini per la proposizione dei medesimi. Il predetto termine di trenta giorni decorre dalla conoscenza da parte dell'organo di polizia dell'avvenuto pagamento della sanzione, della scadenza del termine per la proposizione dei ricorsi, ovvero dalla conoscenza dell'esito dei ricorsi medesimi. La comunicazione deve essere effettuata a carico del conducente quale responsabile della violazione; nel caso di mancata identificazione di questi, il proprietario del veicolo, ovvero altro obbligato in solido ai sensi

dell'art. 196, deve fornire all'organo di polizia che procede, entro sessanta giorni dalla data di notifica del verbale di contestazione, i dati personali e della patente del conducente al momento della commessa violazione. Se il proprietario del veicolo risulta una persona giuridica, il suo legale rappresentante o un suo delegato e' tenuto a fornire gli stessi dati, entro lo stesso termine, all'organo di polizia che procede. Il proprietario del veicolo, ovvero altro obbligato in solido ai sensi dell'articolo 196, sia esso persona fisica o giuridica, che omette, senza giustificato e documentato motivo, di fornirli e' soggetto alla sanzione amministrativa del

pagamento di una somma da € 291 a € 1.166. La comunicazione al Dipartimento per i trasporti terrestri avviene per via telematica.
(66) (89) (101) (114) (124) (133) (145) (163)
((3. Ogni variazione di punteggio e' comunicata tramite il portale dell'automobilista con le modalita' indicate dal Dipartimento per la mobilita' sostenibile - Direzione generale per la motorizzazione e per i servizi ai cittadini e alle imprese in materia di trasporti e navigazione del Ministero delle infrastrutture e della mobilita' sostenibili)).

4. Fatti salvi i casi previsti dal comma 5 e purche' il punteggio non sia esaurito, la frequenza ai corsi di aggiornamento, organizzati dalle autoscuole ovvero da soggetti pubblici o privati a cio' autorizzati dal Dipartimento per i trasporti terrestri, consente di riacquistare sei punti. Per i titolari di certificato di abilitazione professionale e unitamente di patente B, C, C+E, D, D+E, la frequenza di specifici corsi di aggiornamento consente di recuperare 9 punti. La riacquisizione di punti avviene all'esito di una prova di esame. A tale fine, l'attestato di frequenza al corso deve essere trasmesso all'ufficio del Dipartimento per i trasporti terrestri competente per territorio, per l'aggiornamento dell'anagrafe nazionale dagli abilitati alla guida. Con decreto del Ministro delle infrastrutture e dei trasporti sono stabiliti i criteri per il rilascio dell'autorizzazione, i programmi e le modalita' di svolgimento dei corsi di aggiornamento.

5. Salvo il caso di perdita totale del punteggio di cui al comma 6, la mancanza, per il periodo di due anni, di violazioni di una norma di comportamento da cui derivi la decurtazione del punteggio, determina l'attribuzione del completo punteggio iniziale, entro il limite dei venti punti. Per i titolari di patente con almeno venti punti, la mancanza, per il periodo di due anni, della violazione di una norma di comportamento da cui derivi la decurtazione del punteggio, determina l'attribuzione di un credito di due punti, fino a un massimo di dieci punti.

6. Alla perdita totale del punteggio, il titolare della patente deve sottoporsi all'esame di idoneita' tecnica di cui all'articolo 128. Al medesimo esame deve sottoporsi il titolare della patente che, dopo la notifica della prima violazione che comporti una perdita di almeno cinque punti, commetta altre due violazioni non contestuali, nell'arco di dodici mesi dalla data della prima violazione, che comportino ciascuna la decurtazione di almeno cinque punti. Nelle ipotesi di cui ai periodi precedenti, l'ufficio del Dipartimento per i trasporti terrestri competente per territorio, su comunicazione dell'anagrafe nazionale degli abilitati alla guida, dispone la revisione della patente di guida. PERIODO SOPPRESSO DALLA L. 29 LUGLIO 2010, N. 120. Qualora il titolare della patente non si sottoponga ai predetti accertamenti entro trenta giorni dalla notifica del provvedimento di revisione, la patente di guida e' sospesa a tempo indeterminato, con atto definitivo, dal competente

ufficio del Dipartimento per i trasporti terrestri. Il provvedimento di sospensione e' notificato al titolare della patente a cura degli organi di polizia stradale di cui all'articolo 12, che provvedono al ritiro ed alla conservazione del documento.

6-bis. Per le violazioni penali per le quali e' prevista una diminuzione di punti riferiti alla patente di guida, il cancelliere del giudice che ha pronunciato la sentenza o il decreto divenuti irrevocabili ai sensi dell'articolo 648 del codice di procedura penale, nel termine di quindici giorni, ne trasmette copia autentica all'organo accertatore, che entro, trenta giorni dal ricevimento ne da' notizia all'anagrafe nazionale degli abilitati alla guida.

AGGIORNAMENTO (66)

La Corte Costituzionale, con sentenza 12-24 gennaio 2005, n. 27 (in G.U. 1a s.s. 26/01/2005, n. 4) ha dichiarato l'illegittimita' costituzionale dell'art. 126-bis, comma 2 "nel testo risultante all'esito della modifica apportata dall'art. 7, comma 3, lettera b), del decreto-legge 27 giugno 2003, n. 151 (Modifiche ed integrazioni al codice della strada), convertito, con modificazioni, nella legge 1° agosto 2003, n. 214, nella parte in cui dispone che: «nel caso di mancata identificazione di questi, la segnalazione deve essere effettuata a carico del proprietario del veicolo, salvo che lo stesso non comunichi, entro trenta giorni dalla richiesta, all'organo di polizia che procede, i dati personali e della patente del conducente al momento della commessa violazione», anziche' «nel caso di mancata identificazione di questi, il proprietario del veicolo, entro trenta giorni dalla richiesta, deve fornire, all'organo di polizia che procede, i dati personali e della patente del conducente al momento della commessa violazione»".

AGGIORNAMENTO (89)
Il Decreto 17 dicembre 2008 (in G.U. 30/12/2008, n. 303) ha disposto (con l'art. 1, comma 2) che la presente modifica avra' effetto a decorrere dal 1 gennaio 2009.

AGGIORNAMENTO (101)
Il Decreto 22 dicembre 2010 (in G.U. 31/12/2010, n. 305) ha disposto (con l'art. 1, comma 2) che la presente modifica avra' effetto a decorrere dal 1 gennaio 2011.

AGGIORNAMENTO (114)
Il Decreto 19 dicembre 2012 (in G.U. 31/12/2012, n. 303) ha disposto (con l'art. 1, comma 2) che la presente modifica avra' effetto a decorrere dal 1 gennaio 2013.

AGGIORNAMENTO (124)
Il Decreto 19 dicembre 2014 (in G.U. 31/12/2012, n. 303) ha

disposto (con l'art. 1, comma 2) che la presente modifica avra' effetto a decorrere dal 1 gennaio 2013.

AGGIORNAMENTO (133)
Il Decreto 20 dicembre 2016 (in G.U. 30/12/2016, n. 304) ha disposto (con l'art. 1, comma 1) che la presente modifica avra' effetto a decorrere dal 1 gennaio 2017.

AGGIORNAMENTO (145)
Il Decreto 27 dicembre 2018 (in G.U. 29/12/2018, n. 301) ha disposto (con l'art. 3, comma 1) che la presente modifica avra' effetto a decorrere dal 1° gennaio 2019.

AGGIORNAMENTO (163)
Il Decreto 31 dicembre 2020 (in G.U. 31/12/2020, n. 323) ha disposto (con l'art. 3, comma 1) che la presente modifica avra' effetto a decorrere dal 1° gennaio 2021.
Art. 127.
((ARTICOLO ABROGATO DAL D.P.R. 9 MARZO 2000, N. 104)) Art. 128.

Revisione della patente di guida

1. Gli uffici competenti del Dipartimento per i trasporti terrestri, nonche' il prefetto nei casi previsti dagli articoli 186 e 187, possono disporre che siano sottoposti a visita medica presso la commissione medica locale di cui all'art. 119, comma 4, o ad esame di idoneita' i titolari di patente di guida qualora sorgano dubbi sulla persistenza nei medesimi dei requisiti fisici e psichici prescritti o dell'idoneita' tecnica. L'esito della visita medica o dell'esame di idoneita' sono comunicati ai competenti uffici competenti del Dipartimento per i trasporti terrestri per gli eventuali provvedimenti di sospensione o revoca della patente. (15)

1-bis. I responsabili delle unita' di terapia intensiva o di neurochirurgia sono obbligati a dare comunicazione dei casi di coma di durata superiore a 48 ore agli uffici provinciali del Dipartimento per i trasporti, la navigazione ed i sistemi informativi e statistici. In seguito a tale comunicazione i soggetti di cui al periodo precedente sono tenuti alla revisione della patente di guida. La successiva idoneita' alla guida e' valutata dalla commissione medica locale di cui al comma 4 dell'articolo 119, sentito lo specialista dell'unita' riabilitativa che ha seguito l'evoluzione clinica del paziente.

1-ter. E' sempre disposta la revisione della patente di guida di cui al comma 1 quando il conducente sia stato coinvolto in un incidente stradale se ha determinato lesioni gravi alle persone e a suo carico sia stata contestata la violazione di una delle disposizioni del presente codice da cui consegue l'applicazione della sanzione amministrativa accessoria della sospensione della patente di guida.

1-quater. E' sempre disposta la revisione della patente di guida di cui al comma 1 quando il conducente minore degli anni diciotto sia autore materiale di una violazione delle disposizioni del presente codice da cui consegue l'applicazione della sanzione amministrativa accessoria della sospensione della patente di guida.

1-quinquies. Si procede ai sensi del comma 1-bis anche nel caso in cui i medici di cui all'articolo 119, comma 2, anche in sede di accertamenti medico-legali diversi da quelli di cui al predetto articolo, accertino la sussistenza, in soggetti gia' titolari di patente, di patologie incompatibili con l'idoneita' alla guida ai sensi della normativa vigente. (102)

1-sexies. Puo' essere disposta la revisione della patente di guida nei confronti delle persone a cui siano state applicate le misure amministrative di cui all'articolo 75 del decreto del Presidente della Repubblica 9 ottobre 1990, n. 309. Il prefetto dispone la revisione con il provvedimento di cui all'articolo 75, comma 4, del decreto del Presidente della Repubblica 9 ottobre 1990, n. 309.

2. Nei confronti del titolare di patente di guida che non si sottoponga, nei termini prescritti, agli accertamenti di cui ai commi da 1 a 1-quater e' sempre disposta la sospensione della patente di guida fino al superamento degli accertamenti stessi con esito favorevole. La sospensione decorre dal giorno successivo allo scadere del termine indicato nell'invito a sottoporsi ad accertamento ai fini della revisione, senza necessita' di emissione di un ulteriore provvedimento da parte degli uffici provinciali o del prefetto. Chiunque circola durante il periodo di sospensione della patente di guida e' soggetto alla sanzione amministrativa del pagamento di una somma ((da € 168 a € 678)) e alla sanzione amministrativa accessoria della revoca della patente di guida di cui all'articolo 219. Le disposizioni del presente comma si applicano anche a chiunque circoli dopo essere stato dichiarato temporaneamente inidoneo alla guida, a seguito di un accertamento sanitario effettuato ai sensi dei citati commi da 1 a 1-quater. (114) (124) (133) (145) ((163))

3. COMMA ABROGATO DALLA L. 29 LUGLIO 2010, N. 120.

AGGIORNAMENTO (15)

Il D.L. 25 novembre 1995, n. 501, convertito con modificazioni dalla L. 5 gennaio 1996, n. 11, nel modificare l'art. 16, comma 1 del D.P.R. 19 aprile 1994, n. 575, ha conseguentemente disposto (con l'art. 2, comma 2) che la presente modifica decorre dal 1 ottobre 1995.

AGGIORNAMENTO (19)

Il Decreto 20 dicembre 1996 (in G.U. 28/12/1996, n. 303) ha disposto (con l'art. 1, comma 1) che la presente modifica avra' effetto a decorrere dal 1 gennaio 1997.

AGGIORNAMENTO (29)

Il Decreto 22 dicembre 1998 (in G.U. 28/12/1998, n. 301) ha disposto (con l'art. 1, comma 1) che la presente modifica avra' effetto a decorrere dal 1 gennaio 1999.

AGGIORNAMENTO (43)

Il Decreto 29 dicembre 2000 (in G.U. 30/12/2000, n. 303) ha disposto (con l'art. 1, comma 1) che la presente modifica avra' effetto a decorrere dal 1 gennaio 2001.

AGGIORNAMENTO (52)

Il Decreto 24 dicembre 2002 (in G.U. 30/12/2002, n. 304) ha disposto (con l'art. 1, comma 1) che la presente modifica avra' effetto a decorrere dal 1 gennaio 2003.

AGGIORNAMENTO (64)

Il Decreto 22 dicembre 2004 (in G.U. 30/12/2004, n. 305) ha disposto (con l'art. 1, comma 2) che la presente modifica avra' effetto a decorrere dal 1 gennaio 2005.

AGGIORNAMENTO (80)

Il Decreto 29 dicembre 2006 (in G.U. 30/12/2006, n. 302) ha disposto (con l'art. 1, comma 2) che la presente modifica avra' effetto a decorrere dal 1 gennaio 2007.

AGGIORNAMENTO (89)

Il Decreto 17 dicembre 2008 (in G.U. 30/12/2008, n. 303) ha disposto (con l'art. 1, comma 2) che la presente modifica avra' effetto a decorrere dal 1 gennaio 2009.

AGGIORNAMENTO (102)

Il D.Lgs. 18 aprile 2011, n. 59 ha disposto (con l'art. 28, comma 1) che "Le disposizioni del presente decreto legislativo si applicano a decorrere dal 19 gennaio 2013, ad eccezione di quelle contenute negli articoli 9, comma 2, 22, comma 1, e 23, nonche' nell'allegato III, con riferimento alle patenti per le categorie A, A1, B, BE, C, CE, D, DE, KA e KB".

AGGIORNAMENTO (114)

Il Decreto 19 dicembre 2012 (in G.U. 31/12/2012 n. 303) ha disposto (con l'art. 1, comma 2) che la presente modifica avra' effetto a decorrere dal 1 gennaio 2013.

AGGIORNAMENTO (124)

Il Decreto 16 dicembre 2014 (in G.U. 31/12/2014, n. 302) ha disposto (con l'art. 1, comma 2) che la presente modifica avra' effetto a decorrere dal 1 gennaio 2015.

AGGIORNAMENTO (133)

Il Decreto 20 dicembre 2016 (in G.U. 30/12/2016, n. 304) ha disposto (con l'art. 1, comma 1) che la presente modifica avra' effetto a decorrere dal 1 gennaio 2017.

AGGIORNAMENTO (145)

Il Decreto 27 dicembre 2018 (in G.U. 29/12/2018, n. 301) ha disposto (con l'art. 3, comma 1) che la presente modifica avra' effetto a decorrere dal 1° gennaio 2019.

AGGIORNAMENTO (163)

Il Decreto 31 dicembre 2020 (in G.U. 31/12/2020, n. 323) ha disposto (con l'art. 3, comma 1) che la presente modifica avra' effetto a decorrere dal 1° gennaio 2021.

Art. 129.
Sospensione della patente di guida

1. La patente di guida e' sospesa, per la durata stabilita nel provvedimento di interdizione alla guida adottato quale sanzione amministrativa accessoria, quando il titolare sia incorso nella violazione di una delle norme di comportamento indicate o richiamate nel titolo V, per il periodo di tempo da ciascuna di tali norme indicato.

2. COMMA SOPPRESSO DAL D.LGS. 10 SETTEMBRE 1993, N. 360.

2. La patente di guida e' sospesa a tempo indeterminato qualora, in sede di accertamento sanitario per la conferma di validita' o per la revisione disposta ai sensi dell'art. 128, risulti la temporanea perdita dei requisiti fisici e psichici di cui all'art. 119. In tal caso la patente e' sospesa fintanto che l'interessato non produca la certificazione della Commissione medica locale attestante il recupero dei prescritti requisiti psichici e fisici. PERIODO ABROGATO DAL D.P.R. 19 APRILE 1994, N. 575. (15)

3. Nei casi previsti dal precedente comma, la patente di guida e' sospesa dai competenti uffici del Dipartimento per i trasporti terrestri. Nei restanti casi la patente di guida e' sospesa dal prefetto del luogo di residenza del titolare ((...)). Dei provvedimenti adottati, il prefetto da' immediata comunicazione ai competenti uffici competenti del Dipartimento per i trasporti terrestri per il tramite del collegamento informatico integrato gia' esistente tra i sistemi informativi del Dipartimento per i trasporti terrestri e della Direzione generale dell'amministrazione generale e per gli affari del personale del Ministero dell'interno. (15) ((102)).

4. Il provvedimento di sospensione della patente di cui al comma 2 e' atto definitivo. (56)

AGGIORNAMENTO (15)

Il D.L. 25 novembre 1995, n. 501, convertito con modificazioni dalla L. 5 gennaio 1996, n. 11, nel modificare l'art. 16, comma 1 del D.P.R. 19 aprile 1994, n. 575, ha conseguentemente disposto (con l'art. 2, comma 2) che le modifiche ai commi 2 e 3 del presente articolo decorrono dal 1 ottobre 1995.

Il D.L. 25 novembre 1995, n. 501, convertito con modificazioni dalla L. 5 gennaio 1996, n. 11 ha inoltre disposto (con l'art. 2, comma 3) che i provvedimenti di sospensione e di revoca della patente di guida, conseguenti alla perdita dei requisiti fisici e psichici, previsti dal comma 2 del presente articolo, sono adottati dal prefetto anche successivamente al 30 settembre 1995, qualora la relativa certificazione sanitaria sia stata rilasciata anteriormente al 1 ottobre 1995.

AGGIORNAMENTO (56)

Il D.L. 27 giugno 2003, n. 151, convertito con modificazioni dalla L. 1 agosto 2003, n. 214 ha disposto (con l'art. 7, comma 6) che le disposizioni del comma 4 del presente articolo hanno effetto dal 1 settembre 2003.

AGGIORNAMENTO (102)

Il D.Lgs. 18 aprile 2011, n. 59 ha disposto (con l'art. 28, comma 1) che "Le disposizioni del presente decreto legislativo si applicano a decorrere dal 19 gennaio 2013, ad eccezione di quelle contenute negli articoli 9, comma 2, 22, comma 1, e 23, nonche' nell'allegato III, con riferimento alle patenti per le categorie A, A1, B, BE, C, CE, D, DE, KA e KB".

Art. 130.
Revoca della patente di guida

1. La patente di guida e' revocata dai competenti uffici competenti del Dipartimento per i trasporti terrestri:

a) quando il titolare non sia in possesso, con carattere permanente, dei requisiti fisici e psichici prescritti;

b) quando il titolare, sottoposto alla revisione ai sensi dell'art. 128, risulti non piu' idoneo; (28) (40) (47) (57)

c) quando il titolare abbia ottenuto la sostituzione della propria patente con altra rilasciata da uno Stato estero.(15)

2. Allorche' siano cessati i motivi che hanno determinato il provvedimento di revoca della patente di guida, l'interessato puo' direttamente conseguire, per esame e con i requisiti psichici e fisici previsti per la conferma di validita', una patente di guida di categoria non superiore a quella della patente revocata, senza che siano operanti i criteri di propedeuticita' previsti dall'art. 116 per il conseguimento delle patenti delle categorie C, D ed E. Le

limitazioni di cui all'art. 117 si applicano con riferimento alla data di rilascio della patente revocata.

((2-bis. Il provvedimento di revoca della patente disposto ai sensi del comma 1 nell'ipotesi in cui risulti la perdita, con carattere permanente, dei requisiti psichici e fisici prescritti, e' atto definitivo. Negli altri casi di revoca di cui al comma 1, e' ammesso ricorso al Ministro delle infrastrutture e dei trasporti. Il provvedimento del Ministro e' comunicato all'interessato e ai competenti uffici del Dipartimento dei trasporti terrestri. Se il ricorso e' accolto, la patente e' restituita all'interessato)).((56)) (15)

AGGIORNAMENTO (15)

Il D.L. 25 novembre 1995, n. 501, convertito con modificazioni dalla L. 5 gennaio 1996, n. 11, nel modificare l'art. 16, comma 1 del D.P.R. 19 aprile 1994, n. 575, ha conseguentemente disposto (con l'art. 2, comma 2) che la modifica al comma 1 del presente articolo decorre dal 1 ottobre 1995.

Il D.L. 25 novembre 1995, n. 501, convertito con modificazioni dalla L. 5 gennaio 1996, n. 11 ha inoltre disposto (con l'art. 2, comma 3) che i provvedimenti di sospensione e di revoca della patente di guida, conseguenti alla perdita dei requisiti fisici e psichici, previsti dal presente articolo, sono adottati dal prefetto anche successivamente al 30 settembre 1995, qualora la relativa certificazione sanitaria sia stata rilasciata anteriormente al 1 ottobre 1995.

AGGIORNAMENTO (28)

La Corte Costituzionale, con sentenza 14-21 ottobre 1998, n. 354 (in G.U. 1a s.s. 28/10/1998, n. 43), ha dichiarato l'illegittimita' costituzionale "del combinato disposto degli artt. 120, comma 1, e 130, comma 1, lett. b), del decreto legislativo 30 aprile 1992, n. 285 (Nuovo codice della strada), nella versione anteriore al d.P.R. 19 aprile 1994, n. 575, nella parte in cui prevede la revoca della patente nei confronti di coloro che "sono stati" sottoposti a misure di sicurezza personali".

AGGIORNAMENTO (40)

La Corte Costituzionale, con sentenza 9-18 ottobre 2000, n. 427 (in G.U. 1a s.s 25/10/2000, n. 44) ha dichiarato l'illegittimita' costituzionale del combinato disposto degli articoli 120, comma 1 e 130, comma 1, lett. b), del presente decreto legislativo, nella parte in cui prevede la revoca della patente di guida nei confronti di coloro che sono sottoposti alla misura di cui all'art. 2 della legge 27 dicembre 1956, n. 1423.

AGGIORNAMENTO (47)

La Corte Costituzionale, con sentenza 5-17 luglio 2001, n. 251 (in G.U. 1a s.s. 25/7/2001 n. 29), ha dichiarato "l'illegittimita' costituzionale dell'art. 120, comma 1, del decreto legislativo 30 aprile 1992, n. 285 (Nuovo codice della strada), in relazione all'art. 130, comma 1, lettera b), del medesimo codice, nella parte in cui prevede la revoca della patente nei confronti di coloro che sono stati sottoposti alle misure di prevenzione previste dalla legge 27 dicembre 1956, n. 1423, come sostituita dalla legge 3 agosto 1988, n. 327, nonche' dalla legge 31 maggio 1965, n. 575, cosi' come successivamente modificata e integrata".

AGGIORNAMENTO (57)

La Corte Costituzionale, con sentenza 30 giugno-15 luglio 2003, n. 239 (in G.U. 1a s.s. 23/7/2003, n. 29) ha dichiarato l'illegittimita' costituzionale dell'articolo 130, comma 1, lettera b), nella parte in cui prevede la revoca della patente nei confronti delle persone condannate a pena detentiva non inferiore a tre anni, quando l'utilizzazione del documento di guida possa agevolare la commissione di reati della stessa natura.

AGGIORNAMENTO (56)

Il D.L. 27 giugno 2003, n. 151, convertito con modificazioni dalla L. 1 agosto 2003, n. 214 ha disposto (con l'art. 7, comma 6) che le disposizioni del comma 2-bis, primo periodo, del presente articolo hanno effetto dal 1° settembre 2003.

Art. 130-bis

((ARTICOLO ABROGATO DALLA L. 29 LUGLIO 2010, N. 120)) Art. 131.

Agenti diplomatici esteri

1. Le violazioni alle disposizioni del presente codice commesse da agenti diplomatici e consolari accreditati in Italia, o da altre persone che, con riguardo a tali violazioni, godano, nei limiti previsti dalle norme internazionali, delle immunita' spettanti agli agenti suddetti, sono segnalate dagli uffici o comandi dai quali dipendono coloro che le hanno accertate al Ministero degli affari esteri, per le comunicazioni da effettuarsi per via diplomatica.

2. Per le autovetture e gli autoveicoli adibiti ad uso promiscuo appartenenti agli agenti diplomatici, agli agenti consolari di carriera e alle altre persone indicate nel comma 1, il Ministero dei trasporti, su richiesta del Ministero degli affari esteri, rilascia ai sensi delle vigenti norme, previe visita e prova, quando

prescritte, la carta di circolazione e provvede all'immatricolazione, assegnando speciali targhe di riconoscimento, nei tipi e nelle caratteristiche determinate con decreto del Ministro dei trasporti, di concerto con il Ministro degli affari esteri.

3. Le violazioni commesse alla guida di veicoli muniti delle targhe speciali di cui al comma 1 da soggetti diversi da quelli indicati nel comma 1 sono perseguite nei modi ordinari di legge, oltre alla segnalazione per
dell'autoveicolo.
via diplomatica nei confronti del titolare
4. La validita' delle speciali targhe di riconoscimento e delle carte di circolazione rilasciate a norma del comma 2 scade al momento in cui cessa lo status diplomatico di colui al quale il veicolo appartiene. La relativa restituzione deve aver luogo non oltre il termine di novanta giorni dalla scadenza.
5. Le disposizioni del presente articolo si applicano a condizione di reciprocita', salvo gli accordi speciali con le organizzazioni internazionali.

Art. 132.
((((Circolazione dei veicoli immatricolati in uno Stato estero condotti da non residenti in Italia).))

((1. Fuori dei casi di cui all'articolo 93-bis, gli autoveicoli, i motoveicoli e i rimorchi immatricolati in uno Stato estero e per i quali si sia gia' adempiuto alle formalita' doganali o a quelle di cui all'articolo 53, comma 2, del decreto-legge 30 agosto 1993, n. 331, convertito, con modificazioni, dalla legge 29 ottobre 1993, n. 427, se prescritte, sono ammessi a circolare in Italia per la durata massima di un anno, in base al certificato di immatricolazione dello Stato di origine, in conformita' alle Convenzioni internazionali ratificate dall'Italia.

2. Gli autoveicoli, i motoveicoli e i rimorchi immatricolati in uno Stato estero, per i quali si sia adempiuto alle formalita' doganali o a quelle di cui all'articolo 53, comma 2, del citato decreto-legge 30 agosto 1993, n. 331, se prescritte, di proprieta' del personale straniero o dei familiari conviventi, in servizio presso organismi o basi militari internazionali aventi sede in Italia, sono ammessi a circolare per la durata del mandato.

3. Le targhe dei veicoli di cui ai commi 1 e 2 devono essere chiaramente leggibili e contenere il contrassegno di immatricolazione composto da cifre arabe e da caratteri latini maiuscoli, secondo le modalita' da stabilire nel regolamento. Chiunque viola le disposizioni del presente comma e' soggetto alle sanzioni di cui

all'articolo 100, commi 11 e 15.

4. Il mancato rispetto delle disposizioni di cui al comma 1 comporta l'interdizione all'accesso sul territorio nazionale.

5. Chiunque viola le disposizioni di cui ai commi 1 e 2 e' soggetto alle sanzioni di cui al comma 7 dell'articolo 93-bis)).

AGGIORNAMENTO (19)

Il Decreto 20 dicembre 1996 (in G.U. 28/12/1996, n. 303) ha disposto (con l'art. 1, comma 1) che la presente modifica avra' effetto a decorrere dal 1 gennaio 1997.

AGGIORNAMENTO (29)

Il Decreto 22 dicembre 1998 (in G.U. 28/12/1998, n. 301) ha disposto (con l'art. 1, comma 1) che la presente modifica avra' effetto a decorrere dal 1 gennaio 1999.

AGGIORNAMENTO (43)

Il Decreto 29 dicembre 2000 (in G.U. 30/12/2000, n. 303) ha disposto (con l'art. 1, comma 1) che la presente modifica avra' effetto a decorrere dal 1 gennaio 2001.

AGGIORNAMENTO (52)

Il Decreto 24 dicembre 2002 (in G.U. 30/12/2002, n. 304) ha disposto (con l'art. 1, comma 1) che la presente modifica avra' effetto a decorrere dal 1 gennaio 2003.

AGGIORNAMENTO (64)

Il Decreto 22 dicembre 2004 (in G.U. 30/12/2004, n. 305) ha disposto (con l'art. 1, comma 2) che la presente modifica avra' effetto a decorrere dal 1 gennaio 2005.

AGGIORNAMENTO (80)

Il Decreto 29 dicembre 2006 (in G.U. 30/12/2006, n. 302) ha disposto (con l'art. 1, comma 2) che la presente modifica avra' effetto a decorrere dal 1 gennaio 2007.

AGGIORNAMENTO (89)

Il Decreto 17 dicembre 2008 (in G.U. 30/12/2008, n. 303) ha disposto (con l'art. 1, comma 2) che la presente modifica avra' effetto a decorrere dal 1 gennaio 2009.

AGGIORNAMENTO (101)

Il Decreto 22 dicembre 2010 (in G.U. 31/12/2010, n. 305) ha disposto (con l'art. 1, comma 2) che la presente modifica avra' effetto a decorrere dal 1 gennaio 2011.

AGGIORNAMENTO (114)

Il Decreto 19 dicembre 2012 (in G.U. 31/12/2012, n. 303) ha disposto (con l'art. 1, comma 2) che la presente modifica avra' effetto a decorrere dal 1 gennaio 2013.

AGGIORNAMENTO (124)

Il Decreto 16 dicembre 2014 (in G.U. 31/12/2012, n. 302) ha disposto (con l'art. 1, comma 2) che la presente modifica avra' effetto a decorrere dal 1 gennaio 2015.

AGGIORNAMENTO (163)

Il Decreto 31 dicembre 2020 (in G.U. 31/12/2020, n. 323) ha disposto (con l'art. 3, comma 1) che la presente modifica avra' effetto a decorrere dal 1° gennaio 2021.

Art. 133.

Sigla distintiva dello Stato di immatricolazione

1. Gli autoveicoli, motoveicoli e rimorchi immatricolati in uno Stato estero, quando circolano in Italia, devono essere muniti posteriormente della sigla distintiva dello Stato di origine.

2. La sigla deve essere conforme alle disposizioni delle convenzioni internazionali.

3. Sugli autoveicoli, motoveicoli e rimorchi sia nazionali che stranieri che circolano in Italia e' vietato l'uso di sigla diversa da quella dello Stato di immatricolazione del veicolo.

4. Chiunque viola le disposizioni del presente articolo e' soggetto alla sanzione amministrativa del pagamento di una somma ((da € 87 a € 344)). (19) (29) (43) (52) (64) (80) (89) (101) (114) (124) (145) ((163))

AGGIORNAMENTO (19)

Il Decreto 20 dicembre 1996 (in G.U. 28/12/1996, n. 303) ha disposto (con l'art. 1, comma 1) che la presente modifica avra' effetto a decorrere dal 1 gennaio 1997.

AGGIORNAMENTO (29)

Il Decreto 22 dicembre 1998 (in G.U. 28/12/1998, n. 301) ha disposto (con l'art. 1, comma 1) che la presente modifica avra' effetto a decorrere dal 1 gennaio 1999.

AGGIORNAMENTO (43)

Il Decreto 29 dicembre 2000 (in G.U. 30/12/2000, n. 303) ha disposto (con l'art. 1, comma 1) che la presente modifica avra' effetto a decorrere dal 1 gennaio 2001.

AGGIORNAMENTO (52)

Il Decreto 24 dicembre 2002 (in G.U. 30/12/2002, n. 304) ha disposto (con l'art. 1, comma 1) che la presente modifica avra' effetto a decorrere dal 1 gennaio 2003.

AGGIORNAMENTO (64)

Il Decreto 22 dicembre 2004 (in G.U. 30/12/2004, n. 305) ha disposto (con l'art. 1, comma 2) che la presente modifica avra' effetto a decorrere dal 1 gennaio 2005.

AGGIORNAMENTO (80)

Il Decreto 29 dicembre 2006 (in G.U. 30/12/2006, n. 302) ha disposto (con l'art. 1, comma 2) che la presente modifica avra' effetto a decorrere dal 1 gennaio 2007.

AGGIORNAMENTO (89)

Il Decreto 17 dicembre 2008 (in G.U. 30/12/2008, n. 303) ha disposto (con l'art. 1, comma 2) che la presente modifica avra' effetto a decorrere dal 1 gennaio 2009.

AGGIORNAMENTO (101)

Il Decreto 22 dicembre 2010 (in G.U. 31/12/2010, n. 305) ha disposto (con l'art. 1, comma 2) che la presente modifica avra' effetto a decorrere dal 1 gennaio 2011.

AGGIORNAMENTO (114)

Il Decreto 19 dicembre 2012 (in G.U. 31/12/2012, n. 303) ha disposto (con l'art. 1, comma 2) che la presente modifica avra' effetto a decorrere dal 1 gennaio 2013.

AGGIORNAMENTO (124)

Il Decreto 16 dicembre 2014 (in G.U. 31/12/2012, n. 302) ha disposto (con l'art. 1, comma 2) che la presente modifica avra' effetto a decorrere dal 1 gennaio 2015.

AGGIORNAMENTO (145)

Il Decreto 27 dicembre 2018 (in G.U. 29/12/2018, n. 301) ha disposto (con l'art. 3, comma 1) che la presente modifica avra' effetto a decorrere dal 1° gennaio 2019.

AGGIORNAMENTO (163)

Il Decreto 31 dicembre 2020 (in G.U. 31/12/2020, n. 323) ha disposto (con l'art. 3, comma 1) che la presente modifica avra' effetto a decorrere dal 1° gennaio 2021.

Art. 134
Circolazione di autoveicoli e motoveicoli appartenenti a cittadini italiani residenti all'estero o a stranieri

1. Agli autoveicoli, motoveicoli e rimorchi importati temporaneamente o nuovi di fabbrica acquistati per l'esportazione, che abbiano gia' adempiuto alle formalita' doganali, se prescritte, e appartengano a cittadini italiani residenti all'estero o a stranieri che sono di passaggio, sono rilasciate una carta di circolazione della durata massima di un anno, salvo eventuale proroga, e una speciale targa di riconoscimento, come stabilito nel regolamento.

1-bis. Al di fuori dei casi previsti dal comma 1, gli autoveicoli, motoveicoli e rimorchi immatricolati in uno Stato estero o acquistati in Italia ed appartenenti a cittadini italiani residenti all'estero ed iscritti all'Anagrafe italiani residenti all'estero (A.I.R.E.) e gli autoveicoli, motoveicoli e rimorchi immatricolati in uno Stato dell'Unione europea o acquistati in Italia ed appartenenti a cittadini comunitari o persone giuridiche costituite in uno dei Paesi dell'Unione europea che abbiano, comunque, un rapporto stabile con il territorio italiano, sono immatricolati, a richiesta, secondo le norme previste dall'articolo 93, a condizione che al momento dell'immatricolazione l'intestatario dichiari un domicilio legale presso una persona fisica residente in Italia o presso uno dei soggetti di cui alla legge 8 agosto 1991, n. 264.

2. Chiunque circola con la carta di circolazione di cui al comma 1 scaduta di validita' e' soggetto alla sanzione amministrativa del pagamento di una somma ((da € 83 a € 332)). Dalla violazione consegue la sanzione amministrativa accessoria della confisca del veicolo, secondo le norme del capo I, sezione II, del titolo VI. La sanzione accessoria non si applica qualora al veicolo, successivamente all'accertamento, venga rilasciata la carta di circolazione, ai sensi dell'articolo 93. (16) (19) (29) (43) (52) (64) (80) (89) (101) (114) (124) (145) ((163))

AGGIORNAMENTO (16)

La Corte Costituzionale, con sentenza 28 marzo-12 aprile 1996, n. 110 (in G.U. 1a s.s. 17/4/1996, n. 16) ha dichiarato l'illegittimita' costituzionale del secondo comma del presente articolo nella parte in cui prevede la sanzione amministrativa accessoria della confisca del veicolo anche quando sia disposta la proroga della carta di circolazione successivamente al sequestro del veicolo.

AGGIORNAMENTO (19)

Il Decreto 20 dicembre 1996 (in G.U. 28/12/1996, n. 303) ha disposto (con l'art. 1, comma 1) che la presente modifica avra' effetto a decorrere dal 1 gennaio 1997.

AGGIORNAMENTO (29)

Il Decreto 22 dicembre 1998 (in G.U. 28/12/1998, n. 301) ha disposto (con l'art. 1, comma 1) che la presente modifica avra' effetto a decorrere dal 1 gennaio 1999.

AGGIORNAMENTO (43)

Il Decreto 29 dicembre 2000 (in G.U. 30/12/2000, n. 303) ha disposto (con l'art. 1, comma 1) che la presente modifica avra' effetto a decorrere dal 1 gennaio 2001.

AGGIORNAMENTO (52)

Il Decreto 24 dicembre 2002 (in G.U. 30/12/2002, n. 304) ha disposto (con l'art. 1, comma 1) che la presente modifica avra' effetto a decorrere dal 1 gennaio 2003.

AGGIORNAMENTO (64)

Il Decreto 22 dicembre 2004 (in G.U. 30/12/2004, n. 305) ha disposto (con l'art. 1, comma 2) che la presente modifica avra' effetto a decorrere dal 1 gennaio 2005.

AGGIORNAMENTO (80)

Il Decreto 29 dicembre 2006 (in G.U. 30/12/2006, n. 302) ha disposto (con l'art. 1, comma 2) che la presente modifica avra' effetto a decorrere dal 1 gennaio 2007.

AGGIORNAMENTO (89)

Il Decreto 17 dicembre 2008 (in G.U. 30/12/2008, n. 303) ha disposto (con l'art. 1, comma 2) che la presente modifica avra' effetto a decorrere dal 1 gennaio 2009.

AGGIORNAMENTO (101)

Il Decreto 22 dicembre 2010 (in G.U. 31/12/2010, n. 305) ha disposto (con l'art. 1, comma 2) che la presente modifica avra' effetto a decorrere dal 1 gennaio 2011.

AGGIORNAMENTO (114)

Il Decreto 19 dicembre 2012 (in G.U. 31/12/2012, n. 303) ha disposto (con l'art. 1, comma 2) che la presente modifica avra' effetto a decorrere dal 1 gennaio 2013.

AGGIORNAMENTO (124)

Il Decreto 16 dicembre 2014 (in G.U. 31/12/2012, n. 302) ha disposto (con l'art. 1, comma 2) che la presente modifica avra' effetto a decorrere dal 1 gennaio 2015.

AGGIORNAMENTO (145)

Il Decreto 27 dicembre 2018 (in G.U. 29/12/2018, n. 301) ha disposto (con l'art. 3, comma 1) che la presente modifica avra' effetto a decorrere dal 1° gennaio 2019.

AGGIORNAMENTO (163)

Il Decreto 31 dicembre 2020 (in G.U. 31/12/2020, n. 323) ha disposto (con l'art. 3, comma 1) che la presente modifica avra' effetto a decorrere dal 1° gennaio 2021.

Art. 135
(Circolazione con patenti di guida rilasciate da Stati non appartenenti all'Unione europea o allo Spazio economico europeo).

1. Fermo restando quanto previsto in convenzioni internazionali, i titolari di patente di guida rilasciata da uno Stato non appartenente all'Unione europea o allo Spazio economico europeo possono condurre sul territorio nazionale veicoli alla cui guida la patente posseduta li abilita, a condizione che non siano residenti in Italia da oltre un anno e che, unitamente alla medesima patente, abbiano un permesso internazionale ovvero una traduzione ufficiale in lingua italiana della predetta patente. La patente di guida ed il permesso internazionale devono essere in corso di validita'.

2. Il permesso internazionale e' emesso dall'autorita' competente che ha rilasciato la patente ed e' conforme a quanto stabilito in convenzioni internazionali cui l'Italia abbia aderito.

3. I conducenti muniti di patente rilasciata da uno Stato non appartenente all'Unione europea o allo Spazio economico europeo nel quale, per la guida di determinati veicoli, e' prescritto il possesso di un certificato di abilitazione professionale o di altri titoli abilitativi, oltre che della patente rilasciata dallo Stato stesso, devono essere muniti, per la guida dei suddetti veicoli, dei necessari titoli abilitativi di cui sopra, concessi dall'autorita' competente dello Stato ove e' stata rilasciata la patente.

4. I conducenti muniti di patente di guida rilasciata da uno Stato

non appartenente all'Unione europea o allo Spazio economico europeo, sono tenuti all'osservanza di tutte le disposizioni e le norme di comportamento stabilite nel presente codice; ai medesimi, fatto salvo quanto previsto dai commi 5 e 6, si applicano le sanzioni previste per i titolari di patente italiana.

5. Qualora il titolare di patente di guida, rilasciata da uno Stato non appartenente all'Unione europea o allo Spazio economico europeo, commette una violazione dalla quale, ai sensi del presente codice, derivi la sanzione amministrativa accessoria della sospensione della patente di guida, il documento e' ritirato, contestualmente alla violazione, dall'organo accertatore ed inviato, entro i cinque giorni successivi, al prefetto del luogo della commessa violazione, che nei quindici giorni successivi emette un provvedimento di inibizione alla guida sul territorio nazionale per un periodo pari alla durata della sospensione prevista per la violazione commessa. Il titolare richiede la restituzione della patente trascorso il predetto termine. Ferma restando l'efficacia del provvedimento di inibizione alla guida nel territorio nazionale, qualora, anche prima della scadenza del predetto termine, il titolare della patente ritirata dichiari di lasciare il territorio nazionale, puo' richiedere la restituzione della patente stessa al prefetto. Il prefetto da' comunicazione del provvedimento di inibizione alla guida, entro quindici giorni dalla sua adozione, all'Autorita' che ha emesso la patente. Il provvedimento di inibizione alla guida sul territorio nazionale e' notificato all'interessato nelle forme di cui all'articolo 201 ed ha efficacia dal momento della notifica del provvedimento ovvero dal ritiro del documento, se questo e' stato disposto contestualmente all'accertamento della violazione. In tale ultimo caso, il conducente non residente in Italia e' invitato ad eleggere un domicilio sul territorio nazionale, ai fini della notifica del predetto provvedimento.

6. Qualora il titolare di patente di guida, rilasciata da uno Stato non appartenente all'Unione europea o allo Spazio economico europeo, commette una violazione dalla quale, ai sensi del presente codice, derivi la sanzione amministrativa accessoria della revoca della patente di guida, il documento e' ritirato, contestualmente alla violazione, dall'organo accertatore ed inviato, entro i cinque giorni successivi, al prefetto del luogo della commessa violazione, che nei quindici giorni successivi emette un provvedimento di inibizione alla guida sul territorio nazionale per un periodo di due anni, ovvero per tre anni quando e' prevista la revoca per violazione delle disposizioni di cui agli articoli 186, 186-bis o 187. Si applicano le procedure del comma 5.

7. Qualora un conducente circoli in violazione del provvedimento emesso ai sensi del comma 5, si procede ai sensi del comma 6. Qualora il conducente circoli in violazione del provvedimento emesso ai sensi del comma 6, si applicano le sanzioni dell'articolo 116, commi 15 e 17.

8. Il titolare di patente di guida rilasciata da uno Stato non appartenente all'Unione europea o allo Spazio economico europeo che circoli sul territorio nazionale senza il permesso internazionale ovvero la traduzione ufficiale, di cui al comma 1, e' soggetto alla sanzione amministrativa pecuniaria del pagamento di una somma ((da € 408 a € 1.634)). (133) (145) ((163))

9. Chiunque viola le disposizioni del comma 2 e' soggetto alla sanzione amministrativa del pagamento di una somma ((da 80 euro a 317 euro)). (145) ((163))

10. Chiunque guida munito della patente di guida ma non del certificato di abilitazione professionale o di idoneita' quando prescritto, e' soggetto alla sanzione amministrativa del pagamento di una somma ((da € 408 a € 1.634)). (133) (145) ((163))

11. Ai titolari di patente di guida rilasciata da uno Stato non appartenente alla Unione europea o allo Spazio economico europeo che, trascorso piu' di un anno dal giorno dell'acquisizione della residenza anagrafica in Italia, guidano con patente non piu' in corso di validita' si applicano le sanzioni previste dall'articolo 116, commi 15 e 17.

12. Ai titolari di patente di guida in corso di validita', rilasciata da uno Stato non appartenente alla Unione europea o allo Spazio economico europeo, che, trascorso piu' di un anno dal giorno dell'acquisizione della residenza anagrafica in Italia, guidano con l' abilitazione professionale eventualmente richiesta non piu' in corso di validita', si applicano le sanzioni previste dall'articolo 116, commi 16 e 18.

13. Il titolare di patente di guida rilasciata da uno Stato non appartenente alla Unione europea o allo Spazio economico europeo che, avendo acquisito la residenza anagrafica in Italia da non oltre un anno, guida con patente, scaduta di validita', e' soggetto alla sanzione amministrativa pecuniaria di cui all'articolo 126, comma 11. La medesima sanzione si applica al titolare di patente di guida, rilasciata da uno Stato non appartenente all'Unione europea o dello Spazio economico europeo, non residente in Italia, che circola con il predetto documento scaduto di validita'. La patente e' ritirata, contestualmente alla violazione, dall'organo accertatore ed inviata, entro i cinque giorni successivi, al prefetto del luogo della commessa violazione che, entro i quindici giorni successivi, la

trasmette all'autorita' dello Stato che l'ha emessa. Le disposizioni precedenti si applicano anche nel caso di guida con abilitazione professionale, ove richiesta, scaduta di validita'.

14. Il titolare di patente di guida rilasciata da uno Stato non appartenente alla Unione europea o allo Spazio economico europeo che, trascorso piu' di un anno dal giorno dell'acquisizione della residenza in Italia, guida con patente in corso di validita', e' soggetto alla sanzione amministrativa pecuniaria di cui all'articolo 126, comma 11. Il documento e' ritirato, contestualmente alla violazione, dall'organo accertatore ed inviato, entro i cinque giorni successivi, al prefetto del luogo della commessa violazione che, entro i quindici giorni successivi, lo trasmette all'ufficio della motorizzazione civile competente in ragione della residenza del titolare dei documenti predetti, ai fini della conversione. Qualora la patente posseduta non sia convertibile, il prefetto la trasmette all'autorita' dello Stato che l'ha rilasciata.
(102) (114)

AGGIORNAMENTO (19)

Il Decreto 20 dicembre 1996 (in G.U. 28/12/1996, n. 303) ha disposto (con l'art. 1, comma 1) che le presenti modifiche avranno effetto a decorrere dal 1 gennaio 1997.

AGGIORNAMENTO (29)

Il Decreto 22 dicembre 1998 (in G.U. 28/12/1998, n. 301) ha disposto (con l'art. 1, comma 1) che le presenti modifiche avranno effetto a decorrere dal 1 gennaio 1999.

AGGIORNAMENTO (43)

Il Decreto 29 dicembre 2000 (in G.U. 30/12/2000, n. 303) ha disposto (con l'art. 1, comma 1) che le presenti modifiche avranno effetto a decorrere dal 1 gennaio 2001.

AGGIORNAMENTO (52)

Il Decreto 24 dicembre 2002 (in G.U. 30/12/2002, n. 304) ha disposto (con l'art. 1, comma 1) che le presenti modifiche avranno effetto a decorrere dal 1 gennaio 2003.

AGGIORNAMENTO (64)

Il Decreto 22 dicembre 2004 (in G.U. 30/12/2004, n. 305) ha disposto (con l'art. 1, comma 2) che le presenti modifiche avranno effetto a decorrere dal 1 gennaio 2005.

AGGIORNAMENTO (80)

Il Decreto 29 dicembre 2006 (in G.U. 30/12/2006, n. 302) ha disposto (con l'art. 1, comma 2) che le presenti modifiche avranno effetto a decorrere dal 1 gennaio 2007.

AGGIORNAMENTO (89)

Il Decreto 17 dicembre 2008 (in G.U. 30/12/2008, n. 303) ha disposto (con l'art. 1, comma 2) che le presenti modifiche avranno effetto a decorrere dal 1 gennaio 2009.

AGGIORNAMENTO (101)

Il Decreto 22 dicembre 2010 (in G.U. 31/12/2010, n. 305) ha disposto (con l'art. 1, comma 2) che le presenti modifiche avranno effetto a decorrere dal 1 gennaio 2011.

AGGIORNAMENTO (102)

Il D.Lgs. 18 aprile 2011, n. 59 ha disposto (con l'art. 28, comma 1) che "Le disposizioni del presente decreto legislativo si applicano a decorrere dal 19 gennaio 2013, ad eccezione di quelle contenute negli articoli 9, comma 2, 22, comma 1, e 23, nonche' nell'allegato III, con riferimento alle patenti per le categorie A, A1, B, BE, C, CE, D, DE, KA e KB".

AGGIORNAMENTO (114)

Il Decreto 19 dicembre 2012 (in G.U. 31/12/2012, n. 303), prendendo in considerazione gli importi delle sanzioni cosi' come aggiornati dal Decreto 22 dicembre 2010 (in G.U. 31/12/2010, n. 305), aveva previsto (con l'art. 1, comma 1) che la sanzione da € 80 a € 318 dovesse intendersi sostituita dalla sanzione da € 84 a € 335 e che la sanzione da € 159 a € 639 dovesse intendersi sostituita dalla sanzione da € 168 a € 674. Tali modifiche devono intendersi superate da quelle disposte dal D.Lgs. 18 aprile 2011, n. 59 a decorrere dal 19 gennaio 2013.

Lo stesso Decreto 19 dicembre 2012 (in G.U. 31/12/2012, n. 303) aveva inoltre previsto (con l'art. 1, comma 2) che le suindicate modifiche avrebbero avuto effetto a decorrere dal 1 gennaio 2013.

AGGIORNAMENTO (133)

Il Decreto 20 dicembre 2016 (in G.U. 30/12/2016, n. 304) ha disposto (con l'art. 1, comma 1) che le presenti modifiche avranno effetto a decorrere dal 1 gennaio 2017.

AGGIORNAMENTO (145)

Il Decreto 27 dicembre 2018 (in G.U. 29/12/2018, n. 301) ha disposto (con l'art. 3, comma 1) che le presenti modifiche avranno effetto a decorrere dal 1° gennaio 2019.

AGGIORNAMENTO (163)

Il Decreto 31 dicembre 2020 (in G.U. 31/12/2020, n. 323) ha disposto (con l'art. 3, comma 1) che le presenti modifiche avranno effetto a decorrere dal 1° gennaio 2021.

Art. 136

(((Conversioni di patenti rilasciate da uno Stato non appartenente all'Unione europea o allo Spazio economico europeo).))

((1. Fermo restando quanto previsto da accordi internazionali, il titolare di patente di guida in corso di validita', rilasciata da uno Stato non appartenente all'Unione europea o allo Spazio economico europeo, che abbia acquisito residenza anagrafica in Italia, puo' richiedere, la conversione della patente posseduta in patente di guida italiana senza sostenere l'esame di idoneita' di cui all'articolo 121, se consentito in specifiche intese bilaterali, a condizioni di reciprocita'. La patente di guida italiana e' rilasciata previo controllo del possesso da parte del richiedente dei requisiti fisici e psichici stabiliti dall'articolo 119. La patente convertita e' ritirata e restituita, da parte dell'ufficio della motorizzazione che ha provveduto alla conversione, all'autorita' dello Stato che l'ha rilasciata, precisandone i motivi. Le medesime disposizioni si applicano per le abilitazioni professionali, senza peraltro provvedere al ritiro dell'eventuale documento abilitativo a se' stante.

2. Qualora si proceda ai sensi del comma 1, sulla patente di guida italiana convertita e' annotata l'avvenuta conversione, sia in sede di rilascio che in sede di rinnovo o di duplicazione, e, se del caso, sulla stessa e' disposto provvedimento di revisione ai sensi dell'articolo 128.

3. Non si procede alla conversione di patente di guida comunitaria, derivante da patente rilasciata da Stati non appartenenti all'Unione europea o allo Spazio economico europeo, con i quali lo Stato italiano non ha concluso intese bilaterali.

4. Nel caso in cui e' richiesta la conversione di patente di guida rilasciata da uno Stato non appartenente alla Unione europea o allo Spazio economico europeo, derivante da precedente patente italiana, e' rilasciata una patente di categoria non superiore a quella originaria.))

((102))

AGGIORNAMENTO (102)

Il D.Lgs. 18 aprile 2011, n. 59 ha disposto (con l'art. 28, comma 1) che "Le disposizioni del presente decreto legislativo si applicano a decorrere dal 19 gennaio 2013, ad eccezione di quelle contenute negli articoli 9, comma 2, 22, comma 1, e 23, nonche' nell'allegato III, con riferimento alle patenti per le categorie A, A1, B, BE, C, CE, D, DE, KA e KB".

Art. 136-bis
(Disposizioni in materia di patenti di guida e di abilitazioni professionali rilasciate da Stati dell'Unione europea o dello Spazio economico europeo).

1. Le patenti di guida rilasciate dagli Stati membri dell'Unione europea e dello Spazio economico europeo sono equiparate alle corrispondenti patenti di guida italiane. I conducenti muniti di patente di guida rilasciata da uno Stato appartenente all'Unione europea o allo Spazio economico europeo, sono tenuti all'osservanza di tutte le disposizioni e le norme di comportamento stabilite nel presente codice; ai medesimi si applicano le sanzioni previste per i titolari di patente italiana.

2. Il titolare di patente di guida in corso di validita', rilasciata da uno Stato dell'Unione europea o dello Spazio economico europeo, che abbia acquisito residenza in Italia ai sensi dell'articolo 118-bis, puo' richiedere il riconoscimento della medesima da parte dello Stato italiano. Alle patenti di guida rilasciate da Stati dell'Unione europea o dello Spazio economico europeo riconosciute dall'autorita' italiana, si applica la disciplina dell'articolo 126-bis.

3. Il titolare di patente di guida in corso di validita', rilasciata da uno Stato dell'Unione europea o dello Spazio economico europeo, che abbia acquisito residenza in Italia ai sensi dell'articolo 118-bis, puo' richiedere la conversione della patente posseduta in patente di guida italiana, valida per le stesse categorie alle quali e' abilitato, senza sostenere l'esame di idoneita' di cui all'articolo 121. L'ufficio della motorizzazione provvede a tale fine a verificare per quale categoria la patente posseduta sia effettivamente in corso di validita'. La patente convertita e' ritirata e restituita, da parte dell'ufficio della motorizzazione che ha provveduto alla conversione, all'autorita' dello Stato che l'ha rilasciata, precisandone i motivi. Le medesime disposizioni si applicano per le abilitazioni professionali, senza peraltro provvedere al ritiro dell'eventuale documento abilitativo a

se' stante. Il titolare di patente di guida, senza limiti di validita' amministrativa, trascorsi due anni dall'acquisizione della residenza normale, deve procedere alla conversione della patente posseduta.

4. Nei confronti dei titolari di patente di guida rilasciata da uno Stato dell'Unione europea o dello Spazio economico europeo, che abbiano acquisito residenza in Italia ai sensi dell'articolo 118-bis si applicano le disposizioni di cui all'articolo 128. A tale fine e' fatto obbligo al titolare di procedere al riconoscimento o alla conversione della patente posseduta prima di sottoporsi alla revisione.

5. Le disposizioni di cui ai commi 2 e 3 non si applicano quando la patente di guida della quale si chiede il riconoscimento o la conversione e' sospesa o revocata dallo Stato che la ha rilasciata.

6. Il titolare di patente di guida in corso di validita', rilasciata da uno Stato dell'Unione europea o dello Spazio economico europeo, che abbia acquisito residenza in Italia ai sensi dell'articolo 118-bis, puo' ottenere da un ufficio della motorizzazione il rilascio di un duplicato della patente posseduta, qualora questa sia stata smarrita o sottratta. L'ufficio della motorizzazione procede al rilascio del duplicato in base alle informazioni in proprio possesso o, se del caso, in base alle informazioni acquisite presso le autorita' competenti dello Stato che ha rilasciato la patente originaria.

7. Il titolare di patente di guida rilasciata da uno Stato dell'Unione europea o dello Spazio economico europeo che guidi veicoli senza la prescritta abilitazione professionale, e' soggetto alle sanzioni di cui all'articolo 116, commi 16 e 18.

8. Il titolare di patente di guida o altra abilitazione professionale, rilasciata da uno Stato dell'Unione europea o dello Spazio economico europeo, residente in Italia ai sensi dell'articolo 118-bis, che circola con i predetti documenti scaduti di validita', e' soggetto alla sanzione amministrativa pecuniaria di cui all'articolo 126, comma 11. Alla violazione consegue la sanzione amministrativa accessoria del ritiro del documento scaduto di validita', secondo le norme del capo I, sezione II, del titolo VI. Le medesime sanzioni si applicano nell'ipotesi di violazione delle disposizioni del comma 3, ultimo periodo.

9. Il titolare di patente di guida o altra abilitazione professionale, rilasciata da uno Stato dell'Unione europea o dello Spazio economico europeo, non residente in Italia ai sensi dell'articolo 118-bis, che circola con i predetti documenti scaduti di validita', e' soggetto alla sanzione amministrativa pecuniaria di cui all'articolo 126, comma 11. Si applicano le disposizioni

((dell'articolo 135, comma 13, terzo periodo)). (102)

AGGIORNAMENTO (102)

Il D.Lgs. 18 aprile 2011, n. 59 ha disposto (con l'art. 28, comma 1) che "Le disposizioni del presente decreto legislativo si applicano a decorrere dal 19 gennaio 2013, ad eccezione di quelle contenute negli articoli 9, comma 2, 22, comma 1, e 23, nonche' nell'allegato III, con riferimento alle patenti per le categorie A, A1, B, BE, C, CE, D, DE, KA e KB".

Art. 136-ter
(((Provvedimenti inerenti il diritto a guidare adottati nei confronti di titolari di patente di guida rilasciata da Stati dell'Unione europea o dello Spazio economico europeo).))

((1. Qualora il titolare di patente di guida, rilasciata da uno Stato dell'Unione europea o dello Spazio economico europeo, commetta una violazione dalla quale, ai sensi del presente codice, derivi la sanzione amministrativa accessoria della sospensione della patente di guida, si applicano le disposizioni dell'articolo 135, comma 5.

2. Qualora il titolare di patente di guida, rilasciata da uno Stato dell'Unione europea o dello Spazio economico europeo, commetta una violazione dalla quale, ai sensi del presente codice, derivi la sanzione amministrativa accessoria della revoca della patente di guida, si applicano le disposizioni dell'articolo 135, comma 6.

3. Qualora un conducente circoli in violazione del provvedimento emanato ai sensi del comma 1, si procede ai sensi del comma 2. Qualora il conducente circoli in violazione del provvedimento emanato ai sensi del comma 2, si applicano le sanzioni dell'articolo 116, commi 15 e 17.))
((102))

AGGIORNAMENTO (102)

Il D.Lgs. 18 aprile 2011, n. 59 ha disposto (con l'art. 28, comma 1) che "Le disposizioni del presente decreto legislativo si applicano a decorrere dal 19 gennaio 2013, ad eccezione di quelle contenute negli articoli 9, comma 2, 22, comma 1, e 23, nonche' nell'allegato III, con riferimento alle patenti per le categorie A, A1, B, BE, C, CE, D, DE, KA e KB".

Art. 137.
Certificati internazionali per autoveicoli, motoveicoli, rimorchi e permessi internazionali di guida

1. I certificati internazionali per autoveicoli, motoveicoli e rimorchi necessari per circolare negli stati nei quali, ai sensi delle convenzioni

internazionali, tali documenti siano richiesti, sono rilasciati dagli ((uffici competenti del Dipartimento per i trasporti terrestri)), previa esibizione dei documenti di circolazione nazionali.

2. I competenti ((uffici competenti del Dipartimento per i trasporti terrestri)) rilasciano i permessi internazionali di guida, previa esibizione della patente. (10) (15)

AGGIORNAMENTO (10)

Il D.P.R. 19 aprile 1994, n. 575 ha disposto (con l'art. 16, comma 3) che "Le disposizioni contenute nell'art. 12 sono rese operative

decorsi centottanta giorni dalla data di entrata in vigore del presente regolamento."

AGGIORNAMENTO (15)

Il D.L. 25 novembre 1995, n. 501, convertito con modificazioni dalla L. 5 gennaio 1996, n. 11, nel modificare l'art. 16, comma 1 del D.P.R. 19 aprile 1994, n. 575, ha conseguentemente disposto (con l'art. 2, comma 2) che la presente modifica decorre dal 1 ottobre 1995.

Art. 138
Veicoli e conducenti delle Forze armate

1. Le Forze armate provvedono direttamente nei riguardi dei veicoli di loro dotazione agli accertamenti tecnici, all'immatricolazione militare, al rilascio dei documenti di circolazione e delle targhe di riconoscimento.

2. I veicoli delle Forze armate, qualora eccedono i limiti di cui agli articoli 61 e 62, devono essere muniti, per circolare sulle strade non militari, di una autorizzazione speciale che viene rilasciata dal comando militare sentiti gli enti competenti, conformemente a quanto previsto dall'art. 10, comma 6. All'eventuale scorta provvede il predetto comando competente.

3. Le Forze armate provvedono direttamente nei riguardi del personale in servizio:
a) all'addestramento, all'individuazione e all'accertamento dei requisiti necessariper la guida, all'esame di idoneita' e al rilascio della patente militare di guida, che abilita soltanto alla guida dei veicoli comunque in dotazione delle Forze armate;
b) al rilascio dei certificati di abilitazione alle mansioni di insegnante di teoria e di istruttore di scuola guida, relativi all'addestramento di cui alla lettera a).

4. Gli insegnanti, gli istruttori e i conducenti di cui al comma 3 non sono soggetti alle disposizioni del presente titolo.

5. Coloro che sono muniti di patente militare possono ottenere, senza sostenere l'esame di idoneita', la patente di guida per veicoli delle corrispondenti categorie, secondo la tabella di equipollenza stabilita dal Ministero dei trasporti, di concerto con il Ministero della difesa, sempreche' la richiesta venga presentata per il tramite dell'autorita' dalla quale dipendono durante il servizio o non oltre un anno dalla data del congedo o dalla cessazione dal servizio.

6. Il personale provvisto di abilitazione ad istruttore di guida militare puo' ottenere la conversione in analogo certificato di abilitazione ad istruttore di guida civile senza esame e secondo le modalita' stabilite dal Ministero dei trasporti, purche' gli interessati ne facciano richiesta entro un anno dalla data del congedo o dalla cessazione dal servizio.

7. I veicoli alienati dalle Forze armate possono essere reimmatricolati con targa civile previo accertamento dei prescritti requisiti.

8. Le caratteristiche delle targhe di riconoscimento dei veicoli a motore o da essi trainati in dotazione alle Forze armate sono stabilite d'intesa tra il Ministero dal quale dipendono l'arma o il corpo e il Ministero dei trasporti.

9. Le Forze armate provvedono direttamente al trasporto stradale di materie radioattive e fissili speciali, mettendo in atto tutte le prescrizioni tecniche e le misure di sicurezza previste dalle norme vigenti in materia.

10. In ragione della pubblica utilita' del loro impiego in servizi di istituto, i mezzi di trasporto collettivo militare, appartenenti alle categorie M2 e M3, sono assimilati ai mezzi adibiti al trasporto pubblico.

11. Le disposizioni del presente articolo si applicano anche ai veicoli e ai conducenti della Polizia di Stato della Guardia di finanza, del Corpo di Polizia penitenziaria, del Corpo nazionale dei vigili del fuoco, dei Corpi dei vigili del fuoco delle province autonome di Trento e di Bolzano, della regione Valle d'Aosta, della Croce rossa italiana, del Corpo forestale dello Stato, dei Corpi forestali operanti nelle regioni a statuto speciale e nelle province autonome di Trento e di Bolzano e della Protezione civile nazionale, della regione Valle d'Aosta e delle province autonome di Trento e di Bolzano.

((11-bis. I veicoli in dotazione alla Protezione civile nazionale, alla protezione civile della Regione Valle d'Aosta e delle Province autonome di Trento e di Bolzano, agli enti locali e agli enti del Terzo settore, comunque immatricolati, utilizzati per fini istituzionali e servizi di pubblica utilita', possono essere dotati di rimorchio destinato al trasporto di cose, di larghezza massima superiore alla larghezza del veicolo trainante, fermi restando i limiti di cui agli articoli 61 e 62)).

12. Chiunque munito di patente militare, ovvero munito di patente rilasciata ai sensi del comma 11, guida un veicolo immatricolato con targa civile e' soggetto alle sanzioni previste dall'art. 125, comma 3. La patente di guida e' sospesa dall'autorita' che l'ha rilasciata, secondo le procedure e la disciplina proprie dell'amministrazione di appartenenza.

12-bis. I soggetti muniti di patente militare o di servizio rilasciata ai sensi dell'articolo 139 possono guidare veicoli delle corrispondenti categorie immatricolati con targa civile purche' i veicoli stessi siano adibiti ai servizi istituzionali dell'amministrazione dello Stato.

Art. 139.

((((Patente di servizio per il personale abilitato allo svolgimento di compiti di polizia stradale).))

((1. Ai soggetti gia' in possesso di patente di guida e abilitati allo svolgimento di compiti di polizia stradale indicati dai commi 1 e 3, lettera a), dell'articolo 12 e' rilasciata apposita patente di servizio la cui validita' e' limitata alla guida di veicoli adibiti all'espletamento di compiti istituzionali dell'amministrazione di appartenenza.

2. Con decreto del Ministro delle infrastrutture e dei trasporti, di concerto con il Ministro dell'interno, sono stabiliti i requisiti e le modalita' per il rilascio della patente di cui al comma 1.))

TITOLO V NORME DI COMPORTAMENTO

Art. 140.

Principio informatore della circolazione

1. Gli utenti della strada devono comportarsi in modo da non costituire pericolo o intralcio per la circolazione ed in modo che sia in ogni caso salvaguardata la sicurezza stradale.

2. I singoli comportamenti, oltre quanto gia' previsto nei precedenti titoli, sono fissati dalle norme che seguono.

Art. 141.

Velocita'

1. E' obbligo del conducente regolare la velocita' del veicolo in modo che, avuto riguardo alle caratteristiche, allo stato ed al carico del veicolo stesso, alle caratteristiche e alle condizioni della strada e del traffico e ad ogni altra circostanza di qualsiasi natura, sia evitato ogni pericolo per la sicurezza delle persone e delle cose ed ogni altra causa di disordine per la circolazione.

2. Il conducente deve sempre conservare il controllo del proprio

veicolo ed essere in grado di compiere tutte le manovre necessarie in condizione di sicurezza, specialmente l'arresto tempestivo del veicolo entro i limiti del suo campo di visibilita' e dinanzi a qualsiasi ostacolo prevedibile.

3. In particolare, il conducente deve regolare la velocita' nei tratti di strada a visibilita' limitata, nelle curve, in prossimita' delle intersezioni e delle scuole o di altri luoghi frequentati da fanciulli indicati dagli appositi segnali, nelle forti discese, nei passaggi stretti o ingombrati, nelle ore notturne, nei casi di insufficiente visibilita' per condizioni atmosferiche o per altre cause, nell'attraversamento degli abitati o comunque nei tratti di strada fiancheggiati da edifici.

4. Il conducente deve, altresi', ridurre la velocita' e, occorrendo, anche fermarsi quando riesce malagevole l'incrocio con altri veicoli, in prossimita' degli attraversamenti pedonali e, in ogni caso, quando i pedoni che si trovino sul percorso tardino a scansarsi o diano segni di incertezza e quando, al suo avvicinarsi, gli animali che si trovino sulla strada diano segni di spavento.

5. Il conducente non deve gareggiare in velocita'.

6. Il conducente non deve circolare a velocita' talmente ridotta da costituire intralcio o pericolo per il normale flusso della circolazione.

7. All'osservanza delle disposizioni del presente articolo e' tenuto anche il conducente di animali da tiro, da soma e da sella.

8. Chiunque viola le disposizioni del comma 3 e' soggetto alla sanzione amministrativa del pagamento di una somma ((da € 87 a € 344)). (19) (29) (43) (52) (64) (80) (89) (101) (114) (124) (145) ((163))

9. Salvo quanto previsto dagli articoli 9-bis e 9-ter, chiunque viola la disposizione del comma 5 e' soggetto alla sanzione amministrativa del pagamento di una somma ((da € 173 a € 694)). PERIODO SOPPRESSO DAL D.L. 27 GIUGNO 2003, N. 151, CONVERTITO CON MODIFICAZIONI DALLA L. 1 AGOSTO 2003, N. 214. PERIODO SOPPRESSO DAL D.L. 27 GIUGNO 2003, N. 151, CONVERTITO CON MODIFICAZIONI DALLA L. 1 AGOSTO 2003, N. 214. (19) (29) (43) (52) (64) (80) (89) (101) (114) (124) (133) (145) ((163))

10. Se si tratta di violazioni commesse dal conducente di cui al comma 7 la sanzione amministrativa e' del pagamento di una somma da € 26 a € 102. (19) (29) (43) (52) (64) (80) (89) (101) (114) (124) (145)

11. Chiunque viola le altre disposizioni del presente articolo e' soggetto alla sanzione amministrativa del pagamento di una somma da € 42 a € 173. (19) (29) (43) (52) (64) (80) (89) (101) (114) (124) (145)

(82)

AGGIORNAMENTO (19)
Il Decreto 20 dicembre 1996 (in G.U. 28/12/1996, n. 303) ha disposto (con l'art. 1, comma 1) che le presenti modifiche avranno effetto a decorrere dal 1 gennaio 1997.

AGGIORNAMENTO (29)
Il Decreto 22 dicembre 1998 (in G.U. 28/12/1998, n. 301) ha disposto (con l'art. 1, comma 1) che le presenti modifiche avranno effetto a decorrere dal 1 gennaio 1999.

AGGIORNAMENTO (43)
Il Decreto 29 dicembre 2000 (in G.U. 30/12/2000, n. 303) ha disposto (con l'art. 1, comma 1) che le presenti modifiche avranno effetto a decorrere dal 1 gennaio 2001.

AGGIORNAMENTO (52)
Il Decreto 24 dicembre 2002 (in G.U. 30/12/2002, n. 304) ha disposto (con l'art. 1, comma 1) che le presenti modifiche avranno effetto a decorrere dal 1 gennaio 2003.

AGGIORNAMENTO (64)
Il Decreto 22 dicembre 2004 (in G.U. 30/12/2004, n. 305) ha disposto (con l'art. 1, comma 2) che le presenti modifiche avranno effetto a decorrere dal 1 gennaio 2005.

AGGIORNAMENTO (80)
Il Decreto 29 dicembre 2006 (in G.U. 30/12/2006, n. 302) ha disposto (con l'art. 1, comma 2) che le presenti modifiche avranno effetto a decorrere dal 1 gennaio 2007.

AGGIORNAMENTO (82)
Il D.L. 3 agosto 2007, n. 117, convertito con modificazioni dalla L. 2 ottobre 2007, n. 160, ha disposto (con l'art. 6-bis, comma 2) che chiunque, dopo le ore 20 e prima delle ore 7, viola l'articolo 141 del decreto legislativo 30 aprile 1992, n. 285, e successive modificazioni, e' punito con la sanzione amministrativa aggiuntiva di euro 200, che vengono destinati al Fondo contro l'incidentalita' notturna.

AGGIORNAMENTO (89)

Il Decreto 17 dicembre 2008 (in G.U. 30/12/2008, n. 303) ha disposto (con l'art. 1, comma 2) che le presenti modifiche avranno effetto a decorrere dal 1 gennaio 2009.

AGGIORNAMENTO (101)

Il Decreto 22 dicembre 2010 (in G.U. 31/12/2010 n. 305) ha disposto (con l'art. 1, comma 2) che le presenti modifiche avranno effetto a decorrere dal 1 gennaio 2011.

AGGIORNAMENTO (114)

Il Decreto 19 dicembre 2012 (in G.U. 31/12/2012 n. 303) ha disposto (con l'art. 1, comma 2) che le presenti modifiche avranno effetto a decorrere dal 1 gennaio 2013.

AGGIORNAMENTO (124)

Il Decreto 16 dicembre 2014 (in G.U. 31/12/2014, n. 302) ha disposto (con l'art. 1, comma 2) che le presenti modifiche avranno

effetto a decorrere dal 1 gennaio 2015.

AGGIORNAMENTO (133)

Il Decreto 20 dicembre 2016 (in G.U. 30/12/2016, n. 304) ha disposto (con l'art. 1, comma 1) che la presente modifica avra' effetto a decorrere dal 1 gennaio 2017.

AGGIORNAMENTO (145)

Il Decreto 27 dicembre 2018 (in G.U. 29/12/2018, n. 301) ha disposto (con l'art. 3, comma 1) che le presenti modifiche avranno effetto a decorrere dal 1° gennaio 2019.

AGGIORNAMENTO (163)

Il Decreto 31 dicembre 2020 (in G.U. 31/12/2020, n. 323) ha disposto (con l'art. 3, comma 1) che le presenti modifiche avranno effetto a decorrere dal 1° gennaio 2021.

Art. 142
Limiti di velocita'

1. Ai fini della sicurezza della circolazione e della tutela della vita umana la velocita' massima non puo' superare i 130 km/h per le autostrade, i 110 km/h per le strade extraurbane principali, i 90 km/h per le strade extraurbane secondarie e per le strade extraurbane locali, ed i 50 km/h per le strade nei centri abitati, con la possibilita' di elevare tale limite fino ad un massimo di 70 km/h per le strade urbane le cui caratteristiche costruttive e funzionali lo

consentano, previa installazione degli appositi segnali. Sulle autostrade a tre corsie piu' corsia di emergenza per ogni senso di marcia, dotate di apparecchiature debitamente omologate per il calcolo della velocita' media di percorrenza su tratti determinati, gli enti proprietari o concessionari possono elevare il limite massimo di velocita' fino a 150 km/h sulla base delle caratteristiche progettuali ed effettive del tracciato, previa installazione degli appositi segnali, sempreche' lo consentano l'intensita' del traffico, le condizioni atmosferiche prevalenti ed i dati di incidentalita' dell'ultimo quinquennio. In caso di precipitazioni atmosferiche di qualsiasi natura, la velocita' massima non puo' superare i 110 km/h per le autostrade ed i 90 km/h per le strade extraurbane principali.

2. Entro i limiti massimi suddetti, gli enti proprietari della strada possono fissare, provvedendo anche alla relativa segnalazione, limiti di velocita' minimi e limiti di velocita' massimi, diversi da quelli fissati al comma 1, in determinate strade e tratti di strada quando l'applicazione al caso concreto dei criteri indicati nel comma 1 renda opportuna la determinazione di limiti diversi, seguendo le direttive che saranno impartite dal Ministro delle infrastrutture e dei trasporti. Gli enti proprietari della strada hanno l'obbligo di adeguare tempestivamente i limiti di velocita' al venir meno delle cause che hanno indotto a disporre limiti particolari. Il Ministro delle infrastrutture e dei trasporti puo' modificare i provvedimenti presi dagli enti proprietari della strada, quando siano contrari alle proprie direttive e comunque contrastanti con i criteri di cui al comma 1. Lo stesso Ministro puo' anche disporre l'imposizione di limiti, ove non vi abbia provveduto l'ente proprietario; in caso di mancato adempimento, il Ministro delle infrastrutture e dei trasporti puo' procedere direttamente alla esecuzione delle opere necessarie, con diritto di rivalsa nei confronti dell'ente proprietario.

3. Le seguenti categorie di veicoli non possono superare le velocita' sottoindicate:

a) ciclomotori: 45 km/h;

b) autoveicoli o motoveicoli utilizzati per il trasporto delle merci pericolose rientranti nella classe 1 figurante in allegato all'accordo di cui all'articolo 168, comma 1, quando viaggiano carichi: 50 km/h fuori dei centri abitati; 30 km/h nei centri abitati;

c) macchine agricole e macchine operatrici: 40 km/h se montati su pneumatici o su altri sistemi equipollenti; 15 km/h in tutti gli altri casi;

d) quadricicli: 80 km/h fuori dei centri abitati;

e) treni costituiti da un autoveicolo e da un rimorchio di cui alle lettere h), i) e l) dell'art. 54, comma 1: 70 km/h fuori dei centri abitati; 80 km/h sulle autostrade;

f) autobus e filobus di massa complessiva a pieno carico superiore a 8 t: 80 km/h fuori dei centri abitati; 100 km/h sulle autostrade;

g) autoveicoli destinati al trasporto di cose o ad altri usi, di massa complessiva a pieno carico superiore a 3,5 t e fino a 12 t: 80 km/h fuori dei centri abitati; 100 km/h sulle autostrade;

h) autoveicoli destinati al trasporto di cose o ad altri usi, di massa complessiva a pieno carico superiore a 12 t: 70 km/h fuori dei centri abitati; 80 km/h sulle autostrade;

i) autocarri di massa complessiva a pieno carico superiore a 5 t se adoperati per il trasporto di persone ai sensi dell'art. 82, comma 6: 70 km/h fuori dei centri abitati; 80 km/h sulle autostrade;

l) mezzi d'opera quando viaggiano a pieno carico: 40 km/h nei centri abitati; 60 km/h fuori dei centri abitati.

4. Nella parte posteriore dei veicoli di cui al comma 3, ad eccezione di quelli di cui alle lettere a) e b), devono essere indicate le velocita' massime consentite. Qualora si tratti di complessi di veicoli, l'indicazione del limite va riportata sui rimorchi ovvero sui semirimorchi. Sono comunque esclusi da tale obbligo gli autoveicoli militari ricompresi nelle lettere c), g), h) ed i) del comma 3, quando siano in dotazione alle Forze armate, ovvero ai Corpi ed organismi indicati nell'articolo 138, comma 11.

5. In tutti i casi nei quali sono fissati limiti di velocita' restano fermi gli obblighi stabiliti dall'art. 141.

6. Per la determinazione dell'osservanza dei limiti di velocita' sono considerate fonti di prova le risultanze di apparecchiature debitamente omologate, anche per il calcolo della velocita' media di percorrenza su tratti determinati, nonche' le registrazioni del cronotachigrafo e i documenti relativi ai percorsi autostradali, come precisato dal regolamento.

6-bis. Le postazioni di controllo sulla rete stradale per il rilevamento della velocita' devono essere preventivamente segnalate e ben visibili, ricorrendo all'impiego di cartelli o di dispositivi di segnalazione luminosi, conformemente alle norme stabilite nel regolamento di esecuzione del presente codice. Le modalita' di impiego sono stabilite con decreto del Ministro dei trasporti, di concerto con il Ministro dell'interno.

7. Chiunque non osserva i limiti minimi di velocita', ovvero supera i limiti massimi di velocita' di non oltre 10 km/h, e' soggetto alla sanzione amministrativa del pagamento di una somma da € 42 a € 173. (19) (29) (43) (52) (64) (80) (89) (101) (114) (124) (145)

8. Chiunque supera di oltre 10 km/h e di non oltre 40 km/h i limiti massimi di velocita' e' soggetto alla sanzione amministrativa del pagamento di una somma da € 173 a € 694. (19) (29) (43) (52) (64) (80) (82) (89) (101) (114) (124) (133) (145) (163)

9. Chiunque supera di oltre 40 km/h ma di non oltre 60 km/h i limiti massimi di velocita' e' soggetto alla sanzione amministrativa del pagamento di una somma da € 543 a € 2.170. Dalla violazione consegue la sanzione amministrativa accessoria della sospensione della patente di guida da uno a tre mesi. (82) (114) (124) (133) (145) (163)

9-bis. Chiunque supera di oltre 60 km/h i limiti massimi di velocita' e' soggetto alla sanzione amministrativa del pagamento di una somma da € 845 a € 3.382. Dalla violazione consegue la sanzione amministrativa accessoria della sospensione della patente di guida da sei a dodici mesi, ai sensi delle norme di cui al capo I, sezione II, del titolo VI. (114) (124) (133) (145) (163)

10. Chiunque viola le disposizioni di cui al comma 4 e' soggetto alla sanzione amministrativa del pagamento di una somma da € 26 a € 102. (19) (29) (43) (52) (64) (80) (89) (101) (114) (124) (145)

11. Se le violazioni di cui ai commi 7, 8, 9 e 9-bis sono commesse alla guida di uno dei veicoli indicati al comma 3, lettere b), e), f), g), h), i) e l) le sanzioni amministrative pecuniarie e quelle accessorie ivi previste sono raddoppiate. L'eccesso di velocita' oltre il limite al quale e' tarato il limitatore di velocita' di cui all'articolo 179 comporta, nei veicoli obbligati a montare tale apparecchio, l'applicazione delle sanzioni amministrative pecuniarie previste dai commi 2-bis e 3 del medesimo articolo 179, per il caso di limitatore non funzionante o alterato. E' sempre disposto l'accompagnamento del mezzo presso un'officina autorizzata, per i fini di cui al comma 6-bis del citato articolo 179.

12. Quando il titolare di una patente di guida sia incorso, in un periodo di due anni, in una ulteriore violazione del comma 9, la sanzione amministrativa accessoria e' della sospensione della patente da otto a diciotto mesi, ai sensi delle norme di cui al capo I, sezione II, del titolo VI. Quando il titolare di una patente di guida sia incorso, in un periodo di due anni, in una ulteriore violazione del comma 9-bis, la sanzione amministrativa accessoria e' la revoca della patente, ai sensi delle norme di cui al capo I, sezione II, del titolo VI.

12-bis. I proventi delle sanzioni derivanti dall'accertamento delle violazioni dei limiti massimi di velocita' stabiliti dal presente articolo, attraverso l'impiego di apparecchi o di sistemi di rilevamento della velocita' ovvero attraverso l'utilizzazione di dispositivi o di mezzi tecnici di controllo a distanza delle violazioni ai sensi dell'articolo 4 del decreto-legge 20 giugno 2002, n. 121, convertito, con modificazioni, dalla legge 1° agosto 2002, n. 168, e successive modificazioni, sono attribuiti, in misura pari al 50 per cento ciascuno, all'ente proprietario della strada su cui e' stato effettuato l'accertamento o agli enti che esercitano le relative funzioni ai sensi dell'articolo 39 del decreto del Presidente della Repubblica 22 marzo 1974, n. 381, e all'ente da cui dipende l'organo accertatore, alle condizioni e nei limiti di cui ai commi 12-ter e 12-quater. Le disposizioni di cui al periodo precedente non si applicano alle strade in concessione. Gli enti di cui al presente comma diversi dallo Stato utilizzano la quota dei proventi ad essi destinati nella regione nella quale sono stati effettuati gli accertamenti. (99)

12-ter. Gli enti di cui al comma 12-bis destinano le somme derivanti dall'attribuzione delle quote dei proventi delle sanzioni amministrative pecuniarie di cui al medesimo comma alla realizzazione di interventi di manutenzione e messa in sicurezza delle infrastrutture stradali, ivi comprese la segnaletica e le barriere, e dei relativi impianti, nonche' al potenziamento delle attivita' di controllo e di accertamento delle violazioni in materia di circolazione stradale, ivi comprese le spese relative al personale, nel rispetto della normativa vigente relativa al contenimento delle spese in materia di pubblico impiego e al patto di stabilita' interno. (99)

12-quater. Ciascun ente locale trasmette in via informatica al Ministero delle infrastrutture e dei trasporti ed al Ministero dell'interno, entro il 31 maggio di ogni anno, una relazione in cui sono indicati, con riferimento all'anno precedente, l'ammontare complessivo dei proventi di propria spettanza di cui al comma 1 dell'articolo 208 e al comma 12-bis del presente articolo, come risultante da rendiconto approvato nel medesimo anno, e gli interventi realizzati a valere su tali risorse, con la specificazione degli oneri sostenuti per ciascun intervento. ((Ciascun ente locale pubblica la relazione di cui al primo periodo in apposita sezione del proprio sito internet istituzionale entro trenta giorni dalla

trasmissione al Ministero delle infrastrutture e della mobilita' sostenibili e al Ministero dell'interno. A decorrere dal 1° luglio 2022, il Ministero dell'interno, entro sessanta giorni dalla ricezione, pubblica in apposita sezione del proprio sito internet istituzionale le relazioni pervenute ai sensi del primo periodo)). La percentuale dei proventi spettanti ai sensi del comma 12-bis e' ridotta del 90 per cento annuo nei confronti dell'ente che non trasmetta la relazione ((di cui al primo periodo)), ovvero che utilizzi i proventi di cui al primo periodo in modo difforme da quanto previsto dal comma 4 dell'articolo 208 e dal comma 12-ter del presente articolo, per ciascun anno per il quale sia riscontrata una delle predette inadempienze. Le inadempienze di cui al periodo precedente rilevano ai fini della responsabilita' disciplinare e per danno erariale e devono essere segnalate tempestivamente al procuratore regionale della Corte dei conti. (99)

AGGIORNAMENTO (19)

Il Decreto 20 dicembre 1996 (in G.U. 28/12/1996, n. 303) ha disposto (con l'art. 1, comma 1) che le presenti modifiche avranno effetto a decorrere dal 1 gennaio 1997.

AGGIORNAMENTO (29)

Il Decreto 22 dicembre 1998 (in G.U. 28/12/1998, n. 301) ha disposto (con l'art. 1, comma 1) che le presenti modifiche avranno effetto a decorrere dal 1 gennaio 1999.

AGGIORNAMENTO (43)

Il Decreto 29 dicembre 2000 (in G.U. 30/12/2000, n. 303) ha disposto (con l'art. 1, comma 1) che le presenti modifiche avranno effetto a decorrere dal 1 gennaio 2001.

AGGIORNAMENTO (52)

Il Decreto 24 dicembre 2002 (in G.U. 30/12/2002, n. 304) ha disposto (con l'art. 1, comma 1) che le presenti modifiche avranno effetto a decorrere dal 1 gennaio 2003.

AGGIORNAMENTO (64)

Il Decreto 22 dicembre 2004 (in G.U. 30/12/2004, n. 305) h a disposto (con l'art. 1, comma 2) che le presenti modifiche avranno effetto a decorrere dal 1 gennaio 2005.

AGGIORNAMENTO (80)

Il Decreto 29 dicembre 2006 (in G.U. 30/12/2006, n. 302) ha disposto (con l'art. 1, comma 2) che le presenti modifiche avranno effetto a decorrere dal 1 gennaio 2007.

AGGIORNAMENTO (82)

Il D.L. 3 agosto 2007, n. 117, convertito con modificazioni dalla L. 2 ottobre 2007, n. 160, ha disposto (con l'art. 6-bis, comma 2) che chiunque, dopo le ore 20 e prima delle ore 7, viola l'articolo 142, commi 8 e 9 del decreto legislativo 30 aprile 1992, n. 285, e successive modificazioni, e' punito con la sanzione amministrativa aggiuntiva di euro 200, che vengono destinati al Fondo contro l'incidentalita' notturna.

AGGIORNAMENTO (89)

Il Decreto 17 dicembre 2008 (in G.U. 30/12/2008, n. 303) ha disposto (con l'art. 1, comma 2) che le presenti modifiche avranno effetto a decorrere dal 1 gennaio 2009.

AGGIORNAMENTO (99)

La L. 29 luglio 2010, n. 120 ha disposto (con l'art. 25, comma 3) che "Le disposizioni di cui ai commi 12-bis, 12-ter e 12-quater dell'articolo 142 del decreto legislativo n. 285 del 1992, introdotti dal presente articolo, si applicano a decorrere dal primo esercizio finanziario successivo a quello in corso alla data dell'emanazione del decreto di cui al comma 2".

AGGIORNAMENTO (101)

Il Decreto 22 dicembre 2010 (in G.U. 31/12/2010, n. 305) ha disposto (con l'art. 1, comma 2) che le presenti modifiche avranno effetto a decorrere dal 1 gennaio 2011.

AGGIORNAMENTO (114)

Il Decreto 19 dicembre 2012 (in G.U. 31/12/2012, n. 303) ha disposto (con l'art. 1, comma 2) che le presenti modifiche avranno effetto a decorrere dal 1 gennaio 2013.

AGGIORNAMENTO (124)

Il Decreto 16 dicembre 2014 (in G.U. 31/12/2012, n. 302) ha disposto (con l'art. 1, comma 2) che le presenti modifiche avranno effetto a decorrere dal 1 gennaio 2015.

AGGIORNAMENTO (133)

Il Decreto 20 dicembre 2016 (in G.U. 30/12/2016, n. 304) ha disposto (con l'art. 1, comma 1) che le presenti modifiche avranno effetto a decorrere dal 1 gennaio 2017.

AGGIORNAMENTO (145)

Il Decreto 27 dicembre 2018 (in G.U. 29/12/2018, n. 301) ha disposto (con l'art. 3, comma 1) che le presenti modifiche avranno effetto a decorrere dal 1° gennaio 2019.

AGGIORNAMENTO (163)

Il Decreto 31 dicembre 2020 (in G.U. 31/12/2020, n. 323) ha

disposto (con l'art. 3, comma 1) che le presenti modifiche avranno effetto a decorrere dal 1° gennaio 2021.

Art. 143.
Posizione dei veicoli sulla carreggiata

1. I veicoli devono circolare sulla parte destra della carreggiata e in prossimita' del margine destro della medesima, anche quando la strada e' libera.

2. I veicoli sprovvisti di motore e gli animali devono essere tenuti il piu' vicino possibile al margine destro della carreggiata.

3. La disposizione del comma 2 si applica anche agli altri veicoli quando si incrociano ovvero percorrono una curva o un raccordo convesso, a meno che circolino su strade a due carreggiate separate o su una carreggiata ad almeno due corsie per ogni senso di marcia o su una carreggiata a senso unico di circolazione.

4. Quando una strada e' divisa in due carreggiate separate, si deve percorrere quella di destra; quando e' divisa in tre carreggiate separate, si deve percorrere quella di destra o quella centrale, salvo diversa segnalazione.

5. Salvo diversa segnalazione, quando una carreggiata e' a due o piu' corsie per senso di marcia, si deve percorrere la corsia piu' libera a destra; la corsia o le corsie di sinistra sono riservate al sorpasso.

6. COMMA SOPPRESSO DAL D.LGS. 15 GENNAIO 2002, N. 9.

7. All'interno dei centri abitati, salvo diversa segnalazione, quando una carreggiata e' a due o piu' corsie per senso di marcia, si deve percorrere la corsia libera piu' a destra; la corsia o le corsie di sinistra sono riservate al sorpasso. Tuttavia i conducenti, qualunque sia l'intensita' del traffico, possono impegnare la corsia piu' opportuna in relazione alla direzione che essi intendono prendere alla successiva intersezione; i conducenti stessi non possono peraltro cambiare corsia se non per predisporsi a svoltare a destra o a sinistra, o per fermarsi, in conformita' delle norme che regolano queste manovre, ovvero per effettuare la manovra di sorpasso che in tale ipotesi e' consentita anche a destra.

8. Nelle strade con binari tramviari a raso, i veicoli possono procedere sui binari stessi purche', compatibilmente con le esigenze della circolazione, non ostacolino o rallentino la marcia dei tram, salva diversa segnalazione.

9. Nelle strade con doppi binari tramviari a raso, entrambi su di un lato della carreggiata, i veicoli possono marciare a sinistra della zona interessata dai binari, purche' rimangano sempre entro la parte della carreggiata relativa al loro senso di circolazione.

10. Ove la fermata dei tram o dei filobus sia corredata da apposita isola salvagente posta a destra dell'asse della strada, i veicoli, salvo diversa segnalazione che imponga il passaggio su un lato determinato, possono transitare indifferentemente a destra o a sinistra del salvagente, purche' rimangano entro la parte della carreggiata relativa al loro senso di circolazione e purche' non comportino intralcio al movimento dei viaggiatori.

11. Chiunque circola contromano e' soggetto alla sanzione amministrativa del pagamento di una somma ((da € 167 a € 665)). (19) (29) (43) (52) (80) (89) (101) (114) (124) (133) (145) ((163))

12. Chiunque circola contromano in corrispondenza delle curve, dei raccordi convessi o in ogni altro caso di limitata visibilita', ovvero percorre la carreggiata contromano, quando la strada sia divisa in piu' carreggiate separate, e' soggetto alla sanzione amministrativa del pagamento di una somma ((da € 327 a € 1.308)). Dalla violazione prevista dal presente comma consegue la sanzione amministrativa accessoria della sospensione della patente da uno a tre mesi, ai sensi del capo I, sezione II, del titolo VI. In casi di recidiva la sospensione e' da due a sei mesi. (19) (29) (43) (52) (80) (89) (101) (114) (124) (145) ((163))

13. Chiunque viola le altre disposizioni del presente articolo e' soggetto alla sanzione amministrativa del pagamento di una somma da € 42 a € 173. (19) (29) (43) (52) (64) (80) (89) (101) (114) (124) (145)

AGGIORNAMENTO (19)

Il Decreto 20 dicembre 1996 (in G.U. 28/12/1996, n. 303) ha disposto (con l'art. 1, comma 1) che le presenti modifiche avranno effetto a decorrere dal 1 gennaio 1997.

AGGIORNAMENTO (29)

Il Decreto 22 dicembre 1998 (in G.U. 28/12/1998, n. 301) ha disposto (con l'art. 1, comma 1) che le presenti modifiche avranno effetto a decorrere dal 1 gennaio 1999.

AGGIORNAMENTO (43)

Il Decreto 29 dicembre 2000 (in G.U. 30/12/2000, n. 303) ha disposto (con l'art. 1, comma 1) che le presenti modifiche avranno effetto a decorrere dal 1 gennaio 2001.

AGGIORNAMENTO (52)

Il Decreto 24 dicembre 2002 (in G.U. 30/12/2002, n. 304) ha disposto (con l'art. 1, comma 1) che le presenti modifiche avranno

effetto a decorrere dal 1 gennaio 2003.

AGGIORNAMENTO (64)

Il Decreto 22 dicembre 2004 (in G.U. 30/12/2004, n. 305) ha disposto (con l'art. 1, comma 2) che la presente modifica avra' effetto a decorrere dal 1 gennaio 2005.

AGGIORNAMENTO (80)

Il Decreto 29 dicembre 2006 (in G.U. 30/12/2006, n. 302) ha disposto (con l'art. 1, comma 2) che le presenti modifiche avranno effetto a decorrere dal 1 gennaio 2007.

AGGIORNAMENTO (89)

Il Decreto 17 dicembre 2008 (in G.U. 30/12/2008, n. 303) ha disposto (con l'art. 1, comma 2) che le presenti modifiche avranno effetto a decorrere dal 1 gennaio 2009.

AGGIORNAMENTO (101)

Il Decreto 22 dicembre 2010 (in G.U. 31/12/2010 n. 305) ha disposto (con l'art. 1, comma 2) che le presenti modifiche avranno effetto a decorrere dal 1 gennaio 2011.

AGGIORNAMENTO (114)

Il Decreto 19 dicembre 2012 (in G.U. 31/12/2012 n. 303) ha disposto (con l'art. 1, comma 2) che le presenti modifiche avranno effetto a decorrere dal 1 gennaio 2013.

AGGIORNAMENTO (124)

Il Decreto 16 dicembre 2014 (in G.U. 31/12/2014, n. 302) ha disposto (con l'art. 1, comma 2) che le presenti modifiche avranno effetto a decorrere dal 1 gennaio 2015.

AGGIORNAMENTO (133)

Il Decreto 20 dicembre 2016 (in G.U. 30/12/2016, n. 304) ha disposto (con l'art. 1, comma 1) che le presenti modifiche avranno effetto a decorrere dal 1 gennaio 2017.

AGGIORNAMENTO (145)

Il Decreto 27 dicembre 2018 (in G.U. 29/12/2018, n. 301) ha disposto (con l'art. 3, comma 1) che le presenti modifiche avranno effetto a decorrere dal 1° gennaio 2019.

AGGIORNAMENTO (163)

Il Decreto 31 dicembre 2020 (in G.U. 31/12/2020, n. 323) ha disposto (con l'art. 3, comma 1) che le presenti modifiche avranno effetto a decorrere dal 1° gennaio 2021.

Art. 144.
Circolazione dei veicoli per file parallele

1. La circolazione per file parallele e' ammessa nelle carreggiate ad almeno due corsie per ogni senso di marcia, quando la densita' del traffico e' tale che i veicoli occupano tutta la parte della carreggiata riservata al loro senso di marcia e si muovono ad una velocita' condizionata da quella dei veicoli che precedono, ovvero in tutti i casi in cui gli agenti del traffico la autorizzano. E' ammessa, altresi', lungo il tronco stradale adducente a una intersezione controllata da segnali luminosi o manuali; in tal caso, al segnale di via libera, essa deve continuare anche nell'area di manovra dell'intersezione stessa.

2. Nella circolazione per file parallele e' consentito ai conducenti di veicoli, esclusi i veicoli non a motore ed i ciclomotori, di non mantenersi presso il margine della carreggiata, pur rimanendo in ogni caso nella corsia prescelta.

3. Il passaggio da una corsia all'altra e' consentito, previa la necessaria segnalazione, soltanto quando si debba raggiungere la prima corsia di destra per svoltare a destra, o l'ultima corsia di sinistra per svoltare a sinistra, ovvero per effettuare una riduzione di velocita' o una volontaria sospensione della marcia al margine della carreggiata, quando cio' non sia vietato. I conducenti che si trovano nella prima corsia di destra possono, inoltre, spostarsi da detta corsia quando devono superare un veicolo senza motore o comunque assai lento, sempre previa la necessaria segnalazione.

4. Chiunque viola le disposizioni del presente articolo e' soggetto alla sanzione amministrativa del pagamento di una somma ((da € 42 a € 173)). (19) (29) (43) (52) (64) (80) (89) (101) (114) (124) ((145))

AGGIORNAMENTO (19)

Il Decreto 20 dicembre 1996 (in G.U. 28/12/1996, n. 303) ha disposto (con l'art. 1, comma 1) che la presente modifica avra' effetto a decorrere dal 1 gennaio 1997.

AGGIORNAMENTO (29)

Il Decreto 22 dicembre 1998 (in G.U. 28/12/1998, n. 301) ha disposto (con l'art. 1, comma 1) che la presente modifica avra' effetto a decorrere dal 1 gennaio 1999.

AGGIORNAMENTO (43)

Il Decreto 29 dicembre 2000 (in G.U. 30/12/2000, n. 303) ha disposto (con l'art. 1, comma 1) che la presente modifica avra' effetto a decorrere dal 1 gennaio 2001.

AGGIORNAMENTO (52)

Il Decreto 24 dicembre 2002 (in G.U. 30/12/2002, n. 304) ha disposto (con l'art. 1, comma 1) che la presente modifica avra' effetto a decorrere dal 1 gennaio 2003.

AGGIORNAMENTO (64)

Il Decreto 22 dicembre 2004 (in G.U. 30/12/2004, n. 305) ha disposto (con l'art. 1, comma 2) che la presente modifica avra' effetto a decorrere dal 1 gennaio 2005.

AGGIORNAMENTO (80)

Il Decreto 29 dicembre 2006 (in G.U. 30/12/2006, n. 302) ha disposto (con l'art. 1, comma 2) che la presente modifica avra' effetto a decorrere dal 1 gennaio 2007.

AGGIORNAMENTO (89)

Il Decreto 17 dicembre 2008 (in G.U. 30/12/2008, n. 303) ha disposto (con l'art. 1, comma 2) che la presente modifica avra' effetto a decorrere dal 1 gennaio 2009.

AGGIORNAMENTO (101)

Il Decreto 22 dicembre 2010 (in G.U. 31/12/2010, n. 305) ha disposto (con l'art. 1, comma 2) che la presente modifica avra' effetto a decorrere dal 1 gennaio 2011.

AGGIORNAMENTO (114)

Il Decreto 19 dicembre 2012 (in G.U. 31/12/2012, n. 303) ha disposto (con l'art. 1, comma 2) che la presente modifica avra' effetto a decorrere dal 1 gennaio 2013.

AGGIORNAMENTO (124)

Il Decreto 16 dicembre 2014 (in G.U. 31/12/2012, n. 302) ha disposto (con l'art. 1, comma 2) che la presente modifica avra' effetto a decorrere dal 1 gennaio 2015.

AGGIORNAMENTO (145)

Il Decreto 27 dicembre 2018 (in G.U. 29/12/2018, n. 301) ha disposto (con l'art. 3, comma 1) che la presente modifica avra' effetto a decorrere dal 1° gennaio 2019.

Art. 145.

Precedenza

1. I conducenti, approssimandosi ad una intersezione, devono usare la massima prudenza al fine di evitare incidenti.

2. Quando due veicoli stanno per impegnare una intersezione, ovvero laddove le loro traiettorie stiano comunque per intersecarsi, si ha l'obbligo di dare la precedenza a chi proviene da destra, salvo diversa segnalazione.

3. Negli attraversamenti di linee ferroviarie e tramviarie i conducenti hanno l'obbligo di dare la precedenza ai veicoli circolanti su rotaie, salvo diversa segnalazione.

4. I conducenti devono dare la precedenza agli altri veicoli nelle intersezioni nelle quali sia cosi' stabilito dall'autorita' competente ai sensi dell'art. 37 e la prescrizione sia resa nota con apposito segnale.

4-bis. I conducenti degli altri veicoli hanno l'obbligo di dare la precedenza ai velocipedi che transitano sulle strade urbane ciclabili o vi si immettono, anche da luogo non soggetto a pubblico passaggio.

4-ter. Lungo le strade urbane i conducenti degli altri veicoli hanno l'obbligo di dare la precedenza ai velocipedi che circolano sulle corsie ciclabili.

5. I conducenti sono tenuti a fermarsi in corrispondenza della striscia di arresto, prima di immettersi nella intersezione, quando sia cosi' stabilito dall'autorita' competente ai sensi dell'art. 37 e la prescrizione sia resa nota con apposito segnale.

6. Negli sbocchi su strada da luoghi non soggetti a pubblico passaggio i conducenti hanno l'obbligo di arrestarsi e dare la precedenza a chi circola sulla strada.

7. E' vietato impegnare una intersezione o un attraversamento di linee ferroviarie o tramviarie quando il conducente non ha la possibilita' di proseguire e sgombrare in breve tempo l'area di manovra in modo da consentire il transito dei veicoli provenienti da altre direzioni.

8. Negli sbocchi su strada di sentieri, tratturi, mulattiere e piste ciclabili e' fatto obbligo al conducente di arrestarsi e dare la precedenza a chi circola sulla strada. L'obbligo sussiste anche se le caratteristiche di dette vie variano nell'immediata prossimita' dello sbocco sulla strada.

9. I conducenti di veicoli su rotaia devono rispettare i segnali negativi della precedenza.

10. Chiunque viola le disposizioni di cui al presente articolo e' soggetto alla sanzione amministrativa del pagamento di una somma ((da € 167 a € 665)). (19) (29) (43) (52) (80) (89) (101) (114) (124) (133) (145) ((163))

11. Quando lo stesso soggetto sia incorso, in un periodo di due anni, in una delle violazioni di cui al comma 10 per almeno due volte, all'ultima infrazione consegue la sanzione amministrativa accessoria della sospensione della patente da uno a tre mesi, ai sensi del capo I, sezione II, del titolo VI.

AGGIORNAMENTO (19)
Il Decreto 20 dicembre 1996 (in G.U. 28/12/1996, n. 303) ha disposto (con l'art. 1, comma 1) che la presente modifica avra' effetto a decorrere dal 1 gennaio 1997.

AGGIORNAMENTO (29)
Il Decreto 22 dicembre 1998 (in G.U. 28/12/1998, n. 301) ha disposto (con l'art. 1, comma 1) che la presente modifica avra' effetto a decorrere dal 1 gennaio 1999.

AGGIORNAMENTO (43)
Il Decreto 29 dicembre 2000 (in G.U. 30/12/2000, n. 303) ha disposto (con l'art. 1, comma 1) che la presente modifica avra' effetto a decorrere dal 1 gennaio 2001.

AGGIORNAMENTO (52)
Il Decreto 24 dicembre 2002 (in G.U. 30/12/2002, n. 304) ha disposto (con l'art. 1, comma 1) che la presente modifica avra' effetto a decorrere dal 1 gennaio 2003.

AGGIORNAMENTO (80)
Il Decreto 29 dicembre 2006 (in G.U. 30/12/2006, n. 302) ha disposto (con l'art. 1, comma 2) che la presente modifica avra' effetto a decorrere dal 1 gennaio 2007.

AGGIORNAMENTO (89)
Il Decreto 17 dicembre 2008 (in G.U. 30/12/2008, n. 303) ha disposto (con l'art. 1, comma 2) che la presente modifica avra' effetto a decorrere dal 1 gennaio 2009.

AGGIORNAMENTO (101)
Il Decreto 22 dicembre 2010 (in G.U. 31/12/2010, n. 305) ha disposto (con l'art. 1, comma 2) che la presente modifica avra' effetto a decorrere dal 1 gennaio 2011.

AGGIORNAMENTO (114)
Il Decreto 19 dicembre 2012 (in G.U. 31/12/2012, n. 303) ha

disposto (con l'art. 1, comma 2) che la presente modifica avra' effetto a decorrere dal 1 gennaio 2013.

AGGIORNAMENTO (124)
Il Decreto 16 dicembre 2014 (in G.U. 31/12/2014, n. 302) ha disposto (con l'art. 1, comma 2) che le presenti modifiche avranno effetto a decorrere dal 1 gennaio 2015.

AGGIORNAMENTO (133)
Il Decreto 20 dicembre 2016 (in G.U. 30/12/2016, n. 304) ha disposto (con l'art. 1, comma 1) che la presente modifica avra' effetto a decorrere dal 1 gennaio 2017.

AGGIORNAMENTO (145)
Il Decreto 27 dicembre 2018 (in G.U. 29/12/2018, n. 301) ha disposto (con l'art. 3, comma 1) che la presente modifica avra' effetto a decorrere dal 1° gennaio 2019.

AGGIORNAMENTO (163)
Il Decreto 31 dicembre 2020 (in G.U. 31/12/2020, n. 323) ha disposto (con l'art. 3, comma 1) che la presente modifica avra' effetto a decorrere dal 1° gennaio 2021.

Art. 146.
Violazione della segnaletica stradale

1. L'utente della strada e' tenuto ad osservare i comportamenti imposti dalla segnaletica stradale e dagli agenti del traffico a norma degli articoli da 38 a 43 e delle relative norme del regolamento.

2. Chiunque non osserva i comportamenti indicati dalla segnaletica stradale o nelle relative norme di regolamento, ovvero dagli agenti del traffico, e' soggetto alla sanzione amministrativa del pagamento di una somma da € 42 a € 173. Sono fatte salve le particolari sanzioni previste dagli articoli 6 e 7 nonche' dall'articolo 191, comma 4. (19) (29) (43) (52) (64) (80) (89) (101) (114) (124) (145)

3. Il conducente del veicolo che prosegue la marcia, nonostante che le segnalazioni del semaforo o dell'agente del traffico vietino la marcia stessa, e' soggetto alla sanzione amministrativa del pagamento di una somma ((da € 167 a € 665)). (19) (29) (35) (43) (52) (80) (89) (101) (114) (124) (133) (145) ((163))

3-bis. Quando lo stesso soggetto sia incorso, in un periodo di due anni, in una delle violazioni di cui al comma 3 per almeno due volte, all'ultima infrazione consegue la sanzione amministrativa accessoria della sospensione della patente da uno a tre mesi, ai sensi del capo

I, sezione II, del titolo VI.

AGGIORNAMENTO (19)
Il Decreto 20 dicembre 1996 (in G.U. 28/12/1996, n. 303) ha disposto (con l'art. 1, comma 1) che le presenti modifiche avranno effetto a decorrere dal 1 gennaio 1997.

AGGIORNAMENTO (29)
Il Decreto 22 dicembre 1998 (in G.U. 28/12/1998, n. 301) ha disposto (con l'art. 1, comma 1) che le presenti modifiche avranno effetto a decorrere dal 1 gennaio 1999.

AGGIORNAMENTO (35)
La L. 16 dicembre 1999, n. 494 ha disposto (con l'art. 11, comma 1) che:
- fino al 30 giugno 2001, nel centro abitato del comune di Roma, le sanzioni amministrative per le infrazioni previste dal comma 3 del presente articolo, commesse dai conducenti degli autoveicoli pubblici e privati di cui all'articolo 47, comma 2, lettera b), categorie M2 e M3, del presente D.Lgs., sono elevate del 500 per cento rispetto a quelle vigenti;
- nelle ipotesi previste dal comma 3 del presente articolo, ferme le sanzioni amministrative sopra indicate e sempre limitatamente alle infrazioni commesse dai conducenti degli autoveicoli pubblici e privati di cui al citato articolo 47, comma 2, lettera b), categorie M2 e M3, del presente D.Lgs., si applica la sanzione accessoria della sospensione della patente di cui agli articoli 129 e 218 del medesimo decreto legislativo secondo le procedure dallo stesso previste, per

un periodo da quindici giorni a due mesi.

AGGIORNAMENTO (43)
Il Decreto 29 dicembre 2000 (in G.U. 30/12/2000, n. 303) ha disposto (con l'art. 1, comma 1) che le presenti modifiche avranno effetto a decorrere dal 1 gennaio 2001.

AGGIORNAMENTO (52)
Il Decreto 24 dicembre 2002 (in G.U. 30/12/2002, n. 304) ha disposto (con l'art. 1, comma 1) che le presenti modifiche avranno effetto a decorrere dal 1 gennaio 2003.

AGGIORNAMENTO (64)
Il Decreto 22 dicembre 2004 (in G.U. 30/12/2004, n. 305) ha

disposto (con l'art. 1, comma 2) che la presente modifica avra' effetto a decorrere dal 1 gennaio 2005.

AGGIORNAMENTO (80)
Il Decreto 29 dicembre 2006 (in G.U. 30/12/2006, n. 302) ha disposto (con l'art. 1, comma 2) che le presenti modifiche avranno effetto a decorrere dal 1 gennaio 2007.

AGGIORNAMENTO (89)
Il Decreto 17 dicembre 2008 (in G.U. 30/12/2008, n. 303) ha disposto (con l'art. 1, comma 2) che le presenti modifiche avranno effetto a decorrere dal 1 gennaio 2009.

AGGIORNAMENTO (101)
Il Decreto 22 dicembre 2010 (in G.U. 31/12/2010, n. 305) ha disposto (con l'art. 1, comma 2) che le presenti modifiche avranno effetto a decorrere dal 1 gennaio 2011.

AGGIORNAMENTO (114)
Il Decreto 19 dicembre 2012 (in G.U. 31/12/2012, n. 303) ha disposto (con l'art. 1, comma 2) che le presenti modifiche avranno effetto a decorrere dal 1 gennaio 2013.

AGGIORNAMENTO (124)
Il Decreto 16 dicembre 2014 (in G.U. 31/12/2012, n. 302) ha disposto (con l'art. 1, comma 2) che le presenti modifiche avranno effetto a decorrere dal 1 gennaio 2015.

AGGIORNAMENTO (133)
Il Decreto 20 dicembre 2016 (in G.U. 30/12/2016, n. 304) ha disposto (con l'art. 1, comma 1) che la presente modifica avra' effetto a decorrere dal 1 gennaio 2017.

AGGIORNAMENTO (145)
Il Decreto 27 dicembre 2018 (in G.U. 29/12/2018, n. 301) ha disposto (con l'art. 3, comma 1) che le presenti modifiche avranno effetto a decorrere dal 1° gennaio 2019.

AGGIORNAMENTO (163)
Il Decreto 31 dicembre 2020 (in G.U. 31/12/2020, n. 323) ha disposto (con l'art. 3, comma 1) che la presente modifica avra' effetto a decorrere dal 1° gennaio 2021.

Art. 147.

Comportamento ai passaggi a livello

1. Gli utenti della strada, approssimandosi ad un passaggio a livello, devono usare la massima prudenza al fine di evitare incidenti e devono osservare le segnalazioni indicate nell'art. 44.

2. Prima di impegnare un passaggio a livello senza barriere o semibarriere, gli utenti della strada devono assicurarsi, in prossimita' delle segnalazioni previste nel regolamento di cui all'art. 44, comma 3, che nessun treno sia in vista e in caso affermativo attraversare rapidamente i binari; in caso contrario devono fermarsi senza impegnarli.

3. Gli utenti della strada non devono attraversare un passaggio a livello quando:

  a) siano chiuse o stiano per chiudersi le barriere o le semibarriere;
  b) siano in movimento di apertura le semibarriere;
  c) siano in funzione i dispositivi di segnalazione luminosa o acustica previsti dall'art. 44, comma 2,e dal regolamento, di cui al comma 3 dello stesso articolo;
  d) siano in funzione i mezzi sostitutivi delle barriere o semibarriere previsti dal medesimo articolo.

((3-bis. Il mancato rispetto di quanto stabilito dal comma 3 puo' essere rilevato anche tramite appositi dispositivi per l'accertamento e il rilevamento automatico delle violazioni, conformi alle caratteristiche specificate dall'articolo 192 del regolamento)).

4. Gli utenti della strada devono sollecitamente sgombrare il passaggio a livello. In caso di arresto forzato del veicolo il conducente deve cercare di portarlo fuori dei binari o, in caso di materiale impossibilita', deve fare tutto quanto gli e' possibile per evitare ogni pericolo per le persone, nonche' fare in modo che i conducenti dei veicoli su rotaia siano avvisati in tempo utile dell'esistenza del pericolo.

5. Chiunque viola la disposizione del presente articolo e' soggetto alla sanzione amministrativa del pagamento di una somma da € 87 a € 344. (19) (29) (43) (52) (64) (80) (89) (101) (114) (124) (145) (163)

6. Quando lo stesso soggetto sia incorso, in un periodo di due anni, in una violazione di cui al comma 5 per almeno due volte, all'ultima violazione consegue la sanzione amministrativa accessoria dellla sospensione della patente di guida da uno a tre mesi, ai sensi del capo I, sezione II, del titolo VI.

((6-bis. I dispositivi di cui al comma 3-bis possono essere installati anche dal gestore dell'infrastruttura ferroviaria a sue spese)).

AGGIORNAMENTO (19)

Il Decreto 20 dicembre 1996 (in G.U. 28/12/1996, n. 303) ha disposto (con l'art. 1, comma 1) che la presente modifica avra' effetto a decorrere dal 1 gennaio 1997.

AGGIORNAMENTO (29)

Il Decreto 22 dicembre 1998 (in G.U. 28/12/1998, n. 301) ha disposto (con l'art. 1, comma 1) che la presente modifica avra' effetto a decorrere dal 1 gennaio 1999.

AGGIORNAMENTO (43)

Il Decreto 29 dicembre 2000 (in G.U. 30/12/2000, n. 303) ha disposto (con l'art. 1, comma 1) che la presente modifica avra' effetto a decorrere dal 1 gennaio 2001.

AGGIORNAMENTO (52)

Il Decreto 24 dicembre 2002 (in G.U. 30/12/2002, n. 304) ha disposto (con l'art. 1, comma 1) che la presente modifica avra' effetto a decorrere dal 1 gennaio 2003.

AGGIORNAMENTO (64)

Il Decreto 22 dicembre 2004 (in G.U. 30/12/2004, n. 305) ha disposto (con l'art. 1, comma 2) che la presente modifica avra' effetto a decorrere dal 1 gennaio 2005.

AGGIORNAMENTO (80)

Il Decreto 29 dicembre 2006 (in G.U. 30/12/2006, n. 302) ha disposto (con l'art. 1, comma 2) che la presente modifica avra' effetto a decorrere dal 1 gennaio 2007.

AGGIORNAMENTO (89)

Il Decreto 17 dicembre 2008 (in G.U. 30/12/2008, n. 303) ha disposto (con l'art. 1, comma 2) che la presente modifica avra' effetto a decorrere dal 1 gennaio 2009.

AGGIORNAMENTO (101)

Il Decreto 22 dicembre 2010 (in G.U. 31/12/2010 n. 305) ha disposto (con l'art. 1, comma 2) che la presente modifica avra' effetto a decorrere dal 1 gennaio 2011.

AGGIORNAMENTO (114)

Il Decreto 19 dicembre 2012 (in G.U. 31/12/2012 n. 303) ha disposto (con l'art. 1, comma 2) che la presente modifica avra' effetto a decorrere dal 1 gennaio 2013.

AGGIORNAMENTO (124)
Il Decreto 16 dicembre 2014 (in G.U. 31/12/2014, n. 302) ha disposto (con l'art. 1, comma 2) che la presente modifica avra' effetto a decorrere dal 1 gennaio 2015.

AGGIORNAMENTO (145)
Il Decreto 27 dicembre 2018 (in G.U. 29/12/2018, n. 301) ha disposto (con l'art. 3, comma 1) che la presente modifica avra' effetto a decorrere dal 1° gennaio 2019.

AGGIORNAMENTO (163)
Il Decreto 31 dicembre 2020 (in G.U. 31/12/2020, n. 323) ha disposto (con l'art. 3, comma 1) che la presente modifica avra' effetto a decorrere dal 1° gennaio 2021.

Art. 148.
Sorpasso

1. Il sorpasso e' la manovra mediante la quale un veicolo supera un altro veicolo un animale o un pedone in movimento o fermi sulla corsia o sulla parte della carreggiata destinata normalmente alla circolazione.

2. Il conducente che intende sorpassare deve preventivamente accertarsi:

   a) che la visibilita' sia tale da consentire la manovra e che la stessa possa compiersi senza costituire pericolo o intralcio;

   b) che il conducente che lo precede nella stessa corsia non abbia segnalato di voler compiere analoga manovra;

   c) che nessun conducente che segue sulla stessa carreggiata o semicarreggiata, ovvero sulla corsia immediatamente alla propria sinistra, qualora la carreggiata o semicarreggiata siano suddivise in corsie, abbia iniziato il sorpasso;

   d) che la strada sia libera per uno spazio tale da consentire la completa esecuzione del sorpasso, tenuto anche conto della differenza tra la propria velocita' e quella dell'utente da sorpassare, nonche' della presenza di utenti che sopraggiungono dalla direzione contraria o che precedono l'utente da sorpassare.

3. Il conducente che sorpassa un veicolo o altro utente della strada che lo precede sulla stessa corsia, dopo aver fatto l'apposita segnalazione, deve portarsi sulla sinistra dello stesso, superarlo rapidamente tenendosi da questo ad una adeguata distanza laterale e riportarsi a destra appena possibile, senza creare pericolo o intralcio. Se la carreggiata o semicarreggiata sono suddivise in piu' corsie, il sorpasso deve essere effettuato sulla corsia

immediatamente alla sinistra del veicolo che si intende superare.

4. L'utente che viene sorpassato deve agevolare la manovra e non accelerare. Nelle strade ad una corsia per senso di marcia, lo stesso utente deve tenersi il piu' vicino possibile al margine destro della carreggiata.

5. Quando la larghezza, il profilo o lo stato della carreggiata, tenuto anche conto della densita' della circolazione in senso contrario, non consentono di sorpassare facilmente e senza pericolo un veicolo lento, ingombrante o obbligato a rispettare un limite di velocita', il conducente di quest'ultimo veicolo deve rallentare e, se necessario, mettersi da parte appena possibile, per lasciar passare i veicoli che seguono. Nei centri abitati non sono tenuti all'osservanza di quest'ultima disposizione i conducenti di veicoli in servizio pubblico di linea per trasporto di persone.

6. Sulle carreggiate ad almeno due corsie per ogni senso di marcia il conducente che, dopo aver eseguito un sorpasso, sia indotto a sorpassare un altro veicolo o animale, puo' rimanere sulla corsia impegnata per il primo sorpasso a condizione che la manovra non sia di intralcio ai veicoli piu' rapidi che sopraggiungono da tergo.

7. Il sorpasso deve essere effettuato a destra quando il conducente del veicolo che si vuole sorpassare abbia segnalato che intende svoltare a sinistra ovvero, in una carreggiata a senso unico, che intende arrestarsi a sinistra, e abbia iniziato dette manovre.

8. Il sorpasso dei tram, qualora gli stessi non circolino in sede stradale riservata, deve effettuarsi a destra quando la larghezza della carreggiata a destra del binario lo consenta; se si tratta di carreggiata a senso unico di circolazione il sorpasso si puo' effettuare su ambo i lati.

9. Qualora il tram o il filobus siano fermi in mezzo alla carreggiata per la salita e la discesa dei viaggiatori e non esista un salvagente, il sorpasso a destra e' vietato.

9. COMMA SOPPRESSO DAL D.LGS. 10 SETTEMBRE 1993, N. 360.

9-bis. Lungo le strade urbane ciclabili il conducente di un autoveicolo che effettui il sorpasso di un velocipede e' tenuto ad usare particolari cautele al fine di assicurare una maggiore distanza laterale di sicurezza in considerazione della minore stabilita' e della probabilita' di ondeggiamenti e deviazioni da parte del velocipede stesso. Prima di effettuare il sorpasso di un velocipede, il conducente dell'autoveicolo valuta l'esistenza delle condizioni predette per compiere la manovra in completa sicurezza per entrambi i veicoli, riducendo particolarmente la velocita', ove necessario, affinche' la manovra di sorpasso sia compiuta a ridottissima velocita' qualora le circostanze lo richiedano. Chiunque viola le disposizioni del presente comma e' soggetto alle sanzioni amministrative di cui al comma 16, primo periodo.

10. E' vietato il sorpasso in prossimita' o in corrispondenza delle curve o dei dossi e in ogni altro caso di scarsa visibilita'; in tali casi il sorpasso e' consentito solo quando la strada e' a due carreggiate separate o a carreggiata a senso unico o con almeno due corsie con lo stesso senso di marcia e vi sia tracciata apposita segnaletica orizzontale.

11. E' vietato il sorpasso di un veicolo che ne stia sorpassando un altro, nonche' il superamento di veicoli fermi o in lento movimento ai passaggi a livello, ai semafori o per altre cause di congestione della circolazione, quando a tal fine sia necessario spostarsi nella parte della carreggiata destinata al senso opposto di marcia.

12. E' vietato il sorpasso in prossimita' o in corrispondenza delle intersezioni. Esso e', pero', consentito:

 a) quando il conducente del veicolo che si vuole sorpassare abbia segnalato che intende svoltare a sinistra e abbia iniziato detta manovra;

 b) quando avvenga su strada a precedenza, purche' a due carreggiate separate o a senso unico o ad almeno due corsie con lo stesso senso di marcia e le corsie siano delimitate dall'apposita segnaletica orizzontale;

 c) quando il veicolo che si sorpassa e' a due ruote non a motore, sempre che non sia necessario spostarsi sulla parte della carreggiata destinata al senso opposto di marcia;

 d) quando la circolazione sia regolata da semafori o da agenti del traffico.

13. E' vietato il sorpasso in prossimita' o in corrispondenza dei passaggi a livello senza barriere, salvo che la circolazione stradale sia regolata da semafori, nonche' il sorpasso di un veicolo che si sia arrestato o abbia rallentato in corrispondenza di un attraversamento pedonale per consentire ai pedoni di attraversare la carreggiata.

14. E' vietato il sorpasso ai conducenti di veicoli di massa a pieno carico superiore a 3,5 t, oltre che nei casi sopraprevisti, anche nelle strade o tratti di essa in cui il divieto sia imposto dall'apposito segnale.

15. Chiunque sorpassa a destra, eccetto i casi in cui cio' sia consentito, ovvero compia un sorpasso senza osservare le disposizioni dei commi 2, 3 e 8 e' soggetto alla sanzione amministrativa del pagamento di una somma ((da € 83 a € 332)). Alla stessa sanzione soggiace chi viola le disposizioni 4, 5 e 7. Quando lo stesso soggetto sia incorso, in un periodo di due anni, in una

delle violazioni di cui al comma 3 per almeno due volte, all'ultima infrazione consegue la sanzione amministrativa accessoria della sospensione della patente da uno a tre mesi, ai sensi del capo I, sezione II, del titolo VI. (6) (19) (29) (43) (52) (64) (89) (101) (114) (124) (145) ((163))

16. Chiunque non osservi i divieti di sorpasso posti dai commi 9, 10, 11, 12 e 13 e' soggetto alla sanzione amministrativa del pagamento di una somma ((da € 167 a € 665)). Quando non si osservi il divieto di sorpasso di cui al comma 14, la sanzione amministrativa e' del pagamento di una somma ((da € 327 a € 1.308)). Dalle violazioni
di cui al presente comma consegue la sanzione amministrativa accessoria della sospensione della patente di guida da uno a tre mesi, ai sensi delle norme di cui al capo I, sezione II, del titolo VI. Quando si tratti del divieto di cui al comma 14, la sospensione della patente e' da due a sei mesi. Se le violazioni sono commesse da un conducente in possesso delta patente di guida da meno di tre anni, la sospensione della stessa e' da tre a sei mesi. (19) (29) (43) (52) (64) (89) (101) (114) (124) (133) (145) ((163))

AGGIORNAMENTO (6)

Il D.Lgs. 10 settembre 1993, n. 360 ha disposto (con l'art. 74, comma 1, lettera f)) che al comma 15 del presente articolo le parole "di cui ai commi 4 e 5" sono sostituite dalle seguenti: "4, 5 e 7".

AGGIORNAMENTO (19)

Il Decreto 20 dicembre 1996 (in G.U. 28/12/1996, n. 303) ha disposto (con l'art. 1, comma 1) che le presenti modifiche avranno effetto a decorrere dal 1 gennaio 1997.

AGGIORNAMENTO (29)

Il Decreto 22 dicembre 1998 (in G.U. 28/12/1998, n. 301) ha disposto (con l'art. 1, comma 1) che le presenti modifiche avranno effetto a decorrere dal 1 gennaio 1999.

AGGIORNAMENTO (43)

Il Decreto 29 dicembre 2000 (in G.U. 30/12/2000, n. 303) ha disposto (con l'art. 1, comma 1) che le presenti modifiche avranno effetto a decorrere dal 1 gennaio 2001.

AGGIORNAMENTO (52)

Il Decreto 24 dicembre 2002 (in G.U. 30/12/2002, n. 304) ha disposto (con l'art. 1, comma 1) che le presenti modifiche avranno effetto a decorrere dal 1 gennaio 2003.

AGGIORNAMENTO (64)

Il Decreto 22 dicembre 2004 (in G.U. 30/12/2004, n. 305) ha disposto (con l'art. 1, comma 2) che le presenti modifiche avranno effetto a decorrere dal 1 gennaio 2005.

AGGIORNAMENTO (89)
Il Decreto 17 dicembre 2008 (in G.U. 30/12/2008, n. 303) ha disposto (con l'art. 1, comma 2) che le presenti modifiche avranno effetto a decorrere dal 1 gennaio 2009.

AGGIORNAMENTO (101)
Il Decreto 22 dicembre 2010 (in G.U. 31/12/2010 n. 305) ha disposto (con l'art. 1, comma 2) che le presenti modifiche avranno effetto a

decorrere dal 1 gennaio 2011.

AGGIORNAMENTO (114)
Il Decreto 19 dicembre 2012 (in G.U. 31/12/2012 n. 303) ha disposto (con l'art. 1, comma 2) che le presenti modifiche avranno effetto a decorrere dal 1 gennaio 2013.

AGGIORNAMENTO (124)
Il Decreto 16 dicembre 2014 (in G.U. 31/12/2014, n. 302) ha disposto (con l'art. 1, comma 2) che le presenti modifiche avranno effetto a decorrere dal 1 gennaio 2015.

AGGIORNAMENTO (133)
Il Decreto 20 dicembre 2016 (in G.U. 30/12/2016, n. 304) ha disposto (con l'art. 1, comma 1) che le presenti modifiche avranno effetto a decorrere dal 1 gennaio 2017.

AGGIORNAMENTO (145)
Il Decreto 27 dicembre 2018 (in G.U. 29/12/2018, n. 301) ha disposto (con l'art. 3, comma 1) che le presenti modifiche avranno effetto a decorrere dal 1° gennaio 2019.

AGGIORNAMENTO (163)
Il Decreto 31 dicembre 2020 (in G.U. 31/12/2020, n. 323) ha disposto (con l'art. 3, comma 1) che le presenti modifiche avranno effetto a decorrere dal 1° gennaio 2021.

Art. 149.
Distanza di sicurezza tra veicoli
1. Durante la marcia i veicoli devono tenere, rispetto al veicolo che precede, una distanza di sicurezza tale che sia garantito in ogni

caso l'arresto tempestivo e siano evitate collisioni con i veicoli che precedono.

2. Fuori dei centri abitati, quando sia stabilito un divieto di sorpasso solo per alcune categorie di veicoli, tra tali veicoli deve essere mantenuta una distanza non inferiore a 100 m. Questa disposizione non si osserva nei tratti di strada con due o piu' corsie per senso di marcia.

3. Quando siano in azione macchine sgombraneve o spargitrici, i veicoli devono procedere con la massima cautela. La distanza di sicurezza rispetto a tali macchine non deve essere comunque inferiore a 20 m. I veicoli che procedono in senso opposto sono tenuti, se necessario, ad arrestarsi al fine di non intralciarne il lavoro.

4. Chiunque viola le disposizioni del presente articolo e' soggetto alla sanzione amministrativa del pagamento di una somma da € 42 a € 173. (19) (29) (43) (52) (64) (80) (89) (101) (114) (124) (145)

5. Quando dall'inosservanza delle disposizioni di cui al presente articolo deriva una collisione con grave danno ai veicoli e tale da determinare l'applicazione della revisione di cui all'art. 80, comma 7, la sanzione amministrativa e' del pagamento di una somma ((da € 87 a € 344)). Ove il medesimo soggetto, in un periodo di due anni, sia incorso per almeno due volte in una delle violazioni di cui al presente comma, all'ultima violazione consegue la sanzione amministrativa accessoria della sospensione della patente da uno a tre mesi, ai sensi del capo I, sezione II, del titolo VI. (19) (29) (43) (52) (64) (80) (89) (101) (114) (124) (145) ((163))

6. Se dalla collisione derivano lesioni gravi alle persone, il conducente e' soggetto alla sanzione amministrativa del pagamento di una somma ((da € 430 a € 1.731)), salva l'applicazione delle sanzioni penali per i delitti di lesioni colpose o di omicidio colposo. Si applicano le disposizioni del capo II, sezione I e II, del titolo VI. (19) (29) (43) (52) (64) (80) (89) (101) (114) (124) (133) (145) ((163))

AGGIORNAMENTO (19)

Il Decreto 20 dicembre 1996 (in G.U. 28/12/1996, n. 303) ha disposto (con l'art. 1, comma 1) che le presenti modifiche avranno effetto a decorrere dal 1 gennaio 1997.

AGGIORNAMENTO (29)

Il Decreto 22 dicembre 1998 (in G.U. 28/12/1998, n. 301) ha disposto (con l'art. 1, comma 1) che le presenti modifiche avranno effetto a decorrere dal 1 gennaio 1999.

AGGIORNAMENTO (43)

Il Decreto 29 dicembre 2000 (in G.U. 30/12/2000, n. 303) ha

disposto (con l'art. 1, comma 1) che le presenti modifiche avranno effetto a decorrere dal 1 gennaio 2001.

AGGIORNAMENTO (52)
Il Decreto 24 dicembre 2002 (in G.U. 30/12/2002, n. 304) ha disposto (con l'art. 1, comma 1) che le presenti modifiche avranno effetto a decorrere dal 1 gennaio 2003.

AGGIORNAMENTO (64)
Il Decreto 22 dicembre 2004 (in G.U. 30/12/2004, n. 305) ha disposto (con l'art. 1, comma 2) che le presenti modifiche avranno effetto a decorrere dal 1 gennaio 2005.

AGGIORNAMENTO (80)
Il Decreto 29 dicembre 2006 (in G.U. 30/12/2006, n. 302) ha disposto (con l'art. 1, comma 2) che le presenti modifiche avranno effetto a decorrere dal 1 gennaio 2007.

AGGIORNAMENTO (89)
Il Decreto 17 dicembre 2008 (in G.U. 30/12/2008, n. 303) ha disposto (con l'art. 1, comma 2) che le presenti modifiche avranno effetto a decorrere dal 1 gennaio 2009.

AGGIORNAMENTO (101)
Il Decreto 22 dicembre 2010 (in G.U. 31/12/2010, n. 305) ha disposto (con l'art. 1, comma 2) che le presenti modifiche avranno effetto a decorrere dal 1 gennaio 2011.

AGGIORNAMENTO (114)
Il Decreto 19 dicembre 2012 (in G.U. 31/12/2012, n. 303) ha disposto (con l'art. 1, comma 2) che le presenti modifiche avranno effetto a decorrere dal 1 gennaio 2013.

AGGIORNAMENTO (124)
Il Decreto 16 dicembre 2014 (in G.U. 31/12/2012, n. 302) ha disposto (con l'art. 1, comma 2) che le presenti modifiche avranno effetto a decorrere dal 1 gennaio 2015.

AGGIORNAMENTO (133)
Il Decreto 20 dicembre 2016 (in G.U. 30/12/2016, n. 304) ha disposto (con l'art. 1, comma 1) che la presente modifica avra' effetto a decorrere dal 1 gennaio 2017.

AGGIORNAMENTO (145)

Il Decreto 27 dicembre 2018 (in G.U. 29/12/2018, n. 301) ha disposto (con l'art. 3, comma 1) che le presenti modifiche avranno effetto a decorrere dal 1° gennaio 2019.

AGGIORNAMENTO (163)

Il Decreto 31 dicembre 2020 (in G.U. 31/12/2020, n. 323) ha disposto (con l'art. 3, comma 1) che le presenti modifiche avranno effetto a decorrere dal 1° gennaio 2021.

Art. 150.

Incrocio tra veicoli nei passaggi ingrombati o su strade di montagna

1. Quando l'incrocio non sia possibile a causa di lavori, veicoli fermi o altri ostacoli, il conducente, il cui senso di marcia e' ostacolato e non puo' tenersi vicino al margine destro della carreggiata, deve arrestarsi per lasciar passare i veicoli che provengono in senso inverso.

2. Sulle strade di montagna o comunque a forte pendenza, se l'incrocio con altri veicoli e' malagevole o impossibile, il conducente che procede in discesa deve arrestarsi e accostarsi quanto piu' possibile al margine destro della carreggiata o spostarsi sulla piazzola, ove esista. Tuttavia, se il conducente che procede in salita dispone di una piazzola deve arrestarsi su di essa, se la strada e' tanto stretta da rendere altrimenti necessaria la manovra di retromarcia.

((2-bis. Lungo le strade urbane a senso unico, in cui e' consentita la circolazione a doppio senso ciclabile di cui all'articolo 7, comma 1, lettera i-bis), qualora risulti non agevole l'incrocio, i conducenti degli altri veicoli devono dare la precedenza ai velocipedi che circolano sulla corsia ciclabile per doppio senso ciclabile)).

3. Quando la manovra di retromarcia si rende necessaria, i complessi di veicoli hanno la precedenza rispetto agli altri veicoli; i veicoli di massa complessiva a pieno carico superiore a 3,5 t rispetto a quelli di massa complessiva a pieno carico fino a 3,5 t; gli autobus rispetto agli autocarri. Se si tratta di veicoli appartenenti entrambi alla medesima categoria tra quelle suddette, la retromarcia deve essere eseguita dal conducente del veicolo che procede in discesa, a meno che non sia manifestamente piu' agevole per il conducente del veicolo che procede in salita, in particolare se quest'ultimo si trovi in prossimita' di una piazzola.

4. Chiunque viola le disposizioni del presente articolo e' soggetto alla sanzione amministrativa del pagamento di una somma da € 42 a € 173. (19) (29) (43) (52) (64) (80) (89) (101) (114) (124) (145)

5. Alla violazione delle disposizioni del presente articolo si

applica l'art. 149, commi 5 e 6.

AGGIORNAMENTO (19)
Il Decreto 20 dicembre 1996 (in G.U. 28/12/1996, n. 303) ha disposto (con l'art. 1, comma 1) che la presente modifica avra' effetto a decorrere dal 1 gennaio 1997.

AGGIORNAMENTO (29)
Il Decreto 22 dicembre 1998 (in G.U. 28/12/1998, n. 301) ha disposto (con l'art. 1, comma 1) che la presente modifica avra' effetto a decorrere dal 1 gennaio 1999.

AGGIORNAMENTO (43)
Il Decreto 29 dicembre 2000 (in G.U. 30/12/2000, n. 303) ha disposto (con l'art. 1, comma 1) che la presente modifica avra' effetto a decorrere dal 1 gennaio 2001.

AGGIORNAMENTO (52)
Il Decreto 24 dicembre 2002 (in G.U. 30/12/2002, n. 304) ha disposto (con l'art. 1, comma 1) che la presente modifica avra' effetto a decorrere dal 1 gennaio 2003.

AGGIORNAMENTO (64)
Il Decreto 22 dicembre 2004 (in G.U. 30/12/2004, n. 305) ha disposto (con l'art. 1, comma 2) che la presente modifica avra' effetto a decorrere dal 1 gennaio 2005.

AGGIORNAMENTO (80)
Il Decreto 29 dicembre 2006 (in G.U. 30/12/2006, n. 302) ha disposto (con l'art. 1, comma 2) che la presente modifica avra' effetto a decorrere dal 1 gennaio 2007.

AGGIORNAMENTO (89)
Il Decreto 17 dicembre 2008 (in G.U. 30/12/2008, n. 303) ha disposto (con l'art. 1, comma 2) che la presente modifica avra' effetto a decorrere dal 1 gennaio 2009.

AGGIORNAMENTO (101)
Il Decreto 22 dicembre 2010 (in G.U. 31/12/2010, n. 305) ha disposto (con l'art. 1, comma 2) che la presente modifica avra' effetto a decorrere dal 1 gennaio 2011.

AGGIORNAMENTO (114)

Il Decreto 19 dicembre 2012 (in G.U. 31/12/2012, n. 303) ha disposto (con l'art. 1, comma 2) che la presente modifica avra' effetto a decorrere dal 1 gennaio 2013.

AGGIORNAMENTO (124)

Il Decreto 16 dicembre 2014 (in G.U. 31/12/2012, n. 302) ha disposto (con l'art. 1, comma 2) che la presente modifica avra' effetto a decorrere dal 1 gennaio 2015.

AGGIORNAMENTO (145)

Il Decreto 27 dicembre 2018 (in G.U. 29/12/2018, n. 301) ha disposto (con l'art. 3, comma 1) che la presente modifica avra' effetto a decorrere dal 1° gennaio 2019.

Art. 151.
Definizioni relative alle segnalazioni visive e all'illuminazione dei veicoli a motore e dei rimorchi

1. Ai fini del presente titolo si intende per:

a) proiettore di profondita': il dispositivo che serve ad illuminare in profondita' la strada antistante il veicolo;

b) proiettore anabbagliante: il dispositivo che serve ad illuminare la strada antistante il veicolo senza abbagliare;

c) proiettore fendinebbia anteriore: il dispositivo che serve a migliorare l'illuminazione della strada in caso di nebbia, caduta di neve, pioggia o nubi di polvere;

d) proiettore di retromarcia: il dispositivo che serve ad illuminare la strada retrostante al veicolo e ad avvertire gli altri utenti della strada che il veicolo effettua o sta per effettuare la retromarcia;

e) indicatore luminoso di direzione a luci intermittenti: il dispositivo che serve a segnalare agli altri utenti della strada che il conducente intende cambiare direzione verso destra o verso sinistra;

f) segnalazione luminosa di pericolo: il funzionamento simultaneo di tutti gli indicatori luminosi di direzione;

g) dispositivo d'illuminazione della targa posteriore: il dispositivo che serve ad illuminare la targa posteriore;

((h) luci di posizione anteriore, posteriore e laterale: i dispositivi che servono a segnalare contemporaneamente la presenza e la larghezza del veicolo viste dalla parte anteriore, posteriore e laterale;))

i) luce posteriore per nebbia: il dispositivo singolo o doppio che serve a rendere piu' visibile il veicolo dalla parte posteriore in caso di forte nebbia, di pioggia intensa o di fitta nevicata in atto;

l) luce di sosta: il dispositivo che serve a segnalare la presenza di un veicolo in sosta in un centro abitato. In tal caso sostituisce le luci di posizione;

m) luce d'ingombro: il dispositivo destinato a completare le luci di posizione del veicolo, per segnalare le particolari dimensioni del suo ingombro;

n) luce di arresto: il dispositivo che serve ad indicare agli altri utenti che il conducente aziona il freno di servizio;

o) catadiottro: il dispositivo a luce riflessa destinato a segnalare la presenza del veicolo;

((p) pannello retroriflettente e fluorescente: il dispositivo a luce retro-riflessa e fluorescente destinato a segnalare particolari categorie di veicoli;

p-bis) strisce retroriflettenti: il dispositivo a luce riflessa destinato a segnalare particolari categorie di veicoli;

p-ter) luci di marcia diurna: il dispositivo rivolto verso l'avanti destinato a rendere piu' facilmente visibile un veicolo durante la circolazione diurna;

p-quater) luci d'angolo: le luci usate per fornire illuminazione supplementare a quella parte della strada situata in prossimita' dell'angolo anteriore del veicolo dal lato presso il quale esso e' in procinto di curvare;

p-quinquies) proiettore di svolta: una funzione di illuminazione destinata a fornire una migliore illuminazione in curva, che puo' essere espletata per mezzo di dispositivi aggiuntivi o mediante modificazione della distribuzione luminosa del proiettore anabbagliante;

p-sexies) segnalazione visiva a luce lampeggiante blu: il dispositivo supplementare installato sui motoveicoli e sugli autoveicoli di cui all'articolo 177;

p-septies) segnalazione visiva a luce lampeggiante gialla o arancione: il dispositivo supplementare installato sui veicoli eccezionali o per trasporti in condizioni di eccezionalita', sui mezzi d'opera, sui veicoli adibiti alla rimozione o al soccorso, sui veicoli utilizzati per la raccolta di rifiuti solidi urbani, per la pulizia della strada e la manutenzione della strada, sulle macchine agricole ovvero operatrici, sui veicoli impiegati in servizio di scorta tecnica.))

Art. 152

(Segnalazione visiva e illuminazione dei veicoli).

1. I veicoli a motore durante la marcia fuori dei centri abitati ed i ciclomotori, motocicli, tricicli e quadricicli, quali definiti

rispettivamente dall'articolo 1, paragrafo 2, lettere a), b) e c), e paragrafo 3, lettera b), della direttiva 2002/24/CE del Parlamento europeo e del Consiglio, del 18 marzo 2002, anche durante la marcia nei centri abitati, hanno l'obbligo di usare le luci di posizione, i proiettori anabbaglianti e, se prescritte, le luci della targa e le luci d'ingombro. Fuori dei casi indicati dall'articolo 153, comma 1, in luogo dei dispositivi di cui al periodo precedente possono essere utilizzate, se il veicolo ne e' dotato, le luci di marcia diurna. Fanno eccezione all'obbligo di uso dei predetti dispositivi i veicoli di interesse storico e collezionistico.
2. Chiunque viola le disposizioni del presente articolo e' soggetto alla sanzione amministrativa del pagamento di una somma ((da € 42 a € 173)). (101) (114) (124) ((145))

AGGIORNAMENTO (19)

Il Decreto 20 dicembre 1996 (in G.U. 28/12/1996, n. 303) ha disposto (con l'art. 1, comma 1) che la presente modifica avra' effetto a decorrere dal 1 gennaio 1997.

AGGIORNAMENTO (29)

Il Decreto 22 dicembre 1998 (in G.U. 28/12/1998, n. 301) ha disposto (con l'art. 1, comma 1) che la presente modifica avra' effetto a decorrere dal 1 gennaio 1999.

AGGIORNAMENTO (43)

Il Decreto 29 dicembre 2000 (in G.U. 30/12/2000, n. 303) ha disposto (con l'art. 1, comma 1) che la presente modifica avra' effetto a decorrere dal 1 gennaio 2001.

AGGIORNAMENTO (52)

Il Decreto 24 dicembre 2002 (in G.U. 30/12/2002, n. 304) ha disposto (con l'art. 1, comma 1) che la presente modifica avra' effetto a decorrere dal 1 gennaio 2003.

AGGIORNAMENTO (64)

Il Decreto 22 dicembre 2004 (in G.U. 30/12/2004, n. 305) ha disposto (con l'art. 1, comma 2) che la presente modifica avra' effetto a decorrere dal 1 gennaio 2005.

AGGIORNAMENTO (80)

Il Decreto 29 dicembre 2006 (in G.U. 30/12/2006, n. 302) ha disposto (con l'art. 1, comma 2) che la presente modifica avra'

effetto a decorrere dal 1 gennaio 2007.

AGGIORNAMENTO (89)

Il Decreto 17 dicembre 2008 (in G.U. 30/12/2008, n. 303) ha disposto (con l'art. 1, comma 2) che la presente modifica avra' effetto a decorrere dal 1 gennaio 2009.

AGGIORNAMENTO (101)

Il Decreto 22 dicembre 2010 (in G.U. 31/12/2010, n. 305) ha disposto (con l'art. 1, comma 2) che la presente modifica avra' effetto a decorrere dal 1 gennaio 2011.

AGGIORNAMENTO (114)

Il Decreto 19 dicembre 2012 (in G.U. 31/12/2012, n. 303) ha disposto (con l'art. 1, comma 2) che la presente modifica avra' effetto a decorrere dal 1 gennaio 2013.

AGGIORNAMENTO (124)

Il Decreto 16 dicembre 2014 (in G.U. 31/12/2012, n. 302) ha disposto (con l'art. 1, comma 2) che la presente modifica avra' effetto a decorrere dal 1 gennaio 2015.

AGGIORNAMENTO (145)

Il Decreto 27 dicembre 2018 (in G.U. 29/12/2018, n. 301) ha disposto (con l'art. 3, comma 1) che la presente modifica avra' effetto a decorrere dal 1° gennaio 2019.

Art. 153
Uso dei dispositivi di segnalazione visiva e di illuminazione dei veicoli a motore e dei rimorchi

1. Da mezz'ora dopo il tramonto del sole a mezz'ora prima del suo sorgere ed anche di giorno nelle gallerie, in caso di nebbia, di caduta di neve, di forte pioggia e in ogni altro caso di scarsa visibilita', durante la marcia dei veicoli a motore e dei veicoli trainati, si devono tenere accese le luci di posizione, le luci della targa e, se prescritte, le luci di ingombro. In aggiunta a tali luci, sui veicoli a motore, si devono tenere accesi anche i proiettori anabbaglianti. Salvo quanto previsto dal comma 3 i proiettori di profondita' possono essere utilizzati fuori dei centri abitati quando l'illuminazione esterna manchi o sia insufficiente. Peraltro, durante le brevi interruzioni della marcia connesse con le esigenze della circolazione, devono essere usati i proiettori anabbaglianti.

2. I proiettori di profondita ' non devono essere usati fuori dei casi rispettivamente previsti nel comma 1. Di giorno, in caso di

nebbia, fumo, foschia, nevicata in atto, pioggia intensa, i proiettori anabbaglianti e quelli di profondita' possono essere sostituiti da proiettori fendinebbia anteriori. Inoltre sui veicoli che trasportano feriti o ammalati gravi si devono tenere accesi i proiettori anabbaglianti di giorno in ogni caso e nelle ore e nei casi indicati dal comma 1 nei centri abitati anche se l'illuminazione pubblica sia sufficiente.

3. I conducenti devono spegnere i proiettori di profondita' passando a quelli anabbaglianti nei seguenti casi:

a) quando stanno per incrociare altri veicoli, effettuando la commutazione delle luci alla distanza necessaria affinche' i conducenti dei veicoli incrociati possano continuare la loro marcia agevolmente e senza pericolo;

b) quando seguono altro veicolo a breve distanza, salvo che l'uso dei proiettori di profondita' avvenga brevemente in modo intermittente per segnalare al veicolo che precede l'intenzione di sorpassare;

c) in qualsiasi altra circostanza se vi sia pericolo di abbagliare gli altri utenti della strada ovvero i conducenti dei veicoli circolanti su binari, su corsi d'acqua o su altre strade contigue.

4. E' consentito l'uso intermittente dei proiettori di profondita' per dare avvertimenti utili al fine di evitare incidenti e per segnalare al veicolo che precede l'intenzione di sorpassare. Tale uso e' consentito durante la circolazione notturna e diurna e, in deroga al comma 1, anche all'interno dei centri abitati.

5. Nei casi indicati dal comma 1, ad eccezione dei velocipedi e dei ciclomotori a due ruote e dei motocicli, l'uso dei dispositivi di segnalazione visiva e' obbligatorio anche durante la fermata o la sosta, a meno che il veicolo sia reso pienamente visibile dall'illuminazione pubblica o venga collocato fuori dalla carreggiata. Tale obbligo sussiste anche se il veicolo si trova sulle corsie di emergenza.

6. Nei centri abitati e nelle ore e nei casi indicati nel comma 1, durante la sosta al margine della carreggiata, i veicoli a motore, e loro rimorchi se agganciati, aventi lunghezza non superiore a 6 metri e larghezza non superiore a 2 metri possono essere segnalati, utilizzando in luogo delle luci di posizione, le luci di sosta poste dalla parte del traffico.

7. I conducenti dei veicoli a motore devono azionare la segnalazione luminosa di pericolo:

a) nei casi di ingombro della carreggiata;

b) durante il tempo necessario a collocare e riprendere il

segnale mobile di pericolo ove questo sia necessario;

c) quando per avaria il veicolo e' costretto a procedere a velocita' particolarmente ridotta;

d) quando si verifichino improvvisi rallentamenti o incolonnamenti;

e) in tutti i casi in cui la fermata di emergenza costituisce pericolo anche momentaneo per gli altri utenti della strada.

8. In caso di nebbia con visibilita' inferiore a 50 metri, di pioggia intensa o di fitta nevicata in atto deve essere usata la luce posteriore per nebbia, qualora il veicolo ne sia dotato.

9. E' vietato l'uso di dispositivi o di altre fonti luminose diversi da quelli indicati nell'art. 151.

10. Chiunque viola la disposizione del comma 3 e' soggetto alla sanzione amministrativa del pagamento di una somma ((da € 87 a € 344)). (19) (29) (43) (52) (64) (80) (89) (101) (114) (124) (145) ((163))

11. Chiunque viola le altre disposizioni del presente articolo ovvero usa impropriamente i dispositivi di segnalazione luminosa e' soggetto alla sanzione amministrativa del pagamento di una somma da € 42 a € 173. (19) (29) (43) (52) (64) (80) (89) (101) (114) (124) (145)

AGGIORNAMENTO (19)

Il Decreto 20 dicembre 1996 (in G.U. 28/12/1996, n. 303) ha disposto (con l'art. 1, comma 1) che le presenti modifiche avranno effetto a decorrere dal 1 gennaio 1997.

AGGIORNAMENTO (29)

Il Decreto 22 dicembre 1998 (in G.U. 28/12/1998, n. 301) ha disposto (con l'art. 1, comma 1) che le presenti modifiche avranno effetto a decorrere dal 1 gennaio 1999.

AGGIORNAMENTO (43)

Il Decreto 29 dicembre 2000 (in G.U. 30/12/2000, n. 303) ha disposto (con l'art. 1, comma 1) che le presenti modifiche avranno effetto a decorrere dal 1 gennaio 2001.

AGGIORNAMENTO (52)

Il Decreto 24 dicembre 2002 (in G.U. 30/12/2002, n. 304) ha disposto (con l'art. 1, comma 1) che le presenti modifiche avranno effetto a decorrere dal 1 gennaio 2003.

AGGIORNAMENTO (64)

Il Decreto 22 dicembre 2004 (in G.U. 30/12/2004, n. 305) ha

disposto (con l'art. 1, comma 2) che le presenti modifiche avranno effetto a decorrere dal 1 gennaio 2005.

AGGIORNAMENTO (80)
Il Decreto 29 dicembre 2006 (in G.U. 30/12/2006, n. 302) ha disposto (con l'art. 1, comma 2) che le presenti modifiche avranno effetto a decorrere dal 1 gennaio 2007.

AGGIORNAMENTO (89)
Il Decreto 17 dicembre 2008 (in G.U. 30/12/2008, n. 303) ha disposto (con l'art. 1, comma 2) che le presenti modifiche avranno effetto a decorrere dal 1 gennaio 2009.

AGGIORNAMENTO (101)
Il Decreto 22 dicembre 2010 (in G.U. 31/12/2010, n. 305) ha disposto (con l'art. 1, comma 2) che le presenti modifiche avranno effetto a decorrere dal 1 gennaio 2011.

AGGIORNAMENTO (114)
Il Decreto 19 dicembre 2012 (in G.U. 31/12/2012, n. 303) ha disposto (con l'art. 1, comma 2) che le presenti modifiche avranno effetto a decorrere dal 1 gennaio 2013.

AGGIORNAMENTO (124)
Il Decreto 16 dicembre 2014 (in G.U. 31/12/2012, n. 302) ha disposto (con l'art. 1, comma 2) che le presenti modifiche avranno effetto a decorrere dal 1 gennaio 2015.

AGGIORNAMENTO (145)
Il Decreto 27 dicembre 2018 (in G.U. 29/12/2018, n. 301) ha disposto (con l'art. 3, comma 1) che le presenti modifiche avranno effetto a decorrere dal 1° gennaio 2019.

AGGIORNAMENTO (163)
Il Decreto 31 dicembre 2020 (in G.U. 31/12/2020, n. 323) ha disposto (con l'art. 3, comma 1) che la presente modifica avra' effetto a decorrere dal 1° gennaio 2021.

Art. 154.
Cambiamento di direzione o di corsia o altre manovre

1. I conducenti che intendono eseguire una manovra per immettersi nel flusso della circolazione, per cambiare direzione o corsia, per invertire il senso di marcia, per fare retromarcia, per voltare a destra o a sinistra, per impegnare un'altra strada, o per immettersi

in un luogo non soggetto a pubblico passaggio, ovvero per fermarsi, devono:

a) assicurarsi di poter effettuare la manovra senza creare pericolo o intralcio agli altri utenti della strada, tenendo conto della posizione, distanza, direzione di essi;

b) segnalare con sufficiente anticipo la loro intenzione.

2. Le segnalazioni delle manovre devono essere effettuate servendosi degli appositi indicatori luminosi di direzione. Tali segnalazioni devono continuare per tutta la durata della manovra e devono cessare allorche' essa e' stata completata. Con gli stessi dispositivi deve essere segnalata anche l'intenzione di rallentare per fermarsi. Quando i detti dispositivi manchino, il conducente deve effettuare le segnalazioni a mano, alzando verticalmente il braccio qualora intenda fermarsi e sporgendo, lateralmente, il braccio destro o quello sinistro, qualora intenda voltare.

3. I conducenti devono, altresi':

a) per voltare a destra, tenersi il piu' vicino possibile sul margine destro della carreggiata;

b) per voltare a sinistra, anche per immettersi in luogo non soggetto a pubblico passaggio, accostarsi il piu' possibile all'asse della carreggiata e, qualora si tratti di intersezione, eseguire la svolta in prossimita' del centro della intersezione e a sinistra di questo, salvo diversa segnalazione, ovvero quando si trovino su una carreggiata a senso unico di circolazione, tenersi il piu' possibile sul margine sinistro della carreggiata. In entrambi i casi i conducenti non devono imboccare l'altra strada contromano e devono usare la massima prudenza;

c) nelle manovre di retromarcia e di immissione nel flusso della circolazione, dare la precedenza ai veicoli in marcia normale.

4. E' vietato usare impropriamente le segnalazioni di cambiamento di direzione.

5. Nell'esecuzione delle manovre i conducenti non devono eseguire brusche frenate o rallentare improvvisamente.

6. L'inversione del senso di marcia e' vietata in prossimita' o in corrispondenza delle intersezioni, delle curve e dei dossi.

7. Chiunque viola la disposizione del comma 6 e' soggetto alla sanzione amministrativa del pagamento di una somma ((da € 87 a € 344)). (19) (29) (43) (52) (64) (80) (89) (101) (114) (124) (145) ((163))

8. Chiunque viola le altre disposizioni del presente articolo e' soggetto alla sanzione amministrativa del pagamento di una somma da € 42 a € 173. (19) (29) (43) (52) (64) (80) (89) (101) (114) (124) (145)

AGGIORNAMENTO (19)

Il Decreto 20 dicembre 1996 (in G.U. 28/12/1996, n. 303) ha disposto (con l'art. 1, comma 1) che le presenti modifiche avranno effetto a decorrere dal 1 gennaio 1997.

AGGIORNAMENTO (29)

Il Decreto 22 dicembre 1998 (in G.U. 28/12/1998, n. 301) ha disposto (con l'art. 1, comma 1) che le presenti modifiche avranno effetto a decorrere dal 1 gennaio 1999.

AGGIORNAMENTO (43)

Il Decreto 29 dicembre 2000 (in G.U. 30/12/2000, n. 303) ha disposto (con l'art. 1, comma 1) che le presenti modifiche avranno effetto a decorrere dal 1 gennaio 2001.

AGGIORNAMENTO (52)

Il Decreto 24 dicembre 2002 (in G.U. 30/12/2002, n. 304) ha disposto (con l'art. 1, comma 1) che le presenti modifiche avranno effetto a decorrere dal 1 gennaio 2003.

AGGIORNAMENTO (64)

Il Decreto 22 dicembre 2004 (in G.U. 30/12/2004, n. 305) ha disposto (con l'art. 1, comma 2) che le presenti modifiche avranno effetto a decorrere dal 1 gennaio 2005.

AGGIORNAMENTO (80)

Il Decreto 29 dicembre 2006 (in G.U. 30/12/2006, n. 302) ha disposto (con l'art. 1, comma 2) che le presenti modifiche avranno effetto a decorrere dal 1 gennaio 2007.

AGGIORNAMENTO (89)

Il Decreto 17 dicembre 2008 (in G.U. 30/12/2008, n. 303) ha disposto (con l'art. 1, comma 2) che le presenti modifiche avranno effetto a decorrere dal 1 gennaio 2009.

AGGIORNAMENTO (101)

Il Decreto 22 dicembre 2010 (in G.U. 31/12/2010 n. 305) ha disposto (con l'art. 1, comma 2) che le presenti modifiche avranno effetto a decorrere dal 1 gennaio 2011.

AGGIORNAMENTO (114)

Il Decreto 19 dicembre 2012 (in G.U. 31/12/2012 n. 303) ha disposto (con l'art. 1, comma 2) che le presenti modifiche avranno effetto a

decorrere dal 1 gennaio 2013.

AGGIORNAMENTO (124)

Il Decreto 16 dicembre 2014 (in G.U. 31/12/2014, n. 302) ha disposto (con l'art. 1, comma 2) che le presenti modifiche avranno effetto a decorrere dal 1 gennaio 2015.

AGGIORNAMENTO (145)

Il Decreto 27 dicembre 2018 (in G.U. 29/12/2018, n. 301) ha disposto (con l'art. 3, comma 1) che le presenti modifiche avranno effetto a decorrere dal 1° gennaio 2019.

AGGIORNAMENTO (163)

Il Decreto 31 dicembre 2020 (in G.U. 31/12/2020, n. 323) ha disposto (con l'art. 3, comma 1) che la presente modifica avra' effetto a decorrere dal 1° gennaio 2021.

Art. 155.
Limitazione dei rumori

1. Durante la circolazione si devono evitare rumori molesti causati sia dal modo di guidare i veicoli, specialmente se a motore, sia dal modo in cui e' sistemato il carico e sia da altri atti connessi con la circolazione stessa.

2. Il dispositivo silenziatore, qualora prescritto, deve essere tenuto in buone condizioni di efficienza e non deve essere alterato.

3. Nell'usare apparecchi radiofonici o di riproduzione sonora a bordo dei veicoli non si devono superare i limiti sonori massimi di accettabilita' fissati dal regolamento.

4. I dispositivi di allarme acustico antifurto installati sui veicoli devono limitare l'emissione sonora ai tempi massimi previsti dal regolamento e, in ogni caso, non devono superare i limiti massimi di esposizione al rumore fissati dal decreto del Presidente del Consiglio dei Ministri 1 marzo 1991.

5. Chiunque viola le disposizioni del presente articolo e' soggetto alla sanzione amministrativa del pagamento di una somma ((da € 42 a € 173)). (19) (29) (43) (52) (64) (80) (89) (101) (114) (124) ((145))

AGGIORNAMENTO (19)

Il Decreto 20 dicembre 1996 (in G.U. 28/12/1996, n. 303) ha disposto (con l'art. 1, comma 1) che la presente modifica avra' effetto a decorrere dal 1 gennaio 1997.

AGGIORNAMENTO (29)

Il Decreto 22 dicembre 1998 (in G.U. 28/12/1998, n. 301) ha

disposto (con l'art. 1, comma 1) che la presente modifica avra' effetto a decorrere dal 1 gennaio 1999.

AGGIORNAMENTO (43)

Il Decreto 29 dicembre 2000 (in G.U. 30/12/2000, n. 303) ha disposto (con l'art. 1, comma 1) che la presente modifica avra' effetto a decorrere dal 1 gennaio 2001.

AGGIORNAMENTO (52)

Il Decreto 24 dicembre 2002 (in G.U. 30/12/2002, n. 304) ha disposto (con l'art. 1, comma 1) che la presente modifica avra' effetto a decorrere dal 1 gennaio 2003.

AGGIORNAMENTO (64)

Il Decreto 22 dicembre 2004 (in G.U. 30/12/2004, n. 305) ha disposto (con l'art. 1, comma 2) che la presente modifica avra' effetto a decorrere dal 1 gennaio 2005.

AGGIORNAMENTO (80)

Il Decreto 29 dicembre 2006 (in G.U. 30/12/2006, n. 302) ha disposto (con l'art. 1, comma 2) che la presente modifica avra' effetto a decorrere dal 1 gennaio 2007.

AGGIORNAMENTO (89)

Il Decreto 17 dicembre 2008 (in G.U. 30/12/2008, n. 303) ha disposto (con l'art. 1, comma 2) che la presente modifica avra' effetto a decorrere dal 1 gennaio 2009.

AGGIORNAMENTO (101)

Il Decreto 22 dicembre 2010 (in G.U. 31/12/2010, n. 305) ha disposto (con l'art. 1, comma 2) che la presente modifica avra' effetto a decorrere dal 1 gennaio 2011.

AGGIORNAMENTO (114)

Il Decreto 19 dicembre 2012 (in G.U. 31/12/2012, n. 303) ha disposto (con l'art. 1, comma 2) che la presente modifica avra' effetto a decorrere dal 1 gennaio 2013.

AGGIORNAMENTO (124)

Il Decreto 16 dicembre 2014 (in G.U. 31/12/2012, n. 302) ha disposto (con l'art. 1, comma 2) che la presente modifica avra' effetto a decorrere dal 1 gennaio 2015.

AGGIORNAMENTO (145)

Il Decreto 27 dicembre 2018 (in G.U. 29/12/2018, n. 301) ha disposto (con l'art. 3, comma 1) che la presente modifica avra' effetto a decorrere dal 1° gennaio 2019.

Art. 156.
Uso dei dispositivi di segnalazione acustica

1. Il dispositivo di segnalazione acustica deve essere usato con la massima moderazione e solamente ai fini della sicurezza stradale. La segnalazione deve essere la piu' breve possibile.

2. Fuori dei centri abitati l'uso del dispositivo di segnalazione acustica e' consentito ogni qualvolta le condizioni ambientali o del traffico lo richiedano al fine di evitare incidenti, in particolare durante le manovre di sorpasso. Durante le ore notturne ovvero di giorno, se ne ricorre la necessita', il segnale acustico puo' essere sostituito da segnali luminosi a breve intermittenza mediante i proiettori di profondita', nei casi in cui cio' non sia vietato.

3. Nei centri abitati le segnalazioni acustiche sono vietate, salvo i casi di effettivo e immediato pericolo. Nelle ore notturne, in luogo delle segnalazioni acustiche, e' consentito l'uso dei proiettori di profondita' a breve intermittenza.

4. In caso di necessita', i conducenti dei veicoli che trasportano feriti o ammalati gravi sono esentati dall'obbligo di osservare divieti e limitazioni sull'uso dei dispositivi di segnalazione acustica.

5. Chiunque viola le disposizioni del presente articolo e' soggetto alla sanzione amministrativa del pagamento di una somma ((da € 42 a € 173)). (19) (29) (43) (52) (64) (80) (89) (101) (114) (124) ((145))

AGGIORNAMENTO (19)

Il Decreto 20 dicembre 1996 (in G.U. 28/12/1996, n. 303) ha disposto (con l'art. 1, comma 1) che la presente modifica avra' effetto a decorrere dal 1 gennaio 1997.

AGGIORNAMENTO (29)

Il Decreto 22 dicembre 1998 (in G.U. 28/12/1998, n. 301) ha disposto (con l'art. 1, comma 1) che la presente modifica avra' effetto a decorrere dal 1 gennaio 1999.

AGGIORNAMENTO (43)

Il Decreto 29 dicembre 2000 (in G.U. 30/12/2000, n. 303) ha disposto (con l'art. 1, comma 1) che la presente modifica avra' effetto a decorrere dal 1 gennaio 2001.

AGGIORNAMENTO (52)

Il Decreto 24 dicembre 2002 (in G.U. 30/12/2002, n. 304) ha disposto (con l'art. 1, comma 1) che la presente modifica avra' effetto a decorrere dal 1 gennaio 2003.

AGGIORNAMENTO (64)

Il Decreto 22 dicembre 2004 (in G.U. 30/12/2004, n. 305) ha disposto (con l'art. 1, comma 2) che la presente modifica avra' effetto a decorrere dal 1 gennaio 2005.

AGGIORNAMENTO (80)

Il Decreto 29 dicembre 2006 (in G.U. 30/12/2006, n. 302) ha disposto (con l'art. 1, comma 2) che la presente modifica avra' effetto a decorrere dal 1 gennaio 2007.

AGGIORNAMENTO (89)

Il Decreto 17 dicembre 2008 (in G.U. 30/12/2008, n. 303) ha disposto (con l'art. 1, comma 2) che la presente modifica avra' effetto a decorrere dal 1 gennaio 2009.

AGGIORNAMENTO (101)

Il Decreto 22 dicembre 2010 (in G.U. 31/12/2010, n. 305) ha disposto (con l'art. 1, comma 2) che la presente modifica avra' effetto a decorrere dal 1 gennaio 2011.

AGGIORNAMENTO (114)

Il Decreto 19 dicembre 2012 (in G.U. 31/12/2012, n. 303) ha disposto (con l'art. 1, comma 2) che la presente modifica avra' effetto a decorrere dal 1 gennaio 2013.

AGGIORNAMENTO (124)

Il Decreto 16 dicembre 2014 (in G.U. 31/12/2012, n. 302) ha disposto (con l'art. 1, comma 2) che la presente modifica avra' effetto a decorrere dal 1 gennaio 2015.

AGGIORNAMENTO (145)

Il Decreto 27 dicembre 2018 (in G.U. 29/12/2018, n. 301) ha disposto (con l'art. 3, comma 1) che la presente modifica avra' effetto a decorrere dal 1° gennaio 2019.

Art. 157.
Arresto, fermata e sosta dei veicoli

1. Agli effetti delle presenti norme:
   a) per arresto si intende l'interruzione della marcia del veicolo

dovuta ad esigenze della circolazione;

b) per fermata si intende la temporanea sospensione della marcia anche se in area ove non sia ammessa la sosta, per consentire la salita o la discesa delle persone, ovvero per altre esigenze di brevissima durata. Durante la fermata, che non deve comunque arrecare intralcio alla circolazione, il conducente deve essere presente e pronto a riprendere la marcia;

c) per sosta si intende la sospensione della marcia del veicolo protratta nel tempo, con possibilita' di allontanamento da parte del conducente;

d) per sosta di emergenza si intende l'interruzione della marcia nel caso in cui il veicolo e' inutilizzabile per avaria ovvero deve arrestarsi per malessere fisico del conducente o di un passeggero.

2. Salvo diversa segnalazione, ovvero nel caso previsto dal comma 4, in caso di fermata o di sosta il veicolo deve essere collocato il piu' vicino possibile al margine destro della carreggiata, parallelamente ad esso e secondo il senso di marcia. Qualora non esista marciapiede rialzato, deve essere lasciato uno spazio sufficiente per il transito dei pedoni, comunque non inferiore ad un metro. Durante la sosta, il veicolo deve avere il motore spento.

3. Fuori dei centri abitati, i veicoli in sosta o in fermata devono essere collocati fuori della carreggiata, ma non sulle piste per velocipedi ne', salvo che sia appositamente segnalato, sulle banchine. In caso di impossibilita', la fermata e la sosta devono essere effettuate il piu' vicino possibile al margine destro della carreggiata, parallelamente ad esso e secondo il senso di marcia. Sulle carreggiate delle strade con precedenza la sosta e' vietata.

4. Nelle strade urbane a senso unico di marcia la sosta e' consentita anche lungo il margine sinistro della carreggiata, purche' rimanga spazio sufficiente al transito almeno di una fila di veicoli e comunque non inferiore a tre metri di larghezza.

5. Nelle zone di sosta all'uopo predisposte i veicoli devono essere collocati nel modo prescritto dalla segnaletica.

6. Nei luoghi ove la sosta e' permessa per un tempo limitato e' fatto obbligo ai conducenti di segnalare, in modo chiaramente visibile, l'orario in cui la sosta ha avuto inizio. Ove esiste il dispositivo di controllo della durata della sosta e' fatto obbligo di porlo in funzione.

7. E' fatto divieto a chiunque di aprire le porte di un veicolo, di discendere dallo stesso, nonche' di lasciare aperte le porte, senza essersi assicurato che cio' non costituisca pericolo o intralcio per gli altri utenti della strada.

7-bis. E' fatto divieto di tenere il motore acceso, durante la sosta del veicolo, allo scopo di mantenere in funzione l'impianto di condizionamento d'aria nel veicolo stesso; dalla violazione consegue la sanzione amministrativa del pagamento di una somma ((da € 223 a € 444)). (101) (114) (124) (145) ((163))

8. Fatto salvo quanto disposto dal comma 7-bis, chiunque viola le disposizioni di cui al presente articolo e' soggetto alla sanzione amministrativa del pagamento di una somma da € 42 a € 173. (19) (29) (43) (52) (64) (80) (89) (101) (114) (124) (145)

AGGIORNAMENTO (19)

Il Decreto 20 dicembre 1996 (in G.U. 28/12/1996, n. 303) ha disposto (con l'art. 1, comma 1) che la presente modifica avra' effetto a decorrere dal 1 gennaio 1997.

AGGIORNAMENTO (29)

Il Decreto 22 dicembre 1998 (in G.U. 28/12/1998, n. 301) ha disposto (con l'art. 1, comma 1) che la presente modifica avra' effetto a decorrere dal 1 gennaio 1999.

AGGIORNAMENTO (43)

Il Decreto 29 dicembre 2000 (in G.U. 30/12/2000, n. 303) ha disposto (con l'art. 1, comma 1) che la presente modifica avra' effetto a decorrere dal 1 gennaio 2001.

AGGIORNAMENTO (52)

Il Decreto 24 dicembre 2002 (in G.U. 30/12/2002, n. 304) ha disposto (con l'art. 1, comma 1) che la presente modifica avra' effetto a decorrere dal 1 gennaio 2003.

AGGIORNAMENTO (64)

Il Decreto 22 dicembre 2004 (in G.U. 30/12/2004, n. 305) ha disposto (con l'art. 1, comma 2) che la presente modifica avra' effetto a decorrere dal 1 gennaio 2005.

AGGIORNAMENTO (80)

Il Decreto 29 dicembre 2006 (in G.U. 30/12/2006, n. 302) ha disposto (con l'art. 1, comma 2) che la presente modifica avra' effetto a decorrere dal 1 gennaio 2007.

AGGIORNAMENTO (89)

Il Decreto 17 dicembre 2008 (in G.U. 30/12/2008, n. 303) ha disposto (con l'art. 1, comma 2) che la presente modifica avra' effetto a decorrere dal 1 gennaio 2009.

AGGIORNAMENTO (101)

Il Decreto 22 dicembre 2010 (in G.U. 31/12/2010 n. 305) ha disposto (con l'art. 1, comma 2) che le presenti modifiche avranno effetto a decorrere dal 1 gennaio 2011.

AGGIORNAMENTO (114)

Il Decreto 19 dicembre 2012 (in G.U. 31/12/2012 n. 303) ha disposto (con l'art. 1, comma 2) che le presenti modifiche avranno effetto a decorrere dal 1 gennaio 2013.

AGGIORNAMENTO (124)

Il Decreto 16 dicembre 2014 (in G.U. 31/12/2014, n. 302) ha disposto (con l'art. 1, comma 2) che le presenti modifiche avranno effetto a decorrere dal 1 gennaio 2015.

AGGIORNAMENTO (145)

Il Decreto 27 dicembre 2018 (in G.U. 29/12/2018, n. 301) ha disposto (con l'art. 3, comma 1) che le presenti modifiche avranno effetto a decorrere dal 1° gennaio 2019.

AGGIORNAMENTO (163)

Il Decreto 31 dicembre 2020 (in G.U. 31/12/2020, n. 323) ha disposto (con l'art. 3, comma 1) che la presente modifica avra' effetto a decorrere dal 1° gennaio 2021.

Art. 158.
Divieto di fermata e di sosta dei veicoli

1. La fermata e la sosta sono vietate:

a) in corrispondenza o in prossimita' dei passaggi a livello e sui binari di linee ferroviarie o tramviarie o cosi' vicino ad essi da intralciarne la marcia;

b) nelle gallerie, nei sottovia, sotto i sovrapassaggi, sotto i fornici e i portici, salvo diversa segnalazione;

c) sui dossi e nelle curve e, fuori dei centri abitati e sulle strade urbane di scorrimento, anche in loro prossimita';

d) in prossimita' e in corrispondenza di segnali stradali verticali e semaforici in modo da occultarne la vista, nonche' in corrispondenza dei segnali orizzontali di preselezione e lungo le corsie di canalizzazione;

e) fuori dei centri abitati, sulla corrispondenza e in prossimita' delle aree di intersezione;

f) nei centri abitati, sulla corrispondenza delle aree di intersezione e in prossimita' delle stesse a meno di 5 metri dal prolungamento del bordo piu' vicino della carreggiata trasversale, salvo diversa segnalazione;

g) sui passaggi e attraversamenti pedonali e sui passaggi per ciclisti, nonche' sulle piste ciclabili e agli sbocchi delle medesime;

h) sui marciapiedi, salvo diversa segnalazione;

((h-bis) negli spazi riservati alla fermata e alla sosta dei veicoli elettrici;

h-ter) negli spazi riservati alla ricarica dei veicoli elettrici. Tale divieto e' previsto anche per i veicoli elettrici che non effettuano l'operazione di ricarica o che permangono nello spazio di ricarica oltre un'ora dopo il completamento della fase di ricarica. Tale limite temporale non trova applicazione dalle ore 23,00 alle ore 7,00, a eccezione dei punti di ricarica di potenza elevata di cui all'articolo 2, comma 1, lettera e), del decreto legislativo 16 dicembre 2016, n. 257)).

2. La sosta di un veicolo e' inoltre vietata:

a) allo sbocco dei passi carrabili;

b) dovunque venga impedito di accedere ad un altro veicolo regolarmente in sosta, oppure lo spostamento di veicoli in sosta;

c) in seconda fila, salvo che si tratti di veicoli a due ruote;

d) negli spazi riservati allo stazionamento e alla fermata degli autobus, dei filobus e dei veicoli circolanti su rotaia e, ove questi non siano delimitati, a una distanza dal segnale di fermata inferiore a 15 m, nonche' negli spazi riservati allo stazionamento dei veicoli in servizio di piazza;

d-bis) negli spazi riservati allo stazionamento e alla fermata dei veicoli adibiti al trasporto scolastico;

e) sulle aree destinate al mercato e ai veicoli per il carico e lo scarico di cose, nelle ore stabilite;

f) sulle banchine, salvo diversa segnalazione;

g) negli spazi riservati alla fermata o alla sosta dei veicoli per persone invalide di cui all'art. 188 e in corrispondenza degli scivoli o dei raccordi tra i marciapiedi, rampe o corridoi di transito e la carreggiata utilizzati dagli stessi veicoli;

g-bis) negli spazi riservati alla sosta dei veicoli a servizio delle donne in stato di gravidanza o di genitori con un bambino di eta' non superiore a due anni muniti di permesso rosa;

h) nelle corsie o carreggiate riservate ai mezzi pubblici;

i) nelle aree pedonali urbane;

l) nelle zone a traffico limitato per i veicoli non autorizzati;

m) negli spazi asserviti ad impianti o attrezzature destinate a servizi di emergenza o di igiene pubblica indicati dalla apposita segnaletica;

n) davanti ai cassonetti dei rifiuti urbani o contenitori analoghi;

o) limitatamente alle ore di esercizio, in corrispondenza dei distributori di carburante ubicati sulla sede stradale ed in loro prossimita' sino a 5 m prima e dopo le installazioni destinate all'erogazione;

o-bis) nelle aree riservate ai veicoli per il carico e lo scarico di merci, nelle ore stabilite.

3. Nei centri abitati e' vietata la sosta dei rimorchi quando siano staccati dal veicolo trainante, salvo diversa segnalazione.

4. Durante la sosta e la fermata il conducente deve adottare le opportune cautele atte a evitare incidenti ed impedire l'uso del veicolo senza il suo consenso.

4-bis. Chiunque viola le disposizioni di cui al comma 2, lettera g), e' soggetto alla sanzione amministrativa del pagamento di una somma da euro 80 ad euro 328 per i ciclomotori e i motoveicoli a due ruote e da euro 165 ad euro 660 per i restanti veicoli.

5. Chiunque viola le disposizioni del comma 1 e delle lettere d), h) e i) del comma 2 e' soggetto alla sanzione amministrativa del pagamento di una somma da € 41 a € 168 per i ciclomotori e i motoveicoli a due ruote e da € 87 a € 344 per i restanti veicoli. (19) (29) (43) (52) (64) (80) (89) (101) (114) (124) (145) (163)

6. Chiunque viola le altre disposizioni del presente articolo e' soggetto alla sanzione amministrativa del pagamento di una somma da € 25 a € 100 per i ciclomotori e i motoveicoli a due ruote e da € 42 a € 173 per i restanti veicoli. (19) (29) (43) (52) (64) (80) (89) (101) (114) (124) (145)

7. Le sanzioni di cui al presente articolo si applicano per ciascun giorno di calendario per il quale si protrae la violazione.

AGGIORNAMENTO (19)

Il Decreto 20 dicembre 1996 (in G.U. 28/12/1996, n. 303) ha disposto (con l'art. 1, comma 1) che le presenti modifiche avranno effetto a decorrere dal 1 gennaio 1997.

AGGIORNAMENTO (29)

Il Decreto 22 dicembre 1998 (in G.U. 28/12/1998, n. 301) ha disposto (con l'art. 1, comma 1) che le presenti modifiche avranno effetto a decorrere dal 1 gennaio 1999.

AGGIORNAMENTO (43)

Il Decreto 29 dicembre 2000 (in G.U. 30/12/2000, n. 303) ha

disposto (con l'art. 1, comma 1) che le presenti modifiche avranno effetto a decorrere dal 1 gennaio 2001.

AGGIORNAMENTO (52)

Il Decreto 24 dicembre 2002 (in G.U. 30/12/2002, n. 304) ha disposto (con l'art. 1, comma 1) che le presenti modifiche avranno effetto a decorrere dal 1 gennaio 2003.

AGGIORNAMENTO (64)

Il Decreto 22 dicembre 2004 (in G.U. 30/12/2004, n. 305) ha disposto (con l'art. 1, comma 2) che le presenti modifiche avranno effetto a decorrere dal 1 gennaio 2005.

AGGIORNAMENTO (80)

Il Decreto 29 dicembre 2006 (in G.U. 30/12/2006, n. 302) ha disposto (con l'art. 1, comma 2) che le presenti modifiche avranno effetto a decorrere dal 1 gennaio 2007.

AGGIORNAMENTO (89)

Il Decreto 17 dicembre 2008 (in G.U. 30/12/2008, n. 303) ha disposto (con l'art. 1, comma 2) che le presenti modifiche avranno effetto a decorrere dal 1 gennaio 2009.

AGGIORNAMENTO (101)

Il Decreto 22 dicembre 2010 (in G.U. 31/12/2010, n. 305) ha disposto (con l'art. 1, comma 2) che le presenti modifiche avranno effetto a decorrere dal 1 gennaio 2011.

AGGIORNAMENTO (114)

Il Decreto 19 dicembre 2012 (in G.U. 31/12/2012, n. 303) ha disposto (con l'art. 1, comma 2) che le presenti modifiche avranno effetto a decorrere dal 1 gennaio 2013.

AGGIORNAMENTO (124)

Il Decreto 16 dicembre 2014 (in G.U. 31/12/2012, n. 302) ha disposto (con l'art. 1, comma 2) che le presenti modifiche avranno effetto a decorrere dal 1 gennaio 2015.

AGGIORNAMENTO (145)

Il Decreto 27 dicembre 2018 (in G.U. 29/12/2018, n. 301) ha disposto (con l'art. 1, comma 3) che le presenti modifiche avranno effetto a decorrere dal 1° gennaio 2019.

AGGIORNAMENTO (163)

Il Decreto 31 dicembre 2020 (in G.U. 31/12/2020, n. 323) ha disposto (con l'art. 3, comma 1) che le presenti modifiche avranno effetto a decorrere dal 1° gennaio 2021.

Art. 159.

Rimozione e blocco dei veicoli

1. Gli organi di polizia, di cui all'art. 12, dispongono la rimozione dei veicoli:

a) nelle strade e nei tratti di esse in cui con ordinanza dell'ente proprietario della strada sia stabilito che la sosta dei veicoli costituisce grave intralcio o pericolo per la circolazione stradale e il segnale di divieto di sosta sia integrato dall'apposito pannello aggiuntivo;

b) nei casi di cui agli articoli 157, comma 4, e 158, commi 1, 2 e 3;

c) in tutti gli altri casi in cui la sosta sia vietata e costituisca pericolo o grave intralcio alla circolazione;

d) quando il veicolo sia lasciato in sosta in violazione alle disposizioni emanate dall'ente proprietario della strada per motivi di manutenzione o pulizia delle strade e del relativo arredo. (35)

2. Gli enti proprietari della strada sono autorizzati a concedere il servizio della rimozione dei veicoli stabilendone le modalita' nel rispetto alle norme regolamentari. I veicoli adibiti alla rimozione devono avere le caratteristiche prescritte nel regolamento. Con decreto del Ministro dei trasporti puo' provvedersi all'aggiornamento delle caratteristiche costruttive e funzionali dei veicoli adibiti alla rimozione, in relazione ad esigenze determinate dall'evoluzione della tecnica di realizzazione dei veicoli o di sicurezza della circolazione.

3. In alternativa alla rimozione e' consentito, anche previo spostamento del veicolo, il blocco dello stesso con attrezzo a chiave applicato alle ruote, senza onere di custodia, le cui caratteristiche tecniche e modalita' di applicazione saranno stabilite nel regolamento. L'applicazione di detto attrezzo non e' consentita ogni qual volta il veicolo in posizione irregolare costituisca intralcio o pericolo alla circolazione.

4. La rimozione dei veicoli o il blocco degli stessi costituiscono sanzione amministrativa accessoria alle sanzioni amministrative pecuniarie previste per la violazione dei comportamenti di cui al comma 1, ai sensi delle norme del capo I, sezione II, del titolo VI.

5. Gli organi di polizia possono, altresi', procedere alla rimozione dei veicoli in sosta, ove per il loro stato o per altro fondato motivo si possa ritenere che siano stati abbandonati. Alla

rimozione puo' provvedere anche l'ente proprietario della strada, sentiti preventivamente gli organi di polizia. Si applica in tal caso l'art. 15 del decreto del Presidente della Repubblica 10 settembre 1982, n. 915.

((5-bis. Nelle aree portuali e marittime come definite dalla legge 28 gennaio 1994, n. 84, e' autorizzato il sequestro conservativo degli automezzi in sosta vietata che ostacolano la regolare circolazione viaria e ferroviaria o l'operativita' delle strutture portuali.))

AGGIORNAMENTO (35)

La L. 16 dicembre 1999, n. 494 ha disposto (con l'art. 11, comma 1) che "Nelle ipotesi previste dall'articolo 146, comma 3, e dall'articolo 159 comma 1, del citato decreto legislativo n. 285 del 1992, e successive modificazioni, ed in caso di accesso ai settori interdetti alla circolazione, ferme le sanzioni amministrative di cui al presente articolo e sempre limitatamente alle infrazioni commesse dai conducenti degli autoveicoli pubblici e privati di cui al citato articolo 47, comma 2, lettera b), categorie M2 e M3, del predetto decreto legislativo n. 285 del 1992, si applica la sanzione accessoria della sospensione della patente di cui agli articoli 129 e 218 del medesimo decreto legislativo secondo le procedure dallo stesso previste, per un periodo da quindici giorni a due mesi."

Art. 160.

Sosta degli animali

1. Salvo quanto disposto nell'art. 672 del codice penale, nei centri urbani il conducente deve vigilare affinche' gli animali in sosta, con o senza attacco, a lui affidati, siano sempre perfettamente assicurati mediante appositi dispositivi o sostegni fissi e legati in modo tale da non arrecare intralcio o pericolo alla circolazione dei veicoli e dei pedoni. Durante le ore notturne gli animali potranno sostare soltanto in luoghi sufficientemente illuminati. Fuori dei centri abitati e' vietata la sosta degli animali sulla carreggiata.

2. Chiunque viola le disposizioni del presente articolo e' soggetto alla sanzione amministrativa del pagamento di una somma ((da € 26 a € 102)). (19) (29) (43) (52) (64) (80) (89) (101) (114) (124) ((145))

AGGIORNAMENTO (19)

Il Decreto 20 dicembre 1996 (in G.U. 28/12/1996, n. 303) ha disposto (con l'art. 1, comma 1) che la presente modifica avra' effetto a decorrere dal 1 gennaio 1997.

AGGIORNAMENTO (29)

Il Decreto 22 dicembre 1998 (in G.U. 28/12/1998, n. 301) ha disposto (con l'art. 1, comma 1) che la presente modifica avra' effetto a decorrere dal 1 gennaio 1999.

AGGIORNAMENTO (43)

Il Decreto 29 dicembre 2000 (in G.U. 30/12/2000, n. 303) ha disposto (con l'art. 1, comma 1) che la presente modifica avra' effetto a decorrere dal 1 gennaio 2001.

AGGIORNAMENTO (52)

Il Decreto 24 dicembre 2002 (in G.U. 30/12/2002, n. 304) ha disposto (con l'art. 1, comma 1) che la presente modifica avra' effetto a decorrere dal 1 gennaio 2003.

AGGIORNAMENTO (64)

Il Decreto 22 dicembre 2004 (in G.U. 30/12/2004, n. 305) ha disposto (con l'art. 1, comma 2) che la presente modifica avra' effetto a decorrere dal 1 gennaio 2005.

AGGIORNAMENTO (80)

Il Decreto 29 dicembre 2006 (in G.U. 30/12/2006, n. 302) ha disposto (con l'art. 1, comma 2) che la presente modifica avra' effetto a decorrere dal 1 gennaio 2007.

AGGIORNAMENTO (89)

Il Decreto 17 dicembre 2008 (in G.U. 30/12/2008, n. 303) ha disposto (con l'art. 1, comma 2) che la presente modifica avra' effetto a decorrere dal 1 gennaio 2009.

AGGIORNAMENTO (101)

Il Decreto 22 dicembre 2010 (in G.U. 31/12/2010 n. 305) ha disposto (con l'art. 1, comma 2) che la presente modifica avra' effetto a decorrere dal 1 gennaio 2011.

AGGIORNAMENTO (114)

Il Decreto 19 dicembre 2012 (in G.U. 31/12/2012 n. 303) ha disposto (con l'art. 1, comma 2) che la presente modifica avra' effetto a decorrere dal 1 gennaio 2013.

AGGIORNAMENTO (124)

Il Decreto 16 dicembre 2014 (in G.U. 31/12/2014, n. 302) ha disposto (con l'art. 1, comma 2) che la presente modifica avra' effetto a decorrere dal 1 gennaio 2015.

AGGIORNAMENTO (145)

Il Decreto 27 dicembre 2018 (in G.U. 29/12/2018, n. 301) ha disposto (con l'art. 3, comma 1) che la presente modifica avra' effetto a decorrere dal 1° gennaio 2019.

Art. 161.
Ingombro della carreggiata

1. Nel caso di ingombro della carreggiata per avaria del veicolo, per caduta del carico o per qualsiasi altra causa, il conducente, al fine di evitare ogni pericolo per il traffico sopraggiungente, deve sollecitamente rendere libero per quanto possibile il transito provvedendo a rimuovere l'ingombro e a spingere il veicolo fuori della carreggiata o, se cio' non e' possibile, a collocarlo sul margine destro della carreggiata e parallelamente all'asse di essa.

2. Chiunque non abbia potuto evitare la caduta o lo spargimento di materie viscide, infiammabili o comunque atte a creare pericolo o intralcio alla circolazione deve provvedere immediatamente ad adottare le cautele necessarie per rendere sicura la circolazione e libero il transito.

3. Nei casi previsti dal presente articolo, l'utente deve provvedere a segnalare il pericolo o l'intralcio agli utenti mediante il segnale di cui all'art. 162 o in mancanza con altri mezzi idonei, nonche' informare l'ente proprietario della strada od un organo di polizia.

4. Chiunque viola le disposizioni del presente articolo e' soggetto alla sanzione amministrativa del pagamento di una somma ((da € 42 a € 173)). (19) (29) (43) (52) (64) (80) (89) (101) (114) (124) ((145))

AGGIORNAMENTO (19)

Il Decreto 20 dicembre 1996 (in G.U. 28/12/1996, n. 303) ha disposto (con l'art. 1, comma 1) che la presente modifica avra' effetto a decorrere dal 1 gennaio 1997.

AGGIORNAMENTO (29)

Il Decreto 22 dicembre 1998 (in G.U. 28/12/1998, n. 301) ha disposto (con l'art. 1, comma 1) che la presente modifica avra' effetto a decorrere dal 1 gennaio 1999.

AGGIORNAMENTO (43)

Il Decreto 29 dicembre 2000 (in G.U. 30/12/2000, n. 303) ha

disposto (con l'art. 1, comma 1) che la presente modifica avra' effetto a decorrere dal 1 gennaio 2001.

AGGIORNAMENTO (52)
Il Decreto 24 dicembre 2002 (in G.U. 30/12/2002, n. 304) ha disposto (con l'art. 1, comma 1) che la presente modifica avra' effetto a decorrere dal 1 gennaio 2003.

AGGIORNAMENTO (64)
Il Decreto 22 dicembre 2004 (in G.U. 30/12/2004, n. 305) ha disposto (con l'art. 1, comma 2) che la presente modifica avra' effetto a decorrere dal 1 gennaio 2005.

AGGIORNAMENTO (80)
Il Decreto 29 dicembre 2006 (in G.U. 30/12/2006, n. 302) ha disposto (con l'art. 1, comma 2) che la presente modifica avra' effetto a decorrere dal 1 gennaio 2007.

AGGIORNAMENTO (89)
Il Decreto 17 dicembre 2008 (in G.U. 30/12/2008, n. 303) ha disposto (con l'art. 1, comma 2) che la presente modifica avra' effetto a decorrere dal 1 gennaio 2009.

AGGIORNAMENTO (101)
Il Decreto 22 dicembre 2010 (in G.U. 31/12/2010, n. 305) ha disposto (con l'art. 1, comma 2) che la presente modifica avra' effetto a decorrere dal 1 gennaio 2011.

AGGIORNAMENTO (114)
Il Decreto 19 dicembre 2012 (in G.U. 31/12/2012, n. 303) ha disposto (con l'art. 1, comma 2) che la presente modifica avra' effetto a decorrere dal 1 gennaio 2013.

AGGIORNAMENTO (124)
Il Decreto 16 dicembre 2014 (in G.U. 31/12/2012, n. 302) ha disposto (con l'art. 1, comma 2) che la presente modifica avra' effetto a decorrere dal 1 gennaio 2015.

AGGIORNAMENTO (145)
Il Decreto 27 dicembre 2018 (in G.U. 29/12/2018, n. 301) ha disposto (con l'art. 3, comma 1) che la presente modifica avra' effetto a decorrere dal 1° gennaio 2019.

Art. 162.

Segnalazione di veicolo fermo

1. Fatti salvi gli obblighi di cui all'art. 152, fuori dei centri abitati i veicoli, esclusi i velocipedi, i ciclomotori a due ruote e i motocicli, che per qualsiasi motivo siano fermi sulla carreggiata, di notte quando manchino o sianoinefficienti le luci posteriori di posizione o di emergenza e, in ogni caso, anche di giorno, quando non possono essere scorti a sufficiente distanza da coloro che sopraggiungono da tergo, devono essere presegnalati con il segnale mobile di pericolo, di cui i veicoli devono essere dotati. Il segnale deve essere collocato alla distanza prevista dal regolamento.

2. Il segnale mobile di pericolo e' di forma triangolare, rivestito di materiale retroriflettente e munito di un apposito sostegno che ne consenta l'appoggio sul piano stradale in posizione pressoche' verticale in modo da garantirne la visibilita'.

3. Nel regolamento sono stabilite le caratteristiche e le modalita' di approvazione del segnale. Il triangolo deve essere conforme al modello approvato e riportare gli estremi dell'approvazione.

4. Qualora il veicolo non sia dotato dell'apposito segnale mobile di pericolo, il conducente deve provvedere in altro modo a presegnalare efficacemente l'ostacolo.

4-bis. Nei casi indicati al comma 1 durante le operazioni di presegnalazione con il segnale mobile di pericolo devono essere utilizzati dispositivi retroriflettenti di protezione individuale per rendere visibile il soggetto che opera. Con decreto del Ministero delle infrastrutture e dei trasporti sono stabilite le caratteristiche tecniche e le modalita' di approvazione di tali dispositivi.

4-ter. A decorrere dal 1 aprile 2004, nei casi indicati al comma 1 e' fatto divieto al conducente di scendere dal veicolo e circolare sulla strada senza avere indossato giubbotto o bretelle retroriflettenti ad alta visibilita'. Tale obbligo sussiste anche se il veicolo si trova sulle corsie di emergenza o sulle piazzole di sosta. Con decreto del Ministro delle infrastrutture e dei trasporti, da emanare entro il 31 ottobre 2003, caratteristiche dei giubbotti e delle bretelle. sono stabilite le

5. Chiunque viola le disposizioni del presente articolo e' soggetto alla sanzione amministrativa del pagamento di una somma ((da € 42 a € 173)). (19) (29) (43) (52) (64) (80) (89) (101) (114) (124) ((145))

AGGIORNAMENTO (19)

Il Decreto 20 dicembre 1996 (in G.U. 28/12/1996, n. 303) ha disposto (con l'art. 1, comma 1) che la presente modifica avra'

effetto a decorrere dal 1 gennaio 1997.

AGGIORNAMENTO (29)

Il Decreto 22 dicembre 1998 (in G.U. 28/12/1998, n. 301) ha disposto (con l'art. 1, comma 1) che la presente modifica avra' effetto a decorrere dal 1 gennaio 1999.

AGGIORNAMENTO (43)

Il Decreto 29 dicembre 2000 (in G.U. 30/12/2000, n. 303) ha disposto (con l'art. 1, comma 1) che la presente modifica avra' effetto a decorrere dal 1 gennaio 2001.

AGGIORNAMENTO (52)

Il Decreto 24 dicembre 2002 (in G.U. 30/12/2002, n. 304) ha disposto (con l'art. 1, comma 1) che la presente modifica avra' effetto a decorrere dal 1 gennaio 2003.

AGGIORNAMENTO (64)

Il Decreto 22 dicembre 2004 (in G.U. 30/12/2004, n. 305) ha disposto (con l'art. 1, comma 2) che la presente modifica avra' effetto a decorrere dal 1 gennaio 2005.

AGGIORNAMENTO (80)

Il Decreto 29 dicembre 2006 (in G.U. 30/12/2006, n. 302) ha disposto (con l'art. 1, comma 2) che la presente modifica avra' effetto a decorrere dal 1 gennaio 2007.

AGGIORNAMENTO (89)

Il Decreto 17 dicembre 2008 (in G.U. 30/12/2008, n. 303) ha disposto (con l'art. 1, comma 2) che la presente modifica avra' effetto a decorrere dal 1 gennaio 2009.

AGGIORNAMENTO (101)

Il Decreto 22 dicembre 2010 (in G.U. 31/12/2010, n. 305) ha disposto (con l'art. 1, comma 2) che la presente modifica avra' effetto a decorrere dal 1 gennaio 2011.

AGGIORNAMENTO (114)

Il Decreto 19 dicembre 2012 (in G.U. 31/12/2012, n. 303) ha disposto (con l'art. 1, comma 2) che la presente modifica avra' effetto a decorrere dal 1 gennaio 2013.

AGGIORNAMENTO (124)

Il Decreto 16 dicembre 2014 (in G.U. 31/12/2012, n. 302) ha disposto (con l'art. 1, comma 2) che la presente modifica avra' effetto a decorrere dal 1 gennaio 2015.

AGGIORNAMENTO (145)
Il Decreto 27 dicembre 2018 (in G.U. 29/12/2018, n. 301) ha disposto (con l'art. 3, comma 1) che la presente modifica avra' effetto a decorrere dal 1° gennaio 2019.

Art. 163.
Convogli militari, cortei e simili

1. E' vietato interrompere convogli di veicoli militari, delle forze di polizia o di mezzi di soccorso segnalati come tali; e' vietato altresi' inserirsi tra i veicoli che compongono tali convogli.
2. E' vietato interrompere colonne di truppe o di scolari, cortei e processioni.
3. Chiunque viola le disposizioni del presente articolo e' soggetto alla sanzione amministrativa del pagamento di una somma ((da € 42 a € 173)). (19) (29) (43) (52) (64) (80) (89) (101) (114) (124) ((145))

AGGIORNAMENTO (19)
Il Decreto 20 dicembre 1996 (in G.U. 28/12/1996, n. 303) ha disposto (con l'art. 1, comma 1) che la presente modifica avra' effetto a decorrere dal 1 gennaio 1997.

AGGIORNAMENTO (29)
Il Decreto 22 dicembre 1998 (in G.U. 28/12/1998, n. 301) ha disposto (con l'art. 1, comma 1) che la presente modifica avra' effetto a decorrere dal 1 gennaio 1999.

AGGIORNAMENTO (43)
Il Decreto 29 dicembre 2000 (in G.U. 30/12/2000, n. 303) ha disposto (con l'art. 1, comma 1) che la presente modifica avra' effetto a decorrere dal 1 gennaio 2001.

AGGIORNAMENTO (52)
Il Decreto 24 dicembre 2002 (in G.U. 30/12/2002, n. 304) ha disposto (con l'art. 1, comma 1) che la presente modifica avra' effetto a decorrere dal 1 gennaio 2003.

AGGIORNAMENTO (64)
Il Decreto 22 dicembre 2004 (in G.U. 30/12/2004, n. 305) ha disposto (con l'art. 1, comma 2) che la presente modifica avra'

effetto a decorrere dal 1 gennaio 2005.

AGGIORNAMENTO (80)

Il Decreto 29 dicembre 2006 (in G.U. 30/12/2006, n. 302) ha disposto (con l'art. 1, comma 2) che la presente modifica avra' effetto a decorrere dal 1 gennaio 2007.

AGGIORNAMENTO (89)

Il Decreto 17 dicembre 2008 (in G.U. 30/12/2008, n. 303) ha disposto (con l'art. 1, comma 2) che la presente modifica avra' effetto a decorrere dal 1 gennaio 2009.

AGGIORNAMENTO (101)

Il Decreto 22 dicembre 2010 (in G.U. 31/12/2010, n. 305) ha disposto (con l'art. 1, comma 2) che la presente modifica avra' effetto a decorrere dal 1 gennaio 2011.

AGGIORNAMENTO (114)

Il Decreto 19 dicembre 2012 (in G.U. 31/12/2012, n. 303) ha disposto (con l'art. 1, comma 2) che la presente modifica avra' effetto a decorrere dal 1 gennaio 2013.

AGGIORNAMENTO (124)

Il Decreto 16 dicembre 2014 (in G.U. 31/12/2012, n. 302) ha disposto (con l'art. 1, comma 2) che la presente modifica avra' effetto a decorrere dal 1 gennaio 2015.

AGGIORNAMENTO (145)

Il Decreto 27 dicembre 2018 (in G.U. 29/12/2018, n. 301) ha disposto (con l'art. 3, comma 1) che la presente modifica avra' effetto a decorrere dal 1° gennaio 2019.

Art. 164.

Sistemazione del carico sui veicoli

1. Il carico dei veicoli deve essere sistemato in modo da evitare la caduta o la dispersione dello stesso; da non diminuire la visibilita' al conducente ne' impedirgli la liberta' dei movimenti nella guida; da non compromettere la stabilita' del veicolo; da non mascherare dispositivi di illuminazione e di segnalazione visiva ne' le targhe di riconoscimento e i segnali fatti col braccio.

2. Il carico non deve superare i limiti di sagoma stabiliti dall'art. 61 e non puo' sporgere longitudinalmente dalla parte anteriore del veicolo; puo' sporgere longitudinalmente dalla parte posteriore, se costituito da cose indivisibili, fino ai 3/10 della

lunghezza del veicolo stesso, purche' nei limiti stabiliti dall'art. 61.

2-bis. Nel caso di autobus da noleggio, da gran turismo e di linea, in deroga al comma 2, e' consentito l'utilizzo di strutture portabiciclette applicate a sbalzo anteriormente; tale struttura puo' sporgere longitudinalmente dalla parte anteriore fino ad un massimo di 80 cm dalla sagoma propria del mezzo.

3. Fermi restando i limiti massimi di sagoma di cui all'art. 61, comma 1, possono essere trasportate cose che sporgono lateralmente fuori della sagoma del veicolo, purche' la sporgenza da ciascuna parte non superi centimetri 30 di distanza dalle luci di posizione anteriori e posteriori. Pali, sbarre, lastre o carichi simili difficilmente percepibili, collocati orizzontalmente, non possono comunque sporgere lateralmente oltre la sagoma propria del veicolo.

4. Gli accessori mobili non devono sporgere nelle oscillazioni al di fuori della sagoma propria del veicolo e non devono strisciare sul terreno.

5. E' vietato trasportare o trainare cose che striscino sul terreno, anche se in parte sostenute da ruote.

6. Se il carico sporge oltre la sagoma propria del veicolo, devono essere adottate tutte le cautele idonee ad evitare pericolo agli altri utenti della strada. In ogni caso la sporgenza longitudinale deve essere segnalata mediante uno o due speciali pannelli quadrangolari, rivestiti di materiale retroriflettente, posti alle estremita' della sporgenza in modo da risultare costantemente normali all'asse del veicolo.

7. Nel regolamento sono stabilite le caratteristiche e le modalita' di approvazione dei pannelli. Il pannello deve essere conforme al modello approvato e riportare gli estremi dell'approvazione.

8. Chiunque viola le disposizioni dei commi precedenti e' soggetto alla sanzione amministrativa del pagamento di una somma ((da € 87 a € 344)). (19) (29) (43) (52) (64) (80) (89) (101) (114) (124) (145) ((163))

9. Il veicolo non puo' proseguire il viaggio se il conducente non abbia provveduto a sistemare il carico secondo le modalita' stabilite dal presente articolo. Percio' l'organo accertatore, nel caso che trattasi di veicolo a motore, oltre all'applicazione della sanzione di cui al comma 8, procede al ritiro immediato della carta di circolazione e della patente di guida, provvedendo con tutte le cautele che il veicolo sia condotto in luogo idoneo per la detta sistemazione; del ritiro e' fatta menzione nel verbale di contestazione della violazione. I documenti sono restituiti all'avente diritto allorche' il carico sia stato sistemato in conformita' delle presenti norme. Le modalita' della restituzione

sono fissate dal regolamento.

AGGIORNAMENTO (19)
Il Decreto 20 dicembre 1996 (in G.U. 28/12/1996, n. 303) ha disposto (con l'art. 1, comma 1) che la presente modifica avra' effetto a decorrere dal 1 gennaio 1997.

AGGIORNAMENTO (29)
Il Decreto 22 dicembre 1998 (in G.U. 28/12/1998, n. 301) ha disposto (con l'art. 1, comma 1) che la presente modifica avra' effetto a decorrere dal 1 gennaio 1999.

AGGIORNAMENTO (43)
Il Decreto 29 dicembre 2000 (in G.U. 30/12/2000, n. 303) ha disposto (con l'art. 1, comma 1) che la presente modifica avra' effetto a decorrere dal 1 gennaio 2001.

AGGIORNAMENTO (52)
Il Decreto 24 dicembre 2002 (in G.U. 30/12/2002, n. 304) ha disposto (con l'art. 1, comma 1) che la presente modifica avra' effetto a decorrere dal 1 gennaio 2003.

AGGIORNAMENTO (64)
Il Decreto 22 dicembre 2004 (in G.U. 30/12/2004, n. 305) ha disposto (con l'art. 1, comma 2) che la presente modifica avra' effetto a decorrere dal 1 gennaio 2005.

AGGIORNAMENTO (80)
Il Decreto 29 dicembre 2006 (in G.U. 30/12/2006, n. 302) ha disposto (con l'art. 1, comma 2) che la presente modifica avra' effetto a decorrere dal 1 gennaio 2007.

AGGIORNAMENTO (89)
Il Decreto 17 dicembre 2008 (in G.U. 30/12/2008, n. 303) ha disposto (con l'art. 1, comma 2) che la presente modifica avra' effetto a decorrere dal 1 gennaio 2009.

AGGIORNAMENTO (101)
Il Decreto 22 dicembre 2010 (in G.U. 31/12/2010 n. 305) ha disposto (con l'art. 1, comma 2) che la presente modifica avra' effetto a decorrere dal 1 gennaio 2011.

AGGIORNAMENTO (114)

Il Decreto 19 dicembre 2012 (in G.U. 31/12/2012 n. 303) ha disposto (con l'art. 1, comma 2) che la presente modifica avra' effetto a decorrere dal 1 gennaio 2013.

AGGIORNAMENTO (124)

Il Decreto 16 dicembre 2014 (in G.U. 31/12/2014, n. 302) ha disposto (con l'art. 1, comma 2) che la presente modifica avra' effetto a decorrere dal 1 gennaio 2015.

AGGIORNAMENTO (145)

Il Decreto 27 dicembre 2018 (in G.U. 29/12/2018, n. 301) ha disposto (con l'art. 3, comma 1) che la presente modifica avra' effetto a decorrere dal 1° gennaio 2019.

AGGIORNAMENTO (163)

Il Decreto 31 dicembre 2020 (in G.U. 31/12/2020, n. 323) ha disposto (con l'art. 3, comma 1) che la presente modifica avra' effetto a decorrere dal 1° gennaio 2021.

Art. 165.
Traino di veicoli in avaria

1. Al di fuori dei casi previsti dall'art. 63, il traino, per incombente situazione di emergenza, di un veicolo da parte di un altro deve avvenire attraverso un solido collegamento tra i veicoli stessi, da effettuarsi mediante aggancio con fune, catena, cavo, barra rigida od altro analogo attrezzo, purche' idoneamente segnalati in modo tale da essere avvistati e risultare chiaramente percepibili da parte degli altri utenti della strada.

2. Durante le operazioni di traino il veicolo trainato deve mantenere attivato il dispositivo luminoso a luce intermittente di cui all'art. 151, lettera f), oppure, in mancanza di tale segnalazione, mantenere esposto sul lato rivolto alla circolazione il pannello di cui all'art. 164, comma 6, ovvero il segnale mobile di cui all'art. 162. Il veicolo trainante, ove ne sia munito, deve mantenere attivato l'apposito dispositivo a luce gialla prescritto dal regolamento per i veicoli di soccorso stradale.

3. Chiunque viola le disposizioni del presente articolo e' soggetto alla sanzione amministrativa del pagamento di una somma ((da € 87 a € 344)). (19) (29) (43) (52) (64) (80) (89) (101) (114) (124) (145) ((163))

AGGIORNAMENTO (19)

Il Decreto 20 dicembre 1996 (in G.U. 28/12/1996, n. 303) ha disposto (con l'art. 1, comma 1) che la presente modifica avra' effetto a decorrere dal 1 gennaio 1997.

AGGIORNAMENTO (29)
Il Decreto 22 dicembre 1998 (in G.U. 28/12/1998, n. 301) ha disposto (con l'art. 1, comma 1) che la presente modifica avra' effetto a decorrere dal 1 gennaio 1999.

AGGIORNAMENTO (43)
Il Decreto 29 dicembre 2000 (in G.U. 30/12/2000, n. 303) ha disposto (con l'art. 1, comma 1) che la presente modifica avra' effetto a decorrere dal 1 gennaio 2001.

AGGIORNAMENTO (52)
Il Decreto 24 dicembre 2002 (in G.U. 30/12/2002, n. 304) ha disposto (con l'art. 1, comma 1) che la presente modifica avra' effetto a decorrere dal 1 gennaio 2003.

AGGIORNAMENTO (64)
Il Decreto 22 dicembre 2004 (in G.U. 30/12/2004, n. 305) ha disposto (con l'art. 1, comma 2) che la presente modifica avra' effetto a decorrere dal 1 gennaio 2005.

AGGIORNAMENTO (80)
Il Decreto 29 dicembre 2006 (in G.U. 30/12/2006, n. 302) ha disposto (con l'art. 1, comma 2) che la presente modifica avra' effetto a decorrere dal 1 gennaio 2007.

AGGIORNAMENTO (89)
Il Decreto 17 dicembre 2008 (in G.U. 30/12/2008, n. 303) ha disposto (con l'art. 1, comma 2) che la presente modifica avra' effetto a decorrere dal 1 gennaio 2009.

AGGIORNAMENTO (101)
Il Decreto 22 dicembre 2010 (in G.U. 31/12/2010 n. 305) ha disposto (con l'art. 1, comma 2) che la presente modifica avra' effetto a decorrere dal 1 gennaio 2011.

AGGIORNAMENTO (114)
Il Decreto 19 dicembre 2012 (in G.U. 31/12/2012 n. 303) ha disposto (con l'art. 1, comma 2) che la presente modifica avra' effetto a decorrere dal 1 gennaio 2013.

AGGIORNAMENTO (124)
Il Decreto 16 dicembre 2014 (in G.U. 31/12/2014, n. 302) ha

disposto (con l'art. 1, comma 2) che la presente modifica avra' effetto a decorrere dal 1 gennaio 2015.

AGGIORNAMENTO (145)
Il Decreto 27 dicembre 2018 (in G.U. 29/12/2018, n. 301) ha disposto (con l'art. 3, comma 1) che la presente modifica avra' effetto a decorrere dal 1° gennaio 2019.

AGGIORNAMENTO (163)
Il Decreto 31 dicembre 2020 (in G.U. 31/12/2020, n. 323) ha disposto (con l'art. 3, comma 1) che la presente modifica avra' effetto a decorrere dal 1° gennaio 2021.

Art. 166.
Trasporto di cose su veicoli a trazione animale

1. Sui veicoli a trazione animale il trasporto di cose non puo' superare la massa complessiva a pieno carico indicata nella targa.
2. Chiunque circola con un veicolo che supera la massa complessiva a pieno carico indicato nella targa, ove non ricorra alcuna delle ipotesi di violazione di cui all'art. 62, e' soggetto alla sanzione amministrativa del pagamento di una somma ((da € 26 a € 102)). (19) (29) (43) (52) (64) (80) (89) (101) (114) (124) ((145))

AGGIORNAMENTO (19)
Il Decreto 20 dicembre 1996 (in G.U. 28/12/1996, n. 303) ha disposto (con l'art. 1, comma 1) che la presente modifica avra' effetto a decorrere dal 1 gennaio 1997.

AGGIORNAMENTO (29)
Il Decreto 22 dicembre 1998 (in G.U. 28/12/1998, n. 301) ha disposto (con l'art. 1, comma 1) che la presente modifica avra' effetto a decorrere dal 1 gennaio 1999.

AGGIORNAMENTO (43)
Il Decreto 29 dicembre 2000 (in G.U. 30/12/2000, n. 303) ha disposto (con l'art. 1, comma 1) che la presente modifica avra' effetto a decorrere dal 1 gennaio 2001.

AGGIORNAMENTO (52)
Il Decreto 24 dicembre 2002 (in G.U. 30/12/2002, n. 304) ha disposto (con l'art. 1, comma 1) che la presente modifica avra' effetto a decorrere dal 1 gennaio 2003.

AGGIORNAMENTO (64)

Il Decreto 22 dicembre 2004 (in G.U. 30/12/2004, n. 305) ha disposto (con l'art. 1, comma 2) che la presente modifica avra' effetto a decorrere dal 1 gennaio 2005.

AGGIORNAMENTO (80)
Il Decreto 29 dicembre 2006 (in G.U. 30/12/2006, n. 302) ha disposto (con l'art. 1, comma 2) che la presente modifica avra' effetto a decorrere dal 1 gennaio 2007.

AGGIORNAMENTO (89)
Il Decreto 17 dicembre 2008 (in G.U. 30/12/2008, n. 303) ha disposto (con l'art. 1, comma 2) che la presente modifica avra' effetto a decorrere dal 1 gennaio 2009.

AGGIORNAMENTO (101)
Il Decreto 22 dicembre 2010 (in G.U. 31/12/2010, n. 305) ha disposto (con l'art. 1, comma 2) che la presente modifica avra' effetto a decorrere dal 1 gennaio 2011.

AGGIORNAMENTO (114)
Il Decreto 19 dicembre 2012 (in G.U. 31/12/2012, n. 303) ha disposto (con l'art. 1, comma 2) che la presente modifica avra' effetto a decorrere dal 1 gennaio 2013.

AGGIORNAMENTO (124)
Il Decreto 16 dicembre 2014 (in G.U. 31/12/2012, n. 302) ha disposto (con l'art. 1, comma 2) che la presente modifica avra' effetto a decorrere dal 1 gennaio 2015.

AGGIORNAMENTO (145)
Il Decreto 27 dicembre 2018 (in G.U. 29/12/2018, n. 301) ha disposto (con l'art. 3, comma 1) che la presente modifica avra' effetto a decorrere dal 1° gennaio 2019.

Art. 167.
Trasporti di cose su veicoli a motore e sui rimorchi

1. I veicoli a motore ed i rimorchi non possono superare la massa complessiva indicata sulla carta di circolazione.
((1-bis. Nel rilevamento della massa dei veicoli effettuato con gli strumenti di cui al comma 12 si applica una riduzione pari al 5 per cento del valore misurato, mentre nel caso di utilizzo di strumenti di cui al comma 12-bis si applica una riduzione pari al 10 per cento del valore misurato)).
((2. Chiunque circola con un veicolo la cui massa complessiva a pieno carico risulta essere superiore a quella indicata nella carta

di circolazione, quando detta massa e' superiore a 10 t, e' soggetto alla sanzione amministrativa del pagamento di una somma:

a) da euro 42 a euro 173, se l'eccedenza non supera 1 t;
b) da euro 87 a euro 345, se l'eccedenza non supera le 2 t;
c) da euro 173 a euro 695, se l'eccedenza non supera le 3 t;
d) da euro 431 a euro 1.734, se l'eccedenza supera le 3 t)). ((2-bis. I veicoli di cui al comma 2, se ad alimentazione esclusiva o doppia a metano, GPL, elettrica e ibrida e dotati di controllo elettronico della stabilita', possono circolare con una massa complessiva a pieno carico che non superi quella indicata nella carta di circolazione piu' una tonnellata. Si applicano le sanzioni di cui al comma 2)).((3. Per i veicoli di massa complessiva a pieno carico non superiore a 10 t, le sanzioni amministrative previste nel comma 2 sono applicabili allorche' l'eccedenza non superi rispettivamente il 5, il 15, il 25 per cento, oppure superi il 25 per cento della massa complessiva)).

3-bis. I veicoli di cui al comma 3, se ad alimentazione esclusiva o doppia a metano, GPL, elettrica e ibrida e dotati di controllo elettronico della stabilita', possono circolare con una massa complessiva a pieno carico che non superi del ((10 per cento)) quella indicata nella carta di circolazione. Si applicano le sanzioni di cui al comma 3.

4. Gli autoveicoli adibiti al trasporto di veicoli di cui all'art. 10, comma 3, lettera d), possono circolare con il loro carico soltanto sulle autostrade o sulle strade con carreggiata non inferiore a 6,50 m e con altezza libera delle opere di sottovia che garantisca un franco minimo rispetto all'intradosso delle opere d'arte non inferiore a 20 cm. I veicoli di cui all'art. 10, comma 3, lettera e) e g), possono circolare con il loro carico sulle strade che abbiano altezza libera delle opere di sottovia che garantisca un franco minimo rispetto all'intradosso delle opere d'arte non inferiore a 30 cm.

((5. Chiunque circola con un autotreno o con un autoarticolato la cui massa complessiva a pieno carico risulti superiore a quella indicata nella carta di circolazione e' soggetto ad un'unica sanzione amministrativa uguale a quella prevista nel comma 2. La medesima sanzione si applica anche nel caso in cui un autotreno o un articolato sia costituito da un veicolo trainante di cui al comma 2-bis; in tal caso l'eccedenza di massa e' calcolata separatamente tra i veicoli del complesso, applicando le tolleranze di cui al comma 2-bis per il veicolo trattore)).

6. La sanzione di cui al comma 5 si applica anche nell'ipotesi di eccedenze di massa di uno solo dei veicoli, anche se non ci sia di eccedenza di massa nel complesso.

7. Chiunque circola in violazione delle disposizioni di cui al comma 4 e' soggetto alla sanzione amministrativa del pagamento di una

somma da € 173 a € 694, ferma restando la responsabilita' civile di cui all'art. 2054 del codice civile. (19) (29) (43) (52) (64) (80) (89) (101) (114) (124) (133) (145) (163)

8. Agli effetti delle sanzioni amministrative previste dal presente articolo le masse complessive a pieno carico indicate nelle carte di

circolazione, nonche' i valori numerici ottenuti mediante l'applicazione di qualsiasi percentuale, si devono considerare arrotondati ai cento chilogrammi superiori.

9. Le sanzioni amministrative previste nel presente articolo si applicano sia al conducente che al proprietario del veicolo, nonche' al committente, quando si tratta di trasporto eseguito per suo conto esclusivo. L'intestatario della carta di circolazione del veicolo e' tenuto a corrispondere agli enti proprietari delle strade percorse l'indennizzo di cui all'art. 10, comma 10, commisurato all'eccedenza rispetto ai limiti di massa di cui all'art. 62.

10. Quando e' accertata una eccedenza di massa superiore al ((5 per cento)) della massa complessiva a pieno carico indicata nella carta di circolazione, la continuazione del viaggio e' subordinata alla riduzione del carico entro i limiti consentiti.

10-bis. Per i veicoli di cui al comma 2-bis l'eccedenza di massa ai fini dell'applicazione delle disposizioni di cui al comma 10 e' pari al ((5 per cento)) piu' una tonnellata della massa complessiva a pieno carico indicata sulla carta di circolazione.

((11. Le sanzioni amministrative previste nel presente articolo sono applicabili anche ai trasporti ed ai veicoli eccezionali, definiti all'articolo 10, quando venga superata la massa complessiva massima indicata nell'autorizzazione. La prosecuzione del viaggio e' subordinata al rilascio di una nuova autorizzazione)).

12. Costituiscono fonti di prova per il controllo del carico le risultanze degli strumenti di pesa ((di tipo statico)) in regola con le verifiche di legge e di quelli in dotazione agli organi di polizia, nonche' i documenti di accompagnamento previsti da disposizioni di legge. Le spese per l' accertamento sono a carico dei soggetti di cui al comma 9 in solido.

((12-bis. Costituiscono altresi' fonti di prova per il controllo del carico le risultanze degli strumenti di pesa di tipo dinamico in dotazione agli organi di polizia, omologati o approvati dal Ministero delle infrastrutture e della mobilita' sostenibili. Le spese per l'accertamento sono a carico dei soggetti di cui al comma 9 in solido)).

13. Ai veicoli immatricolati all'estero si applicano tutte le norme previste dal presente articolo.

AGGIORNAMENTO (19)

Il Decreto 20 dicembre 1996 (in G.U. 28/12/1996, n. 303) ha disposto (con l'art. 1, comma 1) che le presenti modifiche avranno effetto a decorrere dal 1 gennaio 1997.

AGGIORNAMENTO (29)

Il Decreto 22 dicembre 1998 (in G.U. 28/12/1998, n. 301) ha disposto (con l'art. 1, comma 1) che le presenti modifiche avranno effetto a decorrere dal 1 gennaio 1999.

AGGIORNAMENTO (43)

Il Decreto 29 dicembre 2000 (in G.U. 30/12/2000, n. 303) ha disposto (con l'art. 1, comma 1) che le presenti modifiche avranno effetto a decorrere dal 1 gennaio 2001.

AGGIORNAMENTO (52)

Il Decreto 24 dicembre 2002 (in G.U. 30/12/2002, n. 304) ha disposto (con l'art. 1, comma 1) che le presenti modifiche avranno effetto a decorrere dal 1 gennaio 2003.

AGGIORNAMENTO (64)

Il Decreto 22 dicembre 2004 (in G.U. 30/12/2004, n. 305) ha disposto (con l'art. 1, comma 2) che le presenti modifiche avranno effetto a decorrere dal 1 gennaio 2005.

AGGIORNAMENTO (80)

Il Decreto 29 dicembre 2006 (in G.U. 30/12/2006, n. 302) ha disposto (con l'art. 1, comma 2) che le presenti modifiche avranno effetto a decorrere dal 1 gennaio 2007.

AGGIORNAMENTO (89)

Il Decreto 17 dicembre 2008 (in G.U. 30/12/2008, n. 303) ha disposto (con l'art. 1, comma 2) che le presenti modifiche avranno effetto a decorrere dal 1 gennaio 2009.

AGGIORNAMENTO (101)

Il Decreto 22 dicembre 2010 (in G.U. 31/12/2010 n. 305) ha disposto (con l'art. 1, comma 2) che le presenti modifiche avranno effetto a decorrere dal 1 gennaio 2011.

AGGIORNAMENTO (114)

Il Decreto 19 dicembre 2012 (in G.U. 31/12/2012 n. 303) ha disposto (con l'art. 1, comma 2) che le presenti modifiche avranno effetto a decorrere dal 1 gennaio 2013.

AGGIORNAMENTO (124)

Il Decreto 16 dicembre 2014 (in G.U. 31/12/2014, n. 302) ha disposto (con l'art. 1, comma 2) che le presenti modifiche avranno effetto a decorrere dal 1 gennaio 2015.

AGGIORNAMENTO (133)

Il Decreto 20 dicembre 2016 (in G.U. 30/12/2016, n. 304) ha disposto (con l'art. 1, comma 1) che le presenti modifiche avranno effetto a decorrere dal 1 gennaio 2017.

AGGIORNAMENTO (145)

Il Decreto 27 dicembre 2018 (in G.U. 29/12/2018, n. 301) ha disposto (con l'art. 3, comma 1) che le presenti modifiche avranno effetto a decorrere dal 1° gennaio 2019.

AGGIORNAMENTO (163)

Il Decreto 31 dicembre 2020 (in G.U. 31/12/2020, n. 323) ha disposto (con l'art. 3, comma 1) che le presenti modifiche avranno effetto a decorrere dal 1° gennaio 2021.

Art. 168.

Disciplina del trasporto su strada dei materiali pericolosi

1. Ai fini del trasporto su strada sono considerati materiali pericolosi quelli appartenenti alle classi indicate negli allegati all'accordo auropeo relativo al trasporto internazionale su strada di merci pericolose di cui alla legge 12 agosto 1962, n. 1839, e successive modificazioni e integrazioni.

2. La circolazione dei veicoli che trasportano merci pericolose ammesse al trasporto su strada, nonche' le prescrizioni relative all'etichettaggio, all'imballaggio, al carico, allo scarico ed allo stivaggio sui veicoli stradali e' regolata dagli allegati all'accordo di cui al comma 1 recepiti nell'ordinamento in conformita' alle norme vigenti.

3. Le merci pericolose, il cui trasporto internazionale su strada e' ammesso dagli accordi internazionali, possono essere trasportate su strada, all'interno dello Stato, alle medesime condizioni stabilite per i predetti trasporti internazionali. Per le merci che presentino pericolo di esplosione e per i gas tossici resta salvo l'obbligo per gli interessati di munirsi delle licenze e dei permessi di trasporto qualora previsti dalle vigenti disposizioni.

4. Il Ministro delle infrastrutture e dei trasporti, di concerto con i Ministri dell'interno, dell'ambiente e della tutela del territorio e del mare e dello sviluppo economico, con decreti previamente

notificati alla commissione europea ai fini dell'autorizzazione, puo' prescrivere, esclusivamente per motivi inerenti alla sicurezza durante il trasporto, disposizioni piu' rigorose per la disciplina del trasporto nazionale di merci pericolose effettuato da veicoli, purche' non relative alla costruzione degli stessi. Con decreti del Ministro delle infrastrutture e dei trasporti, di concerto con i Ministri dell'interno, dello sviluppo economico e della salute, possono essere altresi' classificate merci pericolose, ai fini del trasporto su strada, materie ed oggetti non compresi tra quelli di cui al comma 1, ma che siano ad essi assimilabili. Negli stessi decreti sono indicate le condizioni nel rispetto delle quali le singole merci elencate possono essere ammesse al trasporto; per le merci assimilabili puo' altresi' essere imposto l'obbligo della autorizzazione del singolo trasporto, precisando l'autorita' competente, nonche' i criteri e le modalita' da seguire.

4-bis. A condizione che non sia pregiudicata la sicurezza, il Ministero delle infrastrutture e dei trasporti, di concerto con i Ministeri dell'interno, della salute e dell'ambiente e della tutela del territorio e del mare, rilascia autorizzazioni individuali per operazioni di trasporto di merci pericolose sul territorio nazionale che sono proibite o effettuate in condizioni diverse da quelle stabilite dalle disposizioni di cui al comma 2. Le autorizzazioni sono definite e limitate nel tempo e possono essere concesse solo quando ricorrono particolari esigenze di ordine tecnico ovvero di tutela della sicurezza pubblica. (95)

5. Per il trasporto delle materie fissili o radioattive si applicano le norme dell'art. 5 della legge 31 dicembre 1962, n. 1860, modificato dall'art. 2 del decreto del Presidente della Repubblica 30 dicembre 1965, n. 1704, e successive modifiche.

6. A condizione che non sia pregiudicata la sicurezza e previa notifica alla Commissione europea, ai fini dell'autorizzazione, il Ministero delle infrastrutture e dei trasporti, di concerto con i Ministeri dell'interno, della salute, dell'ambiente e della tutela del territorio e del mare e dello sviluppo economico, puo' derogare le condizioni poste dalle norme di cui al comma 2 per:

a) il trasporto nazionale di piccole quantita' di merce, purche' non relative a materie a media o alta radioattivita';

b) merci pericolose destinate al trasporto locale su brevi distanze.

7. Chiunque circola con un veicolo o con un complesso di veicoli adibiti al trasporto di merci pericolose, la cui massa complessiva a pieno carico risulta superiore a quella indicata sulla carta di

circolazione, e' soggetto alle sanzioni amministrative previste nell'art. 167, comma 2, in misura doppia.

8. Chiunque trasporta merci pericolose senza regolare autorizzazione, quando sia prescritta, ovvero non rispetta le condizioni imposte, a tutela della sicurezza, negli stessi provvedimenti di autorizzazione e' punito con la sanzione amministrativa del pagamento di una somma ((da € 2.046 a € 8.186)). (52) (64) (80) (89) (101) (114) (124) (133) (145) ((163))

8-bis. Alle violazioni di cui al comma 8 conseguono le sanzioni accessorie della sospensione della carta di circolazione e della sospensione della patente di guida per un periodo da due a sei mesi. In caso di reiterazione delle violazioni consegue anche la sanzione accessoria della confisca amministrativa del veicolo. Si osservano le norme di cui al capo I, sezione II, del titolo VI.

9. Chiunque viola le prescrizioni fissate dal comma 2, ovvero le condizioni di trasporto di cui ai commi 3 e 4, relative all'idoneita' tecnica dei veicoli o delle cisterne che trasportano merci pericolose, ai dispositivi di equipaggiamento e protezione dei veicoli, alla presenza o alla corretta sistemazione dei pannelli di segnalazione e alle etichette di pericolo collocate sui veicoli, sulle cisterne, sui contenitori e sui colli che contengono merci pericolose, ovvero che le hanno contenute se non ancora bonificati,

alla sosta dei veicoli, alle operazioni di carico, scarico e trasporto in comune delle merci pericolose, e' soggetto alla sanzione amministrativa del pagamento di una somma ((da € 414 a € 1.665)). A tali violazioni, qualora riconducibili alle responsabilita' del trasportatore, cosi' come definite nell'accordo di cui al comma 1, ovvero del conducente, consegue la sanzione amministrativa accessoria della sospensione della patente di guida del conducente e della carta di circolazione del veicolo con il quale e' stata commessa la violazione per un periodo da due a sei mesi, a norma del capo I, sezione II, del titolo VI. A chiunque violi le disposizioni del comma 4, primo periodo, si applicano la sanzione amministrativa pecuniaria di cui al comma 8, nonche' le disposizioni del periodo precedente. (80) (89) (101) (114) (124) (133) (145) ((163))

9-bis. Chiunque viola le prescrizioni fissate dal comma 2, ovvero le condizioni di trasporto di cui ai commi 3 e 4, relative ai dispositivi di equipaggiamento e protezione dei conducenti o dell'equipaggio, alla compilazione e tenuta dei documenti di trasporto o delle istruzioni di sicurezza, e' soggetto alla sanzione amministrativa del pagamento di una somma ((da € 414 a € 1.665)). (80) (89) (101) (114) (124) (133) (145) ((163))

9-ter. Chiunque, fuori dai casi previsti dai commi 8, 9 e 9-bis, viola le altre prescrizioni fissate o recepite con i decreti ministeriali di cui al comma 2, ovvero le condizioni di trasporto di cui ai commi 3 e 4, e' soggetto alla sanzione amministrativa del pagamento di una somma ((da € 167 a € 665)). (80) (89) (95) (101) (114) (124) (133) (145) ((163))

10. Alle violazioni di cui ai precedenti commi si applicano le disposizioni dell'art. 167, comma 9.

AGGIORNAMENTO (19)

Il Decreto 20 dicembre 1996 (in G.U. 28/12/1996, n. 303) ha disposto (con l'art. 1, comma 1) che la presente modifica avra' effetto a decorrere dal 1 gennaio 1997.

AGGIORNAMENTO (29)

Il Decreto 22 dicembre 1998 (in G.U. 28/12/1998, n. 301) ha disposto (con l'art. 1, comma 1) che la presente modifica avra' effetto a decorrere dal 1 gennaio 1999.

AGGIORNAMENTO (43)

Il Decreto 29 dicembre 2000 (in G.U. 30/12/2000, n. 303) ha disposto (con l'art. 1, comma 1) che la presente modifica avra' effetto a decorrere dal 1 gennaio 2001.

AGGIORNAMENTO (52)

Il Decreto 24 dicembre 2002 (in G.U. 30/12/2002, n. 304) ha disposto (con l'art. 1, comma 1) che le presenti modifiche avranno effetto a decorrere dal 1 gennaio 2003.

AGGIORNAMENTO (64)

Il Decreto 22 dicembre 2004 (in G.U. 30/12/2004, n. 305) ha disposto (con l'art. 1, comma 2) che la presente modifica avra' effetto a decorrere dal 1 gennaio 2005.

AGGIORNAMENTO (80)

Il Decreto 29 dicembre 2006 (in G.U. 30/12/2006, n. 302) ha disposto (con l'art. 1, comma 2) che le presenti modifiche avranno effetto a decorrere dal 1 gennaio 2007.

AGGIORNAMENTO (89)

Il Decreto 17 dicembre 2008 (in G.U. 30/12/2008, n. 303) ha disposto (con l'art. 1, comma 2) che le presenti modifiche avranno effetto a decorrere dal 1 gennaio 2009.

AGGIORNAMENTO (95)

Il D.Lgs. 27 gennaio 2010, n. 35 ha disposto:
  - (con l'art. 6, comma 1, lettera e)) che ai commi 9, 9-bis e

9-ter le parole: «Chiunque viola le prescrizioni fissate o recepite con i decreti ministeriali di cui al comma 2» sono sostituite, ovunque ricorrano, dalle seguenti: «Chiunque viola le prescrizioni fissate dal comma 2».

- (con l'art. 6, comma 2) che "All'espletamento delle attivita' autorizzative di cui all'articolo 168 del decreto legislativo 30 aprile 1992, n. 285, e successive modificazioni, comma 4-bis, quale introdotto dal comma 1, si provvede nell'ambito delle risorse umane, strumentali e finanziarie previste a legislazione vigente".

AGGIORNAMENTO (101)
Il Decreto 22 dicembre 2010 (in G.U. 31/12/2010, n. 305) ha disposto (con l'art. 1, comma 2) che le presenti modifiche avranno effetto a decorrere dal 1 gennaio 2011.

AGGIORNAMENTO (114)
Il Decreto 19 dicembre 2012 (in G.U. 31/12/2012, n. 303) ha disposto (con l'art. 1, comma 2) che le presenti modifiche avranno effetto a decorrere dal 1 gennaio 2013.

AGGIORNAMENTO (124)
Il Decreto 16 dicembre 2014 (in G.U. 31/12/2012, n. 302) ha disposto (con l'art. 1, comma 2) che le presenti modifiche avranno effetto a decorrere dal 1 gennaio 2015.

AGGIORNAMENTO (133)
Il Decreto 20 dicembre 2016 (in G.U. 30/12/2016, n. 304) ha disposto (con l'art. 1, comma 1) che le presenti modifiche avranno

effetto a decorrere dal 1 gennaio 2017.

AGGIORNAMENTO (145)
Il Decreto 27 dicembre 2018 (in G.U. 29/12/2018, n. 301) ha disposto (con l'art. 3, comma 1) che le presenti modifiche avranno effetto a decorrere dal 1° gennaio 2019.

AGGIORNAMENTO (163)
Il Decreto 31 dicembre 2020 (in G.U. 31/12/2020, n. 323) ha disposto (con l'art. 3, comma 1) che le presenti modifiche avranno effetto a decorrere dal 1° gennaio 2021.

Art. 169
Trasporto di persone, animali e oggetti sui veicoli a motore
1. In tutti i veicoli il conducente deve avere la piu' ampia

liberta' di movimento per effettuare le manovre necessarie per la guida.

2. Il numero delle persone che possono prendere posto sui veicoli, esclusi quelli di cui al comma 5, anche in relazione all'ubicazione dei sedili, non puo' superare quello indicato nella carta di circolazione.

3. Il numero delle persone che possono prendere posto, sedute o in piedi, sugli autoveicoli e filoveicoli destinati a trasporto di persone, escluse le autovetture, nonche' il carico complessivo del veicolo non possono superare i corrispondenti valori massimi indicati nella carta di circolazione; tali valori sono fissati dal regolamento in relazione ai tipi ed alle caratteristiche di detti veicoli.

4. Tutti i passeggeri dei veicoli a motore devono prendere posto in modo da non limitare la liberta' di movimento del conducente e da non impedirgli la visibilita'. Inoltre, su detti veicoli, esclusi i motocicli e i ciclomotori a due ruote, il conducente e il passeggero non devono determinare sporgenze dalla sagoma trasversale del veicolo.

5. Fino all'8 maggio 2009 sulle autovetture e sugli autoveicoli adibiti al trasporto promiscuo di persone e cose e' consentito il trasporto in soprannumero sui posti posteriori di due bambini di eta' inferiore a dieci anni, a condizione che siano accompagnati da almeno un passeggero di eta' non inferiore ad anni sedici.

6. Sui veicoli diversi da quelli autorizzati a norma dell'art. 38 del decreto del Presidente della Repubblica 8 febbraio 1954, n. 320, e' vietato il trasporto di animali domestici in numero superiore a uno e comunque in condizioni da costituire impedimento o pericolo per la guida. E' consentito il trasporto di soli animali domestici, anche in numero superiore, purche' custoditi in apposita gabbia o contenitore o nel vano posteriore al posto di guida appositamente diviso da rete od altro analogo mezzo idoneo che, se installati in via permanente, devono essere autorizzati dal competente ufficio competente del Dipartimento per i trasporti terrestri.

7. Chiunque guida veicoli destinati a trasporto di persone, escluse le autovetture, che hanno un numero di persone e un carico complessivo superiore ai valori massimi indicati nella carta di circolazione, ovvero trasporta un numero di persone superiore a quello indicato nella carta di circolazione, e' soggetto alla sanzione amministrativa del pagamento di una somma ((da € 173 a € 694)). (19) (29) (43) (52) (64) (80) (89) (101) (114) (124) (133) (145) ((163))

8. Qualora le violazioni di cui al comma 7 sono commesse adibendo abusivamente il veicolo ad uso di terzi, si applica la sanzione amministrativa

del pagamento di una somma ((da € 430 a € 1.731)), nonche' la sanzione amministrativa accessoria della sospensione della carta di circolazione da uno a sei mesi, a norma del capo I, sezione II, del titolo VI. (19) (29) (43) (52) (64) (80) (89) (101) (114) (124) (133) (145) ((163))

9. Qualora le violazioni di cui al comma 7 siano commesse alla guida di una autovettura, il conducente e' soggetto alla sanzione amministrativa del pagamento di una somma da € 42 a € 173. (19) (29) (43) (52) (64) (80) (89) (101) (114) (124) (145)

10. Chiunque viola le altre disposizioni di cui al presente articolo e' soggetto alla sanzione amministrativa del pagamento di una somma ((da € 87 a € 344)). (19) (29) (43) (52) (64) (80) (89) (101) (114) (124) (145) ((163))

AGGIORNAMENTO (19)

Il Decreto 20 dicembre 1996 (in G.U. 28/12/1996, n. 303) ha disposto (con l'art. 1, comma 1) che le presenti modifiche avranno effetto a decorrere dal 1 gennaio 1997.

AGGIORNAMENTO (29)

Il Decreto 22 dicembre 1998 (in G.U. 28/12/1998, n. 301) ha disposto (con l'art. 1, comma 1) che le presenti modifiche avranno effetto a decorrere dal 1 gennaio 1999.

AGGIORNAMENTO (43)

Il Decreto 29 dicembre 2000 (in G.U. 30/12/2000, n. 303) ha disposto (con l'art. 1, comma 1) che le presenti modifiche avranno effetto a decorrere dal 1 gennaio 2001.

AGGIORNAMENTO (52)

Il Decreto 24 dicembre 2002 (in G.U. 30/12/2002, n. 304) ha disposto (con l'art. 1, comma 1) che le presenti modifiche avranno effetto a decorrere dal 1 gennaio 2003.

AGGIORNAMENTO (64)

Il Decreto 22 dicembre 2004 (in G.U. 30/12/2004, n. 305) ha disposto (con l'art. 1, comma 2) che le presenti modifiche avranno effetto a decorrere dal 1 gennaio 2005.

AGGIORNAMENTO (80)

Il Decreto 29 dicembre 2006 (in G.U. 30/12/2006, n. 302) ha disposto (con l'art. 1, comma 2) che le presenti modifiche avranno effetto a decorrere dal 1 gennaio 2007.

AGGIORNAMENTO (89)

Il Decreto 17 dicembre 2008 (in G.U. 30/12/2008, n. 303) ha disposto (con l'art. 1, comma 2) che le presenti modifiche avranno effetto a decorrere dal 1 gennaio 2009.

AGGIORNAMENTO (101)

Il Decreto 22 dicembre 2010 (in G.U. 31/12/2010 n. 305) ha disposto (con l'art. 1, comma 2) che le presenti modifiche avranno effetto a decorrere dal 1 gennaio 2011.

AGGIORNAMENTO (114)

Il Decreto 19 dicembre 2012 (in G.U. 31/12/2012 n. 303) ha disposto (con l'art. 1, comma 2) che le presenti modifiche avranno effetto a decorrere dal 1 gennaio 2013.

AGGIORNAMENTO (124)

Il Decreto 16 dicembre 2014 (in G.U. 31/12/2014, n. 302) ha disposto (con l'art. 1, comma 2) che le presenti modifiche avranno effetto a decorrere dal 1 gennaio 2015.

AGGIORNAMENTO (133)

Il Decreto 20 dicembre 2016 (in G.U. 30/12/2016, n. 304) ha disposto (con l'art. 1, comma 1) che le presenti modifiche avranno effetto a decorrere dal 1 gennaio 2017.

AGGIORNAMENTO (145)

Il Decreto 27 dicembre 2018 (in G.U. 29/12/2018, n. 301) ha disposto (con l'art. 3, comma 1) che le presenti modifiche avranno effetto a decorrere dal 1° gennaio 2019.

AGGIORNAMENTO (163)

Il Decreto 31 dicembre 2020 (in G.U. 31/12/2020, n. 323) ha disposto (con l'art. 3, comma 1) che le presenti modifiche avranno effetto a decorrere dal 1° gennaio 2021.

Art. 170.
Trasporto di persone, animali e oggetti sui veicoli a motore a due ruote

1. Sui motocicli e sui ciclomotori a due ruote il conducente deve avere libero uso delle braccia, delle mani e delle gambe, deve stare seduto in posizione corretta e deve reggere il manubrio con ambedue le mani, ovvero con una mano in caso di necessita' per le opportune manovre o segnalazioni. Non deve procedere sollevando la ruota anteriore.

1-bis. Sui veicoli di cui al comma 1 e' vietato il trasporto di minori di anni cinque.

2. Sui ciclomotori e' vietato il trasporto di altre persone oltre al conducente, salvo che il posto per il passeggero sia espressamente indicato nel certificato di circolazione e che il conducente abbia eta' superiore a sedici anni.

3. Sui veicoli di cui al comma 1 l'eventuale passeggero deve essere seduto in modo stabile ed equilibrato, nella posizione determinata dalle apposite attrezzature del veicolo.

4. E' vietato ai conducenti dei veicoli di cui al comma 1 di trainare o farsi trainare da altri veicoli.

5. Sui veicoli di cui al comma 1 e' vietato trasportare oggetti che non siano solidamente assicurati, che sporgano lateralmente rispetto all'asse del veicolo o longitudinalmente rispetto alla sagoma di esso oltre i cinquanta centimetri, ovvero impediscano o limitino la visibilita' al conducente. Entro i predetti limiti, e' consentito il trasporto di animali purche' custoditi in apposita gabbia o contenitore.

6. Chiunque viola le disposizioni di cui al presente articolo e' soggetto alla sanzione amministrativa del pagamento di una somma ((da € 83 a € 332)). (19) (29) (43) (52) (80) (89) (101) (114) (124) (145) ((163))

6-bis. Chiunque viola le disposizioni del comma 1-bis e' soggetto alla sanzione amministrativa del pagamento di una somma ((da € 165 a € 660)). (101) (114) (124) (133) (145) ((163))

7. Alle violazioni previste dal comma 1 e, se commesse da conducente minore di sedici anni, dal comma 2, alla sanzione pecuniaria amministrativa consegue il fermo amministrativo del veicolo per sessanta giorni, ai sensi del capo I, sezione II, del titolo VI; quando, nel corso di un biennio, con un ciclomotore o un motociclo sia stata commessa, per almeno due volte, una delle violazioni previste dai commi 1 e 2, il fermo amministrativo del veicolo e' disposto per novanta giorni.

AGGIORNAMENTO (19)

Il Decreto 20 dicembre 1996 (in G.U. 28/12/1996, n. 303) ha disposto (con l'art. 1, comma 1) che la presente modifica avra' effetto a decorrere dal 1 gennaio 1997.

AGGIORNAMENTO (29)

Il Decreto 22 dicembre 1998 (in G.U. 28/12/1998, n. 301) ha disposto (con l'art. 1, comma 1) che la presente modifica avra' effetto a decorrere dal 1 gennaio 1999.

AGGIORNAMENTO (43)

Il Decreto 29 dicembre 2000 (in G.U. 30/12/2000, n. 303) ha disposto (con l'art. 1, comma 1) che la presente modifica avra' effetto a decorrere dal 1 gennaio 2001.

AGGIORNAMENTO (52)

Il Decreto 24 dicembre 2002 (in G.U. 30/12/2002, n. 304) ha disposto (con l'art. 1, comma 1) che la presente modifica avra' effetto a decorrere dal 1 gennaio 2003.

AGGIORNAMENTO (56)

Il D.L. 27 giugno 2003, n. 151, convertito con modificazioni dalla L. 1 agosto 2003, n. 214, ha disposto (con l'art. 7, comma 7) che le disposizioni del comma 2 del presente articolo hanno effetto a decorrere dal 1° luglio 2004.

AGGIORNAMENTO (80)

Il Decreto 29 dicembre 2006 (in G.U. 30/12/2006, n. 302) ha disposto (con l'art. 1, comma 2) che la presente modifica avra' effetto a decorrere dal 1 gennaio 2007.

AGGIORNAMENTO (89)

Il Decreto 17 dicembre 2008 (in G.U. 30/12/2008, n. 303) ha disposto (con l'art. 1, comma 2) che la presente modifica avra' effetto a decorrere dal 1 gennaio 2009.

AGGIORNAMENTO (101)

Il Decreto 22 dicembre 2010 (in G.U. 31/12/2010 n. 305) ha disposto (con l'art. 1, comma 2) che le presenti modifiche avranno effetto a decorrere dal 1 gennaio 2011.

AGGIORNAMENTO (114)

Il Decreto 19 dicembre 2012 (in G.U. 31/12/2012 n. 303) ha disposto (con l'art. 1, comma 2) che le presenti modifiche avranno effetto a decorrere dal 1 gennaio 2013.

AGGIORNAMENTO (124)

Il Decreto 16 dicembre 2014 (in G.U. 31/12/2014, n. 302) ha disposto (con l'art. 1, comma 2) che le presenti modifiche avranno effetto a decorrere dal 1 gennaio 2015.

AGGIORNAMENTO (133)

Il Decreto 20 dicembre 2016 (in G.U. 30/12/2016, n. 304) ha disposto (con l'art. 1, comma 1) che la presente modifica avra'

effetto a decorrere dal 1 gennaio 2017.

AGGIORNAMENTO (145)
Il Decreto 27 dicembre 2018 (in G.U. 29/12/2018, n. 301) ha disposto (con l'art. 3, comma 1) che le presenti modifiche avranno effetto a decorrere dal 1° gennaio 2019.

AGGIORNAMENTO (163)
Il Decreto 31 dicembre 2020 (in G.U. 31/12/2020, n. 323) ha disposto (con l'art. 3, comma 1) che le presenti modifiche avranno effetto a decorrere dal 1° gennaio 2021.

Art. 171.
Uso del casco protettivo per gli utenti di veicoli a due ruote
1. Durante la marcia, ai conducenti e agli eventuali passeggeri di ciclomotori e motoveicoli e' fatto obbligo di indossare e di tenere regolarmente allacciato un casco protettivo conforme ai tipi omologati, in conformita' con i regolamenti emanati dall'Ufficio europeo per le Nazioni Unite - Commissione economica per l'Europa e con la normativa comunitaria. (99)
1-bis. Sono esenti dall'obbligo di cui al comma 1 i conducenti e i passeggeri:
  a) di ciclomotori e motoveicoli a tre o a quattro ruote dotati di carrozzeria chiusa;
  b) di ciclomotori e motocicli a due o a tre ruote dotati di cellula di sicurezza a prova di crash, nonche' di sistemi di ritenuta e di dispositivi atti a garantire l'utilizzo del veicolo in condizioni di sicurezza, secondo le disposizioni del regolamento.
2. Chiunque viola le presenti norme e' soggetto alla sanzione amministrativa del pagamento di una somma da € 83 a € 332. Quando il mancato uso del casco riguarda un ((...)) trasportato, della violazione risponde ((anche)) il conducente. (19) (29) (43) (52) (80) (89) (101) (114) (124) (145) (163)
3. Alla sanzione pecuniaria amministrativa prevista dal comma 2 consegue il fermo amministrativo del veicolo per sessanta giorni ai sensi del capo I, sezione II, del titolo VI. Quando, nel corso di un biennio, con un ciclomotore o un motociclo sia stata commessa, per almeno due volte, una delle violazioni previste dal comma 1, il fermo del veicolo e' disposto per novanta giorni. La custodia del veicolo e' affidata al proprietario dello stesso.
4. Chiunque importa o produce per la commercializzazione sul territorio nazionale e chi commercializza caschi protettivi per motocicli, motocarrozzette o ciclomotori di tipo non omologato e soggetto alla sanzione amministrativa del pagamento di una somma da €

866 a € 3.464. (19) (29) (43) (52) (64) (80) (89) (101) (114) (124) (133) (145) (163)

5. I caschi di cui al comma 4, ancorche' utilizzati, sono soggetti al sequestro ed alla relativa confisca, ai sensi delle norme di cui al capo I, sezione II, del titolo VI.

AGGIORNAMENTO (19)

Il Decreto 20 dicembre 1996 (in G.U. 28/12/1996, n. 303) ha disposto (con l'art. 1, comma 1) che le presenti modifiche avranno effetto a decorrere dal 1 gennaio 1997.

AGGIORNAMENTO (29)

Il Decreto 22 dicembre 1998 (in G.U. 28/12/1998, n. 301) ha disposto (con l'art. 1, comma 1) che le presenti modifiche avranno effetto a decorrere dal 1 gennaio 1999.

AGGIORNAMENTO (43)

Il Decreto 29 dicembre 2000 (in G.U. 30/12/2000, n. 303) ha disposto (con l'art. 1, comma 1) che le presenti modifiche avranno effetto a decorrere dal 1 gennaio 2001.

AGGIORNAMENTO (52)

Il Decreto 24 dicembre 2002 (in G.U. 30/12/2002, n. 304) ha disposto (con l'art. 1, comma 1) che le presenti modifiche avranno effetto a decorrere dal 1 gennaio 2003.

AGGIORNAMENTO (64)

Il Decreto 22 dicembre 2004 (in G.U. 30/12/2004, n. 305) ha disposto (con l'art. 1, comma 2) che la presente modifica avra' effetto a decorrere dal 1 gennaio 2005.

AGGIORNAMENTO (80)

Il Decreto 29 dicembre 2006 (in G.U. 30/12/2006, n. 302) ha disposto (con l'art. 1, comma 2) che le presenti modifiche avranno effetto a decorrere dal 1 gennaio 2007.

AGGIORNAMENTO (89)

Il Decreto 17 dicembre 2008 (in G.U. 30/12/2008, n. 303) ha disposto (con l'art. 1, comma 2) che le presenti modifiche avranno effetto a decorrere dal 1 gennaio 2009.

AGGIORNAMENTO (99)

La L. 29 luglio 2010, n. 120 ha disposto (con l'art. 28, comma 2) che "Le disposizioni del comma 1 dell'articolo 171 del decreto legislativo n. 285 del 1992, come da ultimo modificato dal comma 1 del presente articolo, si applicano a decorrere dal sessantesimo giorno successivo alla data di entrata in vigore della presente legge".

AGGIORNAMENTO (99)

La L. 29 luglio 2010, n. 120 ha disposto (con l'art. 28, comma 2) che "Le disposizioni del comma 1 dell'articolo 171 del decreto legislativo n. 285 del 1992, come da ultimo modificato dal comma 1 del presente articolo, si applicano a decorrere dal sessantesimo giorno successivo alla data di entrata in vigore della presente legge".

AGGIORNAMENTO (101)

Il Decreto 22 dicembre 2010 (in G.U. 31/12/2010 n. 305) ha disposto (con l'art. 1, comma 2) che le presenti modifiche avranno effetto a decorrere dal 1 gennaio 2011.

AGGIORNAMENTO (114)

Il Decreto 19 dicembre 2012 (in G.U. 31/12/2012 n. 303) ha disposto (con l'art. 1, comma 2) che le presenti modifiche avranno effetto a decorrere dal 1 gennaio 2013.

AGGIORNAMENTO (124)

Il Decreto 16 dicembre 2014 (in G.U. 31/12/2014, n. 302) ha disposto (con l'art. 1, comma 2) che le presenti modifiche avranno effetto a decorrere dal 1 gennaio 2015.

AGGIORNAMENTO (133)

Il Decreto 20 dicembre 2016 (in G.U. 30/12/2016, n. 304) ha disposto (con l'art. 1, comma 1) che la presente modifica avra' effetto a decorrere dal 1 gennaio 2017.

AGGIORNAMENTO (145)

Il Decreto 27 dicembre 2018 (in G.U. 29/12/2018, n. 301) ha disposto (con l'art. 3, comma 1) che le presenti modifiche avranno effetto a decorrere dal 1° gennaio 2019.

AGGIORNAMENTO (163)

Il Decreto 31 dicembre 2020 (in G.U. 31/12/2020, n. 323) ha disposto (con l'art. 3, comma 1) che le presenti modifiche avranno

effetto a decorrere dal 1° gennaio 2021.

Art. 172
(Uso delle cinture di sicurezza e dei sistemi di ritenuta e sicurezza per bambini). (141)

1. Il conducente e i passeggeri dei veicoli della categoria L6e, dotati di carrozzeria chiusa, di cui all'articolo 4, paragrafo 2, lettera f), del regolamento (UE) n. 168/2013 del Parlamento europeo e del Consiglio, del 15 gennaio 2013, e dei veicoli delle categorie M1, N1, N2 e N3, di cui all'articolo 47, comma 2, del presente codice, muniti di cintura di sicurezza, hanno l'obbligo di utilizzarle in qualsiasi situazione di marcia. I bambini di statura inferiore a 1,50 m devono essere assicurati al sedile con un sistema di ritenuta per bambini, adeguato al loro peso, di tipo omologato secondo le normative stabilite dal Ministero delle infrastrutture e dei trasporti, conformemente ai regolamenti della Commissione economica per l'Europa delle Nazioni Unite o alle equivalenti direttive comunitarie. (141)

1-bis. Il conducente dei veicoli delle categorie M1, N1, N2 e N3 immatricolati in Italia, o immatricolati all'estero e condotti da residenti in Italia, quando trasporta un bambino di eta' inferiore a quattro anni assicurato al sedile con il sistema di ritenuta di cui al comma 1, ha l'obbligo di utilizzare apposito dispositivo di allarme volto a prevenire l'abbandono del bambino, rispondente alle specifiche tecnico-costruttive e funzionali stabilite con decreto del Ministero delle infrastrutture e dei trasporti. (141) (151)

2. Il conducente del veicolo e' tenuto ad assicurarsi della persistente efficienza dei dispositivi di cui al comma 1.

3. Sui veicoli delle categorie M1, N1, N2 ed N3 sprovvisti di sistemi di ritenuta:
   a) i bambini di eta' fino a tre anni non possono viaggiare;
   b) i bambini di eta' superiore ai tre anni possono occupare un sedile anteriore solo se la loro statura supera 1,50 m.

4. I bambini di statura non superiore a 1,50 m, quando viaggiano negli autoveicoli per il trasporto di persone in servizio pubblico di piazza o negli autoveicoli adibiti al noleggio con conducente, possono non essere assicurati al sedile con un sistema di ritenuta per bambini, a condizione che non occupino un sedile anteriore e siano accompagnati da almeno un passeggero di eta' non inferiore ad anni sedici.

5. I bambini non possono essere trasportati utilizzando un seggiolino di sicurezza rivolto all'indietro su un sedile passeggeri protetto da airbag frontale, a meno che l'airbag medesimo non sia

stato disattivato anche in maniera automatica adeguata.

6. Tutti gli occupanti, di eta' superiore a tre anni, dei veicoli in circolazione delle categorie M2 ed M3 devono utilizzare, quando sono seduti, i sistemi di sicurezza di cui i veicoli stessi sono provvisti. I bambini devono essere assicurati con sistemi di ritenuta per bambini, eventualmente presenti sui veicoli delle categorie M2 ed M3, solo se di tipo omologato secondo quanto previsto al comma 1.

7. I passeggeri dei veicoli delle categorie M2 ed M3 devono essere informati dell'obbligo di utilizzare le cinture di sicurezza, quando sono seduti ed il veicolo e' in movimento, mediante cartelli o pittogrammi, conformi al modello figurante nell'allegato alla direttiva 2003/20/CE, apposti in modo ben visibile su ogni sedile. Inoltre, la suddetta informazione puo' essere fornita dal conducente, dal bigliettaio, dalla persona designata come capogruppo o mediante sistemi audiovisivi quale il video.

8. Sono esentati dall'obbligo di uso delle cinture di sicurezza e dei sistemi di ritenuta per bambini:

a) gli appartenenti alle forze di polizia e ai corpi di polizia municipale e provinciale nell'espletamento di un servizio di

emergenza;

b) i conducenti e gli addetti dei veicoli del servizio antincendio e sanitario in caso di intervento di emergenza;

b-bis) i conducenti dei veicoli con allestimenti specifici per la raccolta e per il trasporto di rifiuti e dei veicoli ad uso speciale, quando sono impiegati in attivita' di igiene ambientale nell'ambito dei centri abitati, comprese le zone industriali e artigianali;

c) gli appartenenti ai servizi di vigilanza privati regolarmente riconosciuti che effettuano scorte;

d) gli istruttori di guida quando esplicano le funzioni previste dall'articolo 122, comma 2;

e) le persone che risultino, sulla base di certificazione rilasciata dalla unita' sanitaria locale o dalle competenti autorita' di altro Stato membro delle Comunita' europee, affette da patologie particolari o che presentino condizioni fisiche che costituiscono controindicazione specifica all'uso dei dispositivi di ritenuta. Tale certificazione deve indicare la durata di validita', deve recare il simbolo previsto nell'articolo 5 della direttiva 91/671/CEE e deve essere esibita su richiesta degli organi di polizia di cui all'articolo 12;

f) le donne in stato di gravidanza sulla base della certificazione rilasciata dal ginecologo curante che comprovi condizioni di rischio particolari conseguenti all'uso delle cinture di sicurezza;

g) i passeggeri dei veicoli M2 ed M3 autorizzati al trasporto di passeggeri in piedi ed adibiti al trasporto locale e che circolano in zona urbana;

h) gli appartenenti alle forze armate nell'espletamento di attivita' istituzionali nelle situazioni di emergenza.

9. Fino all'8 maggio 2009, sono esentati dall'obbligo di cui al comma 1 i bambini di eta' inferiore ad anni dieci trasportati in soprannumero sui posti posteriori delle autovetture e degli autoveicoli adibiti al trasporto promiscuo di persone e cose, di cui dell'articolo 169, comma 5, a condizione che siano accompagnati da almeno un passeggero di eta' non inferiore ad anni sedici.

10. Chiunque non fa uso dei dispositivi di ritenuta, cioe' delle cinture di sicurezza e dei sistemi di ritenuta per bambini, o del dispositivo di allarme di cui al comma 1-bis e' soggetto alla sanzione amministrativa del pagamento di una somma ((da € 83 a € 332)). Quando il mancato uso riguarda il minore, della violazione risponde il conducente ovvero, se presente sul veicolo al momento del fatto, chi e' tenuto alla sorveglianza del minore stesso. Quando il conducente sia incorso, in un periodo di due anni, in una delle violazioni di cui al presente comma per almeno due volte, all'ultima infrazione consegue la sanzione amministrativa accessoria della sospensione della patente da quindici giorni a due mesi, ai sensi del capo I, sezione II, del titolo VI. (80) (89) (101) (114) (124) (141) (145) ((163))

11. Chiunque, pur facendo uso dei dispositivi di ritenuta, ne altera od ostacola il normale funzionamento degli stessi e' soggetto alla sanzione amministrativa del pagamento di una somma da € 41 a € 167. (80) (89) (101) (114) (124) (145)

12. Chiunque importa o produce per la commercializzazione sul territorio nazionale e chi commercializza dispositivi di ritenuta di tipo non omologato e' soggetto alla sanzione amministrativa del pagamento di una somma ((da € 866 a € 3.464)). (80) (89) (101) (114) (124) (133) (145) ((163))

13. I dispositivi di ritenuta di cui al comma 12, ancorche' installati sui veicoli, sono soggetti al sequestro ed alla relativa confisca, ai sensi delle norme di cui al capo I, sezione II, del titolo VI.

AGGIORNAMENTO (19)

Il Decreto 20 dicembre 1996 (in G.U. 28/12/1996, n. 303) ha disposto (con l'art. 1, comma 1) che le presenti modifiche avranno effetto a decorrere dal 1 gennaio 1997.

AGGIORNAMENTO (29)

Il Decreto 22 dicembre 1998 (in G.U. 28/12/1998, n. 301) ha disposto (con l'art. 1, comma 1) che le presenti modifiche avranno effetto a decorrere dal 1 gennaio 1999.

AGGIORNAMENTO (43)

Il Decreto 29 dicembre 2000 (in G.U. 30/12/2000, n. 303) ha disposto (con l'art. 1, comma 1) che le presenti modifiche avranno effetto a decorrere dal 1 gennaio 2001.

AGGIORNAMENTO (52)

Il Decreto 24 dicembre 2002 (in G.U. 30/12/2002, n. 304) ha disposto (con l'art. 1, comma 1) che le presenti modifiche avranno effetto a decorrere dal 1 gennaio 2003.

AGGIORNAMENTO (64)

Il Decreto 22 dicembre 2004 (in G.U. 30/12/2004, n. 305) ha disposto (con l'art. 1, comma 2) che la presente modifica avra' effetto a decorrere dal 1 gennaio 2005.

AGGIORNAMENTO (80)

Il Decreto 29 dicembre 2006 (in G.U. 30/12/2006, n. 302) ha disposto (con l'art. 1, comma 2) che le presenti modifiche avranno effetto a decorrere dal 1 gennaio 2007.

AGGIORNAMENTO (89)

Il Decreto 17 dicembre 2008 (in G.U. 30/12/2008, n. 303) ha disposto (con l'art. 1, comma 2) che le presenti modifiche avranno effetto a decorrere dal 1 gennaio 2009.

AGGIORNAMENTO (101)

Il Decreto 22 dicembre 2010 (in G.U. 31/12/2010 n. 305) ha disposto (con l'art. 1, comma 2) che le presenti modifiche avranno effetto a decorrere dal 1 gennaio 2011.

AGGIORNAMENTO (114)

Il Decreto 19 dicembre 2012 (in G.U. 31/12/2012 n. 303) ha disposto (con l'art. 1, comma 2) che le presenti modifiche avranno effetto a decorrere dal 1 gennaio 2013.

AGGIORNAMENTO (124)

Il Decreto 16 dicembre 2014 (in G.U. 31/12/2014, n. 302) ha disposto (con l'art. 1, comma 2) che le presenti modifiche avranno effetto a decorrere dal 1 gennaio 2015.

AGGIORNAMENTO (133)
Il Decreto 20 dicembre 2016 (in G.U. 30/12/2016, n. 304) ha disposto (con l'art. 1, comma 1) che la presente modifica avra' effetto a decorrere dal 1 gennaio 2017.

AGGIORNAMENTO (141)
La L. 1 ottobre 2018, n. 117 ha disposto (con l'art. 1, comma 3) che "Le disposizioni di cui al comma 1 si applicano decorsi centoventi giorni dalla data di entrata in vigore del decreto di cui al comma 2 e comunque a decorrere dal 1° luglio 2019".

AGGIORNAMENTO (145)
Il Decreto 27 dicembre 2018 (in G.U. 29/12/2018, n. 301) ha disposto (con l'art. 3, comma 1) che le presenti modifiche avranno effetto a decorrere dal 1° gennaio 2019.

AGGIORNAMENTO (151)
La L. 1 ottobre 2018, n. 117, come modificata dal D.L. 26 ottobre 2019, n. 124, convertito con modificazioni dalla L. 19 dicembre 2019, n. 157, ha disposto (con l'art. 1, comma 3-bis) che "Al fine di consentire una corretta informazione dell'utenza e l'attuazione, da parte dei produttori, delle disposizioni del decreto di cui al comma 2 del presente articolo, le sanzioni per la violazione dell'obbligo di cui all'articolo 172, comma 1-bis, del codice della strada, di cui al decreto legislativo 30 aprile 1992, n. 285, introdotto dal comma 1 del presente articolo, si applicano a decorrere dal 6 marzo 2020".

AGGIORNAMENTO (163)
Il Decreto 31 dicembre 2020 (in G.U. 31/12/2020, n. 323) ha disposto (con l'art. 3, comma 1) che le presenti modifiche avranno effetto a decorrere dal 1° gennaio 2021.

Art. 173
Uso di lenti o di determinati apparecchi durante la guida

1. Il titolare di patente di guida al quale, in sede di rilascio o rinnovo della patente stessa, sia stato prescritto di integrare le proprie deficienze organiche e minorazioni anatomiche o funzionali per mezzo di lenti o di determinati apparecchi, ha l'obbligo di usarli durante la guida. (102)
2. E' vietato al conducente di far uso durante la marcia di apparecchi radiotelefonici ((, smartphone, computer portatili, notebook, tablet e dispositivi analoghi che comportino anche solo temporaneamente

l'allontanamento delle mani dal volante)) ovvero di usare cuffie sonore, fatta eccezione per i conducenti dei veicoli delle forze armate e dei Corpi di cui all'articolo 138, comma 11, e di polizia. E' consentito l'uso di apparecchi a viva voce o dotati di auricolare purche' il conducente abbia adeguate capacita' uditive ad entrambe le orecchie che non richiedono per il loro funzionamento l'uso delle mani.

3. Chiunque viola le disposizioni di cui al comma 1 e' soggetto alla sanzione amministrativa del pagamento di una somma da € 83 a € 332. (89) (101) (114) (124) (145) (163)

3-bis. Chiunque viola le disposizioni di cui al comma 2 e' soggetto alla sanzione amministrativa del pagamento di una somma da € 165 a € 660. Si applica la sanzione amministrativa accessoria della sospensione della patente di guida da uno a tre mesi, qualora lo stesso soggetto compia un'ulteriore violazione nel corso di un biennio. (101) (114) (124) (133) (145) (163)

AGGIORNAMENTO (19)

Il Decreto 20 dicembre 1996 (in G.U. 28/12/1996, n. 303) ha disposto (con l'art. 1, comma 1) che la presente modifica avra' effetto a decorrere dal 1 gennaio 1997.

AGGIORNAMENTO (29)

Il Decreto 22 dicembre 1998 (in G.U. 28/12/1998, n. 301) ha disposto (con l'art. 1, comma 1) che la presente modifica avra' effetto a decorrere dal 1 gennaio 1999.

AGGIORNAMENTO (43)

Il Decreto 29 dicembre 2000 (in G.U. 30/12/2000, n. 303) ha disposto (con l'art. 1, comma 1) che la presente modifica avra' effetto a decorrere dal 1 gennaio 2001.

AGGIORNAMENTO (52)

Il Decreto 24 dicembre 2002 (in G.U. 30/12/2002, n. 304) ha disposto (con l'art. 1, comma 1) che la presente modifica avra' effetto a decorrere dal 1 gennaio 2003.

AGGIORNAMENTO (80)

Il Decreto 29 dicembre 2006 (in G.U. 30/12/2006, n. 302) ha disposto (con l'art. 1, comma 2) che la presente modifica avra' effetto a decorrere dal 1 gennaio 2007.

AGGIORNAMENTO (89)

Il Decreto 17 dicembre 2008 (in G.U. 30/12/2008, n. 303) ha

disposto (con l'art. 1, comma 2) che la presente modifica avra' effetto a decorrere dal 1 gennaio 2009.

AGGIORNAMENTO (101)
Il Decreto 22 dicembre 2010 (in G.U. 31/12/2010 n. 305) ha disposto (con l'art. 1, comma 2) che le presenti modifiche avranno effetto a decorrere dal 1 gennaio 2011.

AGGIORNAMENTO (102)
Il D.Lgs. 18 aprile 2011, n. 59 ha disposto (con l'art. 28, comma 1) che "Le disposizioni del presente decreto legislativo si applicano a decorrere dal 19 gennaio 2013, ad eccezione di quelle contenute negli articoli 9, comma 2, 22, comma 1, e 23, nonche' nell'allegato III, con riferimento alle patenti per le categorie A, A1, B, BE, C, CE, D, DE, KA e KB".

AGGIORNAMENTO (114)
Il Decreto 19 dicembre 2012 (in G.U. 31/12/2012 n. 303) ha disposto (con l'art. 1, comma 2) che le presenti modifiche avranno effetto a decorrere dal 1 gennaio 2013.

AGGIORNAMENTO (124)
Il Decreto 16 dicembre 2014 (in G.U. 31/12/2014, n. 302) ha disposto (con l'art. 1, comma 2) che le presenti modifiche avranno effetto a decorrere dal 1 gennaio 2015.

AGGIORNAMENTO (133)
Il Decreto 20 dicembre 2016 (in G.U. 30/12/2016, n. 304) ha disposto (con l'art. 1, comma 1) che la presente modifica avra' effetto a decorrere dal 1 gennaio 2017.

AGGIORNAMENTO (145)
Il Decreto 27 dicembre 2018 (in G.U. 29/12/2018, n. 301) ha disposto (con l'art. 3, comma 1) che le presenti modifiche avranno effetto a decorrere dal 1° gennaio 2019.

AGGIORNAMENTO (163)
Il Decreto 31 dicembre 2020 (in G.U. 31/12/2020, n. 323) ha disposto (con l'art. 3, comma 1) che le presenti modifiche avranno effetto a decorrere dal 1° gennaio 2021.

Art. 174.
(Durata della guida degli autoveicoli adibiti al trasporto di persone

o di cose).

1. La durata della guida degli autoveicoli adibiti al trasporto di persone o di cose e i relativi controlli sono disciplinati dalle norme previste dal regolamento (CE) n. 561/2006 del Parlamento europeo e del Consiglio, del 15 marzo 2006.

2. I registri di servizio, gli estratti del registro e le copie dell'orario di servizio di cui al regolamento (CE) n. 561/2006 devono essere esibiti, per il controllo, al personale cui sono stati affidati i servizi di polizia stradale ai sensi dell'articolo 12 del presente codice. I registri di servizio di cui al citato regolamento (CE), conservati dall'impresa, devono essere esibiti, per il controllo, anche ai funzionari del Dipartimento per i trasporti, la navigazione ed i sistemi informativi e statistici e agli ispettori della direzione provinciale del lavoro.

3. Le violazioni delle disposizioni di cui al presente articolo possono essere sempre accertate attraverso le risultanze o le registrazioni dei dispositivi di controllo installati sui veicoli, nonche' attraverso i documenti di cui al comma 2.

4. Il conducente che supera la durata dei periodi di guida prescritti dal regolamento (CE) n. 561/2006 e' soggetto alla sanzione amministrativa del pagamento di una somma da € 41 a € 165. Si applica la sanzione ((da € 218 a € 868)) al conducente che non osserva le disposizioni relative ai periodi di riposo giornaliero di cui al citato regolamento (CE). (114) (124) (133) (145) ((163))

5. Quando le violazioni di cui al comma 4 hanno durata superiore al 10 per cento rispetto al limite giornaliero massimo di durata dei periodi di guida prescritto dal regolamento (CE) n. 561/2006, si applica la sanzione amministrativa del pagamento di una somma ((da € 325 a € 1.301)). Si applica la sanzione ((da € 379 a € 1.519)) se la violazione di durata superiore al 10 per cento riguarda il tempo minimo di riposo prescritto dal citato regolamento. (114) (124) (133) (145)((163))

6. Quando le violazioni di cui al comma 4 hanno durata superiore al 20 per cento rispetto al limite giornaliero massimo di durata dei periodi di guida, ovvero minimo del tempo di riposo, prescritti dal regolamento (CE) n. 561/2006 si applica la sanzione amministrativa del pagamento di una somma ((da € 433 a € 1.735)). (114) (124) (133) (145) ((163))

7. Il conducente che non rispetta per oltre il 10 per cento il limite massimo di durata dei periodi di guida settimanale prescritti dal regolamento (CE) n. 561/2006 e' soggetto alla sanzione amministrativa del pagamento di una somma' ((da € 271 a € 1.084)). Il conducente che non rispetta per oltre il 10 per cento il limite minimo dei periodi di riposo settimanale prescritti dal predetto regolamento e' soggetto alla sanzione amministrativa del pagamento di

una somma ((da € 379 a € 1.519)). Se i limiti di cui ai periodi precedenti non sono rispettati per oltre il 20 per cento, si applica la sanzione amministrativa del pagamento di una somma ((da € 408 a € 1.634)). (114) (124) (133) (145) ((163))

8. Il conducente che durante la guida non rispetta le disposizioni relative alle interruzioni di cui al regolamento (CE) n. 561/ 2006 e' soggetto alla sanzione amministrativa del pagamento di una somma ((da € 168 a € 672)). (114) (124) (133) (145) ((163))

9. Il conducente che e' sprovvisto dell'estratto del registro di servizio o della copia dell'orario di servizio di cui al regolamento (CE) n. 561/2006 e' soggetto alla sanzione amministrativa del pagamento di una somma' ((da € 333 a € 1.331)). La stessa sanzione si applica a chiunque non ha con se' o tiene in modo incompleto o alterato l'estratto del registro di servizio o copia dell'orario di servizio, fatta salva l'applicazione delle sanzioni previste dalla legge penale ove il fatto costituisca reato. (114) (124) (133) (145) ((163))

10. Le sanzioni di cui ai commi 4, 5, 6, 7, 8 e 9 si applicano anche agli altri membri dell'equipaggio che non osservano le prescrizioni previste dal regolamento (CE) n. 561/ 2006.

11. Nei casi previsti dai commi 4, 5, 6 e 7 l'organo accertatore, oltre all'applicazione delle sanzioni amministrative pecuniarie, provvede al ritiro temporaneo dei documenti di guida, intima al conducente del veicolo di non proseguire il viaggio se non dopo aver effettuato i prescritti periodi di interruzione o di riposo e dispone che, con le cautele necessarie, il veicolo sia condotto in un luogo idoneo per la sosta, ove deve permanere per il periodo necessario; del ritiro dei documenti di guida e dell'intimazione e' fatta menzione nel verbale di contestazione. Nel verbale e' indicato anche il comando o l'ufficio da cui dipende l'organo accertatore, presso il quale, completati le interruzioni o i riposi prescritti, il conducente e' autorizzato a recarsi per ottenere la restituzione dei documenti in precedenza ritirati; a tale fine il conducente deve seguire il percorso stradale espressamente indicato nel medesimo verbale. Il comando o l'ufficio restituiscono la patente e la carta di circolazione del veicolo dopo avere constatato che il viaggio puo' essere ripreso nel rispetto delle condizioni prescritte dal presente articolo. Chiunque circola durante il periodo in cui gli e' stato intimato di non proseguire il viaggio e' punito con la sanzione amministrativa del pagamento di una somma ((da € 1.919 a € 7.679)), nonche' con il ritiro immediato della patente di guida. (114) (124) (133) (145) ((163))

12. Per le violazioni della normativa comunitaria sui tempi di guida, di interruzione e di riposo commesse in un altro Stato membro dell'Unione europea, se accertate in Italia dagli organi di cui all'articolo 12, si applicano le sanzioni previste dalla normativa

italiana vigente in materia, salvo che la contestazione non sia gia' avvenuta in un altro Stato membro; a tale fine, per l'esercizio dei

ricorsi previsti dagli articoli 203 e 204-bis, il luogo della commessa violazione si considera quello dove e' stato operato l'accertamento in Italia.

13. Per le violazioni delle norme di cui al presente articolo, l'impresa da cui dipende il lavoratore al quale la violazione si riferisce e' obbligata in solido con l'autore della violazione al pagamento della somma da questo dovuta.

14. L'impresa che nell'esecuzione dei trasporti non osserva le disposizioni contenute nel regolamento (CE) n. 561/2006, ovvero non tiene i documenti prescritti o li tiene scaduti, incompleti o alterati, e' soggetta alla sanzione amministrativa del pagamento di una somma ((da € 333 a € 1.331)) per ciascun dipendente cui la violazione si riferisce, fatta salva l'applicazione delle sanzioni previste dalla legge penale ove il fatto costituisca reato. (114) (124) (133) (145) ((163))

15. Nel caso di ripetute inadempienze, tenuto conto anche della loro entita' e frequenza, l'impresa che effettua il trasporto di persone ovvero di cose in conto proprio ai sensi dell'articolo 83 incorre nella sospensione, per un periodo da uno a tre mesi, del titolo abilitativo o dell'autorizzazione al trasporto riguardante il veicolo cui le infrazioni si riferiscono se, a seguito di diffida rivoltadall'autorita' competente a regolarizzare in un congruo termine la sua posizione, non vi abbia provveduto.

16. Qualora l'impresa di cui al comma 15, malgrado il provvedimento adottato a suo carico, continui a dimostrare una costante recidivita' nel commettere infrazioni, anche nell'eventuale esercizio di altri servizi di trasporto, essa incorre nella decadenza o nella revoca del provvedimento che la abilita o la autorizza al trasporto cui le ripetute infrazioni maggiormente si riferiscono.

17. La sospensione, la decadenza o la revoca di cui al presente articolo sono disposte dall'autorita' che ha rilasciato il titolo che abilita al trasporto. I provvedimenti di revoca e di decadenza sono atti definitivi.

18. Quando le ripetute inadempienze di cui ai commi 15 e 16 del presente articolo sono commesse con veicoli adibiti al trasporto di persone o di cose in conto terzi, si applicano le disposizioni del comma 6 dell'articolo 5 del decreto legislativo 22 dicembre 2000, n. 395.

AGGIORNAMENTO (19)

Il Decreto 20 dicembre 1996 (in G.U. 28/12/1996, n. 303) ha

disposto (con l'art. 1, comma 1) che le presenti modifiche avranno effetto a decorrere dal 1 gennaio 1997.

AGGIORNAMENTO (29)
Il Decreto 22 dicembre 1998 (in G.U. 28/12/1998, n. 301) ha disposto (con l'art. 1, comma 1) che le presenti modifiche avranno effetto a decorrere dal 1 gennaio 1999.

AGGIORNAMENTO (43)
Il Decreto 29 dicembre 2000 (in G.U. 30/12/2000, n. 303) ha disposto (con l'art. 1, comma 1) che la presente modifica avra' effetto a decorrere dal 1 gennaio 2001.

AGGIORNAMENTO (52)
Il Decreto 24 dicembre 2002 (in G.U. 30/12/2002, n. 304) ha disposto (con l'art. 1, comma 1) che le presenti modifiche avranno effetto a decorrere dal 1 gennaio 2003.

AGGIORNAMENTO (64)
Il Decreto 22 dicembre 2004 (in G.U. 30/12/2004, n. 305) ha disposto (con l'art. 1, comma 2) che la presente modifica avra' effetto a decorrere dal 1 gennaio 2005.

AGGIORNAMENTO (80)
Il Decreto 29 dicembre 2006 (in G.U. 30/12/2006, n. 302) ha disposto (con l'art. 1, comma 2) che le presenti modifiche avranno effetto a decorrere dal 1 gennaio 2007.

AGGIORNAMENTO (89)
Il Decreto 17 dicembre 2008 (in G.U. 30/12/2008, n. 303) ha disposto (con l'art. 1, comma 2) che le presenti modifiche avranno effetto a decorrere dal 1 gennaio 2009.

AGGIORNAMENTO (114)
Il Decreto 19 dicembre 2012 (in G.U. 31/12/2012 n. 303) ha disposto (con l'art. 1, comma 2) che le presenti modifiche avranno effetto a decorrere dal 1 gennaio 2013.

AGGIORNAMENTO (124)
Il Decreto 16 dicembre 2014 (in G.U. 31/12/2014, n. 302) ha disposto (con l'art. 1, comma 2) che le presenti modifiche avranno effetto a decorrere dal 1 gennaio 2015.

AGGIORNAMENTO (133)
Il Decreto 20 dicembre 2016 (in G.U. 30/12/2016, n. 304) ha disposto (con l'art. 1, comma 1) che le presenti modifiche avranno effetto a decorrere dal 1 gennaio 2017.

AGGIORNAMENTO (145)
Il Decreto 27 dicembre 2018 (in G.U. 29/12/2018, n. 301) ha disposto (con l'art. 3, comma 1) che le presenti modifiche avranno effetto a decorrere dal 1° gennaio 2019.

AGGIORNAMENTO (163)
Il Decreto 31 dicembre 2020 (in G.U. 31/12/2020, n. 323) ha disposto (con l'art. 3, comma 1) che le presenti modifiche avranno effetto a decorrere dal 1° gennaio 2021.

Art. 175.
Condizioni e limitazioni della circolazione sulle autostrade e sulle strade extraurbane principali

1. Le norme del presente articolo e dell'art. 176 si applicano ai veicoli ammessi a circolare sulle autostrade, sulle strade extraurbane principali e su altre strade, individuate con decreto del Ministro delle infrastrutture e dei trasporti, su proposta dell'ente proprietario, e da indicare con apposita segnaletica d'inizio e fine.

2. E' vietata la circolazione dei seguenti veicoli sulle autostrade e sulle strade di cui al comma 1:

((a) velocipedi, ciclomotori, motocicli di cilindrata inferiore a 150 centimetri cubici se a motore termico, ovvero di potenza inferiore a 11 kW se a motore elettrico, e motocarrozzette di cilindrata inferiore a 250 centimetri cubici se a motore termico));

b) altri motoveicoli di massa a vuoto fino a 400 kg o di massa complessiva fino a 1300 kg, ad eccezione dei tricicli, di cilindrata non inferiore a 250 cm3 se a motore termico e comunque di potenza non inferiore a 15 kW, destinati al trasporto di persone e con al massimo un passeggero oltre al conducente;

c) veicoli non muniti di pneumatici;

d) macchine agricole e macchine operatrici;

e) veicoli con carico disordinato e non solidamente assicurato o sporgente oltre i limiti consentiti;

f) veicoli a tenuta non stagna e con carico scoperto, se trasportano materie suscettibili di dispersione;

g) veicoli il cui carico o dimensioni superino i limiti previsti dagli articoli 61 e 62, ad eccezione dei casi previsti dall'art. 10;

h) veicoli le cui condizioni di uso, equipaggiamento e gommatura possono costituire pericolo per la circolazione;

i) veicoli con carico non opportunamente sistemato e fissato.

3. Le esclusioni di cui al comma 2 non si applicano ai veicoli appartenenti agli enti proprietari o concessionari dell'autostrada o da essi autorizzati. L'esclusione di cui al comma 2, lettera d), relativamente alle macchine operatrici-gru come individuate dalla carta di circolazione, non si applica sulle strade extraurbane principali.

4. Nel regolamento sono fissati i limiti minimi di velocita' per l'ammissione alla circolazione sulle autostrade e sulle strade extraurbane principali di determinate categorie di veicoli.

5. Con decreto del Ministro delle infrastrutture e dei trasporti, da pubblicare nella Gazzetta Ufficiale della Repubblica italiana, fermi restando i poteri di ordinanza degli enti proprietari di cui all'art. 6, possono essere escluse dal transito su talune autostrade, o tratti di esse, anche altre determinate categorie di veicoli o trasporti, qualora le esigenze della circolazione lo richiedano. Ove si tratti di autoveicoli destinati a servizi pubblici di linea, il provvedimento e' adottato di concerto con il Ministro dei trasporti mentre per quelli appartenenti alle Forze armate il concerto e' realizzato con il Ministro della difesa.

6. E' vietata la circolazione di pedoni e animali, eccezion fatta per le aree di servizio e le aree di sosta. In tali aree gli animali possono circolare solo se debitamente custoditi. Lungo le corsie di emergenza e' consentito il transito dei pedoni solo per raggiungere i punti per le richieste di soccorso.

7. Sulle carreggiate, sulle rampe, sugli svincoli, sulle aree di servizio o di parcheggio e in ogni altra pertinenza autostradale e' vietato:

a) trainare veicoli che non siano rimorchi;

b) richiedere o concedere passaggi;

c) svolgere attivita' commerciali o di propaganda sotto qualsiasi forma; esse sono consentite nelle aree di servizio o di parcheggio se autorizzate dall'ente proprietario;

d) campeggiare, salvo che nelle aree all'uopo destinate e per il periodo stabilito dall'ente proprietario o concessionario.

8. Nelle zone attigue alle autostrade o con esse confinanti e' vietato, anche a chi sia munito di licenza o di autorizzazione, svolgere attivita' di propaganda sotto qualsiasi forma ovvero attivita' commerciali con offerta di vendita agli utenti delle autostrade stesse.

9. Nelle aree di servizio e di parcheggio, nonche' in ogni altra

pertinenza autostradale e' vietato lasciare in sosta il veicolo per un tempo superiore alle ventiquattro ore, ad eccezione che nei parcheggi riservati agli alberghi esistenti nell'ambito autostradale o in altre aree analogamente attrezzate.

10. Decorso il termine indicato al comma 9, il veicolo puo' essere rimosso coattivamente; si applicano le disposizioni di cui all'art. 159.

11. Gli organi di polizia stradale provvedono alla rimozione dei veicoli in sosta che per il loro stato o per altro fondato motivo possano ritenersi abbandonati, nonche' al loro trasporto in uno dei centri di raccolta autorizzati a norma dell'art. 15 del decreto del Presidente della Repubblica 10 settembre 1982, n. 915. Per tali operazioni i predetti organi di polizia possono incaricare l'ente proprietario.

12. Il soccorso stradale e la rimozione dei veicoli sono consentiti solo agli enti e alle imprese autorizzati, anche preventivamente, dall'ente proprietario. Sono esentati dall'autorizzazione le Forze armate e di polizia.

13. Chiunque viola le disposizioni del comma 2, lettere e) ed f), e' soggetto alla sanzione amministrativa del pagamento di una somma da € 430 a € 1.731. (19) (29) (43) (52) (64) (80) (89) (101) (114) (124) (133) (145) (163)

14. Chiunque viola le disposizioni del comma 7, lettere a), b) e d), e' soggetto alla sanzione amministrativa del pagamento di una somma da € 42 a € 173, salvo l'applicazione delle norme della legge 28 marzo 1991, n. 112. (19) (29) (43) (52) (64) (80) (89) (101) (114) (124) (145)

15. Chiunque viola le disposizioni dei commi 7, lettera c), e 8 e' soggetto alla sanzione amministrativa del pagamento di una somma da € 430 a € 1.731. Dalla detta violazione consegue la sanzione amministrativa accessoria del fermo amministrativo del veicolo per giorni sessanta, secondo le disposizioni di cui al capo I, sezione II, del titolo VI. (19) (29) (43) (52) (64) (80) (89) (101) (114) (124) (133) (145) (163)

16. Chiunque viola le altre disposizioni del presente articolo e' soggetto alla sanzione amministrativa del pagamento di una somma da € 42 a € 173. Se la violazione riguarda le disposizioni di cui al comma 6 la sanzione e' da € 26 a € 102. (19) (29) (43) (52) (64) (80) (89) (101) (114) (124) (145)

17. Accertate le violazioni di cui ai commi 2 e 4, gli organi di polizia impongono ai conducenti di abbandonare con i veicoli stessi l'autostrada, dando la necessaria assistenza per il detto abbandono.

Nelle ipotesi di cui al comma 2, lettere e) ed f), la norma si applica solo nel caso in cui non sia possibile riportare il carico nelle condizioni previste dalle presenti norme.

AGGIORNAMENTO (19)

Il Decreto 20 dicembre 1996 (in G.U. 28/12/1996, n. 303) ha disposto (con l'art. 1, comma 1) che la presente modifica avra' effetto a decorrere dal 1 gennaio 1997.

AGGIORNAMENTO (29)

Il Decreto 22 dicembre 1998 (in G.U. 28/12/1998, n. 301) ha disposto (con l'art. 1, comma 1) che le presenti modifiche avranno effetto a decorrere dal 1 gennaio 1999.

AGGIORNAMENTO (43)

Il Decreto 29 dicembre 2000 (in G.U. 30/12/2000, n. 303) ha disposto (con l'art. 1, comma 1) che le presenti modifiche avranno effetto a decorrere dal 1 gennaio 2001.

AGGIORNAMENTO (52)

Il Decreto 24 dicembre 2002 (in G.U. 30/12/2002, n. 304) ha disposto (con l'art. 1, comma 1) che le presenti modifiche avranno effetto a decorrere dal 1 gennaio 2003.

AGGIORNAMENTO (64)

Il Decreto 22 dicembre 2004 (in G.U. 30/12/2004, n. 305) ha disposto (con l'art. 1, comma 2) che le presenti modifiche avranno effetto a decorrere dal 1 gennaio 2005.

AGGIORNAMENTO (80)

Il Decreto 29 dicembre 2006 (in G.U. 30/12/2006, n. 302) ha disposto (con l'art. 1, comma 2) che le presenti modifiche avranno effetto a decorrere dal 1 gennaio 2007.

AGGIORNAMENTO (89)

Il Decreto 17 dicembre 2008 (in G.U. 30/12/2008, n. 303) ha disposto (con l'art. 1, comma 2) che le presenti modifiche avranno effetto a decorrere dal 1 gennaio 2009.

AGGIORNAMENTO (101)

Il Decreto 22 dicembre 2010 (in G.U. 31/12/2010, n. 305) ha disposto (con l'art. 1, comma 2) che le presenti modifiche avranno

effetto a decorrere dal 1 gennaio 2011.

AGGIORNAMENTO (114)

Il Decreto 19 dicembre 2012 (in G.U. 31/12/2012, n. 303) ha disposto (con l'art. 1, comma 2) che le presenti modifiche avranno effetto a decorrere dal 1 gennaio 2013.

AGGIORNAMENTO (124)

Il Decreto 16 dicembre 2014 (in G.U. 31/12/2012, n. 302) ha disposto (con l'art. 1, comma 2) che le presenti modifiche avranno effetto a decorrere dal 1 gennaio 2015.

AGGIORNAMENTO (133)

Il Decreto 20 dicembre 2016 (in G.U. 30/12/2016, n. 304) ha disposto (con l'art. 1, comma 1) che le presenti modifiche avranno effetto a decorrere dal 1 gennaio 2017.

AGGIORNAMENTO (145)

Il Decreto 27 dicembre 2018 (in G.U. 29/12/2018, n. 301) ha disposto (con l'art. 3, comma 1) che le presenti modifiche avranno effetto a decorrere dal 1° gennaio 2019.

AGGIORNAMENTO (163)

Il Decreto 31 dicembre 2020 (in G.U. 31/12/2020, n. 323) ha disposto (con l'art. 3, comma 1) che le presenti modifiche avranno effetto a decorrere dal 1° gennaio 2021.

Art. 176.
Comportamenti durante la circolazione sulle autostrade e sulle strade extraurbane principali

1. Sulle carreggiate, sulle rampe e sugli svincoli delle strade di cui all'art. 175, comma 1, e' vietato:

   a) invertire il senso di marcia e attraversare lo spartitraffico, anche all'altezza dei varchi, nonche' percorrere la carreggiata o parte di essa nel senso di marcia opposto a quello consentito;

   b) effettuare la retromarcia, anche sulle corsie per la sosta di emergenza, fatta eccezione per le manovre necessarie nelle aree di servizio o di parcheggio;

   c) circolare sulle corsie per la sosta di emergenza se non per arrestarsi o riprendere la marcia;

   d) circolare sulle corsie di variazione di velocita' se non per entrare o uscire dalla carreggiata.

2. E' fatto obbligo:

   a) di impegnare la corsia di accelerazione per immettersi sulla corsia di marcia, nonche' di dare la precedenza ai veicoli in circolazione su quest'ultima corsia;

b) di impegnare tempestivamente, per uscire dalla carreggiata, la corsia di destra, immettendosi quindi nell'apposita corsia di decelerazione sin dal suo inizio;

c) di segnalare tempestivamente nei modi indicati nell'art. 154 il cambiamento di corsia.

3. In occasione di arresto della circolazione per ingorghi o comunque per formazione di code, qualora la corsia per la sosta di emergenza manchi o sia occupata da veicoli in sosta di emergenza o non sia sufficiente alla circolazione dei veicoli di polizia e di soccorso, i veicoli che occupano la prima corsia di destra devono essere disposti il piu' vicino possibile alla striscia di sinistra.

4. In caso di ingorgo e' consentito transitare sulla corsia per la sosta di emergenza al solo fine di uscire dall'autostrada a partire dal cartello di preavviso di uscita posto a cinquecento metri dallo svincolo.

5. Sulle carreggiate, sulle rampe e sugli svincoli e' vietato sostare o solo fermarsi, fuorche' in situazioni d'emergenza dovute a malessere degli occupanti del veicolo o ad inefficienza del veicolo medesimo; in tali casi, il veicolo deve essere portato nel piu' breve tempo possibile sulla corsia per la sosta di emergenza o, mancando questa, sulla prima piazzola nel senso di marcia, evitando comunque qualsiasi ingombro delle corsie di scorrimento.

6. La sosta d'emergenza non deve eccedere il tempo strettamente necessario per superare l'emergenza stessa e non deve, comunque, protrarsi oltre le tre ore. Decorso tale termine il veicolo puo' essere rimosso coattivamente e si applicano le disposizioni di cui all'art. 175, comma 10.

7. Fermo restando il disposto dell'art. 162, durante la sosta e la fermata di notte, in caso di visibilita' limitata, devono sempre essere tenute accese le luci di posizione, nonche' gli altri dispositivi prescritti dall'art. 153, comma 5.

8. Qualora la natura del guasto renda impossibile spostare il veicolo sulla corsia per la sosta di emergenza o sulla piazzola d'emergenza, oppure allorche' il veicolo sia costretto a fermarsi su tratti privi di tali appositi spazi, deve essere collocato, posteriormente al veicolo e alla distanza di almeno 100 m dallo stesso, l'apposito segnale mobile. Lo stesso obbligo incombe al conducente durante la sosta sulla banchina di emergenza, di notte o in ogni altro caso di limitata visibilita', qualora siano inefficienti le luci di posizione.

9. Nelle autostrade con carreggiate a tre o piu' corsie, salvo

diversa segnalazione, e' vietato ai conducenti di veicoli adibiti al trasporto merci, la cui massa a pieno carico supera le 5 t, ed ai conducenti di veicoli o complessi veicolari di lunghezza totale superiore ai 7 m di impegnare altre corsie all'infuori delle due piu' vicine al bordo destro della carreggiata.

10. Fermo restando quando disposto dall'art. 144 per la marcia per file parallele e' vietato affiancarsi ad altro veicolo nella stessa corsia.

11. Sulle autostrade e strade per il cui uso sia dovuto il pagamento di un pedaggio, l'esazione puo' essere effettuata mediante modalita' manuale o automatizzata, anche con sistemi di telepedaggio con o senza barriere. I conducenti devono corrispondere il pedaggio secondo le modalita' e le tariffe vigenti. Ove previsto e segnalato, i conducenti devono arrestarsi in corrispondenza delle apposite barriere ed incolonnarsi secondo le indicazioni date dalle segnalazioni esistenti o dal personale addetto. I servizi di polizia stradale di cui all'articolo 11, comma 1, lettera a), relativi alla prevenzione e accertamento delle violazioni dell'obbligo di pagamento del pedaggio possono essere effettuati, previo superamento dell'esame di qualificazione di cui all'articolo 12, comma 3, anche dal personale dei concessionari autostradali e stradali e dei loro affidatari del servizio di riscossione, limitatamente alle violazioni commesse sulle autostrade oggetto della concessione nonche', previo accordo con i concessionari competenti, alle violazioni commesse sulle altre autostrade.

11-bis. Al pagamento del pedaggio di cui al comma 11, quando esso e' dovuto, e degli oneri di accertamento dello stesso, sono obbligati solidamente sia il conducente sia il proprietario del veicolo, come stabilito dall'articolo 196.

12. I conducenti dei veicoli adibiti ai servizi dell'autostrada, purche' muniti di specifica autorizzazione dell'ente proprietario, sono esentati, quando sussistano effettive esigenze di servizio, dall'osservanza delle norme del presente articolo relative al divieto di effettuare: a) la manovra di inversione del senso di marcia; b) la marcia, la retromarcia e la sosta in banchina di emergenza; c) il traino dei veicoli in avaria. Sono esonerati dall'osservanza del divieto di attraversare i varchi in contromano in prossimita' delle stazioni di uscita o di entrata in autostrada i veicoli e/o trasporti eccezionali purche' muniti di autorizzazione dell'ente proprietario della strada.

13. I conducenti di cui al comma 12, nell'effettuare le manovre, che devono essere eseguite con la massima prudenza e cautela, devono tenere in funzione sui veicoli il dispositivo supplementare di

segnalazione visiva a luce gialla lampeggiante.

14. Sono esonerati dall'osservanza del divieto di effettuare le manovre di cui al comma 12 anche i conducenti degli autoveicoli e motoveicoli adibiti a servizi di polizia, antincendio e delle autoambulanze, che tengano in funzione il dispositivo supplementare di segnalazione visiva a luce blu lampeggiante.

15. Il personale in servizio sulle autostrade e loro pertinenze e' esonerato, in caso di effettive esigenze di servizio e con l'adozione di opportune cautele, dall'osservanza del divieto di circolazione per i pedoni.

16. Per l'utente di autostrada a pedaggio sprovvisto del titolo di entrata, o che impegni gli impianti di controllo in maniera impropria rispetto al titolo in suo possesso, il pedaggio da corrispondere e' calcolato dalla piu' lontana stazione di entrata per la classe del suo veicolo. All'utente e' data la facolta' di prova in ordine alla stazione di entrata.

17. Chiunque transita senza fermarsi in corrispondenza delle stazioni, creando pericolo per la circolazione, nonche' per la sicurezza individuale e collettiva, ovvero ponga in essere qualsiasi atto al fine di eludere in tutto o in parte il pagamento del pedaggio, e' soggetto, salvo che il fatto costituisca reato, alla sanzione amministrativa del pagamento di una somma ((da € 430 a € 1.731)). (19) (29) (43) (52) (64) (80) (89) (101) (114) (124) (133) (145) ((163))

18. Parimenti il conducente che circola sulle autostrade con veicolo non in regola con la revisione prevista dall'art. 80, ovvero che non l'abbia superata con esito favorevole, e' soggetto alla sanzione amministrativa del pagamento di una somma ((da € 173 a € 694)). E' sempre disposto il fermo amministrativo del veicolo che verra' restituito al conducente, proprietario o legittimo detentore, ovvero a persona delegata dal proprietario, solo dopo la prenotazione per la visita di revisione. Si applicano le norme dell'art. 214. (19) (29) (43) (52) (64) (80) (89) (101) (114) (124) (133) (145) ((163))

19. Chiunque viola le disposizioni del comma 1, lettera a), quando il fatto sia commesso sulle carreggiate, sulle rampe o sugli svincoli, e' punito con la sanzione amministrativa ((da € 2.046 a € 8.186)). (52) (64) (80) (89) (101) (114) (124) (133) (145) ((163))

20. Chiunque viola le disposizioni del comma 1, lettere b), c) e d), e dei commi 6 e 7 e' soggetto alla sanzione amministrativa del pagamento di una somma ((da € 430 a € 1.731)). (19) (29) (43) (52) (64) (80) (89) (101) (114) (124) (133) (145) ((163))

21. Chiunque viola le altre disposizioni del presente articolo e' soggetto alla sanzione amministrativa del pagamento di una somma ((da € 87 a € 344)). (19) (29) (43) (52) (64) (80) (89) (101) (114) (124) (145) ((163))

22. Alle violazioni di cui al comma 19 consegue la sanzione

accessoria della revoca della patente di guida e del fermo amministrativo del veicolo per un periodo di tre mesi. In caso di reiterazione delle violazioni, in luogo del fermo amministrativo, consegue la sanzione accessoria della confisca amministrativa del veicolo. Si osservano le norme di cui al capo I, sezione II, del titolo VI. Quando si tratti di violazione delle disposizioni del comma 1, lettere c) e d), alla sanzione amministrativa pecuniaria consegue la sanzione amministrativa accessoria della sospensione della patente di guida per un periodo da due a sei mesi.

AGGIORNAMENTO (19)
Il Decreto 20 dicembre 1996 (in G.U. 28/12/1996, n. 303) ha disposto (con l'art. 1, comma 1) che le presenti modifiche avranno effetto a decorrere dal 1 gennaio 1997.

AGGIORNAMENTO (29)
Il Decreto 22 dicembre 1998 (in G.U. 28/12/1998, n. 301) ha disposto (con l'art. 1, comma 1) che le presenti modifiche avranno effetto a decorrere dal 1 gennaio 1999.

AGGIORNAMENTO (43)
Il Decreto 29 dicembre 2000 (in G.U. 30/12/2000, n. 303) ha disposto (con l'art. 1, comma 1) che le presenti modifiche avranno effetto a decorrere dal 1 gennaio 2001.

AGGIORNAMENTO (52)
Il Decreto 24 dicembre 2002 (in G.U. 30/12/2002, n. 304) ha disposto (con l'art. 1, comma 1) che le presenti modifiche avranno effetto a decorrere dal 1 gennaio 2003.

AGGIORNAMENTO (64)
Il Decreto 22 dicembre 2004 (in G.U. 30/12/2004, n. 305) ha disposto (con l'art. 1, comma 2) che le presenti modifiche avranno effetto a decorrere dal 1 gennaio 2005.

AGGIORNAMENTO (80)
Il Decreto 29 dicembre 2006 (in G.U. 30/12/2006, n. 302) ha disposto (con l'art. 1, comma 2) che le presenti modifiche avranno effetto a decorrere dal 1 gennaio 2007.

AGGIORNAMENTO (89)
Il Decreto 17 dicembre 2008 (in G.U. 30/12/2008, n. 303) ha disposto (con l'art. 1, comma 2) che le presenti modifiche avranno

effetto a decorrere dal 1 gennaio 2009.

AGGIORNAMENTO (101)

Il Decreto 22 dicembre 2010 (in G.U. 31/12/2010 n. 305) ha disposto (con l'art. 1, comma 2) che le presenti modifiche avranno effetto a decorrere dal 1 gennaio 2011.

AGGIORNAMENTO (114)

Il Decreto 19 dicembre 2012 (in G.U. 31/12/2012 n. 303) ha disposto (con l'art. 1, comma 2) che le presenti modifiche avranno effetto a decorrere dal 1 gennaio 2013.

AGGIORNAMENTO (124)

Il Decreto 16 dicembre 2014 (in G.U. 31/12/2014, n. 302) ha disposto (con l'art. 1, comma 2) che le presenti modifiche avranno effetto a decorrere dal 1 gennaio 2015.

AGGIORNAMENTO (133)

Il Decreto 20 dicembre 2016 (in G.U. 30/12/2016, n. 304) ha disposto (con l'art. 1, comma 1) che le presenti modifiche avranno effetto a decorrere dal 1 gennaio 2017.

AGGIORNAMENTO (145)

Il Decreto 27 dicembre 2018 (in G.U. 29/12/2018, n. 301) ha disposto (con l'art. 3, comma 1) che le presenti modifiche avranno effetto a decorrere dal 1° gennaio 2019.

AGGIORNAMENTO (163)

Il Decreto 31 dicembre 2020 (in G.U. 31/12/2020, n. 323) ha disposto (con l'art. 3, comma 1) che le presenti modifiche avranno effetto a decorrere dal 1° gennaio 2021.

Art. 177.
Circolazione degli autoveicoli e dei motoveicoli adibiti a servizi di polizia o antincendio, di protezione civile e delle autoambulanze

1. L'uso del dispositivo acustico supplementare di allarme e, qualora i veicoli ne siano muniti, anche del dispositivo supplementare di segnalazione visiva a luce lampeggiante blu e' consentito ai conducenti degli autoveicoli e motoveicoli adibiti a servizi di polizia o antincendio e di protezione civile come individuati dal Ministero delle infrastrutture e dei trasporti su proposta del Dipartimento della protezione civile della Presidenza del Consiglio dei Ministri, a quelli del Corpo nazionale soccorso alpino e speleologico del Club alpino italiano, nonche' degli organismi equivalenti, esistenti nella regione Valle d'Aosta e nelle province autonome di Trento e

di Bolzano a quelli delle autoambulanze e veicoli assimilati adibiti al trasporto di plasma ed organi, solo per l'espletamento di servizi urgenti di istituto. ((L'uso dei predetti dispositivi e' consentito altresi' ai conducenti dei motoveicoli impiegati in interventi di emergenza sanitaria e,
comunque, solo per l'espletamento di servizi urgenti di istituto. Entro sessanta giorni dalla data di entrata in vigore della presente disposizione, con decreto del Ministero delle infrastrutture e della mobilita' sostenibili, sono definite le tipologie di motoveicoli di cui al secondo periodo e le relative caratteristiche tecniche e sono individuati i servizi urgenti di istituto per i quali possono essere impiegati i dispositivi)). I predetti veicoli assimilati devono avere ottenuto il riconoscimento di idoneita' al servizio da parte del Dipartimento per i trasporti terrestri. L'uso dei predetti dispositivi e' altresi' consentito ai conducenti delle autoambulanze, dei mezzi di soccorso anche per il recupero degli animali o di vigilanza zoofila, nell'espletamento dei servizi urgenti di istituto, individuati con decreto del Ministro delle infrastrutture e dei trasporti. Con il medesimo decreto sono disciplinate le condizioni alle quali il trasporto di un animale in gravi condizioni di salute puo' essere considerato in stato di necessita', anche se effettuato da privati, nonche' la documentazione che deve essere esibita, eventualmente successivamente all'atto di controllo da parte delle autorita' di polizia stradale di cui all'articolo 12, comma 1. Agli incroci regolati, gli agenti del traffico provvederanno a concedere immediatamente la via libera ai veicoli suddetti.

2. I conducenti dei veicoli di cui al comma 1, nell'espletamento di servizi urgenti di istituto, qualora usino congiuntamente il dispositivo acustico supplementare di allarme e quello di segnalazione visiva a luce lampeggiante blu, non sono tenuti a osservare gli obblighi, i divieti e le limitazioni relativi alla circolazione, le prescrizioni della segnaletica stradale e le norme di comportamento in genere, ad eccezione delle segnalazioni degli agenti del traffico e nel rispetto comunque delle regole di comune prudenza e diligenza.

3. Chiunque si trovi sulla strada percorsa dai veicoli di cui al comma 1, o sulle strade adiacenti in prossimita' degli sbocchi sulla prima, appena udito il segnale acustico supplemetare di allarme, ha l'obbligo di lasciare libero il passo e, se necessario, di fermarsi.
E' vietato seguire da presso tali veicoli avvantaggiandosi nella progressione di marcia.

4. Chiunque, al di fuori dei casi di cui al comma 1, fa uso dei dispositivi supplementari ivi indicati e' soggetto alla sanzione amministrativa del pagamento di una somma da € 87 a € 344. (19) (29) (43) (52) (64) (80) (89) (101) (114) (124) (145) (163)

5. Chiunque viola le disposizioni del comma 3 e' soggetto alla

sanzione amministrativa del pagamento di una somma da € 42 a € 173. (19) (29) (43) (52) (64) (80) (89) (101) (114) (124) (145)

AGGIORNAMENTO (19)

Il Decreto 20 dicembre 1996 (in G.U. 28/12/1996, n. 303) ha disposto (con l'art. 1, comma 1) che le presenti modifiche avranno effetto a decorrere dal 1 gennaio 1997.

AGGIORNAMENTO (29)

Il Decreto 22 dicembre 1998 (in G.U. 28/12/1998, n. 301) ha disposto (con l'art. 1, comma 1) che le presenti modifiche avranno effetto a decorrere dal 1 gennaio 1999.

AGGIORNAMENTO (43)

Il Decreto 29 dicembre 2000 (in G.U. 30/12/2000, n. 303) ha disposto (con l'art. 1, comma 1) che le presenti modifiche avranno effetto a decorrere dal 1 gennaio 2001.

AGGIORNAMENTO (52)

Il Decreto 24 dicembre 2002 (in G.U. 30/12/2002, n. 304) ha disposto (con l'art. 1, comma 1) che le presenti modifiche avranno effetto a decorrere dal 1 gennaio 2003.

AGGIORNAMENTO (64)

Il Decreto 22 dicembre 2004 (in G.U. 30/12/2004, n. 305) ha disposto (con l'art. 1, comma 2) che le presenti modifiche avranno effetto a decorrere dal 1 gennaio 2005.

AGGIORNAMENTO (80)

Il Decreto 29 dicembre 2006 (in G.U. 30/12/2006, n. 302) ha disposto (con l'art. 1, comma 2) che le presenti modifiche avranno effetto a decorrere dal 1 gennaio 2007.

AGGIORNAMENTO (89)

Il Decreto 29 dicembre 2006 (in G.U. 30/12/2006, n. 302) ha disposto (con l'art. 1, comma 2) che le presenti modifiche avranno effetto a decorrere dal 1 gennaio 2007.

AGGIORNAMENTO (101)

Il Decreto 22 dicembre 2010 (in G.U. 31/12/2010 n. 305) ha disposto (con l'art. 1, comma 2) che le presenti modifiche avranno effetto a decorrere dal 1 gennaio 2011.

AGGIORNAMENTO (114)
Il Decreto 19 dicembre 2012 (in G.U. 31/12/2012 n. 303) ha disposto (con l'art. 1, comma 2) che la presente modifica avra' effetto a decorrere dal 1 gennaio 2013.

AGGIORNAMENTO (124)
Il Decreto 16 dicembre 2014 (in G.U. 31/12/2014, n. 302) ha disposto (con l'art. 1, comma 2) che le presenti modifiche avranno effetto a decorrere dal 1 gennaio 2015.

AGGIORNAMENTO (145)
Il Decreto 27 dicembre 2018 (in G.U. 29/12/2018, n. 301) ha disposto (con l'art. 3, comma 1) che le presenti modifiche avranno effetto a decorrere dal 1° gennaio 2019.

AGGIORNAMENTO (163)
Il Decreto 31 dicembre 2020 (in G.U. 31/12/2020, n. 323) ha disposto (con l'art. 3, comma 1) che la presente modifica avra' effetto a decorrere dal 1° gennaio 2021.

Art. 178.
(Documenti di viaggio per trasporti professionali con veicoli non muniti di cronotachigrafo).

1. La durata della guida degli autoveicoli adibiti al trasporto di persone o di cose non muniti dei dispositivi di controllo di cui all'articolo 179 e' disciplinata dalle disposizioni dell'accordo europeo relativo alle prestazioni lavorative degli equipaggi dei veicoli addetti ai trasporti internazionali su strada (AETR), concluso a Ginevra il 1° luglio 1970, reso esecutivo dalla legge 6 marzo 1976, n. 112. Al rispetto delle disposizioni dello stesso accordo sono tenuti i conducenti dei veicoli di cui al paragrafo 3 dell'articolo 2 del regolamento (CE) n. 561/2006 del Parlamento europeo e del Consiglio, del 15 marzo 2006.

2. I registri di servizio, i libretti individuali, gli estratti del registro di servizio e le copie dell'orario di servizio di cui all'accordo indicato al comma 1 del presente articolo devono essere esibiti, per il controllo, agli organi di polizia stradale di cui all'articolo 12. I libretti individuali conservati dall'impresa e i registri di servizio devono essere esibiti, per il controllo, anche ai funzionari del Dipartimento per i trasporti, la navigazione ed i sistemi informativi e statistici.

3. Le violazioni delle disposizioni di cui al presente articolo possono essere sempre accertate attraverso le risultanze o le registrazioni dei dispositivi di controllo installati sui veicoli,

nonche' attraverso i documenti di cui al comma 2.

4. Il conducente che supera la durata dei periodi di guida prescritti dall'accordo di cui al comma 1 e' soggetto alla sanzione amministrativa del pagamento di una somma da € 41 a € 165. Si applica la sanzione ((da € 218 a € 868)) al conducente che non osserva le disposizioni relative ai periodi di riposo giornaliero. (114) (124) (133) (145) ((163))

5. Quando le violazioni di cui al comma 4 hanno durata superiore al 10 per cento rispetto al limite giornaliero massimo di durata dei periodi di guida prescritto dalle disposizioni dell'accordo di cui al comma 1, si applica la sanzione amministrativa del pagamento di una somma ((da € 325 a € 1.301)). Si applica la sanzione ((da € 379 a € 1.519)) se la violazione di durata superiore al 10 per cento riguarda il tempo minimo di riposo prescritto dal citato accordo. (114) (124)

(133) (145) ((163))6. Quando le violazioni di cui al comma 4 hanno durata superiore al
20 per cento rispetto al limite giornaliero massimo di durata dei periodi di guida, ovvero minimo del tempo di riposo, prescritti dall'accordo di cui al comma 1, si applica la sanzione amministrativa del pagamento di una somma ((da € 433 a € 1.735)). (114) (124) (133) (145) ((163))

7. Il conducente che non rispetta per oltre il 10 per cento il limite massimo di durata dei periodi di guida settimanale prescritti dall'accordo di cui al comma 1 e' soggetto alla sanzione amministrativa del pagamento di una somma ((da € 271 a € 1.084)). Il conducente che non rispetta per oltre il 10 per cento il limite minimo dei periodi di riposo settimanale prescritti dal predetto accordo e' soggetto alla sanzione amministrativa del pagamento di una somma ((da € 379 a € 1.519)). Se i limiti di durata di cui ai periodi precedenti non sono rispettati per oltre il 20 per cento, si applica la sanzione amministrativa del pagamento di una somma ((da € 433 a € 1.735)). (114) (124) (133) (145) ((163))

8. Il conducente che, durante la guida, non rispetta le disposizioni relative alle interruzioni previste dall'accordo di cui al comma 1 e' soggetto alla sanzione amministrativa del pagamento di una somma ((da € 271 a € 1.084)). (114) (124) (133) (145) ((163))

9. Il conducente che e' sprovvisto del libretto individuale di controllo, dell'estratto del registro di servizio o della copia dell'orario di servizio previsti dall'accordo di cui al comma 1 e' soggetto alla sanzione amministrativa del pagamento di una somma ((da € 333 a € 1.331)). La stessa sanzione si applica a chiunque non ha con se' o tiene in modo incompleto o alterato il libretto individuale di controllo, l'estratto del registro di servizio o copia dell'orario di servizio, fatta salva l'applicazione delle sanzioni previste dalla legge penale ove il fatto costituisca reato. (114) (124) (133) (145) ((163))

10. Le sanzioni di cui ai commi 4, 5, 6, 7, 8 e 9 si applicano anche agli altri membri dell'equipaggio che non osservano le prescrizioni previste dall'accordo di cui al comma 1.

11. Nei casi previsti dai commi 4, 5, 6 e 7 del presente articolo si applicano le disposizioni di cui al comma 11 dell'articolo 174.

12. Per le violazioni delle norme di cui al presente articolo, l'impresa da cui dipende il lavoratore al quale la violazione si riferisce e' obbligata in solido con l'autore della violazione al pagamento della somma da questo dovuta.

13. L'impresa che nell'esecuzione dei trasporti non osserva le disposizioni contenute nell'accordo di cui al comma 1, ovvero non tiene i documenti prescritti o li tiene scaduti, incompleti o alterati, e' soggetta alla sanzione amministrativa del pagamento di una somma ((da € 333 a € 1.331)) per ciascun dipendente cui la violazione si riferisce, fatta salva l'applicazione delle sanzioni previste dalla legge penale ove il fatto costituisca reato. (114) (124) (133) (145) ((163))14. In caso di ripetute inadempienze si applicano le disposizioni
di cui ai commi 15, 16, 17 e 18 dell'articolo 174. Quando le ripetute violazioni sono commesse alla guida di veicoli immatricolati in Stati non facenti parte dell'Unione europea o dello Spazio economico europeo, la sospensione, la decadenza o la revoca di cui ai medesimi commi 15, 16, 17 e 18 dell'articolo 174 si applicano all'autorizzazione o al diverso titolo, comunque denominato, che consente di effettuare trasporti internazionali.

AGGIORNAMENTO (19)

Il Decreto 20 dicembre 1996 (in G.U. 28/12/1996, n. 303) ha disposto (con l'art. 1, comma 1) che le presenti modifiche avranno effetto a decorrere dal 1 gennaio 1997.

AGGIORNAMENTO (29)

Il Decreto 22 dicembre 1998 (in G.U. 28/12/1998, n. 301) ha disposto (con l'art. 1, comma 1) che le presenti modifiche avranno effetto a decorrere dal 1 gennaio 1999.

AGGIORNAMENTO (43)

Il Decreto 29 dicembre 2000 (in G.U. 30/12/2000, n. 303) ha disposto (con l'art. 1, comma 1) che le presenti modifiche avranno effetto a decorrere dal 1 gennaio 2001.

AGGIORNAMENTO (52)

Il Decreto 24 dicembre 2002 (in G.U. 30/12/2002, n. 304) ha disposto (con l'art. 1, comma 1) che le presenti modifiche avranno

effetto a decorrere dal 1 gennaio 2003.

AGGIORNAMENTO (64)

Il Decreto 22 dicembre 2004 (in G.U. 30/12/2004, n. 305) ha disposto (con l'art. 1, comma 2) che la presente modifica avra' effetto a decorrere dal 1 gennaio 2005.

AGGIORNAMENTO (80)

Il Decreto 29 dicembre 2006 (in G.U. 30/12/2006, n. 302) ha disposto (con l'art. 1, comma 2) che le presenti modifiche avranno effetto a decorrere dal 1 gennaio 2007.

AGGIORNAMENTO (89)

Il Decreto 17 dicembre 2008 (in G.U. 30/12/2008, n. 303) ha disposto (con l'art. 1, comma 2) che le presenti modifiche avranno effetto a decorrere dal 1 gennaio 2009.

AGGIORNAMENTO (114)

Il Decreto 19 dicembre 2012 (in G.U. 31/12/2012 n. 303) ha disposto (con l'art. 1, comma 2) che le presenti modifiche avranno effetto a decorrere dal 1 gennaio 2013.

AGGIORNAMENTO (124)

Il Decreto 16 dicembre 2014 (in G.U. 31/12/2014, n. 302) ha disposto (con l'art. 1, comma 2) che le presenti modifiche avranno effetto a decorrere dal 1 gennaio 2015.

AGGIORNAMENTO (133)

Il Decreto 20 dicembre 2016 (in G.U. 30/12/2016, n. 304) ha disposto (con l'art. 1, comma 1) che le presenti modifiche avranno effetto a decorrere dal 1 gennaio 2017.

AGGIORNAMENTO (145)

Il Decreto 27 dicembre 2018 (in G.U. 29/12/2018, n. 301) ha disposto (con l'art. 3, comma 1) che le presenti modifiche avranno effetto a decorrere dal 1° gennaio 2019.

AGGIORNAMENTO (163)

Il Decreto 31 dicembre 2020 (in G.U. 31/12/2020, n. 323) ha disposto (con l'art. 3, comma 1) che le presenti modifiche avranno effetto a decorrere dal 1° gennaio 2021.

Art. 179.

Cronotachigrafo e limitatore di velocita'

1. Nei casi previsti dal regolamento (CEE) n. 3821/85 e successive modificazioni, i veicoli devono circolare provvisti di cronotachigrafo, con le caratteristiche e le modalita' d'impiego stabilite nel regolamento stesso. Nei casi e con le modalita' previste dalle direttive comunitarie, i veicoli devono essere dotati altresi' di limitatore di velocita'.

2. Chiunque circola con un autoveicolo non munito di cronotachigrafo, nei casi in cui esso e' previsto, ovvero circola con autoveicolo munito di un cronotachigrafo avente caratteristiche non rispondenti a quelle fissate nel regolamento o non funzionante, oppure non inserisce il foglio di registrazione o la scheda del conducente, e' soggetto alla sanzione amministrativa del pagamento di una somma ((da € 866 a € 3.464)). La sanzione amministrativa pecuniaria e' raddoppiata nel caso che l'infrazione riguardi la manomissione dei sigilli o l'alterazione del cronotachigrafo. (19) (29) (43) (52) (64) (80) (89) (101) (114) (124) (133) (145) ((163))

2-bis. Chiunque circola con un autoveicolo non munito di limitatore di velocita' ovvero circola con un autoveicolo munito di un limitatore di velocita' avente caratteristiche non rispondenti a quelle fissate o non funzionante, e' soggetto alla sanzione amministrativa del pagamento di una somma ((da € 967 a € 3.867)). La sanzione amministrativa pecuniaria e' raddoppiata nel caso in cui l'infrazione riguardi l'alterazione del limitatore di velocita'. (80) (89) (101) (114) (124) (133) (145) ((163))

3. Il titolare della licenza o dell'autorizzazione al trasporto di cose o di persone che mette in circolazione un veicolo sprovvisto di limitatore di velocita' o cronotachigrafo e dei relativi fogli di registrazione, ovvero con limitatore di velocita' o cronotachigrafo manomesso oppure non funzionante, e' soggetto alla sanzione amministrativa del pagamento di una somma ((da € 831 a € 3.328)). (80) (89) (101) (114) (124) (133) (145) ((163))

4. Qualora siano accertate nel corso di un anno tre violazioni alle norme di cui al comma 3, l'ufficio competente del Dipartimento per i trasporti terrestri applica la sanzione accessoria della sospensione della licenza o autorizzazione, relativa al veicolo con il quale le violazioni sono state commesse, per la durata di un anno. La sospensione si cumula alle sanzioni pecuniarie previste.

5. Se il conducente del veicolo o il datore di lavoro e il titolare della licenza o dell'autorizzazione al trasporto di cose su strada sono la stessa persona, le sanzioni previste sono applicate una sola volta nella misura stabilita per la sanzione piu' grave.

6. Per le violazioni di cui al comma 3, le violazioni accertate devono essere comunicate all'ufficio competente del Dipartimento per i trasporti terrestri presso il quale il veicolo risulta

immatricolato.

6-bis. Quando si abbia fondato motivo di ritenere che il cronotachigrafo o il limitatore di velocita' siano alterati, manomessi ovvero comunque non funzionanti, gli organi di Polizia stradale di cui all'articolo 12, anche scortando il veicolo o facendolo trainare in condizioni di sicurezza presso la piu' vicina officina autorizzata per l'installazione o riparazione, possono disporre che sia effettuato l'accertamento della funzionalita' dei dispositivi stessi. Le spese per l'accertamento ed il ripristino della funzionalita' del limitatore di velocita' o del cronotachigrafo sono in ogni caso a carico del proprietario del veicolo o del titolare della licenza o dell'autorizzazione al trasporto di cose o di persone in solido.

7. Ferma restando l'applicazione delle sanzioni previste dai commi precedenti, il funzionario o l'agente che ha accertato la circolazione di veicolo con limitatore di velocita' o cronotachigrafo mancante, manomesso o non funzionante diffida il conducente con annotazione sul verbale a regolarizzare la strumentazione entro un termine di dieci giorni. Qualora il conducente ed il titolare della licenza od autorizzazione non siano la stessa persona, il predetto termine decorre dalla data di ricezione della notifica del verbale, da effettuare al piu' presto.

8. Decorso inutilmente il termine di dieci giorni dalla diffida di cui al comma 7, durante i quali trova applicazione l'articolo 16 del regolamento CEE n. 3821/85, e' disposto, in caso di circolazione del veicolo, il fermo amministrativo dello stesso. Il veicolo verra' restituito dopo un mese al proprietario o all'intestatario della carta di circolazione.

8-bis. In caso di incidente con danno a persone o a cose, il comando dal quale dipende l'agente accertatore segnala il fatto all'autorita' competente, che dispone la verifica presso la sede del titolare della licenza o dell'autorizzazione al trasporto o dell'iscrizione all'albo degli autotrasportatori di cose per l'esame dei dati sui tempi di guida e di riposo relativi all'anno in corso.

9. Alle violazioni di cui ai commi 2 e 2-bis consegue la sanzione amministrativa accessoria della sospensione della patente di guida da quindici giorni a tre mesi, secondo le norme del capo I, sezione II, del titolo VI. Nel caso in cui la violazione relativa al comma 2-bis riguardi l'alterazione del limitatore di velocita', alla sanzione amministrativa pecuniaria consegue la sanzione amministrativa accessoria della revoca della patente secondo le norme del capo I, sezione II del titolo VI.

10. Gli articoli 15, 16 e 20 della legge 13 novembre 1978, n. 727, sono abrogati. Per le restanti norme della legge 13 novembre 1978, n. 727, e successive modificazioni, si applicano le disposizioni del titolo VI. Nel caso di accertamento di violazioni alle disposizioni di cui ai commi 2 e 3, il verbale deve essere inviato all'ufficio metrico provinciale per le necessarie verifiche del ripristino della regolarita' di funzionamento dell'apparecchio cronotachigrafo.

AGGIORNAMENTO (19)

Il Decreto 20 dicembre 1996 (in G.U. 28/12/1996, n. 303) ha disposto (con l'art. 1, comma 1) che le presenti modifiche avranno effetto a decorrere dal 1 gennaio 1997.

AGGIORNAMENTO (29)

Il Decreto 22 dicembre 1998 (in G.U. 28/12/1998, n. 301) ha disposto (con l'art. 1, comma 1) che le presenti modifiche avranno effetto a decorrere dal 1 gennaio 1999.

AGGIORNAMENTO (43)

Il Decreto 29 dicembre 2000 (in G.U. 30/12/2000, n. 303) ha disposto (con l'art. 1, comma 1) che le presenti modifiche avranno effetto a decorrere dal 1 gennaio 2001.

AGGIORNAMENTO (52)

Il Decreto 24 dicembre 2002 (in G.U. 30/12/2002, n. 304) ha disposto (con l'art. 1, comma 1) che le presenti modifiche avranno effetto a decorrere dal 1 gennaio 2003.

AGGIORNAMENTO (64)

Il Decreto 22 dicembre 2004 (in G.U. 30/12/2004, n. 305) ha disposto (con l'art. 1, comma 2) che la presente modifica avra'

effetto a decorrere dal 1 gennaio 2005.

AGGIORNAMENTO (80)

Il Decreto 29 dicembre 2006 (in G.U. 30/12/2006, n. 302) ha disposto (con l'art. 1, comma 2) che le presenti modifiche avranno effetto a decorrere dal 1 gennaio 2007.

AGGIORNAMENTO (89)

Il Decreto 17 dicembre 2008 (in G.U. 30/12/2008, n. 303) ha disposto (con l'art. 1, comma 2) che le presenti modifiche avranno effetto a decorrere dal 1 gennaio 2009.

AGGIORNAMENTO (101)
Il Decreto 22 dicembre 2010 (in G.U. 31/12/2010 n. 305) ha disposto (con l'art. 1, comma 2) che le presenti modifiche avranno effetto a decorrere dal 1 gennaio 2011.

AGGIORNAMENTO (114)
Il Decreto 19 dicembre 2012 (in G.U. 31/12/2012 n. 303) ha disposto (con l'art. 1, comma 2) che le presenti modifiche avranno effetto a decorrere dal 1 gennaio 2013.

AGGIORNAMENTO (114)
Il Decreto 19 dicembre 2012 (in G.U. 31/12/2012 n. 303) ha disposto (con l'art. 1, comma 2) che le presenti modifiche avranno effetto a decorrere dal 1 gennaio 2013.

AGGIORNAMENTO (124)
Il Decreto 16 dicembre 2014 (in G.U. 31/12/2014, n. 302) ha disposto (con l'art. 1, comma 2) che le presenti modifiche avranno effetto a decorrere dal 1 gennaio 2015.

AGGIORNAMENTO (133)
Il Decreto 20 dicembre 2016 (in G.U. 30/12/2016, n. 304) ha disposto (con l'art. 1, comma 1) che le presenti modifiche avranno effetto a decorrere dal 1 gennaio 2017.

AGGIORNAMENTO (145)
Il Decreto 27 dicembre 2018 (in G.U. 29/12/2018, n. 301) ha disposto (con l'art. 3, comma 1) che le presenti modifiche avranno effetto a decorrere dal 1° gennaio 2019.

AGGIORNAMENTO (163)
Il Decreto 31 dicembre 2020 (in G.U. 31/12/2020, n. 323) ha disposto (con l'art. 3, comma 1) che le presenti modifiche avranno effetto a decorrere dal 1° gennaio 2021.
Art. 180.
Possesso dei documenti di circolazione e di guida
1. Per poter circolare con veicoli a motore il conducente deve avere con se' i seguenti documenti:
a) la carta di circolazione, il certificato di idoneita' tecnica alla circolazione o il certificato di circolazione, a seconda del tipo di veicolo condotto; (102)
b) la patente di guida valida per la corrispondente categoria del

veicolo, nonche' lo specifico attestato sui requisiti fisici e psichici, qualora ricorrano le ipotesi di cui all'articolo 115, comma 2; (102)

c) l'autorizzazione per l'esercitazione alla guida per la corrispondente categoria del veicolo in luogo della patente di guida di cui alla lettera b), nonche' un documento personale di riconoscimento;

d) il certificato di assicurazione obbligatoria.

2. La persona che funge da istruttore durante le esercitazioni di guida deve avere con se' la patente di guida prescritta; se trattasi di istruttore di scuola guida deve aver con se' anche l'attestato di qualifica professionale di cui all'art. 123, comma 7.

3. Il conducente deve, altresi', avere con se' l'autorizzazione o la licenza quando il veicolo e' impiegato in uno degli usi previsti dall'art. 82.

4. Quando l'autoveicolo sia adibito ad uso diverso da quello risultante dalla carta di circolazione ovvero quando il veicolo sia in circolazione di prova, il conducente deve avere con se' la relativa autorizzazione. Per i rimorchi e i semirimorchi di massa complessiva a pieno carico superiore a 3,5 t, Per i veicoli adibiti a servizio pubblico di trasporto di persone e per quelli adibiti a locazione senza conducente, ovvero con facolta' di acquisto in leasing, la carta di circolazione puo' essere sostituita da fotocopia autenticata dallo stesso proprietario con sottoscrizione del medesimo. (98)

5. Il conducente deve avere con se' il certificato di abilitazione o di formazione professionale, la carta di qualificazione del conducente e il certificato di idoneita', quando prescritti.

6. COMMA ABROGATO DAL D.LGS. 18 APRILE 2011, N. 59.

7. Chiunque viola le disposizioni del presente articolo e' soggetto alla sanzione amministrativa del pagamento di una somma da € 42 a € 173. Quando si tratta di ciclomotori la sanzione e' da € 26 a € 102. (19) (29) (43) (52) (64) (80) (89) (101) (114) (124) (145)

8. Chiunque senza giustificato motivo non ottempera all'invito dell'autorita' di presentarsi, entro il termine stabilito nell'invito medesimo, ad uffici di polizia per fornire informazioni o esibire documenti ai fini dell'accertamento delle violazioni amministrative previste dal presente codice, e' soggetto alla sanzione amministrativa del pagamento di una somma da € 430 a € 1.731. Alla violazione di cui al presente comma consegue l'applicazione, da parte

dell'ufficio dal quale dipende l'organo accertatore, della sanzione prevista per la mancanza del documento da presentare, con decorrenza dei termini per la notificazione dal giorno successivo a quello stabilito per la presentazione dei documenti. ((L'invito a presentarsi per esibire i documenti di cui al presente articolo non si applica nel caso in cui l'esistenza e la validita' della documentazione richiesta possano essere accertate tramite consultazione di banche di dati o archivi pubblici o gestiti da amministrazioni dello Stato accessibili da parte degli organi di polizia stradale, ad eccezione delle ipotesi in cui l'accesso a tali banche di dati o archivi pubblici non sia tecnicamente possibile al momento della contestazione)). (19) (29) (43) (52) (64) (80) (89) (101) (114) (124) (133) (145) (163)

AGGIORNAMENTO (19)

Il Decreto 20 dicembre 1996 (in G.U. 28/12/1996, n. 303) ha disposto (con l'art. 1, comma 1) che le presenti modifiche avranno effetto a decorrere dal 1 gennaio 1997.

AGGIORNAMENTO (29)

Il Decreto 22 dicembre 1998 (in G.U. 28/12/1998, n. 301) ha disposto (con l'art. 1, comma 1) che le presenti modifiche avranno effetto a decorrere dal 1 gennaio 1999.

AGGIORNAMENTO (43)

Il Decreto 29 dicembre 2000 (in G.U. 30/12/2000, n. 303) ha disposto (con l'art. 1, comma 1) che le presenti modifiche avranno effetto a decorrere dal 1 gennaio 2001.

AGGIORNAMENTO (52)

Il Decreto 24 dicembre 2002 (in G.U. 30/12/2002, n. 304) ha disposto (con l'art. 1, comma 1) che le presenti modifiche avranno effetto a decorrere dal 1 gennaio 2003.

AGGIORNAMENTO (64)

Il Decreto 22 dicembre 2004 (in G.U. 30/12/2004, n. 305) ha disposto (con l'art. 1, comma 2) che le presenti modifiche avranno effetto a decorrere dal 1 gennaio 2005.

AGGIORNAMENTO (80)

Il Decreto 29 dicembre 2006 (in G.U. 30/12/2006, n. 302) ha disposto (con l'art. 1, comma 2) che le presenti modifiche avranno effetto a decorrere dal 1 gennaio 2007.

AGGIORNAMENTO (89)

Il Decreto 17 dicembre 2008 (in G.U. 30/12/2008, n. 303) ha

disposto (con l'art. 1, comma 2) che le presenti modifiche avranno effetto a decorrere dal 1 gennaio 2009.

AGGIORNAMENTO (98)

La Corte Costituzionale, con sentenza 7 -23 luglio 2010, n. 280 (in G.U. 1a s.s. 28-7-2010, n. 30) ha dichiarato "l'illegittimita' costituzionale dell'art. 180, comma 4, del decreto legislativo 30 aprile 1992 (Nuovo codice della strada), come integrato dall'articolo 3, comma 17, del decreto-legge 27 giugno 2003, n. 151 (Modifiche ed integrazioni ad codice della strada), convertito, con modificazioni, dalla legge 1° agosto 2003, n. 214, nella parte in cui non estende a tutti i veicoli delle aziende fornitrici di servizi pubblici essenziali, ai sensi dell'art. 1 della legge n. 146 del 1990, la facolta' di tenere a bordo dei veicoli, in luogo dell'originale, una fotocopia della carta di circolazione, autenticata dal proprietario del veicolo, con sottoscrizione del medesimo".

AGGIORNAMENTO (101)

Il Decreto 22 dicembre 2010 (in G.U. 31/12/2010 n. 305) ha disposto (con l'art. 1, comma 2) che le presenti modifiche avranno effetto a decorrere dal 1 gennaio 2011.

AGGIORNAMENTO (102)

Il D.Lgs. 18 aprile 2011, n. 59 ha disposto (con l'art. 28, comma 1) che "Le disposizioni del presente decreto legislativo si applicano a decorrere dal 19 gennaio 2013, ad eccezione di quelle contenute negli articoli 9, comma 2, 22, comma 1, e 23, nonche' nell'allegato III, con riferimento alle patenti per le categorie A, A1, B, BE, C, CE, D, DE, KA e KB".

AGGIORNAMENTO (114)

Il Decreto 19 dicembre 2012 (in G.U. 31/12/2012 n. 303) ha disposto (con l'art. 1, comma 2) che le presenti modifiche avranno effetto a decorrere dal 1 gennaio 2013.

AGGIORNAMENTO (124)

Il Decreto 16 dicembre 2014 (in G.U. 31/12/2014, n. 302) ha disposto (con l'art. 1, comma 2) che le presenti modifiche avranno effetto a decorrere dal 1 gennaio 2015.

AGGIORNAMENTO (133)

Il Decreto 20 dicembre 2016 (in G.U. 30/12/2016, n. 304) ha disposto (con l'art. 1, comma 1) che la presente modifica avra'

effetto a decorrere dal 1 gennaio 2017.

AGGIORNAMENTO (145)

Il Decreto 27 dicembre 2018 (in G.U. 29/12/2018, n. 301) ha disposto (con l'art. 3, comma 1) che le presenti modifiche avranno effetto a decorrere dal 1° gennaio 2019.

AGGIORNAMENTO (163)

Il Decreto 31 dicembre 2020 (in G.U. 31/12/2020, n. 323) ha disposto (con l'art. 3, comma 1) che la presente modifica avra' effetto a decorrere dal 1° gennaio 2021.

Art. 181.
Esposizione dei contrassegni per la circolazione

1. E' fatto obbligo di esporre sugli autoveicoli e motoveicoli, esclusi i motocicli, nella parte anteriore o sul vetro parabrezza, il contrassegno attestante il pagamento della tassa automobilistica e quello relativo all'assicurazione obbligatoria.

2. I conducenti di motocicli e ciclomotori sono esonerati dall'obbligo di cui al comma 1 purche' abbiano con se' i contrassegni stessi.

3. Chiunque viola le disposizioni del presente articolo e' soggetto alla sanzione amministrativa del pagamento di una somma ((da € 26 a € 102)). Si applica la disposizione del comma 8 dell'art. 180. (19) (29) (43) (52) (64) (80) (89) (101) (114) (117) (124) ((145))

AGGIORNAMENTO (19)

Il Decreto 20 dicembre 1996 (in G.U. 28/12/1996, n. 303) ha disposto (con l'art. 1, comma 1) che la presente modifica avra' effetto a decorrere dal 1 gennaio 1997.

AGGIORNAMENTO (29)

Il Decreto 22 dicembre 1998 (in G.U. 28/12/1998, n. 301) ha disposto (con l'art. 1, comma 1) che la presente modifica avra' effetto a decorrere dal 1 gennaio 1999.

AGGIORNAMENTO (43)

Il Decreto 29 dicembre 2000 (in G.U. 30/12/2000, n. 303) ha disposto (con l'art. 1, comma 1) che la presente modifica avra' effetto a decorrere dal 1 gennaio 2001.

AGGIORNAMENTO (52)

Il Decreto 24 dicembre 2002 (in G.U. 30/12/2002, n. 304) ha

disposto (con l'art. 1, comma 1) che la presente modifica avra' effetto a decorrere dal 1 gennaio 2003.

AGGIORNAMENTO (64)

Il Decreto 22 dicembre 2004 (in G.U. 30/12/2004, n. 305) ha disposto (con l'art. 1, comma 2) che la presente modifica avra' effetto a decorrere dal 1 gennaio 2005.

AGGIORNAMENTO (80)

Il Decreto 29 dicembre 2006 (in G.U. 30/12/2006, n. 302) ha disposto (con l'art. 1, comma 2) che la presente modifica avra' effetto a decorrere dal 1 gennaio 2007.

AGGIORNAMENTO (89)

Il Decreto 17 dicembre 2008 (in G.U. 30/12/2008, n. 303) ha disposto (con l'art. 1, comma 2) che la presente modifica avra' effetto a decorrere dal 1 gennaio 2009.

AGGIORNAMENTO (101)

Il Decreto 22 dicembre 2010 (in G.U. 31/12/2010, n. 305) ha disposto (con l'art. 1, comma 2) che la presente modifica avra' effetto a decorrere dal 1 gennaio 2011.

AGGIORNAMENTO (114)

Il Decreto 19 dicembre 2012 (in G.U. 31/12/2012, n. 303) ha disposto (con l'art. 1, comma 2) che la presente modifica avra' effetto a decorrere dal 1 gennaio 2013.

AGGIORNAMENTO (117)

Il Decreto 9 agosto 2013, n. 110 ha disposto (con l'art. 2, comma 2) che "Il processo di dematerializzazione si conclude entro due anni dall'entrata in vigore del presente regolamento con conseguente cessazione da quella data dell'obbligo di esposizione del contrassegno di cui all'articolo 127 del decreto legislativo 7 settembre 2005, n. 209, nonche' all'articolo 181 del decreto legislativo 30 aprile 1992, n. 285."

AGGIORNAMENTO (124)

Il Decreto 16 dicembre 2014 (in G.U. 31/12/2012, n. 302) ha disposto (con l'art. 1, comma 2) che la presente modifica avra' effetto a decorrere dal 1 gennaio 2015.

AGGIORNAMENTO (145)

Il Decreto 27 dicembre 2018 (in G.U. 29/12/2018, n. 301) ha disposto (con l'art. 3, comma 1) che la presente modifica avra' effetto a decorrere dal 1° gennaio 2019.

Art. 182.
Circolazione dei velocipedi

1. I ciclisti devono procedere su unica fila in tutti i casi in cui le condizioni della circolazione lo richiedano e, comunque, mai affiancati in numero superiore a due; quando circolano fuori dai centri abitati devono sempre procedere su unica fila, salvo che uno di essi sia minore di anni dieci e proceda sulla destra dell'altro.
((1-bis. Le disposizioni del comma 1 non si applicano alla circolazione dei velocipedi sulle strade urbane ciclabili)).

2. I ciclisti devono avere libero l'uso delle braccia e delle mani e reggere il manubrio almeno con una mano; essi devono essere in grado in ogni momento di vedere liberamente davanti a se', ai due lati e compiere con la massima liberta', prontezza e facilita' le manovre necessarie.

3. Ai ciclisti e' vietato trainare veicoli, salvo nei casi consentiti dalle presenti norme, condurre animali e farsi trainare da altro veicolo.

4. I ciclisti devono condurre il veicolo a mano quando, per le condizioni della circolazione, siano di intralcio o di pericolo per i pedoni. In tal caso sono assimilati ai pedoni e devono usare la comune diligenza e la comune prudenza.

5. E' vietato trasportare altre persone sul velocipede a meno che lo stesso non sia appositamente costruito e attrezzato. E' consentito tuttavia al conducente maggiorenne il trasporto di un bambino fino a otto anni di eta', opportunamente assicurato con le attrezzature, di cui all'articolo 68, comma 5.

6. I velocipedi appositamente costruiti ed omologati per il trasporto di altre persone oltre al conducente devono essere condotti, se a piu' di due ruote simmetriche, solo da quest'ultimo. PERIODO SOPPRESSO DAL D.LGS. 10 SETTEMBRE 1993, N. 360.

7. Sui veicoli di cui al comma 6 non si possono trasportare piu' di quattro persone adulte compresi i conducenti; e' consentito anche il trasporto contemporaneo di due bambini fino a dieci anni di eta'.

8. Per il trasporto di oggetti e di animali si applica l'art. 170.
((9. I velocipedi devono transitare sulle piste loro riservate ovvero sulle corsie ciclabili o sulle corsie ciclabili per doppio senso ciclabile, quando esistono, salvo il divieto per particolari categorie di essi, con le modalita' stabilite nel regolamento. Le norme previste dal regolamento per la circolazione sulle piste ciclabili si applicano anche alla circolazione sulle

corsie ciclabili e sulle corsie ciclabili per doppio senso ciclabile)).

9-bis. Il conducente di velocipede che circola fuori dai centri abitati da mezz'ora dopo il tramonto del sole a mezz'ora prima del suo sorgere e il conducente di velocipede che circola nelle gallerie hanno l'obbligo di indossare il giubbotto o le bretelle retroriflettenti ad alta visibilita', di cui al comma 4-ter dell'articolo 162. (99)

9-ter. Nelle intersezioni semaforizzate, sulla base di apposita ordinanza adottata ai sensi dell'articolo 7, comma 1, previa valutazione delle condizioni di sicurezza, sulla soglia dell'intersezione puo' essere realizzata la casa avanzata, estesa a tutta la larghezza della carreggiata o della semicarreggiata. La casa avanzata puo' essere realizzata lungo le strade con velocita' consentita inferiore o uguale a 50 km/h, anche se fornite di piu' corsie per senso di marcia, ed e' posta a una distanza pari almeno a 3 metri rispetto alla linea di arresto stabilita per il flusso veicolare. ((L'area delimitata e' accessibile attraverso una corsia o

da una pista ciclabile di lunghezza pari almeno a 5 metri, situata sul lato destro in prossimita' dell'intersezione)).

10. Chiunque viola le disposizioni del presente articolo e' soggetto alla sanzione amministrativa del pagamento di una somma da € 26 a € 102. La sanzione e' da € 42 a € 173 quando si tratta di velocipedi di cui al comma 6. (19) (29) (43) (52) (64) (80) (89) (101) (114) (124) (145)

AGGIORNAMENTO (19)

Il Decreto 20 dicembre 1996 (in G.U. 28/12/1996, n. 303) ha disposto (con l'art. 1, comma 1) che le presenti modifiche avranno effetto a decorrere dal 1 gennaio 1997.

AGGIORNAMENTO (29)

Il Decreto 22 dicembre 1998 (in G.U. 28/12/1998, n. 301) ha disposto (con l'art. 1, comma 1) che le presenti modifiche avranno effetto a decorrere dal 1 gennaio 1999.

AGGIORNAMENTO (43)

Il Decreto 29 dicembre 2000 (in G.U. 30/12/2000, n. 303) ha disposto (con l'art. 1, comma 1) che le presenti modifiche avranno effetto a decorrere dal 1 gennaio 2001.

AGGIORNAMENTO (52)

Il Decreto 24 dicembre 2002 (in G.U. 30/12/2002, n. 304) ha disposto (con l'art. 1, comma 1) che le presenti modifiche avranno

effetto a decorrere dal 1 gennaio 2003.

AGGIORNAMENTO (64)
Il Decreto 22 dicembre 2004 (in G.U. 30/12/2004, n. 305) ha disposto (con l'art. 1, comma 2) che le presenti modifiche avranno effetto a decorrere dal 1 gennaio 2005.

AGGIORNAMENTO (80)
Il Decreto 29 dicembre 2006 (in G.U. 30/12/2006, n. 302) ha disposto (con l'art. 1, comma 2) che le presenti modifiche avranno effetto a decorrere dal 1 gennaio 2007.

AGGIORNAMENTO (89)
Il Decreto 17 dicembre 2008 (in G.U. 30/12/2008, n. 303) ha disposto (con l'art. 1, comma 2) che le presenti modifiche avranno effetto a decorrere dal 1 gennaio 2009.

AGGIORNAMENTO (99)
La L. 29 luglio 2010, n. 120 ha disposto (con l'art. 28, comma 6) che "Le disposizioni di cui all'articolo 182, comma 9-bis, del decreto legislativo n. 285 del 1992, introdotto dal comma 5 del presente articolo, si applicano a decorrere dal sessantesimo giorno successivo alla data di entrata in vigore della presente legge".

AGGIORNAMENTO (101)
Il Decreto 22 dicembre 2010 (in G.U. 31/12/2010 n. 305) ha disposto (con l'art. 1, comma 2) che le presenti modifiche avranno effetto a decorrere dal 1 gennaio 2011.

Ha inoltre disposto (con l'art. 1, comma 1) che la sanzione prevista dal comma 10, primo periodo, del presente articolo e' esclusa dall'aggiornamento dell'importo delle sanzioni, disposto dal medesimo Decreto del 22 dicembre 2010, limitatamente alle violazioni del comma 9-bis del presente articolo.

AGGIORNAMENTO (114)
Il Decreto 19 dicembre 2012 (in G.U. 31/12/2012 n. 303) ha disposto (con l'art. 1, comma 2) che le presenti modifiche avranno effetto a decorrere dal 1 gennaio 2013.

AGGIORNAMENTO (124)
Il Decreto 16 dicembre 2014 (in G.U. 31/12/2014, n. 302) ha disposto (con l'art. 1, comma 2) che le presenti modifiche avranno

effetto a decorrere dal 1 gennaio 2015.

AGGIORNAMENTO (145)

Il Decreto 27 dicembre 2018 (in G.U. 29/12/2018, n. 301) ha disposto (con l'art. 3, comma 1) che le presenti modifiche avranno effetto a decorrere dal 1° gennaio 2019.

Art. 183.
Circolazione dei veicoli a trazione animale

1. Ogni veicolo a trazione animale deve essere guidato da un conducente che non deve mai abbandonare la guida durante la marcia e deve avere costantemente il controllo degli animali.

2. Un veicolo adibito al trasporto di persone o di cose non puo' essere trainato da piu' di due animali se a due ruote o da piu' di quattro se a quattro ruote. Fanno eccezione i trasporti funebri.

3. I veicoli adibiti al trasporto di cose, quando devono superare forti pendenze o per altre comprovate necessita', possono essere trainati da un numero di animali superiore a quello indicato nel comma 2 previa autorizzazione dell'ente proprietario della strada. Nei centri abitati l'autorizzazione e' rilasciata in ogni caso dal sindaco.

4. I veicoli trainati da piu' di tre animali devono avere due conducenti.

5. Chiunque viola le disposizioni del presente articolo e' soggetto alla sanzione amministrativa del pagamento di una somma ((da € 26 a € 102)). (19) (29) (43) (52) (64) (80) (89) (101) (114) (124) ((145))

AGGIORNAMENTO (19)

Il Decreto 20 dicembre 1996 (in G.U. 28/12/1996, n. 303) ha disposto (con l'art. 1, comma 1) che la presente modifica avra' effetto a decorrere dal 1 gennaio 1997.

AGGIORNAMENTO (29)

Il Decreto 22 dicembre 1998 (in G.U. 28/12/1998, n. 301) ha disposto (con l'art. 1, comma 1) che la presente modifica avra' effetto a decorrere dal 1 gennaio 1999.

AGGIORNAMENTO (43)

Il Decreto 29 dicembre 2000 (in G.U. 30/12/2000, n. 303) ha disposto (con l'art. 1, comma 1) che la presente modifica avra' effetto a decorrere dal 1 gennaio 2001.

AGGIORNAMENTO (52)

Il Decreto 24 dicembre 2002 (in G.U. 30/12/2002, n. 304) ha

disposto (con l'art. 1, comma 1) che la presente modifica avra' effetto a decorrere dal 1 gennaio 2003.

AGGIORNAMENTO (64)

Il Decreto 22 dicembre 2004 (in G.U. 30/12/2004, n. 305) ha disposto (con l'art. 1, comma 2) che la presente modifica avra' effetto a decorrere dal 1 gennaio 2005.

AGGIORNAMENTO (80)

Il Decreto 29 dicembre 2006 (in G.U. 30/12/2006, n. 302) ha disposto (con l'art. 1, comma 2) che la presente modifica avra' effetto a decorrere dal 1 gennaio 2007.

AGGIORNAMENTO (89)

Il Decreto 17 dicembre 2008 (in G.U. 30/12/2008, n. 303) ha disposto (con l'art. 1, comma 2) che la presente modifica avra' effetto a decorrere dal 1 gennaio 2009.

AGGIORNAMENTO (101)

Il Decreto 22 dicembre 2010 (in G.U. 31/12/2010, n. 305) ha disposto (con l'art. 1, comma 2) che la presente modifica avra' effetto a decorrere dal 1 gennaio 2011.

AGGIORNAMENTO (114)

Il Decreto 19 dicembre 2012 (in G.U. 31/12/2012, n. 303) ha disposto (con l'art. 1, comma 2) che la presente modifica avra' effetto a decorrere dal 1 gennaio 2013.

AGGIORNAMENTO (124)

Il Decreto 16 dicembre 2014 (in G.U. 31/12/2012, n. 302) ha disposto (con l'art. 1, comma 2) che la presente modifica avra' effetto a decorrere dal 1 gennaio 2015.

AGGIORNAMENTO (145)

Il Decreto 27 dicembre 2018 (in G.U. 29/12/2018, n. 301) ha disposto (con l'art. 3, comma 1) che la presente modifica avra' effetto a decorrere dal 1° gennaio 2019.

Art. 184.

Circolazione degli animali, degli armenti e delle greggi

1. Per ogni due animali da tiro, quando non siano attaccati ad un veicolo, da soma o da sella, e per ogni animale indomito o pericoloso occorre almeno un conducente, il quale deve avere costantemente il controllo dei medesimi e condurli in modo da evitare intralcio e

pericolo per la circolazione.

2. La disposizione del comma 1 si applica anche agli altri animali isolati o in piccoli gruppi, a meno che la strada attraversi una zona destinata al pascolo, segnalata con gli appositi segnali di pericolo.

3. Nelle ore e nei casi previsti dall'art. 152, ad eccezione per le strade sufficientemente illuminate o interne ai centri abitati, i conducenti devono tenere acceso un dispositivo di segnalazione che proietti in orizzontale luce arancione in tutte le direzioni, esposto in modo che risulti visibile sia dalla parte anteriore che dalla parte posteriore.

4. A tergo dei veicoli a trazione animale possono essere legati non piu' di due animali senza obbligo di conducente e delle luci di cui al comma 3. Tuttavia nei casi previsti dall'art. 152 tali animali non dovranno ostacolare la visibilita' delle luci previste per il veicolo a cui sono legati.

5. Gli armenti, le greggi e qualsiasi altre moltitudini di animali quando circolano su strada devono essere condotti da un guardiano fino al numero di cinquanta e da non meno di due per un numero superiore.

6. I guardiani devono regolare il transito degli animali in modo che resti libera sulla sinistra almeno la meta' della carreggiata. Sono, altresi', tenuti a frazionare e separare i gruppi di animali superiori al numero di cinquanta ad opportuni intervalli al fine di assicurare la regolarita' della circolazione.

7. Le moltitudini di animali di cui al comma 5 non possono sostare sulle strade e, di notte, devono essere precedute da un guardiano e seguite da un altro; ambedue devono tenere acceso un dispositivo di segnalazione che proietti in orizzontale luce arancione in tutte le direzioni, esposto in modo che risulti visibile sia dalla parte anteriore che da quella posteriore.

8. Chiunque viola le disposizioni del presente articolo e' soggetto alla sanzione amministrativa del pagamento di una somma ((da € 42 a € 173)). (19) (29) (43) (52) (64) (80) (89) (101) (114) (124) ((145))

AGGIORNAMENTO (19)

Il Decreto 20 dicembre 1996 (in G.U. 28/12/1996, n. 303) ha disposto (con l'art. 1, comma 1) che la presente modifica avra' effetto a decorrere dal 1 gennaio 1997.

AGGIORNAMENTO (29)

Il Decreto 22 dicembre 1998 (in G.U. 28/12/1998, n. 301) ha disposto (con l'art. 1, comma 1) che la presente modifica avra' effetto a decorrere dal 1 gennaio 1999.

AGGIORNAMENTO (43)

Il Decreto 29 dicembre 2000 (in G.U. 30/12/2000, n. 303) ha disposto (con l'art. 1, comma 1) che la presente modifica avra' effetto a decorrere dal 1 gennaio 2001.

AGGIORNAMENTO (52)

Il Decreto 24 dicembre 2002 (in G.U. 30/12/2002, n. 304) ha disposto (con l'art. 1, comma 1) che la presente modifica avra' effetto a decorrere dal 1 gennaio 2003.

AGGIORNAMENTO (64)

Il Decreto 22 dicembre 2004 (in G.U. 30/12/2004, n. 305) ha disposto (con l'art. 1, comma 2) che la presente modifica avra' effetto a decorrere dal 1 gennaio 2005.

AGGIORNAMENTO (80)

Il Decreto 29 dicembre 2006 (in G.U. 30/12/2006, n. 302) ha disposto (con l'art. 1, comma 2) che la presente modifica avra' effetto a decorrere dal 1 gennaio 2007.

AGGIORNAMENTO (89)

Il Decreto 17 dicembre 2008 (in G.U. 30/12/2008, n. 303) ha disposto (con l'art. 1, comma 2) che la presente modifica avra' effetto a decorrere dal 1 gennaio 2009.

AGGIORNAMENTO (101)

Il Decreto 22 dicembre 2010 (in G.U. 31/12/2010, n. 305) ha disposto (con l'art. 1, comma 2) che la presente modifica avra' effetto a decorrere dal 1 gennaio 2011.

AGGIORNAMENTO (114)

Il Decreto 19 dicembre 2012 (in G.U. 31/12/2012, n. 303) ha disposto (con l'art. 1, comma 2) che la presente modifica avra' effetto a decorrere dal 1 gennaio 2013.

AGGIORNAMENTO (124)

Il Decreto 16 dicembre 2014 (in G.U. 31/12/2012, n. 302) ha disposto (con l'art. 1, comma 2) che la presente modifica avra' effetto a decorrere dal 1 gennaio 2015.

AGGIORNAMENTO (145)

Il Decreto 27 dicembre 2018 (in G.U. 29/12/2018, n. 301) ha

disposto (con l'art. 3, comma 1) che la presente modifica avra' effetto a decorrere dal 1° gennaio 2019.

Art. 185.
Circolazione e sosta delle auto-caravan

1. I veicoli di cui all'art. 54, comma 1, lettera m), ai fini della circolazione stradale in genere ed agli effetti dei divieti e limitazioni previsti negli articoli 6 e 7, sono soggetti alla stessa disciplina prevista per gli altri veicoli.

2. La sosta delle auto-caravan, dove consentita, sulla sede stradale non costituisce campeggio, attendamento e simili se l'autoveicolo non poggia sul suolo salvo che con le ruote, non emette deflussi propri, salvo quelli del propulsore meccanico, e non occupa comunque la sede stradale in misura eccedente l'ingombro proprio dell'autoveicolo medesimo.

3. Nel caso di sosta o parcheggio a pagamento, alle auto-caravan si applicano tariffe maggiorate del 50% rispetto a quelle praticate per le autovetture in analoghi parcheggi della zona.

4. E' vietato lo scarico dei residui organici e delle acque chiare e luride su strade ed aree pubbliche al di fuori di appositi impianti di smaltimento igienico-sanitario.

5. Il divieto di cui al comma 4 e' esteso anche agli altri autoveicoli dotati di appositi impianti interni di raccolta.

6. Chiunque viola le disposizioni dei commi 4 e 5 e' soggetto alla sanzione amministrativa del pagamento di una somma ((da € 87 a € 344)). (19) (29) (43) (52) (64) (80) (89) (101) (114) (124) (145) ((163))

7. Nel regolamento sono stabiliti i criteri per la realizzazione, lungo le strade e autostrade, nelle aree attrezzate riservate alla sosta e al parcheggio delle auto-caravan e nei campeggi, di impianti igienico-sanitari atti ad accogliere i residui organici e le acque chiare e luride, raccolti negli appositi impianti interni di detti veicoli, le tariffe per l'uso degli impianti igienico-sanitari, nonche' i criteri per l'istituzione da parte dei comuni di analoghe aree attrezzate nell' ambito dei rispettivi territori e l'apposito segnale stradale col quale deve essere indicato ogni impianto.

8. Con decreto del Ministro della salute, di concerto con il Ministro dell'ambiente e della tutela del territorio, sono determinate le caratteristiche dei liquidi e delle sostanze chimiche impiegati nel trattamento dei residui organici e delle acque chiare e luride fatti defluire negli impianti igienico-sanitari di cui al comma 4.

AGGIORNAMENTO (19)

Il Decreto 20 dicembre 1996 (in G.U. 28/12/1996, n. 303) ha

disposto (con l'art. 1, comma 1) che la presente modifica avra' effetto a decorrere dal 1 gennaio 1997.

AGGIORNAMENTO (29)

Il Decreto 22 dicembre 1998 (in G.U. 28/12/1998, n. 301) ha disposto (con l'art. 1, comma 1) che la presente modifica avra' effetto a decorrere dal 1 gennaio 1999.

AGGIORNAMENTO (43)

Il Decreto 29 dicembre 2000 (in G.U. 30/12/2000, n. 303) ha disposto (con l'art. 1, comma 1) che la presente modifica avra' effetto a decorrere dal 1 gennaio 2001.

AGGIORNAMENTO (52)

Il Decreto 24 dicembre 2002 (in G.U. 30/12/2002, n. 304) ha disposto (con l'art. 1, comma 1) che la presente modifica avra' effetto a decorrere dal 1 gennaio 2003.

AGGIORNAMENTO (64)

Il Decreto 22 dicembre 2004 (in G.U. 30/12/2004, n. 305) ha disposto (con l'art. 1, comma 2) che la presente modifica avra' effetto a decorrere dal 1 gennaio 2005.

AGGIORNAMENTO (80)

Il Decreto 29 dicembre 2006 (in G.U. 30/12/2006, n. 302) ha disposto (con l'art. 1, comma 2) che la presente modifica avra' effetto a decorrere dal 1 gennaio 2007.

AGGIORNAMENTO (89)

Il Decreto 17 dicembre 2008 (in G.U. 30/12/2008, n. 303) ha disposto (con l'art. 1, comma 2) che la presente modifica avra' effetto a decorrere dal 1 gennaio 2009.

AGGIORNAMENTO (101)

Il Decreto 22 dicembre 2010 (in G.U. 31/12/2010, n. 305) ha disposto (con l'art. 1, comma 2) che la presente modifica avra' effetto a decorrere dal 1 gennaio 2011.

AGGIORNAMENTO (114)

Il Decreto 19 dicembre 2012 (in G.U. 31/12/2012, n. 303) ha disposto (con l'art. 1, comma 2) che la presente modifica avra' effetto a decorrere dal 1 gennaio 2013.

AGGIORNAMENTO (124)

Il Decreto 16 dicembre 2014 (in G.U. 31/12/2012, n. 302) ha disposto (con l'art. 1, comma 2) che la presente modifica avra' effetto a decorrere dal 1 gennaio 2015.

AGGIORNAMENTO (145)

Il Decreto 27 dicembre 2018 (in G.U. 29/12/2018, n. 301) ha disposto (con l'art. 3, comma 1) che la presente modifica avra' effetto a decorrere dal 1° gennaio 2019.

AGGIORNAMENTO (163)

Il Decreto 31 dicembre 2020 (in G.U. 31/12/2020, n. 323) ha disposto (con l'art. 3, comma 1) che la presente modifica avra' effetto a decorrere dal 1° gennaio 2021.

Art. 186
(Guida sotto l'influenza dell'alcool).

1. E' vietato guidare in stato di ebbrezza in conseguenza dell'uso di bevande alcoliche.

2. Chiunque guida in stato di ebbrezza e' punito, ove il fatto non costituisca piu' grave reato:

a) con la sanzione amministrativa del pagamento di una somma ((da € 543 a € 2.170)), qualora sia stato accertato un valore corrispondente ad un tasso alcolemico superiore a 0,5 e non superiore a 0,8 grammi per litro (g/l). All'accertamento della violazione consegue la sanzione amministrativa accessoria della sospensione della patente di guida da tre a sei mesi; (114) (124) (133) (145) ((163))

b) con l'ammenda da euro 800 a euro 3.200 e l'arresto fino a sei mesi, qualora sia stato accertato un valore corrispondente ad un tasso alcolemico superiore a 0,8 e non superiore a 1,5 grammi per litro (g/l). All'accertamento del reato consegue in ogni caso la sanzione amministrativa accessoria della sospensione della patente di guida da sei mesi ad un anno;

c) con l'ammenda da euro 1.500 a euro 6.000, l'arresto da sei mesi ad un anno, qualora sia stato accertato un valore corrispondente ad un tasso alcolemico superiore a 1,5 grammi per litro (g/l). All'accertamento del reato consegue in ogni caso la sanzione amministrativa accessoria della sospensione della patente di guida da uno a due anni. Se il veicolo appartiene a persona estranea al reato, la durata della sospensione della patente di guida e' raddoppiata. La patente di guida e' sempre revocata, ai sensi del capo II, sezione II, del titolo VI, in caso di recidiva nel biennio. Con la sentenza di condanna ovvero di applicazione della pena su richiesta delle parti, anche se e' stata applicata la sospensione condizionale della pena, e' sempre disposta la confisca del veicolo con il quale e' stato commesso il reato, salvo che il veicolo stesso appartenga a persona estranea al reato. Ai fini del sequestro si applicano le disposizioni di cui all'articolo 224-ter. (97)

2-bis. Se il conducente in stato di ebbrezza provoca un incidente stradale, le sanzioni di cui al comma 2 del presente articolo e al comma 3 dell'articolo 186-bis sono raddoppiate ed e' disposto il fermo amministrativo del veicolo per centottanta giorni, salvo che il veicolo appartenga a persona estranea all'illecito. Qualora per il conducente che provochi un incidente stradale sia stato accertato un valore corrispondente ad un tasso alcolemico superiore a 1,5 grammi per litro (g/1), fatto salvo quanto previsto dal quinto e sesto periodo della lettera c) del comma 2 del presente articolo, la patente di guida e' sempre revocata ai sensi del capo II, sezione II, del titolo VI. E' fatta salva in ogni caso l'applicazione dell'articolo 222.

2-ter. Competente a giudicare dei reati di cui al presente articolo e' il tribunale in composizione monocratica.

2-quater. Le disposizioni relative alle sanzioni accessorie di cui ai commi 2 e 2-bis si applicano anche in caso di applicazione della pena su richiesta delle parti.

2-quinquies. Salvo che non sia disposto il sequestro ai sensi del comma 2, il veicolo, qualora non possa essere guidato da altra persona idonea, puo' essere fatto trasportare fino al luogo indicato dall'interessato o fino alla piu' vicina autorimessa e lasciato in consegna al proprietario o al gestore di essa con le normali garanzie per la custodia. Le spese per il recupero ed il trasporto sono interamente a carico del trasgressore.

2-sexies. L'ammenda prevista dal comma 2 e' aumentata da un terzo alla meta' quando il reato e' commesso dopo le ore 22 e prima delle ore 7.

2-septies. Le circostanze attenuanti concorrenti con l'aggravante di cui al comma 2-sexies non possono essere ritenute equivalenti o prevalenti rispetto a questa. Le diminuzioni di pena si operano sulla quantita' della stessa risultante dall'aumento conseguente alla predetta aggravante.

2-octies. Una quota pari al venti per cento dell'ammenda irrogata con la sentenza di condanna che ha ritenuto sussistente l'aggravante di cui al comma 2-sexies e' destinata ad alimentare il Fondo contro l'incidentalita' notturna di cui all'articolo 6-bis del decreto-legge 3 agosto 2007, n. 117, convertito, con modificazioni, dalla legge 2 ottobre 2007, n. 160, e successive modificazioni.

3. Al fine di acquisire elementi utili per motivare l'obbligo di

sottoposizione agli accertamenti di cui al comma 4, gli organi di Polizia stradale di cui all'articolo 12, commi 1 e 2, secondo le direttive fornite dal Ministero dell'interno, nel rispetto della riservatezza personale e senza pregiudizio per l'integrita' fisica, possono sottoporre i conducenti ad accertamenti qualitativi non invasivi o a prove, anche attraverso apparecchi portatili.

4. Quando gli accertamenti qualitativi di cui al comma 3 hanno dato esito positivo, in ogni caso d'incidente ovvero quando si abbia altrimenti motivo di ritenere che il conducente del veicolo si trovi in stato di alterazione psicofisica derivante dall'influenza dell'alcool, gli organi di Polizia stradale di cui all'articolo 12, commi 1 e 2, anche accompagnandolo presso il piu' vicino ufficio o comando, hanno la facolta' di effettuare l'accertamento con strumenti e procedure determinati dal regolamento.

5. Per i conducenti coinvolti in incidenti stradali e sottoposti alle cure mediche, l'accertamento del tasso alcoolemico viene effettuato, su richiesta degli organi di Polizia stradale di cui all'articolo 12, commi 1 e 2, da parte delle strutture sanitarie di base o di quelle accreditate o comunque a tali fini equiparate. Le strutture sanitarie rilasciano agli organi di Polizia stradale la relativa certificazione, estesa alla prognosi delle lesioni accertate, assicurando il rispetto della riservatezza dei dati in base alle vigenti disposizioni di legge. Copia della certificazione di cui al periodo precedente deve essere tempestivamente trasmessa, a cura dell'organo di polizia che ha proceduto agli accertamenti, al prefetto del luogo della commessa violazione per gli eventuali provvedimenti di competenza. Si applicano le disposizioni del comma 5-bis dell'articolo 187.

6. Qualora dall'accertamento di cui ai commi 4 o 5 risulti un valore corrispondente ad un tasso alcoolemico superiore a 0,5 grammi per litro (g/l), l'interessato e' considerato in stato di ebbrezza ai fini dell'applicazione delle sanzioni di cui al comma 2.

7. Salvo che il fatto costituisca piu' grave reato, in caso di rifiuto dell'accertamento di cui ai commi 3, 4 o 5, il conducente e' punito con le pene di cui al comma 2, lettera c). La condanna per il reato di cui al periodo che precede comporta la sanzione amministrativa accessoria della sospensione della patente di guida per un periodo da sei mesi a due anni e della confisca del veicolo con le stesse modalita' e procedure previste dal comma 2, lettera c), salvo che il veicolo appartenga a persona estranea alla violazione. Con l'ordinanza con la quale e' disposta la sospensione della patente, il prefetto ordina che il conducente si sottoponga a visita

medica secondo le disposizioni del comma 8. Se il fatto e' commesso da soggetto gia' condannato nei due anni precedenti per il medesimo reato, e' sempre disposta la sanzione amministrativa accessoria della revoca della patente di guida ai sensi del capo I, sezione II, del titolo VI.

8. Con l'ordinanza con la quale viene disposta la sospensione della patente ai sensi dei commi 2 e 2-bis, il prefetto ordina che il conducente si sottoponga a visita medica ai sensi dell'articolo 119, comma 4, che deve avvenire nel termine di sessanta giorni. Qualora il conducente non vi si sottoponga entro il termine fissato, il prefetto puo' disporre, in via cautelare, la sospensione della patente di guida fino all'esito della visita medica.

9. Qualora dall'accertamento di cui ai commi 4 e 5 risulti un valore corrispondente ad un tasso alcolemico superiore a 1,5 grammi per litro, ferma restando l'applicazione delle sanzioni di cui ai commi 2 e 2-bis, il prefetto, in via cautelare, dispone la sospensione della patente fino all'esito della visita medica di cui al comma 8.

9-bis. Al di fuori dei casi previsti dal comma 2-bis del presente articolo, la pena detentiva e pecuniaria puo' essere sostituita, anche con il decreto penale di condanna, se non vi e' opposizione da parte dell'imputato, con quella del lavoro di pubblica utilita' di cui all'articolo 54 del decreto legislativo 28 agosto 2000, n. 274, secondo le modalita' ivi previste e consistente nella prestazione di un'attivita' non retribuita a favore della collettivita' da svolgere, in via prioritaria, nel campo della sicurezza e dell'educazione stradale presso lo Stato, le regioni, le province, i comuni o presso enti o organizzazioni di assistenza sociale e di volontariato, o presso i centri specializzati di lotta alle dipendenze. Con il decreto penale o con la sentenza il giudice incarica l'ufficio locale di esecuzione penale ovvero gli organi di cui all'articolo 59 del decreto legislativo n. 274 del 2000 di verificare l'effettivo svolgimento del lavoro di pubblica utilita'. In deroga a quanto previsto dall'articolo 54 del decreto legislativo n. 274 del 2000, il lavoro di pubblica utilita' ha una durata corrispondente a quella della sanzione detentiva irrogata e della conversione della pena pecuniaria ragguagliando 250 euro ad un giorno di lavoro di pubblica utilita'. In caso di svolgimento positivo del lavoro di pubblica utilita', il giudice fissa una nuova udienza e dichiara estinto il reato, dispone la riduzione alla meta' della sanzione della sospensione della patente e revoca la confisca del veicolo sequestrato. La decisione e' ricorribile in cassazione. Il ricorso non sospende l'esecuzione a meno che il giudice che ha emesso la

decisione disponga diversamente. In caso di violazione degli obblighi connessi allo svolgimento del lavoro di pubblica utilita', il giudice che procede o il giudice dell'esecuzione, a richiesta del pubblico ministero o di ufficio, con le formalita' di cui all'articolo 666 del codice di procedura penale, tenuto conto dei motivi, della entita' e delle circostanze della violazione, dispone la revoca della pena sostitutiva con ripristino di quella sostituita e della sanzione amministrativa della sospensione della patente e della confisca. Il lavoro di pubblica utilita' puo' sostituire la pena per non piu' di una volta.
(82)

AGGIORNAMENTO (82)

Il D.L. 3 agosto 2007, n. 117, convertito con modificazioni dalla L. 2 ottobre 2007, n. 160, ha disposto (con l'art. 6-bis, comma 2) che chiunque, dopo le ore 20 e prima delle ore 7, viola l'articolo

186 del decreto legislativo 30 aprile 1992, n. 285, e successive modificazioni, e' punito con la sanzione amministrativa aggiuntiva di euro 200, che vengono destinati al Fondo contro l'incidentalita' notturna.

AGGIORNAMENTO (97)

La Corte Costituzionale, con sentenza 26 maggio-4 giugno 2010, n. 196 (in G.U 1a s.s. 09.06.2010, n. 23) ha dichiarato "l'illegittimita' costituzionale, limitatamente alle parole «ai sensi dell'articolo 240, secondo comma, del codice penale», dell'articolo 186, comma 2, lettera c), del decreto legislativo 30 aprile 1992, n. 285 (Nuovo codice della strada), come modificato dell'art. 4, comma 1, lettera b), del decreto-legge 23 maggio 2008, n. 92 (Misure urgenti in materia di sicurezza pubblica), convertito, con modificazioni, dall'art. 1, comma 1, della legge 24 luglio 2008, n. 125".

AGGIORNAMENTO (114)

Il Decreto 19 dicembre 2012 (in G.U. 31/12/2012, n. 303) ha disposto (con l'art. 1, comma 2) che la presente modifica avra' effetto a decorrere dal 1 gennaio 2013.

AGGIORNAMENTO (124)

Il Decreto 16 dicembre 2014 (in G.U. 31/12/2012, n. 302) ha disposto (con l'art. 1, comma 2) che la presente modifica avra' effetto a decorrere dal 1 gennaio 2015.

AGGIORNAMENTO (133)

Il Decreto 20 dicembre 2016 (in G.U. 30/12/2016, n. 304) ha disposto (con l'art. 1, comma 1) che la presente modifica avra' effetto a decorrere dal 1 gennaio 2017.

AGGIORNAMENTO (145)

Il Decreto 27 dicembre 2018 (in G.U. 29/12/2018, n. 301) ha disposto (con l'art. 3, comma 1) che la presente modifica avra' effetto a decorrere dal 1° gennaio 2019.

AGGIORNAMENTO (163)

Il Decreto 31 dicembre 2020 (in G.U. 31/12/2020, n. 323) ha disposto (con l'art. 3, comma 1) che la presente modifica avra' effetto a decorrere dal 1° gennaio 2021.

Art. 186-bis
(Guida sotto l'influenza dell'alcool per conducenti di eta' inferiore a ventuno anni, per i neo-patentati e per chi esercita professionalmente l'attivita' di trasporto di persone o di cose).

1. E' vietato guidare dopo aver assunto bevande alcoliche e sotto l'influenza di queste per:

   a) i conducenti di eta' inferiore a ventuno anni e i conducenti nei primi tre anni dal conseguimento della patente di guida di categoria B;

   b) i conducenti che esercitano l'attivita' di trasporto di persone, di cui agli articoli 85, 86 e 87;

   c) i conducenti che esercitano l'attivita' di trasporto di cose, di cui agli articoli 88, 89 e 90;

   d) i conducenti di autoveicoli di massa complessiva a pieno carico superiore a 3,5 t, di autoveicoli trainanti un rimorchio che comporti una massa complessiva totale a pieno carico dei due veicoli superiore a 3,5 t, di autobus e di altri autoveicoli destinati al trasporto di persone il cui numero di posti a sedere, escluso quello del conducente, e' superiore a otto, nonche' di autoarticolati e di autosnodati.

2. I conducenti di cui al comma 1 che guidino dopo aver assunto bevande alcoliche e sotto l'influenza di queste sono puniti con la sanzione amministrativa del pagamento di una somma ((da € 168 a € 672)), qualora sia stato accertato un valore corrispondente ad un tasso alcolemico superiore a O (zero) e non superiore a 0,5 grammi per litro (gli). Nel caso in cui il conducente, nelle condizioni di cui al periodo precedente, provochi un incidente, le sanzioni di cui al medesimo periodo sono raddoppiate. (114)

(124) (133) (145) ((163))

3. Per i conducenti di cui al comma 1 del presente articolo, ove incorrano negli illeciti di cui all'articolo 186, comma 2, lettera a), le sanzioni ivi previste sono aumentate di un terzo; ove incorrano negli illeciti di cui all'articolo 186, comma 2, lettere b) e c), le sanzioni ivi previste sono aumentate da un terzo alla meta'.

4. Le circostanze attenuanti concorrenti con le aggravanti di cui al comma 3 non possono essere ritenute equivalenti o prevalenti rispetto a queste. Le diminuzioni di pena si operano sulla quantita' della stessa risultante dall'aumento conseguente alla predetta aggravante.

5. La patente di guida e' sempre revocata, ai sensi del capo II, sezione II, del titolo VI, qualora sia stato accertato un valore corrispondente ad un tasso alcolemico superiore a 1,5 grammi per litro (g/l) per i conducenti di cui alla lettera d) del comma 1, ovvero in caso di recidiva nel triennio per gli altri conducenti di cui al medesimo comma. E' fatta salva l'applicazione delle disposizioni di cui al quinto e al sesto periodo della lettera c) del comma 2 dell'articolo 186.

6. Si applicano le disposizioni di cui ai commi da 3 a 6, 8 e 9 dell'articolo 186. Salvo che il fatto costituisca piu' grave reato, in caso di rifiuto dell'accertamento di cui ai commi 3, 4 o 5 dell'articolo 186, il conducente e' punito con le pene previste dal comma 2, lettera c), del medesimo articolo, aumentate da un terzo alla meta'. La condanna per il reato di cui al periodo precedente comporta la sanzione amministrativa accessoria della sospensione della patente di guida per un periodo da sei mesi a due anni e della confisca del veicolo con le stesse modalita' e procedure previste dal citato articolo 186, comma 2, lettera c), salvo che il veicolo appartenga a persona estranea al reato. Se il veicolo appartiene a persona estranea al reato, la durata della sospensione della patente di guida e' raddoppiata. Con l'ordinanza con la quale e' disposta la sospensione della patente di guida, il prefetto ordina che il conducente si sottoponga a visita medica secondo le disposizioni del comma 8 del citato articolo 186. Se il fatto e' commesso da soggetto gia' condannato nei due anni precedenti per il medesimo reato, e' sempre disposta la sanzione amministrativa accessoria della revoca della patente di guida ai sensi del capo II, sezione II, del titolo VI.

7. Il conducente di eta' inferiore a diciotto anni, per il quale sia stato accertato un valore corrispondente ad un tasso alcolemico superiore a O (zero) e non superiore a 0,5 grammi per litro (g/l), non puo' conseguire la patente di guida di categoria B prima del

compimento del diciannovesimo anno di eta'. Il conducente di eta' inferiore a diciotto anni, per il quale sia stato accertato un valore corrispondente ad un tasso alcolemico superiore a 0,5 grammi per litro (g/l), non puo' conseguire la patente di guida di categoria B prima del compimento del ventunesimo anno di eta'". Il conducente di eta' inferiore a diciotto anni, per il quale sia stato accertatoun valore corrispondente ad un tasso alcolemico superiore a 0,5 grammi per litro (g/l), non puo' conseguire la patente di guida di categoria B prima del compimento del ventunesimo anno di eta'.

AGGIORNAMENTO (114)
Il Decreto 19 dicembre 2012 (in G.U. 31/12/2012, n. 303) ha disposto (con l'art. 1, comma 2) che la presente modifica avra' effetto a decorrere dal 1 gennaio 2013.

AGGIORNAMENTO (124)
Il Decreto 16 dicembre 2014 (in G.U. 31/12/2012, n. 302) ha disposto (con l'art. 1, comma 2) che la presente modifica avra' effetto a decorrere dal 1 gennaio 2015.

AGGIORNAMENTO (133)
Il Decreto 20 dicembre 2016 (in G.U. 30/12/2016, n. 304) ha disposto (con l'art. 1, comma 1) che la presente modifica avra' effetto a decorrere dal 1 gennaio 2017.

AGGIORNAMENTO (145)
Il Decreto 27 dicembre 2018 (in G.U. 29/12/2018, n. 301) ha disposto (con l'art. 3, comma 1) che la presente modifica avra' effetto a decorrere dal 1° gennaio 2019.

AGGIORNAMENTO (163)
Il Decreto 31 dicembre 2020 (in G.U. 31/12/2020, n. 323) ha disposto (con l'art. 3, comma 1) che la presente modifica avra' effetto a decorrere dal 1° gennaio 2021.

Art. 187
(Guida in stato di alterazione psico-fisica per uso di sostanze stupefacenti).

1. Chiunque guida in stato di alterazione psico-fisica dopo aver assunto sostanze stupefacenti o psicotrope e' punito con l'ammenda da euro 1.500 a euro 6.000 e l'arresto ((da sei mesi ad un anno. All'accertamento del reato consegue in ogni caso la sanzione amministrativa accessoria della sospensione della patente di guida da uno a due anni. Se il veicolo appartiene a persona estranea al reato, la durata della sospensione della

patente e' raddoppiata. Per i conducenti di cui al comma 1 dell'articolo 186-bis, le sanzioni di cui al primo e al secondo periodo del presente comma sono aumentate da un terzo alla meta'. Si applicano le disposizioni del comma 4 dell'articolo 186-bis. La patente di guida e' sempre revocata, ai sensi del capo II, sezione II, del titolo VI, quando il reato e' commesso da uno dei conducenti di cui alla lettera d) del citato comma 1 dell'articolo 186-bis, ovvero in caso di recidiva nel triennio. Con la sentenza di condanna ovvero di applicazione della pena a richiesta delle parti, anche se e' stata applicata la sospensione condizionale della pena, e' sempre disposta la confisca del veicolo con il quale e' stato commesso il reato, salvo che il veicolo stesso appartenga a persona estranea al reato. Ai fini del sequestro si applicano le disposizioni di cui all'articolo 224-ter)).

1-bis. Se il conducente in stato di alterazione psico-fisica dopo aver assunto sostanze stupefacenti o psicotrope provoca un incidente stradale, le pene di cui al comma 1 sono raddoppiate ((e, fatto salvo quanto previsto dal settimo e dall'ottavo periodo del comma 1, la patente di guida e' sempre revocata ai sensi del capo H, sezione H, del titolo VI. E' fatta salva in ogni caso l'applicazione dell'articolo 222)).

1-ter. Competente a giudicare dei reati di cui al presente articolo e' il tribunale in composizione monocratica. Si applicano le disposizioni dell'articolo 186, comma 2-quater.

1-quater. L'ammenda prevista dal comma 1 e' aumentata da un terzo alla meta' quando il reato e' commesso dopo le ore 22 e prima delle ore 7. Si applicano le disposizioni di cui all'articolo 186, commi 2-septies e 2-octies.

2. Al fine di acquisire elementi utili per motivare l'obbligo di sottoposizione agli accertamenti di cui al comma 3, gli organi di Polizia stradale di cui all'articolo 12, commi 1 e 2, secondo le direttive fornite dal Ministero dell'interno, nel rispetto della riservatezza personale e senza pregiudizio per l'integrita' fisica, possono sottoporre i conducenti ad accertamenti qualitativi non invasivi o a prove, anche attraverso apparecchi portatili. (46)

((2-bis. Quando gli accertamenti di cui al comma 2 forniscono esito positivo ovvero quando si ha altrimenti ragionevole motivo di ritenere che il conducente del veicolo si trovi sotto l'effetto conseguente all'uso di sostanze stupefacenti o psicotrope, i conducenti, nel rispetto della riservatezza personale e senza pregiudizio per l'integrita' fisica, possono essere sottoposti ad accertamenti clinico-tossicologici e strumentali ovvero analitici su campioni di mucosa del cavo orale prelevati a cura di personale sanitario ausiliario delle forze di polizia. Con decreto del Ministro delle infrastrutture e dei trasporti, di concerto con i Ministri dell'interno, della giustizia e della salute, sentiti la Presidenza del Consiglio dei ministri - Dipartimento per le politiche antidroga e il Consiglio superiore di sanita', da adottare entro sessanta giorni dalla data di entrata in vigore della presente disposizione, sono stabilite le modalita', senza nuovi o maggiori oneri a carico del bilancio dello Stato, di effettuazione degli accertamenti di cui al periodo precedente e le caratteristiche degli strumenti da impiegare negli accertamenti medesimi. Ove necessario a garantire la neutralita' finanziaria di cui al precedente periodo, il medesimo decreto puo' prevedere che gli accertamenti di cui al presente comma siano effettuati, anziche' su campioni di mucosa del cavo orale, su campioni di fluido del cavo orale)).

((3. Nei casi previsti dal comma 2-bis, qualora non sia possibile effettuare il prelievo a cura del personale sanitario ausiliario delle forze di polizia ovvero qualora il conducente rifiuti di sottoporsi a tale prelievo, gli agenti di polizia stradale di cui all'articolo 12, commi 1 e 2, fatti salvi gli ulteriori obblighi previsti dalla legge, accompagnano il conducente presso strutture sanitarie fisse o mobili afferenti ai suddetti organi di polizia stradale ovvero presso le strutture sanitarie pubbliche o presso quelle accreditate o comunque a tali fini equiparate, per il prelievo di campioni di liquidi biologici ai fini dell'effettuazione degli esami necessari ad accertare la presenza di sostanze stupefacenti o psicotrope. Le medesime disposizioni si applicano in caso di incidenti, compatibilmente con le attivita' di rilevamento e di soccorso)).

4. Le strutture sanitarie di cui al comma 3, su richiesta degli organi di Polizia stradale di cui all'articolo 12, commi 1 e 2, effettuano altresi' gli accertamenti sui conducenti coinvolti in incidenti stradali e sottoposti alle cure mediche, ai fini indicati dal comma 3; essi possono contestualmente riguardare anche il tasso alcoolemico previsto nell'articolo 186.

5. Le strutture sanitarie rilasciano agli organi di Polizia stradale la relativa certificazione, estesa alla prognosi delle lesioni accertate, assicurando il rispetto della riservatezza dei dati in base alle vigenti disposizioni di legge. ((PERIODO SOPPRESSO
DALLA L. 29 LUGLIO 2010, N. 120)). Copia del referto sanitario positivo deve essere tempestivamente trasmessa, a cura dell'organo di Polizia che ha proceduto agli accertamenti, al prefetto del luogo della commessa violazione per gli eventuali provvedimenti di competenza.

5-bis. Qualora l'esito degli accertamenti di cui ai commi 3, 4 e 5 non sia immediatamente disponibile e gli accertamenti di cui al comma 2 abbiano dato esito positivo, se ricorrono fondati motivi per ritenere che il conducente si trovi in stato di alterazione psico-fisica dopo l'assunzione di sostanze stupefacenti o psicotrope, gli organi di polizia stradale possono disporre il ritiro della patente di guida fino all'esito degli accertamenti e, comunque, per un periodo non superiore a dieci giorni. Si applicano le disposizioni dell'articolo 216 in quanto compatibili. La patente ritirata e' depositata presso l'ufficio o il comando da cui dipende l'organo accertatore.

6. Il prefetto, sulla base ((dell'esito degli accertamenti analitici di cui al comma 2-bis, ovvero)) della certificazione rilasciata dai centri di cui al comma 3, ordina che il conducente si sottoponga a visita medica ai sensi dell'articolo 119 e dispone la sospensione, in via cautelare, della patente fino all'esito dell'esame di revisione che deve avvenire nel termine e con le modalita' indicate dal regolamento.

7. COMMA ABROGATO DAL D.L. 3 AGOSTO 2007, N. 117, CONVERTITO CON
MODIFICAZIONI DALLA L. 2 OTTOBRE 2007, N. 160.

8. Salvo che il fatto costituisca reato, in caso di rifiuto dell'accertamento ((di cui ai commi 2, 2-bis, 3 o 4)), il conducente e' soggetto alle sanzioni di cui all'articolo 186, comma 7. Con l'ordinanza con la quale e' disposta la sospensione della patente, il prefetto ordina che il conducente si sottoponga a visita medica ai sensi dell'articolo 119.

((8-bis. Al di fuori dei casi previsti dal comma 1-bis del presente articolo, la pena detentiva e pecuniaria puo' essere sostituita, anche con il decreto penale di condanna, se non vi e' opposizione da parte dell'imputato, con quella del lavoro di pubblica utilita' di cui all'articolo 54 del decreto legislativo 28 agosto 2000, n. 274, secondo le modalita' ivi previste e consistente nella prestazione di un'attivita' non retribuita a favore della collettivita' da svolgere, in via prioritaria, nel campo della sicurezza e dell'educazione stradale presso lo Stato, le regioni, le province, i comuni o presso enti o organizzazioni di assistenza sociale e di volontariato, nonche' nella partecipazione ad un programma terapeutico e socio-riabilitativo del soggetto tossicodipendente come definito ai sensi degli articoli 121 e 122 del testo unico di cui al decreto del Presidente della Repubblica 9 ottobre 1990, n. 309. Con il decreto penale o con la sentenza il giudice incarica l'ufficio locale di esecuzione penale ovvero gli organi di cui all'articolo 59 del decreto legislativo n. 274 del 2000 di verificare l'effettivo

svolgimento del lavoro di pubblica utilita'. In deroga a quanto previsto dall'articolo 54 del decreto legislativo n. 274 del 2000, il lavoro di pubblica utilita' ha una durata corrispondente a quella della sanzione detentiva irrogata e della conversione della pena pecuniaria ragguagliando 250 euro ad un giorno di lavoro di pubblica utilita'. In caso di svolgimento positivo del lavoro di pubblica utilita', il giudice fissa una nuova udienza e dichiara estinto il reato, dispone la riduzione alla meta' della sanzione della sospensione della patente e revoca la confisca del veicolo sequestrato. La decisione e' ricorribile in cassazione. Il ricorso non sospende l'esecuzione a meno che il giudice che ha emesso la decisione disponga diversamente. In

caso di violazione degli obblighi connessi allo svolgimento del lavoro di pubblica utilita', il giudice che procede o il giudice dell'esecuzione, a richiesta del pubblico ministero o di ufficio, con le formalita' di cui all'articolo 666 del codice di procedura penale, tenuto conto dei motivi, della entita' e delle circostanze della violazione, dispone la revoca della pena sostitutiva con ripristino di quella sostituita e della sanzione amministrativa della sospensione della patente e della confisca. Il lavoro di pubblica utilita' puo' sostituire la pena per non piu' di una volta)).
(76)

AGGIORNAMENTO (46)

Il D.Lgs. 15 gennaio 2002, n. 9, ha disposto (con l'art. 14, comma 1) che il comma 2 del presente articolo e' sostituito dal seguente:

"2. Quando si ha ragionevolmente motivo di ritenere che il conducente del veicolo si trovi sotto l'effetto conseguente all'uso di sostanze stupefacenti o psicotrope, gli agenti di polizia stradale di cui all'articolo 12, commi 1 e 2, fatti salvi gli ulteriori obblighi previsti dalla legge, accompagnano il conducente presso strutture sanitarie fisse o mobili afferenti ai suddetti organi di polizia stradale ovvero presso le strutture sanitarie pubbliche o presso quelle accreditate o comunque a tali fini equiparate, per il prelievo di campioni di liquidi biologici ai fini dell'effettuazione degli esami necessari ad accertare la presenza di sostanze stupefacenti o psicotrope e per la relativa visita medica. Le medesime disposizioni si applicano in caso di incidenti, compatibilmente con le attivita' di rilevamento e soccorso. Le predette strutture sanitarie, su richiesta degli organi di polizia stradale di cui all'articolo 12, commi 1 e 2, effettuano altresi' tali accertamenti sui conducenti coinvolti in incidenti stradali e sottoposti alle cure mediche. Gli accertamenti sono effettuati con strumenti e modalita' stabiliti dal regolamento, ai fini della determinazione delle quantita', indicate in conformita' alle previsioni dello stesso regolamento; essi possono contestualmente riguardare anche il tasso alcolemico previsto nell'articolo 186. Le strutture sanitarie rilasciano agli organi di polizia stradale la

relativa certificazione, estesa alla prognosi delle lesioni accertate, assicurando il rispetto della riservatezza dei dati in base alle vigenti disposizioni di legge. I fondi necessari per l'espletamento degli accertamenti conseguenti ad incidenti stradali sono reperiti nell'ambito dei fondi destinati al Piano nazionale della sicurezza stradale di cui all'articolo 32 della legge 17 maggio 1999, n. 144. Copia del referto sanitario positivo deve essere tempestivamente trasmessa, a cura dell'organo di polizia che ha proceduto agli accertamenti, al prefetto del luogo della commessa violazione per gli eventuali provvedimenti di competenza."

AGGIORNAMENTO (76)

Il D.L. 3 agosto 2007, n. 117, convertito con modificazioni dalla L. 2 ottobre 2007, n. 160, ha disposto (con l'art. 6-bis, comma 2) che chiunque, dopo le ore 20 e prima delle ore 7, viola l'articolo 187 del decreto legislativo 30 aprile 1992, n. 285, e successive modificazioni, e' punito con la sanzione amministrativa aggiuntiva di euro 200, che vengono destinati al Fondo contro l'incidentalita' notturna.

Art. 188.
Circolazione e sosta dei veicoli al servizio di persone invalide

1. Per la circolazione e la sosta dei veicoli al servizio delle persone invalide gli enti proprietari della strada sono tenuti ad allestire e mantenere apposite strutture, nonche' la segnaletica necessaria, per consentire ed agevolare la mobilita' di esse, secondo quanto stabilito nel regolamento.

2. I soggetti legittimati ad usufruire delle strutture di cui al comma 1 sono autorizzati dal sindaco del comune di residenza nei casi e con limiti determinati dal regolamento e con le formalita' nel medesimo indicate.

3. I veicoli al servizio di persone invalide autorizzate a norma del comma 2 non sono tenuti all'obbligo del rispetto dei limiti di tempo se lasciati in sosta nelle aree di parcheggio a tempo determinato.

((3-bis. Ai veicoli al servizio di persone con disabilita', titolari del contrassegno speciale ai sensi dell'articolo 381, comma 2, del regolamento, e' consentito sostare gratuitamente nelle aree di sosta o parcheggio a pagamento, qualora risultino gia' occupati o indisponibili gli stalli a loro riservati)).((167))

4. Chiunque usufruisce delle strutture di cui al comma 1, senza avere l'autorizzazione prescritta dal comma 2 o ne faccia uso improprio, e' soggetto alla sanzione amministrativa del pagamento di una somma da euro 168 ad euro 672. (19) (29) (43) (52) (64) (80) (89) (101) (114) (124) (145) (163)

5. Chiunque usa delle strutture di cui al comma 1, pur avendone diritto, ma non osservando le condizioni ed i limiti indicati nell'autorizzazione prescritta dal comma 2 e' soggetto alla sanzione

amministrativa del pagamento di una somma da euro 87 ad euro 344. (19) (29) (43) (52) (64) (80) (89) (101) (114) (124) (145)

AGGIORNAMENTO (19)

Il Decreto 20 dicembre 1996 (in G.U. 28/12/1996, n. 303) ha disposto (con l'art. 1, comma 1) che le presenti modifiche avranno effetto a decorrere dal 1 gennaio 1997.

AGGIORNAMENTO (29)

Il Decreto 22 dicembre 1998 (in G.U. 28/12/1998, n. 301) ha disposto (con l'art. 1, comma 1) che le presenti modifiche avranno effetto a decorrere dal 1 gennaio 1999.

AGGIORNAMENTO (43)

Il Decreto 29 dicembre 2000 (in G.U. 30/12/2000, n. 303) ha disposto (con l'art. 1, comma 1) che le presenti modifiche avranno effetto a decorrere dal 1 gennaio 2001.

AGGIORNAMENTO (52)

Il Decreto 24 dicembre 2002 (in G.U. 30/12/2002, n. 304) ha disposto (con l'art. 1, comma 1) che le presenti modifiche avranno effetto a decorrere dal 1 gennaio 2003.

AGGIORNAMENTO (64)

Il Decreto 22 dicembre 2004 (in G.U. 30/12/2004, n. 305) ha disposto (con l'art. 1, comma 2) che le presenti modifiche avranno effetto a decorrere dal 1 gennaio 2005.

AGGIORNAMENTO (80)

Il Decreto 29 dicembre 2006 (in G.U. 30/12/2006, n. 302) ha disposto (con l'art. 1, comma 2) che le presenti modifiche avranno effetto a decorrere dal 1 gennaio 2007.

AGGIORNAMENTO (89)

Il Decreto 29 dicembre 2006 (in G.U. 30/12/2006, n. 302) ha disposto (con l'art. 1, comma 2) che le presenti modifiche avranno effetto a decorrere dal 1 gennaio 2007.

AGGIORNAMENTO (101)

Il Decreto 22 dicembre 2010 (in G.U. 31/12/2010 n. 305) ha disposto (con l'art. 1, comma 2) che le presenti modifiche avranno effetto a decorrere dal 1 gennaio 2011.

AGGIORNAMENTO (114)

Il Decreto 19 dicembre 2012 (in G.U. 31/12/2012 n. 303) ha disposto

(con l'art. 1, comma 2) che le presenti modifiche avranno effetto a decorrere dal 1 gennaio 2013.

AGGIORNAMENTO (124)

Il Decreto 16 dicembre 2014 (in G.U. 31/12/2014, n. 302) ha disposto (con l'art. 1, comma 2) che le presenti modifiche avranno effetto a decorrere dal 1 gennaio 2015.

AGGIORNAMENTO (145)

Il Decreto 27 dicembre 2018 (in G.U. 29/12/2018, n. 301) ha disposto (con l'art. 3, comma 1) che le presenti modifiche avranno effetto a decorrere dal 1° gennaio 2019.

AGGIORNAMENTO (163)

Il Decreto 31 dicembre 2020 (in G.U. 31/12/2020, n. 323) ha disposto (con l'art. 3, comma 1) che la presente modifica avra' effetto a decorrere dal 1° gennaio 2021.

AGGIORNAMENTO (167)

Il D.L. 10 settembre 2021, n. 121, convertito con modificazioni dalla L. 9 novembre 2021, n. 156, ha disposto (con l'art. 1, comma 1-ter) che "Il comma 3-bis dell'articolo 188 del codice della strada, di cui al decreto legislativo 30 aprile 1992, n. 285, introdotto dal comma 1, lettera f), numero 01), del presente articolo, si applica a decorrere dal 1° gennaio 2022. Nell'eventualita' in cui dall'attuazione del comma 1, lettera f), derivino minori entrate per il bilancio degli enti locali, attestate dall'organo competente, gli enti stessi provvedono a rivedere le tariffe per la sosta o il parcheggio nelle aree a pagamento, al solo ed esclusivo fine di compensare le predette minori entrate".

                    Art. 188-bis.
(Sosta dei veicoli al servizio delle donne in stato di gravidanza o
    di genitori con un bambino di eta' non superiore a due anni).
  1. Per la sosta dei veicoli al servizio delle donne in stato di gravidanza o di genitori con un bambino di eta' non superiore a due anni gli enti proprietari della strada possono allestire spazi per la sosta, mediante la segnaletica necessaria, per consentire ed agevolare la mobilita' di tali soggetti secondo le modalita' stabilite nel regolamento.
  2. Per usufruire delle strutture di cui al comma 1, le donne in stato di gravidanza o i genitori con un bambino di eta' non superiore a due anni sono autorizzati dal comune di residenza, nei casi e con le modalita', relativi al rilascio del permesso rosa, stabiliti dal

regolamento.

3. Chiunque usufruisce delle strutture di cui al comma 1, senza avere l'autorizzazione prescritta dal comma 2 ((, o ne fa uso improprio)) e' soggetto alla sanzione amministrativa del pagamento di una somma da euro 87 a euro 344.

4. Chiunque, pur avendone diritto, usa delle strutture di cui al comma 1 non osservando le condizioni ed i limiti indicati nell'autorizzazione prescritta dal comma 2, e' soggetto alla sanzione amministrativa del pagamento di una somma da euro 42 a euro 173.

Art. 189
Comportamento in caso di incidente

1. L'utente della strada, in caso di incidente comunque ricollegabile al suo comportamento, ha l'obbligo di fermarsi e di prestare l'assistenza occorrente a coloro che, eventualmente, abbiano subito danno alla persona.

2. Le persone coinvolte in un incidente devono porre in atto ogni misura idonea a salvaguardare la sicurezza della circolazione e, compatibilmente con tale esigenza, adoperarsi affinche' non venga modificato lo stato dei luoghi e disperse le tracce utili per l'accertamento delle responsabilita'.

3. Ove dall'incidente siano derivati danni alle sole cose, i conducenti e ogni altro utente della strada coinvolto devono inoltre, ove possibile, evitare intralcio alla circolazione, secondo le disposizioni dell'art. 161. Gli agenti in servizio di polizia stradale, in tali casi, dispongono l'immediata rimozione di ogni intralcio alla circolazione, salva soltanto l'esecuzione, con assoluta urgenza, degli eventuali rilievi necessari per appurare le modalita' dell'incidente.

4. In ogni caso i conducenti devono, altresi', fornire le proprie generalita', nonche' le altre informazioni utili, anche ai fini risarcitori, alle persone danneggiate o, se queste non sono presenti, comunicare loro nei modi possibili gli elementi sopraindicati.

5. Chiunque, nelle condizioni di cui al comma 1, non ottempera all'obbligo di fermarsi in caso di incidente, con danno alle sole cose, e' soggetto alla sanzione amministrativa del pagamento di una somma ((da € 302 a € 1.208)). In tale caso, se dal fatto deriva un grave danno ai veicoli coinvolti tale da determinare l'applicazione della revisione di cui all'articolo 80, comma 7, si applica la sanzione amministrativa accessoria della sospensione della patente di guida da quindici giorni a due mesi, ai sensi del capo I, sezione II, del titolo VI. (80) (89) (101) (114) (124) (133) (145) ((163))

6. Chiunque, nelle condizioni di cui comma 1, in caso di incidente con danno alle persone, non ottempera all'obbligo di fermarsi, e`

punito con la reclusione da sei mesi a tre anni. Si applica la sanzione amministrativa accessoria della sospensione della patente di guida da uno a tre anni, ai sensi del capo II, sezione II, del titolo VI. Nei casi di cui al presente comma sono applicabili le misure previste dagli articoli 281, 282, 283 e 284 del codice di procedura penale, anche al di fuori dei limiti previsti dall'articolo 280 del medesimo codice, ed e` possibile procedere all'arresto, ai sensi dell'articolo 381 del codice di procedura penale, anche al di fuori dei limiti di pena ivi previsti.

7. Chiunque, nelle condizioni di cui al comma 1, non ottempera all'obbligo di prestare l'assistenza occorrente alle persone ferite, e` punito con la reclusione da un anno a tre anni. Si applica la sanzione amministrativa accessoria della sospensione della patente di guida per un periodo non inferiore ad un anno e sei mesi e non superiore a cinque anni, ai sensi del capo II, sezione II, del titolo VI.

8. Il conducente che si fermi e, occorrendo, presti assistenza a coloro che hanno subito danni alla persona, mettendosi immediatamente a disposizione degli organi di polizia giudiziaria, quando dall'incidente derivi il delitto di lesioni personali colpose, non e' soggetto all'arresto stabilito per il caso di flagranza di reato.

8-bis. Nei confronti del conducente che, entro le ventiquattro ore successive al fatto di cui al comma 6, si mette a disposizione degli organi di polizia giudiziaria, non si applicano le disposizioni di cui al terzo periodo del comma 6.

9. Chiunque non ottempera alle disposizioni di cui ai commi 2, 3 e 4 e' soggetto alla sanzione amministrativa del pagamento di una somma ((da € 87 a € 344)). (19) (29) (43) (52) (64) (80) (89) (101) (114) (124) (145) ((163))

9-bis. L'utente della strada, in caso di incidente comunque ricollegabile al suo comportamento, da cui derivi danno a uno o piu' animali d'affezione, da reddito o protetti, ha l'obbligo di fermarsi e di porre in atto ogni misura idonea ad assicurare un tempestivo intervento di soccorso agli animali che abbiano subito il danno. Chiunque non ottempera agli obblighi di cui al periodo precedente e' punito con la sanzione amministrativa del pagamento di una somma ((da € 421 a € 1.691)). Le persone coinvolte in un incidente con danno a uno o piu' animali d'affezione, da reddito o protetti devono porre in atto ogni misura idonea ad assicurare un tempestivo intervento di soccorso. Chiunque non ottempera all'obbligo di cui al periodo precedente e' soggetto alla sanzione amministrativa del pagamento di una somma ((da € 85 a € 337)). (114) (124) (133) (145) ((163))

AGGIORNAMENTO (19)

Il Decreto 20 dicembre 1996 (in G.U. 28/12/1996, n. 303) ha disposto (con l'art. 1, comma 1) che le presenti modifiche avranno effetto a decorrere dal 1 gennaio 1997.

AGGIORNAMENTO (29)

Il Decreto 22 dicembre 1998 (in G.U. 28/12/1998, n. 301) ha disposto (con l'art. 1, comma 1) che le presenti modifiche avranno effetto a decorrere dal 1 gennaio 1999.

AGGIORNAMENTO (43)

Il Decreto 29 dicembre 2000 (in G.U. 30/12/2000, n. 303) ha disposto (con l'art. 1, comma 1) che le presenti modifiche avranno effetto a decorrere dal 1 gennaio 2001.

AGGIORNAMENTO (52)

Il Decreto 24 dicembre 2002 (in G.U. 30/12/2002, n. 304) ha disposto (con l'art. 1, comma 1) che le presenti modifiche avranno effetto a decorrere dal 1 gennaio 2003.

AGGIORNAMENTO (64)

Il Decreto 22 dicembre 2004 (in G.U. 30/12/2004, n. 305) ha disposto (con l'art. 1, comma 2) che le presenti modifiche avranno effetto a decorrere dal 1 gennaio 2005.

AGGIORNAMENTO (80)

Il Decreto 29 dicembre 2006 (in G.U. 30/12/2006, n. 302) ha disposto (con l'art. 1, comma 2) che le presenti modifiche avranno effetto a decorrere dal 1 gennaio 2007.

AGGIORNAMENTO (89)

Il Decreto 17 dicembre 2008 (in G.U. 30/12/2008, n. 303) ha disposto (con l'art. 1, comma 2) che le presenti modifiche avranno effetto a decorrere dal 1 gennaio 2009.

AGGIORNAMENTO (101)

Il Decreto 22 dicembre 2010 (in G.U. 31/12/2010, n. 305) ha disposto (con l'art. 1, comma 2) che le presenti modifiche avranno effetto a decorrere dal 1 gennaio 2011.

AGGIORNAMENTO (114)

Il Decreto 19 dicembre 2012 (in G.U. 31/12/2012, n. 303) ha disposto (con l'art. 1, comma 2) che le presenti modifiche avranno effetto a decorrere dal 1 gennaio 2013.

AGGIORNAMENTO (124)

Il Decreto 16 dicembre 2014 (in G.U. 31/12/2012, n. 302) ha disposto (con l'art. 1, comma 2) che le presenti modifiche avranno effetto a decorrere dal 1 gennaio 2015.

AGGIORNAMENTO (133)

Il Decreto 20 dicembre 2016 (in G.U. 30/12/2016, n. 304) ha disposto (con l'art. 1, comma 1) che le presenti modifiche avranno effetto a decorrere dal 1 gennaio 2017.

AGGIORNAMENTO (145)

Il Decreto 27 dicembre 2018 (in G.U. 29/12/2018, n. 301) ha disposto (con l'art. 3, comma 1) che le presenti modifiche avranno effetto a decorrere dal 1° gennaio 2019.

AGGIORNAMENTO (163)

Il Decreto 31 dicembre 2020 (in G.U. 31/12/2020, n. 323) ha disposto (con l'art. 3, comma 1) che le presenti modifiche avranno effetto a decorrere dal 1° gennaio 2021.

Art. 190.
Comportamento dei pedoni

1. I pedoni devono circolare sui marciapiedi, sulle banchine, sui viali e sugli altri spazi per essi predisposti; qualora questi manchino, siano ingombri, interrotti o insufficienti, devono circolare sul margine della carreggiata opposto al senso di marcia dei veicoli in modo da causare il minimo intralcio possibile alla circolazione. Fuori dei centri abitati i pedoni hanno l'obbligo di circolare in senso opposto a quello di marcia dei veicoli sulle carreggiate a due sensi di marcia e sul margine destro rispetto alla direzione di marcia dei veicoli quando si tratti di carreggiata a senso unico di circolazione. Da mezz'ora dopo il tramonto del sole a mezz'ora prima del suo sorgere, ai pedoni che circolano sulla carreggiata di strade esterne ai centri abitati, prive di illuminazione pubblica, e' fatto obbligo di marciare su unica fila.

2. I pedoni, per attraversare la carreggiata, devono servirsi degli attraversamenti pedonali, dei sottopassaggi e dei soprapassaggi. Quando questi non esistono, o distano piu' di cento metri dal punto di attraversamento, i pedoni possono attraversare la carreggiata solo in senso perpendicolare, con l'attenzione necessaria ad evitare situazioni di pericolo per se' o per altri.

3. E' vietato ai pedoni attraversare diagonalmente le intersezioni; e' inoltre vietato attraversare le piazze e i larghi al di fuori

degli attraversamenti pedonali, qualora esistano, anche se sono a distanza superiore a quella indicata nel comma 2.

4. E' vietato ai pedoni sostare o indugiare sulla carreggiata, salvo i casi di necessita'; e', altresi', vietato, sostando in gruppo sui marciapiedi, sulle banchine o presso gli attraversamenti pedonali, causare intralcio al transito normale degli altri pedoni.

5. I pedoni che si accingono ad attraversare la carreggiata in zona sprovvista di attraversamenti pedonali devono dare la precedenza ai conducenti.

6. E' vietato ai pedoni effettuare l'attraversamento stradale passando anteriormente agli autobus, filoveicoli e tram in sosta alle fermate.

7. Le macchine per uso di bambini o di persone invalide, anche se asservite da motore, con le limitazioni di cui all'articolo 46, possono circolare sulle parti della strada riservate ai pedoni, secondo le modalita' stabilite dagli enti proprietari delle strade ai sensi degli articoli 6 e 7. ((Le macchine per uso di persone con disabilita' possono, altresi', circolare sui percorsi ciclabili e sugli itinerari ciclopedonali, nonche', se asservite da motore, sulle piste ciclabili, sulle corsie ciclabili, sulle corsie ciclabili per doppio senso ciclabile e sulle strade urbane ciclabili.))

8. La circolazione mediante tavole, pattini od altri acceleratori di andatura e' vietata sulla carreggiata delle strade.

9. E' vietato effettuare sulle carreggiate giochi, allenamenti e manifestazioni sportive non autorizzate. Sugli spazi riservati ai pedoni e' vietato usare tavole, pattini od altri acceleratori di andatura che possano creare situazioni di pericolo per gli altri utenti.

10. Chiunque viola le disposizioni del presente articolo e' soggetto alla sanzione ammnistrativa del pagamento di una somma da € 26 a € 102. (19) (29) (43) (52) (64) (80) (89) (101) (114) (124) (145)

AGGIORNAMENTO (19)

Il Decreto 20 dicembre 1996 (in G.U. 28/12/1996, n. 303) ha disposto (con l'art. 1, comma 1) che la presente modifica avra' effetto a decorrere dal 1 gennaio 1997.

AGGIORNAMENTO (29)

Il Decreto 22 dicembre 1998 (in G.U. 28/12/1998, n. 301) ha disposto (con l'art. 1, comma 1) che la presente modifica avra' effetto a decorrere dal 1 gennaio 1999.

AGGIORNAMENTO (43)

Il Decreto 29 dicembre 2000 (in G.U. 30/12/2000, n. 303) ha disposto (con l'art. 1, comma 1) che la presente modifica avra' effetto a decorrere dal 1 gennaio 2001.

AGGIORNAMENTO (52)

Il Decreto 24 dicembre 2002 (in G.U. 30/12/2002, n. 304) ha disposto (con l'art. 1, comma 1) che la presente modifica avra' effetto a decorrere dal 1 gennaio 2003.

AGGIORNAMENTO (64)

Il Decreto 22 dicembre 2004 (in G.U. 30/12/2004, n. 305) ha disposto (con l'art. 1, comma 2) che la presente modifica avra' effetto a decorrere dal 1 gennaio 2005.

AGGIORNAMENTO (80)

Il Decreto 29 dicembre 2006 (in G.U. 30/12/2006, n. 302) ha disposto (con l'art. 1, comma 2) che la presente modifica avra' effetto a decorrere dal 1 gennaio 2007.

AGGIORNAMENTO (89)

Il Decreto 17 dicembre 2008 (in G.U. 30/12/2008, n. 303) ha disposto (con l'art. 1, comma 2) che la presente modifica avra' effetto a decorrere dal 1 gennaio 2009.

AGGIORNAMENTO (101)

Il Decreto 22 dicembre 2010 (in G.U. 31/12/2010 n. 305) ha disposto (con l'art. 1, comma 2) che la presente modifica avra' effetto a decorrere dal 1 gennaio 2011.

AGGIORNAMENTO (114)

Il Decreto 19 dicembre 2012 (in G.U. 31/12/2012 n. 303) ha disposto (con l'art. 1, comma 2) che la presente modifica avra' effetto a decorrere dal 1 gennaio 2013.

AGGIORNAMENTO (124)

Il Decreto 16 dicembre 2014 (in G.U. 31/12/2014, n. 302) ha disposto (con l'art. 1, comma 2) che la presente modifica avra' effetto a decorrere dal 1 gennaio 2015.

AGGIORNAMENTO (145)

Il Decreto 27 dicembre 2018 (in G.U. 29/12/2018, n. 301) ha disposto (con l'art. 3, comma 1) che la presente modifica avra' effetto a decorrere dal 1° gennaio 2019.

Art. 191
Comportamento dei conducenti nei confronti dei pedoni

((1. Quando il traffico non e' regolato da agenti o da semafori, i conducenti devono dare la precedenza, rallentando gradualmente e fermandosi, ai pedoni che transitano sugli attraversamenti pedonali o si trovano nelle loro immediate prossimita'. I conducenti che svoltano per inoltrarsi in un'altra strada al cui ingresso si trova un attraversamento pedonale devono dare la precedenza, rallentando gradualmente e fermandosi, ai pedoni che transitano sull'attraversamento medesimo o si trovano nelle sue immediate prossimita', quando a essi non sia vietato il passaggio. Resta fermo per i pedoni il divieto di cui all'articolo 190, comma 4)).

2. Sulle strade sprovviste di attraversamenti pedonali i conducenti devono consentire al pedone, che abbia gia' iniziato l'attraversamento impegnando la carreggiata, di raggiungere il lato opposto in condizioni di sicurezza.

3. I conducenti devono fermarsi quando una persona invalida con ridotte capacita' motorie o su carrozzella, o munita di bastone bianco, o accompagnata da cane guida, o munita di bastone bianco-rosso in caso di persona sordo-cieca, o comunque altrimenti riconoscibile, attraversa la carreggiata o si accinge ad attraversarla e devono comunque prevenire situazioni di pericolo che possano derivare da comportamenti scorretti o maldestri di bambini o di anziani, quando sia ragionevole prevederli in relazione alla situazione di fatto.

4. Chiunque viola le disposizioni del presente articolo e' soggetto alla sanzione amministrativa da € 167 a € 665. (19) (29) (43) (52) (80) (89) (101) (114) (124) (133) (145) (163)

AGGIORNAMENTO (19)

Il Decreto 20 dicembre 1996 (in G.U. 28/12/1996, n. 303) ha disposto (con l'art. 1, comma 1) che la presente modifica avra' effetto a decorrere dal 1 gennaio 1997.

AGGIORNAMENTO (29)

Il Decreto 22 dicembre 1998 (in G.U. 28/12/1998, n. 301) ha disposto (con l'art. 1, comma 1) che la presente modifica avra' effetto a decorrere dal 1 gennaio 1999.

AGGIORNAMENTO (43)

Il Decreto 29 dicembre 2000 (in G.U. 30/12/2000, n. 303) ha disposto (con l'art. 1, comma 1) che la presente modifica avra' effetto a decorrere dal 1 gennaio 2001.

AGGIORNAMENTO (52)

Il Decreto 24 dicembre 2002 (in G.U. 30/12/2002, n. 304) ha disposto (con l'art. 1, comma 1) che la presente modifica avra' effetto a decorrere dal 1 gennaio 2003.

AGGIORNAMENTO (80)

Il Decreto 29 dicembre 2006 (in G.U. 30/12/2006, n. 302) ha disposto (con l'art. 1, comma 2) che la presente modifica avra' effetto a decorrere dal 1 gennaio 2007.

AGGIORNAMENTO (89)

Il Decreto 17 dicembre 2008 (in G.U. 30/12/2008, n. 303) ha disposto (con l'art. 1, comma 2) che la presente modifica avra' effetto a decorrere dal 1 gennaio 2009.

AGGIORNAMENTO (101)

Il Decreto 22 dicembre 2010 (in G.U. 31/12/2010 n. 305) ha disposto (con l'art. 1, comma 2) che la presente modifica avra' effetto a decorrere dal 1 gennaio 2011.

AGGIORNAMENTO (114)

Il Decreto 19 dicembre 2012 (in G.U. 31/12/2012 n. 303) ha disposto (con l'art. 1, comma 2) che la presente modifica avra' effetto a decorrere dal 1 gennaio 2013.

AGGIORNAMENTO (124)

Il Decreto 16 dicembre 2014 (in G.U. 31/12/2014, n. 302) ha disposto (con l'art. 1, comma 2) che la presente modifica avra' effetto a decorrere dal 1 gennaio 2015.

AGGIORNAMENTO (133)

Il Decreto 20 dicembre 2016 (in G.U. 30/12/2016, n. 304) ha disposto (con l'art. 1, comma 1) che la presente modifica avra' effetto a decorrere dal 1 gennaio 2017.

AGGIORNAMENTO (145)

Il Decreto 27 dicembre 2018 (in G.U. 29/12/2018, n. 301) ha disposto (con l'art. 3, comma 1) che la presente modifica avra' effetto a decorrere dal 1° gennaio 2019.

AGGIORNAMENTO (163)

Il Decreto 31 dicembre 2020 (in G.U. 31/12/2020, n. 323) ha disposto (con l'art. 3, comma 1) che la presente modifica avra'

effetto a decorrere dal 1° gennaio 2021.

Art. 192.
Obblighi verso funzionari, ufficiali e agenti

1. Coloro che circolano sulle strade sono tenuti a fermarsi all'invito dei funzionari, ufficiali ed agenti ai quali spetta l'espletamento dei servizi di polizia stradale, quando siano in uniforme o muniti dell'apposito segnale distintivo.

2. I conducenti dei veicoli sono tenuti ad esibire, a richiesta dei funzionari, ufficiali e agenti indicati nel comma 1, il documento di circolazione e la patente di guida, se prescritti, e ogni altro documento che, ai sensi delle norme in materia di circolazione stradale, devono avere con se'.

3. I funzionari, ufficiali ed agenti, di cui ai precedenti commi, possono:
 - procedere ad ispezioni del veicolo al fine di verificare l'osservanza delle norme relative alle caratteristiche e all'equipaggiamento del veicolo medesimo;
 - ordinare di non proseguire la marcia al conducente di un veicolo, qualora i dispositivi di segnalazione visiva e di illuminazione o i pneumatici presentino difetti o irregolarita' tali da determinare grave pericolo per la propria e altrui sicurezza, tenuto anche conto delle condizioni atmosferiche o della strada;
 - ordinare ai conducenti dei veicoli sprovvisti di mezzi antisdrucciolevoli, quando questi siano prescritti, di fermarsi o di proseguire la marcia con l'osservanza di specifiche cautele.

4. Gli organi di polizia giudiziaria e di pubblica sicurezza possono, per controlli necessari ai fini dell'espletamento del loro servizio, formare posti di blocco e, in tal caso, usare mezzi atti ad assicurare, senza pericolo di incidenti, il graduale arresto dei veicoli che non si fermino nonostante l'ordine intimato con idonei segnali. Le caratteristiche di detti mezzi, nonche' le condizioni e le modalita' del loro impiego, sono stabilite con decreto del Ministro dell'interno, di concerto con i Ministri delle infrastrutture e dei trasporti e della giustizia.

5. I conducenti devono ottemperare alle segnalazioni che il personale militare, anche non coadiuvato dal personale di polizia stradale di cui all'art. 12, comma 1, impartisce per consentire la progressione del convoglio militare.

6. Chiunque viola gli obblighi di cui ai commi 1, 2, 3 e 5 e' soggetto alla sanzione amministrativa del pagamento di una somma ((da € 87 a € 344)). (19) (29) (43) (52) (64) (80) (89) (101) (114) (124) (145) ((163))

7. Chiunque viola le disposizioni di cui al comma 4, ove il fatto non costituisca reato, e' punito con la sanzione amministrativa del pagamento di

una somma ((da € 1.362 a € 5.456)). (52) (64) (80) (89) (101) (114) (124) (133) (145) ((163))

AGGIORNAMENTO (19)

Il Decreto 20 dicembre 1996 (in G.U. 28/12/1996, n. 303) ha disposto (con l'art. 1, comma 1) che le presenti modifiche avranno effetto a decorrere dal 1 gennaio 1997.

AGGIORNAMENTO (29)

Il Decreto 22 dicembre 1998 (in G.U. 28/12/1998, n. 301) ha disposto (con l'art. 1, comma 1) che le presenti modifiche avranno effetto a decorrere dal 1 gennaio 1999.

AGGIORNAMENTO (43)

Il Decreto 29 dicembre 2000 (in G.U. 30/12/2000, n. 303) ha disposto (con l'art. 1, comma 1) che la presente modifica avra' effetto a decorrere dal 1 gennaio 2001.

AGGIORNAMENTO (52)

Il Decreto 24 dicembre 2002 (in G.U. 30/12/2002, n. 304) ha disposto (con l'art. 1, comma 1) che le presenti modifiche avranno effetto a decorrere dal 1 gennaio 2003.

AGGIORNAMENTO (64)

Il Decreto 22 dicembre 2004 (in G.U. 30/12/2004, n. 305) ha disposto (con l'art. 1, comma 2) che le presenti modifiche avranno effetto a decorrere dal 1 gennaio 2005.

AGGIORNAMENTO (80)

Il Decreto 29 dicembre 2006 (in G.U. 30/12/2006, n. 302) ha disposto (con l'art. 1, comma 2) che la presente modifica avra' effetto a decorrere dal 1 gennaio 2007.

AGGIORNAMENTO (89)

Il Decreto 17 dicembre 2008 (in G.U. 30/12/2008, n. 303) ha disposto (con l'art. 1, comma 2) che le presenti modifiche avranno effetto a decorrere dal 1 gennaio 2009.

AGGIORNAMENTO (101)

Il Decreto 22 dicembre 2010 (in G.U. 31/12/2010 n. 305) ha disposto (con l'art. 1, comma 2) che le presenti modifiche avranno effetto a decorrere dal 1 gennaio 2011.

AGGIORNAMENTO (114)

Il Decreto 19 dicembre 2012 (in G.U. 31/12/2012 n. 303) ha disposto (con l'art. 1, comma 2) che le presenti modifiche avranno effetto a decorrere dal 1 gennaio 2013.

AGGIORNAMENTO (124)

Il Decreto 16 dicembre 2014 (in G.U. 31/12/2014, n. 302) ha disposto (con l'art. 1, comma 2) che le presenti modifiche avranno effetto a decorrere dal 1 gennaio 2015.

AGGIORNAMENTO (133)

Il Decreto 20 dicembre 2016 (in G.U. 30/12/2016, n. 304) ha disposto (con l'art. 1, comma 1) che la presente modifica avra' effetto a decorrere dal 1 gennaio 2017.

AGGIORNAMENTO (145)

Il Decreto 27 dicembre 2018 (in G.U. 29/12/2018, n. 301) ha disposto (con l'art. 3, comma 1) che le presenti modifiche avranno effetto a decorrere dal 1° gennaio 2019.

AGGIORNAMENTO (163)

Il Decreto 31 dicembre 2020 (in G.U. 31/12/2020, n. 323) ha disposto (con l'art. 3, comma 1) che le presenti modifiche avranno effetto a decorrere dal 1° gennaio 2021.

Art. 193.

Obbligo dell'assicurazione di responsabilita' civile

1. I veicoli a motore senza guida di rotaie, compreso i filoveicoli e i rimorchi, non possono essere posti in circolazione sulla strada senza la copertura assicurativa a norma delle vigenti disposizioni di legge sulla responsabilita' civile verso terzi.

2. Chiunque circola senza la copertura dell'assicurazione e' soggetto alla sanzione amministrativa del pagamento di una somma ((da € 866 a € 3.464)). Nei casi indicati dal comma 2-bis, la sanzione amministrativa pecuniaria e' raddoppiata. (19) (29) (43) (52) (64) (80) (89) (101) (114) (124) (133) (145) ((163))

2-bis. Quando lo stesso soggetto sia incorso, in un periodo di due anni, in una delle violazioni di cui al comma 2 per almeno due volte, all'ultima infrazione consegue altresi' la sanzione amministrativa accessoria della sospensione della patente da uno a due mesi, ai sensi del titolo VI, capo I, sezione II. In tali casi, in deroga a quanto previsto dal comma 4, quando e' stato effettuato il pagamento della sanzione in misura ridotta ai sensi dell'articolo 202 e corrisposto il premio di assicurazione per almeno sei mesi, il veicolo con il quale e' stata commessa la violazione non e' immediatamente restituito ma e' sottoposto alla sanzione amministrativa accessoria del fermo amministrativo per quarantacinque giorni, secondo le disposizioni del titolo VI, capo I, sezione II, decorrenti dal giorno del pagamento della sanzione prevista. La restituzione del veicolo e' in ogni caso subordinata al pagamento delle spese di prelievo, trasporto e custodia sostenute per il sequestro del veicolo e per il successivo fermo, se ricorrenti, limitatamente al caso in cui il conducente coincide con il proprietario del veicolo.

3. La sanzione amministrativa di cui al comma 2 e' ridotta alla meta' quando l'assicurazione del veicolo per la responsabilita' verso i terzi sia comunque resa operante nei quindici giorni successivi al termine di cui all'art. 1901, secondo comma, del codice civile. La sanzione amministrativa di cui al comma 2 e' altresi' ridotta alla meta' quando l'interessato entro trenta giorni dalla contestazione della violazione, previa autorizzazione dell'organo accertatore, esprime la volonta' e provvede alla demolizione e alle formalita' di radiazione del veicolo. In tale caso l'interessato ha la disponibilita' del veicolo e dei documenti relativi esclusivamente per le operazioni di demolizione e di radiazione del veicolo previo versamento presso l'organo accertatore di una cauzione pari all'importo della sanzione minima edittale previsto dal comma 2. Ad avvenuta demolizione certificata a norma di legge, l'organo accertatore restituisce la cauzione, decurtata dell'importo previsto a titolo di sanzione amministrativa pecuniaria.

4. Si applica l'articolo 13, terzo comma, della legge 24 novembre 1981, n. 689. L'organo accertatore ordina che la circolazione sulla strada del veicolo sia fatta immediatamente cessare e che il veicolo stesso sia in ogni caso prelevato, trasportato e depositato in luogo non soggetto a pubblico passaggio, individuato in via ordinaria dall'organo accertatore o, in caso di particolari condizioni, concordato con il trasgressore. Quando l'interessato effettua il pagamento della sanzione in misura ridotta ai sensi dell'articolo 202, corrisponde il premio di assicurazione per almeno sei mesi e garantisce il pagamento delle spese di prelievo, trasporto e custodia del veicolo sottoposto a sequestro, l'organo di polizia che ha accertato la violazione dispone la restituzione del veicolo all'avente diritto, dandone comunicazione al prefetto. Quando nei termini previsti non e' stato proposto ricorso e non e' avvenuto il pagamento in misura ridotta, l'ufficio o comando da cui dipende l'organo accertatore invia il verbale al prefetto. Il verbale stesso

costituisce titolo esecutivo ai sensi dell'articolo 203, comma 3, e il veicolo e' confiscato ai sensi dell'articolo 213.

4-bis. Salvo che debba essere disposta confisca ai sensi dell'articolo 240 del codice penale, e' sempre disposta la confisca amministrativa del veicolo intestato al conducente sprovvisto di copertura assicurativa quando sia fatto circolare con documenti assicurativi falsi o contraffatti. Nei confronti di colui che abbia falsificato o contraffatto i documenti assicurativi di cui al precedente periodo e' sempre disposta la sanzione amministrativa accessoria della sospensione della patente di guida per un anno. Si applicano le disposizioni dell'articolo 213 del presente codice.

4-ter. L'accertamento della mancanza di copertura assicurativa obbligatoria del veicolo puo' essere effettuato anche mediante il raffronto dei dati relativi alle polizze emesse dalle imprese assicuratrici con quelli provenienti dai dispositivi o apparecchiature di cui alle lettere e), f) e g) del comma 1-bis dell'articolo 201, omologati ovvero approvati per il funzionamento in modo completamente automatico e gestiti direttamente dagli organi di polizia stradale di cui all'articolo 12, comma 1.

4-quater. Qualora, in base alle risultanze del raffronto dei dati di cui al comma 4-ter, risulti che al momento del rilevamento un veicolo munito di targa di immatricolazione fosse sprovvisto della copertura assicurativa obbligatoria, l'organo di polizia procedente invita il proprietario o altro soggetto obbligato in solido a produrre il certificato di assicurazione obbligatoria, ai sensi e per gli effetti dell'articolo 180, comma 8.

4-quinquies. La documentazione fotografica prodotta dai dispositivi o apparecchiature di cui al comma 4-ter, costituisce atto di accertamento, ai sensi e per gli effetti dell'articolo 13 della legge 24 novembre 1981, n. 689, in ordine alla circostanza che al momento del rilevamento un determinato veicolo, munito di targa di immatricolazione, stava circolando sulla strada.

AGGIORNAMENTO (19)

Il Decreto 20 dicembre 1996 (in G.U. 28/12/1996, n. 303) ha disposto (con l'art. 1, comma 1) che le presenti modifiche avranno effetto a decorrere dal 1 gennaio 1997.

AGGIORNAMENTO (29)

Il Decreto 22 dicembre 1998 (in G.U. 28/12/1998, n. 301) ha disposto (con l'art. 1, comma 1) che la presente modifica avra' effetto a decorrere dal 1 gennaio 1999.

AGGIORNAMENTO (43)
Il Decreto 29 dicembre 2000 (in G.U. 30/12/2000, n. 303) ha disposto (con l'art. 1, comma 1) che le presenti modifiche avranno effetto a decorrere dal 1 gennaio 2001.

AGGIORNAMENTO (52)
Il Decreto 24 dicembre 2002 (in G.U. 30/12/2002, n. 304) ha disposto (con l'art. 1, comma 1) che la presente modifica avra' effetto a decorrere dal 1 gennaio 2003.

AGGIORNAMENTO (64)
Il Decreto 22 dicembre 2004 (in G.U. 30/12/2004, n. 305) ha disposto (con l'art. 1, comma 2) che la presente modifica avra' effetto a decorrere dal 1 gennaio 2005.

AGGIORNAMENTO (80)
Il Decreto 29 dicembre 2006 (in G.U. 30/12/2006, n. 302) ha disposto (con l'art. 1, comma 2) che la presente modifica avra' effetto a decorrere dal 1 gennaio 2007.

AGGIORNAMENTO (89)
Il Decreto 17 dicembre 2008 (in G.U. 30/12/2008, n. 303) ha disposto (con l'art. 1, comma 2) che la presente modifica avra' effetto a decorrere dal 1 gennaio 2009.

AGGIORNAMENTO (101)
Il Decreto 22 dicembre 2010 (in G.U. 31/12/2010, n. 305) ha disposto (con l'art. 1, comma 2) che la presente modifica avra' effetto a decorrere dal 1 gennaio 2011.

AGGIORNAMENTO (114)
Il Decreto 19 dicembre 2012 (in G.U. 31/12/2012, n. 303) ha disposto (con l'art. 1, comma 2) che la presente modifica avra' effetto a decorrere dal 1 gennaio 2013.

AGGIORNAMENTO (124)
Il Decreto 16 dicembre 2014 (in G.U. 31/12/2012, n. 302) ha disposto (con l'art. 1, comma 2) che la presente modifica avra' effetto a decorrere dal 1 gennaio 2015.

AGGIORNAMENTO (133)
Il Decreto 20 dicembre 2016 (in G.U. 30/12/2016, n. 304) ha

disposto (con l'art. 1, comma 1) che la presente modifica avra' effetto a decorrere dal 1 gennaio 2017.

AGGIORNAMENTO (145)

Il Decreto 27 dicembre 2018 (in G.U. 29/12/2018, n. 301) ha disposto (con l'art. 3, comma 1) che la presente modifica avra' effetto a decorrere dal 1° gennaio 2019.

AGGIORNAMENTO (163)

Il Decreto 31 dicembre 2020 (in G.U. 31/12/2020, n. 323) ha disposto (con l'art. 3, comma 1) che la presente modifica avra' effetto a decorrere dal 1° gennaio 2021.

TITOLO VIDEGLI ILLECITI PREVISTI DAL PRESENTE CODICE E DELLE RELATIVE SANZIONICapo IDEGLI ILLECITI AMMINISTRATIVI E DELLE RELATIVE SANZIONISezione IDegli illeciti amministrativi importanti sanzioni amministrative pecuniarie ed applicazione di queste ultime

Art. 194.

Disposizioni di carattere generale

1. In tutte le ipotesi in cui il presente codice prevede che da una determinata violazione consegua una sanzione amministrativa pecuniaria, si applicano le disposizioni generali contenute nelle Sezioni I e II del capo I della legge 24 novembre 1981, n. 689, salve le modifiche e le deroghe previste dalle norme del presente capo.

Art. 195.

Applicazione delle sanzioni amministrative pecuniarie

1. La sanzione amministrativa pecuniaria consiste nel pagamento di una somma di danaro tra un limite minimo ed un limite massimo fissato dalla singola norma, sempre entro il limite minimo generale di lire trentamila ed il limite massimo generale di lire diciotto milioni. Tale limite massimo generale puo' essere superato solo quando si tratti di sanzioni proporzionali, ovvero di piu' violazioni ai sensi dell'art. 198, ovvero nelle ipotesi di aggiornamento di cui al comma 3.

2. Nella determinazione della sanzione amministrativa pecuniaria fissata dal presente codice, tra un limite minimo ed un limite massimo, si ha riguardo alla gravita' della violazione, all'opera svolta dall'agente per l'eliminazione o attenuazione delle conseguenze della violazione, nonche' alla personalita' del trasgressore e alle sue condizioni economiche.

((2-bis. Le sanzioni amministrative pecuniarie previste dagli articoli 141, 142, 145, 146, 149, 154, 174, 176, commi 19 e 20, e 178 sono aumentate di un terzo quando la violazione e' commessa dopo le ore 22 e prima delle ore 7; tale incremento della sanzione quando la violazione e' accertata da uno dei soggetti di cui all'articolo 208, comma 1, primo periodo, e' destinato ad alimentare il Fondo di cui all'articolo 6-bis del decreto-legge 3 agosto 2007, n. 117, convertito, con modificazioni, dalla legge 2 ottobre 2007, n. 160, e successive modificazioni)).

3. La misura delle sanzioni amministrative pecuniarie e' aggiornata ogni due anni in misura pari all'intera variazione, accertata dall'ISTAT, dell'indice dei prezzi al consumo per le famiglie di operai e impiegati (media nazionale) verificatasi nei due anni precedenti. All'uopo, entro il 1 dicembre di ogni biennio, il Ministro della giustizia, di concerto con i Ministri dell'economia e delle finanze, delle infrastrutture e dei trasporti, fissa, seguendo i criteri di cui sopra, i nuovi limiti delle sanzioni amministrative pecuniarie, che si applicano dal 1 gennaio dell'anno successivo. Tali limiti possono superare quelli massimi di cui al comma 1.

3-bis. A decorrere dal 1 gennaio 2005, la misura delle sanzioni amministrative pecuniarie, aggiornata ai sensi del comma 3, e' oggetto di arrotondamento all'unita' di euro, per eccesso se la frazione decimale e' pari o superiore a 50 centesimi di euro, ovvero per difetto se e' inferiore a detto limite.

Art. 196.
Principio di solidarieta'

1. Per le violazioni punibili con la sanzione amministrativa pecuniaria il proprietario del veicolo ovvero del rimorchio, nel caso di complesso di veicoli, o, in sua vece, l'usufruttuario, l'acquirente con patto di riservato dominio o l'utilizzatore a titolo di locazione finanziaria, e' obbligato in solido con l'autore della violazione al pagamento della somma da questi dovuta, se non prova che la circolazione del veicolo e' avvenuta contro la sua volonta'. Nelle ipotesi di cui all'articolo 84 il locatario, in vece del proprietario, risponde solidalmente con l'autore della violazione o, per i ciclomotori, con l'intestatario del contrassegno di identificazione; in quelle di cui all'articolo 94, comma 4-bis, risponde solidalmente l'intestatario temporaneo del veicolo. ((Nei casi indicati dall'articolo 93-bis, delle violazioni commesse risponde solidalmente la persona residente in Italia che abbia a qualunque titolo la disponibilita' del veicolo, risultante dal documento di cui al comma 2 del medesimo articolo 93-bis, se non prova che la circolazione del veicolo e' avvenuta contro la sua volonta')).

2. Se la violazione e' commessa da persona capace di intendere e di volere, ma soggetta all'altrui autorita', direzione o vigilanza, la

persona rivestita dell'autorita' o incaricata della direzione o della vigilanza e' obbligata, in solido con l'autore della violazione, al pagamento della somma da questi dovuta, salvo che provi di non aver potuto impedire il fatto.

3. Se la violazione e' commessa dal rappresentante o dal dipendente di una persona giuridica o di un ente o associazione privi di personalita' giuridica o comunque da un imprenditore, nell'esercizio delle proprie funzioni o incombenze, la persona giuridica o l'ente o associazione o l'imprenditore e' obbligato, in solido con l'autore della violazione, al pagamento della somma da questi dovuta.

4. Nei casi di cui ai commi 1, 2 e 3, chi ha versato la somma stabilita per la violazione ha diritto di regresso per l'intero nei confronti dell'autore della violazione stessa.

Art. 197.
Concorso di persone nella violazione

1. Quando piu' persone concorrono in una violazione, per la quale e' stabilita una sanzione amministrativa pecuniaria, ciascuno soggiace alla sanzione per la violazione prevista, salvo che la legge disponga diversamente.

Art. 198.
Piu' violazioni di norme che prevedono sanzioni amministrative pecuniarie

1. Salvo che sia diversamente stabilito dalla legge, chi con una azione od omissione viola diverse disposizioni che prevedono sanzioni amministrative pecuniarie, o commette piu' violazioni della stessa disposizione, soggiace alla sanzione prevista per la violazione piu' grave aumentata fino al triplo.

2. In deroga a quanto disposto nel comma 1, nell'ambito delle aree pedonali urbane e nelle zone a traffico limitato, il trasgressore ai divieti di accesso e agli altri singoli obblighi e divieti o limitazioni soggiace alle sanzioni previste per ogni singola violazione.

Art. 198-bis.
(((Disposizioni in materia di illeciti reiterati e relative sanzioni).))

((1. La violazione, anche in tempi diversi, della medesima norma relativa alla circolazione di un veicolo non avente i requisiti tecnici o amministrativi richiesti dalla legge e' considerata, ove ricorrano le condizioni di cui ai commi 2 e 3 e ai fini dell'applicazione della sanzione prevista dal comma 4, come un'unica infrazione. Resta fermo che le condotte commesse successivamente alla prima notificazione ovvero alla contestazione immediata costituiscono nuove violazioni.

2. Nel caso di accertamento di piu' violazioni senza contestazione immediata ai sensi dell'articolo 201, l'illecito amministrativo

oggetto della prima notifica assorbe quelli accertati nei novanta giorni antecedenti alla medesima notifica e non ancora notificati.

3. Fuori dei casi di cui al comma 2, l'illecito amministrativo oggetto di contestazione immediata assorbe le violazioni accertate, in assenza di contestazione ai sensi dell'articolo 201, nei novanta giorni antecedenti alla predetta contestazione e non ancora notificate. Nel rispetto delle condizioni di sicurezza della circolazione e fatti salvi i divieti posti da altre disposizioni, l'organo accertatore puo' autorizzare il trasgressore a completare il viaggio o a raggiungere il luogo di destinazione per la via piu' breve e nel piu' breve tempo possibile.

4. Nei casi di cui ai commi 2 e 3, fermo restando il pagamento delle spese di accertamento e notificazione relative a ciascuna violazione, ove ricorrano le condizioni per il pagamento in misura ridotta ai sensi dell'articolo 202, si applica la sanzione del pagamento di una somma pari al triplo del minimo edittale previsto per la disposizione violata, se piu' favorevole.

5. In deroga all'articolo 202, il pagamento della somma di cui al comma 4 puo' essere effettuato entro cento giorni dalla prima notificazione o dalla contestazione immediata di cui al comma 6. Qualora, nei termini indicati dall'articolo 202, sia stato gia' effettuato il pagamento in misura ridotta previsto per la specifica violazione, entro il suddetto termine di cento giorni puo' essere effettuata l'integrazione del pagamento da corrispondere all'organo di polizia stradale che ha effettuato la prima notificazione o la contestazione immediata, secondo le modalita' indicate dallo stesso.

6. Il pagamento della somma prevista al comma 4, effettuato all'organo di polizia stradale che ha curato la prima notificazione o la contestazione immediata, con contestuale pagamento delle spese di accertamento e notificazione per la violazione da esso accertata, costituisce il presupposto per l'istanza di archiviazione, di cui al comma 7, delle violazioni assorbite ai sensi dei commi 2 e 3.

7. L'istanza di archiviazione deve essere presentata dall'interessato all'ufficio o comando da cui dipende chi ha accertato ciascuna violazione assorbita ai sensi del comma 6, a pena di decadenza, entro centoventi giorni dalla data della prima notificazione o della contestazione immediata. L'istanza e' corredata da copia dell'attestazione del pagamento di cui al comma 6 e dall'attestazione del pagamento delle spese di accertamento e notificazione relativa alla violazione o alle violazioni accertate dall'ufficio o al comando cui la stessa e' presentata. L'archiviazione e' disposta dal responsabile dell'ufficio o del comando da cui dipende chi ha accertato la violazione)).

Art. 199.

Non trasmissibilita' dell'obbligazione

1. L'obbligazione di pagamento a titolo di sanzione amministrativa pecuniaria non si trasmette agli eredi.

Art. 200.
Contestazione e verbalizzazione delle violazioni

1. ((Fuori dei casi di cui all'articolo 201, comma 1-bis, la violazione, quando e' possibile, deve essere)) immediatamente contestata tanto al trasgressore quanto alla persona che sia obbligata in solido al pagamento della somma dovuta.

((2. Dell'avvenuta contestazione deve essere redatto verbale contenente anche le dichiarazioni che gli interessati chiedono vi siano inserite. Il verbale, che puo' essere redatto anche con l'ausilio di sistemi informatici, contiene la sommaria descrizione del fatto accertato, gli elementi essenziali per l'identificazione del trasgressore e la targa del veicolo con cui e' stata commessa la violazione. Nel regolamento sono determinati i contenuti del verbale)).

3. Copia del verbale deve essere consegnata al trasgressore e, se presente, alla persona obbligata in solido.

4. Copia del verbale e' consegnata immediatamente all'ufficio o comando da cui dipende l'agente accertatore.

Art. 201
Notificazione delle violazioni

1. Qualora la violazione non possa essere immediatamente contestata, il verbale, con gli estremi precisi e dettagliati della violazione e con la indicazione dei motivi che hanno reso impossibile la contestazione immediata, deve, entro novanta giorni dall'accertamento, essere notificato all'effettivo trasgressore o, quando questi non sia stato identificato e si tratti di violazione commessa dal conducente di un veicolo a motore, munito di targa, ad uno dei soggetti indicati nell'art. 196, quale risulta dall'archivio nazionale dei veicoli e dal P.R.A. alla data dell'accertamento. Se si tratta di ciclomotore la notificazione deve essere fatta all'intestatario del contrassegno di identificazione. Nel caso di accertamento della violazione nei confronti dell'intestatario del veicolo che abbia dichiarato il domicilio legale ai sensi dell'articolo 134, comma 1-bis, la notificazione del verbale e' validamente eseguita quando sia stata effettuata presso il medesimo domicilio legale dichiarato dall'interessato. Qualora l'effettivo trasgressore od altro dei soggetti obbligati sia identificato successivamente alla commissione della violazione la notificazione puo' essere effettuata agli stessi entro novanta giorni dalla data in cui risultino dal P.R.A. o nell'archivio nazionale dei veicoli l'intestazione del veicolo e le altre indicazioni identificative degli interessati o comunque dalla data in cui la pubblica

amministrazione e' posta in grado di provvedere alla loro identificazione. Quando la violazione sia stata contestata immediatamente al trasgressore, il verbale deve essere notificato ad uno dei soggetti individuati ai sensi dell'articolo 196 entro cento giorni dall'accertamento della violazione. Per i residenti all'estero la notifica deve essere effettuata entro trecentosessanta giorni dall'accertamento. (17) (99) (138a) (148)

1-bis. Fermo restando quanto indicato dal comma 1, nei seguenti casi la contestazione immediata non e' necessaria e agli interessati sono notificati gli estremi della violazione nei termini di cui al comma 1:

a) impossibilita' di raggiungere un veicolo lanciato ad eccessiva velocita';

b) attraversamento di un incrocio con il semaforo indicante la luce rossa;

c) sorpasso vietato;

d) accertamento della violazione in assenza del trasgressore e del proprietario del veicolo;

e) accertamento della violazione per mezzo di appositi apparecchi di rilevamento direttamente gestiti dagli organi di Polizia stradale e nella loro disponibilita' che consentono la determinazione dell'illecito in tempo successivo poiche' il veicolo oggetto del rilievo e' a distanza dal posto di accertamento o comunque nell'impossibilita' di essere fermato in tempo utile o nei modi regolamentari;

f) accertamento effettuato con i dispositivi di cui all'articolo 4 del decreto-legge 20 giugno 2002, n. 121, convertito, con modificazioni, dalla legge 1 agosto 2002, n. 168, e successive modificazioni;

g) rilevazione degli accessi di veicoli non autorizzati ai centri storici, alle zone a traffico limitato, alle aree pedonali, alle piazzole di carico e scarico di merci, o della circolazione sulle corsie e sulle strade riservate ((o con accesso o transito vietato, attraverso dispositivi omologati ai sensi di apposito regolamento emanato con decreto del Ministro delle infrastrutture e dei trasporti. Con il medesimo regolamento sono definite le condizioni per l'installazione e l'esercizio dei dispositivi di controllo, al fine di consentire la rilevazione delle violazioni dei divieti di circolazione, in ingresso, all'interno ed in uscita nelle corsie, strade, aree e zone di cui al periodo precedente, nonche' il controllo della durata di permanenza all'interno delle medesime zone));

g-bis) accertamento delle violazioni di cui agli articoli 80, 141, 143, commi 11 e 12, 146, 167, 170, 171, 193, 213 e 214, per mezzo di appositi dispositivi o apparecchiature di rilevamento.

g-ter) accertamento, per mezzo di appositi dispositivi o apparecchiature di rilevamento, della violazione dell'obbligo dell'assicurazione per la responsabilita' civile verso terzi, effettuato mediante il confronto dei dati rilevati riguardanti il luogo, il tempo e l'identificazione dei veicoli con quelli risultanti dall'elenco dei veicoli a motore che non risultano coperti dall'assicurazione per la responsabilita' civile verso terzi, di cui all'articolo 31, comma 2, del decreto-legge 24 gennaio 2012, n. 1, convertito, con modificazioni, dalla legge 24 marzo 2012, n. 27.

1-ter. Nei casi diversi da quelli di cui al comma 1-bis nei quali non e' avvenuta la contestazione immediata, il verbale notificato agli interessati deve contenere anche l'indicazione dei motivi che hanno reso impossibile la contestazione immediata. Nei casi previsti alle lettere b), f) e g) del comma 1-bis non e' necessaria la presenza degli organi di polizia stradale qualora l'accertamento avvenga mediante rilievo con dispositivi o apparecchiature che sono stati omologati ovvero approvati per il funzionamento in modo completamente automatico. Tali strumenti devono essere gestiti direttamente dagli organi di polizia stradale di cui all'articolo 12, comma 1.

1-quater. In occasione della rilevazione delle violazioni di cui al comma 1-bis, lettera g-bis), non e' necessaria la presenza degli organi di polizia stradale qualora l'accertamento avvenga mediante dispositivi o apparecchiature che sono stati omologati ovvero approvati per il funzionamento in modo completamente automatico. Tali strumenti devono essere gestiti direttamente dagli organi di polizia stradale di cui all'articolo 12, comma 1, e fuori dei centri abitati possono essere installati ed utilizzati solo sui tratti di strada individuati dai prefetti, secondo le direttive fornite dal Ministero dell'interno, sentito il Ministero delle infrastrutture e dei trasporti. I tratti di strada di cui al periodo precedente sono individuati tenendo conto del tasso di incidentalita' e delle condizioni strutturali, plano-altimetriche e di traffico.

1-quinquies. In occasione della rilevazione delle violazioni di cui al comma 1-bis, lettera g-ter), non e' necessaria la presenza degli organi di polizia stradale qualora l'accertamento avvenga mediante dispositivi o apparecchiature che sono stati omologati ovvero approvati per il funzionamento in modo completamente automatico. Tali strumenti devono essere gestiti direttamente dagli organi di polizia stradale di cui all'articolo 12, comma 1, del presente codice. La documentazione fotografica prodotta costituisce atto di accertamento, ai sensi e per gli effetti dell'articolo 13 della legge 24 novembre

1981, n. 689, in ordine alla circostanza che al momento del rilevamento un determinato veicolo, munito di targa di immatricolazione, stava circolando sulla strada. Qualora, in base alle risultanze del raffronto dei dati di cui al citato comma 1-bis, lettera g-ter), risulti che al momento del rilevamento un veicolo munito di targa di immatricolazione fosse sprovvisto della copertura assicurativa obbligatoria, si applica la sanzione amministrativa ai sensi dell'articolo 193.

2. Qualora la residenza, la dimora o il domicilio del soggetto cui deve essere effettuata la notifica non siano noti, la notifica stessa non e' obbligatoria nei confronti di quel soggetto e si effettua agli altri soggetti di cui al comma 1.

2-bis. Le informazioni utili ai fini della notifica del verbale all'effettivo trasgressore ed agli altri soggetti obbligati possono essere assunte anche dall'Anagrafe tributaria.

3. Alla notificazione si provvede a mezzo degli organi indicati nell' art. 12, dei messi comunali o di un funzionario dell'amministrazione che ha accertato la violazione, con le modalita' previste dal codice di procedura civile, ovvero a mezzo della posta, secondo le norme sulle notificazioni a mezzo del servizio postale. Nelle medesime forme si effettua la notificazione dei provvedimenti di revisione, sospensione e revoca della patente di guida e di sospensione della carta di circolazione. Comunque, le notificazioni si intendono validamente eseguite quando siano fatte alla residenza, domicilio o sede del soggetto, risultante dalla carta di circolazione o dall'archivio nazionale dei veicoli istituito presso il Dipartimento per i trasporti terrestri o dal P.R.A. o dalla patente di guida del conducente.

4. Le spese di accertamento e di notificazione sono poste a carico di chi e' tenuto al pagamento della sanzione amministrativa pecuniaria.

5. L'obbligo di pagare la somma dovuta per la violazione, a titolo di sanzione amministrativa pecuniaria, si estingue nei confronti del soggetto a cui la notificazione non sia stata effettuata nel termine prescritto.

5-bis. Nel caso di accertamento di violazione per divieto di fermata e di sosta ovvero di violazione del divieto di accesso o transito nelle zone a traffico limitato, nelle aree pedonali o in zone interdette alla circolazione, mediante apparecchi di rilevamento a distanza, quando dal pubblico registro automobilistico o dal registro della motorizzazione il veicolo risulta intestato a soggetto pubblico istituzionale, individuato con decreto del Ministro dell'interno, il comando o l'ufficio che procede interrompe la procedura sanzionatoria per comunicare al soggetto intestatario del veicolo l'inizio del procedimento al fine di conoscere, tramite il responsabile dell'ufficio da cui dipende il conducente del veicolo, se lo stesso, in occasione della commessa violazione, si trovava in una delle condizioni previste dall'articolo 4 della legge 24 novembre 1981, n. 689. In caso di sussistenza dell'esclusione della responsabilita', il comando o l'ufficio procedente trasmette gli atti al prefetto ai sensi dell'articolo 203 per l'archiviazione. In caso contrario, si procede alla notifica del verbale al soggetto interessato ai sensi dell'articolo 196, comma 1; dall'interruzione della procedura fino alla risposta del soggetto intestatario del veicolo rimangono sospesi i termini per la notifica.

AGGIORNAMENTO (17)

La Corte Costituzionale, con sentenza 10-17 giugno 1996, n. 198 (in G.U. 1a s.s. 26/6/1996, n. 26) ha dichiarato l'illegittimita' costituzionale del primo comma del presente articolo "nella parte in cui, nell'ipotesi di identificazione dell'effettivo trasgressore o degli altri responsabili avvenuta successivamente alla commissione della violazione, fa decorrere il termine di centocinquanta giorni per la notifica della contestazione dalla data dell'avvenuta identificazione, anziche' dalla data in cui risultino dai pubblici registri l'intestazione o le altre qualifiche dei soggetti responsabili o comunque dalla data in cui la pubblica amministrazione e' posta in grado di provvedere alla loro identificazione".

AGGIORNAMENTO (99)

La L. 29 luglio 2010, n. 120 ha disposto (con l'art. 36, comma 2) che "Le disposizioni dell'articolo 201 del decreto legislativo n. 285 del 1992, come da ultimo modificato dal comma 1, lettere a) e b), del presente articolo, si applicano alle violazioni commesse dopo la data di entrata in vigore della presente legge".

AGGIORNAMENTO (138a)

Il D.Lgs. 29 maggio 2017, n. 98, come modificato dalla L. 27 dicembre 2017, n. 205, ha disposto (con l'art. 7, comma 1) la proroga dell'entrata in vigore della modifica di cui al comma 1 del presente articolo dal 1° luglio 2018 al 1° gennaio 2019.

AGGIORNAMENTO (148)

Il D.Lgs. 29 maggio 2017, n. 98, come modificato dalla L. 30

dicembre 2018, n. 145, ha disposto (con l'art. 7, comma 1) la proroga dell'entrata in vigore della modifica di cui al comma 1 del presente articolo dal 1° gennaio 2019 al 1° gennaio 2020.

Art. 202.
Pagamento in misura ridotta

1. Per le violazioni per le quali il presente codice stabilisce una sanzione amministrativa pecuniaria ferma restando l'applicazione delle eventuali sanzioni accessorie, il trasgressore e' ammesso a pagare, entro sessanta giorni dalla contestazione o dalla notificazione, una somma pari al minimo fissato dalle singole norme. Tale somma e' ridotta del 30 per cento se il pagamento e' effettuato entro cinque giorni dalla contestazione o dalla notificazione. La riduzione di cui al periodo precedente non si applica alle violazioni del presente codice per cui e' prevista la sanzione accessoria della confisca del veicolo, ai sensi del comma 3 dell'articolo 210, e la sanzione amministrativa accessoria della sospensione della patente di guida.((131))2. Il trasgressore puo' corrispondere la somma dovuta presso l'ufficio dal quale dipende l'agente accertatore oppure a mezzo di versamento in conto corrente postale, oppure, se l'amministrazione lo prevede, a mezzo di conto corrente bancario ovvero mediante strumenti di pagamento elettronico. All'uopo, nel verbale contestato o notificato devono essere indicate le modalita' di pagamento, con il richiamo delle norme sui versamenti in conto corrente postale, o, eventualmente, su quelli in conto corrente bancario ovvero mediante strumenti di pagamento elettronico.

2.1. Qualora l'agente accertatore sia munito di idonea apparecchiatura il conducente, in deroga a quanto previsto dal comma 2, e' ammesso ad effettuare immediatamente, nelle mani dell'agente accertatore medesimo, il pagamento mediante strumenti di pagamento elettronico, nella misura ridotta di cui al secondo periodo del comma 1. L'agente trasmette il verbale al proprio comando o ufficio e rilascia al trasgressore una ricevuta della somma riscossa, facendo menzione del pagamento nella copia del verbale che consegna al trasgressore medesimo.

2-bis. In deroga a quanto previsto dal comma 2, quando la violazione degli articoli 142, commi 9 e 9-bis, 148, 167, in tutte le ipotesi di eccedenza del carico superiore al 10 per cento della massa complessiva a pieno carico, 174, commi 5, 6 e 7, e 178, commi 5, 6 e 7, e' commessa da un conducente titolare di patente di guida di categoria C, C+E, D o D+E nell'esercizio dell'attivita' di autotrasporto di persone o cose, il conducente e' ammesso ad effettuare immediatamente, nelle mani dell'agente accertatore, il pagamento in misura ridotta di cui al comma 1. L'agente trasmette al proprio comando o ufficio il verbale e la somma riscossa e ne rilascia ricevuta al trasgressore, facendo menzione del pagamento nella copia del verbale che consegna al trasgressore medesimo. Qualora l'agente accertatore sia dotato di idonea apparecchiatura, il conducente puo' effettuare il pagamento anche mediante strumenti di pagamento elettronico.

2-ter. Qualora il trasgressore non si avvalga della facolta' di cui al comma 2-bis, e' tenuto a versare all'agente accertatore, a titolo di cauzione, una somma pari al minimo della sanzione pecuniaria prevista per la violazione. Del versamento della cauzione e' fatta menzione nel verbale di contestazione della violazione. La cauzione e' versata al comando o ufficio da cui l'agente accertatore dipende.

2-quater. In mancanza del versamento della cauzione di cui al comma 2-ter, e' disposto il fermo amministrativo del veicolo fino a quando non sia stato adempiuto il predetto onere e, comunque, per un periodo non superiore a sessanta giorni. Il veicolo sottoposto a fermo amministrativo e' affidato in custodia, a spese del responsabile della violazione, ad uno dei soggetti individuati ai sensi del comma 1 dell'articolo 214-bis.

3. Il pagamento in misura ridotta non e' consentito quando il trasgressore non abbia ottemperato all'invito a fermarsi ovvero, trattandosi di conducente di veicolo a motore, si sia rifiutato di esibire il documento di circolazione, la patente di guida o qualsiasi altro documento che, ai sensi delle presenti norme, deve avere con se'; in tal caso il verbale di contestazione della violazione deve essere trasmesso al prefetto entro dieci giorni dall'identificazione.

3-bis. Il pagamento in misura ridotta non e' inoltre consentito per le violazioni previste dagli articoli 83, comma 6; 88, comma 3; 97, comma 9; 100, comma 12; 113, comma 5; 114, comma 7; 116, comma 13; 124, comma 4; 136, comma 6; 168, comma 8; 176, comma 19; 216, comma 6; 217, comma 6; 218, comma 6. Per tali violazioni il verbale di contestazione e' trasmesso al prefetto del luogo della commessa violazione entro dieci giorni.

AGGIORNAMENTO (131)

Il D.L. 14 febbraio 2016, n. 18, convertito con modificazioni dalla L. 8 aprile 2016, n. 49 ha disposto (con l'art. 17-quinquies, comma 1) che "Il primo e il secondo periodo del comma 1 dell'articolo 202 del codice della strada, di cui al decreto legislativo 30 aprile 1992, n. 285, si interpretano nel senso che, per i pagamenti diversi da quelli in contanti o tramite conto corrente postale, l'effetto liberatorio del pagamento si produce se l'accredito a favore dell'amministrazione avviene entro due giorni dalla data di scadenza del pagamento".

Art. 202-bis

((((Rateazione delle sanzioni pecuniarie).))

((1. I soggetti tenuti al pagamento di una sanzione amministrativa pecuniaria per una o piu' violazioni accertate contestualmente con uno stesso verbale, di importo superiore a 200 euro, che versino in condizioni economiche disagiate, possono richiedere la ripartizione del pagamento in rate mensili.

2. Puo' avvalersi della facolta' di cui al comma 1 chi e' titolare di un reddito imponibile ai fini dell'imposta sul reddito delle persone fisiche, risultante dall'ultima dichiarazione, non superiore a euro 10.628,16. Ai fini di cui al presente comma, se l'interessato convive con il coniuge o con altri familiari, il reddito e' costituito dalla somma dei redditi conseguiti nel medesimo periodo da ogni componente della famiglia, compreso l'istante, e i limiti di reddito di cui al periodo precedente sono elevati di euro 1.032,91 per ognuno dei familiari conviventi.

3. La richiesta di cui al comma 1 e' presentata al prefetto, nel caso in cui la violazione sia stata accertata da funzionari, ufficiali e agenti di cui al primo periodo del comma 1 dell'articolo 208. E' presentata al presidente della giunta regionale, al presidente della giunta provinciale o al sindaco, nel caso in cui la violazione sia stata accertata da funzionari, ufficiali e agenti,

rispettivamente, delle regioni, delle province o dei comuni.

4. Sulla base delle condizioni economiche del richiedente e dell'entita' della somma da pagare, l'autorita' di cui al comma 3 dispone la ripartizione del pagamento fino ad un massimo di dodici rate se l'importo dovuto non supera euro 2.000, fino ad un massimo di ventiquattro rate se l'importo dovuto non supera euro 5.000, fino ad un massimo di sessanta rate se l'importo dovuto supera euro 5.000. L'importo di ciascuna rata non puo' essere inferiore a euro 100. Sulle somme il cui pagamento e' stato rateizzato si applicano gli interessi al tasso previsto dall'articolo 21, primo comma, del decreto del Presidente della Repubblica 29 settembre 1973, n. 602, e successive modificazioni.

5. L'istanza di cui al comma 1 deve essere presentata entro trenta giorni dalla data di contestazione o di notificazione della violazione. La presentazione dell'istanza implica la rinuncia ad avvalersi della facolta' di ricorso al prefetto di cui all'articolo 203 e di ricorso al giudice di pace di cui all'articolo 204-bis.

L'istanza e' comunicata dall'autorita' ricevente all'ufficio o comando da cui dipende l'organo accertatore. Entro novanta giorni dalla presentazione dell'istanza l'autorita' di cui al comma 3 del presente articolo adotta il provvedimento di accoglimento o di rigetto. Decorso il termine di cui al periodo precedente, l'istanza si intende respinta.

6. La notificazione all'interessato dell'accoglimento dell'istanza, con la determinazione delle modalita' e dei tempi della rateazione, ovvero del provvedimento di rigetto e' effettuata con le modalita' di cui all'articolo 201. Con le modalita' di cui al periodo precedente e' notificata la comunicazione della decorrenza del termine di cui al quarto periodo del comma 5 del presente articolo e degli effetti che ne derivano ai sensi del medesimo comma. L'accoglimento dell'istanza, il rigetto o la decorrenza del termine di cui al citato quarto periodo del comma 5 sono comunicati al comando o ufficio da cui dipende l'organo accertatore.

7. In caso di accoglimento dell'istanza, il comando o ufficio da cui dipende l'organo accertatore provvede alla verifica del pagamento di ciascuna rata. In caso di mancato pagamento della prima rata o, successivamente, di due rate, il debitore decade automaticamente dal beneficio della rateazione. Si applicano le disposizioni del comma 3 dell'articolo 203.

8. In caso di rigetto dell'istanza, il pagamento della sanzione amministrativa pecuniaria deve avvenire entro trenta giorni dalla notificazione del relativo provvedimento ovvero dalla notificazione di cui al secondo periodo del comma 6.

9. Con decreto del Ministro dell'interno, di concerto con i Ministri dell'economia e delle finanze, del lavoro e delle politiche sociali e delle infrastrutture e dei trasporti, sono disciplinate le modalita' di attuazione del presente articolo.

10. Con decreto del Ministro dell'economia e delle finanze, di concerto con i Ministri dell'interno, del lavoro e delle politiche sociali e delle infrastrutture e dei trasporti, sono aggiornati ogni due anni gli importi di cui ai commi 1, 2 e 4 in misura pari all'intera variazione, accertata dall'ISTAT, dell'indice dei prezzi al consumo per le famiglie di operai e impiegati verificatasi nei due anni precedenti. Il decreto di cui al presente comma e' adottato entro il 1° dicembre di ogni biennio e gli importi aggiornati si applicano dal 1° gennaio dell'anno successivo)).

Art. 203.
Ricorso al prefetto

1. Il trasgressore o gli altri soggetti indicati nell'art. 196, nel termine di giorni sessanta dalla contestazione o dalla notificazione,

qualora non sia stato effettuato il pagamento in misura ridotta nei casi in cui e' consentito, possono proporre ricorso al prefetto del luogo della commessa violazione, da presentarsi all'ufficio o comando cui appartiene l'organo accertatore ovvero da inviarsi agli stessi con raccomandata con ricevuta di ritorno o per via telematica, a mezzo di posta elettronica certificata o di altro servizio elettronico di recapito certificato qualificato, secondo le modalita' previste dall'articolo 65 del codice dell'amministrazione digitale, di cui al decreto legislativo 7 marzo 2005, n. 82. Con il ricorso possono essere presentati i documenti ritenuti idonei e puo' essere richiesta l'audizione personale. PERIODO SOPPRESSO DAL D.LGS. 10 SETTEMBRE 1993, N. 360.

1-bis. Il ricorso di cui al comma 1 puo' essere presentato direttamente al prefetto mediante lettera raccomandata con avviso di ricevimento o trasmesso per via telematica, a mezzo di posta elettronica certificata o di altro servizio elettronico di recapito certificato qualificato, secondo le modalita' previste dall'articolo 65 del codice di cui al decreto legislativo 7 marzo 2005, n. 82. In tale caso, per la necessaria istruttoria, il prefetto trasmette all'ufficio o comando cui appartiene l'organo accertatore il ricorso, corredato dei documenti allegati dal ricorrente, nel termine di trenta giorni dalla sua ricezione.

2. Il responsabile dell'ufficio o del comando cui appartiene l'organo accertatore, e' tenuto a trasmettere gli atti al prefetto nel termine di sessanta giorni dal deposito o dal ricevimento del ricorso nei casi di cui al comma 1 e dal ricevimento degli atti da parte del prefetto nei casi di cui al comma 1-bis. Gli atti, corredati dalla prova della avvenuta contestazione o notificazione, devono essere altresi' corredati dalle deduzioni tecniche dell'organo accertatore utili a confutare o confermare le risultanze del ricorso.

3. Qualora nei termini previsti non sia stato proposto ricorso e non sia avvenuto il pagamento in misura ridotta, il verbale, in deroga alle disposizioni di cui all'art. 17 della legge 24 novembre 1981, n. 689, costituisce titolo esecutivo per una somma pari alla

meta' del massimo della sanzione amministrativa edittale e per le spese di procedimento.

((3-bis. Quando il veicolo con cui e' stata commessa la violazione e' immatricolato all'estero e non e' possibile, per difficolta' oggettive, procedere all'iscrizione al ruolo ovvero avviare altre procedure di riscossione coattiva nei confronti del conducente o del proprietario o di altro soggetto obbligato in solido, la riscossione coattiva puo' essere attivata, nei cinque anni successivi, nei confronti di chi e' trovato alla guida del veicolo stesso. In tali casi, si applicano le disposizioni dell'articolo 207. Con provvedimento del Ministero delle infrastrutture e della mobilita' sostenibili, di concerto con il Ministero dell'interno, sono determinate le procedure di riscossione e di attribuzione delle somme riscosse ai soggetti a cui, secondo l'articolo 208, spettano i proventi delle sanzioni)).

Art. 204
Provvedimenti del prefetto

1. Il prefetto, esaminati il verbale e gli atti prodotti dall'ufficio o comando accertatore, nonche' il ricorso e i documenti allegati, sentiti gli interessati che ne abbiano fatta richiesta, se ritiene fondato l'accertamento ((adotta, entro centoventi giorni decorrenti dalla data di ricezione degli atti da parte dell'ufficio accertatore, secondo quanto stabilito al comma 2 dell'articolo 203)), ordinanza motivata con la quale ingiunge il pagamento di una somma determinata, nel limite non inferiore al doppio del minimo edittale per ogni singola violazione, secondo i criteri dell'articolo 195, comma 2. L'ingiunzione comprende anche le spese ed e' notificata all'autore della violazione ed alle altre persone che sono tenute al pagamento ai sensi del presente titolo. Ove, invece, non ritenga fondato l'accertamento, il prefetto, nello stesso termine, emette ordinanza motivata di archiviazione degli atti, comunicandola integralmente all'ufficio o comando cui appartiene l'organo accertatore, il quale ne da' notizia ai ricorrenti. (34) (41)

((1-bis. I termini di cui ai commi 1-bis e 2 dell'articolo 203 e al comma 1 del presente articolo sono perentori e si cumulano tra loro ai fini della considerazione di tempestivita' dell'adozione dell'ordinanza-ingiunzione. Decorsi detti termini senza che sia stata adottata l'ordinanza del prefetto, il ricorso si intende accolto.

1-ter. Quando il ricorrente ha fatto richiesta di audizione personale, il termine di cui al comma 1 si interrompe con la notifica dell'invito al ricorrente per la presentazione all'audizione. Detto termine resta sospeso fino alla data di espletamento dell'audizione o, in caso di mancata presentazione del ricorrente, comunque fino alla data fissata per l'audizione stessa. Se il ricorrente non si presenta alla data fissata per l'audizione, senza allegare giustificazione della sua assenza, il prefetto decide sul ricorso, senza ulteriori formalita'.))2. ((L'ordinanza-ingiunzione di pagamento della sanzione
amministrativa pecuniaria deve essere notificata, nel termine di centocinquanta giorni dalla sua adozione, nelle forme previste dall'articolo 201)). Il pagamento della somma ingiunta e delle relative spese deve essere effettuato, entro il termine di trenta giorni dalla notificazione, all'ufficio del registro o al diverso ufficio indicato nella stessa ingiunzione. L'ufficio del registro che ha ricevuto il pagamento, entro trenta giorni dalla sua

effettuazione, ne da' comunicazione al prefetto e all'ufficio o comando accertatore.
3. L'ordinanza-ingiunzione, trascorso il termine per il pagamento della sanzione amministrativa pecuniaria, costituisce titolo esecutivo per l'ammontare della somma ingiunta e delle relative spese.

AGGIORNAMENTO (34)
La L. 23 dicembre 1999, n. 488, ha disposto (con l'art. 68, comma 4) che il termine indicato dal comma 1 del presente articolo per l'emissione dell'ordinanza-ingiunzione da parte del prefetto e' fissato in centottanta giorni.

AGGIORNAMENTO (41)
>
La L. 24 novembre 2000, n. 340 ha disposto (con l'art. 18, comma 3) che il termine indicato dal comma 1 del presente articolo, per l'emissione dell'ordinanza-ingiunzione da parte del prefetto, e' fissato in novanta giorni.
Art. 204-bis(((Ricorso in sede giurisdizionale))).
((1. Alternativamente alla proposizione del ricorso di cui all'articolo 203, il trasgressore o gli altri soggetti indicati nell'articolo 196, qualora non sia stato effettuato il pagamento in misura ridotta nei casi in cui e' consentito, possono proporre opposizione davanti all'autorita' giudiziaria ordinaria. L'opposizione e' regolata dall'articolo 7 del decreto legislativo 1° settembre 2011, n. 150.)) ((105))

AGGIORNAMENTO (62)
La Corte Costituzionale, con sentenza 5-8 aprile 2004, n. 114 (in G.U. 1a s.s. 14/4/2004, n. 15) ha dichiarato l'illegittimita' costituzionale del comma 3 del presente articolo.

AGGIORNAMENTO (105)
Il D.Lgs. 1 settembre 2011, n. 150 ha disposto (con l'art. 36,

commi 1 e 2) che "1. Le norme del presente decreto si applicano ai procedimenti instaurati successivamente alla data di entrata in vigore dello stesso.
2. Le norme abrogate o modificate dal presente decreto continuano ad applicarsi alle controversie pendenti alla data di entrata in vigore dello stesso."
Art. 205.

((((Opposizione all'ordinanza-ingiunzione).))
((1. Contro l'ordinanza-ingiunzione di pagamento di una sanzione amministrativa pecuniaria gli interessati possono proporre opposizione davanti all'autorita' giudiziaria ordinaria. L'opposizione e' regolata dall'articolo 6 del decreto legislativo 1° settembre 2011, n. 150.)) ((105))

AGGIORNAMENTO (105)

Il D.Lgs. 1 settembre 2011, n. 150 ha disposto (con l'art. 36, commi 1 e 2) che "1. Le norme del presente decreto si applicano ai procedimenti instaurati successivamente alla data di entrata in vigore dello stesso.

2. Le norme abrogate o modificate dal presente decreto continuano ad applicarsi alle controversie pendenti alla data di entrata in vigore dello stesso."

Art. 206.
Riscossione dei proventi delle sanzioni amministrative pecuniarie

1. Se il pagamento non e' effettuato nei termini previsti dagli articoli 202 e 204, salvo quanto disposto dall'ultimo comma dell'art. 22 della legge 24 novembre 1981, n. 689, la riscossione delle somme dovute a titolo di sanzione amministrativa pecuniaria e' regolata dall'art. 27 della stessa legge 24 novembre 1981, n. 689.

2. I ruoli per i titoli esecutivi, i cui proventi spettano allo Stato, sono predisposti dal prefetto competente per territorio della commessa violazione. Se i proventi spettano ad ente diverso, i ruoli sono predisposti dalle amministrazioni da cui dipende l'organo accertatore.

3. I ruoli di cui al comma 2 sono trasmessi dal prefetto o dall'ente all'intendente di finanza competente, il quale da' in carico all'esattore il ruolo per la riscossione in unica soluzione.

Art. 207
Veicoli immatricolati all'estero o muniti di targa EE

1. Quando con un veicolo immatricolato all'estero o munito di targa EE viene violata una disposizione del presente codice da cui consegue una sanzione amministrativa pecuniaria, il trasgressore e' ammesso ad effettuare immediatamente, nelle mani dell'agente accertatore, il pagamento in misura ridotta previsto dall'art. 202. L'agente trasmette al proprio comando od ufficio il verbale e la somma riscossa e ne rilascia ricevuta al trasgressore, facendo menzione del pagamento nella copia del verbale che consegna al trasgressore medesimo.

2. Qualora il trasgressore non si avvalga, per qualsiasi motivo,

della facolta' prevista del pagamento di misura ridotta, egli deve versare all'agente accertatore, a titolo di cauzione, una somma pari alla meta' del massimo della sanzione pecuniaria prevista per la violazione. PERIODO SOPPRESSO DAL D.L. 27 GIUGNO 2003, N. 151, CONVERTITO CON MODIFICAZIONI DALLA L. 1 AGOSTO 2003, N. 214. Del versamento della cauzione e' fatta menzione nel verbale di contestazione della violazione. La cauzione e' versata al comando od ufficio da cui l'accertatore dipende.

2-bis. Qualora il veicolo sia immatricolato in uno Stato membro dell'Unione europea o aderente all'Accordo sullo spazio economico europeo, la somma da versare a titolo di cauzione, di cui al comma 2, e' pari alla somma richiesta per il pagamento in misura ridotta previsto dall'articolo 202. (59)

3. In mancanza del versamento della cauzione di cui ai commi 2 e 2-bis viene disposto il fermo amministrativo del veicolo fino a quando non sia stato adempiuto il predetto onere e, comunque, per un periodo non superiore a sessanta giorni. ((Il veicolo sottoposto a fermo amministrativo e' affidato in custodia, a spese del responsabile della violazione, ad uno dei soggetti individuati ai sensi del comma 1 dell'articolo 214-bis)).

4. Le disposizioni del presente articolo non si applicano ai veicoli di proprieta' dei cittadini italiani residenti nel comune di Campione d'Italia.

4-bis. ((COMMA ABROGATO DALLA L. 29 LUGLIO 2010, N. 120)).

AGGIORNAMENTO (59)

La L. 31 ottobre 2003, n. 306 ha disposto (con l'art. 11, comma 1) che "Al comma 2-bis dell'articolo 207 del decreto legislativo 30 aprile 1992, n. 285,introdotto dall'articolo 25 della legge 3 febbraio 2003, n. 14, dopo le parole: "dell'Unione europea" sono inserite le seguenti: "o aderente all'Accordo sullo Spazio economico europeo"."

Art. 208
Proventi delle sanzioni amministrative pecuniarie

1. I proventi delle sanzioni amministrative pecuniarie per violazioni previste dal presente codice sono devoluti allo Stato, quando le violazioni siano accertate da funzionari, ufficiali ed agenti dello Stato, nonche' da funzionari ed agenti dell'ente

Ferrovie dello Stato o delle ferrovie e tramvie in concessione. I proventi stessi sono devoluti alle regioni, province e comuni, quando le violazioni siano accertate da funzionari, ufficiali ed agenti, rispettivamente, delle regioni, delle province e dei comuni.

2. I proventi di cui al comma 1, spettanti allo Stato, sono destinati: a) fermo restando quanto previsto dall'articolo 32, comma 4, della legge 17 maggio 1999, n. 144, per il finanziamento delle attivita' connesse all'attuazione del Piano nazionale della sicurezza stradale, al Ministero delle infrastrutture e dei trasporti - Ispettorato generale per la circolazione e la sicurezza stradale, nella misura dell'80 per cento del totale annuo, definito a norma dell'articolo 2, lettera x), della legge 13 giugno 1991, n. 190, per studi, ricerche e propaganda ai fini della sicurezza stradale, attuata anche attraverso il Centro di coordinamento delle informazioni sul traffico, sulla viabilita' e sulla sicurezza stradale (CCISS), istituito con legge 30 dicembre 1988, n. 556, per finalita' di educazione stradale, sentito, occorrendo, il Ministero dell'istruzione, dell'universita' e della ricerca e per l'assistenza e previdenza del personale della Polizia di Stato, dell'Arma dei carabinieri, della Guardia di finanza, della Polizia penitenziaria e del Corpo forestale dello Stato e per iniziative ed attivita' di promozione della sicurezza della circolazione; b) al Ministero delle infrastrutture e dei trasporti - Dipartimento per i trasporti terrestri, nella misura del 20 per cento del totale annuo sopra richiamato, per studi, ricerche e propaganda sulla sicurezza del veicolo; c) al Ministero dell'istruzione, dell'universita' e della ricerca - Dipartimento per i servizi per il territorio, nella misura del 7,5 per cento del totale annuo, al fine di favorire l'impegno della scuola pubblica e privata nell'insegnamento dell'educazione stradale e per l'organizzazione dei corsi per conseguire il certificato di idoneita' alla conduzione dei ciclomotori.

2-bis. Gli incrementi delle sanzioni amministrative pecuniarie di cui all'articolo 195, comma 2-bis, sono versati in un apposito capitolo di entrata del bilancio dello Stato, di nuova istituzione, per essere riassegnati al Fondo contro l'incidentalita' notturna di cui all'articolo 6-bis del decreto-legge 3 agosto 2007, n. 117, convertito, con modificazioni, dalla legge 2 ottobre 2007, n. 160, con provvedimento del Ministero dell'economia e delle finanze adottato sulla base delle rilevazioni trimestrali del Ministero dell'interno. Tali rilevazioni sono effettuate con le modalita' fissate con decreto del Ministero dell'interno, di concerto con i Ministeri dell'economia e delle finanze, della giustizia e delle infrastrutture e dei trasporti. Con lo stesso decreto sono stabilite le modalita' di trasferimento della percentuale di ammenda di cui agli articoli 186, comma 2-octies, e 187, comma 1-quater, destinata al Fondo.

3. Il Ministro delle infrastrutture e dei trasporti, di concerto con i Ministri dell'economia e delle finanze, dell'interno e

dell'istruzione, dell'universita' e della ricerca, determina annualmente le quote dei proventi da destinarsi alle suindicate finalita'. Il Ministro dell'economia e delle finanze e' autorizzato ad adottare, con propri decreti, le necessarie variazioni di bilancio, nel rispetto delle quote come annualmente determinate.

3-bis. Il Ministro delle infrastrutture e dei trasporti, il Ministro dell'interno e il Ministro dell'istruzione, dell'universita' e della ricerca trasmettono annualmente al Parlamento, entro il 31 marzo, una relazione sull'utilizzo delle quote dei proventi di cui al comma 2 effettuato nell'anno precedente.

4. Una quota pari al 50 per cento dei proventi spettanti agli enti di cui al secondo periodo del comma 1 e' destinata:

   a) in misura non inferiore a un quarto della quota, a interventi di sostituzione, di ammodernamento, di potenziamento, dimessa a norma e di manutenzione della segnaletica delle strade di proprieta' dell'ente;

   b) in misura non inferiore a un quarto della quota, al potenziamento delle attivita' di controllo e di accertamento delle violazioni in materia di circolazione stradale, anche attraverso l'acquisto di automezzi, mezzi e attrezzature dei Corpi e dei servizi di polizia provinciale e di polizia municipale di cui alle lettere d-bis) ed e) del comma 1 dell'articolo 12;

   c) ad altre finalita' connesse al miglioramento della sicurezza stradale, relative alla manutenzione delle strade di proprieta' dell'ente, all'installazione, all' ammodernamento, al potenziamento, alla messa a norma e alla manutenzione delle barriere e alla sistemazione del manto stradale delle medesime strade, alla redazione dei piani di cui all'articolo 36, a interventi per la sicurezza stradale a tutela degli utenti ((vulnerabili)), quali bambini, anziani, disabili, pedoni e ciclisti, allo svolgimento, da parte degli organi di polizia locale, nelle scuole di ogni ordine e grado, di corsi didattici finalizzati all'educazione stradale, a misure di assistenza e di previdenza per il personale di cui alle lettere d-bis) ed e) del comma 1 dell'articolo 12, alle misure di cui al comma 5-bis del presente articolo e a interventi a favore della mobilita' ciclistica.

5. Gli enti di cui al secondo periodo del comma 1 determinano annualmente, con delibera della giunta, le quote da destinare alle finalita' di cui al comma 4. Resta facolta' dell'ente destinare in tutto o in parte la restante quota del 50 per cento dei proventi alle finalita' di cui al citato comma 4.

5-bis. La quota dei proventi di cui alla lettera c) del comma 4 puo' anche essere destinata ad assunzioni stagionali a progetto nelle forme di contratti a tempo determinato e a forme flessibili di lavoro, ovvero al finanziamento di progetti di potenziamento dei servizi di controllo finalizzati alla sicurezza urbana e alla sicurezza stradale, nonche' a progetti di potenziamento dei servizi notturni e di prevenzione delle violazioni di cui agli articoli 186, 186-bis e 187 e all'acquisto di automezzi, mezzi e attrezzature dei Corpi e dei servizi di polizia provinciale e di polizia municipale di cui alle lettere d-bis) ed e) del comma 1 dell'articolo 12, destinati al potenziamento dei servizi di controllo finalizzati alla sicurezza urbana e alla sicurezza stradale, o all'acquisto di automezzi, mezzi e attrezzature per finalita' di protezione civile di competenza dell'ente interessato. (99)

AGGIORNAMENTO (99)

La L. 29 luglio 2010, n.120 ha disposto (con l'art. 40, comma 1, lettera c)) che i commi 4, 4-bis e 5 sono sostituiti dai commi 4, 5 e 5-bis.

Art. 209.
Prescrizione

1. La prescrizione del diritto a riscuotere le somme dovute a titolo di sanzioni amministrative pecuniarie per violazioni previste dal presente codice e' regolata dall'art. 28 della legge 24 novembre 1981, n. 689.

Sezione II Delle sanzioni amministrative accessorie a sanzioni amministrative pecuniarie

Art. 210.
Sanzioni amministrative accessorie a sanzioni amministrative pecuniarie in generale

1. Quando le norme del presente codice dispongono che ad una sanzione amministrativa pecuniaria consegua una sanzione accessoria non pecuniaria, quest'ultima si applica di diritto, secondo le norme che seguono.

2. Le sanzioni amministrative accessorie non pecuniarie comminate nel presente codice si distinguono in:

   a) sanzioni relative ad obblighi di compiere una determinata attivita' o di sospendere o cessare una determinata attivita';

   b) sanzioni concernenti il veicolo;

   c) sanzioni concernenti i documenti di circolazione e la patente di guida.

3. Nei casi in cui e' prevista l'applicazione della sanzione accessoria della confisca del veicolo, non e' ammesso il pagamento in

misura ridotta della sanzione amministrativa pecuniaria cui accede. In tal caso il verbale di contestazione della violazione deve essere trasmesso al prefetto ((del luogo della commessa violazione)) entro dieci giorni.

4. Dalla intrasmissibilita' dell'obbligazione di pagamento a titolo di sanzione amministrativa pecuniaria consegue anche l'intrasmissibilita' di qualsiasi obbligo relativo alla sanzione accessoria. Alla morte dell'obbligato, si estingue ogni procedura in corso per la sua esecuzione. Se vi e' stato sequestro del veicolo o ritiro della carta di circolazione o della patente, l'organo competente dispone il dissequestro o la restituzione su istanza degli eredi.

Art. 211.
Sanzione accessoria dell'obbligo di ripristino dello stato dei luoghi
o di rimozione di opere abusive

1. Nel caso in cui le norme del presente codice dispongono che da una violazione consegua la sanzione accessoria dell'obbligo di ripristino dei luoghi, ovvero l'obbligo di rimozione di opere abusive, l'agente accertatore ne fa menzione nel verbale di contestazione da redigere ai sensi dell'art. 200 o, in mancanza, nella notificazione prescritta dall'art. 201. Il verbale cosi' redatto costituisce titolo anche per l'applicazione della sanzione accessoria.

2. Il ricorso al prefetto contro la sanzione amministrativa pecuniaria si estende alla sanzione accessoria. Si applicano le disposizioni dei commi 1 e 2 dell'art. 203. Nel caso di mancato ricorso, l'ufficio o comando da cui dipende l'agente accertatore trasmette copia del verbale al prefetto per l'emissione dell'ordinanza di cui al comma 3, entro trenta giorni dalla scadenza del termine per ricorrere.

3. Il prefetto, nell'ingiungere al trasgressore il pagamento della sanzione pecuniaria, gli ordina l'adempimento del suo obbligo di ripristino dei luoghi o di rimozione delle opere abusive, nel termine fissato in relazione all'entita' delle opere da eseguire ed allo stato dei luoghi; l'ordinanza costituisce titolo esecutivo. Nel caso di mancato ricorso, l'ordinanza suddetta e' emanata dal prefetto entro trenta giorni dalla ricezione della comunicazione dell'ufficio o comando di cui al comma 2. L'esecuzione delle opere si effettua sotto il controllo dell'ente proprietario o concessionario della strada. Eseguite le opere, l'ente proprietario della strada ne avverte immediatamente il prefetto, il quale emette ordinanza di estinzione del procedimento per adempimento della sanzione accessoria. L'ordinanza e' comunicata al trasgressore ed all'ente proprietario della strada.

4. Ove il trasgressore non compia nel termine le opere cui e' obbligato, il prefetto, su comunicazione dell'ente proprietario o concessionario della strada, da' facolta' a quest'ultimo di compiere le opere suddette. Successivamente al compimento, l'ente proprietario trasmette la nota delle spese sostenute ed il prefetto emette ordinanza-ingiunzione di pagamento. Tale ordinanza costituisce titolo esecutivo ai sensi di legge.

5. Nell'ipotesi in cui il prefetto non ritenga fondato l'accertamento, l'ordinanza di archiviazione si estende alla sanzione accessoria.

(((6. Nei casi di immediato pericolo per la circolazione e nella ipotesi di impossibilita' a provvedere da parte del trasgressore, l'agente accertatore trasmette, senza indugio, al prefetto il verbale di contestazione. In tal caso il prefetto puo' disporre l'esecuzione degli interventi necessari a cura dell' ente proprietario, con le modalita' di cui al comma 4.))

((7.)) L'opposizione di cui all'art. 205 si estende alla sanzione accessoria.

Art. 212.
Sanzione accessoria dell'obbligo di sospendere una determinata attivita'

1. Nell'ipotesi in cui le norme del presente codice dispongono che da una violazione consegua la sanzione accessoria dell'obbligo di sospendere o di cessare da una determinata attivita', l'agente accertatore ne fa menzione nel verbale di contestazione da redigere ai sensi dell'art. 200 o nella notificazione da effettuare secondo l'art. 201. Il verbale cosi' redatto costituisce titolo anche per l'applicazione della sanzione accessoria. Questa, quando le circostanze lo esigano, deve essere adempiuta immediatamente, altrimenti l'inizio dell'esecuzione deve avvenire nei cinque giorni dal verbale o dalla sua notificazione. L'esecuzione avviene sotto il controllo dell'ufficio o comando da cui dipende l'agente accertatore.

2. Il ricorso al prefetto contro la sanzione amministrativa pecuniaria si estende alla sanzione accessoria. Si applicano le disposizioni dell'art. 203, commi 1 e 2. Quando il prefetto rigetta il ricorso, nell'ordinanza-ingiunzione da' atto della sanzione accessoria e della sua esecuzione. Quando invece ritenga infondato l'accertamento, l'ordinanza di archiviazione si estende alla sanzione accessoria.

3. L'opposizione prevista dall'art. 205 si estende alla sanzione accessoria.

4. Quando il trasgressore non esegua il suo obbligo in applicazione e nei termini di cui al comma 1, l'ufficio o comando summenzionato provvede alla denuncia del trasgressore per il reato di cui all'art.

650 del codice penale e, previa notifica al trasgressore medesimo, provvede, con i suoi agenti od organi, all'esecuzione coattiva dell'obbligo. Di tale esecuzione viene redatto verbale, che deve essere comunicato al prefetto e al trasgressore. Le spese eventualmente sostenute per la esecuzione coattiva sono a carico del trasgressore ed al riguardo provvede il prefetto con ordinanza-ingiunzione che costituisce titolo esecutivo.

5. Ove trattasi di attivita' continuativa sottoposta dal presente codice a determinate condizioni, il trasgressore puo' successivamente porre in essere le condizioni suddette; in tal caso egli presenta istanza all'ufficio o comando di cui al comma 1 e questo, accertato il venir meno degli impedimenti, consente a che l'attivita' sospesa sia ripresa o continuata. Di cio' e' data comunicazione al prefetto.

Art. 213
(Misura cautelare del sequestro e sanzione accessoria della confisca amministrativa).

1. Nell'ipotesi in cui il presente codice prevede la sanzione accessoria della confisca amministrativa, l'organo di polizia che accerta la violazione provvede al sequestro del veicolo o delle altre cose oggetto della violazione facendone menzione nel verbale di contestazione della violazione.

2. Nelle ipotesi di cui al comma 1, il proprietario o, in caso di sua assenza, il conducente del veicolo o altro soggetto obbligato in solido, e' sempre nominato custode con l'obbligo di depositare il veicolo in un luogo di cui abbia la disponibilita' o di custodirlo, a proprie spese, in un luogo non sottoposto a pubblico passaggio, provvedendo al trasporto in condizioni di sicurezza per la circolazione stradale. Il documento di circolazione e' trattenuto presso l'ufficio di appartenenza dell'organo di polizia che ha accertato la violazione. Il veicolo deve recare segnalazione visibile dello stato di sequestro con le modalita' stabilite nel regolamento. Di cio' e' fatta menzione nel verbale di contestazione della violazione.

3. Nelle ipotesi di cui al comma 5, qualora il soggetto che ha eseguito il sequestro non appartenga ad una delle Forze di polizia di cui all'articolo 16 della legge 1° aprile 1981, n. 121, le spese di custodia sono anticipate dall'amministrazione di appartenenza. La liquidazione delle somme dovute alla depositeria spetta alla prefettura-ufficio territoriale del Governo. Divenuto definitivo il provvedimento di confisca, la liquidazione degli importi spetta all'Agenzia del demanio, a decorrere dalla data di ((ricezione)) del provvedimento ((adottato dal prefetto)).

4. E' sempre disposta la confisca del veicolo in tutti i casi in

cui questo sia stato adoperato per commettere un reato, diverso da quelli previsti nel presente codice, sia che il reato sia stato commesso da un conducente maggiorenne, sia che sia stato commesso da un conducente minorenne.

5. All'autore della violazione o ad uno dei soggetti con il medesimo solidalmente obbligati che rifiutino ovvero omettano di trasportare o custodire, a proprie spese, il veicolo, secondo le prescrizioni fornite dall'organo di polizia, si applica la sanzione amministrativa del pagamento di una somma da euro 1.814 a euro 7.261, nonche' la sanzione amministrativa accessoria della sospensione della patente di guida da uno a tre mesi. In caso di violazione commessa da minorenne, il veicolo e' affidato in custodia ai genitori o a chi ne fa le veci o a persona maggiorenne appositamente delegata, previo pagamento delle spese di trasporto e custodia. Quando i soggetti sopra indicati si rifiutino di assumere la custodia del veicolo o non siano comunque in grado di assumerla, l'organo di polizia dispone l'immediata rimozione del veicolo e il suo trasporto presso uno dei soggetti di cui all'articolo 214-bis. Di cio' e' fatta menzione nel verbale di contestazione della violazione. Il veicolo e' trasferito in proprieta' al soggetto a cui e' consegnato, senza oneri per l'erario, quando, decorsi cinque giorni dalla comunicazione di cui al periodo seguente, l'avente diritto non ne abbia assunto la custodia, pagando i relativi oneri di recupero e trasporto. Del deposito del veicolo e' data comunicazione mediante pubblicazione nel sito internet istituzionale della prefettura-ufficio territoriale del Governo competente ((; la medesima comunicazione reca altresi' l'avviso che, se l'avente diritto non assumera' la custodia del veicolo nei successivi cinque giorni, previo pagamento dei relativi oneri di recupero e custodia, il veicolo sara' alienato anche ai soli fini della sua rottamazione)). La somma ricavata dall'alienazione e' depositata, sino alla definizione del procedimento in relazione al quale e' stato disposto il sequestro, in un autonomo conto fruttifero presso la tesoreria dello Stato. In caso di confisca, questa ha ad oggetto la somma depositata; in ogni altro caso la medesima somma e' restituita all'avente diritto. ((Nel caso di veicoli sequestrati in assenza dell'autore della violazione, per i quali non sia stato possibile rintracciare contestualmente il proprietario o altro obbligato in solido, e affidati a uno dei soggetti di cui all'articolo 214-bis, il verbale di contestazione, unitamente a quello di sequestro recante l'avviso ad assumerne la custodia, e' notificato senza ritardo dall'organo di polizia che ha eseguito il sequestro. Contestualmente, il medesimo organo di polizia provvede altresi' a dare comunicazione del deposito del veicolo presso il soggetto di cui all'articolo 214-bis mediante pubblicazione di apposito avviso nell'albo pretorio del comune ove e' avvenuto l'accertamento della violazione. Qualora, per comprovate difficolta' oggettive, non sia stato possibile eseguire la notifica e il veicolo risulti ancora affidato a uno dei

soggetti di cui all'articolo
214-bis, la notifica si ha per eseguita nel trentesimo giorno successivo a quello di pubblicazione della comunicazione di deposito del veicolo nell'albo pretorio del comune ove e' avvenuto l'accertamento della violazione)). (163)

6. Fuori dei casi indicati al comma 5, entro i trenta giorni successivi alla data in cui, esauriti i ricorsi anche giurisdizionali proposti dall'interessato o decorsi inutilmente i termini per la loro proposizione, e' divenuto definitivo il provvedimento di confisca, il custode del veicolo trasferisce il mezzo, a proprie spese e in condizioni di sicurezza per la circolazione stradale, presso il luogo individuato dal prefetto ai sensi delle disposizioni dell'articolo 214-bis. Decorso inutilmente il suddetto termine, il trasferimento del veicolo e' effettuato a cura dell'organo accertatore e a spese del custode, fatta salva l'eventuale denuncia di quest'ultimo all'autorita' giudiziaria qualora si configurino a suo carico estremi di reato. Le cose confiscate sono contrassegnate dal sigillo dell'ufficio cui appartiene il pubblico ufficiale che ha proceduto al sequestro. Con decreto dirigenziale, di concerto fra il Ministero dell'interno e l'Agenzia del demanio, sono stabilite le modalita' di comunicazione, tra gli uffici interessati, dei dati necessari all'espletamento delle procedure di cui al presente articolo.

7. Avverso il provvedimento di sequestro e' ammesso ricorso al prefetto ai sensi dell'articolo 203. Nel caso di rigetto del ricorso, il sequestro e' confermato. La declaratoria di infondatezza dell'accertamento si estende alla misura cautelare ed importa il dissequestro del veicolo ovvero, nei casi indicati al comma 5, la restituzione della somma ricavata dall'alienazione. Quando ne ricorrono i presupposti, il prefetto dispone la confisca con l'ordinanza ingiunzione di cui all'articolo 204, ovvero con distinta ordinanza, stabilendo, in ogni caso, le necessarie prescrizioni relative alla sanzione accessoria. Il prefetto dispone la confisca del veicolo ovvero, nel caso in cui questo sia stato ((alienato)), della somma ricavata. Il provvedimento di confisca costituisce titolo esecutivo anche per il recupero delle spese di trasporto e di custodia del veicolo.

8. Il soggetto che ha assunto la custodia il quale, durante il periodo in cui il veicolo e' sottoposto al sequestro, circola abusivamente con il veicolo stesso o consente che altri vi circolino abusivamente e' punito con la sanzione amministrativa del pagamento di una somma da euro 1.984 a euro 7.937. Si applica la sanzione amministrativa accessoria della revoca della patente. L'organo di polizia dispone l'immediata rimozione del veicolo e il suo trasporto presso uno dei soggetti di cui all'articolo 214-bis. Il veicolo e' trasferito in proprieta' al soggetto a cui e' consegnato, senza oneri

per l'erario. (163)

9. La sanzione stabilita nel comma 1 non si applica se il veicolo appartiene a persone estranee alla violazione amministrativa.

10. Il provvedimento con il quale e' stata disposta la confisca del veicolo e' comunicato dal prefetto al P.R.A. per l'annotazione nei propri registri.

((10-bis. Il provvedimento con il quale e' disposto il sequestro del veicolo e' comunicato dall'organo di polizia procedente ai competenti uffici del Dipartimento per la mobilita' sostenibile di cui al comma 10 per l'annotazione al PRA. In caso di dissequestro, il medesimo organo di polizia provvede alla comunicazione per la cancellazione dell'annotazione nell'Archivio nazionale dei veicoli e al PRA)).

AGGIORNAMENTO (52)

Il Decreto 24 dicembre 2002 (in G.U. 30/12/2002, n. 304) ha disposto (con l'art. 1, comma 1) che la presente modifica avra' effetto a decorrere dal 1 gennaio 2003.

AGGIORNAMENTO (64)

Il Decreto 22 dicembre 2004 (in G.U. 30/12/2004, n. 305) ha disposto (con l'art. 1, comma 2) che la presente modifica avra' effetto a decorrere dal 1 gennaio 2005.

AGGIORNAMENTO (80)

Il Decreto 29 dicembre 2006 (in G.U. 30/12/2006, n. 302) ha disposto (con l'art. 1, comma 2) che le presenti modifiche avranno effetto a decorrere dal 1 gennaio 2007.

AGGIORNAMENTO (89)

Il Decreto 17 dicembre 2008 (in G.U. 30/12/2008, n. 303) ha disposto (con l'art. 1, comma 2) che le presenti modifiche avranno effetto a decorrere dal 1 gennaio 2009.

AGGIORNAMENTO (101)

Il Decreto 22 dicembre 2010 (in G.U. 31/12/2010 n. 305) ha disposto (con l'art. 1, comma 2) che le presenti modifiche avranno effetto a decorrere dal 1 gennaio 2011.

AGGIORNAMENTO (114)

Il Decreto 19 dicembre 2012 (in G.U. 31/12/2012 n. 303) ha disposto (con l'art. 1, comma 2) che le presenti modifiche avranno effetto a decorrere dal 1 gennaio 2013.

AGGIORNAMENTO (124)

Il Decreto 16 dicembre 2014 (in G.U. 31/12/2014, n. 302) ha disposto (con l'art. 1, comma 2) che le presenti modifiche avranno effetto a decorrere dal 1 gennaio 2015.

AGGIORNAMENTO (133)

Il Decreto 20 dicembre 2016 (in G.U. 30/12/2016, n. 304) ha disposto (con l'art. 1, comma 1) che le presenti modifiche avranno effetto a decorrere dal 1 gennaio 2017.

AGGIORNAMENTO (138a)

Il D.Lgs. 29 maggio 2017, n. 98, come modificato dalla L. 27 dicembre 2017, n. 205, ha disposto (con l'art. 7, comma 1) la proroga dell'entrata in vigore della modifica di cui al comma 7 del presente articolo dal 1° luglio 2018 al 1° gennaio 2019.

AGGIORNAMENTO (148)

Il D.Lgs. 29 maggio 2017, n. 98, come modificato dalla L. 30 dicembre 2018, n. 145, ha disposto (con l'art. 7, comma 1) la proroga dell'entrata in vigore della modifica di cui al comma 7 del presente articolo dal 1° gennaio 2019 al 1° gennaio 2020.

AGGIORNAMENTO (163)

Il Decreto 31 dicembre 2020 (in G.U. 31/12/2020, n. 323) ha disposto (con l'art. 3, comma 1) che la presente modifica avra' effetto a decorrere dal 1° gennaio 2021.

Art. 214
(Fermo amministrativo del veicolo).

1. Nelle ipotesi in cui il presente codice prevede che all'accertamento della violazione consegua l'applicazione della sanzione accessoria del fermo amministrativo del veicolo, il proprietario, nominato custode, o, in sua assenza, il conducente o altro soggetto obbligato in solido, fa cessare la circolazione e provvede alla collocazione del veicolo in un luogo di cui abbia la disponibilita' ovvero lo custodisce, a proprie spese, in un luogo non sottoposto a pubblico passaggio. Sul veicolo deve essere collocato un sigillo, secondo le modalita' e con le caratteristiche definite con decreto del Ministero dell'interno, che, decorso il periodo di fermo amministrativo, e' rimosso a cura dell'ufficio da cui dipende l'organo di polizia che ha accertato la violazione ovvero di uno degli organi di polizia stradale di cui all'articolo 12, comma 1. Il documento di circolazione e' trattenuto presso l'organo di polizia, con menzione nel verbale di contestazione. All'autore della

violazione o ad uno dei soggetti con il medesimo solidalmente obbligati che rifiuti di trasportare o custodire, a proprie spese, il veicolo, secondo le prescrizioni fornite dall'organo di polizia si applica la sanzione amministrativa del pagamento di una somma da euro 774 a euro 3.105, nonche' la sanzione amministrativa accessoria della sospensione della patente di guida da uno a tre mesi. L'organo di polizia che procede al fermo dispone la rimozione del veicolo ed il suo trasporto in un apposito luogo di custodia, individuato ai sensi delle disposizioni dell'articolo 214-bis, secondo le modalita' previste dal regolamento. Di cio' e' fatta menzione nel verbale di

contestazione della violazione. Si applicano, in quanto compatibili, le norme sul sequestro dei veicoli, ivi comprese quelle di cui all'articolo 213, comma 5, e quelle per il pagamento ed il recupero delle spese di custodia. (163)

2. Nei casi di cui al comma 1, il veicolo e' affidato in custodia all'avente diritto o, in caso di violazione commessa da minorenne, ai genitori o a chi ne fa le veci o a persona maggiorenne appositamente delegata, previo pagamento delle spese di trasporto e custodia.

3. Se l'autore della violazione e' persona diversa dal proprietario del veicolo, o da chi ne ha la legittima disponibilita', e risulta altresi' evidente all'organo di polizia che la circolazione e' avvenuta contro la volonta' di costui, il veicolo e' immediatamente restituito all'avente titolo. Della restituzione e' redatto verbale, copia del quale viene consegnata all'interessato.

4. Avverso il provvedimento di fermo amministrativo del veicolo e' ammesso ricorso al prefetto a norma dell'articolo 203.

5. Salvo che il veicolo non sia gia' stato trasferito in proprieta', quando il ricorso sia accolto e l'accertamento della violazione dichiarato infondato l'ordinanza estingue la sanzione accessoria ed importa la restituzione del veicolo dall'organo di polizia indicato nel comma 1. La somma ricavata dall'alienazione e' depositata, sino alla definizione del procedimento in relazione al quale e' stato disposto il ((fermo amministrativo)), in un autonomo conto fruttifero presso la tesoreria dello Stato.

6. Quando sia stata presentata opposizione ai sensi dell'articolo 205, la restituzione non puo' avvenire se non dopo il provvedimento dell'autorita' giudiziaria che rigetta il ricorso.

7. E' sempre disposto il fermo amministrativo del veicolo per uguale durata nei casi in cui a norma del presente codice e' previsto il provvedimento di sospensione della carta di circolazione. Per l'esecuzione provvedono gli organi di polizia di cui all'articolo 12, comma 1. Nel regolamento sono stabilite le modalita' e le forme per eseguire detta sanzione accessoria.

8. Il soggetto che ha assunto la custodia il quale, durante il periodo in cui il veicolo e' sottoposto al fermo, circola abusivamente con il veicolo stesso o consente che altri vi circolino abusivamente e' punito con la sanzione amministrativa del pagamento di una somma da euro 1.984 a euro 7.937. Si applicano le sanzioni amministrative accessorie della revoca della patente e della confisca del veicolo. L'organo di polizia dispone l'immediata rimozione del veicolo e il suo trasporto presso uno dei soggetti di cui all'articolo 214-bis. Il veicolo e' trasferito in proprieta' al soggetto a cui e' consegnato, senza oneri per l'erario. (163)

AGGIORNAMENTO (80)

Il Decreto 29 dicembre 2006 (in G.U. 30/12/2006, n. 302) ha disposto (con l'art. 1, comma 2) che le presenti modifiche avranno effetto a decorrere dal 1 gennaio 2007.

AGGIORNAMENTO (89)

Il Decreto 17 dicembre 2008 (in G.U. 30/12/2008, n. 303) ha disposto (con l'art. 1, comma 2) che le presenti modifiche avranno effetto a decorrere dal 1 gennaio 2009.

AGGIORNAMENTO (101)

Il Decreto 22 dicembre 2010 (in G.U. 31/12/2010 n. 305) ha disposto (con l'art. 1, comma 2) che le presenti modifiche avranno effetto a decorrere dal 1 gennaio 2011.

AGGIORNAMENTO (114)

Il Decreto 19 dicembre 2012 (in G.U. 31/12/2012 n. 303) ha disposto (con l'art. 1, comma 2) che le presenti modifiche avranno effetto a decorrere dal 1 gennaio 2013.

AGGIORNAMENTO (124)

Il Decreto 16 dicembre 2014 (in G.U. 31/12/2014, n. 302) ha disposto (con l'art. 1, comma 2) che le presenti modifiche avranno effetto a decorrere dal 1 gennaio 2015.

AGGIORNAMENTO (133)

Il Decreto 20 dicembre 2016 (in G.U. 30/12/2016, n. 304) ha disposto (con l'art. 1, comma 1) che le presenti modifiche avranno effetto a decorrere dal 1 gennaio 2017.

AGGIORNAMENTO (163)

Il Decreto 31 dicembre 2020 (in G.U. 31/12/2020, n. 323) ha

disposto (con l'art. 3, comma 1) che le presenti modifiche avranno effetto a decorrere dal 1° gennaio 2021.

Art. 214-bis
(Alienazione dei veicoli nei casi di sequestro amministrativo, fermo e confisca).

1. Ai fini del trasferimento della proprieta', ai sensi degli articoli 213, ((comma 5)), e 214, comma 1, ultimo periodo, dei veicoli sottoposti a sequestro amministrativo o a fermo, nonche' dell'alienazione dei veicoli confiscati a seguito di sequestro amministrativo, l'individuazione del custode-acquirente avviene, secondo criteri oggettivi riferibili al luogo o alla data di esecuzione del sequestro o del fermo, nell'ambito dei soggetti che hanno stipulato apposita convenzione con il Ministero dell'interno e con l'Agenzia del demanio all'esito dello svolgimento di gare ristrette, ciascuna relativa ad ambiti territoriali infraregionali. La convenzione ha ad oggetto l'obbligo ad assumere la custodia dei veicoli sottoposti a sequestro amministrativo o a fermo e di quelli
confiscati a seguito del sequestro e ad acquistare i medesimi veicoli nelle ipotesi di trasferimento di proprieta', ai sensi degli articoli 213, ((comma 5)), e 214, comma 1, ultimo periodo, e di alienazione conseguente a confisca. Ai fini dell'aggiudicazione delle gare le amministrazioni procedenti tengono conto delle offerte economicamente piu' vantaggiose per l'erario, con particolare riguardo ai criteri ed alle modalita' di valutazione del valore dei veicoli da acquistare ed all'ammontare delle tariffe per la custodia. I criteri oggettivi per l'individuazione del custode-acquirente, indicati nel primo periodo del presente comma, sono definiti, mediante protocollo d'intesa, dal Ministero dell'interno e dalla Agenzia del demanio.

2. Fermo quanto previsto dagli articoli 213, ((comma 5)), e 214, comma 1, ultimo periodo, in relazione al trasferimento della proprieta' dei veicoli sottoposti a sequestro amministrativo o a fermo, per i veicoli confiscati l'alienazione si perfeziona con la notifica al custode-acquirente, individuato ai sensi del comma 1, del provvedimento dal quale risulta la determinazione all'alienazione da parte dell'Agenzia del demanio. Il provvedimento notificato e' comunicato all'ufficio competente del Dipartimento per i trasporti, la navigazione, gli affari generali e del personale per l'aggiornamento delle iscrizioni al P.R.A.. (138a) (148)

3. Le disposizioni del presente articolo si applicano all'alienazione dei veicoli confiscati a seguito di sequestro amministrativo in deroga alle norme di cui al decreto del Presidente della Repubblica 13 febbraio 2001, n. 189.

3-bis. Tutte le trascrizioni ed annotazioni nei pubblici registri relative agli atti posti in essere in attuazione delle operazioni previste dal presente articolo e dagli articoli 213 e 214 sono esenti, per le amministrazioni dello Stato, da qualsiasi tributo ed emolumento.

AGGIORNAMENTO (138a)

Il D.Lgs. 29 maggio 2017, n. 98, come modificato dalla L. 27 dicembre 2017, n. 205, ha disposto (con l'art. 7, comma 1) la proroga dell'entrata in vigore della modifica di cui al comma 2 del presente articolo dal 1° luglio 2018 al 1° gennaio 2019.

AGGIORNAMENTO (148)

Il D.Lgs. 29 maggio 2017, n. 98, come modificato dalla L. 30 dicembre 2018, n. 145, ha disposto (con l'art. 7, comma 1) la proroga dell'entrata in vigore della modifica di cui al comma 2 del presente articolo dal 1° gennaio 2019 al 1° gennaio 2020.

Art. 214-ter
(Destinazione dei veicoli confiscati).

1. I veicoli acquisiti dallo Stato a seguito di provvedimento definitivo di confisca adottato ai sensi degli articoli 186, commi 2, lettera c), 2-bis e 7, 186-bis, comma 6, e 187, commi 1 e 1-bis, sono assegnati agli organi di polizia che ne facciano richiesta, prioritariamente per attivita' finalizzate a garantire la sicurezza della circolazione stradale, ovvero ad altri organi dello Stato o ad altri enti pubblici non economici che ne facciano richiesta per finalita' di giustizia, di protezione civile o di tutela ambientale. Qualora gli organi o enti di cui al periodo precedente non presentino richiesta di assegnazione, i beni sono posti in vendita. Se la procedura di vendita e' antieconomica, con provvedimento del dirigente del competente ufficio del Ministero dell'economia e delle finanze e' disposta la cessione gratuita o la distruzione del bene. Il provvedimento e' comunicato ((all'ufficio competente del Dipartimento per i trasporti, la navigazione, gli affari generali e del personale per l'aggiornamento delle iscrizioni al P.R.A.)). Si applicano le disposizioni del comma 3-bis dell' articolo 214-bis. ((138a)) ((148))

2. Si applicano, in quanto compatibili, l'articolo 2-undecies della legge 31 maggio 1965, n. 575, e successive modificazioni, e l'articolo 301-bis del testo unico delle disposizioni legislative in materia doganale, di cui al decreto del Presidente della Repubblica 23 gennaio 1973, n. 43, e successive modificazioni, concernenti la gestione, la vendita o la distruzione dei beni mobili registrati.

AGGIORNAMENTO (138a)

Il D.Lgs. 29 maggio 2017, n. 98, come modificato dalla L. 27 dicembre 2017, n. 205, ha disposto (con l'art. 7, comma 1) la proroga dell'entrata in vigore della modifica di cui al comma 2 del presente articolo dal 1° luglio 2018 al 1° gennaio 2019.

AGGIORNAMENTO (148)

Il D.Lgs. 29 maggio 2017, n. 98, come modificato dalla L. 30 dicembre 2018, n. 145, ha disposto (con l'art. 7, comma 1) la proroga dell'entrata in vigore della modifica di cui al comma 2 del presente articolo dal 1° gennaio 2019 al 1° gennaio 2020.

Art. 215.
Sanzione accessoria della rimozione o blocco del veicolo

1. Quando, ai sensi del presente codice, e' prevista la sanzione amministrativa accessoria della rimozione del veicolo, questa e' operata dagli organi di polizia che accertano la violazione, i quali provvedono a che il veicolo, secondo le norme di cui al regolamento di esecuzione, sia trasportato e custodito in luoghi appositi. L'applicazione della sanzione accessoria e' indicata nel verbale di contestazione notificato a termine dell'art. 201.

2. I veicoli rimossi ai sensi del comma 1 sono restituiti all'avente diritto, previo rimborso delle spese di intervento, rimozione e custodia, con le modalita' previste dal regolamento di esecuzione. Alle dette spese si applica il comma 3 dell'art. 2756 del codice civile.

3. Nell'ipotesi in cui e' consentito il blocco del veicolo, questo e' disposto dall'organo di polizia che accerta la violazione, secondo le modalita' stabilite dal regolamento. Dell'eseguito blocco e' fatta menzione nel verbale di contestazione notificato ai sensi dell'art. 201. La rimozione del blocco e' effettuata a richiesta dell'avente diritto, previo pagamento delle spese di intervento, bloccaggio e rimozione del blocco, secondo le modalita' stabilite nel regolamento. Alle dette spese si applica il comma 3 dell'art. 2756 del codice civile.

4. Trascorsi centottanta giorni dalla notificazione del verbale contenente la contestazione della violazione e l'indicazione della effettuata rimozione o blocco, senza che il proprietario o l'intestatario del documento di circolazione si siano presentati all'ufficio o comando da cui dipende l'organo che ha effettuata la rimozione o il blocco, il veicolo puo' essere alienato o demolito secondo le modalita' stabilite dal regolamento. Nell'ipotesi di alienazione, il ((ricavato)) serve alla soddisfazione della sanzione pecuniaria se non versata, nonche' delle spese di rimozione, di custodia e di blocco. L'eventuale residuo viene restituito all'avente diritto.

((5. Avverso la sanzione amministrativa accessoria della rimozione o del blocco del veicolo e' ammesso ricorso al prefetto, a norma dell'articolo 203.))

Art. 215-bis(Censimento dei veicoli sequestrati, fermati, ((...)) dissequestrati e confiscati).

1. I prefetti, con cadenza semestrale, provvedono a censire, sentiti anche gli organi accertatori per quanto di competenza, i veicoli giacenti da oltre sei mesi presso le depositerie di cui all'articolo 8 del decreto del Presidente della Repubblica 29 luglio 1982, n. 571, a seguito dell'applicazione, ai sensi del presente codice, di misure di sequestro e fermo, nonche' per effetto di provvedimenti amministrativi di confisca non ancora definitivi e di dissequestro. Di tali veicoli, individuati secondo il tipo, il modello e il numero di targa o di telaio, indipendentemente dalla documentazione dello stato di conservazione, e' formato apposito elenco, pubblicato nel sito internet istituzionale della prefettura-ufficio territoriale del Governo competente per territorio ((...)).

2. Nei trenta giorni successivi alla pubblicazione dell'elenco di cui al comma 1, il proprietario o uno degli altri soggetti indicati all'articolo 196 puo' assumere la custodia del veicolo, provvedendo contestualmente alla liquidazione delle somme dovute alla depositeria, con conseguente estinzione del debito maturato nei confronti dello Stato allo stesso titolo. Di tale facolta' e' data comunicazione in sede di pubblicazione dell'elenco di cui al comma 1, con l'avviso che in caso di mancata assunzione della custodia i veicoli oggetto di fermo, sequestro e dissequestro sono da ritenersi abbandonati, mentre quelli oggetto di confisca non ancora definitiva sono da ritenersi definitivamente confiscati. Di tale confisca e' data comunicazione a cura del prefetto al pubblico registro automobilistico per l'annotazione nei propri registri. La prefettura-ufficio territoriale del Governo informa dell'inutile decorso dei predetti termini l'Agenzia del demanio, che provvede a gestire tali veicoli, anche ai soli fini della rottamazione nel caso di grave danneggiamento o deterioramento, secondo le procedure e le modalita' dettate dal regolamento di cui al decreto del Presidente della Repubblica 13 febbraio 2001, n. 189. La liquidazione delle relative spese compete alla medesima Agenzia a decorrere dalla data di ricezione dell'informativa di cui al periodo precedente.

3. La somma ricavata dall'alienazione e' depositata, sino alla definizione del procedimento in relazione al quale e' stato disposto il sequestro o il fermo, in un autonomo conto fruttifero presso la tesoreria dello Stato. In caso di confisca, questa ha a oggetto la somma depositata; in ogni altro caso la somma depositata e' restituita all'avente diritto.

4. Con decreto dirigenziale, di concerto fra il Ministero dell'interno e l'Agenzia del demanio, sono stabilite le modalita' di ((attuazione delle

disposizioni del)) presente articolo.

Art. 216
Sanzione accessoria del ritiro dei documenti di circolazione, della targa, della patente di guida o della carta di qualificazione del conducente

Nell'ipotesi in cui, ai sensi del presente codice, e' stabilita la sanzione amministrativa accessoria del ritiro della carta di circolazione e del certificato di idoneita' tecnica per le macchine agricole o di autorizzazioni o licenze nei casi in cui sono previste, ovvero della targa, ovvero della patente di guida o della carta di qualificazione del conducente, il documento e' ritirato, contestualmente all'accertamento della violazione, dall'organo accertatore ed inviato, entro i cinque giorni successivi, al competente ufficio del Dipartimento per i trasporti terrestri se si tratta della carta di circolazione, del certificato di idoneita' tecnica per le macchine agricole, delle autorizzazioni, licenze o della targa, ovvero alla prefettura se si tratta della patente; la competenza territoriale di detti uffici e' determinata con riferimento al luogo della commessa violazione. Il prefetto competente da' notizia dei procedimenti e dei provvedimenti adottati

sulla patente al prefetto del luogo di residenza del trasgressore. Del ritiro e' fatta menzione nel verbale di contestazione della violazione. Nel regolamento sono stabilite le modalita' per consentire il viaggio fino al luogo di custodia. Nei casi di ritiro della targa, si procede al fermo amministrativo del veicolo ai sensi dell'art. 214.

2. La restituzione del documento puo' essere chiesta dall'interessato soltanto quando ha adempiuto alla prescrizione omessa. La restituzione viene effettuata dagli enti di cui al comma 1, previo accertamento del compimento delle prescrizioni suddette.

3. Il ritiro e la successiva restituzione sono annotate nella carta di circolazione o nel certificato di idoneita' tecnica per le macchine agricole o nella patente.

4. Il ricorso al prefetto presentato ai sensi dell'art. 203 si estende anche alla sanzione accessoria. In caso di rigetto del ricorso, la sanzione accessoria e' confermata. In caso di declaratoria di infondatezza dell'accertamento, questa si estende alla sanzione accessoria e l'interessato puo' chiedere immediatamente all'ente indicato nel comma 1 la restituzione del documento.

5. L'opposizione di cui all'art. 205 si estende alla sanzione accessoria.

6. Chiunque, durante il periodo in cui il documento di circolazione e'

ritirato, circola abusivamente con lo stesso veicolo cui il ritiro si riferisce ovvero guida un veicolo quando la patente gli sia stata ritirata, e' punito con la sanzione amministrativa del pagamento di una somma ((da € 2.046 a € 8.186)). Si applica la sanzione accessoria del fermo amministrativo del veicolo o, in caso di reiterazione delle violazioni, la sanzione accessoria della confisca amministrativa del veicolo. La durata del fermo amministrativo e' di tre mesi, salvo i casi in cui tale sanzione accessoria e' applicata a seguito del ritiro della targa. (52) (64) (80) (89) (101) (114) (124) (133) (145) ((163))

AGGIORNAMENTO (52)

Il Decreto 24 dicembre 2002 (in G.U. 30/12/2002, n. 304) ha disposto (con l'art. 1, comma 1) che la presente modifica avra' effetto a decorrere dal 1 gennaio 2003.

AGGIORNAMENTO (64)

Il Decreto 22 dicembre 2004 (in G.U. 30/12/2004, n. 305) ha disposto (con l'art. 1, comma 2) che la presente modifica avra' effetto a decorrere dal 1 gennaio 2005.

AGGIORNAMENTO (80)

Il Decreto 29 dicembre 2006 (in G.U. 30/12/2006, n. 302) ha disposto (con l'art. 1, comma 2) la presente modifica avra' effetto a decorrere dal 1 gennaio 2007.

AGGIORNAMENTO (89)

Il Decreto 17 dicembre 2008 (in G.U. 30/12/2008, n. 303) ha disposto (con l'art. 1, comma 2) la presente modifica avra' effetto a decorrere dal 1 gennaio 2009.

AGGIORNAMENTO (101)

Il Decreto 22 dicembre 2010 (in G.U. 31/12/2010 n. 305) ha disposto (con l'art. 1, comma 2) la presente modifica avra' effetto a decorrere dal 1 gennaio 2011.

AGGIORNAMENTO (114)

Il Decreto 19 dicembre 2012 (in G.U. 31/12/2012 n. 303) ha disposto (con l'art. 1, comma 2) la presente modifica avra' effetto a decorrere dal 1 gennaio 2013.

AGGIORNAMENTO (124)

Il Decreto 16 dicembre 2014 (in G.U. 31/12/2014, n. 302) ha disposto (con l'art. 1, comma 2) la presente modifica avra' effetto a decorrere dal 1 gennaio 2015.

AGGIORNAMENTO (133)

Il Decreto 20 dicembre 2016 (in G.U. 30/12/2016, n. 304) ha disposto (con l'art. 1, comma 1) che la presente modifica avra' effetto a decorrere dal 1 gennaio 2017.

AGGIORNAMENTO (145)

Il Decreto 27 dicembre 2018 (in G.U. 29/12/2018, n. 301) ha disposto (con l'art. 3, comma 1) che la presente modifica avra' effetto a decorrere dal 1° gennaio 2019.

AGGIORNAMENTO (163)

Il Decreto 31 dicembre 2020 (in G.U. 31/12/2020, n. 323) ha disposto (con l'art. 3, comma 1) che la presente modifica avra' effetto a decorrere dal 1° gennaio 2021.

Art. 217.
Sanzione accessoria della sospensione della carta di circolazione

1. Nell'ipotesi in cui il presente codice prevede la sanzione accessoria della sospensione della validita' della carta di circolazione, questa e' ritirata dall'agente od organo di polizia che accerta la violazione; del ritiro e' fatta menzione nel verbale di contestazione. L'agente accertatore rilascia permesso provvisorio di circolazione limitatamente al periodo di tempo necessario a condurre il veicolo nel luogo di custodia indicato dall'interessato, con annotazione sul verbale di contestazione.

2. L'organo che ha ritirato la carta di circolazione la invia, unitamente a copia del verbale, nel termine di cinque giorni, all'ufficio competente del Dipartimento per i trasporti terrestri, che, nei quindici giorni successivi, emana l'ordinanza di sospensione, indicando il periodo cui questa si estende. Tale periodo, nei limiti minimo e massimo fissati dalla singola norma, e' determinato in relazione alla gravita' della violazione commessa, all' entita' del danno apportato ed al pericolo che l'ulteriore circolazione potrebbe apportare. L'ordinanza e' notificata all'interessato e comunicata al prefetto. Il periodo di sospensione inizia dal giorno in cui il documento e' ritirato a norma del comma 1. Qualora l'ordinanza di sospensione non sia emanata nel termine di quindici giorni, il titolare puo' ottenerne la restituzione da parte dell'ufficio competente del Dipartimento per i trasporti terrestri. Qualora si tratti di carta di circolazione rilasciata da uno Stato estero, il competente ufficio del Dipartimento per i trasporti terrestri ne sospende la validita' ai fini della circolazione sul territorio nazionale per un determinato periodo, con le stesse

modalita'. L'interdizione alla circolazione e' comunicata all'autorita' competente dello Stato che ha rilasciato la carta di circolazione e viene annotata sulla stessa.

3. Al termine del periodo fissato la carta di circolazione viene restituita all'interessato dall'ufficio competente del Dipartimento per i trasporti terrestri. Della restituzione e' data comunicazione al prefetto ed all'ufficio del P.R.A. per l'iscrizione nei propri registri. Le modalita' per la restituzione del documento agli stranieri sono stabilite dal regolamento.

4. Avverso l'ordinanza di cui al comma 2 l'interessato puo' proporre ricorso al prefetto. Il prefetto, se ritiene fondato l'accertamento, applica la sanzione accessoria; se lo ritiene infondato, dispone l'immediata restituzione.

5. L'opposizione di cui all'art. 205 si estende alla sanzione accessoria.

6. Chiunque, durante il periodo di sospensione della carta di circolazione, circola abusivamente con lo stesso veicolo e' punito con la sanzione amministrativa del pagamento di una somma ((da € 2.046 a € 8.186)). Si applica la sanzione amministrativa accessoria della sospensione della patente da tre a dodici mesi e, in caso di reiterazione delle violazioni, la confisca amministrativa del veicolo. (52) (64) (80) (89) (101) (114) (124) (133) (145) ((163))

AGGIORNAMENTO (52)

Il Decreto 24 dicembre 2002 (in G.U. 30/12/2002, n. 304) ha disposto (con l'art. 1, comma 1) che la presente modifica avra' effetto a decorrere dal 1 gennaio 2003.

AGGIORNAMENTO (64)

Il Decreto 22 dicembre 2004 (in G.U. 30/12/2004, n. 305) ha disposto (con l'art. 1, comma 2) che la presente modifica avra' effetto a decorrere dal 1 gennaio 2005.

AGGIORNAMENTO (80)

Il Decreto 29 dicembre 2006 (in G.U. 30/12/2006, n. 302) ha disposto (con l'art. 1, comma 2) che la presente modifica avra' effetto a decorrere dal 1 gennaio 2007.

AGGIORNAMENTO (89)

Il Decreto 17 dicembre 2008 (in G.U. 30/12/2008, n. 303) ha disposto (con l'art. 1, comma 2) che la presente modifica avra' effetto a decorrere dal 1 gennaio 2009.

AGGIORNAMENTO (101)
Il Decreto 22 dicembre 2010 (in G.U. 31/12/2010 n. 305) ha disposto (con l'art. 1, comma 2) che la presente modifica avra' effetto a decorrere dal 1 gennaio 2011.

AGGIORNAMENTO (114)
Il Decreto 19 dicembre 2012 (in G.U. 31/12/2012 n. 303) ha disposto (con l'art. 1, comma 2) che la presente modifica avra' effetto a decorrere dal 1 gennaio 2013.

AGGIORNAMENTO (124)
Il Decreto 16 dicembre 2014 (in G.U. 31/12/2014, n. 302) ha disposto (con l'art. 1, comma 2) che la presente modifica avra' effetto a decorrere dal 1 gennaio 2015.

AGGIORNAMENTO (133)
Il Decreto 20 dicembre 2016 (in G.U. 30/12/2016, n. 304) ha disposto (con l'art. 1, comma 1) che la presente modifica avra' effetto a decorrere dal 1 gennaio 2017.

AGGIORNAMENTO (145)
Il Decreto 27 dicembre 2018 (in G.U. 29/12/2018, n. 301) ha disposto (con l'art. 3, comma 1) che la presente modifica avra' effetto a decorrere dal 1° gennaio 2019.

AGGIORNAMENTO (163)
Il Decreto 31 dicembre 2020 (in G.U. 31/12/2020, n. 323) ha disposto (con l'art. 3, comma 1) che la presente modifica avra' effetto a decorrere dal 1° gennaio 2021.

Art. 218.
Sanzione accessoria della sospensione della patente

1. Nell'ipotesi in cui il presente codice prevede la sanzione amministrativa accessoria della sospensione della patente di guida per un periodo determinato, la patente e' ritirata dall'agente od organo di polizia che accerta la violazione; del ritiro e' fatta menzione nel verbale di contestazione della violazione. L'agente accertatore rilascia permesso provvisorio di guida limitatamente al periodo necessario a condurre il veicolo nel luogo di custodia indicato dall'interessato, con annotazione sul verbale di contestazione.

2. L'organo che ha ritirato la patente di guida la invia, unitamente a copia del verbale, entro cinque giorni dal ritiro, alla prefettura del luogo della commessa violazione. Entro il termine di cui al primo

periodo, il conducente a cui e' stata sospesa la patente, solo nel caso in cui dalla commessa violazione non sia derivato un incidente, puo' presentare istanza al prefetto intesa ad ottenere un permesso di guida, per determinate fasce orarie, e comunque di non oltre tre ore al giorno, adeguatamente motivato e documentato per ragioni di lavoro, qualora risulti impossibile o estremamente gravoso raggiungere il posto di lavoro con mezzi pubblici o comunque non propri, ovvero per il ricorrere di una situazione che avrebbe dato diritto alle agevolazioni di cui all'articolo 33 della legge 5 febbraio 1992, n. 104. Il prefetto, nei quindici giorni successivi, emana l'ordinanza di sospensione, indicando il periodo al quale si estende la sospensione stessa. Tale periodo, nei limiti minimo e massimo fissati da ogni singola norma, e' determinato in relazione all'entita' del danno apportato, alla gravita' della violazione commessa, nonche' al pericolo che l'ulteriore circolazione potrebbe cagionare. Tali due ultimi elementi, unitamente alle motivazioni dell'istanza di cui al secondo periodo ed alla relativa documentazione, sono altresi' valutati dal prefetto per decidere della predetta istanza. Qualora questa sia accolta, il periodo di sospensione e' aumentato di un numero di giorni pari al doppio delle complessive ore per le quali e' stata autorizzata la guida, arrotondato per eccesso. L'ordinanza, che eventualmente reca l'autorizzazione alla guida, determinando espressamente fasce orarie e numero di giorni, e' notificata immediatamente all'interessato, che deve esibirla ai fini della guida nelle situazioni autorizzate. L'ordinanza e' altresi' comunicata, per i fini di cui all'articolo 226, comma 11, all'anagrafe degli abilitati alla guida. Il periodo di durata fissato decorre dal giorno del ritiro. Qualora l'ordinanza di sospensione non sia emanata nel termine di quindici giorni, il titolare della patente puo' ottenerne la restituzione da parte della prefettura. Il permesso di guida in costanza di sospensione della patente puo' essere concesso una sola volta.

3. Quando le norme del presente codice dispongono che la durata della sospensione della patente di guida e' aumentata a seguito di piu' violazioni della medesima disposizione di legge, l'organo di polizia che accerta l'ultima violazione e che dall'interrogazione dell'anagrafe nazionale degli abilitati alla guida constata la sussistenza delle precedenti violazioni procede ai sensi del comma 1,

indicando, anche nel verbale, la disposizione applicata ed il numero delle sospensioni precedentemente disposte; si applica altresi' il comma 2. Qualora la sussistenza delle precedenti sospensioni risulti successivamente, l'organo od ufficio che ne viene a conoscenza informa immediatamente il prefetto, che provvede a norma del comma 2.

4. Al termine del periodo di sospensione fissato, la patente viene restituita dal prefetto. L'avvenuta restituzione e' comunicata all'anagrafe nazionale degli abilitati alla guida.

5. Avverso il provvedimento di sospensione della patente e' ammessa opposizione ai sensi dell'articolo 205.

6. Chiunque, durante il periodo di sospensione della validita' della patente, circola abusivamente, anche avvalendosi del permesso di guida di cui al comma 2 in violazione dei limiti previsti dall'ordinanza del prefetto con cui il permesso e' stato concesso, e' punito con la sanzione amministrativa del pagamento di una somma ((da € 2.046 a € 8.186)). Si applicano le sanzioni accessorie della revoca della patente e del fermo amministrativo del veicolo per un periodo di tre mesi. In caso di reiterazione delle violazioni, in luogo del fermo amministrativo, si applica la confisca amministrativa del veicolo. (52) (64) (80) (89) (101) (114) (124) (133) (145) ((163))

AGGIORNAMENTO (52)

Il Decreto 24 dicembre 2002 (in G.U. 30/12/2002, n. 304) ha disposto (con l'art. 1, comma 1) che la presente modifica avra' effetto a decorrere dal 1 gennaio 2003.

AGGIORNAMENTO (64)

Il Decreto 22 dicembre 2004 (in G.U. 30/12/2004, n. 305) ha disposto (con l'art. 1, comma 2) che la presente modifica avra' effetto a decorrere dal 1 gennaio 2005.

AGGIORNAMENTO (80)

Il Decreto 29 dicembre 2006 (in G.U. 30/12/2006, n. 302) ha disposto (con l'art. 1, comma 2) la presente modifica avra' effetto a decorrere dal 1 gennaio 2007.

AGGIORNAMENTO (89)

Il Decreto 17 dicembre 2008 (in G.U. 30/12/2008, n. 303) ha disposto (con l'art. 1, comma 2) la presente modifica avra' effetto a decorrere dal 1 gennaio 2009.

AGGIORNAMENTO (101)

Il Decreto 22 dicembre 2010 (in G.U. 31/12/2010 n. 305) ha disposto (con l'art. 1, comma 2) la presente modifica avra' effetto a decorrere dal 1 gennaio 2011.

AGGIORNAMENTO (114)

Il Decreto 19 dicembre 2012 (in G.U. 31/12/2012 n. 303) ha disposto

(con l'art. 1, comma 2) la presente modifica avra' effetto a decorrere dal 1 gennaio 2013.

AGGIORNAMENTO (124)

Il Decreto 16 dicembre 2014 (in G.U. 31/12/2014, n. 302) ha disposto (con l'art. 1, comma 2) la presente modifica avra' effetto a decorrere dal 1 gennaio 2015.

AGGIORNAMENTO (133)

Il Decreto 20 dicembre 2016 (in G.U. 30/12/2016, n. 304) ha disposto (con l'art. 1, comma 1) che la presente modifica avra' effetto a decorrere dal 1 gennaio 2017.

AGGIORNAMENTO (145)

Il Decreto 27 dicembre 2018 (in G.U. 29/12/2018, n. 301) ha disposto (con l'art. 3, comma 1) che la presente modifica avra' effetto a decorrere dal 1° gennaio 2019.

AGGIORNAMENTO (163)

Il Decreto 31 dicembre 2020 (in G.U. 31/12/2020, n. 323) ha disposto (con l'art. 3, comma 1) che la presente modifica avra' effetto a decorrere dal 1° gennaio 2021.

Art. 218-bis.

(Applicazione della sospensione della patente per i neo-patentati).

1. Salvo che sia diversamente disposto dalle norme del titolo V, nei primi tre anni dalla data di conseguimento della patente di categoria B, quando e' commessa una violazione per la quale e' prevista l'applicazione della sanzione amministrativa accessoriadella sospensione della patente, di cui all'articolo 218, la durata della sospensione e' aumentata di un terzo alla prima violazione ed e' raddoppiata per le violazioni successive.

2. Qualora, nei primi tre anni dalla data di conseguimento della patente di categoria B, il titolare abbia commesso una violazione per la quale e' prevista l'applicazione della sanzione amministrativa accessoria della sospensione della patente per un periodo superiore a tre mesi, le disposizioni del comma 1 si applicano per i primi cinque anni dalla data di conseguimento della patente.

3. Le disposizioni di cui ai commi 1 e 2 si applicano anche al conducente titolare di patente ((di categorie A1, A2 o A)), qualora non abbia gia' conseguito anche la patente di categoria B. Se la patente di categoria B e' conseguita successivamente al rilascio della patente ((di categorie A1, A2 o A)), le disposizioni di cui ai citati commi 1 e 2 si applicano dalla data di conseguimento della patente di categoria B. ((102))

AGGIORNAMENTO (102)

Il D.Lgs. 18 aprile 2011, n. 59 ha disposto (con l'art. 28, comma 1) che "Le disposizioni del presente decreto legislativo si applicano a decorrere dal 19 gennaio 2013, ad eccezione di quelle contenute negli articoli 9, comma 2, 22, comma 1, e 23, nonche' nell'allegato III, con riferimento alle patenti per le categorie A, A1, B, BE, C, CE, D, DE, KA e KB".

Art. 219.
Revoca della patente di guida

1. Quando, ai sensi del presente codice, e' prevista la revoca della patente di guida, il provvedimento e' emesso dal competente ufficio competente del Dipartimento per i trasporti terrestri, nei casi previsti dall'art. 130, comma 1, e dal prefetto del luogo della commessa violazione quando la stessa revoca costituisce sanzione amministrativa accessoria, nonche' nei casi previsti dall'art. 120, comma 1. (15)

2. Nell'ipotesi che la revoca della patente costituisca sanzione accessoria l'organo, l'ufficio o comando, che accerta l'esistenza di una delle condizioni per le quali la legge la prevede, entro i cinque giorni successivi, ne da' comunicazione al prefetto del luogo della commessa violazione. Questi, previo accertamento delle condizioni predette, emette l'ordinanza di revoca e consegna immediata della patente alla prefettura, anche tramite l'organo di Polizia incaricato dell'esecuzione. Dell'ordinanza si da' comunicazione al competente ufficio del Dipartimento per i trasporti terrestri.

3. Il provvedimento di revoca della patente previsto dal presente articolo nonche' quello disposto ai sensi dell'art. 130, comma 1, nell'ipotesi in cui risulti la perdita, con carattere permanente, dei requisiti psichici e fisici prescritti, e' atto definitivo.

3-bis. L'interessato non puo' conseguire una nuova patente se non dopo che siano trascorsi almeno due anni dal momento in cui e' divenuto definitivo il provvedimento di cui al comma 2. PERIODO SOPPRESSO DAL D.LGS. 18 APRILE 2011, N. 59.

3-ter. Quando la revoca della patente di guida e' disposta a seguito delle violazioni di cui agli articoli 186, 186-bis e 187, non e' possibile conseguire una nuova patente di guida prima di tre anni a decorrere dalla data di accertamento del reato ((, fatto salvo quanto previsto dai commi 3-bis e 3-ter dell'articolo 222)).

3-quater. La revoca della patente di guida ad uno dei conducenti di cui all'articolo 186-bis, comma 1, lettere b), c) e d), che consegue all'accertamento di uno dei reati di cui agli articoli 186, comma 2, lettere b) e c), e 187, costituisce giusta causa di licenziamento ai

sensi dell'articolo 2119 del codice civile.

AGGIORNAMENTO (15)
Il D.L. 25 novembre 1995, n. 501, convertito con modificazioni dalla L. 5 gennaio 1996, n. 11, nel modificare l'art. 16, comma 1 del D.P.R. 19 aprile 1994, n. 575, ha conseguentemente disposto (con l'art. 2, comma 2) che le presenti modifiche decorrono dal 1 ottobre 1995.

Art. 219-bis
((((Inapplicabilita' delle sanzioni amministrative accessorie del ritiro, della sospensione e della revoca della patente ai conducenti minorenni).))
((1. Nell'ipotesi in cui, ai sensi del presente codice, e' disposta la sanzione amministrativa accessoria del ritiro della sospensione o della revoca della patente di guida e la violazione da cui discende e' commessa da un conducente minorenne in luogo delle predette sanzioni si applicano le disposizioni dell'articolo 128, commi 1-ter e 2.)) ((102))--------------

AGGIORNAMENTO (102)
Il D.Lgs. 18 aprile 2011, n. 59 ha disposto (con l'art. 28, comma 1) che "Le disposizioni del presente decreto legislativo si applicano a decorrere dal 19 gennaio 2013, ad eccezione di quelle contenute negli articoli 9, comma 2, 22, comma 1, e 23, nonche' nell'allegato III, con riferimento alle patenti per le categorie A, A1, B, BE, C, CE, D, DE, KA e KB".
Ha inoltre disposto (con l'art. 21, comma 2) che "Le disposizioni dell'articolo 219-bis del Codice della strada, come modificato dal comma 1, si applicano anche ai conducenti minorenni titolari di certificato di idoneita' alla guida del ciclomotore".

Capo IIDEGLI ILLECITI PENALISezione IDisposizioni generali in tema di reati e relative sanzioni
Art. 220.
Accertamento e cognizione dei reati previsti dal presente codice
1. Per le violazioni che costituiscono reato, l'agente od organo accertatore e' tenuto, senza ritardo, a dare notizia del reato al pubblico ministero, ai sensi dell'art. 347 del codice di procedura penale.
2. La sentenza o il decreto definitivi sono comunicati dal cancelliere al prefetto ((del luogo di residenza)). La sentenza o il decreto definitivi di condanna sono annotati a cura della prefettura sulla patente del trasgressore.
3. Quando da una violazione prevista dal presente codice derivi un

reato contro la persona, l'agente od organo accertatore deve dare notizia al pubblico ministero, ai sensi del comma 1.

4. L'autorita' giudiziaria, in tutte le ipotesi in cui ravvisa solo una violazione amministrativa, rimette gli atti all'ufficio o comando che ha comunicato la notizia di reato, perche' si proceda contro il trasgressore ai sensi delle disposizioni del capo I del presente titolo. In tali casi i termini ivi previsti decorrono dalla data della ricezione degli atti da parte dell'ufficio o comando suddetti.

Art. 221.
Connessione obiettiva con un reato

1. Qualora l'esistenza di un reato dipenda dall'accertamento di una violazione non costituente reato e per questa non sia stato effettuato il pagamento in misura ridotta, il giudice penale competente a conoscere del reato e' anche competente a decidere sulla predetta violazione e ad applicare con la sentenza di condanna la sanzione stabilita dalla legge per la violazione stessa.

2. La competenza del giudice penale in ordine alla violazione amministrativa cessa se il procedimento penale si chiude per estinzione del reato o per difetto di una condizione di procedibilita'. Si applica la disposizione di cui al comma 4 dell'art. 220.

Sezione II Sanzioni amministrative accessorie a sanzioni penali
Art. 222
Sanzioni amministrative accessorie all'accertamento di reati

1. Qualora da una violazione delle norme di cui al presente codice derivino danni alle persone, il giudice applica con la sentenza di condanna le sanzioni amministrative pecuniarie previste, nonche' le sanzioni amministrative accessorie della sospensione o della revoca della patente.

2. Quando dal fatto derivi una lesione personale colposa la sospensione della patente e' da quindici giorni a tre mesi. Quando dal fatto derivi una lesione personale colposa grave o gravissima la sospensione della patente e' fino a due anni. Nel caso di omicidio colposo la sospensione e' fino a quattro anni. Alla condanna, ovvero all'applicazione della pena su richiesta delle parti a norma dell'articolo 444 del codice di procedura penale, per i reati di cui agli articoli 589-bis e 590-bis del codice penale consegue la revoca della patente di guida. La disposizione del quarto periodo si applica anche nel caso in cui sia stata concessa la sospensione condizionale della pena. Il cancelliere del giudice che ha pronunciato la sentenza divenuta irrevocabile ai sensi dell'articolo 648 del codice di procedura penale, nel termine di quindici giorni, ne trasmette copia autentica al prefetto competente per il luogo della commessa violazione, che emette

provvedimento di revoca della patente e di inibizione alla guida sul territorio nazionale, per un periodo corrispondente a quello per il quale si applica la revoca della patente, nei confronti del soggetto contro cui e' stata pronunciata la sentenza. ((149))

2-bis. La sanzione amministrativa accessoria della sospensione della patente fino a quattro anni e' diminuita fino a un terzo nel caso di applicazione della pena ai sensi degli articoli 444 e seguenti del codice di procedura penale.

2-bis. La sanzione amministrativa accessoria della sospensione della patente fino a quattro anni e' diminuita fino a un terzo nel caso di applicazione della pena ai sensi degli articoli 444 e seguenti del codice di procedura penale.

3. Il giudice puo' applicare la sanzione amministrativa accessoria della revoca della patente nell'ipotesi di recidiva reiterata specifica verificatasi entro il periodo di cinque anni a decorrere dalla data della condanna definitiva per la prima violazione.

3-bis. Nel caso di applicazione della sanzione accessoria di cui al quarto periodo del comma 2 del presente articolo per i reati di cui all'articolo 589-bis, secondo, terzo e quarto comma, del codice penale, l'interessato non puo' conseguire una nuova patente prima che siano decorsi quindici anni dalla revoca; per il reato di cui all'articolo 589-bis, quinto comma, del codice penale, l'interessato non puo' conseguire una nuova patente prima che siano decorsi dieci anni dalla revoca. Tale termine e' elevato a venti anni nel caso in cui l'interessato sia stato in precedenza condannato per i reati di cui all'articolo 186, commi 2, lettere b) e c), e 2-bis, ovvero di cui all'articolo 187, commi 1 e 1-bis, del presente codice. Il termine e' ulteriormente aumentato sino a trenta anni nel caso in cui l'interessato non abbia ottemperato agli obblighi di cui all'articolo 189, comma 1, del presente codice, e si sia dato alla fuga.

3-ter. Nel caso di applicazione della sanzione accessoria di cui al quarto periodo del comma 2 del presente articolo per i reati di cui agli articoli 589-bis, primo comma, e 590-bis del codice penale, l'interessato non puo' conseguire una nuova patente di guida prima che siano decorsi cinque anni dalla revoca. Tale termine e' raddoppiato nel caso in cui l'interessato sia stato in precedenza condannato per i reati di cui all'articolo 186, commi 2, lettere b) e c), e 2-bis, ovvero di cui all'articolo 187, commi 1 e 1-bis, del presente codice. Il termine e' ulteriormente aumentato sino a dodici anni nel caso in cui l'interessato non abbia ottemperato agli obblighi di cui all'articolo 189, comma 1, e si sia dato alla fuga.

3-quater. Per i titolari di patente di guida rilasciata da uno

Stato estero, il prefetto del luogo della commessa violazione adotta un provvedimento di inibizione alla guida sul territorio nazionale valido per il medesimo periodo previsto dal sesto periodo del comma 2. L'inibizione alla guida sul territorio nazionale e' annotata nell'anagrafe nazionale degli abilitati alla guida di cui all'articolo 225 del presente codice per il tramite del collegamento informatico integrato di cui al comma 7 dell'articolo 403 del regolamento di cui al decreto del Presidente della Repubblica 16 dicembre 1992, n. 495.

AGGIORNAMENTO (149)

La Corte Costituzionale, con sentenza 19 febbraio - 17 aprile 2019, n. 88 (in G.U. 1a s.s. 24/04/2019, n. 17), ha dichiarato "l'illegittimita' costituzionale dell'art. 222, comma 2, quarto periodo, del decreto legislativo 30 aprile 1992, n. 285 (Nuovo codice della strada), nella parte in cui non prevede che, in caso di condanna, ovvero di applicazione della pena su richiesta delle parti a norma dell'art. 444 del codice di procedura penale, per i reati di cui agli artt. 589-bis (Omicidio stradale) e 590-bis (Lesioni personali stradali gravi o gravissime) del codice penale, il giudice possa disporre, in alternativa alla revoca della patente di guida, la sospensione della stessa ai sensi del secondo e terzo periodo dello stesso comma 2 dell'art. 222 cod. strada allorche' non ricorra alcuna delle circostanze aggravanti previste dai rispettivi commi secondo e terzo degli artt. 589-bis e 590-bis cod. pen.".

Art. 223.
(Ritiro della patente di guida in conseguenza di ipotesi di reato).

1. Nelle ipotesi di reato per le quali e' prevista la sanzione amministrativa accessoria della sospensione o della revoca della patente di guida, l'agente o l'organo accertatore della violazione ritira immediatamente la patente e la trasmette, unitamente al rapporto, entro dieci giorni, tramite il proprio comando o ufficio, alla prefettura-ufficio territoriale del Governo del luogo della commessa violazione. Il prefetto, ricevuti gli atti, dispone la sospensione provvisoria della validita' della patente di guida, fino ad un massimo di due anni. Il provvedimento, per i fini di cui all'articolo 226, comma 11, e' comunicato all'anagrafe nazionale degli abilitati alla guida.

2. Le disposizioni del comma 1 del presente articolo si applicano anche nelle ipotesi di reato di cui all'articolo 222, commi 2 e 3 ((, nonche' nei casi previsti dagli articoli 589-bis, secondo, terzo, quarto e quinto comma, e 590-bis del codice penale)). La trasmissione della patente di guida, unitamente a

copia del rapporto e del verbale di contestazione, e' effettuata dall'agente o dall'organo che ha proceduto al rilevamento del sinistro. Il prefetto, ricevuti gli atti, dispone, ove sussistano fondati elementi di un'evidente responsabilita', la sospensione provvisoria della validita' della patente di guida fino ad un massimo di tre anni. ((Nei casi di cui agli articoli 589-bis, secondo, terzo, quarto e quinto comma, e 590-bis del codice penale il prefetto, ricevuti gli atti, dispone, ove sussistano fondati elementi di un'evidente responsabilita', la sospensione provvisoria della validita' della patente di guida fino ad un massimo di cinque anni. In caso di sentenza di condanna non definitiva, la sospensione provvisoria della validita' della patente di guida puo' essere prorogata fino ad un massimo di dieci anni)).

((2-bis. Qualora la sospensione di cui al comma 2, quarto periodo, sia disposta nei confronti di titolare di patente di guida rilasciata da uno Stato estero, il prefetto del luogo della commessa violazione, ricevuti gli atti, nei quindici giorni successivi emette un provvedimento di inibizione alla guida sul territorio nazionale valido per il medesimo periodo previsto dal comma 2, quarto periodo. L'inibizione alla guida sul territorio nazionale e' annotata nell'anagrafe nazionale degli abilitati alla guida di cui all'articolo 225 del presente codice per il tramite del collegamento informatico integrato di cui al comma 7 dell'articolo 403 del regolamento di cui al decreto del Presidente della Repubblica 16 dicembre 1992, n. 495)).

3. Il cancelliere del giudice che ha pronunciato la sentenza o il decreto divenuti irrevocabili ai sensi dell'articolo 648 del codice

di procedura penale, nel termine di quindici giorni, ne trasmette copia autentica al prefetto indicato nei commi 1 e 2 del presente articolo.

4. Avverso il provvedimento di sospensione della patente, di cui ai commi 1 e 2 del presente articolo, e' ammessa opposizione, ai sensi dell'articolo 205.

Art. 224.
Procedimento di applicazione delle sanzioni amministrative accessorie della sospensione e della revoca della patente

1. Quando la sentenza penale o il decreto di accertamento del reato e di condanna sono irrevocabili, anche a pena condizionalmente sospesa, il prefetto, se e' previsto dal presente codice che da esso consegua la sanzione amministrativa accessoria della sospensione della patente, adotta il relativo provvedimento per la durata stabilita dall'autorita' giudiziaria e ne da' comunicazione al competente ufficio competente del Dipartimento per i trasporti terrestri.

2. Quando la sanzione amministrativa accessoria e' costituita dalla revoca della patente, il prefetto, entro quindici giorni dalla

comunicazione della sentenza o del decreto di condanna irrevocabile, adotta il relativo provvedimento di revoca comunicandolo all'interessato e all'ufficio competente del Dipartimento per i trasporti terrestri.
3. La declaratoria di estinzione del reato per morte dell'imputato importa l'estinzione della sanzione amministrativa accessoria. Nel caso di estinzione del reato per altra causa, il prefetto procede all'accertamento della sussistenza o meno delle condizioni di legge per l'applicazione della sanzione amministrativa accessoria e procede ai sensi degli articoli 218 e 219 nelle parti compatibili. L'estinzione della pena successiva alla sentenza irrevocabile di condanna non ha effetto sulla applicazione della sanzione amministrativa accessoria. ((174))
4. Salvo quanto previsto dal comma 3, nel caso di sentenza irrevocabile di proscioglimento, il prefetto, ricevuta la comunicazione della cancelleria, ordina la restituzione della patente all'intestatario. L'ordinanza di estinzione e' comunicata all'interessato e all'ufficio competente del Dipartimento per i trasporti terrestri. Essa e' iscritta nella patente.

AGGIORNAMENTO (174)
La Corte Costituzionale, con sentenza 9 - 30 giugno 2022, n. 163 (in G.U. 1a s.s. 06/07/2022, n. 27), ha dichiarato "l'illegittimita' costituzionale dell'art. 224, comma 3, del decreto legislativo 30 aprile 1992, n. 285 (Nuovo codice della strada), nella parte in cui non prevede che, nel caso di estinzione del reato di guida sotto

l'influenza dell'alcool di cui all'art. 186, comma 2, lettere b) e c), del medesimo decreto legislativo, per esito positivo della messa alla prova, il prefetto, applicando la sanzione amministrativa accessoria della sospensione della patente, ne riduca la durata della meta'".

Art. 224-bis

(((Obblighi del condannato).))

((1. Nel pronunciare sentenza di condanna alla pena della reclusione per un delitto colposo commesso con violazione delle norme del presente codice, il giudice puo' disporre altresi' la sanzione amministrativa accessoria del lavoro di pubblica utilita' consistente nella prestazione di attivita' non retribuita in favore della collettivita' da svolgere presso lo Stato, le regioni, le province, i comuni o presso enti o organizzazioni di assistenza sociale e di volontariato.
2. Il lavoro di pubblica utilita' non puo' essere inferiore a un mese ne' superiore a sei mesi. In caso di recidiva, ai sensi

dell'articolo 99, secondo comma, del codice penale, il lavoro di pubblica utilita' non puo' essere inferiore a tre mesi.

3. Le modalita' di svolgimento del lavoro di pubblica utilita' sono determinate dal Ministro della giustizia con proprio decreto d'intesa con la Conferenza unificata di cui all'articolo 8 del decreto legislativo 28 agosto 1997, n. 281.

4. L'attivita' e' svolta nell'ambito della provincia in cui risiede il condannato e comporta la prestazione di non piu' di sei ore di lavoro settimanale da svolgere con modalita' e tempi che non pregiudichino le esigenze di lavoro, di studio, di famiglia e di salute del condannato. Tuttavia, se il condannato lo richiede, il giudice puo' ammetterlo a svolgere il lavoro di pubblica utilita' per un tempo superiore alle sei ore settimanali.

5. La durata giornaliera della prestazione non puo' comunque oltrepassare le otto ore.

6. In caso di violazione degli obblighi di cui al presente articolo si applicano le disposizioni di cui all'articolo 56 del decreto legislativo 28 agosto 2000, n. 274)).

Art. 224-ter
(Procedimento di applicazione delle sanzioni amministrative accessorie della confisca amministrativa e del fermo amministrativo in conseguenza di ipotesi di reato).

1. Nelle ipotesi di reato per le quali e' prevista la sanzione amministrativa accessoria della, confisca del veicolo, l'agente o l'organo accertatore della violazione procede al sequestro ai sensi delle disposizioni dell'articolo 213, in quanto compatibili. Copia del verbale di sequestro e' trasmessa, unitamente al rapporto, entro dieci giorni, dall'agente o dall'organo accertatore, tramite il proprio comando o ufficio, alla prefettura-ufficio territoriale del Governo del luogo della commessa violazione. Il veicolo sottoposto a sequestro e' affidato ai soggetti di cui all'articolo 214-bis.

2. Nei casi previsti dal comma 1 del presente articolo, il cancelliere del giudice che ha pronunciato la sentenza o il decreto divenuti irrevocabili ai sensi dell'articolo 648 del codice di procedura penale, nel termine diquindici giorni, ne trasmette copia autentica al prefetto affinche' disponga la confisca amministrativa ai sensi delle disposizioni dell'articolo 213 del presente codice, in quanto compatibili.

3. Nelle ipotesi di reato per le quali e' prevista la sanzione amministrativa accessoria del fermo amministrativo del veicolo, l'agente o l'organo accertatore della violazione dispone il fermo amministrativo provvisorio del veicolo per trenta giorni, secondo la

procedura di cui all'articolo 214, in quanto compatibile.

4. Quando la sentenza penale o il decreto di accertamento del reato e di condanna sono irrevocabili, anche se e' stata applicata la sospensione della pena, il cancelliere del giudice che ha pronunciato la sentenza o il decreto, nel termine di quindici giorni, ne trasmette copia autentica all'organo di polizia competente affinche' disponga il fermo amministrativo del veicolo ai sensi delle disposizioni dell'articolo 214, in quanto compatibili.

5. Avverso il sequestro di cui al comma 1 e avverso il fermo amministrativo di cui al comma 3 del presente articolo e' ammessa opposizione ai sensi dell'articolo 205.

6. La declaratoria di estinzione del reato per morte dell'imputato importa l'estinzione della sanzione amministrativa accessoria. Nel caso di estinzione del reato per altra causa, il prefetto, ovvero, in caso di fermo, l'ufficio o il comando da cui dipende l'agente o l'organo accertatore della violazione, verifica la sussistenza o meno delle condizioni di legge per l'applicazione della sanzione amministrativa accessoria e procede ai sensi degli articoli 213 e 214, in quanto compatibili. L'estinzione della pena successiva alla sentenza irrevocabile di condanna non ha effetto sull'applicazione della sanzione amministrativa accessoria. ((157))

7. Nel caso di sentenza irrevocabile di proscioglimento, il prefetto, ovvero, nei casi di cui al comma 3, l'ufficio o il comando da cui dipende l'agente o l'organo accertatore della violazione, ricevuta la comunicazione della cancelleria, ordina la restituzione del veicolo all'intestatario. Fino a tale ordine, sono fatti salvi gli effetti del fermo amministrativo provvisorio disposto ai sensi del citato comma 3.

AGGIORNAMENTO (157)

La Corte Costituzionale, con sentenza 7 - 24 aprile 2020, n. 75 (in G.U. 1a s.s. 29/04/2020, n. 18), ha dichiarato "l'illegittimita'

costituzionale dell'art. 224-ter, comma 6, del decreto legislativo 30 aprile 1992, n. 285 (Nuovo codice della strada), nella parte in cui prevede che il prefetto verifica la sussistenza delle condizioni di legge per l'applicazione della sanzione amministrativa accessoria della confisca del veicolo, anziche' disporne la restituzione all'avente diritto, in caso di estinzione del reato di guida sotto l'influenza dell'alcool per esito positivo della messa alla prova".

TITOLO VII DISPOSIZIONI FINALI E TRANSITORIE Capo I DISPOSIZIONI FINALI

Art. 225.
Istituzione di archivi ed anagrafe nazionali

1. Ai fini della sicurezza stradale e per rendere possibile l'acquisizione dei dati inerenti allo stato delle strade, dei veicoli e degli utenti e dei relativi mutamenti, sono istituiti:
a) presso il ((Ministero delle infrastrutture e dei trasporti)) un archivio nazionale delle strade;
b) presso ((il Dipartimento per i trasporti terrestri)) un archivio nazionale dei veicoli;
c) presso ((il Dipartimento per i trasporti terrestri)) una anagrafe nazionale degli abilitati alla guida, che include anche incidenti e violazioni.

Art. 226.
Organizzazione degli archivi e dell'anagrafe nazionale

1. Presso il Ministero delle infrastrutture e dei trasporti e' istituito l'archivio nazionale delle strade, che comprende tutte le strade distinte per categorie, come indicato nell'art. 2.

2. Nell'archivio nazionale, per ogni strada, devono essere indicati i dati relativi allo stato tecnico e giuridico della strada, al traffico veicolare, agli incidenti e allo stato di percorribilita' anche da parte dei veicoli classificati mezzi d'opera ai sensi dell'art. 54, comma 1, lettera n), che eccedono i limiti di massa stabiliti nell'art. 62 e nel rispetto dei limiti di massa stabiliti nell'art. 10, comma 8.

3. La raccolta dei dati avviene attraverso gli enti proprietari della strada, che sono tenuti a trasmettere all'Ispettorato generale per la circolazione e la sicurezza stradale tutti i dati relativi allo stato tecnico e giuridico delle singole strade, allo stato di percorribilita' da parte dei veicoli classificati mezzi d'opera ai sensi dell'art. 54, comma 1, lettera n), nonche' i dati risultanti dal censimento del traffico veicolare, e attraverso il Dipartimento per i trasporti terrestri, che e' tenuta a trasmettere al suindicato Ispettorato tutti i dati relativi agli incidenti registrati nell'anagrafe di cui al comma 10.

4. In attesa della attivazione dell'archivio nazionale delle strade, la circolazione dei mezzi d'opera che eccedono i limiti di massa stabiliti nell'art. 62 potra' avvenire solo sulle strade o tratti di strade non comprese negli elenchi delle strade non percorribili, che annualmente sono pubblicati a cura del Ministero delle infrastrutture e dei trasporti nella Gazzetta Ufficiale sulla base dei dati trasmessi dalle societa' concessionarie, per le autostrade in concessione, dall'A.N.A.S., per le autostrade e le strade statali, dalle regioni, per la rimanente viabilita'. Il regolamento determina i criteri e le modalita' per la formazione, la trasmissione, l'aggiornamento e la pubblicazione degli elenchi.

5. Presso il Dipartimento per i trasporti terrestri e' istituito l'archivio nazionale dei veicoli contenente i dati relativi ai veicoli di cui all'art. 47, comma 1, lettere e), f), g), h), i), l), m) e n).

6. Nell'archivio nazionale per ogni veicolo devono essere indicati i dati relativi alle caratteristiche di costruzione e di identificazione, all'emanazione della carta di circolazione e ((...)) a tutte le successive vicende tecniche e giuridiche del veicolo, agli incidenti in cui il veicolo sia stato coinvolto. Previa apposita istanza, gli uffici del Dipartimento per i trasporti terrestri rilasciano, a chi ne abbia qualificato interesse, certificazione relativa ai dati tecnici ed agli intestatari dei ciclomotori, macchine agricole e macchine operatrici; i relativi costi sono a totale carico del richiedente e vengono stabiliti con decreto del Ministro delle infrastrutture e dei trasporti di concerto con il Ministro dell'economia e delle finanze. ((138a)) ((148))

7. L'archivio e' completamente informatizzato; e' popolato ed aggiornato con i dati raccolti dal Dipartimento per i trasporti terrestri, ((...)) dagli organi addetti all'espletamento dei servizi di polizia stradale di cui all'art. 12, dalle compagnie di assicurazione, che sono tenuti a trasmettere i dati, con le modalita' e nei tempi di cui al regolamento, al C.E.D. del Dipartimento per i trasporti terrestri. ((138a)) ((148))

8. Nel regolamento sono specificate le sezioni componenti l'archivio nazionale dei veicoli.

9. Le modalita' di accesso all'archivio sono stabilite nel regolamento.

10. Presso il Dipartimento per i trasporti terrestri e' istituita l'anagrafe nazionale degli abilitati alla guida ai fini della sicurezza stradale.

11. Nell'anagrafe nazionale devono essere indicati, per ogni conducente, i dati relativi al procedimento di rilascio della patente, nonche' a tutti i procedimenti successivi, come quelli di rinnovo, di revisione, di sospensione, di revoca, nonche' i dati relativi alle violazioni previste dal presente codice e dalla legge 6 giugno 1974, n. 298 che comportano l'applicazione delle sanzioni accessorie e alle infrazioni commesse alla guida di un determinato veicolo, che comportano decurtazione del punteggio di cui all'articolo 126-bis agli incidenti che si siano verificati durante la circolazione ed alle sanzioni comminate.

12. L'anagrafe nazionale e' completamente informatizzata; e' popolata ed aggiornata con i dati raccolti dalla Dipartimento per i trasporti terrestri, dalle prefetture, dagli organi addetti all'espletamento dei servizi di polizia stradale di cui all'art. 12, dalle compagnie di assicurazione, che sono tenuti a trasmettere i dati, con le modali ta' e nei tempi di cui al regolamento, al C.E.D.

del Dipartimento per i trasporti terrestri.

13. Nel regolamento per l'esecuzione delle presenti norme saranno altresi' specificati i contenuti, le modalita' di impianto, di tenuta e di aggiornamento degli archivi e dell'anagrafe di cui al presente articolo.

AGGIORNAMENTO (138a)

Il D.Lgs. 29 maggio 2017, n. 98, come modificato dalla L. 27 dicembre 2017, n. 205, ha disposto (con l'art. 7, comma 1) la proroga dell'entrata in vigore delle modifiche di cui ai commi 6 e 7 del presente articolo dal 1° luglio 2018 al 1° gennaio 2019.

AGGIORNAMENTO (148)

Il D.Lgs. 29 maggio 2017, n. 98, come modificato dalla L. 30 dicembre 2018, n. 145, ha disposto (con l'art. 7, comma 1) la proroga dell'entrata in vigore delle modifiche di cui ai commi 6 e 7 del presente articolo dal 1° gennaio 2019 al 1° gennaio 2020.

Art. 227.

Servizio e dispositivi di monitoraggio

1. Nell' ambito dell'intero sistema viario devono essere installati dispositivi di monitoraggio per il rilevamento della circolazione, i cui dati sono destinati alla costituzione e all'aggiornamento dell'archivio nazionale delle strade di cui all'art. 226, comma 1, e per la individuazione dei punti di maggiore congestione del traffico.

2. Gli enti proprietari delle strade sono tenuti ad installare i dispositivi di cui al comma 1 e contestualmente, ove ritenuto necessario, quelli per il rilevamento dell'inquinamento acustico e atmosferico, in conformita', per tali ultimi, alle direttive impartite dal ((Ministero dell'ambiente e della tutela del territorio)), sentito il ((Ministero delle infrastrutture e dei trasporti)).

3. Gli enti proprietari delle strade inadempienti sono invitati, su segnalazione del prefetto, dal ((Ministero delle infrastrutture e dei trasporti)) a provvedere entro un termine assegnato, trascorso il quale il Ministero provvede alla installazione d'ufficio dei dispositivi di monitoraggio.

Art. 228.

Regolamentazione dei diritti dovuti dagli interessati per l'attuazione delle prescrizioni contenute nelle norme del presente codice.

1. Con il regolamento sono adeguati e aggiornati gli importi previsti nella tabella 3 allegata alla legge 1 dicembre 1986, n. 870, relativi alle tariffe per le applicazioni in materia di motorizzazione di competenza degli uffici ((del Dipartimento per i trasporti terrestri)).

2. La destinazione degli importi prevista dall'art. 16 della legge 1 dicembre 1986, n. 870, e' integrata dalla seguente lettera: d) fino al 10 per cento, per le spese relative al procedimento centralizzato di conferma di validita' della patente di guida di cui all'art. 126. Rimane identica la destinazione degli importi prevista dall'art. 19 della medesima legge. Con il regolamento di cui al comma 1 potranno essere, altresi', aggiornati i limiti di destinazione degli importi medesimi alle singole voci contemplate nei richiamati articoli 16 e 19. (15)

3. Gli importi relativi ai diritti per le operazioni tecniche e tecnico-amministrative di competenza del ((Ministero delle infrastrutture e dei trasporti)) sono destinati alle seguenti spese:

a) per l'acquisto delle attrezzature tecniche necessarie per i servizi del ((Ministero delle infrastrutture e dei trasporti)), nonche' per il funzionamento e la manutenzione delle attrezzature stesse;

b) per la effettuazione di corsi di qualificazione e aggiornamento o di specializzazione post-laurea del personale del suindicato Dicastero, in merito all'applicazione del presente codice, nonche' per la partecipazione del personale stesso ai corsi anzidetti;

c) per le diverse operazioni riguardanti gare, collaudi, omologazioni, sopralluoghi, fornitura e provvista di materiali e stampati vari, necessari per l'espletamento di tutti i servizi di competenza del ((Ministero delle infrastrutture e dei trasporti)), magazzinaggio, distribuzione e spedizione dei materiali e stampati

suddetti;

d) per la formazione e l'aggiornamento periodico dell'archivio nazionale delle strade e dei censimenti di traffico di cui all'art. 226.

4. Il ((Ministro dell'economia e delle finanze)) e' autorizzato ad adottare, con propri decreti, le necessarie variazioni di bilancio, accreditando gli importi versati nei capitoli del ((Ministero delle infrastrutture e dei trasporti)).

5. Con il regolamento sono stabilite le tabelle degli importi relativi ai diritti per le operazioni tecniche e tecnico-amministrative, nonche' per gli oneri di concessione, autorizzazione, licenze e permessi, dovuti agli enti proprietari delle strade, salvo quanto stabilito per i concessionari di strade nelle convenzioni di concessione.

6. Gli importi di cui al comma 5 sono destinati alle seguenti spese:

a) per l'acquisto delle attrezzature tecniche necessarie per i servizi, nonche' per il funzionamento e la manutenzione delle attrezzature stesse;

b) per la effettuazione di corsi di qualificazione e aggiornamento del personale o di specializzazione post-laurea, in merito all'applicazione del presente codice, nonche' per la partecipazione del personale stesso ai corsi anzidetti;

c) per la formazione e l'aggiornamento periodico dell'archivio nazionale delle strade di propria competenza e dei censimenti della circolazione.

AGGIORNAMENTO (15)

Il D.L. 25 novembre 1995, n. 501, convertito con modificazioni dalla L. 5 gennaio 1996, n. 11, nel modificare l'art. 16, comma 1 del D.P.R. 19 aprile 1994, n. 575, ha conseguentemente disposto (con l'art. 2, comma 2) che la presente modifica decorre dal 1 ottobre 1995.

Art. 229.
Attuazione di direttive comunitarie

1. Salvo i casi di attuazione disposti dalla legge comunitaria ai sensi dell'art. 4 della legge 9 marzo 1989, n. 86, le direttive comunitarie, nelle materie disciplinate dal presente codice, sono recepite con decreti dei Ministri della Repubblica, secondo le competenze loro attribuite, da emanarsi entro i termini dalle stesse indicati o, comunque, non oltre dodici mesi da'lla loro pubblicazione nella Gazzetta Ufficiale della Comunita' europea.

Art. 230
Educazione stradale

1. Allo scopo di promuovere la formazione dei giovani in materia di comportamento stradale e di sicurezza del traffico e della circolazione, nonche' per promuovere ed incentivare l'uso della bicicletta come mezzo di trasporto, ((il Ministro dell'istruzione, dell'universita' e della ricerca, con proprio decreto, da emanare di concerto con i Ministri delle infrastrutture e dei trasporti, dell'interno e dell'ambiente e della tutela del territorio e del mare, sentita la Conferenza Stato-citta' ed autonomie locali, avvalendosi dell'Automobile Club d'Italia, predispone)) appositi programmi, corredati dal relativo piano finanziario, da svolgere come attivita' obbligatoria nelle scuole di ogni ordine e grado, ivi compresi gli istituti di istruzione artistica e le scuole materne, che concernano la conoscenza dei principi della sicurezza stradale, nonche' delle strade, della relativa segnaletica, delle norme generali per la condotta dei veicoli, con particolare riferimento all'uso della bicicletta, e delle regole di comportamento degli utenti, con particolare riferimento all'informazione sui rischi conseguenti all'assunzione di sostanze psicotrope,

stupefacenti e di bevande alcoliche. (27) ((99))

2. Il Ministro dell'istruzione, dell'universita' e della ricerca, con propria ordinanza, disciplina le modalita' di svolgimento dei predetti programmi nelle scuole, anche con l'ausilio degli appartententi ai corpi di polizia municipale, nonche' di personale esperto appartenente alle predette istituzioni pubbliche e private; l'ordinanza puo' prevedere l'istituzione di appositi corsi per i docenti che collaborano all'attuazione dei programmi stessi. Le spese eventualmente occorrenti sono reperite nell'ambito degli ordinari stanziamenti di bilancio delle amministrazioni medesime.

2-bis. Il Ministro delle infrastrutture e dei trasporti predispone annualmente un programma informativo sulla sicurezza stradale, sottoponendolo al parere delle Commissioni parlamentari competenti alle quali riferisce sui risultati ottenuti.

AGGIORNAMENTO (27)

La L. 19 ottobre 1998, n. 366, ha disposto (con l'art. 10, comma 5) che "I programmi di cui all'articolo 230, comma 1, del decreto legislativo 30 aprile 1992, n. 285, come sostituito dal comma 4 del presente articolo, sono adottati entro un anno dalla data di entrata in vigore della presente legge."

AGGIORNAMENTO (99)

La L. 29 luglio 2010, n. 120 ha disposto:

- (con l'art. 45, comma 2) che "Il decreto di cui al comma 1 dell'articolo 230 del decreto legislativo n. 285 del 1992, come da ultimo modificato dal comma1 del presente articolo, e' adottato entro centottanta giorni dalla data di entrata in vigore della presente legge";

- (con l'art. 45, comma 3) che "I programmi di cui al comma 1 dell'articolo 230 del decreto legislativo n. 285 del 1992, come da ultimo modificato dal comma 1 del presente articolo, sono svolti obbligatoriamente, nell'ambito delle risorse umane, strumentali e finanziarie disponibili a legislazione vigente e, comunque, senza nuovi o maggiori oneri a carico del bilancio dello Stato, a decorrere dall'anno scolastico 2011-2012".

Art. 231
Abrogazione di norme precedentemente in vigore

1. Sono abrogate dalla data di entrata in vigore del presente codice, salvo quanto diversamente previsto dalle disposizioni del capo II del presente titolo, le seguenti disposizioni:

- regio decreto 8 dicembre 1933, n. 1740, nella parte rimasta in vigore ai sensi dell'art. 145 del decreto del Presidente della Repubblica 15 giugno 1959, n. 393;

- il regio decreto legge 16 dicembre 1935, n. 2771, modificato dalla legge 24 dicembre 1951, n. 1583, articolo 3;
- legge 12 febbraio 1958, n. 126, ad eccezione dell'art. 14;
- decreto del Presidente della Repubblica 15 giugno 1959, n. 393;
- decreto del Presidente della Repubblica 30 giugno 1959, n. 420;
- legge 7 febbraio 1961, n. 59, art. 25, lettera n);
- legge 24 luglio 1961, n. 729, art. 9, sesto comma;
- legge 12 dicembre 1962, n. 1702;
- legge 3 febbraio 1963, n. 74;
- legge 11 febbraio 1963, n. 142;
- legge 26 giugno 1964, n. 434;
- legge 15 febbraio 1965, n. 106;
- legge 14 maggio 1965, n. 576;
- legge 4 maggio 1966, n. 263;
- legge 1° giugno 1966, n. 416;
- legge 20 giugno 1966, n. 599;
- legge 13 luglio 1966, n. 615, limitatamente al Capo VI ;
- decreto-legge 21 dicembre 1966, n. 1090, convertito dalla legge 16 febbraio 1967, n. 14; (9)
- legge 9 luglio 1967, n. 572;
- legge 4 gennaio 1968, n. 14;
- legge 13 agosto 1969, n. 613;
- legge 24 dicembre 1969, n. 990, art. 32, limitatamente ai veicoli;
- legge 10 luglio 1970, n. 579;
- decreto del Presidente della Repubblica 22 febbraio 1971, n. 323;
- legge 31 marzo 1971, n. 201;
- legge 3 giugno 1971, n. 437;
- legge 22 febbraio 1973, n. 59;

- decreto-legge 23 novembre 1973, n. 741, convertito della legge 22 dicembre 1973, n. 842;
- legge 27 dicembre 1973, n. 942;
- legge 14 febbraio 1974, n. 62;
- legge 15 febbraio 1974, n. 38;
- legge 14 agosto 1974, n. 394;
- decreto-legge 11 agosto 1975, n. 367, convertito della legge 10 ottobre 1975, n. 486;
- legge 10 ottobre 1975, n. 486;
- legge 25 novembre 1975, n. 707;

- legge 7 aprile 1976, n. 125;
- legge 5 maggio 1976, n. 313;
- legge 8 agosto 1977, n. 631;
- legge 18 ottobre 1978, n. 625, art. 4, terzo comma;
- legge 24 marzo 1980, n. 85;
- legge 24 novembre 1981 n. 689 art. 16 secondo comma, per la parte relativa al testo unico delle norme sulla circolazione stradale, approvato con decreto del Presidente della Repubblica 15 giugno 1959, n. 393;
- legge 10 febbraio 1982, n. 38;
- legge 16 ottobre 1984, n. 719;
- legge 11 gennaio 1986, n. 3;
- decreto-legge 6 febbraio 1987, n. 16, convertito della legge 30 marzo 1987, n. 132, articoli 8, 9, 14, 15, 16;
- legge 14 febbraio 1987, n. 37;
- legge 18 marzo 1988, n. 111;
- legge 24 marzo 1988, n. 112;
- legge 24 marzo 1989, n. 122, titolo IV;
- legge 22 aprile 1989, n. 143;
- decreto-legge 24 giugno 1989, n. 238, convertito della legge 4 agosto 1989, n. 284;
- legge 23 marzo 1990, n. 67;
- legge 2 agosto 1990, n. 229;
- legge 15 dicembre 1990, n. 399;
- legge 8 agosto 1991, n. 264, art. 7, comma 3;
- legge 14 ottobre 1991, n. 336;
- legge 8 novembre 1991, n. 376;
- legge 5 febbraio 1992, n. 122, art. 12.

2. Sono inoltre abrogate tutte le disposizioni comunque contrarie o incompatibili con le norme del presente codice.

3. ((In deroga a quanto previsto dal capo I del titolo II, si applicano le disposizioni di cui al capo V del titolo II del codice delle comunicazioni elettroniche, di cui al decreto legislativo 1° agosto 2003, n. 259, e successive modificazioni)). Restano, comunque, in vigore le disposizioni di cui alla legge 24 gennaio 1978, n. 27. --------------------

AGGIORNAMENTO (9)

Il D.L. 1 luglio 1994, n. 428, convertito con modificazioni dalla

L.8 agosto 1994, n. 505, ha disposto (con l'art. 4, comma 1) che "L'abrogazione del decreto-legge 21 dicembre 1966, n. 1090, convertito, con modificazioni, dalla legge 16 febbraio 1967, n. 14, di cui all'articolo 231 del decreto legislativo 30 aprile 1992, n. 285, deve intendersi riferita agli articoli 2, 7 e 8, che disciplinano materie attinenti la circolazione stradale."

Capo II DISPOSIZIONI TRANSITORIE
Art. 232.
((Norme regolamentari e decreti ministeriali di esecuzione e di attuazione))

1. In tutti i casi in cui, ai sensi delle norme del presente codice, e' demandata ai Ministri competenti l'emanazione di norme regolamentari di esecuzione o di attuazione nei limiti delle proprie competenze, le relative disposizioni sono emanate nel termine di ((dodici)) mesi dalla data di entrata in vigore del presente codice, salvi i diversi termini fissati dal medesimo.

2. I decreti di cui al comma 1, nonche' quelli previsti dall'art. 3 ((, comma 2,)) della legge delega 13 giugno 1991, n. 190, entrano in vigore dopo sei mesi dalla loro ((pubblicazione)).

3. Fino alla scadenza del termine di applicazione, rimangono in vigore nelle singole materie le disposizioni regolamentari previgenti, salvo quanto diversamente stabilito dagli articoli da 233 a 239.

Art. 233.
Norme transitorie relative al titolo I

1. La regolamentazione dei parcheggi ai sensi dell'art. 7 deve essere effettuata nel termine di mesi sei dall'entrata in vigore del presente codice. Fino a quella data si applicano le disposizioni previgenti.

2. Le disposizioni di cui all'art. 9 si applicano alle competizioni sportive su strada che avranno luogo dal 1 gennaio 1994. Fino a quella data si applicano le disposizioni previgenti.

((3. Restano ferme le disposizioni contenute nell'articolo 14, comma 2, del decreto-legge 29 marzo 1993, n. 82, convertito, con modificazioni, dalla legge 27 maggio 1993, n. 162.))

Art. 234.
Norme transitorie relative al titolo II

((1. Per gli adeguamenti conseguenti alle disposizioni dell'articolo 20 i comuni stabiliranno un periodo transitorio durante il quale restano consentiti le occupazioni, le installazioni e gli accessi al momento esistenti)).

2. Le norme relative al rilascio di autorizzazioni e concessioni previste dal titolo II ed alle relative formalita' di cui agli articoli 26 e 27 si applicano dopo sei mesi dall'entrata in vigore del presente codice. I lavori e le prescrizioni tecniche fissati nelle autorizzazioni e concessioni rilasciate anteriormente al detto termine devono essere iniziati entro tre mesi ed ultimati entro un anno dalla data dell'autorizzazione o concessione, fatti salvi i diversi termini eventualmente stabiliti nei rispettivi di sciplinari

di autorizzazione o di concessione.

3. Entro sei mesi dall'entrata in vigore del presente codice devono essere emanate le direttive di cui all'art. 36, comma 6; entro un anno dall' emanazione di tali direttive devono essere adottati i piani di traffico di cui ai commi 1, 2 e 3 dello stesso articolo, da attuare nell'anno successivo.

4. Entro un anno dall'entrata in vigore del presente codice la segnaletica di pericolo e di prescrizione permanente deve essere adattata alle norme del presente codice e del regolamento; la restante segnaletica deve essere adeguata entro tre anni. In caso di sostituzione, i nuovi segnali devono essere conformi alle norme del presente codice e del regolamento. Fino a tale data e' consentito il permanere della segnaletica attualmente esistente. Entro lo stesso termine devono essere realizzate le opere necessarie per l' adeguamento dei passaggi a livello di cui all'articolo 44.

5. Le norme di cui agli articoli 16, 17 e 18 si applicano successivamente alla delimitazione dei centri abitati prevista dall'articolo 4 ed alla classificazione delle strade prevista dall'articolo 2, comma 2. Fino all'attuazione di tali adempimenti si applicano le previgenti disposizioni in materia.

Art. 235
Norme transitorie relative al titolo III

1. Le disposizioni concernenti le nuove classificazioni dei veicoli e la determinazione delle relative caratteristiche di cui al capo I del titolo III si applicano dal 1 ottobre 1993, salvo che per l'attuazione sia prevista l'emanazione di appositi decreti. I decreti attuativi sono emanati entro il 31 marzo 1994 ed entrano in vigore dopo sei mesi dalla pubblicazione, restando salva la facolta' di applicazione immediata a richiesta dei soggetti interessati.

2. Le disposizioni del Capo II del Titolo III relative ai veicoli a trazione animale, slitte e velocipedi si applicano a decorrere dal 1 ottobre 1993, salvo che, per l' attuazione, sia prevista l'emanazione di appositi decreti. I decreti attuativi sono emanati entro il 31 marzo 1994 ed entrano in vigore dopo sei mesi dalla pubblicazione. A decorrere dal 1 aprile 1995 non possono piu' essere immessi in circolazione veicoli non rispondenti alle disposizioni stabilite dalle presenti norme.

3. Le disposizioni della sezione I del capo III del titolo III si applicano a decorrere dal 1 ottobre 1993, salvo che, per l'attuazione, sia prevista l' emanazione di appositi decreti. I decreti attuativi sono emanati entro il 31 marzo 1994 ed entrano in vigore dopo sei mesi dalla pubblicazione, restando salva la facolta'

di applicazione immediata, a richiesta dei soggetti interessati. A decorrere dal 1 aprile 1995 non possono piu' essere immessi in circolazione veicoli non rispondenti alle disposizioni stabilite dalle presenti norme.

4. Il Ministro per i trasporti puo', con propri decreti, disporre che determinati requisiti o caratteristiche tecniche o funzionali siano applicati in tempi piu' brevi di quelli stabiliti nel presente articolo, in relazione anche all'incidenza di tali requisiti o caratteristiche sulla sicurezza stradale.

5. Le disposizioni della sezione II del capo III del titolo III (Destinazione ed uso dei veicoli) si applicano a decorrere dal 1 ottobre 1993. Fino a tale data la destinazione e l'uso delle varie categorie di veicoli sono disciplinate dalle norme gia' in vigore.

6. Le norme del presente codice relative alle carte di circolazione, alle loro caratteristiche ed al loro rilascio, alle formalita' relative al trasferimento di proprieta' degli autoveicoli e al rilascio della carta provvisoria di circolazione di cui agli articoli 93, 94 e 95, nonche' a tutti gli adempidenti conseguenziali di cui agli articoli 96, 97, 98, 99 e 103, si applicano a partire dal 1 ottobre 1993. Le procedure per il rilascio e le annotazioni in corso, secondo le norme gia' vigenti, continuano e la carta di circolazione rilasciata secondo esse conserva piena validita'. Parimenti conservano piena validita' le carte di circolazione tuttora esistenti, fino alla prima annotazione che si effettui successivamente alla data di decorrenza dei suddetti decreti; in tale momento la carta deve essere adeguata alle norme del presente codice. Analoga disposizione si applica al certificato di proprieta', salvo che per l'attuazione sia prevista l'emanazione di appositi decreti. I decreti attuativi sono emanati entro il 31 marzo 1994, ed entrano in vigore il giorno della pubblicazione.

7. Le disposizioni sulle targhe di cui agli articoli 100, 101 e 102 si applicano a partire dal 1 ottobre 1993. Fino a tale data le targhe, il loro rilascio e la loro disciplina sono regolate dalle norme gia' vigore.

8. Alle macchine agricole e alle macchine operatrici di cui al capo IV, titolo III (Circolazione su strada delle macchine agricole e delle macchine operatrici), sia in merito alle caratteristiche che alla costruzione ed omologazione, alla circolazione, alla revisione ed alla targatura, si applicano in quanto compatibili le disposizioni del presente articolo. Le omologazioni gia' rilasciate entro la data di entrata in vigore dei decreti attuativi previsti nel presente articolo conservano, ai fini della immissione in circolazione delle macchine agricole e delle macchine operatrici, la validita' fino alla scadenza temporale; per le omologazioni prive di scadenza temporale

questa e' fissata al compimento del quinto anno dalla data di entrata in vigore dei predetti decreti attuativi.fanno eccezione le motoagricole di cui alle previgenti disposizioni in materia, che possono essere immesse in circolazione senza necessita' di successivi adeguamenti, con la classificazione prevista dalle disposizioni citate, fino alla scadenza temporale dell'omologazione del tipo gia' concessa, e comunque non oltre il 30 settembre 1997. Per i complessi costituiti da trattrici e attrezzi comunque portati, di cui all'articolo 104, comma 7, lettera e), immessi in circolazione alla data di entrata in vigore del presente codice, si applicano le disposizioni previgenti. ((32))-------------AGGIORNAMENTO (32)

La L. 17 agosto 1999, n. 290 ha disposto (con l'art. 1, comma 1) che il termine di cui al comma 8 del presente articolo, da ultimo prorogato dall'articolo 8 del D.L. 4 ottobre 1996, n. 517, convertito, con modificazioni, dalla L. 4 dicembre 1996, n. 611, e' ulteriormente prorogato al 30 settembre 1999

Art. 236.
Norme transitorie relative al titolo IV

1. Le disposizioni del presente codice sulle patenti di guida si applicano alle nuove patenti relative a qualsiasi tipo di veicolo che siano rilasciate successivamente al 30 settembre 1993 ((; le disposizioni dell'articolo 117 si applicano alle patenti rilasciate a seguito di esame superato successivamente al 30 settembre 1993.)). Le procedure in corso a quel momento sono osservate e le patenti rilasciate secondo le norme gia' vigenti conservano la loro validita'. Parimenti conservano validita' le patenti gia' rilasciate alla predetta data. Tale validita' dura fino alla prima conferma di validita' o revisione che si effettua, ai sensi dell'art. 126 o 128, dopo la detta scadenza; in tal caso si procedera', all' atto della conferma o della revisione, a conformare la patente alle nuove norme. ((Sono fatti salvi i diritti acquisiti dai titolari di patenti di categoria B o superiore, rilasciate anteriormente al 26 aprile 1988,

per la guida dei motocicli.))

2. Le autoscuole attualmente esistenti dovranno essere adeguate alle norme del presente codice entro un anno dalla sua entrata in vigore. Fino a tale data le autoscuole sono regolate dalle disposizioni previgenti.

Art. 237.
Norme transitorie relative al titolo V

1. Gli utenti della strada sono tenuti ad osservare i comportamenti imposti dal presente codice dalla data della sua entrata in vigore. ((Per i ciclomotori e le macchine agricole l'obbligo di assicurazione sulla responsabilita' civile di cui all'articolo 193 decorre dal 1 ottobre 1993. Dalla stessa data e' abrogato l'articolo 5 della legge 24 dicembre 1969, n. 990. Il contratto di

assicurazione per la responsabilita' civile derivante dalla circolazione delle macchine agricole puo' essere stipulato, in relazione alla effettiva

circolazione delle macchine sulla strada, infraannuali, non inferiori ad un bimestre)).
anche per periodi
2. Per le violazioni commesse prima della data di cui al comma 1 continuano ad applicarsi le ((le sanzioni amministrative principali)) ed accessorie e ad osservarsi le disposizioni concernenti le procedure di accertamento e di applicazione, rispettivamente previste dalle disposizioni previgenti.

Art. 238.
Norme transitorie relative al titolo VI

1. Le disposizioni del titolo VI, capo I si applicano dal 1 gennaio 1993.

2. Le sanzioni amministrative accessorie all'accertamento di reati previsti dal presente codice sono applicate ai reati commessi dopo la sua entrata in vigore.

3. Sono decise dal pretore, secondo le norme anteriormente vigenti, le cause pendenti dinanzi a tale organo alla data di entrata in vigore della legge 21 novembre 1991, n. 374, anche se attribuite dal presente codice alla competenza del giudice di pace.

Art. 239.
Norme transitorie relative al titolo VII

1. Gli archivi e l'anagrafe nazionali previsti dagli articoli 225 e 226 sono impiantati a partire dal 1 ottobre 1993. Da tale data iniziera' l'invio dei dati necessari da parte degli enti ed amministrazioni interessati.

L'impianto degli archivi e dell'anagrafe dovra' essere completato nell'anno successivo.

2. Il servizio ed i dispositivi di monitoraggio di cui all'art. 227 sono installati a partire dal 1 ottobre 1993 e devono essere completati ((nel triennio successivo)).

Art. 240.
Entrata in vigore delle norme del presente codice

1. Le norme del presente codice entrano in vigore il 1 gennaio 1993.

Il presente decreto, munito del sigillo dello Stato, sara' inserito nella Raccolta ufficiale degli atti normativi della Repubblica italiana. E' fatto obbligo a chiunque spetti di osservarlo e di farlo osservare.

Dato a Roma, addi' 30 aprile 1992

Il Presidente supplente della Repubblica
SPADOLINI
ANDREOTTI, Presidente del Consiglio dei Ministri
PRANDINI, Ministro dei lavori pubblici
BERNINI, Ministro dei trasporti
SCOTTI, Ministro dell'interno
MARTELLI, Ministro di grazia e giustizia
ROGNONI, Ministro della difesa
FORMICA, Ministro delle finanze
CARLI, Ministro del tesoro
MISASI, Ministro della pubblica istruzione
GORIA, Ministro dell'agricoltura e delle foreste
RUFFOLO, Ministro dell'ambiente
CONTE, Ministro per i problemi delle aree urbane

Visto, il Guardasigilli: MARTELLI

NUOVO CODICE DELLA STRADA

TABELLA DEI PUNTEGGI PREVISTI ALL'ART. 126-BIS

Norma violata		Punti
Art. 141	Comma 8	5
	Comma 9, terzo periodo	10
Art. 142	Comma 8	3
	Comma 9	6
	Comma 9-bis	10
Art. 143	Comma 11	4
	Comma 12	10
	Comma 13, con riferimento al comma 5	4
Art. 145	Comma 5	6
	Comma 10, con riferimento ai commi 2, 3, 4, 6, 7, 8 e 9	5
Art. 146	Comma 2, ad eccezione dei segnali stradali di divieto di sosta e fermata	2
	Comma 3	6
Art. 147	Comma 5	6
Art. 148	Comma 15, con riferimento al comma 2	3
	Comma 15, con riferimento al comma 3	5
	Comma 15, con riferimento al comma 8	2
	Comma 16, terzo periodo	10
Art. 149	Comma 4	3
	Comma 5, secondo periodo	5
	Comma 6	8
Art. 150	Comma 5, con riferimento all'articolo 149, comma 5	5
	Comma 5, con riferimento all'articolo 149, comma 6	8
Art. 152	Comma 3	1
Art. 153	Comma 10	3
	Comma 11	1
Art. 154	Comma 7	8
	Comma 8	2
Art. 158	Comma 2, lettere d), g) e h)	2
Art. 161	Commi 1 e 3	2
	Comma 2	4
Art. 162	Comma 5	2
Art. 164	Comma 8	3
Art. 165	Comma 3	2
Art. 167	Commi 2, 5 e 6, con riferimento a:	
	a) eccedenza non superiore a 1 t	1
	b) eccedenza non superiore a 2 t	2
	c) eccedenza non superiore a 3 t	3
	d) eccedenza superiore a 3 t	4
	Commi 3, 5 e 6, con riferimento a:	
	a) eccedenza non superiore al 10 per cento	1
	b) eccedenza non superiore al 20 per cento	2
	c) eccedenza non superiore al 30 per cento	3
	d) eccedenza superiore al 30 per cento	4
	Comma 7	3
Art. 168	Comma 7	4
	Comma 8	10
	Comma 9	10
	Comma 9-bis	2
Art. 169	Comma 8	4
	Comma 9	2
	Comma 10	1
Art. 170	Comma 6	1
Art. 171		
Art. 172	Comma 2	5
Art. 173	Commi 10 e 11	5
	Commi 3 e 3-bis	5

Art. 174	Comma 5 per violazione dei tempi di guida	2
	Comma 5 per violazione dei tempi di riposo	5
	Comma 6	10
	Comma 7 primo periodo	1
	Comma 7 secondo periodo	3
	Comma 7 terzo periodo per violazione dei tempi di guida	2
	Comma 7 terzo periodo per violazione dei tempi di riposo	5
	Comma 8	2
Art. 175	Comma 13	4
	Comma 14, con riferimento al comma 7, lettera a)	2
	Comma 16	2
Art. 176	Comma 20, con riferimento al comma 1, lettera b)	10
	Comma 20, con riferimento al comma 1, lettere c) e d)	10
	Comma 21	2
	Comma 5	2
Art. 177	Comma 5 per violazione dei tempi di guida	2
Art. 178	Comma 5 per violazione dei tempi di riposo	5
	Comma 6	10
	Comma 7 primo periodo	1
	Comma 7 secondo periodo	3
	Comma 7 terzo periodo per violazione dei tempi di guida	2
	Comma 7 terzo periodo per violazione dei tempi di riposo	5
	Comma 8	2
	Commi 2 e 2-bis	10
Art. 179	Commi 2 e 7	10
Art. 186	Comma 2	5
Art. 186-bis	Commi 1 e 8	10
Art. 187	Comma 4	2
Art. 188	Comma 5, primo periodo	4
Art. 189	Comma 5, secondo periodo	10
	Comma 6	10
	Comma 9	2
	Comma 1	8
Art. 191	Comma 2	4
	Comma 3	8
	Comma 6	3
Art. 192	Comma 7	10
Art. 193	**Comma 2**	**5**

Per le patenti rilasciate successivamente al 1° ottobre 2003 a soggetti che non siano già titolari di altra patente di categoria B o superiore, i punti riportati nella presente tabella, per ogni singola violazione, sono raddoppiati qualora le violazioni siano commesse entro i primi tre anni dal rilascio. Per gli stessi tre anni, la mancanza di violazioni di una norma di comportamento da cui derivi la decurtazione del punteggio determina l'attribuzione, fermo restando quanto previsto dal comma 5, di un punto all'anno fino ad un massimo di tre punti.

Printed by Amazon Italia Logistica S.r.l.
Torrazza Piemonte (TO), Italy

55991579R00328